열반경 1
涅槃經

열반경

1

이운허 옮김

동국역경원

차례

해제解題 / 9

열반경 1

대반열반경 제1권 ································· 23
   1. 서품(序品) / 23

대반열반경 제2권 ································· 58
   2. 순타 이야기[純陀品] / 58
   3. 슬픈 탄식[哀歎品] / 82

대반열반경 제3권 ································· 104
   4. 오래 사는 이야기[長壽品] / 104
   5. 금강 같은 몸[金剛身品] / 127
   6. 경 이름의 공덕[名字功品] / 138

대반열반경 제4권 ································· 141
   7. 네 가지 모양[四相品] ① / 141

대반열반경 제5권 ································· 168
   7. 네 가지 모양[四相品] ② / 168

대반열반경 제6권 ··· 200
    8. 네 군데 의지함[四依品] / 200

대반열반경 제7권 ··· 230
    9. 정도와 사도[邪正品] / 230
    10. 네 가지 진리[四諦品] / 247
    11. 네 가지 뒤바뀜[四倒品] / 251

대반열반경 제8권 ··· 254
    12. 여래의 성품[如來性品] / 254
    13. 문자에 대해서[文字品] / 283
    14. 새 비유[鳥喻品] / 292

대반열반경 제9권 ··· 301
    15. 달 비유[月喻品] / 301
    16. 보살에 대해서[菩薩品] / 308

대반열반경 제10권 ·· 342
    17. 대중의 물음[一切大衆所問品] / 342
    18. 병을 나타냄[現病品] / 371

대반열반경 제11권 ·· 391
    19. 거룩한 행[聖行品] ① / 391

대반열반경　제12권 ·· 435
　　19. 거룩한 행[聖行品] ② / 435

대반열반경　제13권 ·· 464
　　19. 거룩한 행[聖行品] ③ / 464

대반열반경　제14권 ·· 497
　　20. 청정한 행[梵行品] ① / 497

대반열반경　제15권 ·· 537
　　20. 청정한 행[梵行品] ② / 537

대반열반경　제16권 ·· 577
　　20. 청정한 행[梵行品] ③ / 577

대반열반경　제17권 ·· 621
　　20. 청정한 행[梵行品] ④ / 621

대반열반경　제18권 ·· 662
　　20. 청정한 행[梵行品] ⑤ / 662
　　21. 어린 아기 행[嬰兒行品] / 691

해제|解題

1. 성립과 한역(漢譯)

『열반경』은 부처님께서 쿠시나가라의 사라쌍수(娑羅雙樹)에서 열반에 들기 직전 하루 낮과 밤 동안에 설하신 최후의 설법이라고 한다.

오늘날 전해지고 있는 『열반경』에는 북본(北本)과 남본(南本)의 두 가지 외에도 『대반니원경(大般泥洹經)』이 있다. 이 『대반니원경』은 동진(東晉)의 법현(法顯)이 418년에 남본과 북본『열반경』의 앞 9권에 해당하는 부분을 6권 18품(品)으로 나누어 한역한 것이다. 『북본 열반경』은 421년 북량(北涼)의 담무참(曇無讖)이 한역한 것으로서 40권 13품으로 되어 있다. 이『북본 열반경』이 번역된 지 오래지 않아 북량(北涼)이 망하자 『열반경』의 학자들은 강남으로 옮겼고, 이들을 중심으로 『열반경』 연구가 성행하면서 북본의 번역에 대한 결함을 발견하게 되었다. 이에 동안사(東安寺)의 혜엄(慧嚴)과 도량사(道場寺)의 혜관(慧觀)은 사영운(謝靈運) 등과 함께 북본을 바탕으로 하고 법현(法顯)이 한역한『대반니원경(大般泥洹經)』과 대교(對校)하여 36권

25품의 『대반열반경(大般涅槃經)』을 번역하기에 이르렀다. 이것은 남쪽에서 이루어졌다 해서 남본이라고 불리며, 후세의 『열반경』 연구는 대개가 이 남본을 기초로 하고 있고 여기 번역한 『열반경』도 이 남본을 옮긴 것이다.

법현의 『대반니원경』을 비롯하여 북본과 남본의 『열반경』을 대승열반경(大乘涅槃經)이라고 부르며, 소승열반경(小乘涅槃經)으로부터 발달한 이 경은 또 여러 가지 대승경전의 영향을 받아 이루어졌다. 그 예로 『열반경』이 인용하고 있는 초기 대승경전을 들 수 있는데, 그중에서도 『반야경(般若經)』·『법화경(法華經)』·『화엄경(華嚴經)』 등은 『열반경』 성립에 중요한 영향을 미친 경들이다.

대승열반경의 성립은 용수(龍樹 150~250년 경) 이후라고 보지만, 경의 태동(胎動)은 소승열반경에 속하는 경들이 성립된 시기로 거슬러 올라간다. 이 시기는 또 보살 집단에 의한 대승운동(大乘運動)의 초기를 지난 기원전후일 듯하며, 이후 4세기 중반 경까지 내려가면서 몇 차례의 증보(增補) 과정을 거쳐 오늘의 『열반경』이 완성되었을 것으로 추측한다.

2. 줄거리와 의도

열반(涅槃)이란 범어 nirvāṇa의 음사(音寫)로서 반열반(般涅槃, parinirvāṇa)라고도 하며 멸도(滅度)라고 한역한다. 그러므로 열반에 든다고 하는 것을 멸도(滅度)에 든다고 하며, 줄여서 입멸(入滅)이라고도 한다. 『열반경』은 구시나성(拘尸那城, Kuśinagara) 가까이 흐르는 아리라발제하(阿利羅跋提河, Ajitavatī)의 강가에 서 있는 사라쌍수 사이에서 2월 15일, 입멸에 드시기 직전 석존(釋尊)께서 설하신 법이다. 그러므로『열반경』은 부처님의 최후의 유교(遺敎)라고도 할 수 있다. 때문에 이 경은 부처님 입멸시의 슬픈 정경이 장엄한 필치로 묘사되어 있다.

석가 부처님의 입멸 예고를 받고 슬퍼하는 대중이 모여들고, 사라수(娑羅樹)의 숲은 색이 변하여 백학(白鶴)과 같이 하얘졌으며, 사방의 부처님 나라에서는 무변신(無邊身) 보살이 향반(香飯)을 가져와 공양하고자 모여들고, 그 밖에도 독사나 악업(惡業)을 지은 자까지 모여 슬퍼한다. 그럼에도 마하가섭(摩訶迦葉)과 아난(阿難)과 아사세왕(阿闍世王)과 일천제(一闡提)의 무리들은 오지 않고 있었다.

그때 석가 세존께서는 재가신도(在家信徒)인 순타(純陀)가 바치는 공양을 최후의 공양으로 받으셨으며, 순타 이외의 대중이 바치는 공양은 화현(化現)한 부처와 비구들이 받도록 하였다. 그리고 이어서 문수(文殊)보살에게 법을 부촉(付囑)하고 중생을 조복(調伏)하기 위하여 몸에 병을 나타내 보였다.

이어 경의 끝에 이르러서는 열의 외도(外道)를 꺾어 귀의하게 하고 악마의 무리에게 시달리고 있는 아난을 구출하신 다음 최후의 제자가 된 범지(梵志) 수발타(須跋陀)를 도(道)에 들게 한 것으로 대단원을 맺고 있다.

이와 같이 『열반경』의 줄거리는 그 소재를 아함(阿含) 중 『유교경(遺敎經)』 등에 전하는 석존의 입멸 당시의 광경에서 빌려 왔으나, 석존의 입멸 당시 광경을 역사적으로 바르게 기술하고자 하는 데 목적이 있지 않고 대승적인 수식이 현저한 것을 볼 수 있다.

이 경이 부처님의 입열반(入涅槃)의 장면을 서술하지 않고 부처의 본질을 이루는 대열반을 보편화하여 불멸(不滅)함을 밝히고 있는 점은 곧 이 경의 뜻이다. 또한 부처의 불멸성과 함께 특히 이 경이 밝히고자 한 것은 모든 중생이 부처가 될 자격을 가지고 있다고 설한 점이다. 그러한 것은 다음에 말하는 『열반경』의 사상에서 살펴볼 수가 있다.

3. 『열반경』의 사상

(1) 상주(常住)하는 불신(佛身)

부처의 불멸성(不滅性)을 불신상주(佛身常住)라고 한다. 소승불교의 일반적인 이해에 따르면 신체의 유무(有無)를 따져 열반을 유여열반(有餘涅槃)과 무여열반(無餘涅槃)의 둘로 나누었다. 괴로움의 원인[苦因]인 정신상의 번뇌가 없어졌어도 괴로움의 결과[苦果]인 육체가 남아 있는 동안은 유여열반이며, 육체까지 없어져 심신(心身)이 함께 공무(空無)로 돌아간 것을 무여열반이라고 한다.

그러나 대승에 의하면 신체, 즉 물체와 마음은 대립하는 존재가 아니다. 부처가 무여열반에 드는 것이 마치 장작이 다 타서 불이 꺼지는 것과 같다고 생각하는 것은 부처를 신체적으로만 파악하는 것이다. 부처를 업(業)의 속박으로부터 벗어날 수 없는 신체적 존재라고 보는 자에게 부처의 죽음은 무상(無常)하고 괴로운 것이며, 무아(無我)며 부정(不淨)한 것일 수밖에 없다. 그러나 부처는 육신(肉身)이 아니며 업에 속박되는 무명(無明)의 존재가 아니다. 부처로 하여금 부처이게 하는 것은 진실로 깨달음인 것이다. 『열반경』은 그 깨달음을 대열반이라고 한다. 그리고 부처의 본질인 그 깨달음을 근본적으로 추구하고 밝히고자 한다.

『열반경』에 따르면 대열반이란 법신(法身)과 반야(般若)와 해탈(解脫)의 3법(法)으로써 이루어지며 이 셋을 열반의 3덕(德)이라고 한다. 법신이란 때와 장소라고 하는 제약을 넘어 보편적이며 항상 존재하는 우주의 진실한 이법(理法)이다. 그리고 그것을 깨닫는 지혜가 반야며 그것을 깨달았을 때 얻는 자유의 경지가 해탈이다. 이 3자는 상호 의지하여 존립함으로써 비로소 각각의 의의를 완성할 수 있으며 각각 떨어져서는 성립되지 않는다.

부처의 본질인 대열반이 이와 같은 법신과 반야와 해탈의 셋을 내용으로 한다고 하면 부처는 법신이므로 무상(無常)한 육신이 아닌 상주(常住)며 해탈이므로 괴로움[苦]이 아니라 즐거움[樂]이며, 반야이므로 무지(無知)와 무명(無明)에 속박되지 않는 절대 자유의 대아(大我)다. 결국 그것은 청정하며 번뇌가 없는 존재이다. 석가모니불의 무상을 나타낸 입멸을 계기로『열반경』은 이 대아를 밝히며 진실한 부처는 상락아정(常樂我淨)인 3덕(德)을 갖춘 열반으로서 본질을 삼기 때문에 불신(佛身)은 상주(常住)인 것이다. 그러나 석존께서 80세에 입멸한 사실을 어떻게 이해할 것인가? 대승의 입장에서 보면 80세에 입멸한 부처는 진실한 부처가 아니며 중생을 교화하기 위해서 진실한 부처가 응현(應現)한 부처며, 그 응현의 부처가 중생을 교화하고 제도하기 위하여 중생과 한가지로 입멸을 보인 것에 지나지 않는다. 석존의 성도(成道)와 마찬가지로 진실한 부처에 대한 것이 아니다. 진실한 부처에게는 성도라든가 병에 걸린다고 하는 일도 있을 수 없다. 성도와 병과 입멸의 그 모두는 중생을 교화하기 위한 방편에 지나지 않는다. 때문에『열반경』은「장수품(長壽品)」에서 입멸이 그러한 시현(示現)임을 설하고「현병품(現病品)」에서 병 또한 시현임을 설하고 있다. 그래서『열반경』은 "선남자야. 그대는 마땅히 알아야 한다. 여래의 몸은 곧 금강신(金剛身)이다. 그대는 오늘부터 항상 전심으로 이 뜻을 마땅히 사유해야 한다. 식신(食身)을 염하지 말라. 또한 사람을 위하여 여래의 몸은 곧 법신이라고 설하느니라" 한다.

『열반경』의 이와 같은 불신관(佛身觀)은『반야경』이나『유마경』에서 부처는 법신(法身)으로서 생신(生身)이 아니라고 하는 사상을 계승한 것이며,『법화경』「수량품(壽量品)」에서 설하고 있는 부처의 수명은 구원(久遠)하며 본지불(本地佛)은 구원의 옛날에 성불(成佛)하였다고 하는 『열반경』의 설과도 서로 통한다. 『열반경』은 또 부처의 수명에 대해서 처음에는 장수(長壽)라고 설하고, 이어 장수란 진실 상주(常住)라고 하는 초시간적(超時間的)인 의미임을 분명히 하고 있다. 이렇게 해서 『열반경』은 불신(佛身)에 대해 유여열반(有餘涅槃)과 무여열반(無餘涅槃)의 이원적(二元的) 실재론(實在論)을 결정적으로 불식시켰다.

(2) 모든 중생에게 불성(佛性)이 있다

불성(佛性)은 부처의 성품이란 뜻으로 부처의 본질을 말한다. 불성이란 3덕(德)을 내용으로 하며, 그 3덕은 보편(普遍)하며 상주(常住)하는 것이므로 모든 중생은 이 불성 밖에 있는 것이 아니다. 부처로 하여금 부처이게 하는 본질은 성불할 때 처음으로 생기는 것이 아니며, 입멸과 함께 없어지는 것이 아니다. 부처가 되는 것은 중생이 불성 안에 있음을 스스로 깨달았을 때이며, 부처가 된다고 하는 것은 불성을 현현(顯現)한 것에 지나지 않는다. 다만 범부(凡夫)는 불성을 자각하지 못하고 있다. 범부에게 있어서 불성은 번뇌에 덮여 있어 아직 그 힘을 발휘하지 못하고 있을 뿐이다. 번뇌에 덮이고 가려진 상태에 있는 불성·여래성(如來性)을 여래장(如來藏)이라고 한다. 그리고 불성·여래성이 그를 덮고 있는 번뇌로부터 완전히 벗어나는 것, 즉 자각한 불성을 법신(法身)이라고 한다. 범부가 자각한 불성을 법신이라고 함은 부처가 될 수 있는 사람이 특별히 정해졌거나 제한되지 않음을 뜻한다.

 소승에 따르면 부처가 될 수 있는 자는 보살이라고 하는 특정한 사람에 한정되어 있고 성문(聲聞)이나 연각(緣覺)은 불가능하다고 하는 3승(乘)의 차별론(差別論)이 있다. 그러나 대승에 따르면 부처님은 모든 중생을 자기와 같은 부처가 되게 하고자 법을 설하고 있으므로 부처가 되는 것은 선천적으로 제한된 소질이나 특권이 있는 것이 아니라 누구에게나 평등하게 추구될 수 있는 이상인 것이다. 때문에 『열반경』은 이것을 "일체의 중생 모두에게 불성이 있다[一切衆生悉有佛性]"고 강하게 주장한다.

 『열반경』의 불성론(佛性論)은 처음부터 일정하여 변하지 않는 것이 아니라 품(品)을 거듭하면서 그 심도(深度)를 더하고 있다. 즉 처음에는 불성을 단순히 법성(法性)이라고 표현하고 있으나 「사자후보살품(獅子吼菩薩品)」에 이르면 불성이란 공(空)과 불공(不空)을 보는 제일의공(第一義空)이므로 중도(中道)라고 설하며, 또 12인연을 관조하는 지혜를 불성이라고 한다. 더 나아가서는 12인연 그 자체를 불성이라고 하기에 이르며, 12인연을 바탕으로 한 『열반경』의 불성사상(佛性思想)의 전개는 불성의 인(因)은 12인연이며 그 인(因)의 인은 지혜며, 불성의 과(果)는 아뇩다라삼먁삼보리며 그 과의 과는 무상(無上)의 대반열반(大般涅槃)이라고 설한다. 이것은 석존께서 12인연을 관하여 성도(成道)한 역사적 사실에 유래하는 것으로 12인연을 보는 것은 법을 보는 것이며, 법을 보는 것은 부처를 보는 것이라는 논리다.

『열반경』은 또 불성(佛性)의 현현을 위해서는 지계(持戒)에 의지해야 하고 공(空)을 닦음으로써 불성을 본다고 설하면서 6바라밀(婆羅蜜)과 8정도(正道)에 의한 발심수행(發心修行)을 엄격하게 요구한다. 따라서 「가섭보살품(迦葉菩薩品)」에 이르면 발심과 수행으로 불성을 덮고 있는 무명과 번뇌를 걷고 불성을 현현해야 하므로 무명(無明)과 번뇌야말로 불성이라고 하기에까지 이른다. 그것은 무명과 번뇌에 의하여 선(善)의 5음(陰), 즉 심신(心身)이 생기고 그 선의 5음에 의하여 성도에 이르므로 결국 불성과 법성이라고 하여도 현실의 무명과 번뇌를 벗어나 따로 있는 것이 아님을 주장한 것이다.

(3) 일천제(一闡提)의 성불(成佛)

일천제(一闡提)는 범어 icchantica의 음사로서 천제(闡提)라고도 하며, 단선근(斷善根), 신불구족(信不具足)이라고 한역한다. 『열반경』에서는 시종 이 일천제에게도 불성이 있는가가 문제되어 있고 그가 불성이 있다면 성불(成佛)할 수 있는가 하는 것을 추구하고 있다. 『열반경』에서 모든 중생에게 불성이 있다고 설한 것은 중생으로 하여금 방일하지 않고 꾸준히 불성을 개발 하는 노력을 하도록 하기 위한 것이라고 하지만, 실제로 석존의 입멸 때 스승의 속박에서 벗어나 자유롭게 되었다고 기뻐하는 비구들이 있었다. 『열반경』으로서는 모든 중생에게 불성이 있다고 한 것에 근거하여 만인(萬人)의 평등과 성불을 주장하였으나, 현실적으로는 이 불성론을 믿지 않는 그러한 비구들이 있었음을 부인할 수 없었을 것이고, 그러한 부류의 성불에 관한 문제는 매우 심각하였을 것이다.

『열반경』은 「여래성품(如來性品)」에서 일천제에게 불성이 있음을 인정하였으나 그 성불에 대해서는, 일천제는 불성은 있으나 무량한 죄업(罪業)에 얽매여 있으므로 보리(菩提)의 인(因)을 낳을 수 없어 생사의 유전이 끊어지지 않고, 비록 4중죄(重罪)와 5역죄(逆罪)를 범한 자까지도 보리심(菩提心)을 내게 할 수는 있어도 생맹(生盲)과 같은 일천제는 불가능하다고 한다.

그러나 「광명변조고귀덕왕보살품(光明遍照高貴德王菩薩品)」에 이르면 일천제의 성불을 인정하게 된다. 그것은 일체중생 모두에게 불성이 있다고 주장하는 『열반경』으로서는 비록 일천제라 하더라도 불성(佛性) 밖에 있는 것이 아니므로, 일천제가 만약 불성을 믿는다면 그 믿음에 의해서 성불할 수 있다고 함으로써 믿음이 없는 상태로는 성불할 수 없다는 원칙을 그대로 두고, 실제로는 일천제의 성불을 주장하여 모든 중생에게 불성이 있다고 하는 설과의 논리적 통합을 이룬다.

이러한 『열반경』의 주장은 실로 불교의 종교적 의의를 현실적인 것으로 정착시키는 기초가 되었으나 상당한 파란과 오랜 고심(苦心) 끝에 얻어진 것이다. 어떠한 사람이든, 아무리 극악한 죄를 지은 사람일지라도 믿음을 갖고 뉘우칠 때 그의 갱생을 돕는 것이야말로 종교의 사명이기 때문이다.

이 밖에도 『열반경』은 정법(正法)의 호지(護持)와 정법이 멸한 뒤에 일어날 여러 가지 악한 일과 상황에 대해서 설하고 올바른 계율관(戒律觀)을 설하고 있다. 이상으로 이 경의 사상과 내용을 대강 말하였다.

마지막으로 6권 니원경(泥洹經)과 남북(南北) 양본(兩本)의 품명(品名)을 대조해 보면 다음과 같다.

대반니원경(大般泥洹經)	남본열반경(南本涅槃經)	북본열반경(北本涅槃經)
서품(序品) 1	서품(序品) 1	
대신보살품(大身菩薩品) 2		
장자순타품(長者純陀品) 3	순타품(純陀品) 2	수명품(壽命品) 1
애탄품(哀歎品) 4	애탄품(哀歎品) 3	
장수품(長壽品) 5	장수품(長壽品) 4	
금강신품(金剛身品) 6	금강신품(金剛身品) 5	금강신품(金剛身品) 2
수지품(受持品) 7	명자공덕품(名字功德品) 6	명자공덕품(名字功德品) 3
사법품(四法品) 8	사상품(四相品) 7	
사의품(四依品) 9	사의품(四依品) 8	
분별사정품(分別邪正品) 10	사정품(邪定品) 9	
사제품(四諦品) 11	사제품(四諦品) 10	
사도품(四倒品) 12	사도품(四倒品) 11	여래성품(如來性品) 4
여래성품(如來性品) 13	여래성품(如來性品) 12	
문자품(文字品) 14	문자품(文字品) 13	
조유품(鳥喩品) 15	조유품(鳥喩品) 14	
월유품(月喩品) 16	월유품(月喩品) 15	
문보살품(問菩薩品) 17	보살품(菩薩品) 16	
수희품(隨喜品) 18	일체대중소문품 17 (一切大衆所問品)	일체대중소문품 5 (一切大衆所問品)
	현병품(現病品) 18	현병품(現病品) 6
	성행품(聖行品) 19	성행품(聖行品) 7
	범행품(梵行品) 20	범행품(梵行品) 8
	광명변조고귀덕왕보살품 22 (光明遍照高貴德王菩薩品)	광명변조고귀덕왕보살품 10 (光明遍照高貴德王菩薩品)
	사자후보살품 23 (獅子吼菩薩品)	사자후보살품 11 (獅子吼菩薩品)
	가섭보살품(迦葉菩薩品) 24	가섭보살품(迦葉菩薩品) 12
	교진여품(憍陳如品) 25	교진여품(憍陳如品) 13

열반경

①

대반열반경(大般涅槃經)* 제1권

1. 서품(序品)

이와 같이 나는 들었다.

어느 때 부처님께서 구시성(拘尸城) 기운 센 장사들이 난 곳, 아이라발제(阿夷羅跋提) 강가에 있는 쌍으로 선 사라(娑羅)나무 사이에 계셨다.

그때 세존(世尊)께서는 큰 비구 80억백천 인이 앞뒤로 둘러싼 가운데에서 2월 15일 마침내 열반에 드시려 하였다.

부처님께서는 자신의 신통한 힘으로 큰 소리를 내시는데, 그 소리가 두루 퍼져 유정천(有頂天)에까지 이르고, 곳에 따라 여러 가지 음성으로 중생들에게 널리 외치시는 것이었다.

"오늘 여래(如來)·응공(應供)·정변지(正遍知)로서 중생을 불쌍히 여기고 중생을 안아 주며, 중생들을 외아들 라후라(羅睺羅)처럼 평등하게 보고, 중생들을 위하여 귀의할 곳이 되어 주

---

* 송본(宋本)·원본(元本)에는 삼장(三藏) 담무참(曇無讖)이 범어를 번역했고, 사문 혜엄(慧嚴)·혜관(慧觀)이 사령운(謝靈運)과 함께 다시 정리했다고 되어 있다.

며, 세간의 집이 되어 온 대각(大覺) 세존이 곧 열반에 들려 하니, 모든 중생들은 의심나는 데가 있거든 사양 말고 모두 물을 지어다. 이번이 마지막 물음이 되리라."

그때 세존께서 이른 새벽녘에 입으로부터 가지가지 광명을 놓으시니 그 밝은 빛이 여러 빛깔이라, 푸르고 붉고 흰빛과 파리(頗璃)빛 등이요, 그 광명은 이 삼천대천세계에 두루 비치며 시방세계에까지 이르러서도 또한 그와 같은데, 그 속에 있는 여섯 갈래의 중생으로서 이 광명에 비추인 이면 죄업과 번뇌가 모두 사라지는 것이었다.

이 모든 중생들이 이것을 보고 듣자, 크게 걱정하고 근심하여 한꺼번에 소리를 높여 슬피 울부짖으며 "아아, 어지신 아버지여, 애통하고 안타깝습니다." 하면서 손을 들어 머리를 쥐어박기도 하고 가슴을 치며 크게 외치기도 하고, 또 어떤 이는 온몸을 떨며 눈물짓고 흑흑 흐느끼기도 하였다.

이때에 땅과 산과 바다가 모두 진동하는데, 중생들은 서로 붙들고 위로하며 저마다 슬픔을 억제하면서 말하였다.

"너무 슬퍼하지만 말고 어서들 구시성으로 가서 부처님을 뵙고 열반에 드시지 말고 한 겁 동안이나, 아니면 한 겁이 조금 모자라는 동안만이라도 이 세상에 좀더 머물러 주시기를 청해 봅시다."

그리고 서로 손을 이끌면서 이런 말도 하였다.

"세상이 텅 비고 중생들의 복이 다하여 착하지 못한 모든 업들이 자꾸만 세상에 나타나겠소. 여러분, 어서 갑시다. 부처님께서 오래잖아 열반에 드실 모양이오."

다시 또 이런 말도 하는 것이었다.

"세상이 비었소. 세상이 비었소. 이제는 우리들을 구호해 줄 이도 없고 우러러 받들 어른도 없으니, 빈궁하고 외로울 것이오. 만일 부처님을 여의기만 하면 설령 의심나는 데가 있다 한들 다시 누구에게 묻겠소."

그때 한량없는 큰 제자들이 있었으니 존자 마하가전연(摩訶迦旃延)·존자 박구라(薄俱羅)·존자 우파난다(優波難陀)들이었다. 이 같은 여러 큰 비구들로서 부처님 광명에 비추인 이는 그 몸이 떨리다가 크게 흔들리며, 스스로 걷잡지 못하고 마음이 답답하여 소리를 내어 부르짖는 등 이런 여러 가지 고민을 일으키기도 했다.

거기 또 80백천 비구들이 있었는데, 모두 아라한(阿羅漢)으로서 마음이 자재하여지고 할 일을 이미 마치었으며, 모든 번뇌를 다 여의고 모든 근(根)을 조복(調伏)하였으며, 큰 용왕처럼 엄청난 위덕(威德)이 있고, 공한 이치를 아는 지혜를 이룩하여 자신의 이익을 얻었으므로, 전단나무 숲에 전단이 둘러선 듯이, 사자왕을 사자들이 둘러 있듯이, 이렇게 한량없는 공덕을 성취하였으므로 그들은 모두 다 부처님의 진정한 아들들이었다. 그들이 제각기 이른 아침 해가 뜨려 할 무렵, 자기들 있는 곳을 떠나서 양치질을 하려다가, 부처님의 광명에 비추이며 서로 이르되 "여러분, 세수를 빨리 합시다."라고 하자마자, 온몸에 털이 곤두서고 전신에 피가 번져 파라사(波羅奢)꽃과 같으며, 눈물이 눈에 넘쳐 큰 고통을 일으키면서도, 중생들을 이익하고 편안케 하기 위하여 대승(大乘)의 제일가는 공한 행을 성취하고, 여래의 방편(方便)인 밀교(密敎)를 나타내며 가지가지 설법을 끊어지지 않게 하고, 또 모든 중생을 위하여 조복하려고 인연으로 부처님 계신데 빨리 나아가 부처님 발에 예배하고 백천 바퀴를 돌고서 합장하고 공경하며 한쪽에 물러가 앉는 것이었다.

그때 또 구다라(狗陀羅) 여인과 선현(善賢) 비구니와 우파난다(優波難陀) 비구니와 해의(海意) 비구니가 60억 비구니들과 함께 있었는데, 그들도 모두 큰 아라한들로서 모든 누(漏)가 이미 다하여 마음이 자재하여지고 할 일을 이미 마쳤으며 모든 번뇌를 다 여의고 모든 근(根)을 조복하였으며, 큰 용왕처럼 엄청난 위덕이 있고, 공한 이치를 아는 지혜를 이룩한 이들이었다. 그들도 역시 이른 아침해가 뜨려 할 무렵에 온몸에 털이 곤두서고 전신에 피가 번져 파라사꽃과 같으며, 눈에 눈물이 넘쳐 큰 고통을 일으키면서도 중생들을 이익하고 편안케 하기 위하여 대승의 제일가는 공한 행을 성취하고 여래의 방편인 밀교를 나타내며, 가지가지 설법을 끊어지지 않게 하고 모든 중생을 조복하려는 인연으로 부처님 계신데 빨리 나아가 부처님 발에 예배하고 백천 바퀴를 돌고서 합장하고 공경하며 한쪽에 물러가 앉았다. 비구니 대중 가운데 다시 또 비구니들이 있었으니, 모두 보살로서 사람들 중에 용(龍)이요, 지위는 10지(地)에 이르고 편안히 있어 움직이지 않으면서도, 중생을 교화하기 위하여 여자 몸으로 태어나 항상 4무량심(無量心)을 닦아 모으니 자재한 힘을 얻어 부처님으로 화현할 수 있었다.

그때 또 한 항하(恒河)의 모래처럼 많은 보살마하살이 있었으니 사람들 중의 용이요, 지위는 10지(地)에 이르렀고 흔들림 없는 데 편안히 머물렀지만 방편으로 몸을 나타낸 이들로서, 그 이름은 해덕(海德)보살·무진의(無盡意)보살들인데, 이런 보살마하살들이 우두머리였다. 그들은 모두 마음으로 대승을 존중하며 대승에 편안히 머물며 대승을 깊이 이해하며 대승을 좋아하며 대승을 잘 수호하며 온갖 세간을 잘 따르면서 늘 이런 서원을 세워 말했으니 "모든 제도를 얻지 못한 이로 하여금 제도를 얻게 하리라."는 것이었다. 그리고 지나간 세상 수없는 겁 동안에 깨끗한 계법(戒法)을 닦고, 행할 바를 잘 지켰으며 이해하지 못한 이를 이해케 하고, 삼보의 씨를 계속하여 끊이지 않게 하며, 오는 세상에서 항상 법수레를 운전하며, 큰 장엄으로써 스스로 장엄하여 이렇게 한량없는 공덕을 성취하였고, 중생들을 평등하게 보기를 외아들과 같이 하는 이들인데, 그들도 역시 이른 새벽 해가 뜨려 할 무렵 부처님의 광명에 비추어져 온몸에 털이 곤두서고 전신에 피가 번져 마치 파라사 꽃과 같으며, 눈에 눈물이 넘쳐 큰 고통을 느끼면서도 중생들을 이익케 하고 편안케 하기 위하여 대승의 제일가는 공한 행을 성취하고 여래의 방편인 밀교를 나타내며, 가지가지 설법을 끊어지지 않게 하고 모든 중생을 조복하려는 인연으로 부처님 계신 데 빨리 나아가 부처님 발에 예배하며 백천 바퀴를 돌고서 합장하고 공경하며 한쪽에 물러가 앉는 것이었다.

그때 또 두 항하의 모래처럼 많은 우바새(優婆塞)들이 있었으니 5계를 받아 지니고 위의를 갖추었는데, 그 이름은 위덕무구칭왕(威德無垢稱王) 우바새·선덕(善德) 우바새들로서 그런 이들이 우두머리였다. 그들은 모든 대치(對治)하는 문을 관찰하기를 무척 즐기었으니, 이른바 괴롭고 즐거운 것, 항상하고 무상한 것, 깨끗하고 더러운 것, 나란 것과 나 없는 것, 참되고 참되지 못한 것, 돌아가 의지할 데와 돌아가 의지할 데 아닌 것, 중생과 중생 아닌 것, 늘 있고 늘 있지 않은 것, 편안하고 편안치 않은 것, 함이 있는 것과 함이 없는 것, 끊어지고 끊어지지 않는 것, 열반과 열반 아닌 것, 느는 것과 늘지 않는 것 등의 언제나 이런 상대되는 법문을 살펴보기를 즐겨하며, 또한 위없는 대승을 즐겨 들으려 하고 자기가 들은 것을 모두 남들에게 말하여 주며, 깨끗한 계행을 잘 가지고 대승을 목마른 듯 사모하여 스스로 만족하고는 다시 다른 사모하는 이들을 만족시켜 주며, 위없는 지혜를 잘 거두어 가지고 대승을 사랑하며 대승을 수호하며, 온갖 세간 사람을 잘 따르며 제도 되지 못한 이를 제도하고 이해하지 못한 이를 이해케 하며, 삼보의 씨를 잘 계속하여 끊어지지 않게 하며, 오는 세상에서 법수레를 운전하여 큰 장엄으로 자신을 장엄하고, 마음으로는 항상 깨끗한 계행을 맞들여서 이런 공덕을 모두 섭취하였고, 모든 중생들에게 가엾이 여기는 마음을 내어 평등하게 외아들같이 보는 이들이었다.

그들도 역시 이른 새벽 해가 뜨려는 무렵에 부처님의 몸을 화장(火葬)하기 위하여 사람마다 향나무 1만 뭇씩을 가졌으니, 전단과 침수향(沈水香)과 우두전단(牛頭栴檀)과 천목향(天木香) 등이었다. 이 나무들의 결과 붙은 것들에 모두 7보의 아름다운 광명이 있어 마치 여러 가지 채색으로 그린 듯하였으며, 부처님의 신력으로 이렇게 아름다운 푸른빛·누른빛·붉은빛 흰빛들이 있어 중생들이 보기를 좋아하며, 이런 나무에 가지가지 향으로 발랐으니 울금향(鬱金香)·침수향·교향(膠香) 등이며, 여러 가지 꽃을 흩어서 장엄하게 했으니 청련화·황련화·홍련화·백련화 등이요, 모든 향나무 위에는 5색 깃발[幡]을 달았으니 보드랍고 미묘함이 마치 하늘사람의 옷, 교사야(憍奢耶) 옷, 추마(蒭摩) 비단들과 같았고, 이 향나무들을 보배 수레에 실었는데 그 보배 수레들에서는 청·황·적·백 여러 가지 빛이 찬란하게 빛났으며, 수레바퀴나 수레 채들은 모두 7보로 만들어졌고, 수레마다 네 필의 말을 메웠는데 그 말들은 바람같이 빨리 달리고, 수레의 앞에는 50개의 7보 짐대[幢]를 세웠고 순금으로 만든 그물로 그 위를 덮었으며, 보배 수레마다 또 50가지의 아름다운 일산이 있고, 수레 위마다 모두 화만(華鬘)을 드리웠는데 청련화·황련화·홍련화·백련화 등이며, 그 꽃들은 순금으로 잎이 되고 금강으로 꽃판이 되었으며, 꽃판 속에는 검은 벌들이 많이 모여들어 즐겁게 노닐며, 또 묘한 소리가 나는데 이른바 무상하고 괴롭고 공하고 내가 없다는 것이며, 이 소리 가운데서 다시 보살들의 본래 행하던 도를 말하는 소리도 울려 나왔다.

또 여러 가지 노래와 춤과 피리·저·공후(箜篌)·통소·비파·북소리 등이 울리는데, 그 음악 소리 속에서 "괴롭도다, 괴롭도다. 온 세상이 비었도다." 하는 소리가 나왔으며, 모든 수레 앞에는 우바새들이 있어 네 개의 소반을 받들었는데, 그 소반들 위에는 가지각색 꽃이 있어 청련화·황련화·홍련화·백련화 등이요, 울금향과 여러 가지 향이 아름답고 제일이며, 모든 우바새들이 부처님과 스님들을 위하여 여러 가지 음식을 마련했는데, 모두 다 공덕수를 붓고 전단향·침수향 나무로 불을 때어 익혀낸 그 음식은 여섯 가지 맛을 갖추었으니 쓴맛·신맛·단맛·매운맛·찬맛·싱거운 맛 등이요, 또 세 가지 덕이 있으니 첫째는 보드랍고, 둘째는 깨끗하고, 셋째는 법다운 것이었다.

이렇게 여러 가지로 장엄하게 하여 가지고 기운 센 장사들이 태어난 곳, 쌍으로 선 사라나무 사이에 이르러, 다시 금모래를 땅에 깔고는, 또 가릉가(迦陵伽) 옷과 흠바라(欽婆羅) 옷과 비단 옷들을 금모래 위에 깔아 펴니 그 둘레가 12유순(由旬)에 가득 찼었다. 또 부처님과 스님들을 위하여 7보로 만든 사자좌를 둘러놓으니 높기가 수미산 같으며, 이 모든 좌석 위에는 훌륭한 휘장을 두르고 여러 가지 영락을 드리웠으며, 모든 사라나무에는 가지가지 아름다운 깃발과 일산을 달았고 가지가지 좋은 향을 나무에 바르고 온갖 유명한 꽃을 나무 사이에 흩는 것이었다.

그리고 우바새들은 모두 이런 생각을 하였다.

'모든 중생이 아쉬워하는 것이 있으면 음식이나 의복이나 눈이나 몸뚱이나 달라는 대로 주리라. 그리고 이렇게 보시할 적에는 욕심이나 성내는 마음이나 더럽고 흐리고 악독한 마음은 모두 버리고 세간의 복락을 구하려는 마음조차 없이 오직 위없는 청정한 보리를 구하리라.'

이 우바새들은 모두 보살의 도에 편안히 머물러 있는 이들로서 또 이런 생각도 내었다.

'부처님께서 지금 우리들의 공양을 받으시고는 열반에 드시리라.'

이런 생각을 하자, 온몸에 털이 곤두서고 전신에 피가 번져 파라사꽃과 같으며, 눈에 눈물이 넘쳐 큰 고통을 일으키면서 제각기 마련한 공양거리인 향목과 당(幢)과 번(幡)과 일산과 음식을 수레에 싣고 부처님 계신 데로 달려나가 부처님 발에 예배하고, 가지고 간 공양거리를 부처님께 올리면서 백천 바퀴를 돌고 소리를 높여 울부짖으니 애통하는 소리가 천지를 흔들고, 가슴을 두드리면서 크게 외치며 눈물이 비오듯 하는 것이었다.

서로 붙들고 "여러분, 안타깝소이다. 세상이 비었구려, 세상이 비었구려." 하면서 온몸을 던져 부처님 앞에 엎드려 아뢰었다.

"바라옵건대 부처님이시여, 저희들의 마지막 공양을 받으소서."

그러나 부처님께서는 때를 아시고 잠자코 받지 아니하였다. 이렇게 세 번 청했으나 모두 허락하지 않으시므로 여러 우바새들은 소원을 이루지 못하여 마음에 슬픈 번뇌를 품은 채 잠자코 있기를 마치 아버지가 외아들이 병들어 죽은 것을 장사하고 돌아와 크게 애통해 하듯이 하였다. 모든 우바새들은 슬피 울고 걱정하기를 이 같이 하면서 가지고 갔던 공양거리를 한곳에 두고 한쪽에 물러가서 잠자코 앉는 것이었다.

그때 또 세 항하의 모래처럼 많은 우바이들로 5계를 받고 위의를 갖춘 이들이 있었는데, 이름은 수덕(壽德) 우바이·덕만(德鬘) 우바이·비사가(毘舍佉) 우바이 등 8만 4천 명이 우두머리가 되었다. 그들은 모두 부처님의 바른 법을 두호하여 유지할 만하며, 한량없는 백천 중생들을 제도하기 위하여 일부러 여인(女人)의 몸을 나타내어 집안의 법도를 자책하였다.

자기 몸 보기를 네 마리 독사와 같이 하여 이 몸이란 항상 한량없는 벌레에게 빨아 먹힘이 될 것이요. 이 몸이란 더럽고 탐욕으로 얽매였으며, 이 몸이란 나쁘기가 죽은 개와 같으며, 이 몸이란 부정하여 아홉 구멍으로 더러운 것이 흐르며, 이 몸이란 성곽과 같아 피와 살과 뼈와 가죽으로 그 위를 덮었고, 손과 발은 적을 물리치는 망루가 되고 눈은 성가퀴의 총구가 되고 머리는 전당(殿堂)이 되어 마음의 왕이 있는 곳인데, 이러한 몸의 성곽을 부처님들은 내버리는 것이지만 보통 어리석은 자들은 언제나 맛을 붙여 탐욕, 성내는 일, 어리석음의 나찰(羅刹)들이 그 속에 살고 있으며, 그리고 이 몸이 든든하지 못하기는 갈대·이란(伊蘭)·물거품·파초와 같으며, 이 몸이 무상하여 잠깐도 머물러 있지 못한 것은 번갯불·세찬 물·아지랑이와 같고, 물을 베는 것 같아서 베는 대로 곧 합하는 것이며, 이 몸이 무너지기 쉬운 것은 강가 절벽에 선 큰 나무와 같으며, 이 몸이 오래지 아니하여 여우·늑대·수리·올빼미·까치·까마귀와 주린 개 따위에게 뜯기어 먹힐 것이니, 지혜 있는 이라면 누가 이 몸을 즐거워할 것이겠는가. 차라리 소 발자국에 바닷물을 담을지언정 이 몸의 무상하고 부정하고 더러운 것을 갖추어 말할 수는 없으며, 또 차라리 땅덩이를 비벼서 대추만큼 만들고 점점 더 작게 하여 겨자씨같이 만들고 나중엔 티끌만큼 만든다 할지언정 이 몸의 허물과 걱정을 갖추어 말할 수 없는 것이다. 그러므로 이 몸 버리기를 침 뱉듯이 한 이들이었다.

　이러한 인연으로 모든 우바이들이 공(空)하고 모양 없고[無相] 소원이 없는[無願] 법으로 언제나 마음을 닦고, 대승경전을 즐겨 배우고, 그것을 듣고는 남들을 위하여 연설하며, 본래의 서원을 지니고 여인의 몸을 꾸짖으며 매우 걱정하는 것이었다. 성질이 견고하지 못함을 알고, 마음으로 매양 올바른 관찰을 닦아 생사에서 끝없이 헤매던 것을 깨뜨리고, 대승법을 우러러 스스로 만족하고 다른 우러르는 이들까지 만족케 하며, 대승을 좋아하고 대승을 수호하며, 비록 여인의 몸을 가졌으나 실상은 보살이어서 온갖 세간을 잘 따르며, 제도되지 못한 이를 제도하고, 이해하지 못한 이를 이해케 하며, 삼보의 씨를 이어 끊어지지 않게 하며, 오는 세상에서 법수레를 운전하여 큰 장엄으로 자신을 장엄하고, 깨끗한 계행을 굳게 하여 큰 장엄으로 자신을 장엄하고, 깨끗한 계행을 굳게 지니어 이런 공덕을 모두 성취하였고, 모든 중생에게 자비한 마음을 일으켜 평등하기 외아들같이 보는 이들이었는데, 그들도 역시 이른 새벽 해가 뜨려 할 무렵에 서로 보고 말하기를, "오늘 우리들은 쌍으로 선 사라나무 사이로 가야 한다."고 하였다. 모든 우바이들이 마련한 공양거리는 앞의 사람들 것보다 더 훌륭했는데, 그들은 그것을 가지고 부처님 계신 데로 가서 부처님 발에 예배하고 백천 바퀴를 돌고 부처님께 아뢰었다.

"세존이시여, 저희들이 오늘 부처님과 스님들에게 공양하기 위하여 공양거리를 마련하였으니, 바라옵건대 저희들을 불쌍히 여겨 공양을 받으소서."

그러나 부처님께서는 잠자코 허락하지 않으시니, 우바이들은 소원을 이루지 못하여 슬픈 마음을 품고 한쪽에 물러가 앉아 있었다.

그때 또 네 항하의 모래 수 같은 비사리성(毘舍離城)에 사는 리차(離車) 족속들의 남녀노소 처자 권속들과 또 염부제(閻浮提)에 있는 모든 왕과 권속들이 있었는데, 그들은 바른 법을 구하기 위하여 계행을 닦으며 위의를 갖추었고 바른 법을 파괴하는 외도를 항복받는 이들인데, 서로들 말하였다.

"우리들은 마땅히 금과 은이 들어 있는 창고로서 감로(甘露) 같은 한량없는 바른 법을 쌓아 놓은 깊은 곳간이 세상에 오래 있도록 하겠으니 이제 우리들로 하여금 언제나 이 법을 배울 수 있도록 해주시기 바랍니다. 만일 부처님의 바른 법을 훼방하는 이가 있다면 반드시 그 혀를 끊어 버리겠습니다."

그리고 또 원을 세워 말하였다.

"만일 출가한 사람으로서 계행을 깨뜨리는 이가 있으면 우리들은 반드시 그를 파하여 환속(還俗)시켜 채찍으로 부려먹을 것이요, 바른 법을 좋아하여 지켜내면 우리들은 반드시 그를 부모와 같이 공경하여 섬길 것이요, 또 만일 스님으로서 능히 바른 법을 잘 닦는 이가 있다면 우리들은 반드시 따라서 기뻐하며 세력을 얻게 할 것이다."

이들은 항상 대승경전을 듣기를 좋아하고, 듣고는 다른 이를 위하여 연설하여 모두들 이런 공덕을 성취하였는데, 그들의 이름은 정무구장리차자(淨無垢藏離車子)·정불방일(淨不放逸)리차자·항수무구정덕(恒水無垢淨德)리차자들이었다.

이런 이들이 서로 말하되 "여러분, 지금 부처님 계신 데로 빨리 갑시다. 마련해야 할 온갖 공양거리가 모두 갖추어졌습니다."라고 하였다. 그 여러 리차 족속들이 제각기 8만 4천 큰 코끼리, 8만 4천 말수레, 8만 4천 명월주(明月珠)들을 장엄하게 갖추고, 천목향·전단향·침수향의 장작 묶음이 각각 8만 4천이며, 8만 4천의 각각의 코끼리 앞에 보배 짐대와 깃발과 일산을 들었는데, 작은 것은 너비와 길이가 1유순이요, 깃발은 가장 짧은 것이 33유순이고, 짐대는 낮은 것의 높이가 1백 유순이었다. 이러한 공양거리를 가지고 부처님 계신 데 이르러 부처님 발에 예배하고 백천 바퀴를 돌고 아뢰되 "세존이시여, 저희들이 이제 부처님과 스님들을 위하여 공양거리를 마련하였으니, 바라옵건대 불쌍히 여기시어 이 공양을 받으소서." 하였으나, 부처님께서는 잠자코 허락하지 아니하셨다. 그리하여 리차들은 소원을 이루지 못하고 수심을 품은 채 부처님의 신력으로 땅에서 일곱 다라(多羅)나무 높이나 떨어진 허공에 잠자코 머물러 있게 되었다.

그때 또 다섯 항하의 모래 수 같은 대신과 장자들도 대승을 존중하여, 만일 바른 법을 비방하는 외도가 있으면 이 여러 사람들이 힘으로 능히 그것을 꺾어 버리기를 마치 우박이 풀과 나무들을 꺾어 버리듯 하는 이들이었는데, 그 이름은 일광 장자(日光長者)·호세(護世) 장자·호법(護法) 장자들이었다. 그런 이들이 우두머리가 되어 마련한 공양거리는 앞에 것들보다 5배나 되었는데, 그것들을 받들고 쌍으로 선 사라나무 사이에 이르러 부처님 발에 예배하고 백천 바퀴를 들고 아뢰었다.

"세존이시여, 저희들이 지금 부처님과 스님들을 위하여 공양거리를 마련하였으니 바라옵건대 불쌍히 여기시어 이 공양을 받으소서."

그러나 부처님께서 잠자코 받지 아니하시니, 모든 장자들도 소원을 이루지 못하고 마음에 수심을 품은 채, 부처님의 신력으로 땅에서 일곱 다라나무 높이나 떨어진 허공에 잠자코 머물러 있게 되었다.

그때 또 비사리왕과 그 후궁과 권속들과 염부제 안에 있는 여러 임금들, 다만 아사세왕(阿闍世王)과 그의 도성 촌락의 백성들을 빼고는 모두 모이니, 그 이름은 월무구왕(月無垢王)들인데, 그들도 제각기 네 가지 군대를 장엄하고 부처님 계신 데로 가려 했었다. 그 모든 임금들은 각각 1백80만억 백성 권속이 있고, 여러 수레에는 코끼리와 말을 맸는데 코끼리는 어금니가 여섯이요, 말은 바람같이 달리며, 장엄한 공양거리가 앞에 것보다 여섯 갑절이었고, 보배 일산은 가장 작은 것의 둘레와 길이 너비가 8유순에 차고, 깃발은 아주 짧은 것이 16유순이고, 짐대는 가장 낮은 것이 36유순이었다.

이 임금들은 바른 법에 머물러 있으면서 사특한 법을 미워하고 대승을 존중하며 대승을 좋아하며, 중생 사랑하기를 외아들같이 하였고, 마련한 음식에서는 아름다운 향기가 4유순까지나 풍기었다. 그들도 또한 이른 아침 해가 뜨려 할 무렵에 가지가지 훌륭한 음식들을 받들고 쌍으로 선 사라나무 사이를 찾아 부처님 계신 곳에 이르러 아뢰었다.

"세존이시여, 저희들이 부처님과 비구 스님들을 위하여 공양을 마련하였으니 바라옵건대 부처님께서는 불쌍히 여기시어 저희들의 마지막 공양을 받으소서."

그러나 부처님께서는 때를 아시고 허락하지 아니하시니, 여러 임금들도 소원을 이루지 못한 채 수심을 머금고 한쪽에 물러가 앉는 것이었다.

그때 또 일곱 항하의 모래 수 같은 여러 왕들의 부인이 있어 아세사왕의 부인만 제외하고 모두 모였는데, 그들은 다 중생을 제도하기 위하여 여인의 몸을 받았으며, 항상 몸과 행을 살피면서 공하고 모양 없고 소원 없는 법으로 그 마음을 향기롭게 닦는 이들이었으니, 그 이름은 삼계묘(三界妙) 부인·애덕(愛德) 부인들이었다. 이러한 여러 왕의 부인들은 모두 바른 법에 머물러 있으면서 계행을 잘 지니어 위의를 갖추고 중생들 사랑하기를 외아들처럼 하였다. 그들도 서로 말하되 "지금 곧 가서 부처님 계신 곳에 예배해야겠소." 하였다.

이 여러 왕의 부인들이 마련한 공양거리는 앞에 것보다 일곱 갑절되는 향과 꽃과 보배 짐대와 비단 깃발과 일산과 훌륭한 음식들인데, 일산은 작은 것이 둘레와 길이 너비가 16유순이고, 깃발은 가장 짧은 것이 36유순이고 짐대는 낮은 것이 68유순이며, 음식 향기가 두루 퍼져 8유순에 가득 찼었다. 이러한 공양거리를 가지고 부처님 계신 데로 가서 부처님 발에 예배하고 백천 바퀴를 돌고 아뢰었다.

"세존이시여, 저희들이 부처님과 비구승들을 위하여 이 공양거리를 마련하였으니, 바라옵건대 여래께서는 저희들의 마지막 공양을 받으소서."

그러나 부처님께서는 때를 아시고 잠자코 받지 아니하시니 여러 부인들도 소원을 이루지 못하고 애가 타서 머리카락을 쥐어뜯고 가슴을 치며 통곡하기를 마치 어머니가 아들의 초상을 만난 듯이 하면서 한쪽에 물러가 잠자코 앉는 것이었다.

그때 또 여덟 항하의 모래 수 같은 모든 천녀들이 있었는데, 이름은 광목(廣目) 아씨였다. 그가 우두머리가 되어 말하였다.

"여러 언니들, 자세히 보시오, 자세히 보시오. 저 여러 사람들이 가지가지 훌륭한 공양거리를 마련하여 부처님과 비구승에 공양하려 하니, 우리들도 또한 그들과 같이 좋은 공양거리를 차려 가지고 부처님께 공양합시다. 부처님께서 공양을 받으시고는 열반에 드실 것입니다. 여러 언니들, 모든 부처님들이 세상에 나시기란 어려운 일이요, 또 마지막 공양을 받들기는 더욱 어려운 일입니다. 만일 부처님께서 열반하신다면 세간은 텅 빌 것입니다."

이 천녀들은 대승을 좋아하여 대승을 들으려 하고, 듣고는 남을 위하여 널리 전하여 주고 대승을 목마른 듯 우러러 스스로 만족하고는 법을 우러르는 다른 이에게까지 만족케 해주며, 대승을 수호하되 만일 대승을 질투하는 외도가 있으면 마치 우박이 초목을 부러뜨리듯이 꺾어 버리며, 계행을 보호하여 지니며 위의를 갖추어 온갖 세간 사람들을 잘 따르면서 제도되지 못한 이를 제도하고 이해하지 못한 이를 이해케 하며, 오는 세상에서 법수레를 운전하여 삼보의 씨를 이어 끊어지지 않게 하며, 대승을 배우고 큰 장엄으로 자신을 장엄하여 이렇게 한량없는 공덕을 성취하였으며, 중생들을 평등하게 사랑하기를 외아들처럼 하는 이들이었다.

그들도 역시 이른 아침 해가 뜨려 할 무렵에 저마다 가지가지 천목향들을 가졌는데, 인간들이 가진 향목보다는 갑절이나 많았으며, 그 나무의 향기는 사람들의 온갖 더러운 냄새를 소멸시킬 수 있는 것이었다. 흰 수레에 흰 일산을 받고 흰 말 네 필을 메웠으며, 수레 위마다 흰 휘장을 두르고 휘장의 사방에는 여러 금방울을 달았고, 가지가지 향과 꽃과 보배 짐대와 깃발과 일산과 좋은 음식과 여러 가지 풍류를 잡히고, 또 사자좌를 차렸는데 그 좌석의 네 다리는 짙푸른 유리로 만들고 사자좌 뒤에는 각각 7보로 만든 안석이 있고, 앞에는 금으로 만든 발 받침이 있으며, 또 7보로 등대를 만들고 온갖 보배 구슬로 등불을 삼았으며, 땅에는 아름다운 하늘 꽃으로 펴 깔았다. 이 여러 천녀들이 이런 공양거리를 마련하고 슬픈 감격에 잠겨 눈물을 흘리면서 큰 고통을 일으켰지만 역시 중생들을 이익하고 편안케 하기 위하여 대승의 제일가는 공한 행을 이룩하고 부처님의 방편인 밀교를 나타내며, 또 가지가지 설법을 끊어지지 않게 하기 위하여 부처님 계신 데 나아가 부처님 발에 예배하고 백천 바퀴를 돌고 부처님께 아뢰었다.

"세존이시여, 바라옵건대 불쌍히 여기시어 저희들의 마지막 공양을 받아 주소서."

그러나 부처님께서는 때를 아시고 잠자코 받지 않으시니, 천녀들도 소원을 이루지 못하고 근심을 품은 채 한쪽에 물러가 잠자코 앉는 것이었다.

그때 또 아홉 항하의 모래 수 같은 여러 용왕들이 사방에 살았는데 그 이름은 화수길 용왕·난다 용왕·바난타 용왕들로서 그들이 우두머리였다. 이 여러 용왕들도 역시 이른 아침 해가 뜨려 할 무렵에 공양거리를 인간들과 천녀 것들보다 갑절이나 더 차려 가지고 부처님 계신 데로 가서 부처님 발에 예배하고 백천 바퀴를 돌고, 부처님께 아뢰었다.

"바라옵건대 부처님께서 저희들을 불쌍히 여기시어 이 마지막 공양을 받아 주소서."

그러나 부처님께서는 때를 아시고 잠자코 받지 아니하시니 여러 용왕들도 소원을 이루지 못하고 수심을 품고, 한쪽에 물러가 앉는 것이었다.

그때 또 열 항하의 모래 수 같은 여러 귀신왕들이 있었는데 비사문(毘沙門)왕이 우두머리였다. 서로 일러 말하되 "여러분, 지금 빨리 부처님 계신 데로 가야 하오." 하면서 용왕들보다 더 훌륭한 공양거리를 차려 가지고 부처님 계신 데로 가서 부처님 발에 예배하고 백천 바퀴를 돌고 부처님께 아뢰었다.

'바라옵건대 부처님께서 우리를 어여삐 여기시어 이 마지막 공양을 받아 주소서.'

그러나 부처님께서는 때를 아시고 잠자코 허락하지 아니하시니 귀신왕들도 소원을 이루지 못하고 수심을 품고서 한쪽에 물러가 앉는 것이었다.

그때 또 스무 항하의 모래 수 같은 금시조왕(金翅鳥王)이 있었는데 항원왕(降怨王)이 우두머리였고, 또 서른 항하의 모래 수 같은 건달바왕(乾闥婆王)이 있었는데 나라달왕(那羅達王)이 우두머리였고, 또 마흔 항하의 모래 수 같은 긴나라왕(緊那羅王)이 있었는데 선견왕(善見王)이 우두머리였고, 또 쉰 항하의 모래 수 같은 마후라가왕(摩睺羅伽王)이 있었는데 대선견왕(大

善見王)이 우두머리였고, 예순 항하의 모래 수 같은 아수라왕이 있었는데 섬바리왕(睒婆利王)이 우두머리였고, 또 일흔 항하의 모래 수 같은 타나바왕(陀那婆王)이 있었는데 무구하수왕(無垢河水王)과 발제달다왕(跋提達多王)들이 우두머리였고, 또 여든 항하의 모래 수 같은 나찰왕이 있었는데 가외왕(可畏王)이 우두머리였다. 그들은 악한 마음을 다 버리고 다시는 사람을 잡아먹지 아니하며 원수에게도 자비한 마음을 일으켰으므로, 모양이 매우 흉악하던 것이 부처님의 신력으로 단정하여졌다. 또 아흔 항하의 모래 수 같은 수림신왕(樹林神王)이 있었는데 낙향왕(樂香王)이 우두머리였고, 또 1천 항하의 모래 수 같은 지주왕(持呪王)이 있었는데, 대환(大幻) 지주왕이 우두머리였고, 또 1억 항하의 모래 수 같은 탐색(貪色) 도깨비가 있었는데 선견왕(善見王)이 우두머리였고, 또 백억 항하의 모래 수 같은 하늘의 여러 채녀(宋女)들이 있었는데, 남바녀(藍婆女)·울바시녀(鬱婆尸女)·제로첨녀(帝路沾女)·비사가녀(毘舍佉女)들이 우두머리였고, 또 천억 항하의 모래 수 같은 모든 귀왕(鬼王)들이 있었는데 백습왕(白濕王)이 우두머리였고, 또 10만억 항하의 모래 수 같은 여러 천자와 여러 천왕들과 사천왕들이 있었고, 또 10만억 항하의 모래 수 같은 사방의 풍신(風神)들이 있어서 모든 나무에 불어 제철 꽃과 제철 아닌 꽃들을 날려서 쌍으로 선 나무 사이에 흩는 것이었다.

또 10만억 항하의 모래 수 같은 구름과 비를 맡은 신이 있어 이 같은 생각을 가졌었다.

'여래께서 열반하시어 화장할 때에는 우리는 꼭 비를 내려 불을 꺼서 대중의 애타는 고민을 서늘케 하리라.'

또 스무 항하의 모래 수 같은 코끼리왕이 있었는데 라후(羅睺) 코끼리왕·금빛[金色] 코끼리왕·단맛[甘味] 코끼리왕·감후(紺睺) 코끼리왕·욕향(欲香) 코끼리왕들이 우두머리였다. 그들은 대승을 공경하고 대승을 좋아하고, 부처님께서 오래잖아 열반에 드실 줄 알고 제각기 한량없고 그지없는 여러 아름다운 꽃들을 가지고 부처님 계신 데 이르러 부처님께 예배하고 한쪽에 물러가 있었다.

또 스무 항하의 모래 수 같은 사자왕이 있었는데 사자후왕(獅子吼王)이 우두머리가 되어 모든 중생에게 두려움 없는 보시를 하더니, 온갖 꽃과 과일을 가지고 부처님 계신 곳에 이르러 부처님 발에 예배하고 한쪽에 물러가 있었으며, 또 스무 항하의 모래 수 같은 모든 날짐승 왕이 있었는데 오리·기러기·원앙·공작 등 여러 새와 건달바새·가란타새·구욕새[鴝鵒鳥]·앵무새·구시라새[俱翅羅鳥]·바희가새[婆嘻伽鳥]·가릉빈가새[迦陵頻伽鳥]·기바기바새[耆婆耆婆鳥], 이 같은 여러 새들이 꽃과 과일을 가지고 부처님 계신 곳에 이르러 부처님 발에 예배하고 한쪽에 물러가 있었다. 또 스무 항하의 모래 수 같은 물소와 소와 양들이 부처님 계신 곳으로 가서 아름답고 향기로운 젖을 흘려내니 그 젖이 구시나성에 있는 도랑과 웅덩이에 가득 차 빛과 향기와 훌륭한 맛을 모두 갖추었으며, 이런 일을 이루고는 한 쪽에 물러가 있었다.

또 스무 항하의 모래 수 같은 사천하의 여러 신선들이 있었는데 인욕선인(忍辱仙人)이 우두머리가 되어 모든 향과 꽃과 여러 가지 맛나는 과일들을 대반열반경 가지고 부처님 계신 데로 나아가 부처님 발에 예배하고 부처님을 세 바퀴 돌고 부처님께 아뢰었다.

"바라옵건대 세존이시여, 저희들을 가엾이 여기사 이 마지막 공양을 받아 주소서."

그러나 부처님께서는 때를 아시고 잠자코 허락하시지 않으시니, 모든 신선들도 소원을 이루지 못하여 수심을 품고 한쪽에 물러가 있었다.

염부제에 있는 모든 벌[蜂] 임금들 중에 묘음봉왕(妙音蜂王)이 우두머리가 되어 가지각색 꽃을 가지고 부처님 계신 데로 와서 부처님 발에 예배하고 한 바퀴를 돌고 한쪽에 물러가 있었다.

그때 염부제 중에 있는 비구·비구니들이 모두 모였는데 오직 존자 마하가섭(摩訶迦葉)과 아난(阿難)이 빠졌으며, 또 한량없는 아승기 항하의 모래 수 같은 세계와 그 중간과 염부제에 있는 모든 산은 수미산왕이 우두머리인데, 그 산은 장엄하여 숲과 떨기가 우거지고 가지와 잎이 무성하여 햇빛을 가리웠으며 온갖 아름다운 꽃들이 두루 퍼져 장식되었고, 맑은 샘과 흐르는 물은 향기롭고 깨끗하며, 모든 하늘과 용과 신과 건달바·아수라·가루라·긴나라·마후라가와 신선과 주술(呪術)하는 이들이 풍류와 놀이를 잡히며 이런 무리들이 그 속에 가득

찼는데, 이런 여러 산신들도 역시 부처님 계신 데로 와서 부처님 발에 예배하고 한쪽에 물러가 있었다.

또 아승기 항하의 모래 수 같은 사방 바다 맡은 신들과 강 맡은 여러 신들이 있어, 큰 위덕을 갖추고 신통력을 가졌었는데 그들이 마련한 공양거리는 앞에 것보다 갑절이나 더 훌륭하였다. 여러 신들의 몸에서 솟는 빛과 풍류의 등불 빛이 해와 달을 가리워 다시 나타나지 못하게 하며, 점바(占婆)꽃을 희련하(熙連河)에 흩으면서 부처님 계신 데 이르러 부처님 발에 예배하고 한쪽에 물러가 있었다.

그때 구시나 성의 사라숲에서는 나무들이 모두 희어져서 마치 흰 학과 같았으며, 허공 중에 저절로 7보로 된 강당이 생겼는데, 아로새긴 무늬와 조각이 아름답고 분명하며, 둘러 있는 난간은 여러 가지 보배로 장식되었고, 강당 아래는 흐르는 샘과 목욕하는 못이 있는데, 훌륭한 연꽃이 그 속에 가득 찼으니, 마치 북방에 있는 울단월(鬱單越)과도 같고 도리천(忉利天)의 환희원(歡喜園)과도 같았다.

그때 사라숲 사이에서도 가지가지 장엄이 매우 훌륭하기가 역시 그와 같았는데, 이 천상 사람들과 아수라들이 다 함께 부처님의 열반하시는 모양을 보고 모두 슬피 느끼며 근심하며 걱정하는 것이었다.

그때 사천왕과 제석천왕이 서로 말하였다.

"그대들은 이 천상 사람, 세간 사람과 아수라들이 공양을 많이 차려 가지고 부처님께 마지막 공양을 드리려는 것을 보았는가. 우리들도 역시 그와 같이 공양해야 할 것이다. 만일 우리들이 마지막 공양을 올린다면 보시바라밀[檀波羅蜜]을 만족스럽게 성취하는 것도 어렵지 아니하리라."

그때 사천왕들이 마련한 공양거리는 앞에 것들보다 갑절이나 훌륭했으니, 만다라화(曼陀羅花)·큰 만다라화·가지루가화(迦枳樓伽花)·큰 가지루가화·만수사화(曼殊沙花)·큰 만수사화·큰 산다니기화(散多尼迦花)·애락화(愛樂花)·큰 애락화·보현화(普賢花)·큰 보현화·시화(時花)·큰 시화·향성화(香城花)·큰 향성화·환희화(歡喜花)·큰 환회화·발욕화(發欲花)·큰 발욕화·향취화(香醉花)·큰 향취화·보향화(普香花)·큰 보향화·천금엽화(天金葉花)·용화(龍花)·파리질다수화(波利質多樹花)·구비라수화(狗毘羅樹花)들과 또 가지각색 아름답고 훌륭한 음식을 가지고 부처님 계신 데 이르러 부처님 발에 예배했는데, 이 모든 천상 사람들이 가진 광명은 능히 해와 달을 가리워 나타나지 못하게 했으며, 이러한 공양거리로 부처님께 공양하려 했으나 부처님께서는 때를 아시고 잠자코 받지 아니하시니 그 천인(天人)들도 소원을 이루지 못하고 슬픔과 괴로움을 느끼면서 한쪽에 물러가 앉는 것이었다.

그때 제석천왕과 33천이 여러 가지 공양거리를 마련했는데 역시 앞에 것들보다 곱절이나 훌륭하고, 가지고 온 꽃들도 또한 그렇게 아름다우며, 미묘한 향기가 대단히 좋았고, 득승당(得勝堂)과 모든 작은 강당들을 받들고 부처님 계신 데로 와서 부처님 발에 예배하고 아뢰었다.

"세존이시여, 저희들은 대승을 좋아하고 애호합니다. 바라옵건대 부처님께서는 저희들의 공양을 기쁘게 받으소서."

그러나 여래께서는 때를 아시고 잠자코 받지 않으시니, 여러 제석천왕들도 소원을 이루지 못하여 수심을 품고 한쪽에 물러가 있었다. 또 제6천이 베푼 공양은 앞에 것들보다 점점 더 훌륭했으니, 보배 깃발과 일산들은 작은 것이 사천하를 덮었고, 깃발은 가장 짧은 것도 사방 바다를 둘렀으며, 짐대는 가장 낮은 것이 자재천(自在天)까지 이르러서 실바람만 불어도 깃발에 서 아름다운 음성을 내는 것이었는데, 훌륭한 음식들을 받들고 부처님 계신 데로 와서 부처님 발에 예배하고 아뢰었다.

"세존이시여, 바라옵건대 저희들의 마지막 공양을 받아 주소서."

그러나 부처님께서는 때를 아시고 잠자코 받지 아니하여 여러 하늘들도 소원을 이루지 못하고 가슴에 수심을 품고 한쪽에 물러가 있었다.

위로 유정천(有頂天)에 이르기까지 모든 범천 대중들이 모두 모여 왔는데 그때 대범천왕과 다른 범천 대중들이 몸으로 광명을 놓아 사방 천하에 두루 펴져 욕계(欲界)의 천상·인간의 해와 달빛은 다시 나타나지 못하며, 보배 짐대와 비단 깃발과 일산들을 가졌는데, 깃발은 가장 짧은 것도 범천의 궁전에 단 것이 사라숲까지 드리웠다. 부처님 계신 곳에 와서 부처님 발에 예배하고 아뢰었다.

"세존이시여, 바라옵건대 저희를 불쌍히 여기시어 이 마지막 공양을 받으소서."

그러나 여래는 때를 아시고 잠자코 받지 아니하시니, 범천들도 소원을 이루지 못하고 마음에 수심을 품은 채 한쪽에 물러가 있었다.

그때 비마질다(毘摩質多) 아수라왕이 한량없는 아수라 권속들과 함께 하였으니 그 몸들의 광명이 범천보다 더 훌륭하며, 보배 짐대와 비단 깃발과 일산들을 가졌는데, 일산은 작은 것이 천 세계를 덮었고, 가장 훌륭한 음식을 받들고 부처님 계신 데로 와서 부처님 발에 예배하고 아뢰었다.

"바라옵건대 세존이시여, 저희를 불쌍히 여기시어 마지막 공양을 받아 주소서."

그러나 부처님께서는 때를 아시고 잠자코 받지 아니하시니, 아수라들도 소원을 이루지 못하고 마음에 수심을 품고 한쪽에 물러가 있었다.

그때 욕계의 마왕 파순(波旬)이 그 권속과 하늘의 채녀(婇女)들과 한량없고 그지없는 아승기 무리를 데리고 지옥문을 열어 놓고 서늘한 물을 뿌리면서 말하였다.

"너희들은 지금 할 만한 아무 일도 없다. 다만 여래·응공·정변지만을 생각하고 마지막으로 따라 즐겨 하는[隨喜] 공양을 세우라. 반드시 너희들로 하여금 길고 긴 밤중에서 편안함을 얻게 하리라."

그때 파순이 지옥 속에서 창과 칼의 한량없는 고초를 모두 소멸시키고, 이글이글 타는 불길도 비를 내려 없애고, 부처님의 신통력으로 좋은 마음을 내어 모든 권속들로 하여금 칼·활·갑옷·병장기·창·갈퀴·철퇴·도끼·바퀴·오랏줄을 버리게 했는데, 그들이 마련한 공양거리는 온갖 천상 인간에서 베푼 것보다 갑절이나 더 훌륭하여 작은 일산도 중천세계를 덮을 만하였다. 그런 것을 받들고 부처님 계신 곳으로 와서 부처님 발에 예배하고 아뢰었다.

"저희들은 지금 대승을 좋아하고 대승을 수호하나이다. 세존이시여, 만일 선남자·선여인이 공양하기 위하거나 두려움을 위하거나 다른 이를 속이기 위하거나 재물을 위하거나 다른 이를 따르기 위하여 혹 참 마음이나 거짓 마음으로 대승을 받아 지닌다면 저희들은 그때 그 사람들의 공포를 없애기 위하여 이러한 주문을 외우리다.

타기 타타라타기 로가례 마하로가례 아라 자라 다라
佗枳 咃咃羅佗枳 盧呵隸 摩訶盧訶隸 阿羅 遮羅 多羅
사바하
莎婆呵

이 주문은 모든 마음을 잃은 이, 무서워하는 이, 법문을 말하는 이, 바른 법을 끊어지지 않게 하려는 이들로 하여금 외도를 항복받게 하기 위하여, 또 자기의 몸을 보호하게 하기 위하여, 또 바른 법을 수호하게 하기 위하여, 또 대승을 수호하게 하기 위하여, 이 주문을 외우는 것이니, 만일 이 주문을 받아

지니는 이는 나쁜 코끼리도 두렵지 않고 거친 벌판과 빈 구렁과 험난한 곳에 가더라도 무서움을 일으키지 아니하며, 또 물이나 불이나 사자나 호랑이나 도둑이나 국법의 어려움도 없으리이다. 세존이시여, 이 주문을 지니는 사람은 이러한 공포가 없어지오리다. 세존이시여, 이 주문을 지니는 사람은 제가 그를 보호하기를 거북이 여섯 군데를 감추듯 하오리이다. 세존이시여, 저희들이 지금 아첨하느라고 이런 일을 말하는 것이 아니며, 이 주문을 가지는 이는 제가 지성으로 그 세력을 더하게 하겠으니, 바라옵건대 세존께서는 저희를 가엾이 여기시어 이 마지막 공양을 받으소서."

그때 부처님께서는 마왕 파순에게 말씀하셨다.

"나는 너의 음식 공양은 받지 않겠으나 네가 말한 신기한 주문은 이미 받았으니 그것은 모든 중생과 사부대중을 편안케 하기 위함이니라."

부처님께서는 이렇게 말씀하시고 잠자코 받지 아니하셨다. 그렇게 세 번이나 청했으나 모두 받지 아니하시니, 마왕 파순도 소원을 이루지 못하고 수심을 품고 한쪽에 물러가 있었다.

그때 대자재천왕(大自在天王)과 그 권속인 한량없는 하늘 무리들이 마련한 공양거리는 범천왕·제석천왕·사천왕과 인간 천상과 8부신중과 사람인 듯 아닌 듯한 이[人非人]들이 마련한 공양보다 훨씬 훌륭하였으니, 범천왕·제석천왕의 마련한 것은 마치 먹덩이가 흰 옥 옆에 있는 듯 나타나지 못하였으며, 보배 일산은 작은 것이 삼천대천세계를 덮을 만하였다.

이러한 공양거리를 가지고 부처님 계신 데 나아가 부처님 발에 예배하고 수없이 돌고 부처님께 아뢰었다.

"세존이시여, 저희들의 받드는 보잘것없는 공양거리는 마치 모기가 우리에게 공양하는 듯하며, 어떤 사람이 한 움큼의 물을 바다에 던지는 듯하며, 조그만 등불 하나를 켜서 백천의 해를 돕는 듯하며, 봄·여름철에 온갖 꽃이 한창 필 적에 어디서 꽃 한 송이를 쥐고 와서 그 많은 꽃에 보태는 듯하며, 또 겨자씨로써 수미산에 더하는 듯하니, 어찌 큰 바다나 밝은 햇빛이나 많은 꽃이나 수미산에 보탬이 되오리이까. 세존이시여, 저희들이 지금 받드는 변변치 못한 공양거리도 그와 같습니다. 설사 삼천대천세계에 가득한 향과 꽃과 음악과 깃발과 일산으로써 부처님께 공양한다 하여도 오히려 말할 것이 되지 못하리니, 왜냐하면 부처님께서는 중생을 위하여 항상 지옥·아귀·축생의 나쁜 갈래에서 그지없는 고통을 받으시는 까닭입니다. 그러하오나 그렇기 때문에 세존께서는 저희들을 불쌍히 여기시어 이 마지막 공양을 받아 주소서."

그때 동쪽으로 한량없고 수없는 아승기 항하의 모래 수 세계를 지나가서 부처님 세계가 있는데 이름은 의락미음(意樂美音)이요, 부처님 이름은 허공등(虛空等) 여래(如來)·응공(應供)·정변지(正遍知)·명행족(明行足)·선서(善逝)·세간해(世間解)·무상사(無上士)·조어장부(調御丈夫)·천인사(天人師)·불세존(佛世尊)이었다.

그때 그 부처님께서 제일 큰 제자에게 말씀하셨다.

"선남자여, 그대는 지금 서쪽으로 사바세계로 가라. 그 땅에 부처님이 계신데 이름은 석가모니 여래·응공·정변지·명행족·선서·세간해·무상사·조어장부·천인사·불세존이시다. 그 부처님이 오래잖아 열반에 드실 것이다. 선남자여, 그대는 이 세계의 청정한 밥[香飯]을 가지고 가서 저 부처님 세존께 드려라. 이 맛있는 음식을 자시면 편안하실 것이다. 저 세존께서 잡수시고는 열반에 드시리라. 선남자여, 그대는 아울러 예배하고 의심나는 것을 물을지어다."

그때 무변신(無邊身)보살마하살이 부처님의 가르침을 받들고 자리에서 일어나 부처님 발에 예배하고 오른쪽으로 세 번을 돌고 한량없는 아승기 보살 대중과 함께 그 나라를 떠나서 이 사바세계로 왔다.

마침 이때 이 삼천대천세계는 땅이 여섯 가지로 진동하였다. 이 대중 가운데서 범천왕·제석천왕·사천왕과 마왕 파순과 마혜수라(摩醯首羅), 이런 대중들이 땅이 진동함을 보고, 몸에 소름이 끼치며 목구멍과 혀가 마르고 놀래어 떨면서 사방으로 헤어지려 하는데, 제 몸을 보니 광명이 없어지고 가졌던 위엄과 공덕조차 모두 사라져 아무것도 없었다. 이때 문수사리법왕자가 자리에서 일어나 모든 대중에게 말하였다.

"모든 선남자들아, 그대들은 놀라지 말지어다. 왜냐하면 여기서 동방으로 한량없고 수없는 아승기 항하의 모래 수만큼 많은 세계를 지나가서 한 세계가 있으니, 이름은 의락미음이고, 부처님 명호는 허공등(虛空等) 여래·응공·정변지 등 열 가지 이름이 구족하시고, 또 거기 보살이 있는데 이름은 무변신으로 한량없는 보살들과 함께 여기 와서 부처님께 공양하려 하나니, 그 보살의 위엄과 신력으로 말미암아 그대들의 몸에 있는 광명이 나타나지 못하느니라. 그러므로 너희들은 기쁜 마음을 가질 뿐, 두려운 마음은 품지 말지어다."

그때 대중들이 모두 멀리서 그 부처님의 대중을 바라보니 마치 거울 속에 자기의 몸을 보는 듯하였다. 그때 문수사리가 다시 대중에게 말하였다.

"그대들이 지금 바라보는 저 부처님과 대중들이 마치 이 부처님을 뵈는 것 같음은 모두 부처님의 신력인 연고니라. 그와 같이 다시 9방에 계시는 한량없는 부처님을 뵈올 수 있으리라."

대중들은 서로 말하였다.

"애달프다, 애달프다. 세간이 비었도다. 여래께서 오래잖아 열반에 드시리라."

이때 대중은 모두 저 무변신보살과 그 권속들을 보았다. 그 보살의 몸에는 털구멍마다 큰 연꽃이 솟아나고, 연꽃마다 7만 8천 고을[城邑]들이 있는데 길이와 너비가 비사리성과 같고, 담벼락과 해자들은 7보로 섞어 쌓았고 보배로 된 다라나무가 일곱 겹으로 줄지어 섰으며, 백성들이 번성하여 편안하고 즐거우며, 염부단금으로 망루가 되었는데 망루마다 7보로 된 숲이 있어 꽃과 열매가 무성하고, 실바람이 불 때마다 아름다운 음성을 내니 그 소리가 화평하여 마치 하늘 음악을 잡히는 듯

성안에 사는 백성들이 이 음성을 듣고는 곧 가장 좋은 쾌락을 얻으며, 여러 해자 안에는 맑은 물이 가득하여 향기롭고 깨끗함이 진주 유리와 같으며, 이 물 위에는 7보로 된 배가 있어 모든 사람들이 마음대로 타고 다니면서 목욕도 하고 유희도 하며 서로 즐기니 그 쾌락이 그지없었다.

또 한량없는 가지각색 연꽃이 있는데 우발라화·구물두화·파두마화·분타리화들로서 그 꽃의 크기가 수레바퀴만하며, 해사의 언덕 위에는 숲동산들이 있고, 동산마다 못 다섯씩 있고, 이 여러 못 가운데는 또 우발라화·구물두화·파두마화·분타리화가 있어 크기가 역시 수레바퀴만하고, 향기가 아름다워 참으로 즐길 만하며, 그 물은 깨끗하고 맑아 부드럽기가 제일이며, 오리·기러기·원앙새 등이 그 속에서 헤엄치며 다니고 그 동산 안에는 각각 여러 가지 보배로 만든 궁전이 있고, 그 궁전 뜰마다 길이와 너비는 사방이 반듯하게 4유순씩이며, 그 담벽은 모두 네 가지 보배로 되었으니 금·은·유리·파리며, 진금으로 만든 창호에는 난간이 둘러 있고 매괴로 된 땅 위에는 금모래를 깔았으며, 그 궁전에는 7보로 된 못과 내가 많고 낱낱 못가마다 열여덟 개의 황금 사다리가 있고 염부단금으로 파초나무가 되었으니, 마치 도리천의 환희원(歡喜園)과 같았다.

이 성곽마다 8만 4천 임금이 있고 임금마다 한량없는 부인과 궁녀가 있어 서로 즐기고 쾌락을 누리며, 다른 백성들도 또한 그와 같이 제각기 사는 곳에서 즐거워하는 것이다. 이 가운데 있는 중생들은 다른 이름은 듣지 못하고 위없는 대승의 법만 들으며, 여러 가지 꽃 가운데는 각각 사자좌가 있으니 사자좌의 다리는 모두 감색 유리로 되었으며, 부드럽고 흰 옷으로 자리 위에 깔았으니 그 옷이 아름답기란 삼계(三界)에 뛰어나고, 사자좌마다 한 임금이 앉아서 대승법으로 중생을 교화하며, 어떤 중생들은 받아 지니고 쓰고 읽고 외우며 말씀한 대로 수행하여 대승경전을 펴는 것이다. 그때 무변신보살이 한량없는 중생들을 자기의 몸에 편안히 머물게 하여 세간의 즐거움을 버리게 하니, 모두 말하였다.

"애달프다, 애달프다. 세간이 비는도다. 부처님이 오래지 않아 열반에 드시리라."

그때 무변신보살이 한량없는 보살에게 겹겹으로 호위되어 이러한 신통력을 나타내고 나서 한량없는 가지각색 공양거리와 훌륭하고 아름다운 음식을 올렸는데, 만일 그 음식의 향기를 맡기만 하면 모든 번뇌의 때가 모두 사라지는 것이었다. 이 보살의 신통력으로 말미암아 모든 대중이 이렇게 변화하는 것도 보게 되었는데, 그것은 무변신보살의 몸뚱이 크기가 가이없어 허공과 같아, 여러 부처님을 제하고는 아무도 이 보살의 몸이 가이없음을 볼 수가 없는 것이었다.

그때 무변신보살과 그 권속들이 마련한 공양거리는 앞에 것들보다도 곱절이나 훌륭하였다. 그것을 가지고 부처님 계신 데 이르러 부처님 발에 예배하고 합장하고 공경하여 부처님께 아뢰었다.

"세존이시여, 바라옵건대 저희들을 불쌍히 여기시어 이 공양을 받아 주소서."

그러나 부처님께서는 때를 아시고 잠자코 받지 아니하시며, 이렇게 세 번 청하였으나 모두 받지 아니하였다. 그때 무변신보살과 권속들은 한쪽에 물러가 앉았으며, 남방·서방·북방의 여러 부처님 세계에서도 한량없는 무변신보살들이 앞에 것보다 더 훌륭한 공양거리를 가지고 부처님 계신 데로 와 서 공양을 청하다 여의치 못하고, 한쪽에 물러가 앉기를 역시 이와 같이 했다.

그때 쌍으로 선 사라나무 숲 복된 땅은 가로 세로가 32유순인데 대중들이 가득 차 빈틈이 없어, 사방에서 모여 온 무변신보살과 그 권속들이 앉을 곳은 송곳 끝이나 바늘 끝, 티끌만 하였다. 시방의 티끌 같은 부처님의 세계에서 모든 큰 보살들이 모여왔고 염부제의 모든 대중들도 모여왔는데, 오직 마하가섭 존자와 아난 존자 두 분과 아사세왕과 그 권속들만을 빼고는 보기만 하여도 사람이 죽는 독사·전갈·말똥구리와 열여섯 가지 나쁜짓을 행하는 것들까지 모두 모여왔으며, 타나바신(陀那婆神)과 아수라들은 모두 나쁜 마음을 버리고 자비한 마음을 내어 아버지 같고 어머니 같고 누나 같고 동생 같이 되었으며, 삼천대천세계의 중생들이 자비한 마음으로 서로 대함도 그와 같았는데, 다만 영원히 성불할 수 없는 일천제(一闡提)만은 거기에 들지 않았다.

그때 삼천대천세계가 부처님 신력으로써 땅이 부드럽고 언덕과 구렁과 모래와 자갈과 가시밭과 독한 풀들이 없으며, 여러 가지 보배로 장엄한 것이 마치 서방 무량수불(無量壽佛)의 극락세계와 같았다. 이때 대중들이 시방의 티끌 같은 부처님의 세계를 보는 것이 거울 속에 자기의 몸을 보는 것 같았고, 여러 부처님의 국토를 보는 것도 역시 그와 같았다. 그때 부처님의 입으로부터 나왔던 오색 광명은 모여온 대중을 찬란하게 비치어 그들 자신의 몸 광명은 나타나지 못하게 하고 일을 마치고는 입으로 도로 들어가는 것이었다. 모든 천인과 여러 대중과 아수라들은 부처님의 광명이 도로 입으로 들어가는 것을 보고는 모두 크게 두려워 전신에 털이 곤두서며 이런 말을 했다.

"여래의 광명이 나왔다가 도로 들어가는 것은 인연이 없지 않으리니, 반드시 시방세계에서 하실 일을 마치시고 곧 마지막 열반에 드시는 모습이시다. 어찌 이리 애달프고, 어찌 이리 애달픈가. 어쩌다 세존께서 하루아침에 4무량심을 버리시고, 또 천상·인간이 받드는 모든 공양을 받지 않으시는가. 거룩한 지혜의 햇빛이 이제부터 아주 없어질 것이며, 위없는 법의 배가 이제 가라앉으리니 아, 애통하도다. 세상이란 큰 고통이다."

손을 들어 가슴을 치고 슬피 울부짖으며 팔 다리가 떨리어 진정할 수 없고 온몸의 털구멍으로부터 피가 흘러나와 땅을 적시는 것이었다.

대반열반경 제2권

2. 순타 이야기[純陀品]

그때 모인 대중 가운데 한 우바새가 있었는데 구시나성에 사는 장인[工巧]의 아들로서 이름은 순타(純陀)였다. 그 동류 15인과 함께 세상 사람들로 하여금 선한 과보를 얻게 하려고 몸의 위의를 버리고 자리에서 일어나 오른 어깨를 드러내고 오른 무릎을 땅에 대고 합장하고 부처님을 향하여 슬프게 눈물을 흘리면서 부처님 발에 예배하고 이렇게 아뢰었다.

"바라옵건대 세존이시여, 비구 대중이시여, 저희들의 마지막 공양을 불쌍히 여겨 받아 주십시오. 한량없는 중생을 건지시기 위해서입니다. 세존이시여, 저희들은 이제부터 주인도 없고 어버이도 없고 구원해 줄 이도 없고 보호해 줄 이도 없고 돌아갈 데도 없고 나아갈 데도 없습니다. 가난하고 궁하고 굶주리고 곤고할 것이기에 여래에게서 장래의 먹이를 구하려 하나이다. 바라옵건대 저희를 불쌍히 여기시어 이 작은 공양을 받으신 뒤에 열반에 드소서. 세존이시여, 비유하면 찰리·바라문·비사·수타가 가난하고 곤궁하여 다른 나라에 가서 농사를 지을 적에, 길 잘든 소를 얻고 반듯한 좋은 밭에 모래와 소금기가 없고 나쁜 풀이 자라지 않고 다만 하늘에서 비 오기만 바라는 것과 같습니다. 길 잘든 소는 몸과 입으로 짓는 일곱 가지 업에 비유하고, 반듯한 좋은 밭은 지혜에 비유하고, 모래 소금기와 나쁜 풀을 덜어내는 것은 번뇌를 끊는 데 비유한 것입니다. 세존이시여, 이제 저의 몸에는 길 잘든 소와 좋은 밭이 있고 나쁜 풀을 매어 버렸고 다만 여래의 감로 같은 법의 비만을 바랄 따름입니다. 가난한 네 가지 종성[四姓]은 곧 저의 몸으로서 위없는 법의 재물에 가난함이니, 바라옵건대 가엾이 여기시어 저희들의 가난하고 곤궁함을 없애 주시고, 고통받는 한량없는 중생을 건져 주소서. 저희의 이 공양이 보잘것없으나 부처님과 대중에게 만족함이 되게 하소서. 저는 지금 주인도 없고 어버이도 없고 돌아갈 데도 없으니, 아드님 라후라처럼 어여삐 여기소서.”

그때 온갖 지혜를 갖추시고 위없는 조어장부(調御丈夫)이신 세존께서 순타에게 말씀하셨다.

“착하도다, 착하도다. 내가 지금 너의 가난하고 곤궁함을 끊어주고, 위없는 법비를 너의 몸밭에 내려 법의 싹이 트게 하리라. 네가 지금 나에게서 수명과 모습과 힘과 안락과 걸림없는 변재를 얻으려 하니, 내 이제 너에게 변치 않는 수명과 훌륭한 모습과 힘과 안락과 변재를 베풀어주리라. 왜냐하면 순타여, 음식을 보시하면 두 가지 과보가 차별이 없기 때문이니, 무엇이 두 가지인가 하면, 첫째는 받고서 아뇩다라삼먁삼보리를 얻는 것이요, 두 번째는 받고서 열반에 드는 것이니라. 나는 지금 너의 마지막 공양을 받고 너로 하여금 보시(布施)바라밀을 구족하게 하리라."

그때 순타는 부처님께 아뢰었다.

"부처님께서 말씀하신 두 가지 보시의 과보가 차별이 없다는 것은 그렇지 않습니다. 왜냐하면 앞에 보시를 받은 이는 번뇌가 다하지 못하였고 일체종지(一切種智)를 이루지 못하였으며, 중생으로 하여금 보시바라밀을 구족케 할 수 없었습니다. 나중 보시 받은 이는 번뇌가 이미 다하였고 일체종지를 또한 이룩하였으며 능히 중생들로 하여금 널리 보시바라밀을 구족케 할 수 있습니다. 앞에 보시 받은 이는 아직 중생이고 나중 보시 받은 이는 하늘 중의 하늘이겠으며, 또 앞에 보시 받은 이는 잡식하는 몸이고 번뇌 있는 몸이고 뒤의 가가 있는 몸[後邊身]이고 무상한 몸인데, 나중 보시를 받은 이는 번뇌 없는 몸이고 금강 같은 몸이고 법신이고 늘 있는 몸이고 가이없는 몸이거늘, 어찌하여 두 가지 보시의 과보가 평등하여 차별이 없다 하십니까.

앞에 보시 받은 이는 보시바라밀과 내지 지혜바라밀을 구족하지 못하였으며, 오직 육신의 눈만 얻고 부처님의 눈이나 내지 지혜의 눈을 얻지 못하지만 나중 보시 받은 이는 보시바라밀과 내지 지혜바라밀을 구족하였으며, 부처님의 눈과 내지 지혜의 눈을 구족할 것이거늘, 어찌하여 두 가지 보시가 평등하여 차별이 없다 하십니까? 세존이시여, 앞에 보시 받은 이는 받아먹어 배에 들어가 소화되어 수명을 얻고, 모습을 얻고 힘을 얻고, 안락을 얻고 걸림없는 변재를 얻을 것이지만 나중 보시 받은 이는 먹는 것도 아니고 소화 되는 것도 아니라 다섯 가지 과보가 없을 것이거늘, 어찌하여 두 가지 보시의 과보가 평등하여 차별이 없다 하십니까?"

부처님께서는 이렇게 말씀하셨다.

"선남자여, 여래는 이미 한량없고 가이없는 아승기겁 전부터 잡식하는 몸, 번뇌 있는 몸이 아니고, 또 뒤의 가가 있는 몸이 아니고, 늘 있는 몸이며 법신이며 금강 같은 몸이니라. 선남자여, 불성(佛性)을 보지 못한 이는 번뇌의 몸이고 잡식하는 몸이니 이는 뒤의 가가 있는 몸이거니와, 보살이 그때 음식을 받고는 금강삼매에 들었고, 이 음식이 소화된 뒤에는 곧 불성을 보고 아뇩다라삼먁삼보리를 얻었으므로, 내가 말하기를 '두 가지 보시의 과보가 평등하여 차별이 없다'고 한 것이니라. 보살이 그때에도 네 가지 마군을 깨뜨리었고 지금 열반에 들어서도 네 가지 마군을 깨뜨리므로, 내가 말하기를 두 가지 보시의 과보가 평등하여 차별이 없다 한 것이니라. 보살이 그때 비록 12부 경전을 널리 말하지 아니하였으나 이미 통달하였고, 지금 열반에 들어서는 중생들을 위하여 분별하여 연설하는 것이므로 두 가지 보시의 과보가 평등하여 차별이 없다고 내가 말하는 것이니라.

선남자여, 여래의 몸은 이미 한량없는 아승기겁부터 음식을 받지 않는다. 모든 성문(聲聞)들을 위하여 '전에 난타(難陀)와

난타바라(難陀波羅)라는 소 기르는 두 여자가 받드는 우유죽을 받고 그 뒤에 아뇩다라삼먁삼보리를 얻었다'고 말하지만, 나는 실로 먹지 않은 것이며, 지금도 내가 여기 모인 대중을 위하여서 너의 마지막 공양을 받기는 하되 실상은 먹지 않은 것이니라."

그때 대중들은 부처님께서 널리 모인 이들을 위하여 순타의 마지막 공양을 받는다는 말을 듣고, 기뻐 뛰며 같은 소리로 찬탄하였다.

"훌륭하고, 훌륭하다. 희유하다. 순타여, 그대의 이름이 헛되지 아니하도다. 순타란 말은 '묘하게 안다'는 뜻이니, 그대가 지금 이러한 뜻을 세웠으므로 실제를 따르고 뜻을 의지하여 순타라는 이름을 지은 것이로다. 그대는 이제 이 세상에서 큰 이름을 얻고 공덕과 소원이 만족하였으니, 기특하도다. 순타여, 사람의 세상에 나서 얻기 어려운 다시없는 이익을 얻었으니, 훌륭하도다. 순타여, 마치 우담바라꽃이 세간에 희유한 것처럼, 부처님께서 세상에 나심이 어려운 일이고, 부처님 세상을 만나 신심을 내고 법문을 들음이 더욱 어렵고, 부처님께서 열반에 드시려 할 때에 마지막 공양을 마련하는 것은 이보다도 더욱 어려우니라.

나무 순타, 나무 순타! 그대 이제 보시바라밀을 구족하였으니, 마치 가을달이 보름밤에 깨끗하고 원만하며 한 점 구름도 없어 모든 중생들이 우러러보지 않는 이가 없는 것처럼, 그대도 그와 같아서 우리들의 우러름이 되었으며, 부처님께서 그대의 마지막 공양을 받으시어 그대의 보시바라밀을 구족케 하시었도다. 나무 순타, 그러므로 그대는 뚜렷한 가을달과 같아서 모든 중생이 쳐다보지 않는 이가 없다는 것이니라. 나무 순타, 비록 사람의 몸을 받았지만, 마음은 부처님 같으니, 지금 순타는 참으로 부처님의 아들이며 라후라와 같아서 조금도 다르지 아니하니라."

그때 대중은 게송으로 말하였다.

그대 비록 인간에 태어났으나
욕계의 제6천을 뛰어났기로
나와 모든 중생들이 이제 여기서
머리를 숙여서 청하옵나니

인간에서 가장 높은 부처님께서
오늘에 열반에 드시려는데
그대는 우리들을 가엾이 여겨
한시바삐 부처님께 권청하기를

오래도록 이 세상에 머무르시며
한량없는 중생들을 이익하시고
그 위에 다시없는 감로 법문을
연설하여 주십사고 권청해 주오.

그대 만일 부처님께 청하지 않으면
우리 목숨 보전할 길 가이없거니
그래서 부처님께 머리 조아려
간절히 청하는 것 보여주게나.

그때 순타는 기뻐 뛰는 것이, 마치 어떤 사람의 죽었던 부모가 다시 살아나듯이, 순타도 이와 같이 즐거워하며 다시 일어니 부치님께 예배하고 게송을 읊었다.

좋을시고, 이내 몸 이익을 얻어
인간의 몸을 받아 태어났거니
탐욕과 성내는 것 모두 버리고
세 가지 나쁜 길을 아주 떠났네.

좋을시고, 이내 몸 이익을 얻어
금덩어리 보배를 이미 얻었고
조어장부 부처님 만났었거니
축생에 떨어질까 두렵지 않네.

부처님은 우담바라꽃과 같구나.
만나도 신심 내기 어렵다지만
만나자 선근조차 심었으므로
아귀의 쓰린 고통 길이 없으리.

아수라 종류까지 줄였다네.
부처님 나시는 일 겨자씨 던져
바늘 끝 맞힘보다 더 어려운데
나는 이미 보시로 생사 건넜네.

부처님 세상 법에 물들지 않아
연꽃에는 물방울도 묻지 않듯이
삼계에 태어나는 종자를 끊어
나고 죽는 물결을 길이 건넜네.

사람으로 태어남도 어렵거니와
부처님 만나기는 더욱 어려워
바다 속에 살고 있는 눈먼 거북이
나무 구멍 만나기보다 어렵네.

내가 지금 받드는 이 공양으로
더 없는 좋은 과보 얻어지이다.
이 세상 온갖 번뇌 끊어 버릴 때
못 끊을 것 하나도 없어지이다.

내가 지금 이곳에서 이 공덕으로
천상 인간 태어나기 바라지 않고
어쩌다가 그런 몸 받는다 해도

마음 달게 여기지 아니하오리.

여래께서 나의 공양 받으시오니
기쁘고 황송하기 한량없어라.
마치 보기 흉한 이란(伊蘭)꽃에서
아름다운 전단 향기 풍김 같으니

이내 몸 디립기가 이란꽃 같지만
부처님께서 나의 공양 받아 주시니
전단 향기 풍기는 것 같아서
즐겁고 황송한 맘 비길 데 없어.

내가 지금 훌륭한 과보를 받아
가장 좋고 묘한 곳에 태어나면
제석천왕 범천왕 모든 하늘이
모두 다 내게 와서 공양하오리.

오늘날 모든 세간 많은 중생이
모두들 큰 걱정을 느끼는 것은
삼계의 길잡이신 부처님께서
열반에 드시려 함을 아는 까닭.

한꺼번에 소리 높여 외치는 말씀

이 세간에 지도할 이 안 계시오니
원컨대 중생들을 버리지 말고
외아들 보듯이 하소서.

부처님 대중 속에 항상 계시어
더없는 좋은 법문 연설하소서.
마치 저 보배덩이 높은 수미산
바다 위에 우뚝하심 같으소서.

부처님 좋은 방편 크신 지혜로
우리의 어둔 무명 끊어주시니
떠오르는 아침 햇빛 구름을 뚫고
찬란하게 온 세계 비치시는 듯.

부처님 좋은 방편 크신 힘으로
우리의 모든 번뇌 없애 주시니
허공에서 한 조각 구름 일어나
온 세상을 서늘케 하여 주는 듯.

이 세상 크고 작은 많은 중생들
우러러 사모하며 비통하옴은
끝없이 나고 죽는 고통의 바다
거친 물결에서 헤매는 까닭.

그러므로 바라건대 세존이시여,
중생의 믿는 마음 길러 주시며
나고 죽는 그 고통 끊기 위하여
오래오래 세상에 머무옵소서.

부처님께서 순타에게 말씀하셨다.
"그러하니라, 그러하니라. 네가 말한 것처럼 부처님이 세상에 나는 것은 우담바라꽃과 같고, 부처님 세상에 함께 나서 신심을 내기는 더욱 어렵고, 열반에 들려 할 때에 마지막 공양을 받들어 보시바라밀을 구족하기는 그보다도 더 한층 어려운 일이니라. 그대 순타여, 이제 너무 근심하지 말고 스스로 기뻐하며 다행하게 생각할지어다. 마지막 공양을 여래에게 받들어 보시바라밀을 구족하게 성취하였으니, 부처님께 세상에 오래 머물도록 청하지 말지어다. 너도 보거니와 부처님들의 모든 경계는 모두 무상한 것이고, 여러 가지 변천하는 성품과 모양도 그러한 것이니라."
순타에게 게송을 말씀하셨다.

이 세상에 난 것이란 죽고야 말고
목숨이 길다 해도 끝이 있나니
성한 것은 반드시 쇠하여지고
모인 것은 마침내 헤어진다네.

젊었던 나이라도 오래 못 가고
건강에는 병고가 침노하나니
이 목숨을 죽음이 빼앗아 가서
항상 있는 법이라곤 하나도 없네.

나라의 임금들은 멋대로 하고
서슬 푸른 세력이 짝이 없지만
온갖 것 무상하여 옮아가나니
알뜰한 이 목숨도 그러하니라.

돌아가는 고통 바퀴 끝날 새 없고
나고 죽고 헤매는 일 쉬지 아니해
욕계·색계·무색계 덧없는 세상
모든 것이 하나도 즐겁지 않네.

도(道)라는 것 애초에 성품 모양
온갖 것이 모두 다 공한 것이니
견고하지 못한 법 바뀌고 흘러
근심과 걱정이 항상 있는 것.

두려울새 모든 허물 늙고 병들도
시달리고 죽고 하는 여러 가지 일
이런 것이 뒤를 이어 가이없어서

부서지기 잘하고 원수가 침노.

시끄러운 번뇌에 얽혀지는 일
누에가 고치 속에 들어 있듯이
누구나 지혜 있는 사람으로야
이것이 즐겁다고 애착하리오.

이 몸은 온갖 고통 모여서 된 것
하나하나 모든 것 더러울 따름
눌리고 얽매이고 헌데 투성이
근본부터 보잘것없는 일이니라.

인간에나 천상에 태어나는 몸
누구나 한결같이 다 그리하여
온갖 탐욕 모두가 무상하거니
그러기에 이내 몸 애착 않노라.

모든 욕심 여의고 삼매를 닦아
진실한 바른 법을 증득하였고
마침내 모든 생사 끊어 버린 이
오늘날 큰 열반에 들려 하노라.

생사 없는 저 언덕 나는 건너가

이 세상 온갖 고통 뛰어났으니
그러므로 오늘날 항상 즐거운
위없이 묘한 낙을 받은 뿐이네.

그때 순타는 부처님께 여쭈었다.
"세존이시여, 그러합니다. 그러합니다. 참으로 부처님 말씀과 같습니다.
그러나 제가 가진 지혜는 보잘것없어 마치 모기나 등에와 같으니 어찌 부처님께서 열반하시는 깊고 묘한 이치를 알 수 있겠습니까? 세존이시여, 저는 지금 여러 큰 코끼리[龍象]인 보살마하살과 모든 번뇌를 끊어 버린 문수사리법왕자와 같습니다. 비유하면 출가하여 구족계(具足戒)를 받지 못하였더라도 스님들 중에 참여하는 것처럼, 저도 그와 같아서 부처님과 보살들의 신통력으로써 이런 큰 보살 축에 들어 있나이다. 그래서 저는 지금 부처님께서 오래도록 세상에 계시고 열반에 들지 마소서 하는 것이오니, 마치 굶주린 사람이 변할 것도 토할 것도 없는 듯이, 바라옵건대 세존께서도 그와 같이 항상 세상에 계시어서 열반에 들지 마소서."

그때 문수사리법왕자가 순타에게 말하였다.
"그대는 지금 그런 일로써 부처님으로 하여금 세상에 항상 계시고 열반에 들지 말기를 마치 굶주린 사람이 변하지도 토하지도 않는 것같이 하시라고 말하지 말고, 마땅히 모든 행법의 성품과 모양을 관찰하며, 이렇게 관찰하고 수행하여 공한 삼매를 갖출 것이니, 바른 법을 구하려거든 이렇게 배워야 하느니라."

순타는 이렇게 물었다.

"문수사리여, 여래께서는 천상·인간에 가장 높고 가장 훌륭하시니 이러한 여래가 어찌 행법이겠습니까. 행법이란 것은 났다 없어졌다 하는 법이니, 마치 물거품이 금방 생겼다 금방 꺼지며, 굴러가고 굴러오기를 수레바퀴와 같이 하는 것이니 모든 행법은 이런 것이 아닙니까. 내가 듣기에는 하늘들의 수명이 매우 길다는데, 하늘 중에 하늘이신 세존의 수명이 이렇게 짧아서 백 년도 차지 못하겠습니까. 한 고을의 주인이 되어도 그 세력이 자재하고, 그 자재한 세력으로 다른 사람을 다스리다가 그의 복이 다하여 빈천하여지면, 다른 이의 경멸을 사고 남의 다스림을 받는다 하니, 그것은 세력을 잃은 탓 입니다. 부처님도 그러하여 모든 행법과 같을진댄 행법과 같은 이를 어떻게 하늘 중의 하늘이라 하오리까. 행법은 나고 죽는 법인 탓이니, 문수사리여, 여래가 행법과 같다고 하지 마십시오.

또 문수사리여, 여래가 행법과 같다는 것은 알고 하는 말입니까, 모르고 하는 말입니까? 만일 여래가 행법과 같다면 이 삼계 가운데서 하늘 중의 하늘로 자재하신 법왕이라 말할 수 없습니다. 마치 어떤 임금에게 큰 역사가 있어 힘이 천 사람을 대적할 수 있다면, 그를 당할 사람이 다시 없으므로 천 명을 대적하는 역사라고 합니다. 이와 같은 역사는 임금이 사랑하고 벼슬을 높이어 녹과 상품을 받는 것은 자연스러운 일입니다. 그러나 천 명을 대적하는 역사란 말을 하는 것은 그 사람이 반드시 천 명을 대적할 힘이 없더라도 그의 여러 가지 기술이 천 사람을 이길 수 있으므로 천 명을 대적한다 하나이다. 세존도 그와 같아서 번뇌의 마군, 5음의 마군, 하늘 마군, 죽음의 마군을 항복받으므로 여래를 삼계의 가장 높은 이라 일컫나니, 저 역사가 천 명을 당한다는 말과 같습니다. 이러한 인연으로 가지가지 한량없는 진실한 공덕을 구족히 성취하였으므로 여래·응공·정변지라 합니다.

문수사리여, 당신은 억지 생각으로써 여래가 행법과 같다고 분별하지 말지니, 마치 큰 부자 어른이 아들을 낳았을 적에 관상쟁이가 상을 보고 단명하리라 하면, 부모가 듣고는 가문을 계승하지 못할 줄 알고 더는 귀여워하지 않고 초개같이 여기는 것과 같습니다. 단명한 사람은 사문·바라문 등 남녀노소의 공경을 받지 못하는 것인데 만일 여래가 행법과 같다면 어떻게 천상 인간 모든 중생의 공경을 받겠습니까. 여래의 말씀하신 변치 않고 달라지지 않는 진실한 법문도 받을 이가 없을 것이니, 문수사리여, 여래가 행법과 같다고 말하지 마십시오.

또 문수사리여, 비유컨대 어떤 가난한 여인이 집도 없고 구원할 이도 없는 데, 병까지 걸리고 기갈에 못견디어 거지로 다니다가 어느 객점에서 아기를 해산했으나 객점 주인에게 쫓겨나서, 아기를 안고 다른 데로 떠나가다가 도중에 폭풍우를 만나 옷이 젖고 떨리는 고통이 막심한 가운데, 모기·등에·벌 따위에게 뜯겼습니다. 항하를 지나게 되자 아기를 안고 건너는

데 그 물흐름이 세찼으나 아기를 놓지 않아 모자가 함께 물에 빠져 죽어 이 여인이 아기를 사랑한 공덕으로 죽어서 범천에 태어남과 같습니다.

문수사리여, 만일 어떤 선남자가 바른 법을 보호하려거든 여래가 행법과 같다고도 같지 않다고도 말하지 말고, 다만 스스로 책망하기를 '내가 어리석어 지혜의 눈이 없으니 여래의 바른 법을 헤아릴 수 없다'고 해야 할 것입니다. 그러므로 여래를 가리켜 함이 있다 함이 없다고도 말하지 말지니, 만일 바른 소견을 가진 어떤 이면 여래는 결정코 함이 없는 법이라 할 것입니다. 왜냐하면 중생들에게 선한 법을 내게 하며, 중생들을 불쌍히 여기는 까닭이니 저 가난한 여인이 항하를 건너다가 아기를 사랑하여 생명을 버림과 같은 까닭입니다. 선남자여, 법을 보호하는 보살도 그와 같아서 생명을 버릴지언정, 여래가 함이 있는 법[有爲法]과 같다고 말하지 말고, 함이 없는 법과 같다고 말할 것이니, 여래가 함이 없는 법과 같다고 말하면 아뇩다라삼먁삼보리를 얻는 것이 마치 저 여인이 범천에 태어남과 같을 것입니다.

그 이유를 말하건대 법을 두호한 까닭입니다. 어떻게 법을 두호하였는가. 여래가 함이 없는 법과 같다고 말한 것입니다. 선남자여, 이런 사람은 해탈을 구하지 아니하여도 해탈을 저절로 이룰 것이니, 저 여인이 범천에 나기를 구하지 않았지만 범천에 나게 된 것과 같습니다. 문수사리여, 어떤 사람이 먼 길을 가다가 도중에 피곤하여 남의 집에 들어 잠이 들었을 적에, 그 집에 불이 일어나므로 깜짝 놀라 깨어보니 뛰어 나갈 기운도 없고 죽을 것이 틀림없으나 부끄러운 생각을 머금고 옷으로 알몸을 둘렀더니, 목숨을 마치고는 도리천에 태어나고, 그 뒤부터 여든 번이나 대범천왕이 되었으며, 백천 대가 되도록 인간에 태어나서 전륜왕이 되었고, 이 사람이 다시는 나쁜 갈래에 나지 아니하고 항상 안락한 곳에 난 것과 같습니다. 문수사리여, 이러한 인연으로 부끄러움이 있는 선남자는 부처님이 행법과 같다고 보지 말아야 합니다. 문수사리여, 외도들의 나쁜 소견으로는 여래가 함이 있는 법과 같다고 하려니와, 계행을 가지는 비구로는 부처님께 대하여 함이 있다는 생각을 내지 말아야 합니다. 만일 여래가 함이 있는 법이라 말하면 이것은 허망한 말이니, 이런 사람은 지옥에 들어가기를 제집에 들어가듯 할 것입니다.

문수사리여, 여래는 진실로 함이 없는 법이니 다시는 여래가 함이 있는 법이라고 말하지 말아야 합니다. 우리는 오늘부터 나고 죽는 속에서 무지한 생각을 버리고 바른 지혜를 구하여 여래가 함이 없는 법인 줄을 알아야 할 것이니, 이렇게 여래를 관찰하면 32상을 구족하고 아뇩다라삼먁삼보리를 성취하리이다."

그때 문수사리법왕자는 순타의 말에 감탄하여 말했다.

"훌륭하고 훌륭하다. 선남자여, 그대는 지금 장수할 인연을 짓고 여래가 항상 머무는 법이며 변하지 않는 법이며 함이 없는 법임을 자세하게 알았으며, 이제 또 이와 같이 여래의 함이 있는 모양을 덮어 가리웠으니, 마치 불에 타서 죽을 사람이 부끄러운 생각으로 옷으로 몸을 덮어 가리우고, 그 공덕으로 도리천에 나서 범천왕이 되고 또 전륜왕이 되며, 나쁜 갈래에 떨어지지 않고 항상 쾌락을 받듯이, 그대도 여래의 함이 있는 모양을 덮어 가리운 인연으로 오는 세상에서 32상과 80종호를 얻을 것이고, 보살·2승으로는 따를 수 없는 18불공법(不共法)을 구족할 것이며, 한량없는 수명으로 생사에 들어가지 않고, 항상 안락을 받다가 오래잖아 응공·정변지를 이루리라. 부처님께서 이 다음에 널리 연설하거니와 나와 그대는 함께 여래의 함이 있는 모양을 덮어 가리울 것이며, 함이 있고 함이 없는 이야기는 아직 그냥 두고, 그대는 이때에 빨리 공양을 올려라. 이렇게 보시함이 모든 보시 중에 가장 으뜸이 되느니라. 만일 비구나 비구니나 우바새나 우바이가 먼길을 가다가 피곤하여서 요구하는 물건이 있거든, 때를 놓치지 말고 깨끗하게 베풀어 줄 지니, 이렇게 빨리 보시하는 것은 보시바라밀의 근본 종자를 구족하는 것이 니라. 순타여, 마지막 공양을 부처님과 스님들에게 올리려거든, 많거나 적거나 만족하거나 만족치 못하거나 간에 시기를 놓치지 말고 빨리 베풀 것이니, 부처님께서는 지금 곧 열반에 드실 것이다."

순타는 대답하였다.

"문수사리여, 당신은 어찌하여 이 음식을 탐내어서 많거나 적거나 만족하거나 만족치 못하거나 간에 빨리 보시하라 합니까? 옛날 부처님께서 6년 동안 고행하시면서도 스스로 견디었거늘, 하물며 오늘날 잠깐 동안이오리까. 문수사리여, 당신은 바로 깨달으신 여래께서 참으로 이 음식을 받으시리라 생각합니까? 나의 생각으로는 여래의 몸은 곧 법신인지라, 음식을 먹는 몸이 아닌 줄 압니다."

그때 부처님께서는 문수사리에게 말씀하셨다.

"그러하니라, 그러하니라. 순타의 말과 같으니라. 순타는 이미 미묘한 큰 지혜를 이루었으며 깊고 깊은 대승경전에 잘 들어갔느니라."

문수사리는 순타에게 말하였다.

"그대는, 여래께서는 함이 없는 법이며 여래의 몸이 장수한다고 하니, 그러한 지견을 부처님께서 좋아하시느니라."

"여래께서는 나만 좋아하실 뿐 아니라 모든 중생들까지 좋아하십니다."

"여래께서는 그대와 우리 모든 중생들을 두루 좋아하시느니라."

"당신은 여래께서 좋아하신다고 말하지 마십시오. 좋아하는 것은 뒤바뀐 생각이니, 뒤바뀐 생각이 있으면 그것은 나고 죽는 것이요, 나고 죽음이 있으면 곧 함이 있는 법입니다. 그러니까 문수사리여, 여래가 함이 있는 법이라 말하지 말아야 합니다. 만일 여래가 함이 있는 법이라 말하면 나와 당신이 모두 뒤바뀜을 행함이 됩니다. 문수사리여, 여래는 사랑하여 염려함은 없나니, 사랑하여 염려한다 함은 저 어미 소가 새끼를 사랑하여 염려하므로 비록 돌아다니면서 꼴과 물을 찾다가도 넉넉하건 못하건 간에 홀연히 돌아오는 것 같습니다. 부처님들은 이런 생각이 없기 때문에 모든 중생을 라후라와 같이 평등하게 생각하시나니, 이렇게 생각하심은 곧 부처님들의 지혜의 경계입니다. 문수사리여, 마치 임금이 사마(駟馬) 메운 수레로 달릴 때에 나귀 수레로 따를 수 없는 것같이 나와 당신께서도 그와 같아서 여래의 비밀하고 깊은 이치를 다할 수 없습니다.

문수사리여, 마치 금시조(金翅鳥)가 한량없이 높은 허공으로 날아다니면서 바다를 내려다보아도 물 속에 있는 고기·자라·거북·용 따위를 분명히 보며, 자기의 그림자 비친 것은 거울을 들고 얼굴을 보듯 하지만, 지혜가 없는 범부들은 그 이치를 헤아릴 수 없는 것 같아 나와 당신께서도 그와 같아서 여래의 지혜를 헤아리지 못하나이다."

"그렇다. 그대의 말과 같으니라. 나도 이 일을 모르는 것은 아니지만 그대에게 보살의 경계를 시험하려 한 것이니라."

그때 세존께서 입으로 가지가지 광명을 놓으니 그 광명이 찬란하게 문수의 몸을 비치었다. 문수사리는 이 광명을 받고는 그 이유를 알고서 이윽고 순타에게 말하였다.

"순타여, 부처님께서 지금 이 상서로운 일을 나타내심은 오래지 않아 열반에 드시려는 것이다. 그대가 마련한 마지막 공양을 이때에 부처님과 대중에게 베풀지어다. 순타여, 부처님께서 이런 광명을 놓으심은 인연이 없는 것이 아니니라."

순타는 이 말을 듣고 슬픔을 참으며 잠자코 있었다.

부처님께서 순타에게 말씀하셨다.

"순타여, 네가 여래와 대중에게 보시하려는 공양은 지금이 바로 그때니라. 나는 이제 열반에 들겠노라."

그리고 두 번째, 세 번째도 이와 같이 하였다.

그때 순타는 부처님 말씀을 듣고 소리를 높여 통곡하면서 흐느껴 말하였다.

"우리들은 지금 한꺼번에 몸을 던져 땅에 엎드려 같은 목소리로 부처님께 열반에 들지 마시기를 권청합시다."

그때 세존께서는 다시 순타에게 말씀하였다.

"너무 울어서 마음을 어지럽게 하지 말고, 이 몸이 파초와 같고 아지랑이와 같고 물거품·요술·건달바성·굽지 않은 기와·번갯불 같으며, 물에 그림 그리기, 사형에 임한 죄수, 익은 과일, 고깃덩이, 다 짜고 남은 베틀, 방앗공이의 오르내림과 같은 줄로 관찰하라. 모든 행법은 독약 섞인 음식과 같으며, 함이 있는 법은 걱정이 많은 것을 관찰하라."

이에 순타는 부처님께 다시 여쭈었다.

"여래께서 세상에 오래 계시지 않으려 하시니, 제가 어떻게 울지 않겠나이까. 안타깝습니다. 안타깝습니다. 세간이 텅 비려 하니, 바라옵건대 세존이시여, 저희들과 모든 중생을 불쌍히 여기시어 오래오래 세상에 머무르시고 열반에 들지 마십시오."

"순타여, 너는 그와 같이 '우리를 불쌍히 여겨서 이 세상에 오래 머물라'는 말을 하지 말지어다. 나는 너와 중생들을 가엾이 여기기 때문에 오늘 열반에 들려는 것이니라. 왜냐하면 부처님들이 으레 그렇고, 함이 있는 법도 그러하니라. 그러므로 부처님들은 이런 게송을 말씀하셨느니라.

함이 있는 법이란
그 성품이 무상하여
나고서는 머물잖아
없어짐이 낙이니라.

순타여, 너는 지금 이렇게 관찰할지어다. 온갖 행법은 잡란하고, 모든 법은 나라고 할 것이 없고 무상하고 머물지 않으며, 이 몸에는 한량없는 걱정이 있어서 마치 물거품 같으니라. 그러니까 너는 울지 말지어다."

그때 순타는 다시 부처님께 여쭈었다.

"그러합니다. 그러합니다. 참으로 부처님 말씀과 같습니다. 여래께서 방편으로 열반에 드심을 보이는 줄 아나이다. 저는 근심을 품지 아니할 수 없으나, 한편 스스로 생각하면 다시 기쁨을 내게 되나이다."

부처님께서는 순타를 칭찬하시었다.

"순타여, 훌륭하고 훌륭하다. 여래가 중생들과 같음을 보이기 위하여 방편으로 열반하는 줄을 네가 아는구나. 순타여, 너는 지금 들을지어다. 사라사(娑羅娑)새가 봄철이 되면 저 아누달(阿耨達) 못에 모이듯이 부처님들도 그와 같이 모두 이곳에 이르느니라. 순타여, 너는 지금 부처님이 장수하거나 단명한다고 생각하지 말지어다. 모든 법이 모두 곡두[幻] 모양과 같은 것인 데, 여래는 그 속에 있으면서도 방편의 힘으로 물들지 않느니라. 왜냐하면 부처님들은 으레 그렇기 때문이니라. 순타여, 내가 이제 너의 받드는 공양을 받으려 함은 너로 하여금 나고 죽는 모든 무리들을 건지어 해탈하도록 하려 하기 때문이니라. 만일 인간이나 천상 사람이 마지막으로 나에게 공양하는 이는 모두 변동 없는 과보를 얻어 항상 안락을 받으리니, 그 까닭은 내가 중생들의 좋은 복전인 연고니라. 네가 만일 중생들의 복전이 되려거든 빨리 공양을 마련하고 오래 지체하지 말지어다."

그때 순타는 모든 중생들을 제도하여 해탈케 하기 위하여 머리를 숙이고 눈물을 흘리면서 부처님께 여쭈었다.

"그러하옵니다. 세존이시여, 제가 만일 복전이 되는 것을 감당하게 될 때라면 여래의 열반하심과 열반하지 않으심을 분명히 알 수 있겠으나, 우리들 성문(聲聞)이나 연각(緣覺)의 지혜는 마치 모기나 하루살이 같으니, 진실로 여래의 열반하심과 열반하지 않으심을 헤아릴 수 없나이다."

그때 순타와 그의 권속들은 수심에 잠겨 눈물을 흘리면서 부처님을 에워 돌면서 향을 태우고 꽃을 흩어 마음껏 공경하여 받들다가 이윽고 문수사리와 함께 자리에서 물러나 공양거리를 마련하였다.

3. 슬픈 탄식[哀歎品]

　순타가 물러간 지 오래지 않아 이 땅이 여섯 가지로 진동하고 범천에까지 그러하였다. 땅이 진동하는 데 두 가지가 있으니, 지동(地動)과 대지동(大地動)이다. 조금 동하는 것을 지동이라 하고, 크게 동하는 것을 대지동이라 하며, 조금 소리 나는 것을 지동, 크게 소리 나는 것을 대지동이라 하며, 땅만 동하는 것은 지동, 산과 바다와 숲들이 모두 동하는 것은 대지동이라 하며, 한쪽으로만 동하기만 하는 것은 지동, 두루 도는 것을 대지동이라 하며, 진동만 하는 것은 지동, 진동할 적에 중생의 마음까지 동하는 것을 대지동이라 한다. 보살이 처음 도솔천에서 염부제로 내려올 때는 대지동이라 하고, 처음 나서 출가하고 아뇩다라삼먁삼보리를 이루고 법수레를 운전하고 열반에 드는 것도 대지동이라 하나니, 오늘 여래께서 열반에 들려 하시기 때문에 이 땅이 그같이 크게 진동하는 것이었다.

　이때에 하늘과 용과 건달바·아수라·가루라·긴나라·마후라가·사람과 사람 아닌 이들이 이 소리를 듣고 털이 곤두서고 같은 소리로 슬피 울면서 게송을 읊었다.

　　머리 조아려 부처님께 예배합니다.
　　저희들이 오늘날 간청하오니
　　인간의 신선님을 멀리 여의면
　　영원히 구호할 이 없겠나이다.

부처님의 열반하심 이제 뵈오면
저희들은 고통 바다 빠져 헤매며
슬프고 연모하며 수심에 잠겨
어미 잃은 송아지가 되오리이다.

가난하고 곤궁하고 돌볼 이 없어
오랫동안 시달리던 병난 사람이
지켜보는 의사 없어 제 마음대로
못 먹을 것 먹은 것과 같사오리다.

중생들의 번뇌 병도 그와 같아서
잘못된 소견들의 해를 받나니
바른 법의 의사를 멀리 여의면
나쁘고 독한 약을 먹게 되오리.

그러하기 때문에 부처님께선
버리고 떠나시지 마소서.
임금 없는 나라에 백성 굶듯이
저희들도 보호를 잃으리이다.

부처님 열반한다는 말씀 듣고
저희들의 가슴이 답답하올 뿐
그 같은 큰 지동이 일어나오면

방향을 살필 정신 없으리이다.

세존께서 열반에 들게 되시면
지혜 해가 땅속에 꺼질 것이고
불법 물이 한꺼번에 말라 버리어
저희들은 결정코 죽게 되리라.

여래께서 열반에 드시는 것을
중생들이 한없이 고통하옴은
비유컨대 장자네 어떤 아들이
부모를 잃어버림 같사오이다.

여래께서 열반에 한번 드시고
다시는 이 세상에 안 오신다면
우리와 천상 인간 모든 중생들
뉘라서 구원하고 보호하오리.

여래께서 열반에 드시는 것을
사람은 말도 말고 축생들까지
너도나도 수심에 가득 잠기어
괴로움이 모든 마음 태우나니

하물며 오늘날에 저희 중생들

어찌 애달프지 않사오리까.
여래께서 저희들 버리시기를
예사로 침 뱉듯이 하시나이까.

동녘 하늘 떠오르는 아침 햇빛이
밝은 광명 한없이 찬란하여서
그 자체를 스스로 환히 비치고
온 세상의 어둠을 없애 버리듯

부처님 신통 광명 그와 같아서
우리들의 괴로움을 없애 주시고
의젓하게 대중 속에 계시는 것은
수미산이 우뚝하게 솟아 있는 듯하네.

"세존이시여, 마치 임금이 여러 아들을 두었는데 용모가 단정하여 항상 사랑하면서, 먼저 기술을 가르쳐 잘 통달케 하고, 그 뒤에 내버려 천한 전다라(旃陀羅)가 되게 한 것처럼, 세존이시여, 저희들이 오늘 법왕의 아들로서 부처님의 가르침을 받자와 바른 소견을 갖추었으니, 바라옵건대 버리지 마소서. 만일 버리신다면 저 버림받은 임금의 아들과 같습니다. 바라옵건대 오래 세상에 머무르시고 열반에 드시지 마소서. 세존이시여, 마치 어떤 사람이 여러 가지 논리를 배우고 도리어 그 논리에 공포를 내듯이, 부처님도 그와 같아 모든 법을 통달하고 도리어 모든 법에 공포를 내는 듯하오니, 만일 여래께서 세상에 오래 계시면서 감로 같은 법을 말씀하시어 모든 이 같은 중생들을 만족케 하시면 다시는 지옥에 떨어질 것을 두려워하지 아니하리이다. 세존이시여, 마치 어떤 사람이 처음으로 할 일을 배우다가 법관에게 붙들려 옥에 갇혔을 적에 누가 묻기를 무슨 일을 당하고 있느냐 하면 '내가 지금 큰 고통을 받고 있다. 만일 이 일을 벗어나면 안락을 얻겠노라' 하듯이, 세존도 그러하여 저희들을 위하여 괴로운 행을 닦으셨는데, 저희들이 아직도 나고 죽는 고통을 면하지 못하였거늘, 여래께서 어찌 안락하시리이까.

　세존이시여, 마치 어떤 의사가 약과 방문을 잘 알고서 비밀한 방문으로 그 아들에게만 가르쳐 주고, 다른 데서 온 제자들에게는 가르치지 아니하듯이, 여래도 그러하여 깊고 깊은 비밀한 법장으로 문수사리만 가르치시고, 우리들은 버려두시고 불쌍히 여기지 않으시나이까. 여래께서는 법에 대하여 감추심이 없으실 것인데, 저 의사가 그 아들에게만 가르치고 밖에서 온 다른 제자에게는 가르치지 않는 것은, 낫고 못하다는 관념이 있어 널리 가르치지 못하므로 아끼는 것이나, 여래의 마음으로서는 낫고 못하다는 것이 없으실 것이거늘, 어찌하여 이같이 가르치지 않으시나이까. 바라옵건대 오래도록 세상에 머무르시고 열반에 들지 마소서. 세존이시여, 마치 늙은이·어린이 병든 이들이 평탄한 길은 버려 두고 험난한 길을 가면서 갖은 고초를 당할 적에, 어떤 다른 이가 보고 딱하게 여겨 곧 평탄한 길을 가리켜 줌과 같습니다. 세존이시여, 우리도 그와 같으니, 어린이란 것은 아직 법신이 자라지 못한 사람에 비유하고, 늙은이란 것은 번뇌가 많은 데 비유하고, 병든 이란 것은 생사를 해탈하지 못한 데 비유하고, 험난한 길은 생사의 과보가 있는 25유(有)에 비유한 것이니, 바라옵건대 여래께서는 우리에게 감로의 바른 길을 지도하시며 오래도록 세상에 머무르고 열반에 들지 마소서."

그때 세존께서는 여러 비구들에게 이렇게 말씀하셨다.

"너희들 비구여, 다른 범부나 천상과 세간 사람들처럼 근심하며 울지 말고 부지런히 정진하여 마음을 바른 생각에 매어 둘지어다."

그때 모든 하늘과 인간들과 아수라들은 부처님의 말씀을 듣고 울음을 그치는 것이, 마치 아들 죽은 사람이 장사를 치르고 나서는 억지로 울음을 참는 듯하였다. 그때 세존께서는 모든 대중을 위해 이런 게송을 말씀하였다.

너희들은 마음을 활짝 풀고서
그렇게 수심하고 괴로워 말라.
부처님의 모든 법 그런 것이니
그러므로 마땅히 잠잠하여라.

방일하지 않는 행을 좋아하면서
마음을 잘 지키고 바로 생각해

잘못된 모든 법을 멀리 여의면
저절로 즐거움을 받게 되리라.

"또 비구들이여, 만일 의혹이 있거든 이제 모두 물을지어다. 공(空)한가 공하지 않은가, 항상한가 무상한가, 고통인가 고통이 아닌가, 의지할 데인가 의지할 데 아닌가, 간 것인가 가지 않은 것인가, 늘 있는 것인가 늘 있는 것 아닌가, 아주 없는 것인가 항상 있는 것인가, 중생인가 중생 아닌가, 있는 것인가 없는 것인가, 진실한가 진실하지 않은가, 참인가 참이 아닌가, 멸(滅)인가 멸이 아닌가, 비밀한가 비밀하지 않은가, 둘인가 둘이 아닌가, 이러한 가지가지 법에 대하여 의심이 있으면 지금 모두 물을지어다.

내 마땅히 묻는 대로 대답하여 줄 것이며, 또는 너희에게 먼저 감로 같은 법을 말하고 그런 뒤에 열반에 들리라.

모든 비구들이여, 부처님이 세상에 나기 어려운 것이고 사람되기도 어려우며, 부처님을 만나 믿는 마음을 내기는 더욱 어렵고, 참기 어려운 일을 참기가 또 어려우며, 계행을 빠짐없이 성취하고 아라한과(阿羅漢果)를 얻기는 더구나 어려운 것이어서 금싸라기나 우담바라를 구하기와 같은 것이거늘 너희들 모든 비구들이 여덟 가지 어려운 것을 여의고 사람의 몸을 얻었으며, 또 너희들이 나를 만났으니 속절없이 지내 가지 말아야 할지니라. 내가 지나간 옛적에 가지가지 고행을 하고서야 지금 이같이 더할 수 없는 방편을 얻은 것이다. 너희들을 위하여 한량없는 세월에 몸과 손발과 머리와 눈과 골수까지 버리었으니 그러므로 너희들은 방일하지 말지니라.

너희 비구들이여, 법보의 성곽을 어떻게 장엄할 것인가. 가지가지 공덕 보배를 갖추고 계행과 선정과 지혜로써 성벽과 해자를 삼을 것이니라. 너희가 지금 불법의 보배 성을 만났으니, 이 헛된 가짜 것을 가져서는 안 되리라. 마치 장사꾼이 진짜 보배의 성을 만나고도 기왓장을 가지고 집으로 돌아가듯이, 너희들도 그와 같이 불법 보배 성을 만나고서 헛된 가짜 것을 가지는도다. 너희 모든 비구들은 용렬한 마음으로 넉넉하다는 생각을 내지 말지어다. 너희가 지금 비록 출가는 하였지만 이 대승에는 사모하는 마음을 내지 못하였으며, 너희 모든 비구들이 몸에는 물든 가사를 입었으나 마음은 대승의 깨끗한 법에 물들지 못하였으며, 너희 모든 비구들이 비록 걸식하느라고 여러 곳으로 돌아다니되 대승의 법식은 아직 구하지 못하였으며, 너희 모든 비구들이 비록 머리카락과 수염은 깎았으나 바른 법으로 번뇌의 맺힌 것을 끊지 못하였으니, 너희 모든 비구들아, 이제 참으로 너희를 가르치노라. 내가 지금 대중에 화합하여 있으매 여래의 법의 성품이 진실하고 뒤바뀌지 아니하였으니, 그러므로 너희들은 마땅히 정진하여 용맹한 마음으로 모든 번뇌를 꺾어 버릴지어다. 10력을 가진 지혜의 해가 꺼져 버리면 너희들은 무명에 가리워지고 말 것이니라.

모든 비구들이여, 마치 땅과 모든 산의 약초가 중생을 위하여 쓰이듯 나의 법도 그러하여 묘하고 좋은 감로의 법맛을 내어 중생들의 가지각색 번뇌병을 고치는 약이 되느니라. 내가 이제 모든 중생과 나의 제자인 사부대중으로 하여금 모두 비밀장(秘密藏) 속에 머물게 하며, 나도 역시 그 가운데 머물러서 열반에 들려 하노라. 어떤 것을 비밀장이라 하는가. 마치 이자(伊字: ∴)의 세 점이 나란히 있어도 '이'자가 되지 못하고, 세로로 있어도 '이'자가 되지 못하거니와 마혜수라(摩醯首羅)의 얼굴에 있는 세 눈과 같아야 '이'자가 되는 것이고, 세 점이 따로 있어도 '이'자가 되지 못하느니라. 나도 그와 같아 해탈법도 열반이 아니고 여래의 몸도 열반이 아니고 마하반야도 열반이 아니며, 세 가지 법이 제각기 달라도 열반이 아니니, 나는 지금 이러한 세 가지 법에 있으면서 중생을 위하여 열반에 든다 하는 것도 세상의 '이'자와 같은 것이니라."

그때 모든 비구들은 부처님께서 결정코 열반에 드실 줄을 알고는 모두들 머리카락이 곤두서고 눈물을 흘리면서 부처님 발에 예배하고 수없는 바퀴를 돌고 나서 부처님께 아뢰었다.

"세존께서 무상하고 괴롭고 공하고 내가 없음을 통쾌하게 말씀하시나이다. 세존이시여, 마치 온갖 중생의 발자취 중에 코끼리의 발자취가 가장 으뜸이 듯이, 무상하다는 생각도 그러하여 여러 생각 중에 가장 제일이어서, 만일 부지런히 닦는 이가 있으면 온갖 욕계의 탐애(貪愛)와 색계·무색계의 탐애와 무명(無明)과 교만과 무상하다는 생각을 제할 수 있으리이다. 세존이시여, 여래께서 만일 무상하다는 생각을 여의었으면 지금 열반에 들지 않으실 것이고, 만일 여의지 못하였을진댄 어찌하여 무상하다는 생각을 닦으면 삼계의 탐애와 무명과 교만과 무상하다는 생각을 여의리라 말씀하시나이까. 세존이시여, 마치 농사꾼이 가을에 땅을 깊이 갈면 여러 가지 풀을 제할 수 있듯이, 무상하다는 생각도 그러하여 온갖 욕계의 탐애와 색계·무색계의 탐애와 무명과 교만과 무상하다는 생각을 제할 수 있나이다. 세존이시여, 마치 밭을 가는 데는 가을에 가는 것이 으뜸이요, 발자취 중에는 코끼리 발자취가 가장 승하고, 모든 생각 중에는 무상하다는 생각이 제일이 되나이다.

　세존이시여, 마치 어떤 제왕이 목숨이 다한 줄 알고 천하에 은사(恩赦)를 내려 옥에 갇힌 죄수들을 모두 놓아 주고 그 뒤에 목숨을 마치듯이, 여래께서도 그와 같이 중생들을 제도하여 모든 무지(無知)와 무명의 속박에서 해탈케 한 뒤에 열반하실 것인데, 저희들이 아직 제도를 얻지 못하였거늘 어찌하여 여래께서 저희들을 버리고 열반에 들려 하시나이까.

　세존이시여, 마치 귀신에게 들린 사람이 주문 잘하는 사람을 만나면 주문의 신력으로 말미암아 귀신을 떼어 버릴 수 있듯이, 여래도 그와 같아서 모든 성문들에게 무명의 귀신을 떼어 버리고 마하반야와 해탈과 법신의 법에 머무르게 하기를 '이'자의 세 점과 같게 하시나이다. 세존이시여, 마치 향상(香象)이 사람에게 잡혔을 적에 비록 길 잘 들이는 사람이 있더라도 억누를 수 없고 필경에 굴레나 사슬을 끊고 제 뜻대로 달아나듯이, 저희는 쉰일곱 가지 번뇌의 얽힘을 벗어나지 못하였거늘, 어찌하여 여래께서 저희를 버리시고 열반에 들려하시나이까. 세존이시여, 마치 어떤 사람이 학질에 걸렸을 적에 좋은 의사를 만나면 학질을 뗄 수 있듯이, 우리는 그와 같아서 모든 고통과 근심과 나쁜 열병에 걸렸는데, 비록 여래를 만났으나 병이 낫지 못하고 위없는 편안과 즐거움을 얻지 못하였거늘, 어찌하여 여래께서 저희를 버리시고 열반에 들려 하시나이까.

세존이시여, 마치 술취한 사람이 자기도 알지 못하고, 친척인지 남인지 어미인지 딸인지 누나인지 동생인지도 분간하지 못하면서, 혼미하고 황당하게 음탕한 말을 함부로 지껄이니 방자하게 부정한 속에 누웠을 적에, 어떤 의사가 좋은 약을 주어 먹고 토하고는 본 정신이 돌아와서 지난 일을 생각하고 부끄럽게 여기고 후회하나니, 술이란 물건이 본래 좋지 못하여 여러 가지 나쁜 죄의 근본이므로, 만일 영원히 끊을 수 있다면 모든 죄악을 멀리 여읠 수 있으리이다.

세존이시여, 우리도 그와 같아서 오랜 옛적부터 생사에 헤매면서 색정에 취하고 5욕을 탐하여, 어미가 아닌 이에게 어미란 생각을 내고, 누나가 아닌 이에게 누나란 생각을 내며, 중생이 아닌 데에 중생이란 생각을 가지었으므로 여러 갈래로 돌아다니면서 나고 죽는 고통을 받는 것이, 저 술취한 사람이 부정한 속에 누운 듯하거늘, 여래께서 지금 법의 약을 주시어 번뇌의 나쁜 술을 토하게 하시나 아직 깨닫는 마음을 얻지 못하였는데, 여래께서 어찌 하여 문득 저희를 버리고 열반에 들려 하시나이까.

세존이시여, 마치 어떤 이가 파초를 속이 단단하다고 찬양

한다면 옳지 못한 것처럼, 중생이 만일 칭찬하기를 나란 고집, 사람이란 고집, 중생이란 고집, 오래 산다는 고집, 양육하는 것, 알음알이 소견, 짓는 이 받는 이가 진실하다는 것도 옳지 못하거늘, 저희들은 이와 같이 내가 없다는 생각[無我想]을 닦나이다. 세존이시여, 마치 거른 찌꺼기는 다시 소용이 없는 것처럼, 이 몸도 그와 같아서 나도 없고 주재(主宰)도 없나이다. 세존이시여, 마치 칠엽수(七葉樹)의 꽃이 향기가 없듯이, 이 몸도 그러하여 나도 없고 주재도 없나이다. 저희들도 그와 같이 마음으로 내가 없다는 생각을 항상 닦으니, 부처님께서 말씀하시기를 '온갖 법이 나도 없고 내 것도 없으니, 너희 비구들은 그렇게 닦아라. 그렇게 닦으면 나라는 교만이 없어지고, 나라는 교만을 여의면 문득 열반에 들리라'고 하였나이다. 세존이시여, 마치 새의 발자취가 공중에 나타날 수 없듯이, 내가 없다는 생각을 닦는 이에게는 모든 소견이 있을 수 없나이다."

그때 부처님께서는 여러 비구들을 찬탄하셨다.

"훌륭하고 훌륭하다. 너희들이 내가 없다는 생각을 잘 닦는 도다."

모든 비구들은 부처님께 이렇게 여쭈었다.

"세존이시여, 저희들은 내가 없다는 생각을 닦을 뿐 아니라 그 밖에 다른 생각도 닦으니, 괴롭다는 생각, 무상하는 생각 등입니다. 세존이시여, 마치 사람이 술 취하면 마음이 현란하여 산이나 강물이나 성곽·궁전·해·달·별 따위를 볼 적에 그것들이 모두 빙빙 돌 듯하나이다. 세존이시여, 만일 괴로운 생각·무상한 생각·내가 없다는 생각 등을 닦지 않는 이런 사람은 거룩한 이[聖者]라 할 수 없나니, 항상 방일하여 생사에 헤매는 탓입니다. 세존이시여, 그러하므로 저희들은 이런 생각들을 잘 닦나이다."

그때 부처님께서는 모든 비구들에게 말씀하셨다.

"자세히 들을지어다. 너희가 말한 술 취한 사람의 비유는 글만 알고 이치를 모르는 것이다. 이치는 어떠한가. 그 취한 사람이 해와 달 따위를 볼 적에 돌지 않는 것을 도는 줄로 생각하는 것이니, 중생도 그러하여 모든 번뇌와 무명에 가리워져서 뒤바뀐 마음을 낼 적에, 나에게 대하여 내가 없다 생각하고, 항상한 것을 무상하다 생각하고, 깨끗한 것을 부정하다 생각하고, 즐거운 것을 괴롭다 생각하는 것이니, 번뇌에 가리웠으므로 그러한 생각을 내거니와 마치 술 취한 사람이 돌지 않는 것을 돈다고 생각하는 것과 같으니라. 나란 것은 곧 부처란 뜻이고, 항상하다는 것은 법신이란 뜻이고, 즐겁다는 것은 열반이란 뜻이고, 깨끗하다는 것은 법이란 뜻이니라. 너희 비구들은 어찌하여 나란 생각이 있으면 교만하고 잘난 체하여 생사에 헤맨다고 하느냐. 너희들이 말하기를 우리도 무상하고 괴롭고 내가 없다는 생각들을 닦는다 하지만, 그 세 가지 닦는 법을 말하리라. 괴로운 것에 즐겁다는 생각을 내고 즐거운 것에 괴롭다는 생각을 내는 것이 뒤바뀐 법이요, 무상한 것에 항상하다는 생각을 내고 항상한 것에 무상하다는 생각을 내는 것도 뒤바뀐 법이요, 내가 없는 것에 나라는 생각을 내고 나에게 내가 없다는 생각을 내는 것도 뒤바뀐 법이요, 부정한 것에 깨끗하다는 생각을 내고 깨끗한 것에 부정하다는 생각을 내는 것도 뒤바뀐 법이니, 이렇게 네 가지 뒤바뀐 법이 있으므로 사람이 법을 옳게 닦을 줄 모르느니라. 너희 모든 비구들이 괴로운 법 속에서 즐겁다는 생각을 내고 무상한 속에서 항상한 생각을 내고 내가 없는 속에서 나라는 생각을 내고 부정한 속에서 깨끗하다는 생각을 내는 것이니라. 세간에도 항상하고 즐겁고 나이고 깨끗함이 있고, 출세간에도 항상하고 즐겁고 나이고 깨끗함이 있거니와 세간법은 글자만 있고 뜻이 없는 것이요. 출세간법은 글자도 있고 뜻도 있는 것이니라. 왜냐하면 세간법에는 네 가지 뒤바뀜이 있으므로 뜻을 알지 못한다 함이니라. 무슨 까닭이냐. 생각이 뒤바뀌고 마음이 뒤바뀌고 소견이 뒤바뀜이 있는 탓이니, 세 가지가 뒤바뀐 연고로 세간 사람들은 즐거운 데서 괴로움을 보고 항상한 데서 무상을 보고, 나에 대하여 내가 없음을 보고, 깨끗한 데서 부정함을 보는 것이므로 뒤바뀌었다 이름하고, 뒤바뀐 연고로 세간 사람은 글자만 알고 이치를 알지 못한다 함이니라. 무엇을 이치라 하느냐. 내가 없는 것은 생사요 나라는 것은 여래며, 무상이라는 것은 성문·연각이요, 항상한 것은 여래의 법신(法身)이며, 괴로운 것은 모든 외도들이요 즐거운 것은 열반이며, 부정한 것은 함이 있는 법이요 깨끗한 것은 부처님과 보살이 가지는 바른 법이니라. 이것은 뒤바뀌지 아니한 것이니, 뒤바뀌지 아니하였으므로 글자도 알고 이치도 안다 함이니라. 만일 네 가지 뒤바뀜을 멀리 여의려거든 마땅히 여래의 항상하고 즐겁고 나이고 깨끗함을 알아야 하느니라."

이때 모든 비구들이 부처님께 아뢰었다.

"세존이시여, 부처님 말씀과 같이 네 가지 뒤바뀜을 벗어난 이는 항상하고 즐겁고 나이고 깨끗함을 분명히 알 수 있다 하면, 여래께서는 지금 네 가지 뒤바뀜이 없으시니 이미 항상하고 즐겁고 나이고 깨끗함을 아셨을 것입니다. 이미 항상하고 즐겁고 나이고 깨끗함을 일있으면 어찌하여 한 집이나 빈집을 머무르시면서 저희들을 가르치고 이끌어 네 가지 뒤바뀜을 여의게 하지 아니 하시고 저희를 버리고 열반에 들려 하시나이까? 여래께서 만일 불쌍히 여겨 가르쳐 주시면 우리도 지극한 마음으로 받들어 익힐 것이나, 여래께서 열반에 드신다면 저희들이 어떻게 이 3독의 몸과 함께 있으면서 범행(梵行)을 닦사오리까? 저희들도 역시 세존을 따라 열반에 들겠나이다."

"너희들은 그런 말을 하지 말지어다. 내가 가진 위없는 바른 법을 이제 모두 마하가섭에게 부촉(付囑)하였으니, 이 가섭은 너희들의 큰 의지가 되리라. 마치 여래가 모든 중생의 의지할 데가 되듯이, 마하가섭도 너희들의 의지할 데가 되리라. 마치 저 임금이 통할하는 일이 많지만 여러 곳으로 순행할 때에는 국가의 온갖 일을 대신에게 부촉하듯이, 여래도 그러하여 있던 법을 마하가섭에게 부촉하였느니라. 너희들은 먼저 익히던 무상하고 괴롭다는 생각은 진실하지 아니하니, 마치 봄철에 여러 사람이 큰 연못에서 목욕하기도 하고 배를 타고 놀기도 하다가 유리 보배를 깊은 물 속에 빠뜨려 잃어버리고 여러 사람이 물에 들어가서 그 보배를 찾을 적에 제각기 돌이나 기왓장이나 나무나 자갈을 집어들고 유리 보배를 찾은 줄 여기면서, 기쁜 마음으로 가지고 나와서 보고야 참 보배가 아닌 줄을 아나니, 보배는 아직도 물 속에 있어서 보배의 힘으로 물이 맑아지므로 여러 사람들이 물 속에 있는 유리 보배 보기를 공중에 밝은 달을 우러러보는 듯하는데 이때 대중 가운데 어떤 지혜 있는 사람이 있다가 방편으로써 천천히 물에 들어가 보배를 찾아냄과 같으니라. 너희들 비구도 그렇게 무상하고 괴롭고 내가 없고 부정하다는 생각을 닦으면서 참된 이치라고 생각하기를 '저 여러 사람이 돌이나 기왓장이나 나무나 자갈을 가지고 진짜 보배라고 생각하듯이 하지 말고, 마땅히 좋은 방편을 배우되, 가는 곳마다 나란 생각·항상하다는 생각·즐겁다는 생각·깨끗하다는 생각을 항상 닦을 것이며, 또 먼저 익히던 네 가지 법은 모두 뒤바뀐 것임을 알아야 하며, 진실한 생각을 닦으려 하거든 저 지혜 있는 사람이 보배를 집어내듯이 나이고 항상하고 즐겁고 깨끗하다는 생각을 닦을 것이니라."

그때 모든 비구들은 다시 부처님께 여쭈었다.

"세존이시여, 부처님께서 먼저 말씀하시되, 모든 법은 나랄 것이 없는 줄을 너희들이 닦을지니 이것을 닦으면 나란 생각을 여의게 되고 나란 생각을 여의면 교만을 여의고 교만을 여의면 열반에 든다고 하셨는데, 이 이치는 무엇입니까?"

부처님께서 모든 비구들에게 말씀하셨다.

"훌륭하고 훌륭하다. 네가 지금 이런 이치를 물어서 의심을 끊으려 하는구나. 마치 어떤 임금이 어리석어 지혜가 없었고, 또 어떤 의사도 성품이 미련하였는데, 임금은 그것을 분별하지 못하고 녹을 후하게 주면서 모든 병을 다스리게 하였더니, 그 의사는 한 가지 우유약만 쓰면서 병이 생긴 원인을 알지 못하며, 우유약을 쓰면서도 풍으로 생긴 병인지 냉기나 열기로 생긴 병인 지도 알지 못하고 무슨 병이든지 우유약을 먹게 하건만 임금은 그 의사가 우유의 좋고 나쁜 것을 분별할 줄 모르는 것도 알지 못하였다. 그런데 한 명의 명의가 있어 여덟 가지 의술을 통달하여 가지각색 병을 분명하게 치료하면서 여러 가지 방문과 약을 잘 아는데 먼 나라로부터 오게 되었다. 이때 예전 의사는 이 손님에게 물으려고는 하지도 않고 제가 잘난 듯이 업신여기는 마음만 내었으나 그 명의는 일부러 예전 의사에게 청하여 스승이 되어 달라 하면서 의술과 방문의 비법을 묻고 말하였다.

'나는 지금 당신을 선생으로 섬기려 하니 나에게 잘 가르쳐 주소서.'

옛 의사가 말하기를 '그대가 나를 위하여 48년 동안만 섬기면 그 뒤에 가르쳐 주리라' 하므로 그 명의는 '그러하오리다. 나의 능력을 다하여 심부름하려 합니다' 하였다. 그런 뒤에 예전 의사는 손님 의사를 데리고 임금께 가서 보이었다. 그때 손님 의사는 임금에게 여러 가지 의술과 방문을 말하고 다른 기술도 설명하면서 '대왕은 잘 살피십시오. 이 법은 이러하게 나라를 다스리는 것이요, 저 법은 저러하게 병을 다스리는 것입니다' 하였다.

그때 임금이 그 말을 듣고는 비로소 예전 의사가 미련하여 지혜가 없음을 알고 곧 국경 밖으로 쫓아내어 버렸다. 그런 뒤에 손님 의사를 갑절이나 더 공경하였더니, 손님 의사는 생각하기를 이때야말로 임금을 잘 지도할 시기라 생각하고 이렇게 말하였다.

'대왕이시여, 참으로 나를 사랑하신다면 한 가지 소원을 청하려 하나이다.'

임금은 대답하였다.

'내 오른팔로부터 몸의 어떤 부분이라도 경의 요구하는 대로 주려 하노라.'

손님 의사는 다시 여쭈었다.

'대왕께서는 모든 몸의 어떤 부분이라도 주신다 허락하시나, 저는 구하는 일이 많지 아니하고 원하는 바는 대왕께서 나라 안에 명령을 내리시어 이제부터는 예전 의사가 쓰던 우유약을 먹지 말도록 하십시오. 그 이유를 말하면 그 약이 독하여서 해가 많은 까닭이니, 만일 다시 먹는 사람은 머리를 벤다고 하시어서 우유약을 아주 금하면 다시는 횡사하는 사람이 없고 항상 태평하겠기에 이런 원을 청합니다.'

임금은 '경의 소원은 대단한 것도 아니다' 하면서, 곧 나라 안에 조칙을 내려서 '무릇 병자는 누구든지 우유약 먹는 것을 허락하지 아니하노라. 만일 다시 우유약을 쓰는 자는 머리를 베리라'고 하였다.

그때 손님 의사는 맵고 쓰고 짜고 달고 신 여러 가지 재료로 약을 지어서 모든 병을 다스리니 온갖 병이 낫지 않는 것이 없었다. 그 뒤에 오래지 않아 임금이 병이 나서 손님 의사를 불러서 진찰하게 하였더니, 의사는 임금의 병을 살피어 우유를 써야 할 것을 알고 이렇게 여쭈었다.

'대왕의 병환에는 우유약을 써야 하겠습니다. 제가 앞서 우유약을 금하게 한 것은 참말이 아니었으며, 이제 대왕께서 우유약을 쓰시면 병환이 곧 쾌차할 것이니, 대왕의 병환은 열기로 생긴 것이므로 우유를 잡수셔야 합니다.'

임금은 손님 의사에게 이렇게 말하였다.

'경은 지금 머리가 돌았는가, 염병이 들렸는가. 어찌하여 우유를 먹으면 이 병이 낫겠다 하는가. 앞서는 우유약이 독하다고 했다가, 이제는 먹으라 하니 나를 속이는 것이 아닌가. 예전 의사가 시키던 우유약이 해롭다고 하여서 쫓아내게 하더니, 이제는 병에 가장 적당한 좋은 약이라 하니, 경의 말과 같을진댄 예전 의사가 경보다 나은 것 아닌가.'

이때에 손님 의사는 다시 여쭈었다.

'대왕은 그렇게 말씀하실 것이 아닙니다. 마치 어떤 벌레가 나뭇잎을 먹어서 글자를 이루었다 할지라도 이 벌레는 글자인지 아닌지를 알지 못합니다. 지혜 있는 이는 이 벌레가 글자를 안다고 하지도 않고 이상하게 생각하지도 않을 것입니다. 대왕이시여, 예전 의사도 그와 같아서 병의 증세는 알지도 못하면서 일률적으로 우유약을 쓰라 한 것은 마치 저 벌레가 우연히 글자를 이룬 것같이 예전 의사는 우유약의 성질도 모르고 쓰게 한 것입니다.'

임금은 '어찌하여 우유의 성질을 모른다 하는가'라고 물었다.

손님 의사는 이렇게 대답하였다.

'우유약은 독한 것도 있고 감로 같은 것도 있나이다. 우유약이 감로 같다는 것은 젖소가 술찌끼나 미끄러운 풀이나 깨어진 보리 따위를 먹지 않고 송아지가 유순하고 놓아먹이는 데가 높은 데도 아니고 낮은 데도 아니며 맑은 물만 먹이고 뛰어달리지도 아니하고, 황소와 함께 있지도 아니하며, 먹는 것이 알맞고 다니고 머무는 데가 적당하면, 그런 소의 젖은 모든 병을 치료 할 수 있는 것이므로 감로 같은 좋은 약이라 하거니와 그 외에는 모두 독하고 해로운 것입니다.'

그때 임금은 이 말을 듣고 찬탄하였다.

'큰 의사여, 참으로 좋은 말이로다. 나는 오늘에야 우유에도 좋은 것 나쁜 것이 있는 줄 알았노라.'

그리고는 우유를 먹고 병이 나았고, 다시 나라에 명령을 내려서 지금부터는 우유약을 먹으라고 하였다. 백성들은 이 명령을 듣고 모두 원망하면서 서로 말하였다.

'임금은 지금 귀신에게 휘둘리는가, 머리가 돌았는가. 어찌하여 우리를 속이어 우유를 먹으라 하는가' 하면서 모두들 원망을 품고 임금 있는 데로 모여 왔다. 임금은 이렇게 말하였다.

'너희들은 나를 원망하지 말지어다. 이 우유를 먹지 말라고 하였다가 또 먹으라고 하는 것은 모두 의사가 시킨 것이지 나의 허물이 아니니라.'

그리하여 임금과 백성들이 모두 즐거워서 손님 의사를 공경하며 공양하면서 모든 병자들이 우유약을 먹고 병이 쾌차함과 같으니라.

너희 비구들이여, 여래·응공·정변지·명행족·선서·세간해·무상사·조어장부·천인사·불세존도 그와 같아, 훌륭한 의사로서 세간에 나서 모든 외도인 나쁜 의사를 항복받는 것이며, 사부대중에게 말하기를 '나는 유명한 의사인지라, 외도들을 굴복시키기 위하여 나란 고집도 없고, 사람이란 고집·중생이란 고집·오래 산다는 고집도 없고, 양육과 지견과 짓는 이 받는 이가 모두 없다고 하였느니라.

비구들이여, 외도들이 나라고 말하는 것은 벌레가 나뭇잎을 먹어 글자를 이룬 것 같으니라. 그래서 여래가 불법에는 내가 없다고 말하였으니 중생을 조복하기 위한 것이며, 시기를 아는 까닭이니라. 그래서 나랄 것이 없다고 하다가, 인연이 있어서 또 내가 있다고 하였으니, 저 명의가 우유의 약 되는 일과 약 되지 않는 일을 잘 아는 것과 같은 것이고, 범부들이 억측하는 나라는 것과는 같지 아니하니라. 범부나 어리석은 사람이 나라고 억측하는 이는 혹은 크기가 엄지손가락 같다 하고 혹은 겨자씨 같다 하고 혹은 티끌 같다고 하거니와 여래가 말하는 나란 것은 그런 것이 아니니라.

　그러므로 모든 법이 내가 없다고 하지만 진실로 내가 없는 것도 아니니, 어떤 것이 나인가. 만일 어떤 법이 진실하고 참되고 항상하고 주재가 있고 의지가 있어서 성품이 변하지 아니하면 이것을 나라고 할 것이니, 저 명의가 우유약을 잘 아는 것 같으니라. 여래도 그와 같아서 중생을 위하는 까닭으로 모든 법 가운데 진실로 내가 있다고 말하는 것이니, 너희 사부대중은 이렇게 이 법을 닦아 익힐지니라."

대반열반경 제3권

4. 오래 사는 이야기 [長壽品]

부처님께서 또 비구들에게 말씀을 계속하셨다.
"너희들이 계율에 대하여 의심이 있으면 마음대로 물어라. 묻는 대로 대답하여 너희들을 기쁘게 하리라. 나는 이미 모든 법의 본 성품이 비고 고요한 줄을 닦고 배워서 분명히 통달하였다. 그러나 비구들이여, 여래가 다만 모든 법의 본 성품이 비고 고요한 줄만을 닦았다고 말하지 말라. 비구들이여, 계율에 대하여 의심이 있거든 지금 모두 물어라."
비구들이 여쭈었다.
"세존이시여, 저희들은 지혜가 없어 여래 · 응공 · 정변지에게 묻지 못하겠나이다. 왜냐하면 여래의 경계는 헤아릴 수 없으며, 가지신 선정도 헤아릴 수 없으며, 연설하시고 가르치심도 헤아릴 수 없나이다. 그러므로 저희들은 여래에게 물을 지혜가 없나이다. 세존이시여, 이를테면 어떤 노인이 나이는 백스무 살인데 오랫동안 병들어 누워 마음대로 일어나지도 눕지도 못하며, 기력이 허약하여 남은 수명이 많지 않았는데, 한 부자가 볼일이 있어 타관으로 떠나가면서 황금 1백 근을 이 노인에게 맡기고 말하기를 '나는 볼일이 있어 타관으로 가게 되었기에 이 보물을 당신에게 맡기노니 10년이나 20년 후에 내가 다시 돌아오거든 돌려달라'고 하였습니다.

이 노인이 그 부탁을 받았으나 자손이 없었고, 그 뒤에 오래지 않아 병이 더하여 죽어 버렸고, 맡았던 재산도 모두 잃어버리고 말았는데, 그 후에 부자가 돌아왔으나 맡겼던 재산은 찾을 길이 없었습니다. 이 어리석은 사람이 재산을 맡겨도 무방할는지를 요량하지 못하였으므로, 다녀와서도 찾을 데가 없었고, 그 인연으로 재산을 잃었나이다.

세존이시여, 저희 성문들도 그와 같아서 여래의 은근한 가르침을 들었으나 그것을 기억하여 오래도록 지니지 못하니, 마치 저 노인이 부자의 부탁을 맡은 듯합니다. 저희들이 지혜가 없으니, 계율에 대하여 어떻게 물으오리까?"

"너희 비구들이 지금 내게 물으면 모든 중생을 이익케 할 수 있겠기에 너희들에게 모든 의심을 마음대로 물으라는 것이다."

"세존이시여, 어떤 사람이 나이는 25세의 장정이요 인물도 잘생기고 금·은·보배를 많이 가졌으며, 부모 처자와 일가 권속이 넉넉하였는데, 다른 사람이 찾아와 보물을 맡기면서 말하기를 '내가 볼일이 있어 타향으로 가게 되었는데 일을 본 후에는 돌아올 터이니 그때에 내게 돌려달라'고 하였습니다. 그 장정은 부탁 받은 보물을 자기의 소유처럼 보관하다가 병이

나서 죽게 될 때에 집안사람들에게 유언하기를 '이것은 아무가 맡긴 것이니, 만일 그 사람이 와서 찾거든 모두 돌려주라'고 하였습니다. 지혜 있는 이는 이렇게 요량할 줄을 알았으므로 다녀와서는 맡겼던 보물을 하나도 실수 없이 모두 찾았습니다. 세존께서도 그와 같아서 만일 법보를 아난이나 여러 비구들에게 부촉하시면 오래도록 세상에 머물지 못할 것이니, 왜냐하면 모든 성문이나 대가섭은 다 무상하여서 늙은 사람이 남의 보물을 맡는 것 같기 때문입니다. 그러므로 위없는 불법을 보살들에게 부촉하소서. 보살들은 문답도 잘하므로 부촉하신 법보가 오래도록 머물러 있어서 한량없이 오랜 세월을 내려가면서 더욱 성행하여 많은 중생을 안락케 함이 저 장정이 남의 재산을 맡은 것 같습니다. 그러므로 보살들이라야 물을 수 있으려니와, 저희들의 지혜는 모기나 등에[虻] 같으니 여래의 깊은 법을 어떻게 묻겠습니까?"

이때에 성문들은 모두 잠자코 있었고, 부처님께서는 비구들을 찬탄하셨다.

"좋다, 좋다. 너희들이 샘이 없는[無漏] 마음과 아라한의 마음을 잘 얻었다. 나도 역시 이 두 가지 인연을 생각하였으니, 마땅히 대승법을 보살들에게 부촉하여 미묘한 법이 오래오래 세상에 머물게 하리라."

이때에 부처님께서 모든 대중에게 이렇게 말씀하였다.

"선남자·선여인들이여, 나의 수명은 측량할 수 없고, 말 잘하는 변재도 끝이 없나니, 너희들은 마음대로 계율이나 귀의할 것을 물어라."

두 번째 세 번째도 역시 이와 같이 하였다.

이때에 대중 가운데 한 동자 보살마하살이 있으니, 다라 마을의 바라문인 대가섭이었다. 부처님의 신력으로 자리에서 일어나 오른 어깨를 드러내고 백천 번을 돌고 오른 무릎을 땅에 대고 합장하고 부처님께 여쭈었다.

"세존이시여, 제가 지금 여쭐 말씀이 있는데, 부처님께서 허락하시면 말하겠습니다."

"가섭이여, 여래·응공·정변지는 너희에게 마음대로 물으라고 하였으니, 묻는 대로 대답하여 너의 의심을 끊어서 너를 기쁘게 하리라."

그때에 가섭보살이 부처님께 여쭈었다.

"세존이시여, 여래께서 불쌍히 여기시어 허락하시니, 이제 묻겠습니다. 그러나 저의 지혜는 모기같이 보잘것없고, 부처님께서는 도덕이 높으시며 순전한 전단 사자 같은 깨뜨릴 수 없는 대중으로 권속을 삼으셨으며, 여래의 몸은 금강 같으시고 빛은 유리 같으시어 진실하여 깨뜨리기 어려우며, 또 이러한 큰 지혜 있는 이들이 호위하였으며, 이 모인 가운데 있는 보살마하살들은 모두 한량없고 가없는 묘한 공덕을 성취함이 향상(香象)과 같으니, 이러한 대중 앞에서 어떻게 말을 묻겠습니까. 그러하오나 이제 부처님의 신통력을 받고 대중의 선근위덕(善根威德)으로 말미암아 조금 묻겠나이다."

부처님께 게송으로 여쭈었다.

어찌하면 장수하고 금강과 같은
깨뜨릴 수 없는 몸을 얻겠으며
그리고 어떠한 인연으로야
견고하고 큰 힘을 얻겠으며

어찌하면 훌륭한 이 경전에서
끝까지 저 언덕에 이르오리까.
바라건대 부처님 비밀장을 여시어
중생들을 위하여 말씀하소서.

어찌하면 저렇게 크고 넓어서
중생들의 의지할 데 되겠으며
실상은 아라한이 아니면서도
도량(度量)이 아라한과 같겠나이까.

감당하기 어려운 마군의 시험
어찌하면 그것을 알고 견디며
부처님 말씀인지 마(魔)의 말인지
어떻게 분별하여 아오리까.

어찌하면 부처님 기쁜 맘으로
참되고 바른 이치 말씀하오며
바르고 선한 일을 모두 이루어

네 가지 뒤바뀜을 연설하오며

어떻게 선한 업을 짓는지
부처님께서 이제 말씀해 주소서.
보살들은 어떻게 보기 어려운
참 성품을 무난하게 보는지요.

완전한 가르침과 반쪽 가르침
그런 것을 어떻게 분별하오며
어찌하면 성행(聖行)과 함께하기를
사라사(娑羅娑)새와 같이 나란히 하여

가린제(迦隣提)새와 해와 달과도
태백성(太白星) 세성(歲星)과도 같이 하리까.
보리심 내지 못한 그런 이들을
어떻게 보살이라 이름하리까.

어찌하면 여럿이 모인 가운데
조금도 두려움이 없게 되어서
비유컨댄 찬란한 염부단금을
나무랄 수 없는 것 같사오리까.

어쩌면 흐린 세상 있으면서도

물 안 묻는 연꽃과 같게 되오며
어쩌면 번뇌 속에 살아가면서
번뇌에 물들지 않게 되리까.

의사가 환자들을 주무르지만
그 병에 전염되지 아니함같이
나고 죽는 바다에 돌아다니며
어떻게 뱃사공이 될 수 있으며

어찌하면 생사에서 벗어나기를
뱀이 허물 벗듯 하게 되오며
어찌하면 삼보를 우러러봄을
천상의 여의수(如意樹)와 같이 하리까.

3승의 제 성품이 없사올진댄
어떻게 3승법을 말씀하리까.
즐거움이 생기지 아니하오면
쾌락을 받는다고 할 수 없듯이

어찌하면 저렇게 많은 보살이
깨뜨릴 수 없는 대중 얻게 되오며
어찌하면 배냇소경들에게
눈으로 보는 일을 일러 주리까.

어찌하면 여러 머리〔多頭〕를 뵈어 줄지
부처님, 말씀하여 주소서.
어찌하면 법문을 말씀하는 이
초승달 자라나듯 점점 커지며

어찌하면 또다시 이 세상에서
열반에 끝날 것을 보이어 주며
어찌하면 용맹히 나아가는 이에게
천상·인간·마군의 길을 보이며

어찌하면 모든 법 성품을 알고
불법의 즐거움을 받게 하오며
어찌하면 저러한 보살들에게
온갖 병을 영원히 여의게 하며

어찌하면 많고 많은 중생들에게
넌지시 깊은 법을 연설하오며
어찌하면 구경(究竟)과 구경 아님을
모두 다 분명히 말하오리까.

중생의 얽힌 의심 끊어준다면
어찌하여 결정하게 안 이르오며
어찌하면 가장 높은 위없는 도에

가깝게 접촉함을 얻사오리까.

제가 지금 여래께 청하옵나니
이 많은 보살들을 위하시어서
깊디깊고 미묘한 모든 행들을
분명히 말씀하여 주소서.

일체의 여러 법 그 가운데는
안락한 성품들이 다 있으리니
바라건대 거룩한 부처님께서
저희에게 분별하여 말씀하소서.

중생들의 크나큰 의지되시는
양족존(兩足尊) 묘한 약인 부처님이시여,
5음의 모든 법을 묻고자 하나
저희들은 슬기로운 지혜가 없고

꾸준히 정진하는 보살들로도
이렇게 미묘하고 깊고 또 깊은
헤아릴 수 없는 부처님 경계
그들도 사뭇 알지 못합니다.

이때에 부처님께서 가섭보살을 찬탄하였다.

"훌륭하고 훌륭하다. 선남자여, 그대가 아직 얻지 못한 일체종지(一切種智)를 나는 이미 얻었지만 그대가 지금 묻는 깊고 비밀한 법장은 온갖 지혜[一切智]를 가진 이의 묻는 것과 평등하여 다르지 아니하다. 선남자여, 내가 도량의 보리수 아래 앉아서 처음 정각을 이루었을 때에 한량없는 아승기 항하(恒河)의 모래 수처럼 많은 세계에 있는 보살들도 역시 나에게 이렇게 깊은 이치를 물었느니라. 그런데 그들의 물은 말이나 뜻이나 공덕도 모두 이와 같아서 다르지 아니하였으며, 이렇게 물음으로써 한량없는 중생들을 이익케 하였느니라."

그때에 가섭보살이 다시 부처님께 여쭈었다.

"세존이시여, 저는 지혜의 힘이 없어 그러한 깊은 이치를 부처님께 묻지 못하나이다. 세존이시여, 마치 모기나 등에가 큰 바다의 건너편까지 날아가지도 못하고 허공을 두루 돌지도 못하는 것처럼 저도 그와 같이 여래의 그러한 지혜 바다와 법 성품인 허공의 깊은 이치를 묻지 못하나이다. 세존이시여, 국왕이 그 상투에 꽂는 진주 동곳을 별감에게 맡기면 별감이 받아서 머리 위에 올렸다가 조심하고 공경하여 각별히 수호하나니, 저도 그와 같이 여래께서 말씀하신 방등(方等)경의 깊은 이치를 머리 위에 올렸다가 공경하여 각별히 수호하나이다. 왜냐하면 제가 깊디깊은 지혜를 널리 얻기 위함입니다."

이때에 부처님께서 가섭보살에게 말씀하셨다.

"선남자여, 자세히 들어라, 자세히 들어라. 그대에게 여래가 얻은 장수(長壽)의 업(業)을 말하리라. 보살이 이 업의 인연으로 장수함을 얻나니, 그러므로 지극한 마음으로 들어 받아라. 어떤 업이 보리의 인이 될 만한 것은 지성으로 그 이치를 들어야 하며, 듣고는 다른 이에게 말하여 줄 것이니라. 선남자여, 나는 이러한 업을 닦았으므로 아뇩다라삼먁삼보리를 얻었으며, 지금 그 이치를 여러 사람에게 연설하느니라. 선남자여, 마치 왕자가 죄를 짓고 옥에 갇혔을 때에 임금이 그 아들을 대단히 가엾게 여기며 염려하여 몸소 발걸음을 돌려 옥에까지 가는 것처럼 보살도 그와 같이 장수함을 얻으려거든, 마땅히 모든 중생을 아들처럼 보호하며, 대자·대비·대희·대사한 마음을 내어 살생하지 않는 계행을 일러 주고 선한 법을 가르치며, 모든 중생들을 5계(戒)와 10선(善)에 머물도록 할 것이며, 또 지옥·아귀·축생·아수라 등의 모든 갈래로 다니면서 그 속에서 고통받는 중생들을 제도하여 해탈하지 못한 이를 해탈케 하고 제도되지 못한 이를 제도하며 열반을 얻지 못한 이를 열반을 얻게 하여 공포에 떠는 모든 중생들을 위로하나니, 이런 업을 짓는 인연으로 보살의 수명이 길고 지혜에 자재하여 목숨을 버리고는 천상에 나게 되느니라."

가섭보살이 다시 부처님께 여쭈었다.

"세존이시여, 보살마하살이 중생 보기를 아들처럼 한다 함이 그 뜻이 깊고 은미하여 저로서는 이해할 수 없나이다. 세존이시여, 여래께서는 보살들이 모든 중생들에게 대하여 아들처럼 평등한 마음을 닦는다고 말씀하지 마십시오. 왜냐하면 불법 중에는 계행을 파하는 이도 있고 역적죄를 짓는 이도 있고 불법을 훼방하는 이도 있는데, 어떻게 이런 사람들에게까지 아들과 같은 생각을 가지겠나이까?"

"그러하다, 가섭이여. 나는 중생을 실로 아들처럼 생각하여 라후라같이 여기노라."

"세존이시여, 지난 보름날 스님들이 포살할 때에 어떤 동자가 몸과 말과 뜻의 3업을 깨끗이 닦지 못하고 으슥한 곳에 숨어서 몰래 계를 듣더니, 밀적금강(密跡金剛)이 부처님의 신력을 받아 금강저로 쳐서 그를 티끌같이 부수었습니다. 세존이시여, 이 금강신이 가장 포악하여 그 동자의 목숨을 끊었는데, 어찌하여 여래께서 중생을 보기를 아들 라후라와 같이 한다 하십니까?"

"가섭이여, 그대는 그런 말을 하지 말라. 그 동자는 화현으로 생기었고 참사람이 아니니, 계행을 파하고 법을 허무는 이를 쫓아내어 대중에서 나가게 하기 위하여 밀적금강이 그런 것을 보였느니라. 가섭이여, 정법을 훼방하거나 일천제(一闡提)거나 혹 살생도 하고 나쁜 소견을 가지고 일부러 계율을 범하는 이라도 나는 그들에게 자비한 마음을 내어 아들인 생각으로 라후라처럼 여기느니라. 선남자여, 국왕은 신하들이 국법을 범하면 죄를 따라 형벌을 쓰고 그냥 두지 않지만, 여래는 그렇지 아니하여 법을 훼방한 이에게 구견갈마(驅遣羯磨)·가책(呵責)갈마·치(置)갈마·거죄(擧罪)갈마·불가견(不可見)갈마·멸(滅)갈마·미사악견(未捨惡見)갈마를 주느니라. 선남자여, 여래가 법을 훼방하는 이에게 이러한 항복받는 갈마들을 짓는 것은 나쁜짓을 하는 사람에게 과보가 있음을 보이려는 까닭이니라. 선남자여, 그대는 이런 줄을 알라. 여래가 나쁜 중생에게 두려움 없음을 베푸는 것은 한 줄기 광명이나 둘이나 다섯 광명을 놓음이니, 그 광명을 만나면 모든 나쁜짓을 멀리 여의게 되나니, 여래는 지금 이렇게 한량없는 세력을 갖추었느니라. 선남자여, 볼 수 없는 법을 그대가 보려 한다면 이제 그대에게 그 모양을 말하리라. 내가 열반한 뒤에 어디서든지 계행을 가지는 비구로서 위의를 갖추고 정법을 수호하는 이가 정법을 파괴하는 이를 보면 곧 구견갈마나 가책갈마로 다스리니, 이 사람은 한량없고 헤아릴 수 없는 복을 받게 될 것을 알아야 하느니라.

선남자여, 비유컨대 어떤 임금이 포악한 짓만 하다가 중병에 걸렸을 때에 이웃 나라 임금이 그 소문을 듣고 군대를 거느리고 와서 치려 하면 이 병든 임금은 아무 세력이 없으므로 두려운 생각을 내고 마음을 고치어 선한 일을 하는 것과 같으니, 그 이웃 나라 임금은 한량없는 복을 얻으리라. 법을 수호하는 비구들도 그와 같아서 법을 파괴한 사람에게 구견갈마·가책갈마를 시키고 선한 일을 행하게 하면 한량없는 복을 얻으리라. 선남자여, 비유컨대 어떤 장자가 사는 곳의 밭이나 집에 독 나무가 난 것을 장자가 알고는 곧 도끼로 베어서 영원히 없어지게 함과 같으니라. 또 젊은 사람이 머리에 백발이 나면 부끄러운 마음으로 뽑아 버리어 나지 못하게 함과 같으니, 법을 수호하는 비구도 그와 같아서 계율을 범하거나 정법을 파괴하는 이를 보면 곧 구견·가책·거처(擧處) 등을 짓느니라. 만일 선한 비구가 법을 파괴하는 이를 보고도 그냥 두고 구견·가책·거처를 하지 않으면 이런 사람은 불법의 원수요, 만일 구견·가책·거처를 한다면 이들은 나의 제자요 진실한 성문이니라."

가섭보살이 다시 부처님께 여쭈었다.

"세존이시여, 부처님의 말씀 같으면, 모든 중생들을 아들처럼 평등하게 보기를 라후라와 같이 하지 못하겠나이다. 세존이시여, 만일 한 사람은 칼을 들어 부처님을 해하고 다른 한 사람은 전단으로 부처님 몸에 발라 드리는데 부처님께서 두 사람에게 평등한 마음을 가지신다면 어찌하여 계행 범한 이를 다스리라고 말씀하나이까? 만일 계행 범한 이를 다스린다면 그 말씀은 잘못된 것입니다."

"선남자여, 어떤 임금이나 대신이나 재상이 여러 아들을 낳아 기를 적에 얼굴이 잘생기고 총명하고 민첩한 아들인 둘째, 셋째, 넷째까지 엄한 선생에게 보내어 맡기면서 하는 말이 그대는 나의 자식들을 잘 가르쳐 행동과 예절과 기술과 글씨와 산수까지 모두 성취시켜 주시오. 내가 지금 자식 넷을 모두 그대에게 맡겨서 학문을 배우게 하는 것이니, 설사 세 아들이 종아리를 맞아 죽고 아들 하나만 남더라도 반드시 엄하게 가르쳐서 학업을 이루도록 하여 주시오. 비록 세 아들이 모두 죽더라도 나는 한탄하지 않겠노라' 한다면 가섭이여, 이 아버지와 선생은 살인죄를 짓는다 하겠는가?"

"그렇지 않습니다. 세존이시여, 왜냐하면 사랑하는 마음으로 성취시키려는 것뿐이요. 나쁜 마음이 있음이 아니니, 이렇게 가르친다면 한량없는 복을 얻겠나이다."

"선남자여, 여래도 그러하여 법을 파괴한 이를 외아들처럼 평등하게 보느니라. 여래가 지금 위없는 바른 법을 왕과 대신과 재상과 비구·비구니·우바새·우바이에게 부촉하였으니, 왕이나 사부대중들이 마땅히 모든 학인들을 권면하여 계율과 선정과 지혜로 하여금 점점 나아가게 할 것인데, 만일 이 세 가지 법을 배우지 아니하면서 게으르고 계행을 범하고 바른 법을 파괴하는 이가 있으면, 임금과 대신과 사부대중들이 마땅히 엄하게 다스려야 할 것이니라. 선남자여, 그렇다면 그 임금과 사부대중이 죄가 있겠는가?"

"세존이시여, 그렇지 않습니다."

"선남자여, 그 임금과 사부대중들도 죄가 없을 것이거늘, 하물며 여래에 있어서랴. 선남자여, 여래는 이렇게 평등한 법을 잘 닦는 이를 일러 '보살이 평등한 마음을 닦아서 중생을 외아들처럼 생각한다'고 하느니라. 선남자여, 보살이 이런 업을 그렇게 닦았으므로 장수함을 얻으며, 지난 세상의 일도 잘 아느니라."

"세존이시여, 부처님 말씀은 보살이 만일 평등한 마음을 닦아서 모든 중생을 아들처럼 생각하면 장수하게 된다고 하시거니와 그런 말씀을 하시지 마소서. 왜냐하면 법도를 안다는 어떤 사람이 여러 가지로 효도하고 공순하여야 한다는 법을 말하다가 집에 가서는 돌멩이를 던져 부모를 때렸습니다. 부모는 좋은 복밭이어서 이익이 많은 것이며 만나기도 어려우므로 공양을 잘하여야 할 것인데 도리어 시끄럽게 하고 해롭게 하였으니, 이런 사람은 말과 행동이 서로 어긋나나이다. 부처님의 말씀도 그러하여 보살이 평등한 마음을 닦아서 중생들을 아들같이 생각하므로 장수함을 얻고 지나간 세상 일을 잘 안다 할진댄 세상에 항상 머물러서 변함이 없어야 할 것인데, 이제 부처님께서는 무슨 인연으로 수명이 극히 짧아 세상 사람이나 다름없습니까. 여래께서 중생들에게 원망하고 미워하는 마음을 낸 것이 아닙니까? 세존께서는 예전에 무슨 죄악을 지었으며, 얼마나 되는 생명을 살해하셨길래 이렇게 단명하여 백년도 향수하지 못하나이까?"

"선남자여, 너는 지금 어찌하여 여래의 앞에서 이렇게 거친 말을 하느냐? 여래는 모든 수명 중에 장수하였음이 가장 승(勝)하며 얻은 항상한 법은 온갖 항상한 법 가운데서 가장 제일이니라."

"세존이시여, 어찌하여 여래께서 한량없는 장수를 얻는다 하십니까?"

"선남자여, 저 여덟 큰 강과 같으니, 첫째는 항하(恒河)요, 둘째는 염마라(閻摩羅)요, 셋째는 살라(薩羅)요, 넷째는 아이라발제(阿夷羅跋提)요. 다섯째는 마하(摩訶)요, 여섯째는 신두(辛頭)요, 일곱째는 박차(博叉)요, 여덟째는 실타(悉陀)이다. 이 여덟의 큰 강과 다른 모든 작은 강들이 다 바다로 들어가느니라.

가섭이여, 이와 같이 모든 인간이나 천상이나 땅이나 공중에 있는 생명의 강들이 모두 여래의 목숨 바다로 들어가는 것이므로, 여래의 목숨이 한량없느니라. 또 가섭이여, 마치 아뇩달(阿耨達)못이 흘러서 네 개의 큰 강이 되듯이, 여래도 그러하여 온갖 목숨을 내느니라. 가섭이여, 온갖 항상한 것 가운데 허공이 제일이듯이, 여래도 그러하여 모든 항상한 것 중에 가장 제일이니라. 가섭이여, 모든 약 가운데 제호가 제일이듯이, 여래도 그러하여 여러 중생들 가운데 수명이 제일이 되느니라."

"세존이시여, 여래의 수명이 그러할진댄 한 겁 동안이나 조금 모자라는 한 겁 동안을 사시면서 미묘한 법문을 말씀하시기를 큰 장마비 내리듯 하여야 할 것입니다."

"가섭이여, 그대는 여래에 대하여 없어진다는 생각을 내지 말라. 가섭이여, 비구·비구니·우바새·우바이나 내지 외도거나 5신통을 얻은 신선으로서 자재할 수 있는 이들도 한 겁이나 조금 모자라는 한 겁 동안을 머물면서 공중으로 걸어다니고 앉고 눕기를 마음대로 하되 왼쪽 옆구리로는 불을 내고 오른쪽 옆구리로는 물을 내며, 몸으로 불과 연기 내기를 화톳불같이 하고 오래 살려면 얼마든지 오래 살아서 장수하고 단명하기를 자재하게 하는 것쯤은 5신통을 얻은 이로도 그러한 신력은 있는 것이거늘, 하물며 온갖 법에 대하여 자재함을 얻은 여래로서 반겁이나 한 겁이나 백 겁·백천 겁·한량없는 겁 동안을 살지 못하겠느냐. 이러한 이치로 보아도 여래는 항상 머무는 법이고 바뀌지 않는 법이며, 여래의 몸은 변화한 몸이요 잡식(雜食)하는 몸이 아니건만, 중생을 제도하기 위하여 일부러 독 나무와 같이 보임을 알지니라. 그러므로 모든 것을 버리고 열반에 듦을 나타내노니, 가섭이여, 부처님께서는 항상한 법이며 바뀌지 않는 법이어서. 너희들은 이 가장 제일인 이치에서 부지런히 정진하여 열심히 닦을 것이며, 닦고서는 남을 위하여 널리 연설하여야 하느니라."

이때에 가섭보살이 부처님께 이렇게 여쭈었다.

"세존이시여, 출세간법과 세간법과는 어떠한 차별이 있습니까? 부처님께서 말씀하시기를 '부처님께서는 항상한 법이요 바뀌지 않는 법이라 하시며, 세간에서도 범천이 항상 있고 자재천이 항상 있어 바뀌지 않는다'고 말하고 나도 항상하고 성품도 항상하고 가는 티끌도 항상하다 하나이다. 만일 여래가 항상한 법일진댄, 여래께서 어찌하여 항상 나타나지 않습니까? 만일 항상 나타나지 아니한다면 무슨 차별이 있습니까? 왜냐하면 범천이나 가는 티끌이나 세간 성품도 항상 나타나지 않나이다."

"가섭이여, 어떤 장자가 소를 많이 가졌는데 색은 여러 가지지만 한 떼를 만들어 목자에게 맡겨서 풀을 따라다니며 기르게 하였으니, 그 소원은 제호를 얻기 위함이었고, 젖이나 타락을 구하려는 것이 아니었다. 그러나 그 목자가 짜서는 제가 먹었고, 장자가 죽은 뒤에는 그 많은 소가 뭇 도둑들에게 약탈되었다. 도둑들이 소를 약탈하였으나 여인이 없어서 제 손으로 젖을 짜서 먹으면서 이렇게 말하였다. '저 장자가 이 소를 기를 때에 젖이나 타락을 구한 것이 아니고 제호를 얻으려던 것인데, 우리는 지금 무슨 방법으로 제호를 얻을 수 있을까. 제호는 이 세상에 제일가는 좋은 약이라 하지 않는가. 우리에게 그릇이 없으니 젖을 짜서 담을 데가 없구나' 하더니 다시 말하기를 '우리에게 가죽 부대가 있으니 담을 수는 있으나, 만들 줄을 모르지 않는가. 타락도 얻기 어려운데 생소(生酥)야 말할 것도 없지 않은가' 하면서 도둑들은 제호를 만들어 보려고 물을 부었으나 물이 너무 많아서 젖도 타락도 세호도 모두 잃고 말았다. 범부도 그와 같아서 매우 선한 법이 있더라도 그것은 모두 여래의 정법의 나머지니라. 왜냐하면 여래 세존이 열반에 든 뒤에 여래가 끼친 선한 법에서 계율·선정·지혜를 훔쳐간 것이니, 마치 도둑들이 소 떼를 약탈한 것 같으니라. 모든 범부들이 계율·선정·지혜를 얻기는 하였으나 좋은 방편이 없어서 해탈을 얻지 못하고, 그리하여 항상한 계율, 항상한 선정, 항상한 지혜의 해탈을 얻지 못하나니, 마치 도둑들이 방편을 몰라서 제호를 잃은 것 같으니라.

또 도둑들이 제호를 얻으려고 물을 많이 탄 것처럼 범부들도 해탈을 얻으려고 나란 고집[我]·중생이란 고집[衆生]·오래 산다는 고집[壽命]·사람이라는 고집[士夫]과 범천·자재천·티끌·세간 성품·계율·선정·지혜라는 소견과 해탈과 비상비비상천이 곧 열반이라고 말하거니와 참말 해탈과 열반을 얻지 못하나니, 마치 도둑들이 제호를 얻지 못함과 같으니라. 범부들이 조그마한 범행과 부모에게 공양한 인연으로 천상에 태어나서 작은 복락을 받는 것은 도둑들의 물을 탄 우유와 같지만 범부들은 조그마한 범행과 부모에게 공양한 까닭으로 천상에 태어난 줄을 알지 못하고, 또 계율·선정·지혜와 삼보에 귀의할 줄을 알지 못하며, 알지 못하는 까닭으로 항상하고, 즐겁고, 나이고, 깨끗하다고 말하는 것이며, 또 말을 하면서도 참으로 알지도 못하느니라.

그러므로 여래가 세상에 나타난 뒤에야 항상하고 즐겁고 나이고 깨끗한 뜻을 연설하는 것이니라. 마치 전륜왕(轉輪王)이 세상에 나면 그 복덕으로 말미암아 도둑들은 흩어지고 소 떼는 없어지지 않았는데, 전륜왕이 그 소 떼를 공교한 방편이 많은 목자에게 위탁하고, 목자는 좋은 방편으로 제호를 얻었으므로 모든 중생의 고통과 병이 없어지는 것과 같으니라. 부처님인 전륜왕이 세상에 나타날 때에는 범부들이 계율이나 선정이나 지혜를 연설하지 못하고 버림이 마치 도둑이 흩어지는 것과 같나니, 그때에 여래가 세간법과 출세간법을 말하며, 중생들을 위하여서 보살들로 하여금 사람을 만나는 대로 연설하라 하는데, 보살마하살들은 이미 제호를 얻었고 다시 한량없고 그지없는 중생들로 하여금 위없는 감로법 맛을 얻게 하나니, 그것이 여래의 항상하고, 즐겁고, 나이고, 깨끗한 것이니라.

선남자여, 그러므로 여래는 항상한 것이요 바뀌지 않는 법이라고 하는 것이니, 세상의 범부와 어리석은 사람들이 범천 따위를 항상하다고 말하는 것과는 같지 아니하니라. 항상한 법이란 것은 여래를 말함이요 다른 법이 아니니라. 가섭이여, 이렇게 여래의 몸을 알아야 하느니라. 가섭이여, 선남자·선여인들은 마음을 착실하게 가지고 이 두 글자를 닦을지니, 부처님만이 항상 머무는 것이니라. 만일 선남자·선여인이 이 두 글자를 닦으면 그런 사람은 나의 행함을 따라서 내가 이르는 데까지 이르리라. 선남자여, 만일 이 두 글자를 닦음으로써 열반한다는 생각을 가지는 이가 있으면, 여래는 이 사람을 위하여 열반에 들 것이니, 열반이란 뜻은 곧 부처님 법의 성품이니라."

"세존이시여, 부처님 법의 성품은 그 뜻이 어떠합니까? 세존이시여, 저는 지금 법의 성품의 뜻을 알고자 하오니 여래께서 불쌍히 여기시어 말씀하소서. 법의 성품이란 말은 곧 몸을 버리는 것이요. 몸을 버린다 함은 있는 바가 없다는 말이니, 만일 있는 바가 없다면 몸은 어떻게 존재하며, 몸이 만일 존재한다면 어떻게 몸에 법의 성품이 있다고 말하며, 몸에 법의 성품이 있다면 어떻게 존재할 수 있습니까? 제가 어떻게 하면 이런 뜻을 알겠습니까?"

"선남자여, 그대는 멸(滅)하는 것이 법의 성품이란 말을 하지 말라. 법의 성품은 멸이 있지 아니하니라. 선남자여, 마치 무상천(無想天)이 색음(色陰)을 성취하였지만 색음이 없는 것과 같으니라. 이에 대하여 '이 하늘들은 어떻게 있어서 즐겁게 낙을 받으며 어떻게 생각을 가지며, 어떻게 보고 듣느냐'고 묻지 말 것이니, 선남자여, 여래의 경계는 성문이나 연각으로는 알 수 없는 것이니라. 선남자여, '여래의 몸은 멸하는 법이다'라고 말하지 말라. 여래의 멸하는 법은 부처의 경계이므로 성문이나 연각들로는 미칠 수 없느니라. 선남자여, 그대는 지금 생각하기를 여래는 어느 곳에 머물며 어느 곳에 다니며 어느 곳에서 보며 어느 곳에서 즐거워하느냐고 하지 말지니, 선남자여, 이러한 이치는 그대들의 알 바가 아니며, 부처님들의 법신과 가지가지 방편은 헤아릴 수 없는 것이니라.

또 선남자여, 불·법·승을 닦으며 항상하다는 생각을 가질지니, 이 세 가지 법은 다르다는 생각도 없고 무상하다는 생각도 없고 바뀐다는 생각도 없느니라. 만일 이 세 가지 법에 대하여 다르다는 생각을 닦는다면, 이런 이들의 청정한 삼귀의는 의지할 곳이 없으며, 금지하는 계행도 구족하지 못하며, 마침내는 성문·연각의 보리 과(果)도 증득하지 못하려니와, 만일 이러한 헤아릴 수 없는 데에 항상한 생각을 닦는 이는 곧 귀의할 곳이 있으리라. 선남자여, 마치 나무를 의지한다면 나무 그림자가 있을 것이니 여래도 그러하여 항상한 법이 있으므로 귀의할 데가 있는 것이고 무상한 것이 아니니, 만일 여래가 무상하다면 여래는 천상 사람·세간 사람의 귀의할 곳이 아니니라."

"세존이시여, 어둠 속에서는 나무는 있어도 그 그림자는 없습니다."

"가섭이여, 그대는 '나무는 있어도 그림자는 없다'고 말하지 말라. 단지 육안으로 볼 수 없을 뿐이니라. 선남자여, 여래도 그러하여 그 성품이 항상 있어서 변역하지 않건만, 지혜 없는 눈으로는 보지 못하는 것이니, 마치 어둠 속에서 나무 그림자를 보지 못함과 같으니라. 범부들이 부처님 열반한 뒤에 여래가 무상한 법이라고 말하는 것도 그와 같으니라. 만일 여래가 법보나 승보와 다르다고 말하면 삼귀의 할 곳이 되지 못하리니, 그대의 아버지와 어머니가 제각기 다르므로 무상하게 되는 것과 같으니라."

"세존이시여, 저는 이제부터 불·법·승 세 가지가 항상 머문다는 것으로 부모에게 말하여 깨닫게 하고, 7대까지 이르도록 모두 받들어 지니게 하겠나이다. 매우 신기합니다. 세존이시여, 저는 이제 여래와 법과 승가가 헤아릴 수 없음을 배우며, 스스로 배우고는 남들에게 널리 이런 이치를 말하겠는데, 만일 믿지 않는 사람이 있으면 그들은 무상을 오래 닦은 사람일 것이니, 나는 그런 이들을 위하여 서리와 우박이 되겠나이다."

이때에 부처님께서 가섭보살을 찬탄하셨다.

"훌륭하고 훌륭하다. 그대가 지금 바른 법을 잘 수호하는 것이니, 이렇게 법을 수호하여 사람을 속이지 아니할 것이며 사람을 속이지 아니하는 선업의 인연으로 장수할 것이며 지나간 세상 일을 알게 되리라."

5. 금강 같은 몸[金剛身品]

이때에 부처님께서 또 가섭보살에게 말씀하셨다.

"선남자여, 여래의 몸은 항상 머무는 몸이며 깨뜨릴 수 없는 몸이며 금강 같은 몸이며 잡식하지 않는 몸이니, 곧 법신(法身) 이니라."

가섭보살이 여쭈었다.

"세존이시여, 부처님께서 말씀하신 그러한 몸을 저는 보지 못하고, 다만 무상하고 깨뜨릴 수 있고 티끌 같고 잡식하는 몸만을 보나니, 왜냐하면 여래께서 지금 열반에 드시려는 연고입니다."

"가섭이여, 그대는 지금 여래의 몸이 견고하지 못하여 깨뜨릴 수 있음이 범부의 몸과 같다고 말하지 말라. 선남자여, 그대는 이제 여래의 몸은 한량없는 억겁 동안에 견고하여 깨뜨릴 수 없으며 인간·천상의 몸이 아니며 두려워 떠는 몸이 아니며 잡식하는 몸이 아닌 줄을 알아야 하느니라. 여래의 몸은 몸이 아니니 이 몸은 나지도 않고 없어지지도 않고 익히지도 않고 닦지도 않으며, 한량도 없고 끝도 없고 자취가 없으며 앎도 없고 형상도 없고 끝까지 청정하여 동요함이 없으며, 받음도 없고 행함도 없고 머물지도 않고 짓지도 않고 맛도 없고 섞임도 없어 함이 있는 법이 아니며, 업도 아니고 과도 아니고 행도 아니고 멸(滅)도 아니고 마음도 아니고 마음의 작용[心數] 도 아니어서 헤아릴 수도 없고 항상하여 헤아릴 수 없으며, 인식함도 없고 마음을 여의기도 하고 마음을 여의지 않기도 하며, 마음이 평등하여 있지도 않으나 있기도 하며, 가고 옴이 없으나 가고 오기도 하며, 파하지도 않고 부서지지도 않고 끊지도 않고 끊기지도 않고, 나지도 않고 멸하지도 않으며, 주재도 아니나 주재이기도 하며, 있음도 아니고 없음도 아니고, 깨달음도 아니고 관찰함도 아니며, 명자(名字)도 아니고 명자 아님도 아니며, 선정도 아니고 선정 아님도 아니며, 볼 수 없으나 분명히 보기도 하며, 곳이 없기도 하고 곳이기도 하며, 집이 없기도 하고 집이 있기도 하며, 어둠도 없고 밝음도 없으며, 고요함이 없으면서도 고요하기도 하며, 있는 데도 아니며 받지도 않고 베풀지도 않으며, 취(取)하지도 않고 떨어지지도 않으며, 법도 아니고 법 아님도 아니며, 복밭도 아니고 복밭 아님도 아니며, 다함도 없고 다하지 않음도 없어 온갖 다함을 여의었으며, 공하기도 하고 공을 여의기도 하며, 항상 머물지도 않으나 잠깐 사이에 멸하는 것도 아니며, 흐림도 없고 글자가 없고 글자를 여의었으며, 소리도 아니고 말하는 것도 아니며, 닦아 익히는 것도 아니고 일컬어 요량함도 아니며, 하나도 아니고 다른 것도 아니며, 형상도 아니고 모양도 아니면서 모든 모양으로 장엄하며, 용맹함도 아니고 두려움도 아니며, 고요함도 없고 고요하지 않음도 없으며, 뜨겁고 뜨겁지 않음이 없으며, 볼 수도 없고 형상도 없으며, 여래가 모든 중생을 제도하면서도 제도함이 없으므로 중생을 해탈케 하고, 해탈함이 없으므로 중생을 깨닫게 하고, 깨달음이 없으므로 실상과 같이 법문을 말하며, 두 가지가 아니므로 요량할 수 없으며, 같을 이 없되 같으며, 평하[?]하기 허공과 같아서 형상이 없으며, 생멸이 없는 성품과 같아서 끊임도 아니고 항상함도 아니며, 항상 1승(乘)을 행하나 중생은 3승(乘)을 보며 물러가지도 않고 옮아가지도 아니하여 온갖 결박을 끊으며, 싸우지도 아니하고 저촉하지도 아니하며, 성품이 아니면서 성품에 머물며, 모임도 아니고 흩어짐도 아니며, 긴 것도 아니고 짧은 것도 아니고 둥근 것도 아니고 모난 것도 아니며, 5음(陰)·6입(入)·18계(界)가 아니면서 5음·6입·18계이기도 하며, 더함도 아니고 덜함도 아니고, 이기는 것도 아니고 지는 것도 아니어서, 여래의 몸이 이와 같이 한량없는 공덕을 성취하였느니라.

아는 이도 없고 알지 못하는 이도 없으며, 보는 이도 없고 보지 못하는 이도 없으며, 함이 있는 것도 아니고 함이 없는 것도 아니며, 세간도 아니고 세간 아닌 것도 아니며, 짓는 것도 아니고 짓지 않는 것도 아니며, 의지함도 아니고 의지하지 않음도 아니며, 4대(大)도 아니고 4대 아님도 아니며, 인(因)도 아니고 인이 아님도 아니며, 중생도 아니고 중생 아님도 아니며, 사문도 아니고 바라문도 아니며, 사자이고 큰 사자이며, 몸도 아니고 몸 아님도 아니어서 말할 수 없으며, 1법상(法相)을 제하고는 셈으로 셀 수 없으며, 열반에 들 때에도 열반에 들지 아니하나니, 여래의 법신은 이렇게 한량없이 미묘한 공덕을 모두 성취하였느니라. 가섭이여, 오직 여래만이 이런 모양을 아는 것이요, 성문이나 연각으로는 알 수 있는 것이 아니니라. 가섭이여, 이러한 공덕으로 여래의 몸이 되었으며 잡식으로 기른 몸이 아니니라. 가섭이여, 여래의 참된 몸의 공덕은 이러하거늘 어찌하여 병이 나고 걱정되고 위태하여 견고하지 못함이 굽지 않은 기와 같겠느냐. 가섭이여, 여래가 일부러 병의 고통을 나타내는 것은 중생들을 조복(調伏)하기 위함이니라. 선남자여, 그대는 이런 줄을 알라. 여래의 몸은 금강 같은 몸이니, 그대는 오늘부터 전심으로 이 이치를 항상 생각하고 잡식하는 몸을 생각지 말며 남들을 위하여서도 여래의 몸은 곧 법신이라고 연설하여라."

가섭보살이 부처님께 이렇게 여쭈었다.

"세존이시여, 여래께서 이런 공덕을 성취하였으니, 그러한 몸에 어찌 병의 고통이나 무상하고 파괴됨이 있겠습니까? 저는 오늘부터 여래의 몸이 항상한 법신이며 안락한 몸임을 생각하겠으며, 남들에게도 그렇게 말하겠습니다. 그러나 세존이시여, 여래의 법신이 금강과 같아서 깨뜨릴 수 없는 그 원인을 알지 못하나이다."

"가섭이여, 바른 법을 보호하여 유지한 인연으로 금강 같은 몸을 이루었나니 가섭이여, 내가 옛적에 법을 수호한 인연으로 지금에 이 금강 같은 몸이 항상 머물러 파괴되지 아니함을 얻었느니라. 선남자여, 바른 법을 수호하여 유지하는 이는 5계도 받지 않고 위의도 닦지 않고서도, 칼이나 활이나 창 같은 것을 들고 계행을 잘 가지는 청정한 비구를 보호할 것이니라."

"세존이시여, 만일 비구가 수호하는 일을 떠나서 고요한 무덤 곁이나 나무 아래에 혼자 있으면 그런 사람은 진정한 비구라 하려니와, 만일 수호하는 이를 따라다닌다면 그 사람을 '머리 깎은 거사'라 하겠나이다."

"가섭이여, 머리 깎은 거사라 하지 말라. 만일 비구가 가는 곳마다 몸을 이바지함을 만족히 여기며, 경전을 읽고 생각에 들어 좌선하다가, 법을 묻는 이에게 보시하고 계행 갖는 공덕과 탐욕을 없애고 만족한 줄 알라는 법문을 말하여 준다면, 그는 비록 이렇게 여러 가지 법을 말한다 하여도, 사자후를 하지 못하며 사자들에게 호위받지 못하며 법답지 않은 나쁜 사람을 굴복하지 못하리라. 이런 비구는 저를 이익케 하고 중생을 이익케 하지 못하는 것이니, 이런 무리는 게으르고 나태한 사람으로서 비록 계행을 가지고 깨끗한 행을 수호한다 하여도 아무 일도 할 수 없느니라. 만일 비구로서 몸을 이바지할 것도 풍족하고 받은 계율을 잘 보호하며, 사자후로써 미묘한 법문을 자세히 말하여, 수다라·게송[祇夜]·수기(受記)·가타·무문자설(無問自說: 優陀那)·본사(本事: 伊帝目多伽)·본생(本生: 闍陀伽)·방광(方廣: 毗佛略)·미증유(未曾有: 阿浮陀達磨) 등의 9부 경전을 남에게 연설하며, 중생들을 안락하고 이익케 하기 위하여 창도(唱導)하기를, 열반경에서는 비구들을 제어하여 종이나 소나 양 따위 법답지 못한 것을 기르지 못하게 하였으니, 만일 이런 부정한 것을 기르는 이는 계율에 의지하여 다스려야 하는 것이며, 여래께서 다른 경전에는 말씀 하시기를 어떤 비구가 그런 법답지 못한 것을 기르는 일이 있으면 그 나라 임금이 법대로 다스리고 쫓아 보내어 속인이 되게 하라고 하였으며, 만일 비구가 이렇게 말할 적에 파계한 사람이 이 말을 듣고 성을 내어 법사를 해쳐서 법을 말하던 이가 죽는다 하여도, 이것은 계행을 가져서 자기도 이익하고 남도 이익케 하는 이라고 말하리니, 이 인연으로 임금이나 대신이나 재상이나 우바새들에게 법을 말하는 사람을 보호하라고 내가 허락하였으니, 바른 법을 두호하려는 이는 이렇게 배울 것이니라. 가섭이여, 이렇게 계행을 파하고 법을 보호하지 않는 이를 미리 깎은 거사라 이름하거니와 계행을 가지는 이가 그런 이름을 얻는 것이 아니니라.

선남자여, 지나간 오랜 옛적 한량없고 그지없는 아승기겁 전에 이 구시나 성에 부처님께서 나셨으니, 명호는 환희증익(歡喜增益) 여래·응공·정변지·명행족·선서·세간해·무상사·조어장부·천인사·불세존이시고, 그때의 세계는 넓고 깨끗하여 풍부하고 즐겁고 편안하며, 백성들이 번성하고 굶주린 이가 없어서 마치 극락세계의 보살들과 같았다. 그 부처님께서 오래 오래 세상에 계시면서 중생을 교화하시다가, 나중에 쌍으로 선 사라나무 사이에서 열반에 드시고, 부처님 열반한 뒤에 남긴 불법이 한량없는 억년 동안 세상에 전할 적에 불법이 아주 없어지기 40여 년 전에 계행을 지니는 비구가 있었으니, 이름이 각덕(覺德)이었다. 많은 권속들에게 호위되어서 사자후로 9부 경전을 널리 연설하여 여러 비구들을 제어하여 종이나 소나 양과 같은 법답지 않은 것을 기르지 못하게 하리니, 그때에 파계한 모든 비구들이 이런 말을 듣고 나쁜 마음을 내어 칼과 막대기를 가지고 이 법사를 위협하였다. 그 나라 임금의 이름은 유덕(有德)인데, 이런 사실을 알고 법을 수호하기 위하여 법문하는 비구가 있는 곳에 가서 파계한 나쁜 비구들과 극심한 싸움을 하면서 법사로 하여금 위급함을 면케 하다가 전신에 창을 맞았다. 그때에 각덕 비구가 왕에게 찬탄하기를 '대왕은 진실하게 바른 법을 수호하였습니다. 이 다음 세상에 그 몸으로 한량없는 법기(法器)가 되리이다'라고 하였다.

왕이 그때에 이런 법문을 듣고 매우 기뻐하였으며, 목숨을 마친 뒤에는 아촉불국에 태어나서 아촉부처님의 첫째 제자가 되었고, 그 임금이 데리고 갔던 백성이나 권속들로서 싸움에 참여한 이나 따라 기뻐하던 사람들은 모두 아촉불국에 가서 났으며, 각덕 비구는 오래 살다가 나중에 역시 아촉불국에 태어나서 그 부처님의 성문들 중에 셋째 제자가 되었으니, 바른 법이 없어지려 할 때에는 마땅히 이렇게 받아 지니고 옹호하여야 하느니라. 가섭이여, 그때의 임금이 지금의 내 몸이요, 법을 말하던 비구가 가섭불이니라. 가섭이여, 바른 법을 수호하는 이는 이렇게 한량없는 과보를 받는 것이니, 이 인연으로 오늘날 내가 가지가지 상호로 장엄하여 깨뜨릴 수 없는 법신을 성취 하였느니라."

가섭보살이 또 부처님께 이렇게 여쭈었다.

"세존이시여, 여래의 항상한 몸은 마치 돌에다 형상을 새긴 것 같겠나이다."

"선남자여, 그러한 인연으로 비구·비구니·우바새·우바이들은 마땅히 부지런히 바른 법을 수호할 것이니, 법을 수호한 과보는 한량없이 크고 넓으니라. 선남자여, 그러기에 법을 보호하려는 우바새들은 칼과 작대기를 들고 법을 지니는 비구를 옹호하여야 하느니라. 설령 5계를 갖추어 받아 가지었더라도 대승인이라고 말하지 못하려니와, 5계를 받지 않고도 바른 법을 수호하는 이는 대승인이라고 할 것이니, 법을 수호하는 이는 칼이나 병장기를 들고 법사를 호위할 것이니라."

"세존이시여, 만일 비구가 칼과 작대기를 가진 우바새들과 벗이 된다면, 스승이 있다 하리이까, 스승이 없다 하리이까? 계행을 가짐입니까, 계행을 깨침입니까?"

"가섭이여, 이런 사람을 파계하는 사람이라고 하지 말라. 선남자여, 내가 열반한 뒤 혼란하고 나쁜 시대에 세계가 어지럽고 서로 침략하며 사람들이 굶주린 때에 많은 사람들이 밥을 먹기 위하여 마음을 내어 출가하더라도 이런 사람은 '머리 깎은 사람'이라 할 것이니, 그런 무리들은 계행을 지키고 위의가 구족하며 청정한 비구들이 법을 수호함을 보면 쫓아내고 해치거나 죽이거나 하리라."

"세존이시여, 그렇게 계행을 갖는 사람으로서 바른 법을 수호하려는 이가 어떻게 시골이나 도시로 다니면서 교화할 수 있겠습니까?"

"선남자여, 그래서 내가 지금 계행을 지니는 사람이 칼과 작대기를 가진 사람들과 벗이 되라고 허락한 것이다. 임금이나 대신이나 장자나 우바새들이 법을 수호하기 위하여서는 비록 칼이나 작대기를 가지더라도 그 사람은 계행을 갖는 이라고 말하느니라. 비록 칼과 작대기를 가졌더라도 생명을 끊지는 말아야 하나니, 그렇게 하는 이는 제일로 계행을 갖는다고 말할 것이니라. 가섭이여, 법을 수호하는 이는 바른 소견을 갖추고, 대승경전을 널리 연설하며, 임금의 일산이나 기름 병이나 곡식이나 과일 따위를 손에 가지지 아니하며, 이양(利養)을 위하여서는 임금이나 대신이나 장자들을 가까이하지 아니하며, 시주들에게 아첨하는 마음을 가지지 아니하고, 위의를 갖추어서 파계한 나쁜 사람들을 항복받나니, 이런 사람이야말로 계행을 갖고 법을 수호하는 스님이라 할 것이다. 중생의 진정한 선지식이 되며, 마음이 넓고 너그러워 바다와 같으니라.

가섭이여, 어떤 비구가 이양(利養)을 위하여 다른 이에게 법을 말하고, 그의 무리들도 스승을 본받아 이양을 탐한다면, 그 사람은 이렇게 스스로 대중을 깨뜨리는 것이니라. 가섭이여, 대중에 세 종류가 있으니, 첫째는 파계하는 잡승(雜僧)이요, 둘째는 어리석은 중[愚癡僧]이요, 셋째는 청정한 중이니라. 파계하는 잡승은 깨뜨리기 쉽거니와 계행을 갖는 청정한 대중을 이양하는 인연으로는 깨뜨릴 수 없느니라.

어떤 것을 파계하는 잡승이라 하는가. 만일 비구가 계행을 가지면서도 이양을 위하여서 파계한 이들과 함께 따라다니며 서로 어울리어 사업을 함께 하는 이는 파계한이요, 잡승이라 하느니라. 어떤 것이 어리석은 중인가. 만일 비구가 고요한 도량에 있으나 총명치 못하고 흐리멍텅하여 욕심이 적고 걸식을 행하며, 계를 말하는 날이나 자자(自恣)하는 때에는 제자들로 하여금 깨끗이 참회하게 하지만, 잘못된 제자가 계율을 범하는 이가 많아도 깨끗하게 참회하도록 가르치지 못할 뿐 아니라 그들과 더불어 함께 계율을 말하고 자자한다면, 그런 이는 어리석은 중이라 하느니라. 어떤 것이 청정한 중인가. 어떤 비구들이 있는데 백천억 마군들이 깨뜨릴 수 없고, 보살 중이어서 성품이 청성하며, 위에 말한 두 종류의 중들을 소복하여 청정한 대중 가운데 있게 하면, 그들은 법을 수호하는 대사[護法無上大師]라 할 것이니라.

계율을 잘 지니는 이는 중생을 조복하여 이익케 하려는 연고로, 모든 계율의 모양이 경하고 중함을 알며, 옳은 계율이 아닌 것은 증명치 않고, 옳은 계율만을 증명하느니라. 어떤 것이 중생을 조복하려는 연고인가. 만일 보살이 중생을 교화하기 위하여 항상 마을에 들어가는데, 시기를 가리지 않으며, 혹은 과부나 음녀의 집에 가서 여러 해를 함께 있는 일은 성문으로서는 하지 못하는 것이니, 이것이 중생을 조복하여 이익케 함이니라. 어떤 것이 계율의 중함을 아는 것인가. 부처님께서 사실로 말미암아 계율을 제정한 것을 보고, 너는 오늘부터 조심하여 다시 범하지 말라. 네 가지 중대한 계율을 출가한 사람은 짓지 말아야 하나니, 짐짓 '짓는 이는 사문이 아니며 석가의 제자가 아니다' 하면, 이것은 중한 것이니라. 무엇을 가벼운 것이라 하느냐. 가벼운 계율을 범한 이에게 세 번 말려서 능히 버리게 하면 이것은 가벼운 것이니라. 옳은 계율이 아닌 것은 증명치 않는다 함은 어떤 이가 깨끗지 않은 것을 받아 사용함을 보고 칭찬하는 이와는 함께 머물지 않는 것이요, 옳은 계율을 증명한다는 것은 계율을 잘 배우고 파계한 이는 가까이 하지 아니하며, 행하는 일이 계율에 합하는 이를 보고는 환희한 마음을 내는 것이니라. 이리하여 불법에서 짓는 일을 잘 알고 잘 해석하는 이는 율사라 하나니, 한 글자를 잘 알고 경전을 잘 지니는 일도 그와 같으니라. 이와 같이 선남자여, 부처님 법이 한량이 없고 헤아릴 수 없나니, 여래도 그러하여 헤아릴 수 없느니라."

"세존이시여, 참으로 그러합니다. 거룩하신 말씀과 같이 부처님 법이 한량이 없고 헤아릴 수 없으며, 여래도 그와 같이 헤아릴 수 없나이다. 그러므로 여래는 항상 있어 깨어지지 아니하면 변역하지 않는 줄을 알겠으니, 저도 지금 잘 배우고 남에게도 이런 이치를 널리 연설하겠나이다."

그때에 부처님께서 가섭보살을 이렇게 찬탄하셨다.

"훌륭하고, 훌륭하다. 여래의 몸은 금강 같아서 깨뜨릴 수 없나니, 보살들은 이렇게 바른 소견과 바른 지혜를 잘 배워야 하느니라. 만일 이렇게 분명하게 알면, 부처님의 금강 같은 몸, 깨뜨릴 수 없는 몸을 보되 거울 속에서 여러 가지 모양을 보는 것 같으리라."

6. 경 이름의 공덕[名字功品]

그때 부처님께서 또 가섭보살에게 말씀하셨다.

"선남자여, 그대는 지금 이 경의 글자와 구절이 지니는 공덕을 잘 알아라. 만일 선남자·선여인이 이 경의 이름을 들으면 네 가지 나쁜 갈래에는 나지 아니하리라. 왜냐하면 이 경전은 한량없고 가없는 부처님들이 닦아 익힌 것이니, 그 공덕을 내가 이제 말하리라."

가섭보살이 여쭈었다.

"세존이시여, 이 경은 무엇이라 이름하며, 보살마하살들이 어떻게 받아 가져야 합니까?"

"가섭이여, 이 경의 이름은 대반열반(大般涅槃)이니 윗말도 선하고 가운데 말도 선하고 아래 말도 선하며, 의미가 매우 깊고 글도 좋으며 순일하게 청정한 범행(梵行)을 갖추었으며, 금강의 보배광이 가득하여 모자라는 일이 없으니, 그대는 자세히 들어라. 내가 이제 말하리라. 선남자여, '대(大)'라는 것은 항상하다는 뜻이니, 마치 여덟 개의 큰 강이 큰 바다에 들어가는 것처럼, 이 경도 그와 같아서 모든 번뇌와 마의 성품을 항복받고 그런 뒤에 대반 열반에서 몸과 목숨을 버리는 것이므로 대반열반이라 이름하느니라.

선남자여, 마치 어떤 의사가 좋은 비방(秘方)이 있는데, 그것이 모든 의술을 모두 포함하는 것같이 여래도 그와 같아서 말한 바 가지가지 묘한 법의 비밀하고 깊은 이치의 문이 모두 이 대반열반에 들었나니, 그러므로 이름을 대반열반이라 하느니라. 선남자여, 비유컨대 농부가 봄에 씨를 뿌리고 항상 풍년들기를 희망하다가 가을에 열매를 거두면 모든 희망이 모두 쉬듯이 선남자여, 모든 중생도 그와 같아서 다른 경전을 배울 적에는 항상 좋은 자미(滋味)를 희망하지만, 이 대반열반을 듣고 나서는 다른 경에서 희망하던 재미가 영원히 멈추나니, 이 대반열반은 모든 중생들로 하여금 나고 죽는 물결에서 벗어나게 하는 연고니라.

선남자여, 모든 자국 중에는 코끼리의 자국이 제일이듯이, 이 경도 그와 같아서 모든 경전의 삼매 중에 제일이 되느니라. 선남자여, 밭을 가는 데는 가을에 가는 것이 가장 좋듯이, 이 경도 그러하여 모든 경전 중에 가장 좋으니라. 선남자여, 모든 약 가운데 제호(醍醐)가 제일이듯이 중생들의 번뇌와 산란한 마음을 다스림에도 이 대반열반이 제일이니라. 선남자여, 좋은 타락에는 여덟 가지 맛이 구족하였듯이, 대반열반에도 여덟 가지 맛이 구족하였으니, 첫째는 항상한 것, 둘째는 변치 않는 것, 셋째는 편안한 것, 넷째는 서늘한 것, 다섯째는 늙지 않는 것, 여섯째는 죽지 않는 것, 일곱째는 때가 없는 것, 여덟째는 쾌락한 것이다. 이것이 여덟 가지 맛이니, 여덟 가지 맛을 구족하였으므로 대반열반이라 하느니라. 모든 보살마하살들이 이 속에 편안히 머물면 간 데마다 열반을 나타낼 수 있으므로 이름을 대반열반이라 하느니라.

가섭이여, 선남자·선여인으로서 이 대반열반에서 열반하

고자 하면 모두 이렇게 배울 것이니, 여래는 항상 머무는 것이며, 법과 승가도 그러하니라."

"세존이시여, 매우 신기합니다. 여래의 공덕을 헤아릴 수 없으며, 법보·승보도 헤아릴 수 없으며, 이 대열반도 헤아릴 수 없으니, 이 경전을 배우는 이는 바른 법의 문을 얻어서 유명한 의사가 될 것이며, 배우지 못한 이는 소경과 같이 지혜의 눈이 없으며 무명에 가리운 줄을 알겠나이다."

대반열반경 제4권

7. 네 가지 모양[四相品] ①

부처님께서 또 가섭보살에게 말씀하셨다.

"선남자여, 보살마하살이 대반열반을 분별하여 보임에 네 가지 모양이 있으니, 첫째는 스스로 바르게 함이요, 둘째는 다른 이를 바르게 함이요, 셋째는 물음을 따라 대답함이요, 넷째는 인연의 뜻을 잘 해석함이니라.

가섭이여, 어떤 것이 스스로 바르게 함인가. 여래께서 모든 인연을 보고 말씀하시는 것이니, 마치 비구가 큰 불더미를 보고 말하기를 '나는 차라리 이 이글이글하는 불더미를 안을지언정, 여래께서 말씀하신 12부(部) 경전이나 비밀한 법장에 대하여 이 경은 마군이 말한 것이라고 비방하지 않겠다. 만약 불·법·승 3보가 무상하다고 말한다면, 이렇게 말하는 이는 자기를 속이고 다른 이까지 속이는 것이니, 차라리 예리한 칼로 혀를 끊을지언정, 마침내 불·법·승이 무상하다고 말하지 아니할 것이며, 다른 이가 그렇게 말하는 것을 듣더라도 믿지 아니하고, 이렇게 말하는 이에게 가엾은 생각을 낼 것이니, 여래와 교법과 승가는 헤아릴 수 없느니라'라고 하는 것과 같다. 이러한 생각을 가지고 스스로 자기의 몸을 볼 적에 불더미와 같이 하면 이것이 스스로 바르게 함이니라.

가섭이여, 어떤 것이 다른 이를 바르게 함인가. 여래가 법을 말할 때에 어떤 여인이 어린 아기에게 젖을 먹이면서 부처님 있는 데 와서 부처님 발에 예배하고 염원함이 있었으나 마음으로만 생각하면서 한쪽에 물러가서 앉았다. 그때에 여래는 알고도 짐짓 물었다.

'네가 아기를 어여삐 여겨서 타락을 많이 먹이면서도 소화가 잘 되고 안 될 것은 요량하지 못하는구나.'

여인은 곧 여래에게 말하였다.

'매우 신기합니다, 세존이시여. 제가 마음속으로 생각하는 것까지 잘 아시니, 바라옵건대 얼마나 먹여야 할지를 여래께서 가르쳐 주소서. 세존이시여, 제가 오늘 아침에 아기에게 타락을 주었더니 잘 소화하지 못하였는데 수명이 감하지 않겠습니까? 원컨대 저에게 해설하여 주소서.'

'너의 아기가 먹은 것이 즉시 소화되어 수명을 늘게 할 것이다.'

여인이 이 말을 듣고 매우 기뻐서 이렇게 말하였다.

'여래께서 진실하게 말씀하시므로 제가 기뻐하나이다. 세존께서 이렇게 중생들을 조복하기 위하여 소화되고 소화되지 않음을 분별하여 말씀하셨고, 역시 모든 법이 내가 없고 무상함도 말씀하십니다. 만일 세존께서 먼저 항상하다고 말씀하셨으

면 교화를 받는 이들이 이 법을 외도의 말과 같다고 말하면서 문득 버리고 갔을 것입니다.'

부처님께서는 다시 여인에게 말씀하셨다.

'아이가 자라서 제 발로 다니게 되면 그가 먹는 것은 소화하기 어려운 것도 넉넉히 소화시킬 터이니, 본래 주던 타락은 줄 필요가 없느니라. 나의 성문 제자들도 그와 같으니, 너의 어린 아기처럼 항상 머무는 법을 소화하지 못하므로 내가 먼저 괴롭고 무상하다고 말하였거니와 만일 내 성문들이 공적이 갖추어져서 대승경전을 닦을 만하였으면 내가 이 경에서 여섯 가지 맛을 말할 것이니라. 무엇이 여섯 가지 맛인가. 괴로움은 신맛, 무상함은 짠맛, 내가 없음은 쓴맛이며, 즐거움은 단맛, 나라 함은 매운맛, 항상함은 싱거운 맛이라 하느니라. 세간에 세 가지 맛이 있으니, 이른바 무상과 나가 없음과 즐거움이 없음인데, 번뇌를 땔나무로 삼고 지혜를 불로 삼아 그 인연으로 열반이란 음식을 만들면, 항상하고 즐겁고 내가 되어 모든 제자들로 하여금 모두 맛있게 먹게 하리라.'

또 여인에게 말씀하셨다.

'네가 만일 인연이 되어 다른 곳에 가려거든 나쁜 아들은 몰아내어 그 집에서 나가게 하고 보배 광을 선한 아들에게 주도록 하라.'

여인은 말하였다.

'진실로 부처님의 가르침과 같이 보배 광은 선한 아들에게만 보이고 나쁜 아들에게는 보이지 않겠습니다.'

여래께서는 말씀하셨다.

'그대여, 나도 그와 같아서 열반에 들 때에 여래의 비밀하고 위없는 법장은 성문 제자들에게는 주지 아니하나니, 네가 보배 광을 나쁜 아들에게는 보이지 않음과 같고, 여러 보살에게 부촉할 것이니, 네가 보배 광을 선한 아들에게 맡김과 같으니라. 왜냐하면 성문 제자들은 변동한다는 생각으로 여래가 참으로 멸도한다 하지만, 나는 참으로 멸도함이 아니니, 마치 네가 먼 길을 가서 돌아오지 않았을 적에 나쁜 아들은 네가 죽었다고 말하지만 네가 실상 죽지 않은 것과 같고, 보살들은 말하기를 여래는 항상 변역하지 않는다고 하는 것은 선한 아들은 네가 죽지 않았다고 말함과 같으니라. 이런 이치로 나는 위없고 비밀한 법장을 보살들에게 부촉하는 것이니라.'

선남자여, 어떤 중생이 말하기를, '부처님께서는 항상 계시고 변동되지 않는다'고 말하면, 그 집에는 부처님께서 계시는 것임을 알지니, 이것이 다른 이를 바르게 한다는 것이니라.

가섭이여, 어떤 것이 묻는 대로 대답함인가. 어떤 사람이 여래에게 묻기를 '어떻게 하면 재물을 허비하지 않고도 큰 시주라는 이름을 얻겠습니까?' 하여, 여래께서 대답하시기를 '만일 사문이나 바라문들이나 욕심이 적어 만족할 줄 알고서 부정한 물건을 받지도 않고 기르지도 않는 이에게는 종이나 하인을 보시하고, 범행을 닦는 이에게는 여자를 보시하고, 술과 고기를 끊은 이에게는 술과 고기를 보시하고, 오후에 먹지 않는 이에게는 오후에 음식을 대접하고, 꽃과 향을 찾지 않는 이에게는 꽃과 향을 공급하여, 그렇게 보시하면 큰 시주라는 소문이 천하에 자자하면서도 자기의 재물은 조금도 줄지 아니할 것이니라' 한다면, 이것이 묻는 대로 대답하는 것이니라."

그때에 가섭보살이 부처님께 이렇게 여쭈었다.

"세존이시여, 고기를 먹는 사람에게도 고기를 보시하지 않아야 할 것이오니, 왜냐하면 제가 보기엔 고기를 먹지 않는 이가 큰 공덕이 있습니다."

부처님께서 가섭보살을 찬탄하셨다.

"훌륭하고 훌륭하다. 그대가 이제야 나의 뜻을 옳게 알았으니, 법을 수호하는 보살은 마땅히 그래야 하느니라. 선남자여, 오늘부터는 성문 제자가 고기 먹는 일을 허락하지 아니하리니, 만일 단월의 보시를 받게 되거든, 그 음식을 볼 적에 아들의 살과 같이 생각할 것이니라."

가섭보살이 말하였다.

"세존이시여, 어찌하여 부처님께서 고기 먹는 것을 허락하지 아니하십니까?"

"선남자여, 고기를 먹음은 큰 자비의 종자를 끊음이니라."

"부처님께서 어찌하여 먼저는 비구에게 세 가지 깨끗한 고기 먹는 것을 허락하셨습니까?"

"가섭이여, 그 세 가지 깨끗한 고기는 그때마다 형편을 따라서 점차로 제정하였던 것이니라."

"세존이시여, 무슨 인연으로 열 가지 부정한 고기로부터 아홉 가지 깨끗한 고기에 이르기까지도 허락치 아니하십니까?"

"가섭이여, 그것도 형편을 따라 점차로 제정한 것이어니와 이것은 곧 고기를 먹지 말라는 뜻을 나타내는 것이니라."

"어찌하여 부처님께서는 생선과 고기가 아름다운 음식이라고 칭찬하셨습니까?"

"선남자여, 나는 생선이나 고기가 아름다운 음식이라고는 말하지 않았고, 사탕수수·멥쌀·석밀(石蜜)·보리·모든 곡식·검은 석밀·타락·젖과 기름을 좋은 음식이라고 말하였느니라. 비록 가지가지 의복을 저축힘을 말하었으나, 지축하는 것은 모두 색(色)을 없애라 하였거늘, 하물며 생선과 고기를 탐내서야 쓰겠느냐."

"부처님께서 만일 고기를 먹지 말게 하셨을진대 저 다섯 가지 맛, 우유·타락·생소·숙소·호마유(胡麻油) 따위와, 명주 옷·구슬·자개·가죽·금이나 은으로 만든 그릇 따위도 받아 사용하지 말아야 하겠나이다."

"선남자여, 니건자(尼乾子)들과 같은 소견을 품지 말라. 여래가 제정한 여러 가지 금하는 계율은 제각기 다른 뜻이 있느니라. 다른 뜻으로 세 가지 깨끗한 고기를 허락하였고, 다른 생각으로 열 가지 고기를 금하였고, 다른 생각으로 여러 가지를 금하며 절로 죽은 것까지를 금하느니라. 가섭이여, 나는 오늘부터 제자들에게 모든 고기를 먹지 말라고 제한한다. 가섭이여, 고기를 먹는 이가 가든가 앉았든가 섰든가 누웠든가 간에 모든 중생들이 고기 냄새를 맡고는 모두 두려워하나니, 마치 사람이 사자에게 가까이 가면 여러 사람들이 보고 사자의 냄새를 맡아 또한 두려운 마음을 내는 것과 같으니라.

　선남자여, 마치 사람이 마늘을 먹으면 고약한 냄새가 나서 다른 이가 냄새를 맡고는 버리고 가는 것과 같으니, 먼 데서 보는 이도 보기를 싫어하거늘, 하물며 가까이함이겠는가. 고기를 먹는 이도 그와 같으니, 모든 중생들이 고기 냄새를 맡고는 모두 두려워하여 죽을 줄 생각하며, 물에 살고 육지에 살고 허공에 사는 중생들이 모두 달아나면서 '저 사람은 우리의 원수다'라고 하나니, 그러므로 보살은 고기를 먹지 않도록 하여야 하며, 중생을 제도하기 위하여 일부러 고기를 먹기도 하나 보기에는 먹는 것 같되 실상은 먹지 않느니라. 선남자여, 보살은 깨끗한 음식도 먹지 않거늘 하물며 고기를 먹겠는가.

　선남자여, 내가 열반한 뒤 여러 백년 동안에 네 종류 성인 [四道聖人]이 모두 다시 열반하여 정법이 없어진 뒤 상법(像法) 시대에 비구들이 겉으로는 계율을 지니는 듯하면서도 경전을 읽지 않고 맛있는 음식을 즐겨 호사롭게 지내면서, 몸에 입은 옷은 추악하고 얼굴이 여위고 위의가 초라하며, 소와 양을 기르고 땔나무를 지고 다니며, 머리카락·수염·손톱을 길게 기르고, 가사를 입었으나 사냥꾼 같으며, 자세하게 보고 천천히 걷기를 마치 쥐를 엿보는 고양이같이 하면서 항상 말하기를 '나는 아라한도를 얻었노라' 하고, 여러 가지 병고로 더러운 데서 누워 자며, 겉으로는 점잖은 체하나 속으로는 탐욕과 질투가 가득하여 벙어리 모양을 하는 바라문 같아서, 실제로는 사문이 아니지만 사문 행세를 하며 나쁜 소견이 치성하고 바른 법을 비방하나니, 이런 무리는 여래가 제정한 계율과 옳은 행동과 위의를 파괴하고, 해탈의 과를 말하면서도 청정한 법을 여의고, 깊고 비밀한 교법을 깨뜨리며 제 멋대로 경과 율에 어기는 말을 지어내어 말하기를, '부처님께서 우리들이 고기 먹는 것을 허락하셨다' 하며, 제가 만든 이야기를 부처님께서 말씀하신 것이라 하여 서로 다투면서 제각기 부처님의 제자라고 하리라.

선남자여, 그때에 또 모든 사문들이 곡식을 모아 두고 생선과 고기를 가져다가 제 손으로 음식을 만들고 기름병을 들고 다니며, 일산을 받고 가죽신을 신고, 임금이나 대신이나 장자를 따라다니며, 관상 보고 천문을 말하고 의술을 배우고 종들을 두고, 금·은·폐유리·차거(車渠)·마노·파리·진주·산호·호박·벽옥(碧玉)·가패(珂貝)와 가지각색의 과실을 쌓아 두며, 그림을 그리고 불상을 조성하고 글자를 만들고 글을 가르치고 초목을 심고 가꾸고 방자하는 방법과 주문(呪文)과 환술 따위며 약을 만들고 풍류를 배우며, 꽃과 향수로 몸을 단장하고, 바둑과 놀음과 여러 가지 야릇한 기술을 배울 것이니라. 그런 때에 어떤 비구가 이러한 나쁜 일들에서 벗어나는 이가 있다면, 그 사람이야말로 나의 진정한 제자라 이름할 것이니라."

"세존이시여, 비구·비구니·우바새·우바이들이 다른 이를 의지하여 생활하나니, 걸식하다가 고기 섞인 음식을 받게 되면 어떻게 먹어야 청정한 법에 맞겠습니까?"

"가섭이여, 물로 씻어서 고기를 가려 놓고 먹어야 하며, 식기에 고기가 묻었더라도 거기에 맛이 배지 아니하였으면 사용하여도 죄가 없으며, 음식 가운데 고기가 많이 섞였으면 받지 말아야 하며, 고기가 드러난 음식은 먹지 말아야 하나니, 먹으면 죄가 되느니라. 내가 지금 고기를 끊으라는 제도를 말하였지만, 이것을 자세히 말하려면 다할 수가 없느니라. 열반할 때가 다가오므로 대강만 말하나니, 이런 것을 묻는 대로 대답하는 것이라 하느니라.

가섭이여, 어떤 것을 가지고 인연의 뜻을 잘 안다 하느냐. 어떤 사부대중이 와서 나에게 묻기를 '세존이시여, 이러한 이치를 여래가 처음 나셨을 적에 바사닉왕에게 이런 깊고 묘한 법문을 어찌하여 말씀하시지 아니하고, 어떤 때는 깊다고 말하고 어떤 때는 얕다고 말하며, 혹은 범한 것이라 말하고 혹은 범하지 않는다 말하며, 무엇을 타락이라 말하고, 무엇을 계율이라 말하고, 무엇을 바라제목차(波羅提木叉)라 말하였습니까?' 하여, 여래가 말하되 '바라제목차는 만족함을 앎이니 위의를 성취하고 받아 쌓음이 없는 것이며, 깨끗이 사는 것[淨命]이라고 하느니라. 타락이라 함은 네 가지 나쁜 갈래요, 또는 지옥이나 아비지옥에 떨어지는 것이니, 빠르기로 말하면 소낙비보다 더한 것이니, 듣고 놀라서 계행을 꼭 지키고 위의를 범하지 아니하며, 만족한 줄 앎을 닦고 모든 부정한 물건을 받지 않는 것이니라. 또 타락이라 함은 지옥·축생·아귀를 길러 자라게 함이니, 이런 뜻으로서 떨어진다'고 하느니라.

바라제목차는 몸과 말과 뜻으로 짓는 선하지 아니한 삿

된 업을 여의는 것이요, 계율은 계율의 위의와 깊은 경과 좋은 이치에 들어가서 모두 부정한 인연을 받지 않는 것이며, 역시 4중(重)·13승잔(僧殘)·2부정법(不定法)·30사타(捨墮)·91타(墮)·4회과법(悔過法)·100중학(衆學)·7멸쟁(滅諍)들이며, 또 어떤 이는 온갖 계율을 파하나니, 온갖 계율이란 것은 4중으로부터 7멸쟁법까지며, 혹 어떤 이는 바른 법과 깊은 경전을 비방하며, 일천제(一闡提)를 구족하게 성취하고 온갖 모양이 다 없어져서 구제할 인연이 없나니, 이런 무리들이 '나는 총명하고 지혜가 많다' 하면서 가볍고 중한 죄를 모두 덮어두며, 나쁜 짓 감추기를 거북이 여섯 군데 감추듯 하면서 이런 죄를 밤낮으로 뉘우치지 아니하느니라. 뉘우치지 아니하므로 늘어만 가며, 이 비구들은 범한 죄를 드러내어 참회하지 아니하고 점점 많아만 지느니라. 그래서 여래는 이런 일을 알고는 점점 제정하게 되었고, 한꺼번에 막지 아니하였느니라."

그때에 선남자·선여인이 부처님께 여쭈었다.

"세존이시여, 부처님께서는 오래전부터 이런 일을 아셨을 터인데, 어찌하여 미리 막지 않으셨습니까? 세존께서 중생들로 하여금 아비지옥에 들어가게 하려 한 것이 아닙니까? 마치 여러 사람이 다른 지방으로 가려 하면서 바른 길을 모르고 잘못된 길로 가는 듯합니다. 이 사람들이 잘못된 길을 모르므로 바른 길인 줄만 알았고, 바르고 잘못된 것을 물을 사람을 만나지도 못한 것 같습니다. 중생도 그와 같이 불법을 알지 못하고 바른 것을 보지 못하니, 여래께서 먼저 바른 도를 말씀하시어 비구들에게 이것은 계율을 범함이요, 이것은 계율을 가짐이라고 가르쳐서 그렇게 제정했어야 할 것입니다. 왜냐하면 여래의 정각은 진실하여서 바른 도를 아는 터이니, 여래만이 하늘 중의 하늘이므로 10선(善)이 점점 늘어가는 공덕과 그런 의미를 말씀할 수 있사올새, 먼저 계율을 제정하여야 한다고 여쭈어 청하는 바입니다."

부처님께서 이렇게 말씀하셨다.

"선남자여, 여래가 10선의 늘어가는 공덕을 말할 수 있다고 한다면 그것은 여래가 여러 중생들을 라후라처럼 평등하게 본다는 것이어늘, 어찌하여 세존이 장차 중생으로 하여금 지옥에 들어가게 하려 함이 아니냐고 말하느냐. 나는 한 사람이라도 아비지옥에 떨어질 만한 인연을 보면, 그 사람을 위하여 한 겁이나 한 겁이 조금 못 되는 세월을 이 세상에 있으면서 중생들에게 큰 자비를 베푸는 것인데, 무슨 일로 아들처럼 생각하는 이를 속여서 지옥에 들어가게 하겠느냐. 선남자여, 마치 임금이 그 나라 안에 누더기 입은 이가 있으면 그 옷에 구멍이 뚫린 것을 보고서야 깁게 하는 것과 같나니, 여래도 그러하여 중생들이 아비지옥에 들어갈 인연이 있음을 보게 되면 곧 계율의 선한 것으로 깁게 하느니라. 선남자여, 비유컨대 전륜왕이 먼저 중생들을 위하여 10선법(善法)을 말하고, 그런 뒤에 점차로 나쁜짓을 하는 이가 있으면 왕이 그런 일이 있을 적마다 끊게 하며, 나쁜짓을 끊은 뒤에는 스스로 임금의 법을 행하게 되나니, 선남자여, 나도 그러하여 비록 말할 것이 있으나 먼저 제정하지 아니하고, 비구들이 법답지 아니한 일을 행함을 인하여 일을 따라 제정하거든, 법을 좋아하는 중생들이 가르친 대로 닦아 행하며, 그런 중생이라야 여래의 법신을 보느니라. 전륜왕이 가진 보배 바퀴[輪寶]를 헤아릴 수 없는 것같이 여래도 헤아릴 수 없으며, 법보와 승보도 헤아릴 수 없으며, 법을 말하는 이와 법을 듣는 이도 모두 헤아릴 수 없나니, 이것이 인연의 뜻을 잘 안다고 함이니라. 보살이 이와 같이 네 가지 모양의 뜻을 분별하여 보이나니, 이것이 대승 대열반 중의 인연이란 이치니라.

또 스스로 바르게 한다 함은 이 대반열반을 얻음이요, 다른 이를 바르게 한다 함은 내가 비구들에게 여래가 항상 있어서 변역하지 않는다고 말하는 것이요, 묻는 대로 대답한다 함은 가섭이여, 그대가 물은 인연으로 보살과 비구·비구니·우바새·우바이들을 위하여 깊고 미묘한 이치를 말하게 되는 것이요, 인연의 이치라 함은 성문이나 연각은 이와 같은 깊은 이치를 알지 못하며, 이자(伊字: ∴)의 세 점이 해탈·열반·마하반야를 이루며 비밀장을 이루는 것을 듣지 못하였으므로 내가 여기서 열어 보이며 분별하여 성문들로 하여금 지혜 눈을 뜨게 함이니라. 가령 어떤 이가 말하기를 '이 네 가지 일이 어떻게 하나가 되겠는가, 허망하지 아니한가?' 하면, 곧 반문하되 '허공과 있는 것이 없다는 것과 움직이지 않음과 막힐 것 없다는 네 가지가 무엇이 다르겠는가 한다면, 이 말을 허망하다 하겠는가?' 하라. 대답하기를 '그렇지 않습니다. 세존이시여, 이 여러 가지 말이 곧 한 가지 뜻이니, 공하다는 것뿐입니다' 하리니, 스스로 바르게 함과 다른 이를 바르게 함과 묻는 대로 대답함과 인연의 뜻을 해설한다는 뜻도 그와 같아서 대열반과 평등하여 다름이 없느니라."

부처님께서 가섭보살에게 말씀하셨다.

"어떤 선남자·선여인이 이런 말을 한다고 하자. '여래가 무상하다 하나니, 어떻게 무상한 줄을 알겠습니까? 부처님의 말씀과 같이 모든 번뇌를 멸한 것을 열반이라 하나니, 마치 불이 꺼지면 아무것도 없는 것같이 번뇌를 멸한 것도 그와 같으므로 열반이라 한다고 하셨는데, 어찌하여 여래는 항상 머무는 법이어서 변역하지 않는다 합니까? 부처님의 말씀과 같이 여러 유를 여읜 것을 열반이라 하나니, 열반에는 여러 유가 없다고 하였거늘 어찌하여 여래는 항상 머무는 법이어서 변역하지 않는다 합니까?

마치 옷이 모두 해지면 물건이라 하지 않나니, 열반도 그와 같아서 모든 번뇌가 멸하였으므로 물건이라 하지 않는다 하였거늘, 어찌하여 여래는 항상 머무는 법이어서 변역하지 않는다 합니까? 부처님의 말씀과 같이 욕심을 여의고 적멸한 것을 열반이라 하였으니, 마치 사람의 머리를 베면 머리가 없는 것같이 욕심을 여의고 적멸한 것도 그와 같아서 공하여 아무것도 없으므로 열반이라 한다고 하였거늘, 어찌하여 여래는 항상 머무는 법이어서 변역하지 않는다 합니까?

부처님께서는 다음과 같이 말씀하셨습니다.

비유컨대 빨갛게 단 무쇠를
쇠망치로 두드리면 불똥이 튀어
흩어지곤 금새 간 곳 없어서
있는 데를 찾아도 알 수 없듯이
올바르게 해탈을 얻은 사람도

음욕이란 진창을 벗어나고서
흔들리지 않는 데 이른 뒤에는
이른 곳을 찾아도 알 수 없나니.

 어찌하여 여래는 항상 머무는 법이어서 변역하지 않는다 합니까?'
 가섭이여, 이렇게 따지는 사람을 잘못된 힐난을 한다고 하느니라. 가섭이여, 그대도 여래의 성품이 소멸해 없어진다는 생각을 하지 말아야 하느니라.
 가섭이여, 번뇌를 멸한 이는 물건이라 하지 않나니, 왜냐하면 영원히 끝나는 것이므로 항상한 것이라 이름하느니라. 이런 글은 고요하여 위가 없는 것이며, 모든 형상을 멸하여 버리면 남는 것이 없느니라. 이런 글은 새롭고 깨끗하며 항상 머물러 물러가지 않으므로, 열반을 항상 머무는 것이라 하나니, 여래도 그와 같아서 항상 머물고 변역하지 않느니라. 쇠똥을 뿌린다[星流] 함은 번뇌를 말함이요, 흩어지고는 간 곳이 없어서 있는 데를 알 수 없다 함은 여래가 번뇌를 없애고는 5취(趣)에 있지 않다 함이니, 그러므로 여래는 항상 머무는 법이어서 변역함이 없다고 하느니라.

또 가섭이여, 부처님들이 스승되는 것을 법이라 한다. 그러므로 여래가 공경하고 공양하는 것이며, 법이 항상하므로 부처님이 항상하니라."

"만일 번뇌의 불이 꺼지면 여래도 멸할 것이니 그렇다면 여래는 항상 머물 곳이 없겠나이다. 저 쇠똥을 뿌리며 흩어지는 무쇠가 빨간빛이 없어지면 이르른 곳을 알 수 없나니, 여래의 번뇌도 그와 같아서 멸하면 이른 곳이 없을 것이며, 또 무쇠의 빨갛게 단 것과 붉은 빛이 꺼지면 없어지듯이 여래도 그와 같아서 멸하면 무상하리니, 번뇌의 불을 멸하고 열반에 든다면 여래도 무상할 줄을 알겠나이다."

"선남자여, 무쇠는 범부를 말하는 것이니, 범부들은 번뇌를 멸한다 하더라도 멸한 뒤에 다시 생기므로 무상하다 하고, 여래는 그렇지 아니하여 멸하고는 다시 생기지 아니하므로 항상하다 하는 것이니라."

"무쇠의 빨간 빛이 없어진 뒤에 불에 넣으면 도로 빨갛게 되나니, 여래도 그렇다면 번뇌가 도로 생길 것이요, 번뇌가 도로 생기면 그것은 무상이라 하겠나이다."

"가섭이여, 그대는 여래가 무상하다는 말을 하지 말라. 왜냐하면 여래는 항상한 까닭이니라. 선남자여, 나무가 타서 없어지면 재가 되듯이 번뇌가 멸하면 열반이 되느니라. 옷이 해지고, 머리를 베고, 병이 깨어지는 비유도 그와 같나니, 이런 것들도 각각 이름이 있어 해진 옷, 베인 머리, 깨어진 병이라 하느니라. 가섭이여, 무쇠는 식은 것을 다시 빨갛게 하지만 여래는 그렇지 아니하여 불이 다시 생기지 않느니라. 가섭이여, 한량없는 중생들이 무쇠와 같은 것을, 내가 무루(無漏) 지혜의 불로 중생들의 번뇌를 태우느니라."

"참으로 그러하겠나이다. 제가 지금에야 부처님들은 항상하시다는 여래의 말씀을 자세히 알겠나이다."

"가섭이여, 마치 임금이 내전에 있다가 구경하기 위하여 후원에 나갔을 적에 임금이 없지만, 궁녀들은 임금이 죽었다고 말하지 않음과 같으니라. 선남자여, 여래도 그와 같아서 비록 염부제에 나타나지 않고 열반에 들었더라도 무상하다고 이름하지 않나니, 여래는 한량없는 번뇌에서 뛰어나 안락한 열반에 들어서 깨달음의 꽃에서 놀면서 환희하게 즐기느니라."

가섭이 물었다.

"부처님께서 말씀하시기를 '나는 이미 번뇌의 바다를 건넜노라' 하셨으나, 부처님께서 만일 번뇌의 바다를 건너셨으면 무슨 인연으로 야수다라를 맞아 라후라를 낳으셨습니까? 이 인연으로 보아 여래께서는 번뇌의 바다를 건너지 못한 듯합니다. 바라옵건대 그 인연을 말씀하여 주십시오."

부처님께서 이렇게 말씀하셨다.

"가섭이여, 그대는 '여래께서 이미 번뇌의 바다를 건너셨으면 무슨 인연으로 야수다라를 맞아 라후라를 낳으셨습니까? 이 인연으로 보아 여래께서는 번뇌의 바다를 건너지 못한 듯합니다'라는 말을 하지 말라. 선남자여, 이 대열반은 큰 뜻을 세우는 것이니, 그대들은 지극한 마음으로 자세히 들어 여러 사람들에게 말하고 의심을 내지 말라. 만일 보살마하살이 대열반에 머물면 수미산이 그렇게 높고 넓더라도 모두 가져다 겨자씨 속에 넣되, 수미산을 의지하여 있던 중생들은 비좁지도 아니하고 가고 오는 줄도 몰라서 전과 같이 변동이 없는 줄 여기거니와 제도를 받을 만한 이는 보살이 수미산을 겨자씨 속에 넣기도 하고 도로 본고장에 가져다 두기도 하는 줄을 아느니라. 선남자여, 또 보살마하살이 대열반에 머물면 삼천대천세계를 겨자씨 속에 넣되, 그 세계에 사는 중생들은 비좁지도 아니하고 가고 오는 줄도 몰라서 변동이 없는 줄로 여기거니와 제도를 받을 만한 이는 보살이 삼천대천세계를 겨자씨 속에 넣기도 하고, 도로 본고장에 가져다 두는 줄을 아느니라.

선남자여, 또 보살마하살이 대열반에 머물면 삼천대천세계를 털구멍 속에 넣기도 하며 도로 본고장에 두는 일도 그와 같으니라. 선남자여, 또 보살마하살이 대열반에 머물면 시방의 삼천대천세계를 몽땅 들어서 바늘에 꿰기를 대추잎같이 하여 다른 곳 불세계에 던지더라도 그 속에 사는 중생들은 가고 오는 줄도 모르고 어디 있는지도 깨닫지 못하거니와 제도를 받을 만한 이는 보기도 하고, 본고장에 도로 가져다 두는 줄도 아느니라. 선남자여, 또 보살 마하살이 대열반에 머물면 시방의 삼천대천세계를 몽땅 들어서 오른 손바닥에 놓기를 옹기장이의 물레같이 하여 다른 지방의 티끌 같은 세계에 던지더라도 한 중생도 가고 오는 줄을 모르거니와 제도를 받을 만한 중생들은 보기도 하고, 본고장에 두는 것도 아니라. 선남자여, 또 보살마하살이 대열반에 머물면 온갖 시방의 한량없는 불세계를 자기의 몸에 넣더라도, 그 속에 사는 중생들은 비좁지도 아니하고 가고 오는 것이나 어디 있다는 생각도 없거니와 제도를 받을 만한 중생은 보기도 하고, 본고장에 두는 것도 아니니라.

선남자여, 또 보살마하살이 대열반에 머물면 시방세계를 티끌 속에 넣더라도 그 속에 있는 중생들은 비좁지도 아니하고 가고 온다는 생각도 없거니와 제도를 받을 만한 이는 보기도 하고 본고장에 두는 줄도 아느니라. 선남자여, 보살마하살이 대열반에 머물면 이렇게 가지각색 한량없는 신통 변화를 나타내나니, 그러므로 대열반이라 하느니라. 이 보살마하살의 나타내어 보이는 한량없는 신통 변화는 모든 중생들이 측량할 수 없는 것이거늘, 그대가 여래께서 애욕을 가까이하여 라후라 낳는 일을 어떻게 알겠느냐?

선남자여, 나는 벌써부터 이 대열반에 머물러서 가지가지로 신통 변화를 나타내며, 이 삼천대천세계의 백억 일월 백억 염부제에서 가지각색 신통 보이기를 『능엄경』에서 말한 것같이 하며, 나는 삼천대천세계에서나 혹은 염부제에서 열반에 듦을 보이지만 끝까지 열반에 드는 것이 아니며, 혹은 염부제에서 어머니의 태중에 들어 부모들은 아들을 낳았다고 생각하지만 이 몸은 언제나 애욕이 화합하여 생기는 것이 아니니, 나는 한량없는 옛적부터 애욕을 여의었으며, 나의 이 몸은 즉시 법신이지만 세상을 따르느라고 태중에 드는 것을 보였느니라. 선남자여, 이 염부제 림미니원(林微尼園: 룸비니 동산)에서 마야 부인의 태로부터 나고, 나서는 동쪽으로 일곱 걸음을 걸으면서 말하기를 '인간이나 천상이나 아수라 중에서 내가 가장 높다' 하니, 부모나 천상 사람, 세간 사람들이 보고 기뻐하여 희유하다는 생각을 내고, 그 사람들이 나를 아기라 하였지만, 나의 몸은 한량없는 옛적부터 이런 몸을 여의었으니, 이 몸은 곧 법신이요 살이나 피나 뼈로 된 몸이 아니지만, 세간의 중생들을 따르느라고 아기인 듯이 보인 것이며, 남쪽으로 일곱 걸음을 걸은 것은 한량없는 중생에게 가장 좋은 복밭임을 보인 것이며, 서쪽으로 일곱 걸음을 걸은 것은 나는 일이 끝나고 늙고 죽음이 없는 나중 몸임을 보인 것이며, 북쪽으로 일곱 걸음을 걸은 것은 모든 생사에서 뛰어남을 보인 것이며, 동쪽으로 일곱 걸음을 걸은 것은 중생의 길잡이가 됨을 보인 것이며, 네 간방으로 일곱 걸음씩 걸은 것은 가지가지 번뇌와 네 가지 마군의 성품을 끊어 없애고 여래·응공·정변지 이름을 보인 것이며, 위쪽으로 일곱 걸음을 걸은 것은 부정한 물건에 물들지 않은 것이 허공과 같음을 보인 것이며, 아래쪽으로 일곱 걸음을 걸은 것은 법비[法雨]로써 지옥의 불을 끄고 중생들로 하여금 편안한 낙을 받게 하며, 계행을 파한 이에게 서리와 우박을 지어 보인 것이니라.

염부제에서 난 지 7일 만에 머리카락을 깎자, 사람들은 내가 어린아이로서 처음 머리를 깎았다 하지만, 온갖 천상·인간의 사람이나 마왕 파순이나 사문 바라문들이 나의 정수리를 볼 이가 없거늘, 하물며 칼을 잡고 머리를 깎을 수가 있겠는가. 칼을 잡고 나의 정수리에 이를 수가 없느니라. 나는 한량없는 옛적부터 머리나 수염을 깎았건만 세상 법을 따르느라고 머리를 깎은 것이며, 내가 난 뒤에는 부모가 나를 데리고 천신의 사당에 들어가서 나를 마혜수라천에 보였더니, 마혜수라가 나를 보고 합장하고 공경하여 한쪽에 서 있다. 나는 벌써 한량없는 겁 동안에 천신의 사당에 들어가는 일을 여의었건만, 세상 법을 따르느라고 이런 일을 보인 것이며, 내가 염부제에서 귀를 뚫은 것은 모든 중생으로서 나의 귀를 뚫 이가 없지만, 세간 중생의 법을 따르느라고 이런 일을 보인 것이며, 또 여러 가지 보배로 사자 귀고리를 만들어 귀를 장엄하였으나, 나는 벌써 한량없는 옛적부터 장엄하는 일을 여의었으면서도, 세상 법을 따르느라고 이런 일을 보인 것이며, 내가 글방에 들어가 글을 배우고 글씨를 익힌 것은, 내가 벌써 한량없는 옛적부터 구족히 성취하여 이 삼계에서 어느 중생이나 나의 스승 될 이가 없지만, 세상 법을 따르느라고 글방에 들어간 것이니, 그러므로 여래·응공·정변지라 이름하며, 코끼리를 타고 말을 달리고 씨름을 하고 여러 가지 기예를 배운 것도 그와 같으니라. 또 염부제에서 일부러 태자로 태어나매, 중생들은 내가 태자가 되어 5욕락으로 즐겁게 낙을 받는 줄로 보지만, 나는 벌써 한량없는 옛적부터 5욕락을 여의었으나 세상 법을 따르느라고 이런 일을 보인 것이며, 관상쟁이가 나의 상을 보고 출가하지 않으면 전륜왕이 되어 염부제의 임금이 되리라 하며 모든 중생이 그렇게 믿었지만, 한량없는 옛적부터 전륜왕의 지위를 버리고 법륜왕(法輪王)이 되어 염부제에서 궁녀와 5욕락을 여의었으며, 늙은이·병든 이·죽은 이와 사문을 보고 출가하여 도를 닦으니, 중생들은 실달타 태자가 처음 출가하였다 하거니와 나는 벌써 한량없는 옛적부터 출가하여 도를 배웠지만 세상 법을 따르느라고 이런 일을 보인 것이며, 내가 염부제에서 일부러 출가하여 구족계를 받고 부지런히 도를 닦아 수다원·사다함·아나함·아라한과를 얻으니, 모든 사람은 모두 말하기를 아라한과가 얻기 쉽고 어려운 것 아니라 하거니와 나는 벌써 한량없는 옛적부터 아라한을 이루었으며, 중생들을 제도하기 위하여 도량의 보리나무 아래 풀자리에 앉아서 마군을 항복받으니, 사람들은 내가 처음으로 도량의 보리나무 아래서 마군을 항복받았다 하거니와 나는 벌써 한량없는 옛적부터 항복받았지만, 억센 중생들을 굴복시키기 위하여 이런 일을 나타낸 것이니라.

또 내가 대변·소변 보고 숨쉬는 일을 보이매, 사람들은 내가 참으로 그런 일이 있는 줄 알지만, 내가 얻은 과보로는 이런 일이 없건만 세상을 따르느라고 이런 일을 보이는 것이며, 내가 일부러 시주의 공양을 받거니와 내 몸에는 조금도 기갈이 없지만 세상 법을 따르느라고 이런 일을 보이는 것이며, 나는 중생들과 같이 하느라고 잠을 자지만, 나는 벌써 한량없는 옛적부터 위없이 깊고 묘한 지혜를 구족하여 삼계의 행동 위의를 여의었으며, 머리·눈·배·등·몸이 아프고 목창(木槍)으로 갚고 손발 씻고 얼굴 씻고 양치하여 깨끗이 하거든, 사람들은 내게 이런 일이 있는 줄 알지만 내 몸에는 이런 일이 없노라. 손발이 깨끗하기 연꽃 같고 입김이 아름답기가 우발라향 같거든, 중생들은 나를 사람인 줄 알지만 나는 실로 사람이 아니며, 내가 일부러 넝마를 주워 빨고 기워서 옷을 만들지만, 나는 벌써부터 이런 옷을 가지지 아니하였으며, 모든 사람들은 생각하기를 라후라는 나의 아들이고 수두단왕(輸頭檀王)은 나의 아버지고 마야부인은 나의 어머니이니, 세간에 있으면 모든 쾌락을 받을 것인데 이런 것을 버리고 출가하여 도를 닦는다 하며, 여러 사람들은 또 말하기를 임금의 태자인 구담(瞿曇)이 세간의 낙을 떠나서 출세간법을 구한다 하지만, 나는 벌써부터 세간의 애욕을 여의었으니, 이런 일은 모두 일부러 하는 일이며, 모든 중생들이 모두 사람인 줄 여기지만 나는 참말 사람이 아니니라. 선남자여, 내가 비록 이 염부제에서 가끔가끔 열반에 드는 듯이 보이거니와 나는 실로 끝까지 열반하는 것이 아니며, 중생들은 여래가 참으로 열반한다고 하지만, 여래의 성품은 진실로 아주 열반하는 것이 아니니, 그러므로 여래는 항상 머무는 법이며 변역하지 않는 법이니라. 선남자여, 대열반은 부처님들의 법계니라.

　내가 또 염부제에서 세간에 난 것을, 중생들은 내가 처음으로 성불하였다 하지만, 나는 벌써 한량없는 옛적에 할 일을 모두 마치고서도 세상 법을 따르느라고 염부제에서 처음 성불함을 보였으며, 내가 또 염부제에서 일부러 계행을 가지지 않고 네 가지 중대한 죄[四重罪]를 범한 것을 중생들이 보고는 내가 참으로 범하였다 하지만, 나는 벌써 한량없는 옛적부터 계행을 굳게 가지고 깨뜨리지 아니하였으며, 내가 또 염부제에서 일천제(一闡提)가 되었거든, 사람들이 보고 일천제라 하지만, 나는 실로 일천제가 아니니, 만일 일천제였다면 어떻게 아뇩다라삼먁삼보리를 이루겠느냐. 내가 또 염부제에서 일부러 화합승(和合僧)을 파괴하거든, 중생들은 내가 참으로 화합승을 파괴한 줄 알지만, 내가 보기에는 천상과 인간에서 화합승을 파괴할 이가 없으며, 내가 또 염부제에서 바른 법을 수호하거든, 사람들은 내가 법을 수호한다고 이상하게 여기지만, 부처님들이 으레 그러는 것이어서 이상하게 여길 것이 아니며, 내가 또 염부제에서 마왕 파순으로 나타나거든, 여러 사람들이 나를 파순이라 하지만, 나는 벌써부터 오래도록 마군의 일을 여의어서 깨끗하기 연꽃과 같으며, 내가 또 염부제에서 여인의 몸으로 성불하거든, 사람들이 보고 여인이 아뇩다라삼먁삼보리를 이루었다고 신기하게 여기지만, 여래는 끝까지 여인의 몸을 받지 않았고 많은 중생들을 조복하기 위하여 여인의 모양새를 나타낸 것이며, 모든 중생을 불쌍히 여기어서 여러 가지 모양을 보이는 것이니라.

　내가 또 염부제에서 일부러 4취(趣)에 태어나거니와 나는 오래전부터 모든 갈래의 인을 끊었으므로 인연과 업으로 4취에 나는 것이 아니고, 중생을 제도하느라고 그 가운데 나느니라. 내가 또 염부제에서 범천왕(梵王天)이 되는 것은 범천을 섬기는 이들로 하여금 바른 법에 머물게 함이요, 참이 아니거늘, 중생들은 모두 내가 참말 범천왕이라 하나니, 하늘의 모양을 나타내고 천신의 사당에 두루함도 그와 같으니라. 나는 또 염부제에서 기생집에 들어가거니와 나는 실로 탐욕이 없고 깨끗하기가 연꽃과 같았으며, 음욕을 탐하고 여색에 반하는 중생들을 위하여 네 길거리에서 묘한 법을 말할 적에 나는 디리운 애욕이 없었건만 사람들은 내가 여인을 두호한다고 생각하며, 내가 또 염부제에서 일부러 계집종의 집에 들어가는 것은 그들을 교화하여 바른 법에 머물게 하려는 뜻이요, 참으로 나쁜 업을 하여서 계집종이 되는 것이 아니며, 내가 또 염부제에서 가르치는 스승이 되는 것은 아이들을 교화하여 바른 법에 머물게 하려는 것이며, 내가 또 염부제에서 술 마시고 노름하는 장소에 들어가서 가지각색으로 내기하고 다투는 일을 보이는 것은 그 중생들을 제도하려는 뜻이고, 실로 이러한 나쁜 업을 짓는 것들을 제도하려는 뜻이고, 실로 이러한 나쁜 업을 짓는 것이 아니건만 중생들은 내가 참으로 그러한 짓을 짓는 줄 알며, 내가 또 오래오래 무덤 사이에 있으면서 큰 수리가 되어 모든 새들을 제도하거든, 중생들은 내가 참으로 수리라 하지만 나는 벌써 이런 업을 여의었으나 수리들을 제도하기 위하여 일부러 이런 일을 보이는 것이니라. 내가 또 염부제에서 큰 장자가 되는 것은 한량없는 중생들을 안정시켜 바른 법에 머물게 하려는 것이며, 또 모든 왕과 대신과 왕자와 재상이 되는 것은 모든 사람들 중에 제일이 되어 바른 법을 수행하기 위하여 임금의 지위에 있는 것이니라.

내가 또 염부제에서 질병겁(疾病劫)이 일어날 적에 많은 중생들이 병에 걸렸으면, 먼저 약을 주고 뒤에 법을 말하여 위없는 보리에 머물게 하거든, 사람들은 모두 질병겁이 일어난 줄로 알며, 일부러 흉년겁[饑饉劫]이 일어나거든, 요구함을 따라 음식을 공급하고, 그런 뒤에 미묘한 법을 말하여 그로 하여금 위없는 보리에 머물게 하며, 또 염부제에서 도병겁(刀兵劫)이 일어나거든, 법문을 말하여 그들로 하여금 원수와 해(害)를 여의고 위없는 보리에 머물게 하며, 또 일부러 나타나서 항상하다고 억측하는 이에게는 무상한 생각을 말하고, 낙이라고 억측하는 이에게는 괴롭다는 생각을 말하고, 나라고 억측하는 이에게는 내가 없다는 생각을 말하고, 깨끗하다고 억측하는 이에게는 부정한 생각을 말하며, 어떤 중생이 삼계를 탐내거든 법을 말하여 그곳을 여의게 하며, 중생을 제도하기 위하여 위없이 미묘한 법약을 말하며, 온갖 번뇌의 나무를 끊기 위하여 위없는 법약의 나무를 심으며, 모든 외도를 제도하기 위하여 바른 법을 연설하며 비록 중생들의 스승됨을 나타내나 마음에 중생의 스승이란 생각이 없으며, 하천한 무리를 제도하기 위하여 그 속에 들어가서 법을 말하지만, 나쁜 업으로 그런 몸을 받는 것이 아니니라. 여래인 정각은 이렇게 대열반에 편안히 머무는 것이므로 항상 머물고 변역하지 않는다고 이름하느니라. 염부제에서와 같이 동 불우체(弗于逮), 서 구야니(瞿耶尼), 북 울단월(鬱單越)에서도 역시 그러하며, 이 사천하에서와 같이 삼천대천세계에서도 그러하며, 25유(有)에 대해서는 『수릉엄경』에서 자세히 말한 것 같나니, 이러하므로 대열반이라 이름하느니라. 만일 보살마하살이 이러한 대열반에 머물면 이와 같은 신통 변화를 나타내어 두려움이 없느니라. 가섭이여, 그러므로 그대는 라후라가 부처님의 아들이라고 말하지 말라. 왜냐하면 나는 벌써 지나간 옛적 한량없는 겁 동안에 욕계의 번뇌를 여의었으므로 여래는 항상 머물고 변역하는 일이 없다고 하느니라."

"여래를 어찌하여 항상 머문다 합니까? 부처님께서 말씀하시기를 등불이 꺼지면 간 곳이 없다 하시니, 여래도 그와 같아서 한번 멸도(滅度)하면 간 곳이 없으리이다."

"선남자여, 그대는 '등불이 꺼지면 간 곳이 없으니, 여래도 그와 같아서 한 번 멸도하면 간 곳이 없으리라'라는 그런 말을 하지 말라. 선남자여, 마치 남자나 여인이 등을 켤 적에는 등잔에 가득히 기름을 부었으므로 기름이 있을 때까지 밝은 빛이 있다가 기름이 다하면 밝은 빛도 꺼지는 것과 같나니, 밝은 빛이 꺼짐은 번뇌가 없어짐 같으며 밝은 빛은 꺼지나 등잔은 남은 것같이 여래도 그러하여 번뇌가 없어져도 법신은 남느니라. 선남자여, 어떻게 생각하느냐? 밝은 빛과 등잔이 함께 없어지느냐?"

"세존이시여, 그렇지 않습니다. 비록 함께 없어지지는 않으나 모두 무상인 것이오니, 법신을 등잔에 견준다면 등잔이 무상한 것이고 법신도 역시 무상하겠나이다."

"선남자여, 그대는 세간에서 말하는 그릇과 같다고 말하지 말라. 세존은 위없는 법그릇[法器]이어서 저 무상한 그릇은 여래가 아니니, 온갖 법 가운데 열반이 항상한 것이며, 여래는 그것을 체달하였으므로 항상하다 하느니라. 또 등불이 꺼진다는 말은 아라한의 증득하는 열반이니, 탐애의 번뇌를 멸하였으므로 등불이 꺼지는 데 비유한 것이니라. 아나함(阿那舍)이란 뜻은 탐애가 있다는 것이니, 탐애가 있으므로 등불이 꺼지는 것 같다고 말할 수 없느니라. 그러므로 내가 옛적에 한 겹을 덮어두고 말하여서 등불이 꺼지는 것 같다고 하였거니와 대열반이 등불 꺼짐과 같다는 것이 아니니라. 아나함이란 것은 자주 오는 것도 아니고 25유(有)에 다시 돌아오지도 않아서 냄새 나는 몸, 벌레 있는 몸, 밥 먹는 몸, 독한 몸을 다시 받지 아니하므로 아나함이라 하느니라. 다시 몸을 받는 것은 나함(那舍)이요, 몸을 받지 않는 것은 아나함(阿那舍)이며, 가고 옴이 있으면 나함이요, 가고 옴이 없어야 아나함이라 이름하느니라."

대반열반경 제5권

7. 네 가지 모양[四相品] ②

그때에 가섭보살이 부처님께 이렇게 여쭈었다.

"세존이시여, 부처님께서 말씀하시기를, 세존에게 비밀한 장(藏)이 있다 하였으나, 그렇지 않습니다. 왜냐하면 부처님들께서는 비밀한 말만 있고 비밀한 장은 없으니, 마치 환술쟁이가 기관(機關)으로 만든 나무 사람과 같아서 구부리고 펴고 쳐다보고 내려다보는 것을 사람들이 보지만 속에서 어떻게 돌아가는지는 알지 못하는데, 부처님 법은 그렇지 아니하여 중생들로 하여금 모두 보고 알게 하시나니, 어찌하여 부처님들의 비밀한 장이 있다 하오리까?"

부처님께서 가섭을 칭찬해 말씀하셨다.

"훌륭하고 훌륭하다. 선남자여, 그대의 말과 같이 여래는 실로 비밀한 장이 없느니라. 왜냐하면 가을의 보름달이 허공에 떴을 적에 깨끗하게 드러나 가리움이 없음을 사람마다 보는 것같이, 여래의 말도 그와 같아서 환하게 드러나고 깨끗하여 가리움이 없건만, 어리석은 사람은 알지 못하여 비밀한 장이라 하거니와 지혜로운 이는 분명히 알고 장이라 하지 않느니라. 선남자여, 마치 사람이 한량없는 금은 보배를 쌓아 두고도, 아끼는 마음으로 가난한 이에게 보시하여 구제할 줄을 모른다면 그것은 비밀한 장이라 하려니와, 여래는 그렇지 아니하여 그지없는 오랜 세월에 한량없는 법의 보배를 쌓아 놓고 아끼는 마음 없이 모든 중생에게 항상 보시하나니, 어찌하여 여래의 비밀한 장이라 하겠느냐. 선남자여, 어떤 사람이 몸이 불구가 되어 눈이 없거나 손이나 발이 없으면 부끄러워서 남에게 보이기 싫어하는 것인데, 사람이 보지 못하므로 비밀하게 감춘다 하겠지만, 여래는 그렇지 아니하여 가지고 있는 법을 모두 사람들로 하여금 보게 하거늘, 어찌하여 여래의 비밀한 장이라 하겠느냐. 선남자여, 어떤 가난한 사람이 남의 빚을 많이 지고는 빚쟁이가 무서워서 숨고 나오지 아니하므로 비밀히 숨었다 하려니와, 여래는 그렇지 아니하여 모든 중생의 세간법을 빚지지 아니하였고, 중생의 출세간법을 빚졌다 하더라도 숨지는 아니하나니, 왜냐하면 중생을 대하여 항상 외아들이란 생각을 가지고 위없는 법을 연설하는 연고니라. 선남자여, 마치 장자가 재물이 많은데 외아들을 두고는 사랑하는 마음이 간절하여 잠시도 떠나지 못하고 가지고 있는 보배를 모두 보이나니, 여래도 그러하여 중생을 외아들같이 여기느니라. 선남자여, 세상 사람들은 남근(男根)과 여근이 흉하고 부끄럽다 하여 옷으로 가리므로 감춘다 하겠지만, 여래는 그렇지 아니하여 영원히 이 근(根)이 없으므로 감추지 아니하느니

라. 선남자여, 바라문들이 가지고 있는 논리(論理)는 찰나 비사나 수타에게 듣게 하지 아니하나니, 그 까닭은 그 논리에는 허물이 있는 연고지만, 여래의 바른 법은 그렇지 아니하여 처음과 중간과 나중이 훌륭하므로 비밀한 장이라 이름하지 않느니라. 선남자여, 어떤 장자가 외아들을 두고 항상 사랑하고 그리워서 스승에게 보내어 공부하게 하려다가 빨리 성취하지 못할까 염려하여 도로 데려다가 밤낮으로 반쪽 글자만 가르치고 성명론(聲明論)은 가르치지 못하나니, 나이가 어려서 감당하지 못할까 두려워하는 연고니라. 선남자여, 그 장자가 반쪽 글자만 가르쳐도 그 아들이 능히 성명론을 알 수 있겠느냐?"

"그렇지 않습니다, 세존이시여."

"그 장자가 아들에게 비밀히 감추는 것이 있겠느냐?"

"그렇지 않습니다. 왜냐하면 아들의 나이가 어려서 말하지 않았을지언정, 아끼느라고 보이지 않는 것은 아니오니, 만일 아끼고 질투하는 마음이 있으면 멈춘다 하려니와, 여래는 그렇지 아니하거늘, 어찌 여래의 비밀한 장이라 말하오리까?"

"훌륭하고 훌륭하다. 선남자여, 그대의 말과 같이 미워하고 질투하며 아끼는 마음이 있으면 감춘다 하려니와, 여래는 그런 마음이 없거늘 어찌 감춘다 하겠느냐. 선남자여, 장자는 여래를 비유한 것이, 외아들은 모든 중생을 비유한 것이니, 여래가 모든 중생을 외아들처럼 생각하느니라. 외아들을 가르친다는 것은 성문 제자를 말함이요. 반쪽 글자는 아홉 종류 경전을 말함이요. 성명론이란 것은 방등(方等) 대승경전을 말함이니, 성문들이 지혜가 없으므로 여래가 반쪽 글자인 아홉 종류 경전만을 말하고, 성명론인 방등 대승경전은 말하지 아니하였느니라. 저 장자의 아들이 자라서 글을 배울 만하여도 성명론을 가르치지 않으면 장(藏)이라 하는 것과 같이, 성문들이 대승 성명론을 배울 만한 힘이 있어도 여래가 아끼고 가르치지 않는다면 여래는 비밀한 장[秘密藏]이 있다고 말하려니와, 여래는 그렇지 아니하므로 여래는 비밀한 장이 없느니라. 그 장자가 반쪽 글자를 가르치고 다음에 성명론을 말하듯이, 나도 그와 같이 제자들에게 반쪽 글자인 아홉 종류 경전을 말하고, 다음에 성명론을 연설하노니, 그것이 여래가 항상 머물고 변역하지 않는다 하는 것이니라.

또 선남자여, 마치 여름철에 큰 구름과 우레가 일어나고 큰 비가 오면 농부들 가운데 씨를 심은 이는 열매를 많이 거두고, 씨를 심지 않은 이는 거둘 것이 없는 것과 같으니, 거둘 것이 없음은 용왕의 허물이 아니며, 그 용왕도 감추는 것이 없느니라. 나도 그와 같아서 대열반경인 큰 법비를 내리거든, 중생들로서 선근의 씨를 심은 이는 지혜의 열매를 거두고, 선근의 씨가 없는 이는 거둘 것이 없나니, 거둘 것이 없음은 여래의 허물이 아니며, 여래는 감추는 것이 없느니라."

"저는 지금 여래께서 비밀한 장이 없음을 알았으나, 부처님께서 말씀하신 성명론에서 여래께서 항상 머물며 변역하지 않는다 함은 그렇지 않나이다. 왜냐하면 옛적에 부처님께서 다음과 같이 게송으로 말씀하셨기 때문입니다.

부처님과 연각들과
여러 성문 제자들도
무상한 몸 버리거든
하물며 범부들이랴.

그랬는데 지금에는 항상 머물고 변역하지 않는다 하시니, 무슨 이지입니까?"
"선남자여, 나는 모든 성문 제자들에게 반쪽 글자를 가르치느라고 그런 게송을 말하였느니라. 또 선남자여, 바사닉왕이 어머니가 죽은 뒤에 슬프게 울고 부르짖으며 나에게 왔길래 '대왕은 어찌하여 이렇듯이 서러워합니까?' 하고 물었더니, 왕은 대답하기를 '나라의 태후가 돌아가셨는데 누구든지 어머니의 명을 도로 살릴 이가 있다면 나는 나라와 코끼리와 7보와 목숨까지 버려서 은혜를 갚겠습니다'라고 하였다. 그래서 내가 말하기를 '대왕은 그렇게 서러워하고 통곡하지 마시오. 모든 중생의 목숨이 다한 것을 죽었다 하나니, 부처님이나 연각이나 성문 제자들도 이 몸을 버리거늘 하물며 범부이겠소?' 하였다.
선남자여, 나는 바사닉왕에게 반쪽 글자를 가르치느라고 이 게송을 말하였거니와 지금은 성문 제자들에게 성명론을 말하는 터이므로 여래는 항상 머물러서 변역함이 없다고 하느니라. 만일 어떤 사람이 여래는 무상하다고 말하면 어찌 그 사람의 혀가 빠지지 아니하랴."

가섭보살이 말하였다.

"부처님께서 다음과 같이 말씀하셨습니다.

모든 것 쌓아 두지 말고
음식에 만족할 줄 알며,
새들이 허공에 날아도
자취를 찾을 수 없도록.

그런데 이것이 무슨 뜻입니까? 세존이시여, 이 대중 가운데 누가 쌓아 둠이 없다 이를 만하며, 누가 음식에 만족한다 이를 만하며, 누가 허공에 행하매 자취를 찾을 수 없다 이를 만하며, 이렇게 가는 이는 어느 곳에 이르겠습니까?"

"가섭이여, 쌓아 두는 것은 재물이니라. 선남자여, 쌓아 두는 일이 두 가지니, 하나는 함이 있는 것이요. 또 하나는 함이 없는 것이니라. 함이 있게 쌓아 둠은 성문의 행이요, 함이 없게 쌓아 둠은 여래의 행이니라. 선남자여, 스님도 두 가지니, 함이 있는 스님과 함이 없는 스님이니라. 함이 있는 스님은 성문이라 하며, 성문인 스님은 쌓아 두는 일이 없나니, 종이나 법답지 아니한 물건이나 광이나 미곡이나 소금·메주·참깨·콩·팥 따위니라. 어떤 이가 말하기를 여래가 종이나 하인 따위의 물건들을 쌓아 두도록 허락하셨다 하면, 혀가 말려 들어가게 될 것이니, 나의 성문 제자들은 쌓아 두는 일이 없다 할 것이며, 음식에도 만족할 줄을 안다 할 것이니, 음식을 탐하는 이는 만족한 줄을 모르는 것이요, 음식을 탐하지 않는 이라야 만족한 줄을 안다고 이름하리라. 자취를 찾을 수 없다는 것은 위없는 보리에 가까운 것이니, 이 사람은 비록 가더라도 이를 곳이 없다고 하느니라."

"함이 있는 스님도 쌓아 두는 일이 없거늘, 하물며 함이 없는 스님이리까? 함이 없는 스님은 여래이오니 여래가 무슨 쌓이 둠이 있으며, 쌓이 두는 것은 감춘다는 것이니, 여래의 말씀하심은 감추거나 아낌이 없거늘, 어찌하여 장이라 하십니까? 자취를 찾을 수 없는 것은 열반이니, 열반 가운데는 해·달·별, 차고 더움, 바람과 비, 나고 늙고 병들고 죽는 따위의 25유가 없으며, 모든 근심과 번뇌를 여의었으며, 이러한 열반이야말로 여래의 머무는 곳이며, 항상 변역하지 않는 것이오니, 이런 인연으로 여래께서 이 사라나무 밑에 이르러 대열반에 드시나이다."

"가섭이여, 대(大)라는 것은 성품이 넓고 많음을 말함이니, 사람이 한량없이 오래 사는 것을 대장부라 하고, 이런 사람이 바른 법에 머물면 사람 중에 훌륭한 이라 하는 것 같으니라. 내가 말한 큰 사람이 깨달을 여덟 가지[八大人覺]는 한 사람이 가질 수도 있고 여러 사람이 가질 수도 있나니, 만일 한 사람이 여덟 가지를 모두 갖춘다면 가장 훌륭한 것이니라. 열반이라 함은 헌 데[瘡疣]가 없다는 뜻이니라. 선남자여, 어떤 사람이 독화살을 맞고 고통을 받을 적에 좋은 의사를 만나 독화살을 빼고 약을 발라서 고통을 여의고 낙을 받게 한다. 그 의사가 다시 다른 도시나 시골로 다니면서 병환이 있고 부스럼을 앓는 곳을 찾아다니면서 병을 치료하나니, 여래도 그와 같아서 등정각을 이루고 훌륭한 의사가 되어 염부제에서 괴로움 받는 중생들이 한량없는 세월에 음욕, 성내는 일, 어리석은 번뇌의 화살을 맞고 크게 고통하는 것을 보고, 이런 이를 위하여 대승경전의 감로 법약을 말하여 병을 치료하여 마치고는, 다시 다른 곳으로 다니면서 번뇌의 화살이 있는 곳에서 부처가 되어 병을 치료하나니, 그러므로 대반열반이라 하느니라. 대반열반은 해탈하는 곳이니, 조복받을 중생이 있는 곳을 따라서 여래가 그곳에 나타나는 것이며, 이런 진실하고 깊은 뜻으로써 대열반이라 이름하느니라."

"선남자여, 이 세상 의사들이 모든 중생의 헌 데를 치료할 수 있습니까?"

"선남자여, 이 세상의 헌 데가 두 가지인데, 하나는 치료할 수 있고 하나는 치료할 수 없나니, 치료할 수 있는 것은 의사가 치료할 것이요, 치료할 수 없는 것은 의사가 고치지 못하느니라."

"부처님의 말씀이 여래가 염부제에서 중생의 병을 치료하였다 하시니, 만일 치료하였다면 모든 중생들 가운데 어찌하여 열반을 얻지 못한 이가 있습니까? 만일 다 열반을 얻지 못하였으면 여래께서 어찌하여 치료하여 마치고 다른 곳으로 간다 하십니까?"

"선남자여, 염부제의 중생이 두 가지가 있으니, 하나는 신심이 있고 다른 하나는 신심이 없느니라. 신심이 있는 이는 치료할 수 있다 하나니, 왜냐하면 결정코 열반을 얻어 헌 데가 없는 까닭으로 염부제의 중생들을 치료하여 마쳤다는 것이요, 신심이 없는 중생은 일천제라 하나니, 일천제는 치료할 수 없느니라. 일천제를 제하고는 모두 치료하였으므로 열반에는 헌 데가 없다고 이름하느니라."

"세존이시여, 어떤 것을 열반이라 합니까?"

"선남자여, 열반은 해탈이라 하느니라."

"해탈이라고 말하는 것은 색(色)입니까, 색이 아닙니까?"

"선남자여, 혹은 색이기도 하고 혹은 색이 아니기도 하니, 색이 아니라 말함은 성문과 연각의 해탈이요, 색이라 말함은 부처님의 해탈이니라. 선남자여, 그러므로 해탈은 색이기도 하고 색이 아니기도 하거니와 여래는 성문 제자들을 위하여 색이 아니라고 말하느니라."

"세존이시여, 성문과 연각이 만일 색이 아니라면 어떻게 머뭅니까?"

"선남자여, 비상비비상천(非想非非想天)이 색이기도 하고 색이 아니기도 하므로, 나는 색이 아니라고 말하느니라. 어떤 이가 묻기를 '비상비비상천이 색이 아니라면 어떻게 머물며 가고 오고 행동하느냐?' 하면, 이런 이치는 부처님들의 경계요, 성문이나 연각으로는 알 바가 아니니, 해탈도 그러하여 색이기도 하고 색이 아니기도 하므로 색이 아니라 말하고, 생각이기도 하고 생각이 아니기도 하므로 생각이 아니라 말하는 것이니, 이런 이치는 부처님들의 경계요, 성문이나 연각으로는 알 바가 아니니라."

이때에 가섭보살이 다시 부처님께 여쭈었다.

"세존이시여, 바라옵건대 저희를 어여삐 여기시어 대반열반의 행과 해탈의 뜻을 거듭 널리 말씀하여 주소서."

부처님께서 가섭보살을 찬탄하셨다.

"훌륭하고 훌륭하다. 선남자여, 참 해탈은 모든 속박을 여의었다고 이름하나니, 참으로 해탈하여 모든 속박을 여의었으면 남[生]도 없고 화합함도 없느니라. 비유컨대 부모가 화합하여 아들을 낳거니와 참 해탈은 그렇지 아니 하므로 남이 없다 하느니라. 가섭이여, 마치 제호의 성품이 청정함같이 여래도 그러하여 부모의 화합으로 난 것이 아니며, 성품이 청정하건만 일부러 부모가 있는 것을 보였음은 중생들을 교화하기 위함이니라. 참 해탈은 곧 여래니, 여래와 해탈은 둘이 아니요 다름도 없나니, 비유컨대 봄철에 심은 씨가 따뜻하고 축축한 기운을 얻으면 나게 되거니와 참 해탈은 그렇지 아니하니라. 또 해탈은 허무(虛無)라 하나니, 허무는 곧 해탈이요 해탈은 곧 여래요 여래가 곧 허무이어서 지어서 만드는 것이 아니며, 짓는 것은 성곽이나 누각이거니와 참 해탈은 그렇지 아니하므로 해탈이 곧 여래니라. 또 해탈은 함이 없는 법이니, 비유컨대 옹기장이는 만들었다 도로 부수거니와, 해탈은 그렇지 아니하니라. 참 해탈은 나지도 않고 없어지지도 않으니, 그러므로 해탈이 곧 여래며, 여래도 그러하여 나지도 않고 없어지지도 않고 늙지도 않고 죽지도 않고 깨어지지도 않고 부서지지도 아니하여 함이 있는 법이 아니니, 이런 뜻으로 여래라 하느니라.

대열반에 들어서 늙지도 않고 죽지도 않는다 함은 무슨 뜻인가. 늙은 것은 변천한다고 하나니, 머리카락이 세고 낯이 쭈그러짐이요, 죽는 것은 몸이 식고 목숨이 끊어짐이니, 해탈한 가운데는 이런 일이 없으며, 이런 일이 없으므로 해탈이라 하느니라. 여래도 머리카락이 세고 낯이 쭈그러지는 함이 있는 법이 아니므로 여래는 늙지 아니하며, 늙지 아니하므로 죽지도 않느니라. 또 해탈은 병이 없다고 이름하나니, 병이라 함은 404병과 밖으로부터 와서 내 몸을 침해하는 것인데, 이런 일이 없으므로 해탈이라 하느니라. 병이 없는 것은 참 해탈이요. 참 해탈은 곧 여래며, 여래는 병이 없으므로 법신도 병이 없나니, 이렇게 병이 없는 것이 곧 여래니라. 죽는 것은 몸이 식고 목숨이 끊어짐이니, 여기에는 죽음이 없으므로 곧 감로며, 감로는 참 해탈이며, 참 해탈은 곧 여래니, 여래는 이런 공덕을 성취하였거늘, 어찌하여 여래가 무상하다고 말하겠느냐. 무상하다는 말은 옳지 못한 것이니, 금강 같은 몸이 어찌하여 무상하랴. 그러므로 여래는 목숨이 마친다고 이름하지 않느니라. 여래는 청정하여 때가 없으며 여래의 몸은 태(胎)에 더럽혀진 바가 아니어서 백련화의 성품이 청정한 것 같나니, 여래의 해탈도 그와 같아서 해탈이 곧 여래며, 그러므로 여래는 청정하여 때가 없느니라. 또 해탈은 번뇌의 헌 데가 영원히 남아 있지 않나니, 여래도 그와 같아서 온갖 번뇌의 헌 데가 없느니라. 또 해탈은 다툼이 없나니, 굶주린 사람은 남의 음식을 보고는 빼앗을 생각을 내지만, 해탈은 그렇지 아니하니라.

또 해탈은 안정(安靜)이라 이름하나니, 범부들은 안정이라 하면 마혜수라를 말하지만, 그런 말은 허망한 것이며, 참말 안정은 끝까지 해탈함이니, 끝까지 해탈한 것은 곧 여래니라. 또 해탈은 안온(安穩)이라 하나니, 마치 도둑이 많은 데는 안온치 않다 하고 청평[清夷]한 데를 안온하다 하는 것같이, 해탈 가운데는 공포가 없으므로 안온이라 하며, 그래서 안온한 것은 참 해탈이요, 참 해탈은 곧 여래며, 여래는 곧 법이니라. 또 해탈은 동무가 없음이니, 동무가 있다는 것은 마치 나라 임금이 이웃 나라가 있음 같거니와 참 해탈은 그렇지 아니하며, 동무가 없음이 마치 전륜왕이 대등할 이가 없음 같나니, 해탈도 그와 같아서 동무가 없으며, 동무가 없음이 참 해탈이며, 참 해탈한 이는 곧 여래인 전법륜왕(轉法輪王)이니, 그러므로 여래는 동무가 없으며 동무가 있다는 것은 옳지 아니하니라. 또 해탈은 근심이 없다고 하나니, 근심이 있는 것은 어떤 임금이 강한 이웃 나라가 무서워서 근심함과 같지만, 해탈은 그런 일이 없으며, 마치 원수를 없애 버리면 두려움이 없는 것 같이, 해탈도 그러하여 두려움이 없으며, 두려움이 없는 이는 곧 여래니라.

또 해탈은 근심과 기쁨이 없나니, 어떤 여인이 외아들을 부역으로 멀리 보냈을 적에 중도에서 죽었단 말을 듣고 크게 걱정하다가 다시 살았단 말을 들으면 한없이 기뻐하거니와 해탈 가운데는 그런 일이 없으며, 근심과 기쁨이 없음이 참 해탈이며 참 해탈은 곧 여래니라. 또 해탈은 티끌이 없나니, 마치 봄철 해가 진 뒤에 흔히 바람이 티끌을 일으키거니와, 해탈 가운데는 그런 일이 없나니, 티끌이 없는 것은 참 해탈에 비유한 것이요, 참 해탈은 곧 여래니라. 마치 임금의 상투에 꽂는 진주 동곳에는 때가 없는 것과 같이 해탈의 본성에도 그와 같이 때가 없다. 때가 없다는 것은 참 해탈에 비유한 것이고, 참 해탈은 곧 여래니라.

 순금에는 돌이 섞이지 않았으므로 참 보배라 하며, 순금을 얻은 사람은 훌륭한 재물이라 생각하나니, 해탈의 성품도 그와 같아서 참 보배라 하며, 참 보배는 참 해탈에 비유한 것이요, 참 해탈은 곧 여래니라. 비유컨대 옹기병이 깨어지면 쟁그렁 소리가 나거니와 금강병은 그렇지 아니하며, 해탈은 쟁그렁 깨어지지 않나니, 금강병은 참 해탈에 비유한 것이고, 참 해탈은 곧 여래니, 그러므로 여래의 몸은 깨뜨릴 수 없느니라. 쟁그렁 소리가 나는 것은 피마자를 뜨거운 데 넣으면 튀어나면서 소리를 내는 것 같거니와 해탈은 이런 일이 없나니, 마치 금강의 진실한 병은 쟁그렁 하는 이런 일이 없나니, 마치 금강의 진실한 병은 쟁그렁 하고 깨지는 소리가 없는 것 같으며, 설사 백천 명 사람들이 한꺼번에 쏘더라도 깨뜨리지 못하나니, 쟁그렁 소리가 없음은 참 해탈에 비유한 것이요, 참 해탈은 곧 여래니라. 가난한 사람이 남의 빚을 지면 그것으로 말미암아 그들에게 얽매이거나 매를 맞거나 하여 무수한 괴로움을 받거니와 해탈한 가운데는 그런 일이 없고, 빚을 지지 아니하나니, 마치 장자는 억만의 보배가 있고 세력이 자재하여 남의 빚을 지지 않는 것처럼, 해탈도 그와 같아서 한량없는 법의 보배가 있고 세력이 자재하여 빚진 것이 없나니, 빚진 것이 없음을 참 해탈에 비유하였고, 참 해탈은 곧 여래니라.

어떤 것을 핍박이다, 핍박이 아니다라 하는가. 비유컨대 범부가 교만한 마음으로 내가 제일인 체하면서 생각하기를 온갖 물건 중에는 나를 해할 이가 없다 하면서 독사나 호랑이나 독한 벌레를 손으로 잡는다면, 이 사람은 명이 다하기 전에 횡사할 줄을 알 것이니, 참 해탈에는 이런 일이 없느니라. 핍박이 아니라 함은 마치 전륜왕이 가진 신주(神珠)가 말똥구리 따위의 아흔여섯 종류의 독한 벌레들을 항복받음과 같으니, 이 진주의 향기를 맡으면 모든 독기가 소멸되느니라. 참 해탈도 그와 같아서 25유를 모두 멀리 여의나니, 독기가 소멸됨은 참 해탈에 비유한 것이고, 참 해탈은 곧 여래니라. 또 핍박치 않음은 허공과 같나니 해탈도 그러하며, 허공은 참 해탈에 비유한 것이고, 참 해탈은 곧 여래니라. 또 핍박이라 함은 마른 풀 곁에서 불을 켜는 것 같아서 가까이하면 곧 타려니와, 참 해탈에는 그런 일이 없느니라. 또 핍박하지 아니함은 마치 해와 달이 중생을 핍박하지 않는 것같이, 해탈도 그와 같아서 모든 중생을 핍박함이 없나니, 핍박이 없음은 참 해탈에 비유한 것이고, 참 해탈은 곧 여래니라.

또 해탈은 동하지 않는 법이라 하나니, 마치 원수와 친한 이와 같은 것, 참 해탈 가운데는 그런 일이 없느니라. 또 동하지 않음은 마치 전륜왕이 다른 왕으로 친구를 삼는 일이 없음 같으니, 만일 다시 친한 이가 있다면 옳지 아니한 것처럼 해탈도 그와 같아서 다시 친한 이가 없으며, 만일 친한 이가 있다면 옳지 아니하니라. 전륜왕이 친한 이가 없음은 참 해탈에 비유한 것이고, 참 해탈은 곧 여래며, 여래는 곧 법이니라. 또 동함이 없다 함은 비유컨대 흰 옷이 물들기는 쉽거니와 해탈은 그렇지 아니하며, 또 농함이 없음은 마치 바사꽃[婆師化]을 냄새가 있게 하거나 푸른 빛이 있게 할 수 없듯이 해탈도 그러하여 냄새가 있게 하거나 모든 빛이 있게 할 수가 없나니, 그러므로 해탈이 곧 여래니라. 또 해탈은 희유한 것이라 하나니, 비유컨대 물 속에서 연꽃이 남은 희유가 아니거니와 불 속에서 연꽃이 남은 희유한 일이어서 사람들이 보고는 기뻐함같이 참 해탈도 그와 같아서 보는 이는 기쁜 마음을 내나니, 희유한 것은 참 해탈에 비유한 것이고, 참 해탈은 곧 여래며, 여래는 곧 법신이니라. 또 희유한 것은 비유컨대 아기가 이가 나지 않았다가 점점 자라서야 이가 나거니와 해탈은 그렇지 아니하여 나고 나지 않음이 없느니라.

또 해탈은 비고 고요함이라 이름하며 결정되지 않음이 없나니, 결정되지 않은 것은 마치 일천제는 끝까지 변하지 못한다거나 중대한 계를 범한 이는 불도를 이루지 못한다 함과 같아서 옳지 아니하니라. 왜냐하면 이 사람이 부처님의 법에 대하여 깨끗한 신심을 내면 곧 일천제를 소멸할 것이요. 또 우바새가 되더라도 일천제를 없앨 것이며, 중대한 계를 범한 이도 그 죄를 멸하면 불도를 이룰 수 있느니라. 그러므로 끝까지 변하지 못한다거나 불도를 이루지 못한다 함이 옳지 아니하며, 참 해탈 가운데는 이렇게 없어지는 일이 없느니라. 또 비고 고요함은 법계에 떨어지나니, 법계의 성품과 같은 것이 곧 참 해탈이며, 참 해탈은 곧 여래니라. 또 일천제가 만일 없어지면 일천제라 할 수 없느니라. 무엇을 일천제라 하는가? 일천제는 온갖 선근이 아주 끊어져서 마음에 모든 선한 법을 반영하지 아니하며, 한 생각도 선한 마음을 내지 아니하거니와 참 해탈에는 그런 일이 없으므로 곧 참 해탈이니, 참 해탈은 곧 여래니라.

또 해탈은 헤아릴 수 없음을 이름이니, 비유컨대 곡식 더미는 그 수량을 알 수 있거니와 참 해탈은 그렇지 아니하며, 마치 바닷물은 헤아릴 수 없는 것같이, 해탈도 그러하여 헤아릴 수 없는 것이며, 헤아릴 수 없음이 참 해탈이요, 참 해탈은 곧 여래니라. 또 해탈은 한량없는 법이라 하나니 마치 한 중생에게 업보가 많은 것같이, 해탈도 그러하여 한량없는 과보가 있으며, 한량없는 과보는 곧 참 해탈이요, 참 해탈은 곧 여래니라. 또 해탈은 넓고 큼을 이름이니, 마치 큰 바다는 견줄 데가 없듯이 해탈도 그와 같아서 견줄 데가 없으며, 같을 것이 없음이 참 해탈이요, 참 해탈은 곧 여래니라. 또 해탈은 가장 높다 하나니 마치 허공이 가장 높아서 견줄 수 없으며, 높아서 견줄 수 없음이 참 해탈이요, 참 해탈은 곧 여래니라. 또 해탈은 지나갈 수 없음을 이름이니, 마치 사자가 있는 데는 모든 짐승이 지나갈 수 없듯이 해탈도 그러하여 지나갈 수 없으며, 지나갈 수 없음이 참 해탈이요, 참 해탈은 곧 여래니라. 또 해탈은 위가 없음을 이름이니, 마치 북쪽이 여러 방위에서 가장 위가 되듯이, 해탈도 그러하여 위가 없으며, 위가 없음이 참 해탈이요, 참 해탈은 곧 여래니라. 또 해탈은 위가 없는 위[無上上]를 이름이니, 마치 북쪽이 동쪽에 대하여 위가 없는 위가 되듯이, 해탈도 그와 같아서 위가 없는 위가 되며, 위가 없는 위는 참 해탈이요, 참 해탈은 곧 여래니라. 또 해탈은 항상한 법이라 이름하나니, 비유컨대 인간이나 천상에서 몸이 부서지고 목숨이 마치어도 항상하다 이름하나 항상치 못함이 아닌 것같이 해탈도 그러하여 항상치 못한 것이 아니니, 항상치 못한 것이 아님이 참 해탈이요, 참 해탈은 곧 여래니라.

또 해탈은 견실(堅實)이라 이름하나니, 가타라전단나무나 침향의 성질이 견실한 것같이 해탈도 그와 같아서 성품이 견실하며, 성품이 견실함이 참 해탈이요, 참 해탈은 곧 여래니라. 또 해탈은 비지 않음을 이름이니, 비유컨대 대와 갈대는 속이 비었지만, 해탈은 그렇지 아니하니, 해탈은 곧 여래니라. 또 해탈은 더럽힐 수 없음을 이름이니, 비유컨대 담벼락이 회벽을 하기 전에는 파리·모기 따위가 붙어 유희하여 더럽혀지지만, 회를 바르고 단청을 한 뒤에는 벌레가 단청 냄새를 맡고는 붙어 있지 않나니 이렇게 붙어 있지 않음을 참 해탈에 비유하였고, 참 해탈은 곧 여래니라. 또 해탈은 가[邊]가 없음을 이름이니, 비유컨대 촌락은 가가 있거니와 해탈은 그렇지 아니하며, 마치 허공은 가가 없음같이 해탈도 그와 같이 가가 없나니, 이러한 해탈은 곧 여래니라. 또 해탈은 볼 수 없음을 이름이니, 마치 공중에 새 발자국을 보기 어려움 같아서, 그렇듯 보기 어려움을 참 해탈에 비유하였고, 참 해탈은 매우 깊음을 이름이니, 왜냐하면 성문과 연각으로는 들어가지 못하는 연고니라. 들어갈 수 없음이 참 해탈이요, 참 해탈은 곧 여래니라. 또 매우 깊은 것은 부처님과 보살들의 공경하는 바라, 마치 효자가 부모에게 공양하면 공덕이 매우 깊은 것 같으니, 공덕이 깊음을 참 해탈에 비유하였고, 참 해탈은 곧 여래니라.

또 해탈은 보지 못함을 이름이니, 마치 사람이 자기의 정수리를 보지 못함같이 해탈도 그러하여 성문이나 연각이 보지 못하는 것이며, 보지 못하는 것이 참 해탈이요, 참 해탈은 곧 여래니라. 또 해탈은 집이 없는 것이라 하나니, 마치 허공에는 집이 없는 것 같아서 해탈도 그러하며, 집이라 함은 25유(有)에 비유한 것이고, 집이 없다 함은 참 해탈에 비유한 것이니, 참 해탈은 곧 여래니라. 또 해탈은 가질 수 없나니, 아마륵 열매는 사람이 가질 수 있거니와 해탈은 그렇지 아니하여 가질 수 없으며, 가질 수 없음은 참 해탈이요, 참 해탈은 곧 여래니라. 또 해탈은 잡을 수 없나니, 마치 환으로 된 물건은 잡을 수 없거든, 해탈도 그러하여 잡을 수 없으며, 잡을 수 없음은 참 해탈이요, 참 해탈은 곧 여래니라.

또 해탈은 몸이라 할 것이 없나니, 마치 사람은 몸에 옴이

오르고 대풍창과 등창이 나고 미치고 조갈병 들고 마르는 병이 있거니와 참 해탈 중에는 그런 병이 없나니, 그런 병이 없음을 참 해탈에 비유하였고, 참 해탈은 곧 여래니라. 또 해탈은 한 맛이라 하나니, 마치 젖이 한 맛인 것처럼 해탈도 그와 같아서 다만 한 맛이니, 한 맛은 참 해탈이요, 참 해탈은 곧 여래니라. 또 해탈은 청정하다 하나니, 마치 물에 진흙이 없으면 고요하고 청정한 것처럼 해탈도 그러하여 고요하고 청정하며, 고요하고 청성함은 참 해탈이요, 참 해탈은 곧 여래니라. 또 해탈은 한결같은 맛이니, 마치 공중에서 내리는 비가 한결같이 깨끗한 것처럼 한결같이 깨끗함을 참 해탈에 비유하였고, 참 해탈은 곧 여래니라. 또 해탈은 없애 버림이니, 마치 보름달은 구름이 가리지 않는 것처럼, 해탈도 그러하여 가린 구름이 없으며, 가린 구름이 없음은 참 해탈이요, 참 해탈은 곧 여래니라. 또 해탈은 고요함이니, 마치 사람에게 앓던 열병이 나으면 몸이 고요하여지듯이, 해탈도 그러하여 몸이 고요하여지며, 몸이 고요함은 참 해탈이요, 참 해탈은 곧 여래니라. 또 해탈은 평등이니, 마치 벌판에 있는 독사나 쥐나 이리는 모두 죽이려는 마음이 있거니와 해탈은 그렇지 아니하여 죽이려는 마음이 없으며, 죽이려는 마음이 없음이 참 해탈이요, 참 해탈은 곧 여래니라. 또 평등하다는 것은 마치 부모가 아들들에게 평등한 마음을 가지듯이, 해탈도 그러하여 마음이 평등하며, 마음이 평등함이 참 해탈이요, 참 해탈은 곧 여래니라. 또 해탈은 다른 곳이 없나니, 어떤 사람이 훌륭하고 깨끗한 집에만 살고 다시 다른 데가 없듯이, 해탈도 그러하여 다른 곳이 없으며, 다른 곳이 없음이 참 해탈이요, 참 해탈은 곧 여래니라.

또 해탈은 만족한 줄 앎이니, 굶주린 사람이 맛난 음식을 만나면 싫은 줄 모르고 먹거니와 해탈은 그렇지 아니하여 우유죽을 먹은 이에게는 다른 음식이 필요하지 않나니, 다른 것이 필요치 않음을 참 해탈에 비유하였고, 참 해탈은 곧 여래니라. 또 해탈은 끊음이니, 결박을 당한 사람이 결박한 것을 끊고 벗어나듯이, 해탈도 그러하여 모든 의심의 결박을 끊음이라. 의심을 끊음은 참 해탈이요, 참 해탈은 곧 여래니라. 또 해탈은 저 언덕에 이름이니, 큰 강에는 이 언덕과 저 언덕이 있거니와 해탈은 그렇지 아니하여 이 언덕은 없으나 저 언덕은 있나니, 저 언덕이 있는 것은 참 해탈이요, 참 해탈은 곧 여래니라. 또 해탈은 잠잠한 것이니, 큰 바다는 물이 출렁거리며 요란한 소리가 나거니와 해탈은 그렇지 아니하니, 이런 해탈은 곧 여래니라. 또 해탈은 아름답고 묘하니, 모든 약에 하리륵(阿梨勒)을 섞은 것은 맛이 쓰거니와, 해탈은 그렇지 아니하고 맛이 감로 같나니, 맛이 감로 같음을 참 해탈에 비유하였고, 참 해탈은 곧 여래니라. 또 해탈은 번뇌를 제함이니, 마치 좋은 의사는 신기한 약으로 모든 병을 잘 치료하듯이, 해탈도 그러하여 모든 번뇌를 제하는 것이며, 번뇌를 제한 것은 참 해탈이요, 참 해탈은 곧 여래니라. 또 해탈은 비좁지 않음이니, 작은 집에는 많은 사람을 용납할 수 없으나, 해탈은 그렇지 아니하여 얼마든지 용납하는 것이며, 얼마든지 용납함은 참 해탈이요, 참 해탈은 곧 여래니라. 또 해탈은 애욕을 멸하여 음욕이 없나니, 여인들은 애욕이 많거니와, 해탈은 그렇지 아니하니라. 이러한 해탈은 곧 여래며, 여래는 탐욕과 성내는 일과 어리석음과 교만 따위의 번뇌가 없느니라. 또 해탈은 사랑이 없음이라 하거니와, 사랑에 두 가지가 있으니, 하나는 아귀 같은 사랑이요, 하나는 법에 대한 사랑이다. 참 해탈은 아귀 같은 사랑을 여의고 중생을 불쌍히 여기므로 법에 대한 사랑이 있나니, 법에 대한 사랑은 참 해탈이요, 참 해탈은 곧 여래니라. 또 해탈은 나와 내 것을 여의었으니, 이러한 해탈은 곧 여래요, 여래는 곧 법이니라. 또 해탈은 구호함이니, 모든 두려워하는 이를 구호하는 것이므로, 해탈은 곧 여래요, 여래는 곧 법이니라.

또 해탈은 귀의할 곳이니, 만일 귀의할 데가 있으면 이런 해탈은 다른 귀의할 데를 구하지 않느니라. 마치 사람이 임금에게 의지하면 다른 의지할 데를 구하지 아니하는 것과 같나니, 임금에게 의지한 것은 흔들림이 있거니와 해탈에 의지하면 흔들림이 없으며, 흔들림이 없는 것은 참 해탈이요, 참 해탈은 곧 여래요, 여래는 즉시 법이니라. 또 해탈은 집이니, 어떤 사람이 거친 벌판에 다니려면 험난한 일이 있거니와 해탈은 그렇지 아니하여 험난이 없으며 험난이 없는 것이 참 해탈이요, 참 해탈은 곧 여래니라. 또 해탈은 두려움이 없나니, 사자가 모든 짐승을 두려워하지 않듯이, 해탈도 그러하여 모든 마군을 두려워하지 아니하며, 두려움이 없음이 참 해탈이요, 참 해탈은 곧 여래니라. 또 해탈은 협착한 일이 없나니, 마치 협착한 길에는 두 사람이 나란히 서서 갈 수 없는 것과 같거니와, 해탈은 그렇지 아니하니, 이러한 해탈은 곧 여래니라. 또 착박[迮]하지 않다는 것은 비유컨대 사람이 범이 무서워서 우물에 떨어질 수 있는 것과 같거니와, 해탈은 그렇지 아니하니, 이러한 해탈은 곧 여래니라. 또 착박하지 않다는 것은 마치 큰 바다에서 낡은 배를 버리고 견고한 배를 얻어 타면 바다를 건너 편안한 곳에 이르러 마음이 쾌락함 같나니, 해탈도 그와 같아서 마음이 쾌락하니, 쾌락함은 참 해탈이요, 참 해탈은 곧 여래니라. 또 해탈은 모든 인연을 뽑아 버림이니, 비유컨대 젖을 인하여 타락을 얻고, 타락을 인하여 소(酥)를 얻고 소를 인하여 제호를 얻거니와 참 해탈에는 이런 인연이 없나니, 인연이 없음은 참 해탈이요, 참 해탈은 곧 여래니라.

  또 해탈은 교만을 항복받음이니, 큰 임금은 작은 임금을 업신여기거니와 해탈은 그렇지 아니하여, 이러한 해탈은 곧 여래요, 여래는 곧 법이니라. 또 해탈은 방일을 굴복함이니, 방일하면 탐욕이 많거니와 참 해탈에는 그런 말이 없으며, 그런 말이 없음은 참 해탈이요, 참 해탈은 곧 여래니라. 또 해탈은 무명을 없앰이니, 가장 좋은 생소에서 찌꺼기를 없앤 것을 제호라 하듯이, 해탈도 그러하여 무명의 찌꺼기를 없애면 참 밝음[眞明]이 나타나나니, 참 밝은 것이 참 해탈이요, 참 해탈은 곧 여래니라. 또 해탈은 고요하여 하나 뿐이요 둘이 없나니, 마치 빈 들판에 코끼리가 하나뿐이고 짝이 없듯이, 해탈도 그러하여 하나뿐이고 짝이 없으며, 하나뿐이고 짝이 없음은 참 해탈이요, 참 해탈은 곧 여래니라. 또 해탈은 견실하다 이름하나니, 마치 대나 갈대나 피마자가 줄기는 속이 비었지만 씨는 견실함 같으니라. 부처님을 제하고는 모든 인간·천상 사람들이 다 견실하지 못하며, 참 해탈은 온갖 번뇌와 생사를 여의었나니, 이러한 해탈은 곧 여래니라. 또 해탈은 잘 깨달아 나를 이익케 함이니, 참 해탈도 그와 같으며, 이런 해탈은 곧 여래니라. 또 해탈은 모든 깃을 버림이니, 마치 사람이 믹고는 도 하듯이 해탈도 그러하여 모든 것을 버렸으며, 모든 것을 버린 것은 참 해탈이요, 참 해탈은 곧 여래니라. 또 해탈은 이름이 결정이니, 마치 바사꽃의 향기가 칠엽수(七葉樹)에는 없는 것 같이 해탈도 그러하며, 이러한 해탈은 곧 여래니라.

또 해탈은 이름을 수대(水大)라 하나니, 수대는 다른 대(大)보다 훨씬 뛰어나서 온갖 초목의 씨를 축이는 것이며, 해탈도 그러하여 모든 생류들을 축이나니, 이러한 해탈은 곧 여래니라. 또 해탈은 들어감이라 하나니, 문이 있으면 들어갈 수가 있고 금의 성질이 있는 데서는 금을 얻을 수 있듯이, 해탈도 그러하여 그 문으로는 나가 없음[無我]을 닦은 이가 들어갈 수 있나니, 이러한 해탈은 곧 여래니라. 또 해탈은 선한 것이니, 마치 제자가 스승을 따라다니며 가르치는 말을 잘 받들면 선이라 하듯이 해탈도 그와 같으니, 이러한 해탈은 곧 여래니라. 또 해탈은 세상에 뛰어난 법이라 이름하나니, 모든 법에서 가장 뛰어난 것이며, 여러 가지 맛 가운데 소(酥)의 맛이 가장 훌륭하듯이 해탈도 그러하며, 이러한 해탈은 곧 여래니라. 또 해탈은 흔들리지 않음을 이름이니, 마치 문턱을 바람이 흔들지 못하듯이 참 해탈도 그러하며 이러한 해탈은 곧 여래니라. 또 해탈은 파도가 없음이라 하나니, 저 바다에는 파도가 요란하거니와 해탈은 그렇지 아니하며, 이러한 해탈은 곧 여래니라. 또 해탈은 마치 궁전과 같으니, 해탈도 그러하며 이러한 해탈은 곧 여래니라. 또 해탈은 쓸 데가 많은 것이니, 염부단금은 쓰이는 데가 많으며 그 금의 나쁜 허물을 말할 이 없음같이 해탈도 그러하여 허물이 없으며, 허물없는 것이 참 해탈이요, 참 해탈은 곧 여래니라. 또 해탈은 어린애의 버릇을 버림이니, 마치 어른이 어린애의 버릇을 버리듯이 해탈도 그러하여 5음(陰)을 제하여 버렸으며, 5음을 버린 것이 참 해탈이요, 참 해탈은 곧 여래니라. 또 해탈은 이름이 필경[究竟]이니, 마치 결박되었던 사람이 결박에서 풀려나면 목욕하여 깨끗이 하고 집에 돌아가듯이 해탈도 그러하여 필경까지 깨끗한 것이니, 끝까지 깨끗함은 참 해탈이요, 참 해탈은 곧 여래니라.

또 해탈은 함이 없는 즐거움이니, 함이 없는 즐거움이란 탐욕과 성냄과 어리석음을 토한 연고니라. 마치 사람이 잘못하여 독약을 먹고는 독을 제하기 위하여 토할 약을 먹으며, 토하고 나면 독이 없어지고 몸이 편안해짐 같으니, 해탈도 그러하여 번뇌에 속박된 독을 토하고 몸이 안락하여짐을 함이 없는 즐거움이라 하며, 함이 없는 즐거움은 참 해탈이요, 참 해탈은 곧 여래니라. 또 해탈은 네 가지 독사인 번뇌를 끊음이니, 번뇌를 끊음이 참 해탈이요, 참 해탈은 곧 여래니라. 또 해탈은 모든 생사를 여의고 모든 괴로움을 없애고 온갖 즐거움을 얻으며, 탐욕·성냄·어리석음을 영원히 끊고 모든 번뇌의 뿌리를 뽑아 버린 것이니, 번뇌의 뿌리를 뽑은 것은 참 해탈이요, 참 해탈은 곧 여래니라. 또 해탈은 모든 함이 있는 법을 끊고, 온갖 무루(無漏)의 선근을 내며 여러 갈래를 막음이라 하나니, 이른바 나다, 내가 없다. 내가 아니고 내가 없는 것도 아니다 하는 네서, 나만 집착만 끊고 나란 소견을 끊시 않는 것이나. 나란 소견은 불성이요 불성은 참 해탈이며, 참 해탈은 곧 여래니라.

또 해탈은 공하지 않은 공[不空空]이니, 공한 공[空空]은 있는 것이 없음이요, 있는 것이 없음은 니건자 익도들이 억측하는 해탈이니, 니건자는 해탈이 없으므로 공한 공이라 하고, 참 해탈은 그렇지 아니하므로 공하지 않은 공이라 하나니, 공하지 않은 공은 참 해탈이요, 참 해탈은 곧 여래니라. 또 해탈은 공하고 공하지 않은[空不空] 것이니, 마치 물병·술병·우유병·타락병·꿀병 따위에 물이나 술이나 우유나 타락이나 꿀이 없더라도, 물병 내지 꿀병이라 하나니, 이 병들은 공하였다고도 할 수 없고 공하지 않았다고도 할 수 없느니라. 만일 공하다면 빛과 냄새와 맛과 촉(觸)이 없어야 할 것이고, 공하지 않다면 물이나 내지 꿀이 있어야 할 것이니, 해탈도 그와 같아서 빛이라 빛 아니라 말할 수 없으며, 공하다 공하지 않다 말할 수 없느니라. 만일 공하다고 말한다면 항상하고 즐겁고 나이고 깨끗함[常樂我淨]이 없을 것이요, 공하지 않다면 누가 항상하고 즐겁고 나이고 깨끗함을 받겠느냐. 이런 이치로 말미암아 공하다거나 공하지 않다거나 말할 수 없느니라. 공하다 함은 25유와 모든 번뇌와 온갖 괴로움과 온갖 모양새와 온갖 함이 있는 행법(行法)이 없다는 것이니, 마치 병에 타락이 없는 것을 빈 병이라 함과 같고, 공하지 않다 함은 진실한 참 빛이 항상하고 즐겁고 나이고 깨끗하여 흔들리지 않고 변하지 않는 것이니, 마치 병의 빛깔과 냄새와 맛과 촉함이 있으므로 공하지 않다는 것과 같으니라. 그러므로 해탈을 병에 비유하건대 병은 인연을 만나면 깨어질 수 있지만, 해탈은 그렇지 아니하여 깨뜨릴 수 없나니, 깨뜨릴 수 없음이 참 해탈이요, 참 해탈은 곧 여래니라.

또 해탈은 사랑을 떠난 것이라 하나니, 어떤 사람이 사랑하는 마음으로 제석천왕이나 대범천왕이나 자재천왕을 희망하거니와 해탈은 그렇지 아니하여 만일 아뇩다라삼먁삼보리를 얻으면 사랑도 없고 의심도 없나니, 사랑도 없고 의심도 없음은 참 해탈이요, 참 해탈은 곧 여래니, 만일 해탈에 사랑과 의심이 있다면 옳지 아니하니라. 또 해탈은 모든 탐욕을 끊고 온갖 모양새, 온갖 속박, 온갖 번뇌, 온갖 생사, 온갖 인연, 온갖 과보를 끊음이니, 이런 해탈은 곧 여래요, 여래는 곧 열반이니라. 모든 중생은 번뇌와 생사를 무서워하여서 3귀의를 받나니, 마치 사슴들이 사냥꾼을 무서워하다가 벗어나고 한 번 뛰는 것을 1귀의에 비유하고, 나아가 세 번 뛰는 것을 3귀의에 비유하면, 세 번 뛰었으므로 편안함을 얻게 되느니라. 중생도 그와 같아서 네 가지 마군의 사냥꾼을 무서워하므로 3보에 귀의하고 3보에 귀의하므로 편안함을 얻나니, 편안함을 받는 것은 참 해탈이요, 참 해탈은 곧 여래요, 여래는 곧 열반이며, 열반은 다함이 없고, 다함이 없음은 불성이요, 불성은 결정함이요, 결정함은 곧 아뇩다라삼먁삼보리니라."

가섭보살이 부처님께 여쭈었다.

"세존이시여, 만일 열반과 불성과 결정과 여래가 한 뜻이라면, 어찌하여 3귀의가 있다 이르십니까?"

부처님께서 말씀하셨다.

"선남자여, 모든 중생들이 생사가 두려워서 3귀의를 구하고, 3귀의를 하였으므로 불성이 결정이요 열반임을 아느니라. 선남자여, 어떤 법은 이름은 같으나 뜻이 다르고, 어떤 법은 이름과 뜻이 모두 다르니라. 이름은 같으나 뜻이 다른 것은 부처도 항상하고 법도 항상하고 비구 스님도 항상하고 열반과 허공이 모두 항상하므로 이름은 같으나 뜻이 다르다는 것이요, 이름과 뜻이 모두 다르다는 것은 부처님께서는 깨달음이요 법은 깨닫지 않음이요 스님은 화합이요 열반은 해탈이요 허공은 선한 것이 아니며 또 걸림이 없음이라고 이름하나니, 이것은 이름과 뜻이 모두 다른 것이니라. 선남자여, 3귀의도 그와 같아서 이름과 뜻이 모두 다른 것이거늘 어찌 하나라 하겠느냐. 그러므로 내가 마하파사파제(摩訶波闍波提) 교담미(憍曇彌)에게 말하기를 '나에게 공양하지 말고 승가에 공양하라. 승가에 공양하면 3귀의에 구족히 공양함이 되리라' 하니, 마하파사파제가 대답하되 '승가 가운데는 부처님도 없고 법도 없거늘 어찌하여 승가에 공양하면 3귀의에 구족히 공양함이 된다고 합니까?' 하기에, 내가 대답하기를 '내 말을 따름은 부처에게 공양함이요, 해탈을 위하므로 법에 공양함이요, 승가가 받으므로 승가에 공양함이 된다'고 하였다. 선남자여, 그러므로 3귀의는 하나가 되지 못하느니라. 선남자여, 여래가 어떤 때에는 하나를 말하여 셋이라 하고, 또 셋을 말하여 하나라 하나니, 이런 이치는 부처의 경계요 성문이나 연각들의 알 것이 아니니라."

"부처님의 말씀과 같이 필경까지 안락한 것이 열반이라 하심은 무슨 뜻입니까? 열반은 몸을 버리고 지혜를 버림이니, 몸과 지혜를 버렸으면 누가 안락을 받겠습니까?"

"선남자여, 어떤 사람이 밥을 먹고 가슴이 답답하여 토하려고 밖에 나갔다가 이미 토하고 다시 들어왔는데, 동무가 묻기를 '그대의 답답한 병이 모두 나아서 돌아왔는가?' 하기에 그가 대답하기를 '아주 나아서 편안해졌다' 하였으니, 여래도 그와 같아서 25유를 끝까지 여의고 열반의 안락한 곳을 영원히 얻으면, 변동할 수도 없고 끝나는 일도 없어서 온갖 받음[受]을 끊었으므로 받는 일 없는 즐거움[無受樂]이라 하나니, 이렇게 받는 일 없음이 항상 한 즐거움이거늘, 만일 여래가 즐거움을 받는다 하면 옳지 아니하니라. 그러므로 필경까지 즐거움이 열반이요, 열반은 참 해탈이며 참 해탈은 곧 여래니라."

"나지도 않고 멸하지도 않음을 해탈이라 합니까?"

"그러하니라. 선남자여, 나지도 않고 멸하지도 않음이 해탈이니, 이러한 해탈이 곧 여래니라."

"만일 나지도 멸하지도 않음이 해탈이라면, 허공의 성품이 나지도 멸하지도 아니하니, 마땅히 여래일 것이오며, 여래의 성품과 같아서 곧 해탈이겠습니다."

"선남자여, 그것은 그렇지 아니하니라."

"세존이시여, 어찌하여 그렇지 않습니까?"

"선남자여, 가란가새[迦蘭伽鳥]나 명명새[命命鳥]의 소리가 맑고 아름다움이 까마귀·까치의 소리와 같겠느냐?"

"그렇지 않나이다, 세존이시여. 까마귀·까치 소리를 공명조의 소리에 비교하면 백천만 곱으로도 비길 수 없나이다."

가섭보살이 또 말을 계속하였다. "가란가의 소리는 아름답고 몸매도 같지 아니하거늘, 여래께서 어찌하여 까마귀·까치에 비교하십니까? 겨자씨로 수미산에 비교함과 같으며, 부처님을 허공에 비유함도 그와 같겠으니, 가란가의 소리를 부처님 음성에는 비유하려니와 까마귀·까치의 소리와는 비교할 수 없습니다."

그때에 부처님께서 가섭보살을 칭찬하셨다.

"훌륭하고 훌륭하다. 선남자여, 깊고 깊어서 이해하기 어려운 이치를 그대가 잘 이해하는구나. 여래가 어떤 때에는 까닭이 있어서 허공으로 해탈에 비유하거니와 이와 같은 해탈은 곧 여래니라. 참 해탈은 천상·인간에 비유할 것이 없으며, 허공도 비유가 되지 못하건만 중생을 교화하기 위하여 비유가 안 되는 것으로 비유하나니, 해탈은 곧 여래며, 여래의 성품이 곧 해탈이어서 해탈과 여래가 둘도 아니요 다르지도 않은 줄을 알아야 하느니라. 선남자여, 비유가 안 된다 함은 비교할 수 없는 것이라, 비유가 되지 않건만 인연이 있으므로 비유하는 것이니, 경전에 말하기를 얼굴이 단정한 것을 보름달 같다 하고, 흰 코끼리가 깨끗함을 설산과 같다 하는 따위니, 보름달이 얼굴과 같을 수 없고, 설산이 코끼리 같을 수 없는 것이니라. 선남자여, 무슨 비유로도 참 해탈을 비유할 수 없건만 중생을 교화하기 위하여 비유하는 것이니, 모든 비유로써 법의 성품을 알게 함도 그와 같으니라."

"여래께서 어찌하여 두 가지 말씀을 하십니까?"

"선남자여, 비유컨대 어떤 사람이 칼을 들고 성난 마음으로 여래를 해하려 할 적에 여래는 화평한 얼굴로 한탄하는 기색이 없으리니, 그 사람이 여래의 몸을 상하여 역적죄를 이루겠느냐?"

"그렇지 못하리이다, 세존이시여. 왜냐하면 여래의 몸은 상할 수 없는 까닭입니다. 그 이유를 말하면, 빛깔로 된 몸은 없고 법성신(法性身)만 있으니, 법성신의 성품은 깨뜨릴 수 없거늘, 그 사람이 어찌 부처님 몸을 상하오리까만 다만 악독한 마음인 까닭으로 무간죄를 이룰 뿐이오니, 이런 인연으로 모든 비유를 끌어서 참된 법을 알게 하나이다."

이때에 부처님께서 또 가섭보살을 칭찬하셨다.

"훌륭하고 훌륭하다. 선남자여, 내가 하려는 말을 그대가 하는구나. 또 선남자여, 비유컨대 어떤 흉악한 사람이 자기의 어머니를 죽이려고 밭에 쌓은 낟가리 곁에 있을 적에 어머니가 밥을 가지고 오거늘 그 사람이 보고 죽이려는 마음을 내어 칼을 갈거든, 어머니가 알아차리고 낟가리 속에 숨었는데, 그 사람이 칼을 들고 낟가리를 들면서 여러 번 찌르고 죽인 줄 알고 기뻐하는 동안에 어머니가 나와서 집으로 돌아갔다 하면, 이 사람이 무간지옥 죄를 이루게 되겠느냐?"

"세존이시여, 일정하게 말할 수 없나이다. 왜냐하면 죄가 있다고 말하려면 어머니의 몸이 상하였어야 할 터인데 상하지 않았으니 죄가 있다 할 수 없고, 죄가 없다 하려 해도 죽인 줄 생각하고 쾌한 마음을 가졌으니 어떻게 죄가 없다 하오리까? 이 사람이 비록 역적죄를 구족하지는 않았더라도 역적죄를 면치는 못할 것이오니, 이런 인연으로 비유를 들어 참된 법을 알게 합니다."

"훌륭하고 훌륭하다. 선남자여, 그러한 인연으로 가지가지 방편과 비유를 말하여 해탈에 비유하거니와 아무리 한량없는 아승기 비유를 들더라도 실로는 비유로 비교할 수 없느니라. 어떤 인연으로는 비유로 말할 수도 있고, 어떤 인연으로는 비유하지 못하기도 하나니, 그러므로 해탈은 한량없는 공덕을 성취하여 열반에 나아가는 것이며, 열반과 여래도 이와 같이 한량없는 공덕이 있느니라. 이렇게 한량없는 공덕을 원만히 성취하였으므로 대열반이라 이름하느니라."

"세존이시여, 제가 지금에야 여래의 이르시는 곳이 그지없음을 알겠으며, 이르는 곳이 그지없을새, 수명도 끝이 없음을 알겠습니다."

"훌륭하고 훌륭하다. 선남자여, 그대가 이제 바른 법을 잘 보호하는구나. 만일 선남자·선여인이 모든 번뇌의 결박을 끊으려 하면 마땅히 이와 같이 바른 법을 보호하여야 하느니라."

대반열반경 제6권

8. 네 군데 의지함[四依品]

부처님께서 가섭보살에게 말씀하셨다.
"선남자야, 이 미묘한 대반열반 가운데 네 종류 사람이 바른 법을 수호하고 바른 법을 세우며 바른 법을 생각하며, 세상 사람들을 이익케 하고 불쌍히 여기어, 세간의 의지가 되고 천상·세간 사람을 안락케 하리라. 무엇을 네 종류라 하는가. 어떤 사람은 세상을 벗어나고도 번뇌의 성품을 구족하였으니 이것이 첫째요, 수다원을 얻은 사람과 사다함을 얻은 사람은 둘째요, 아나함을 얻은 사람이 셋째요, 아라한을 얻은 사람이 넷째니라. 이 네 종류 사람이 세상에 나타나서 세간 사람들을 이익케 하고 불쌍히 여기며 세간의 의지가 되어 천상·세간 사람들을 안락케 하리라.

어떤 이를 번뇌의 성품을 구족한 이라 하는가. 계율을 받들어 지니고 위의를 갖추어 바른 법을 세우며, 부처님께 들은 것을 글과 뜻을 이해하고 다른 이에게 말하여 탐욕이 없는 것은 도요, 탐욕이 많은 것은 도가 아니라 하며, 큰 사람이 깨달을 여덟 가지 법을 연설하며, 죄를 지은 이에게는 죄를 털어 놓고 참회케 하여, 보살의 방편으로 행하는 비밀한 법을 잘 아는 이라, 이는 범부요 제8인(人: 忍)이 아니니, 제8인은 범부라 하지 않고 보살이라 하며, 부처라고는 하지 않느니라.

둘째는 수다원과 사다함이니, 바른 법을 얻으면 그대로 받아 지니며, 부처님께 법문을 듣고는 들은 대로 쓰고 받아 가지고 읽고 외우며 다른 이에게 말하느니라. 만일 법을 듣고도 쓰지 않고 받아 가지지 않고 말하지 아니하면서, 하인이나 부정한 물건을 쌓아 두라고 부처님이 허락하였다 하면 옳지 아니하니라. 이러한 이를 둘째 사람이라 하나니, 이 사람이 비록 둘째 자리나 셋째 자리를 얻지 못하였더라도 이름을 보살이라 하며 수기를 받았느니라. 셋째는 아나함이니, 아나함은 바른 법을 비방하거나 종이나 하인 따위의 부정한 것을 두도록 허락하였다고 말하거나, 외도들의 경과 논을 받아 가지거나, 객진(客塵) 번뇌에 장애가 되거나, 모든 업의 번뇌에 가리웠거나, 여래의 진실한 사리를 간직하였거나, 밖의 병의 해침을 당하거나, 4대 독사의 침노를 받거나, 나라는 것을 주장한다고 말하는 것은 모두 이치에 맞지 않는다. 내가 없다는 것을 말한다면 옳은 것이며, 세상 법에 집착한다고 말하면 옳지 아니하고 대승이 계속하여 끊어지지 않게 한다면 옳은 것이며, 태어나는 몸에 8만의 벌레가 있다고 한다면 옳지 아니하고 음욕을 영원히 여의어서 꿈에서도 부정한 것을 잃어버리지 않는다고 한다면 옳은 것이며, 임종할 때에 두려움을 낸다고 한다면 옳지 아니하니라. 아나함이란 것은 어떤 것인가. 이 사람이 돌아오지 않음은 위에 말함과 같으며, 모든 허물이 영원히 물들이지 못하고 오고 가면서 주선하므로 보살이라 이름하고, 이미 수기를 받았으므로 오래지 않아서 아뇩다라삼먁삼보리를 얻으리니, 이것을 셋째 사람이라 하느니라.

넷째는 아라한이니 아라한은 모든 번뇌를 끊어 무거운 짐을 버렸고, 자기의 이익을 얻어 할 일을 이미 마쳤고, 제10지에 머물렀으며, 자재한 지혜를 얻었으므로 사람들이 좋아하는 가지가지 빛과 몸매를 모두 나타내어 모든 장엄과 같이하여, 부처님 도를 이루려 하면 곧 이룰 수가 있으며, 이렇게 한량없는 공덕을 성취하였으므로 아라한이라 하느니라. 이러한 네 종류 사람이 세상에 나타나서 세상 사람들을 이익케 하고 가엾이 여기며, 세간의 의지가 되어 천상·세간 사람들을 안락케 하여, 천상 인간에서 가장 높고 가장 훌륭하며 여래와 같으므로 사람 중에 수승하며 귀의할 곳이 되느니라."

"세존이시여, 저는 이 네 종류 사람에게 의지하지 않겠나이다. 왜냐하면 구사라경(瞿師羅經)에 부처님께서 구사라에게 말씀하시기를 '하늘 사람이나 마군이나 범천들이 바른 법을 파괴하려고 부처님의 모양으로 변화하면, 32상과 80종호(種好)를 두루 갖추었고, 둥근 광명이 한 길이며, 얼굴은 보름달처럼 원만하고 양미간의 백호상(白毫相)은 옥보다 눈보다도 희며, 이렇게 장엄하고 너에게 올 것이니, 너는 잘 살펴서 참인지 거짓인지를 판정하여야 하며 이미 깨닫고는 항복받으라' 하였나이다. 세존이시여, 마군들이 부처님의 형상으로도 변화하는데 하물며 아라한 등의 네 가지 몸으로 변화하지 못하리이까. 허공에서 눕고 앉으며 왼쪽 옆구리로는 물을 내고 오른쪽 옆구리로는 불을 내며, 몸에서 불꽃과 연기 내기를 불더미같이 하리니, 이런 인연으로 저는 그 속에서 신심을 낼 수 없으며, 혹 말을 하더라도 그대로 받을 수 없으며, 공경하는 마음으로 의지할 수가 없나이다."

"선남자야, 내가 하는 말에도 의심이 있으면 그대로 받지 않을 터인데, 하물며 그런 것에 있어서랴. 그러기에 잘 분별하여 좋은 일인지 좋지 못한 일인지, 할 만한 일인지 그렇지 못한 일인지를 알고서 행하면 장구한 밤중에 즐거움을 받으리라. 선남자야, 도둑개가 밤에 집에 들어오는 것을 그 집 하인들이 알았으면 곧 호령하여 쫓아 보내되, '빨리 나가지 아니하면 목을 자르리라' 하면 도둑개가 듣고는 곧 도망하여 가리라. 그대들도 오늘부터 파순을 항복하되, 말하기를 '너는 그런 형상을 꾸미지 말라. 만일 일부러 꾸민다면 다섯 가지 속박으로 너를 계박하리라' 하면 파순이 듣고는 곧 달아나기를 도둑개같이 하고 다시 오지 아니하리라."

"세존이시여, 부처님께서 구사라 장자에게 말씀한 것처럼 그렇게 마군을 항복하면 대반열반에 가깝게 될 터인데, 여래께서 어찌하여 이 네 종류 사람이 의지할 데라 말씀하시나이까? 이 네 종류 사람이 말을 하더라도 꼭 믿을 수는 없나이다."

"선남자야, 나의 말도 그러한 뜻이지, 그렇지 말라는 것은 아니니라. 선남자야, 나는 육안(肉眼)을 가진 성문들을 위하여 마군을 항복하라고 말한 것이요, 대승을 배우는 사람에게 말한 것이 아니니라. 성문들은 천안(天眼)이 있다 하여도 육안이라 말하고, 대승을 배우는 사람은 육안이 있더라도 불안(佛眼)이라 말하나니, 왜냐하면 이 대승경전은 불승(佛乘)이라 하나니 불승이 가장 높고 가장 훌륭하기 때문이니라. 선남자야, 어떤 사람이 건장하고 용맹하면 겁약한 무리들이 와서 의지하거든, 용맹한 사람이 겁약한 사람을 가르치되, 그대들은 이렇게 활과 살을 잡으며 창으로 찌르고 갈고리로 끌어당기고 줄로 얽는 법을 배우라 하고, 또 말하기를 싸움하는 일은 칼날을 밟는 것 같지만 두려운 생각을 내서는 안 되나니, 천상 사람·세간 사람을 대하여는 연약한 줄 생각하고, 스스로 용감한 마음을 가져야 한다. 어떤 사람이 용맹하지 못하면서 거짓 건장한 모양을 가장하여 활과 살과 칼 따위의 병장기로 엄숙하게 차리고 전장에 나와서 큰소리로 외치더라도, 그대들은 그 사람을 조금도 두려워하지 말라. 그 사람이 그대들의 두려워함이 없는 기색을 보면 오래지 못하여 물러가기를 저 도둑개같이 하리라. 선남자야, 여래도 그와 같아서 성문들에게 말하기를 '너희들은 마왕 파순을 두려워하지 말라. 만일 파순이 부처님으로 변화하고 너에게 오거든, 네가 견고한 마음으로 정신을 가다듬어 마군으로 하여금 항복케 하면 그 마군은 근심하고 불안하여 오던 길로 돌아가리라' 하였다. 선남자야, 저 건장한 사람이 다른 이를 따라 익히지 않듯이, 대승을 배우는 사람도 그와 같아서 가지가지의 깊고 비밀한 경전을 듣고는 마음이 환희하며 공포를 느끼지 아니하나니, 왜냐하면 그렇게 대승을 배워 익히는 사람은 지나간 세상에서 한량없는 억천 마군이 와서 침노하더라도 그런 것은 조금도 두려워하지 않기 때문이니라. 선남자야, 어떤 사람이 아갈타(阿竭陀) 약을 얻으면 독사 따위를 두려워하지 않나니, 이 약의 효력을 의지하는 까닭이며, 또 모든 독기를 소멸할 수 있는 까닭이니라. 대승경전도 그와 같아서 아갈타 약이 모든 마군과 독기를 두려워하지 않는 것처럼 그것들을 항복받아 다시 일어나지 못하게 하는 까닭이니라.

또 선남자야, 비유컨대 어떤 용이 흉악한 성질을 가지고 사람을 해치려 할 때에 혹은 눈으로 보기도 하고 혹은 기운을 불기도 하므로, 모든 사자·호랑이·표범·늑대·이리·개 따위가 모두 공포를 내며, 이런 짐승들이 소리를 듣거나 형상을 보거나 그 몸을 건드리기만 하여도 생명을 잃게 되느니라. 주문을 잘하는 사람이 주문의 힘으로써 이러한 악독한 용·금시조(金翅鳥)·코끼리·사자·호랑이·늑대 따위를 잘 길들여서 타기도 하고 몰고 다니면, 저 나쁜 짐승들이 주문하는 사람을 보기만 하여도 곧 조복되나니, 성문과 연각도 그와 같아서 마왕 파순을 보고는 공포를 내지만, 파순은 조금도 두려워하지 않고 마군의 짓만 하느니라. 대승을 배우는 사람도 그와 같아서 성문들이 마군을 무서워하여 대승에 대하여 신심을 내지 못함을 보고는, 먼저 방편으로 마군을 항복받아 길들이고 조복하여 타고 다닐 수 있게 하고, 인하여 가지가지의 묘한 법을 연설하면 성문·연각들은 마군이 항복됨을 보고는 무서운 생각을 내지 않고, 대승의 훌륭한 법에 대하여 믿고 좋아하는 마음을 내고 말하기를, 우리들도 이제부터는 이러한 바른 법에서 장애를 짓지 아니하리라고 할 것이니라.

또 선남자야, 성문과 연각은 번뇌에 대하여 공포심을 내거니와 대승을 배우는 사람은 조금도 공포가 없니니, 대승을 배우는 사람은 이런 힘이 있으므로 내가 예전에 말한 것은 저 성문·연각으로 하여금 마군을 조복케 하려 함이었고, 대승을 위한 것이 아니니라. 이 대열반의 미묘한 경전은 소멸하거나 굴복할 수 없는 것이니, 매우 기특한 일이니라. 어떤 이가 듣고 받아 가지며 여래가 항상 머무는 법인 줄을 믿으면, 이런 사람은 대단히 희유하여 우담바라 꽃과 같으리니, 내가 열반한 뒤에 어떤 이가 이렇게 미묘한 대승경전을 듣고 믿고 공경하는 마음을 내면, 이런 사람들은 오는 세상에서 백천억겁이 지나도록 나쁜 갈래에 떨어지지 아니하리라."

이때에 부처님께서 가섭보살에게 말씀하셨다.

"선남자야, 내가 열반한 뒤에 한량없는 백천 중생들이 이 미묘한 대반열반경을 믿지 않고 비방하리라."

가섭보살이 여쭈었다.

"세존이시여, 이 중생들이 부처님 열반하신 지 얼마쯤 후에 이 경을 비방하며, 어떤 선한 중생이 그렇게 법을 비방하는 무리를 제도하겠습니까?"

"선남자야, 내가 열반한 뒤 40년쯤 동안에 염부제에 널리 유포되다가 그 뒤에는 땅에 숨어버리리니, 선남자야, 마치 사탕수수·멥쌀·사탕·타락·제호들이 있는 데서는 그곳 사람들이 그것이 제일 좋은 음식이라 할 것이요. 어떤 사람들은 좁쌀이나 돌피쌀을 먹으면서도 자기네가 먹는 것이 제일 좋은 음식이라 하리니, 이 박복한 사람은 나쁜 업보를 받는 탓이거니와 복 있는 사람은 좁쌀이나 돌피쌀은 이름도 듣지 못하고 멥쌀·사탕수수·석밀·제호만 먹으리니, 이 미묘한 대반열반경도 그와 같아서 박복한 둔근(鈍根)들은 듣기를 좋아하지 않음이 마치 박복한 사람이 멥쌀이나 석밀을 싫어하는 것 같으니라. 2승들도 그와 같아서 위없는 대반열반경을 싫어할 것이며, 어떤 중생이 이 경전 듣기를 좋아하며 듣고는 환희하여 비방하지 않는 이는 복 있는 사람이 멥쌀을 먹는 것 같으니라.

선남자야, 어떤 임금이 험악한 깊은 산중에 있으면서 사탕수수·멥쌀·석밀이 있지만 구하기 어려우므로 쌓아 두고 아끼면서 먹지 아니하고 좁쌀과 돌피쌀만 먹었는데, 다른 나라 임금이 그 소문을 듣고 딱하게 여겨 여러 수레에 멥쌀과 감자 따위를 실어 보내니, 그 임금이 받아서 온 나라 사람들에게 나누어 주어 먹게 하였다. 백성들이 그것을 먹고 즐거워하며 말하기를 '저 나라 임금의 덕분으로 우리들이 훌륭한 음식을 먹었다' 하리라. 선남자야, 이 네 종류 사람도 그와 같아서 위없이 큰 법의 대장이 되었거든, 이 네 종류 사람 중에서 한 사람이 다른 지방의 한량없는 보살들을 보니, 비록 대승경전을 배우고 제 손으로 쓰기도 하고 남을 시켜 쓰기도 하지만 이양(利養)을 위하고 명예를 위하고 법을 알기 위하고 의지하기 위하고 다른 경을 사기 위하여 하는 일이어서, 다른 사람을 위하여 널리 선전하지 못하므로 이 미묘한 경전을 그 지방으로 보내어 보살들에게 주고, 그들로 하여금 위없는 보리심을 내어 보리에 머물도록 하였다. 그 보살들이 이 경을 얻고는 곧 다른 이들에게 닐리 언설하여 한량없는 대중으로 하여금 대승법의 맛을 받게 하였으니, 이것은 모두 한 보살의 힘으로 듣지 못하던 경전을 듣게 한 것으로서 저 나라 사람들이 임금의 힘으로 훌륭한 음식을 먹게 된 일과 같으니라.

또 선남자야, 이 미묘한 대반열반경이 유전하는 데는 그곳이 곧 금강이며 그 가운데 있는 사람들도 금강과 같은 줄을 알 것이며, 이 경을 듣는 이는 아뇩다라삼먁삼보리에서 물러나지 아니 할 것이고, 그 소원을 모두 성취하게 되어 오늘날 내가 말하는 것과 같으리니, 너희 비구들은 잘 받아 지니어라. 어떤 중생이나 이러한 경전을 듣지 못하는 이는 매우 불쌍한 사람이니 왜냐하면 이 사람은 이러한 대승경전의 깊은 이치를 받아 지닐 수 없는 까닭이니라."

"세존이시여, 여래께서 열반하신 후 40년 동안 이 대승 대열반경이 염부제에 유전되다가 그 뒤에는 땅에 묻힌다면, 그런 뒤 얼마나 있다가 다시 나오게 됩니까?"

"선남자야, 만일 나의 정법시대가 80년이 남았으면 먼저 40

년 동안에 이 경전이 염부제에서 다시 법비를 내리리라."

"세존이시여, 이런 경전을 정법이 멸하려는 때, 계율이 무너지는 때, 잘못된 법이 성할 때, 법다운 중생이 없는 때에 누가 능히 들어 받고 받들어 지니고 읽고 외워서 통달케 하며, 이롭게 하며 공양하고 공경하고 쓰고 해설하오리까? 바라옵건대 여래께서 중생을 가엾이 여기시어 분별하여 말씀하시어, 보살들로 하여금 듣고는 받아 지니고, 지니고는 아뇩다라삼먁삼보리심에서 물러나지 않게 하소서."

이때에 부처님께서 가섭을 찬탄하셨다.

"훌륭하고 훌륭하다. 선남자야, 네가 이러한 이치를 잘 물었다. 선남자야, 어떤 중생이 희련(熙連)강의 모래 수 같은 부처님 계신 데서 보리심을 내었으면 이 나쁜 세상에서 이런 경전을 받아 지니고 비방하지 아니하리라. 선남자야, 어떤 중생이 항하의 모래 수 같은 부처님 계신 데서 보리심을 내었으면, 이 나쁜 세상에서 이 법을 비방하지 아니하고 이 경전을 좋아하면서도, 다른 이를 위하여 널리 연설하지는 못하리라. 선남자야, 어떤 중생이 두 항하의 모래 수 같은 부처님 계신 데서 보리심을 내었으면, 이 나쁜 세상에서 이 법을 비방하지 아니하고 바로 이해하고 믿고 좋아하고 받아 지니고 읽고 외우면서도 다른 이를 위하여 널리 연설하지는 못하리라. 어떤 중생이 세 항하의 모래 수 같은 부처님 계신 데서 보리심을 내었으면, 이 나쁜 세상에서 이 법을 비방하지 아니하고 받아 지니고 읽고 외우고 경전을 쓰기도 하고 다른 이를 위하여 널리 연설하면서도 깊은 이치를 이해하지는 못하리라. 어떤 중생이 네 항하의 모래 수 같은 부처님 계신 데서 보리심을 내었으면, 이 나쁜 세상에서 이 법을 비방하지 아니하고 받아 지니고 읽고 외우고 경전을 쓰기도 하고 다른 이를 위하여 16분 중에서 1분의 뜻을 연설하리니, 비록 연설하더라도 구족하지는 못하리라. 어떤 중생이 다섯 항하의 모래 수 부처님 계신 데서 보리심을 내었으면, 이 나쁜 세상에서 이 법을 비방하지 아니하고 받아 지니고 읽고 외우고 경전을 쓰기도 하며, 다른 이를 위하여 16분 중에서 8분의 뜻을 연설하리라.

어떤 중생이 여섯 항하의 모래 수 같은 부처님 계신 데서 보리심을 내었으면, 이 나쁜 세상에서 이 법을 비방하지 아니하고 받아 지니고 읽고 외우고 경전을 쓰기도 하고 다른 이를 위하여 16분 중에서 12분의 뜻을 연설하리라. 어떤 중생이 일곱 항하의 모래 수 같은 부처님 계신 데서 보리심을 내었으면, 이 나쁜 세상에서 이 법을 비방하지 아니하고 받아 지니고 읽고 외우고 경전을 쓰기도 하고 다른 이를 위하여 16분 중에서 14분의 뜻을 연설하리라. 어떤 중생이 여덟 항하의 모래 수 부처님 계신 데서 보리심을 내었으면, 이 나쁜 세상에서 이 법을 비방하지 아니하고 받아 지니고 읽고 외우고 경전을 쓰기도 하고 다른 이를 권하여서 쓰게 하며, 자기가 받들고 다른 이에게도 권하여서 받들게 하며 읽고 외우고 통달하고 옹호하며 굳게 유지하게 할 것이며, 세간의 중생들을 가엾이 여기어서 이 경을 공양하고 다른 이를 권하여 공양케 하며, 공경하고 존중하고 읽고 외우고 예배하는 일도 이와 같이 할 것이며, 구족히 해석하여 뜻을 다하리니 곧 여래는 항상 머물러 변역하지 않고 필경까지 안락하다는 것이며, 중생마다 모두 불성이 있다고 말하고 여래의 모든 법장을 잘 알며, 이렇게 부처님께 공양하고는 위없이 바른 법을 세우며 받아 지니고 옹호하리라. 만일 처음으로 아뇩다라삼먁삼보리심을 내는 이는 오는 세상에서 이러한 바른 법을 세우고 받아 지니고 옹호하리니, 그대가 오는 세상에서 법을 수호할 사람을 알아야 하리라. 왜냐하면 이렇게 보리심을 내는 이는 오는 세상에서 위없이 바른 법을 수호할 수 있는 까닭이니라.

선남자야, 어떤 나쁜 비구가 내가 열반한다는 말을 듣고 수심하지도 않고 '오늘 여래가 열반에 든다니 얼마나 통쾌한가. 여래가 세상에 있으면서 나의 이익을 방해하더니, 이제 열반에 든다니 누가 다시 나를 못살게 굴겠는가. 못살게 구는 이가 없으면 나는 도로 그전대로 이익을 얻을 것이다. 여래가 세상에 있을 적에 계율로 금지함이 엄하였는데, 이제 열반에 든다니 모두 버릴 것이며, 가사를 받음은 본래 형식을 위한 것이니 이제는 나무 끝의 깃발과 같이 찢어버리겠다' 하리니, 이런 사람들이 대승경전을 비방하고 거역하리라. 선남자야, 그대는 이렇게 기억하여라. 만일 어떤 중생이 한량없는 공덕을 구족히 성취하였으면 이 대승경전을 믿을 것이며 믿고는 받아 지닐 것이요, 다른 중생이 법을 좋아하는 이가 있거든 그를 위하여 이 경전을 말하면 그 사람이 듣고는 지난 세상의 한량없는 겁 동안에 지은 죄업이 모두 소멸할 것이요, 만일 이 경전을 믿지 않는 이는 금생에 한량없는 고통의 시달림을 받고, 여러 사람에게 모욕을 당할 것이며, 목숨이 마친 뒤에 다시 태어나도 사람들의 천대를 받으며, 얼굴은 추악하고 살림이 곤궁하여 항상 구차하며, 태어날 적마다 빈궁하고 미천하고 바른 법을 비방하는 나쁜 소견을 가진 문중에 나게 될 것이며, 임종할 때에도 흉년을 만나거나 난리를 당하거나 포악한 임금이나 원수들의 침해를 받을 것이며, 비록 선지식이 있더라도 만나지 못하고 생활에 필요한 물건을 마음대로 얻지 못하며, 비록 조그마한 이익은 얻더라도 매양 기갈에 시달리고, 다만 용렬한 하등 사람만이 상종하고 국왕이나 대신은 아는 체하지 아니하며, 설령 설법하는 것을 듣거나 그것이 이치에 맞아도 믿어주지 아니하니 이런 사람은 좋은 곳에 이르지 못하나니, 날개가 부러진 새는 날아다닐 수 없듯이, 이 사람도 그러하여 오는 세상에는 천상에나 인간에 태어나지 못하느니라. 만일 이러한 대승경전을 믿는 사람은 타고 난 얼굴이 설령 누추하더라도 경전의 공덕으로 단정하여지고 신수와 위의가 날마다 좋아지며, 천상·세간 사람들이 보기를 좋아하고 공경하며 사랑하여 떠나려 하지 아니하며, 국왕·대신이나 일가 친척들이 그가 말하는 것을 들으면 모두 믿고 공경하리니 나의 성문 제자들도 제일 희유한 일을 행하려거든 세상 사람들에게 대승경전을 널리 연설하여야 하리라.

　선남자야, 비유컨대 안개가 아무리 자욱하더라도 해뜰 때까지만 있는 것이요, 해가 뜨면 할 수 없이 스러지나니, 선남자야, 모든 중생의 지은 나쁜 업도 그와 같아서 세상에 머물러 있는 세력은 대열반의 해를 볼 때까지니, 대열반의 해가 뜨면 모든 나쁜 업이 소멸하게 되느니라. 또 선남자야, 어떤 사람이 출가하여 머리를 깎고 가사를 입었으나 사미의 10계를 받지 못하였을 적에, 어떤 장자가 스님들의 공양을 청하면 대중과 함께 가서 공양을 받나니, 계는 비록 받지 못하였으나 대중 축에 들어 있는 까닭이니라. 선남자야, 어떤 사람이 처음으로 마음을 내어 대승경전인 대반열반경을 배우고 지니고 쓰고 읽고 외우는 이도 그와 같아서 지위가 비록 10주(住)에 이르지 못하였더라도 이미 10주 수(數) 중에 들었음이니라. 만일 중생이 부처님의 제자거나 아니거나 간에, 혹 탐심으로 혹은 이양을 위하여 이 경을 한 게송만이라도 듣고 비방하지 아니하면 이 사람은 아뇩다라삼먁삼보리에 이미 가까웠느니라. 선남자야, 이런 인연으로 네 종류 사람은 세간의 의지가 된다고 내가 말하는 것이니라. 선남자야, 이 네 종류 사람은 부처님 말씀을 부처님 말씀이 아니라고 말할 리가 없느니라. 선남자야, 그대는 이 네 종류 사람에게 공양하여야 하느니라."

"세존이시여, 제가 어떻게 그 사람인 줄을 알고 공양하오리까?"

"가섭이여, 바른 법을 세우거나 수호하는 이가 있으면 이런 사람에게 따라가 여쭙고 몸과 목숨을 버려서 그를 공양할 것이니, 내가 대승경전에서 말한 것처럼 할지니라."

바른 법을 아는 이가 있거든
그가 늙은이거나 젊은이거나
공양하고 공경하고 예배하기를
불 섬기는 바라문과 같이 할지며

바른 법을 아는 이가 있거든
그가 늙은이거나 젊은이거나
공양하고 공경하고 예배하기를
하늘들이 제석천왕 섬기는 듯이.

가섭보살이 여쭈었다.
"세존이시여, 부처님 말씀과 같이 스승에게 공양하는 것은 그렇게 하려니와, 이제 의심이 있으니 해설하여 주소서. 만일 나이 많은 대덕 스님이 계행을 엄정하게 가지면서 젊은이들에게 모르는 일을 물을 때에 어찌하여 공경하고 예배하여야 합니까? 공경하고 예배해야 한다면 계행을 가졌다고 이름할 수 없겠습니다. 만일 젊은이가 계행을 엄하게 가지면서 계행을 파한 늙은 스님에게 모르는 것을 물을 적에도 예배하여야 합니까? 또 출가한 사람이 집에 있는 사람에게 모르는 것을 물을 적에도 예배를 하여야 합니까? 그러나 출가한 이는 집에 있는 사람에게 예배하지 않는 것이며, 불법 중에는 젊은 사람이 나이 많은 스님을 공경하여야 하나니, 나이 많은 스님은 먼저 구족계를 받아 위의를 성취하였으므로 공경하고 공양한다 하오며, 부처님 말씀에 계를 파한 이는 부처님 법에서 용납하지 않나니, 좋은 밭에 가라지[稊稗] 같다 하였으며, 또 부처님 말씀이 법을 아는 이가 있으면 늙은이든 젊은이든 제석천왕 섬기듯이 공양하라고 하였으니, 이 두 구절 말씀의 뜻이 어떠합니까? 여래의 허망한 말씀이 아닙니까? 또 부처님 말씀에 계행을 가지는 비구도 범할 때가 있다고 하였는데, 어찌하여 여래께서 이런 말씀을 하셨습니까? 세존께서 또 다른 경전에서는 파계한 이를 다스리라 하였으니, 그렇게 말씀하신 뜻을 알 수 없나이다."

부처님께서 말씀하셨다.

"선남자야, 나는 오는 세상의 보살들로서 대승을 배우는 이를 위하여 그런 게송을 말한 것이요, 성문 제자를 위하여 말한 것이 아니니라. 선남자야, 내가 먼저 말한 것은, 바른 법이 멸하고 계율이 파괴될 때와 파계하는 일이 많고 법답지 못한 짓이 성행할 때와 모든 성인들이 숨고 나타나지 아니할 때와 종과 같은 부정한 것을 받아 쌓을 때에, 네 종류 사람 중에서 한 사람이나마 세상에 나서 머리를 깎고 출가하여 도를 닦으면서, 모든 비구들이 제각기 종과 하인 따위의 부정한 것을 받아두면서도 정한지 부정한지도 알지 못하고, 계율인지 계율 아닌지를 알지 못하는 것을 보고, 이 사람이 그런 비구들을 조복하기 위하여 일부러 그들과 함께 빛을 섞으면서도 티끌은 함께하지 아니하고 자기의 행할 곳과 부처님의 행하는 곳을 잘 분별하여 알며, 다른 이들의 바라이죄를 범한 것을 보고도 드러내어 말하지 아니하나니, 왜냐하면 내가 세상에 나타나서 바른 법을 세우고 보호하게 하려는 까닭으로 다스리지 않느니라. 선남자야, 이런 사람은 법을 보호하기 위하는 것이므로 비록 범하는 일이 있더라도 파계라고 이름하지 않느니라.

 선남자야, 어떤 임금이 병이 나서 죽었고 아들은 어려서 임금의 자리에 오를 수 없었는데, 한 전다라가 재물이 수없이 많고 권속도 많으므로 그 세력으로써 나라의 빈틈을 타서 임금의 자리를 억지로 빼앗고 나라를 다스리기 시작하였느니, 그 나라의 거사와 바라문들이 배반하여 다른 나라에 도망가기도 하고, 나라 안에 있는 이들도 그 전다라 왕을 옳게 보려 하지 않으며, 어떤 장자와 바라문은 본래 있던 데를 떠나지 않고, 마치 나무가 났던 자리에서 쓰러지듯이 그곳에서 죽으려 하였다. 전다라 왕은 나라 사람들이 도망하여 가는 줄을 알고 다른 전다라들을 보내어 길목을 지키게 하였으며, 7일 후에는 북을 치면서 바라문들에게 호령하기를 나를 위하여 정수리에 물을 부어주는 사람[灌頂師]에게는 나라의 반을 나누어 상을 주겠다고 하였다. 모든 바라문은 이 말을 들었으나 한 사람도 오지는 아니하고 말하기를 그런 일을 할 바라문이 어디 있겠느냐고 하였다. 전다라 왕은 또 말하기를 '바라문들 중에 나의 정수리에 물을 부어주는 이가 한 사람도 없으면, 나는 모든 바라문들을 끌어다가 전다라들과 한데서 거처하며 먹고 자고 일을 같이하게 하겠고, 만일 내 정수리에 물을 붓는 이가 있으면 나라의 반을 나누어 상을 줄 것을 실행하겠으며, 주술을 부려서 가져오는 33천의 감로수 불사약을 나누어서 함께 먹겠노라'고 하였다.

그때에 나이 20살쯤 되고 깨끗한 행을 닦고 머리를 기르고 주술을 잘 아는 어떤 바라문 동자가 왕에게 가서 말하였다.

'대왕이여, 대왕의 명령을 제가 모두 좇겠나이다.'

왕은 대단히 기뻐서 이 동자로 관정사(灌頂師)를 삼았다. 바라문들은 이 소문을 듣고 모두 성을 내면서 그 동자를 꾸짖었다.

'네가 바라문으로서 어찌하여 전다라의 스승이 되느냐?'

그때에 왕은 나라의 반을 갈라서 동자에게 주고 나라 일을 함께 다스리며 여러 해를 지냈다. 한번은 동자가 왕에게 말하기를 '저는 우리 가문의 법을 어기고 일부러 와서 왕의 스승이 되고 모든 비밀한 주문을 왕에게 가르쳤는데, 왕은 아직도 저와 친하지 않습니까?' 하였다. 왕은 대답하기를 '어째서 내가 그대를 친하지 않는다 하느냐'고 하자 동자는 말하기를 '선왕께서 마련하여 두었던 불사약을 한번도 나누어 먹지 아니하였나이다' 하였다. 왕의 대답은 '좋은 일이오. 대사여, 나는 참으로 알지 못하니 대사는 마음대로 가져가시오' 하였다. 그때에 동자는 왕의 말을 듣고 불사약을 가지고 집에 돌아가서 대신들을 청하여 함께 먹었더니, 모든 신하들이 먹고 나서는 왕에게 말하기를 '대사에게는 참말로 불사약이 있습니다' 하였다. 왕은 그 사실을 알고 스승에게 말하였다.

'대사는 어째서 대신들하고만 감로수를 나누어 먹고 내게는 주지 않느냐?' 그때에 동자는 독약이 섞인 다른 약을 왕에게 주어 먹게 하였더니, 왕은 그 약을 먹고 잠깐 동안에 약의 독이 발작하여 혼절하여 땅에 쓰러지고 인사불성이 되어 죽은 사람 같았다. 그때에 동자는 전왕의 태자를 세워 왕을 삼고 말하기를 '임금의 용상에 전다라가 앉아서는 안 되는 일입니다. 저는 본래 전다라가 임금이 된다는 말을 듣지 못하였으며, 전다라가 나라와 백성을 다스려서는 안 되는 일입니다. 대왕께서는 이제 임금이 되셨으니 선왕의 법을 이어 나라를 다스리십시오' 하였다. 동자는 이런 일을 하고 나서는 다시 해독하는 약을 전다라에게 먹여 깨어나게 하고, 그런 뒤에 나라 밖으로 쫓아내었다. 동자가 이런 일을 하였지만 바라문을 잃지 아니하였고, 다른 거사나 바라문들도 이 소문을 듣고는 모두 칭찬하기를 '그대가 능히 전다라 왕을 몰아내었다'고 하였느니라. 선남자야, 내가 열반한 뒤에 바른 법을 보호할 보살들도 그와 같아서 방편으로써 계를 파한 이나 이름만 빌린 이나 모든 부정한 것을 쌓아 두는 스님들과 더불어 모든 사업을 함께 하거든, 그때의 보살들이 만일 어떤 사람이 계율을 범하였지만 계행을 비방하는 나쁜 비구들을 다스리기 위함인 줄을 알았으면 곧 그에게 가서 공경하고 예배하고 네 가지 일로 공양하며 경전이나 모든 필요한 물건을 받들어야 하며, 자기에게 없거든 방편을 써서 단월에게 빌려서라도 이바지하여야 하나니, 이런 일을 위하여서는 여덟 가지 부정한 것도 저축할 것이니라. 왜냐하면 이 사람은 저런 나쁜 비구들을 다스리기 위한 것이니, 마치 동자가 전다라를 몰아내기 위하는 일과 같은 까닭이니라. 이때에 보살들이 비록 이런 사람을 공경하고 예배하며 여덟 가지 부정한 것을 받아 쌓더라도 죄가 없나니, 그 이유는 이 보살이 나쁜 비구들을 배척하고 청정한 스님들로 하여금 편안히 머물게 하기 위함이며 대승 방등경전을 유포하여 모든 천상과 세간 사람들을 이익케 하기 위함이니라. 선남자야, 이러한 인연으로 내가 다른 경전에서 그러한 두 게송을 말하여 보살들로 하여금 바른 법을 수호하는 사람을 함께 찬탄하라 한 것은 저 거사와 바라문들이 동자를 찬탄하는 것과 같은 것이니라. 법을 수호하는 보살도 그와 같나니, 어떤 사람이나 만일 법을 수호하려는 이가 파계한 스님과 함께 일을 하는 것을 보고 죄가 있다고 말하는 이가 있으면, 그런 사람은 스스로 재앙을 받을지언정, 법을 수호하는 사람은 죄가 없는 줄 알아야 하느니라.

　선남자야, 만일 비구가 계율을 범하고도 교만한 생각으로 덮어두고 참회하지 아니하면 이 사람은 참으로 파계한 것이겠지만, 보살마하살이 법을 보호하기 위하여서 계를 범하는 것은 파계라고 이름하지 않나니, 왜냐하면 교만한 생각은 없고 죄를 드러내어 참회하는 까닭이니라. 선남자야, 그러하여 경전 중에서 내가 덮어 놓고 이런 게송을 말하였느니라.

　바른 법을 아는 이가 있는 곳에는
　늙은이나 젊은이나 빨리 나아가

공양하고 공경하고 예배하기를
불 섬기는 바라문과 같이 할지며,
욕계의 6천 중의 둘째 하늘이
제석천왕 섬기듯이 해야 하리라.

이런 인연으로 나도 성문 배우는 이를 위하여 말한 것이 아니고 보살들을 위하여 이 게송을 말한 것이니라."
"세존이시여, 이러한 보살마하살이 계율에는 비록 느슨하나 본래 받은 계는 그대로 있습니까?"
"선남자야, 너는 그런 말을 하지 말라. 왜냐하면 본래 받은 계는 그대로 있어 잃은 것이 아니요, 설령 범하였더라도 곧 참회하며, 참회하면 깨끗하니라. 선남자야, 마치 낡은 둑이 구멍이 뚫리면 물이 새듯이, 사람이 막지 아니하는 연고며, 막기만 하면 새지 않느니라. 보살도 그러하여 비록 파계한 사람과 함께 포살(布薩)하고 계를 받고 자자(自恣)하고 비구의 일을 같이 하더라도 본래 있는 계율은 낡은 둑이 새는 것과는 같지 아니하니, 왜냐하면 만일 청정하게 계율을 가지는 이가 없으면 스님들이 줄고 느슨하고 게으름이 날마다 늘려니와, 청정하게 계를 가지는 이가 있으면 곧 구족하여 본래 받은 계를 잃지 아니하리라. 선남자야, 대승[乘]에 느슨한[緩] 이는 느슨하다 하려니와, 계에 느슨한 이는 느슨하다 아니하느니라. 보살마하살이 대승에 대하여 마음이 게으르지 아니하면 계율을 받든다고 이름하나니, 바른 법을 수호하기 위하여 대승의 물로 목욕하므로 보살은 비록 현재에 계를 파하여도 느슨하다고 하지 않느니라."

"부처님과 스님들 중에 네 종류의 사람이 있다 하더라도 암라 열매의 설고 익음을 알 수 없듯이 파계하고 지계함을 어떻게 압니까?"

"선남자야, 미묘한 대반열반경을 의지하면 알기 쉬우니라. 어째서 대반열반경을 의지하면 안다고 하느냐. 농사꾼이 나락 씨를 심고 가라지 따위의 김을 매는 것을 육안으로 보면 잘 맨 밭이라 하지만, 열매가 여물 적에는 풀과 곡식이 각각 다르듯이, 여덟 가지 일로 더럽혀진 스님들을 제하면 육안으로 보고는 청정한 줄 알지만 계율을 가지고 파하는 것은 나쁜짓을 하지 않을 때에 육안으로 보고 분별하기 어렵거니와, 나쁜짓이 드러나면 알기 쉬운 것이니 마치 이삭이 팬 뒤에는 가라지를 알기 쉬운 것 같으니라. 스님들도 그와 같아서 여덟 가지 부정한 독사 같은 법을 여의면 깨끗한 성스러운 대중의 복밭이라 하여 천상 인간의 공양을 받지만, 청정한 과보는 육안으로는 분별 할 수 없느니라.

또 어떤 가라가(迦羅迦) 숲에 많은 나무 가운데서 진두가(鎭頭迦)나무가 한 그루 있었다. 가라가 열매와 진두가 열매는 비슷하여서 분별하기 어려운데, 그 열매가 익었을 적에 어떤 여인이 그 열매를 따서 모았으나, 진두가 열매는 1분밖에 안 되고 가라가 열매는 10분이었다. 그 여자가 어느 열매인지 알지 못하고 저자에 가지고 가서 팔았다. 어리석은 아이들이 분간

할 줄 몰라서 가라가 열매를 사서 먹고는 곧 죽었다. 어떤 지혜 있는 사람이 이 소문을 듣고 그 여인에게 어디서 이 열매를 땄느냐고 물었더니, 그 여인이 따던 곳을 말하였다. 사람들이 그 말을 듣고 말하기를 '그곳에는 많은 가라가나무와 한 그루의 진두가나무가 있다'고 하면서 웃고 가버렸다. 선남자야, 대중 가운데 여덟 가지 부정한 법도 그와 같아서, 그중에는 여덟 가지 부정한 법을 받는 이가 많고, 다만 한 사람만이 계행을 깨끗히게 가지고 여덟 가지 부정한 법을 받지 아니하면서, 다른 이들이 법답지 못한 것을 받아 두는 줄을 알지만, 함께 일을 하면서 버리고 떠나지 아니한 것이 마치 가라가 숲 가운데 한 그루의 진두가나무가 있는 것과 같으니라.

어떤 우바새가 그 대중들의 법답지 못한 것을 보고는 공경하지도 공양하지도 아니하였고, 공양하려 할 적에는 그대들에게 묻기를 '스님들은 저러한 여덟 가지 일을 받습니까? 부처님께서는 그것을 허락하셨습니까? 만일 부처님께서 허락하셨다면 그런 사람들과 함께 포살하고 함께 갈마하고 함께 자자합니까?' 하였다. 대중은 대답하기를 '여래께서 가엾이 여겨 그런 것을 받도록 허락하였다'고 하였고, 우바새는 말하기를 '기원정사에 있는 여러 비구들이 혹은 금이나 은을 받으라고 부처님께서 허락하였다' 하고, 혹은 '허락하지 않았다' 하면서, 허락하지 않았다고 말하는 이는 허락하였다는 비구들과는 함께 있지도, 계를 말하지도, 자자하지도 아니하였고, 심지어는 흐르는 강물도 함께 먹지 아니하며 모든 이양하는 물건을 함께하지 아니하였는데, 당신들은 어찌하여 부처님께서 허락하였다고 말하는가. 부처님께서는 하늘 중의 하늘이시니 비록 받으셨다 하더라도 당신네들은 받아 두어서는 안 되는 일이며, 만일 받는 이가 있으면, 그들과 함께 계를 말하거나 자자하거나 갈마하거나 스님들의 일을 함께 하여서는 안 될 것입니다. 만일 함께 계를 말하거나 자자하거나 갈마하거나 스님들의 일을 같이한다면 죽어서 지옥에 들어갈 것이니 저 어리석은 사람이 '가라가 열매를 먹고 죽는 것과 같으리라' 하였느니라. 또 선남자야, 어떤 도시에 약장사가 있어서 설산에서 나는 좋은 약을 팔면서 다른 약도 팔았는데, 맛이 좋기는 비슷하였다. 그때 사람들이 모두 설산에서 나는 약을 사려 하였으나 분별할 수 없었으므로 약 파는 곳에 가서 설산에서 나는 약이 있느냐고 물었다. 약장사가 있다고 대답하고는 다른 약을 주면서 설산에서 나는 약이라고 속였더니, 약을 사는 사람은 육안이어서 잘 분별하지 못하고 약을 사 가지고 가서 설산에서 나는 좋은 약을 얻었다고 좋아하였다.

가섭이여, 성문 대중 가운데는 이름만 빌린 비구도 있고 진실한 비구도 있고 화합한 비구도 있으며, 계행을 갖는 이도 있고 계율을 파한 이도 있거든, 이 대중에게 평등하게 공양하고 공경하고 예배하나니, 이 우바새가 육안이어서 분별하지 못하는 것이 마치 약을 사는 사람이 설산의 좋은 약을 분별하지 못하는 것과 같으니라. 누구는 계행을 가지고 누구는 계행을 파하며, 누구는 참 비구이고 누구는 가짜 비구인 것은 천안통을 얻은 이라야 아느니라. 가섭이여, 만일 우바새가 그 비구가 파계한 줄을 알았다면 보시하고 예배하고 공양하지 말아야 하며, 그 사람이 여덟 가지 법답지 못한 것을 받아둔 줄을 알거든 요구하는 것을 공급하거나 예배하거나 공양하지 말아야 하며, 스님들 가운데 파계한 이가 있으면 가사를 입었다는 인연만으로는 공경하고 예배하지 말아야 하느니라."

"세존이시여, 좋은 말씀이십니다. 여래의 말씀이 진실하고 허망하지 아니 하오니, 제가 금강의 보배와 같이 받들어 지니겠습니다. 부처님께서 말씀하신 것과 같이 비구들은 네 가지 법에 의지하여야 하리니, 무엇을 네 가지라 하나이까? 법에 의지하고 사람에게 의지하지 말며, 이치에 의지하고 마(魔)에 의지하지 말며, 지혜에 의지하고 식(識)에 의지하지 말며, 요의경(了義經)에 의지하고 불요의경에 의지하지 않는 것이니, 이 네 가지 법은 네 종류 사람이 아닌 것을 알아야 하리이다."

"선남자야, '법'을 의지한다는 것은, 곧 여래의 대반열반이니, 모든 부처님 법이 곧 법의 성품이며, 법의 성품이 곧 여래니라. 그러므로 여래는 항상 머물고 변하지 않는 것이거늘, 어떤 이가 여래는 무상하다고 말한다면 그 사람은 법의 성품을 알지도 못하고 보지도 못하는 것이니 법의 성품을 알지 못하고 보지 못하는 이에게는 의지하지 말아야 하느니라. 위에서 말한 네 종류 사람은 세상에 나서 법을 수호하는 사람이니, 그런 줄을 알고 의지할 것이니라. 왜냐하면 이 사람은 여래의 비밀하고 깊은 법장을 잘 아는 까닭이며, 여래가 항상 머물고 변하지 않는 줄을 아나니, 만일 여래가 무상하고 변역한다고 말하면 옳지 아니하니라. 이 네 종류 사람은 곧 여래라 하리니, 왜냐하면 이 사람이 여래의 비밀한 말씀을 잘 이해하고 또 말할 수 있는 까닭이니라. 만일 어떤 사람이 여래의 깊고 비밀한 법장을 잘 알고 여래가 항상 머물고 변역하지 않는 줄을 안다면 이런 사람은 이양을 위하여서 여래가 무상하다고 말하지 아니하리니, 이런 사람에게도 의지하여야 하겠거늘, 하물며 네 종류 사람에게 의지하지 아니하겠는가. 법에 의지함은 곧 법의 성품이요 사람에게 의지하지 아니함은 곧 성문이며, 법의 성품은 곧 여래요 성문은 곧 함이 있는 것이며, 여래는 항상 머무는 것이요 함이 있는 것은 무상이니라. 선남자야, 어떤 사람이 파계한 몸으로 이양을 위하여 여래가 무상하고 변역한다고 말하면 이런 사람에겐 의지하지 않아야 하나니, 선남자야, 이것을 결정한 이치라 하느니라.

'이치'에 의지하고 말에 의지하지 말라는 것은, 이치는 깨달음이요, 깨달았다는 뜻은 못나고 약하지 않음이요, 못나고 약하지 않다는 뜻은 만족함이요, 만족하다는 뜻은 여래의 항상 머물러 변역하지 아니함이요, 여래의 항상 머물러 변역하지 않는다는 뜻은 법이 항상함이요, 법이 항상하다는 뜻은 승가가 항상하다는 것이니, 이것이 이치에 의지하고 말에 의지하지 아니 함이니라. 어떤 것이 말에 의지하지 말라는 것인가. 꾸며대는 언론과 번드르르한 문장이니, 부처님이 말한 경전들과 같이 탐심이 많아 만족한 줄을 모른다거나, 간교하고 아첨한다거나, 가면으로 친한 체하거나, 점잖은 모양을 꾸며 이양을 구하거나 세속 사람들을 위하여 일을 하거나, 또 말하기를 '부처님도 비구들에게 종이나 부정한 물건인 금·은·보배·곡식·창고·소·양·코끼리·말 따위를 받아서 저축하는 일과 장사하여 이익을 구함을 허락하였으며, 흉년 드는 세상에서 제자들을 불쌍히 여기어 비구들에게 저축하고 묵게 하면서 손수 밥을 지으며 받지 않고 먹을 것을 허락하였다'고 하면, 이런 말은 의시할 수 없느니라.

'지혜'에 의지하고 '식'에 의지하지 말라는 것은, 지혜라 함은 곧 여래니 만일 성문들이 여래의 공덕을 잘 알지 못하거든, 그런 식은 의지하지 말아야 하며, 여래가 곧 법신인 줄을 알면 그러한 참 지혜는 의지할 만하거니와 여래의 방편으로 이룬 몸을 보고 그것이 5음·6입·18계의 소속된 것이며 음식으로 기르는 것이라 말하면 의지하지 말아야 하나니, 그러므로 식은 의지하지 못할 것이며, 또 어떤 사람이 이런 말을 하는 것이나 그런 경전도 의지하지 말 것이니라.

'요의경'에 의지하고 '불요의경'에는 의지하지 말라는 것은, 불요의경은 성문승이니 부처님의 깊고 비밀한 법장을 듣고는 의심을 내고 이 법장에서 큰 지혜를 내는 줄을 알지 못함이 마치 어린아이가 아는 것이 없음과 같은 것은 이름을 불요의라 하고, 요의라 함은 보살의 진실한 지혜를 말함이니, 그 마음을 따르는 걸림없는 지혜는 마치 어른이 모르는 것이 없는 것과 같으니 그것을 요의라 하느니라. 또 성문승은 불요의요 위없는 대승은 요의며, 성문의 말한 것을 증득하여 알아라 함은 불요의요 보살의 말한 것을 증득하여 알아라 함은 요의며, 만일 여래가 음식으로 자란다 하면 불요의요 만일 항상 머물러 변역하지 않는다 하면 요의며, 여래의 열반에 드는 것이 나무가 다하여 불이 꺼짐과 같다 하면 그것은 불요의요, 여래가 법의 성품에 든다 하면 그것은 요의니라. 성문승의 법은 의지하지 말지니, 왜냐하면 여래가 중생을 제도하기 위하여 방편으로 성문승을 말하였으므로 마치 장자가 아들에게 반쪽 글자[半字]를 가르침과 같으니라. 선남자야, 성문승은 밭을 처음 갈고는 열매를 거두지 못함과 같으므로 이것을 불요의라 하나니, 그러므로 성문승은 의지하지 말 것이니라. 대승의 법은 의지할지니, 왜냐하면 여래가 중생을 제도하기 위하여 방편으로 대승을 말한 것이므로 의지할 것이라 하면 이것은 요의라 하느니라. 이러한 네 가지 의지할 데를 알아야 하느니라.

또 '이치'에 의지하라는 것은, 이치는 질직한 것이요, 질직함은 광명이며 광명은 못나거나 약하지 않음이요, 못나거나 약하지 않음은 여래며, 또 광명은 지혜요 질직함은 항상 머무는 것이니라. 여래가 항상하다는 것은 '법에 의지함'을 이름이니, 법은 항상함을 이름이요 또한 가없음을 이름이라, 헤아릴 수도 없고 붙들 수도 없고 얽어맬 수도 없지만, 볼 수는 있는 것이니라. 만일 볼 수 없다고 말하면 이런 사람은 의지하지 말라는 것이니라. 또 어떤 사람이 미묘한 말로 무상하다고 말하면 이런 말은 의지하지 말아야 하나니, 그러므로 이치에 의지하고 말에 의지하지 말라는 것이니라. 승가는 항상하고 함이 없고 변하지 아니하며 여덟 가지 부정한 것을 받아 두지 않는 것이니 그러므로 지혜에 의지하고 식에 의지하지 말라는 것이니라. 만일 식이 짓고 식이 받는다 말하면 화합승(和合僧)이 없으리니, 왜냐하면 화합이라 함은 아무것도 없음이요 아무것도 없다면 어떻게 항상하다 말하겠는가. 그러므로 식은 의지하지 못할 것이니라.

'요의'에 의지한다 함은 요의는 만족한 줄을 아는 깃이니, 가면으로 위의가 청백한 듯이 나타내며, 교만하고 높은 체하여 이양을 탐하지 아니하며, 여래의 방편으로 말한 법에 대하여 집착을 내지 아니하면 이것을 요의라 이름하며, 만일 이런 가운데 머무는 이가 있으면 이 사람은 이미 제일의에 머문 줄을 알지니, 이것이 요의경에 의지하고 불요의경에 의지하지 말라는 것이니라. 불요의라 함은 경전에 말하기를 '모든 것이 타는 것이요 모든 것이 무상하고 모든 것이 괴롭고 모든 것이 공하고 모든 것이 내가 없다'고 한 것을 말하나니, 왜냐하면 이러한 이치를 분명히 알지 못하므로 중생들로 하여금 아비지옥에 떨어지게 하느니라. 그 까닭을 말하면 집착하는 연고로 이치를 알지 못하기 때문이니라. 모든 것이 탄다 함은 열반도 타는 것이라고 여래가 말하였다 함이요, 모든 것이 무상하다 함은 열반도 무상하다는 것이요, 괴롭고 공하고 내가 없다 함도 그와 같은 것이므로 불요의경이라 하나니, 의지하지 말아야 하느니라.

선남자야, 어떤 이가 말하기를 '여래가 중생들을 불쌍히 여기며 시기를 잘 아나니, 시기를 잘 알므로 가벼운 것을 무겁게 말하고 무거운 것을 가볍게 말하였다' 하며, 여래가 제자들에게 필요한 물건을 이바지할 단월이 있어 궁핍함이 없게 할 줄을 알았으면 이러한 사람에게는 종이나 금·은이나 재물 따위의 부정한 것을 받아 두거나 장사하여 팔고 사는 것을 허락하지 아니하였거니와 만일 제자에게 필요한 것을 공급할 단월이 없거나 흉년을 당하여 부처님이 제자들에게 종이나 금·은이나 수레나 집이나 밭이나 곡식 따위를 받아 두기도 하고 쓸 것을 무역하도록 허락하였으나 마땅히 깨끗이 보시하는 신심이 견고한 단월이어야 한다고 말하면, 이러한 네 가지 법은 의지하여야 하며, 어떤 계율에나 아비담(阿毘曇)이나 수다라(修多羅)라도 이 네 가지에 위반하지 않는 것을 의지할 것이며, 어떤 이가 말하기를 '때가 되었거나 때가 아니거나 법을 수호하지 않거나 간에 여래께서 모든 비구에게 이렇게 부정한 물건을 받아 두라고 허락하였다'고 말하면, 그런 말은 의지하지 말아야 하며, 어떤 계율이나 아비담이나 수다라에 이 말과 같은 것이 있으면 이러한 세 가지는 의지하지 말아야 하느니라.

나는 육안을 가진 중생들을 위하여 이 네 가지 의지할 것을 말하였거니와 혜안(慧眼)이 있는 이를 위한 것은 아니리라. 그러므로 내가 지금 네 가지 의지할 것을 말하는 것이니, 법이란 것은 곧 법의 성품이요, 이치라 함은 여래가 항상 머물러 변치 아니함이요, 지혜란 것은 모든 중생들이 모두 불성이 있다는 것이요, 요의라 함은 온갖 대승의 경전을 통달하는 것이니라."

대반열반경 제7권

9. 정도와 사도[邪正品]

이때에 가섭보살이 부처님께 여쭈었다.
"세존이시여, 위에서 말한 네 종류 사람들에게 마땅히 의지해야 합니까?"
부처님께서 말씀하셨다.
"그러하다. 선남자야, 나의 말과 같이 의지하여야 하나니 왜냐하면 네 가지 마군이 있는 연고니라. 무엇이 네 가지인가, 마군이 말한 경전과 계율을 받아 가지는 것이니라."
"선남자야, 부처님께서 말씀하신 네 가지 마군과 마군의 말한 것과 부처님의 말한 것을 저희들이 어떻게 분별하오며, 어떤 중생이 마군의 행을 따르는지, 부처님의 가르침을 따르는지, 그런 무리를 어떻게 압니까?"
"가섭이여, 내가 열반한 지 7백 년 뒤에 마왕 파순이 점점 나의 법을 혼란케 하리니, 마치 사냥꾼이 몸에 가사를 입듯이 마왕 파순도 그와 같이 비구·비구니·우바새·우바이의 모양을 가장하기도 하고, 또 수다원의 몸과 아라한의 몸과 내지 부처님의 몸을 꾸미되 마왕의 유루한 형상으로 무루한 몸을 가장하고, 나의 바른 법을 파괴하며 파순이 바른 법을 파괴하면서 말하기를 '보살이 옛날에 도솔천에서 없어지고 이 가비라성의 정반왕궁에 올 적에 부모의 애욕으로 접촉함을 의지하여 이 몸을 낳아 기른 것이니, 만일 어떤 사람이 인간에 나서 모든 세간의 인천 대중에게 공경을 받는다고 말한다면 있을 수 없다'고 하며, 또 말하기를 '옛적에 고행할 때에 머리와 눈과 골수와 나라와 처자까지 여러 가지로 보시한 까닭으로 지금에 불도를 이루었으며, 그런 인연으로 천상 사람·세간 사람·건달바·아수라·가루라·긴나라·마후라가의 공경을 받는다' 하리라. 만일 이런 말을 한 경전이나 계율이 있으면 마군의 말인 줄을 알지니라.

선남자야, 만일 경과 율에 말하기를 '여래는 벌써부터 불도를 이루었건만 지금 성불하는 일을 보이는 것은 중생들을 제도하기 위하여 일부러 부모의 애욕으로 인하여 났으며, 세상을 따르기 위하여 이렇게 나타난다'고 하면, 이런 경과 율은 참으로 여래의 말인 줄을 알지니, 만일 마군이 말한 것을 따르는 이는 마군의 권속이요, 부처님의 말한 것을 따르는 이는 보살이니라. 또 말하기를 '여래가 처음 났을 적에 10방으로 일곱 걸음씩 걸었다는 것을 믿을 수 없다' 하면 그는 마군의 말이요, 여래가 세상에 나서 10방으로 일곱 걸음씩 걸은 것은 여래의 방편으로 보인 것이라고 말하면 이것은 여래가 말씀한 경전과 율이니, 만일 마군이 말한 것을 따르는 이는 마군의 권속이요 부처님이 말한 것을 따르는 이는 보살이니라. 만일 말하기를 '보살이 탄생한 뒤에 부왕이 사람으로 하여금 태자를 데리고 천신의 사당에 갔을 적에 천신들이 보고 내려와서 예경하였으므로 부처님이라 한다'고 하고, 다시 논란하여 말하기를 '천신은 먼저 났고 부처님께서는 나중 났는데 어찌하여 천신이 부처님께 예경하였으랴' 하면, 그것은 파순의 말인 줄을 알 것이니라. 경에 말하기를 '부처님이 천신의 사당에 갔을 적에 마혜수라전·대범천왕·제석천왕들이 모두 부처님 발에 합장하고 예경하였다' 하면 이런 경과 율은 부처님이 말씀한 것이니, 마군이 말한 것을 따르는 이는 마군의 권속이요, 부처님이 말한 것을 따르는 이는 즉시 보살이니라.

어떤 경이나 율에 '보살이 태자로 있을 적에 음욕으로 말미암아 사방에서 아내를 맞아 궁중에 두고 5욕으로 즐기며 기뻐하였다'고 말하였으면, 그러한 경과 율은 마군의 말이요, 만일 '보살은 이미 오래전에 탐욕과 처자의 생각을 여의었으며, 내지 33천의 훌륭한 5욕락도 침 뱉듯이 버렸거늘 하물며 인간의 욕락이리요. 머리를 깎고 출가하여 도를 닦았느니라'고 말하였으면 그런 경과 율은 부처님의 말씀이니 마군의 경과 율을 따르면 마군의 권속이요, 부처님의 경과 율을 따르면 곧 보살이니라. 또 '부처님이 사위성 기타정사에 계실 적에 비구들에게 종·하인·소·양·코끼리·말·나귀·노새·닭·돼지·고양이·개·금·은·폐유리·진주·파리·자거·마노·산호·호박·보패·보석·구리·가마·솥·쟁반 따위를 받아 두라 허락하였고,

밭 갈고 나무 심고 장사하고 곡식을 쌓아 두는 일들을 부처님이 자비심으로 중생을 사랑하여 허락하였다'고 말하였으면 그런 경과 율은 모두 마군의 말이요, 부처님이 사위성 기타정사의 나리루(那梨樓) 귀신 있는 곳에 계실 적에 여래께서 바라문 고저덕(殺羝德)과 바사닉왕(波斯匿王)에게 말씀하시기를 '비구들은 금·은·폐유리·파리·진주·자거·마노·산호·호박·보패·보석·종·하인·동남·동녀와 소·양·코끼리·말·나귀·노새·닭·돼지·고양이·개 따위의 짐승과 구리·가마·솥·쟁반 따위와 가지각색의 평상·포단과 살림에 필요한 집 따위를 받아 두지 말라 하였고, 밭 갈고 나무 심고 무역하고 손수 음식 만들고 방아 찧고 맷돌질하는 것과 몸을 다스리는 주술과 매를 길들이는 방법과 천문 보고 역서 만들고 점치고 남녀의 상 보고 해몽하고 남자다 여자다 남자 아니다 여자 아니다 하는 따위의 64능(能)과 사람을 의혹케 하는 18주술과 여러 가지 공교한 일을 하지 말라 하였으며, 혹 세간의 한량없는 세속 일을 말하되, 흩는 향·가루향·바르는 향·쐬는 향·꽃다발·화만·머리 빗는 방법을 숭상 하거나, 간사하고 아첨하여 이양을 탐내거나, 복잡하고 분주한 데를 좋아하며, 회롱하고 웃고 이야기하거나, 고기 생선을 즐겨 먹거나, 독약을 만들거나 향유를 짜거나 일산 받고 갖신 신고 부채 만들고 상자 만들고 화상 그리고 쌀·곡식·밀·보리·콩·과실 따위를 저축하거나, 국왕·왕자·대신이나 여인들을 가까이하거나 소리를 높여 웃거나 잠잠하거나, 법에 대하여 의심하거나, 잘하고 못하고 좋고 나쁘고 선하고 악하고 좋은 신 좋은 옷을 부질없이 이야기하거나, 가지가지 부정한 물건을 시주들의 앞에서 칭찬하거나, 술집·기생집 놀음판 따위의 부정한 곳에 출입하는 사람은 비구들 중에 섞이지 못하게 하였으니, 이런 이는 마땅히 비구를 그만두고 속세로 돌아가서 국민의 구실을 극진히 할 것이니, 마치 돌피와 가라지를 뽑아버리듯 하라' 하였으면, 이런 경과 율을 제정한 것은 모두 부처님의 말이니라. 마군의 말을 따르는 이는 마군의 권속이요, 부처님의 말을 따르는 이는 보살이니라.

만일 말하되, 보살이 천신에게 공양하기 위하여 천신의 사당에 들어갔으니 그 천신은 범천·대자재천·위타천·가전연천이라. 들어간 까닭은 모든 하늘들을 조복하기 위함이니, 그렇지 않다고 말하는 것은 옳지 않다 하거나, 만일 말하기를 보살이 외도들의 잘못된 언론에 들어가서 그의 위의와 문장과 기예(技藝)를 알지 못하여 하인들의 투쟁을 화합하지 못하며 남녀·국왕·대신의 공경을 받지 못한다 하거나, 또 말하기를 여러 가지 약을 화합할 줄을 모르나니, 모르는 까닭으로 여래라 하거니와 만일 안다면 나쁜 소견을 가진 무리라 하거나, 또 말하기를 여래는 원수나 친한 이에게 마음이 평등하여서, 칼로 몸을 베거나 향으로 바르거나 그런 두 사람에게 이익하고 해롭다는 마음을 내지 아니하고 중도에 머물러 있으므로 여래라고 일컫는다 하면, 이런 경과 율은 마군의 말인 줄을 알 것이며, 만일 말하기를 보살이 일부러 천신의 사당에 들어갔고, 외도의 법에서 출가하여 도를 닦으면서 그의 위의와 예절을 알기도 하고 모든 문장과 기예를 이해도 하며, 글방과 재주를 배우는 곳에 일부러 들어가서 하인들의 투쟁을 잘 화합하며, 여러 대중과 동남·동녀와 후궁·후비와 백성·장자·바라문·국왕·대신과 빈궁한 사람들 중에 가장 높으시며 또 그들의 공경을 받아서 이러한 일들을 나타내기도 하며, 비록 여러 가지 소견 속에 있더라도 애착하는 마음을 내지 아니함이 연꽃에 티끌이 묻지 않는 듯하며, 중생들을 제도하기 위하여서 이런 방편을 행하여 세상 법을 따른다고 말하면, 이러한 경과 율은 여래의 말씀인 줄을 알아야 하나니, 마군의 말을 따르는 이는 마군의 권속이요, 부처님의 말씀을 따르는 이는 대보살이니라.

만일 말하기를, 여래께서 나에게 경과 율은 해설할 적에 나쁜 법 중에서 가볍고 무거운 죄와 투란차(偸蘭遮)의 성질이 중대한 것은 우리의 율문에서 하지 못하게 하였으며, 내가 오래 전부터 그런 법을 익혀 왔는데, 너희들이 믿지 않거니와 내가 어찌 우리 율을 버리고 너희의 율을 따르겠느냐. 너희의 율은 마군이 말한 것이고 우리의 경과 율은 부처님이 제정한 것이다. 여래께서 먼저 아홉 가지 법인(法印)을 말하고 그 아홉 가지 인으로 우리의 경과 율을 인가하였으며, 당초부터 방등경전이라고는 한 구절 한 글자도 듣지 못하였으며, 여래가 말씀한 한량없는 경과 율에 방등경이 어디 있느냐. 그런 중에서 열 가지 경이란 이름이 있다는 말을 듣지 못하였고, 만일 있다면 그것은 조달(調達)이 지었을 것이며, 조달은 나쁜 사람으로 선한 법을 없애려고 방등경을 지은 것이니, 우리는 믿을 수 없으며, 그런 경전은 마군의 말이니 왜냐하면 불법을 파괴하고 시비하려는 것이므로 그런 말이 너희의 경에만 있고 우리의 경에는 없으며, 우리의 경과 율에는 여래께서 말씀하시기를 '내가 열반한 후 나쁜 세상에 반드시 부정한 경과 율이 있을 것이니, 소위 대승 방등경전이며, 오는 세상에는 이런 나쁜 비구가 있으리라'고 말하였다. 나는 또 말하기를 아홉 가지 경전보다 뛰어난 방등경전이 있으니 어떤 사람이나 그 뜻을 아는 이가 있으면 이 사람은 경과 율을 바르게 아는 이로서 온갖 부정한 것을 멀리 여의고 미묘하고 청정하기가 보름달 같으리라. 만일 말하기를, 여래가 비록 낱낱 경과 율에서 이치를 연설하기를 항하의 모래와 같다 하더라도 우리의 율에는 없으니 없는 줄을 알아야 하고, 만일 있다면 어째서 여래께서 우리의 율에서는 말하지 아니하였으랴. 그래서 나는 믿을 수 없노라 하면 그 사람은 죄를 얻을 것이며, 그 사람이 또 말하기를 '이런 경과 율을 내가 받아 지닐 것이니, 그 이유는 나를 위하여 욕심을 적게 하고 만족함을 알게 하였으며 번뇌를 끊고 지혜와 열반의 좋은 법의 인연을 지은 까닭이라' 하리니, 이렇게 말하는 이는 나의 제자가 아니요, 만일 여래가 중생을 제도하려고 방등경을 말하였다 하면, 이런 사람은 진정한 나의 제자려니와, 방등경을 배우지 않는 이는 나의 제자가 아니며 불법을 위하여 출가한 것이 아니고, 잘못된 소견을 가진 외도들의 제자니라. 이러한 경과 율은 부처님이 말한 것이요, 이렇지 아니한 것은 마군의 말이니, 마군의 말을 따르는 이는 마군의 권속이요, 부처님의 말을 따르는 이는 곧 보살이니라.

또 선남자야, 만일 말하기를 '여래는 한량없는 공덕으로 성취한 바가 아니므로 무상하고 변역하는 것이며, 공한 법을 얻어서 내가 없다고 하고 세상을 따르지 않는다' 하면 이런 경과 율은 마군이 말한 것이요, 만일 여래의 정각은 헤아릴 수 없으며 한량없는 아승기 공덕으로 성취하였으므로 항상 머물고 변역하지 않는다고 말하면 이런 경과 율은 부처님이 말한 것이니, 마군의 말을 따르는 이는 마군의 권속이요 부처님의 말을 따르는 이는 보살이니라.

또 만일 말하기를, 어떤 비구가 바라이(波羅夷) 죄를 범하지 않았는데, 뭇 사람이 모두 이르되 바라이 죄를 범하여 다라나무를 끊은 것이 같다고 하더라도, 이 비구는 실상 범한 것이 아니니라. 왜냐하면 내가 항상 말하기를 4바라이에서 한 가지만 범하여도 쪼갠 돌을 다시 붙일 수 없음과 같다고 하였거니와 만일 남보다 지나가는 법을 얻었노라고 스스로 말하면 그것은 바라이를 범한 것이니, 그 이유는 실지로는 얻은 것이 없으면서 겉으로 얻은 듯이 꾸미는 것이므로 이런 사람은 사람되는 법을 잃은 것이어서 바라이라 하느니라. 만일 어떤 비구가 욕심이 적고 만족함을 알며 깨끗이 계행을 가지면서 고요한 곳[阿練若]에 있는 것을 임금이나 대신이 보고서 이 비구가 아라한과를 얻은 줄 생각하고 앞에 나아가 찬탄하고 공경하고 예배하면서 말하기를 '이 스님은 이 몸을 버리고는 아뇩다라삼먁삼보리를 얻으리라' 하거든, 비구가 듣고 임금께 말하기를 '나는 참으로 사문의 도과(道果)를 얻지 못하였으니 대왕은 나에게 도과를 얻었다고 말하지 마십시오. 바라건대 대왕은 나에게 만족함을 모르는 법을 말하지 마소서. 만족함을 모르는 사람은 아뇩다라삼먁삼보리를 얻었다 하더라도 잠자코 듣거니와 내가 이제 잠자코 듣는다면 부처님들의 꾸중을 받게 되나이다. 만족함을 아는 행실은 부처님이 칭찬하는 것이오니 나는 몸이 맞도록 즐거운 마음으로 만족함을 아는 행을 닦으려 하나이다. 또 만족함을 안다는 것은 도과를 얻지 못한 줄을 스스로 아는 것이니, 대왕께서 나더러 도과를 얻었다 하더라도 내가 그대로 받지 아니 하여야 만족함을 아는 것입니다' 하였다. 임금이 대답하기를 '스님은 참으로 아라한과를 얻어서 부처님과 다름이 없다' 하면서 널리 선전하여서, 나라 안팎의 사람들과 중궁의 후비들로 하여금 모두 사문과를 얻은 줄 알게 하였으므로, 들은 이들이 공경하고 믿는 마음을 내어 공양하고 존중하였다 하면 이 비구는 참으로 범행이 청정한 사람이니, 이런 인연으로써 여러 사람들이 큰 복덕을 얻게 되었으므로 이 비구는 바라이 죄를 범한 것이 아니니라. 왜냐하면 사람들이 스스로 환희한 마음을 내어 찬탄하고 공경한 것이니 이 비구가 무슨 죄가 있겠느냐. 이 사람이 죄를 얻으리라고 말한다면 이런 것은 마군의 말이니라.

또 어떤 비구가 부처님의 비밀하고 깊은 경전을 말하면서, 모든 중생에게 모두 불성이 있으며, 이 성품이 있으므로 한량없는 억천의 번뇌를 끊고 아뇩다라삼먁삼보리를 이루는 것이니 일천제(一闡提)는 제할 것이라 하였다.

임금이나 대신들이 말하기를 '스님은 부처님이 될 수 있습니까. 없습니까? 불성도 있습니까?'라고 하자, 비구가 대답하되 '나의 몸에는 불성은 결정코 있지만 부처가 되고 안 되는 것은 알지 못합니다'라고 하였다. 왕이 말하되 '스님이 만일 일천제가 아니라면 부처가 될 것은 의심이 없으리라'고 하자, 비구가 말하되 '진실로 왕의 말씀과 같습니다' 하였다. 이 사람이 결정코 불성이 있다고 말하였으나, 바라이 죄를 범한 것은 아니니라. 또 어떤 비구가 출가할 적에 생각하기를 '내가 결정코 아뇩다라삼먁삼보리를 이루리라' 하였다면, 이 사람이 비록 위없는 도과는 이루지 못하였더라도 복을 얻은 것은 한량없고 끝이 없어 헤아릴 수 없으리라. 만일 어떤 사람이 말하기를 이 사람이 바라이죄를 범하였다 하면 모든 비구들도 모두 범하였을 것이니, 왜냐하면 내가 옛날 80억 겁 전에 모든 부정한 물건을 항상 여의고 욕심이 적고 만족함을 알고 위의가 성취되어 여래의 위없는 법장을 닦으면서 이 몸에 불성이 있는 줄을 알았으므로, 지금 내가 아뇩다라삼먁삼보리를 이루어 부처라 하며 대자비가 있다 하느니라. 이와 같은 경과 율은 부처님의 말씀이니, 이러한 것을 따르지 못하는 이는 마군의 권속이요, 따르는 이가 있으면 곧 대보살이니라.

또 말하기를 4바라이 · 13승잔(僧殘) · 2부정법(不定法) · 30사타(捨墮) · 91타(墮) · 4참회법(懺悔法) · 중다학법(衆多學法) · 7멸쟁

(滅靜) 등도 없고, 투란차와 다섯 역적죄와 일천제도 없거늘, 만일 비구가 이런 것을 범하고 지옥에 떨어진다면 외도들은 천상에 날 것이니, 왜냐하면 외도들은 범할 계율이 없는 까닭이니라. 이것은 여래가 일부러 사람들을 두렵게 하기 위하여 이런 계율을 말한 것이라 하며, 또 부처님 말씀에 비구들이 음행을 하려면 법복을 벗고 세속 옷을 입은 뒤에 음행을 하라고 하였으니, 음행할 인연을 생각하더라도 나의 허물이 아니며, 여래가 세상에 계실 때에도 비구가 음행을 하고 해탈을 얻은 이가 있으며, 혹은 목숨이 마친 뒤에 천상에 태어나기도 하였으니, 옛날이나 지금에 있는 일이라 나만이 하는 일이 아니며, 혹은 네 가지 중대한 죄를 범하고 혹은 다섯 가지 중대한 계를 범하며 혹은 온갖 부정한 일을 행하고도 진정한 해탈을 얻었으며, 여래의 말씀에 돌길라(突吉羅)죄를 범하면 도리천의 세월로 8백만 년을 지옥에 떨어진다 하였으나 역시 여래께서 사람을 공포케 하는 말이며, 또 바라이로부터 돌길라까지의 가지가지 죄가 가볍고 중대한 차별이 없건만, 율사들이 부질없이 이런 말을 지어내어 부처님이 제정하였다고 하지만 필경에는 부처님의 말씀이 아님을 알 것이라 하면, 이런 말은 마군의 경과 율이니라. 또 말하기를 모든 계율에서 작은 계율을 범하나 내지 하잘것없는 것이라도 괴로운 과보를 한없이 받을 것이니 이렇게 알고 내 몸을 방비하되 거북이 여섯 군데 감추듯 하라 하였거늘, 어떤 율사가 '무슨 계를 범하더라도 아무 죄보도 없다'고 하면, 이런 사람은 가까이하지 말 것이니라. 부처님

께서 이와 같이 말씀하셨다.

　한 법만을 그저 지나도
　이를 망어(妄語)라고 이름하나니
　뒷세상 보지 않으면
　짓지 않을 죄가 없으리.

　그러므로 이런 사람은 가까이하지 말아야 하느니라.
　나의 부처님이 이렇게 청정하거늘 하물며 투란차죄를 범하거나 승잔죄·바라이죄를 범한 것이 어찌 죄가 아니랴. 그러기에 이런 법들을 매우 깊이 방비하고 수호할 것이니, 만일 수호하지 않는다면 무엇으로 계율이라 하겠는가. 나의 경전 중에도 말하기를 4바라이나 내지 미세한 돌길라를 범하더라도 마땅히 엄하게 다스려라 하였나니, 중생이 계율을 수호하여 지니지 않고서야 어떻게 불성을 보겠는가. 모든 중생에게 비록 불성이 있다 하지만 계행을 잘 지니고 볼 것이며, 불성을 보고서야 아뇩다라삼먁삼보리를 이루느니라. 아홉 가지 경에는 방등경이 없으므로 불성이 있다고 말하지 않았거니와 경에는 말하지 않았더라도 참말 있는 줄을 알아야 하리니, 이런 말을 하는 이는 참으로 나의 제자니라."
　"세존이시여, 앞에서 말씀한 대로 모든 중생에게는 불성이 있다는 말을 아홉 가지 경전에서는 듣지 못하였거늘 만일 있다고 말하오면 어찌하여 바라이죄를 범함이 아닙니까?"

"선남자야, 그대의 말과 같아서 실로 바라이죄를 범함이 아니니라. 선남자야, 마치 어떤 이가 말하기를 바다에 일곱 가지 보배만 있고 여덟 가지는 없다 하여도 이 사람은 죄가 없듯이, 아홉 가지 경전 가운데 불성이 없다고 하여도 죄가 없나니, 왜냐하면 나는 대승의 지혜 바다에 불성이 있다고 말한 것이고, 2승 사람들은 알지 못하는 것이므로 없다고 하여도 죄가 없으며, 이런 경지는 부처님들이 아는 것이고 성문이나 연각으로는 미칠 바가 아니니라. 신남자야, 어떤 사림이 여래의 깊고 비밀한 법장을 듣지 못하였으면 어떻게 불성이 있는 줄을 알겠는가. 어떤 것이 비밀한 법장인가. 방등 대승경전이니라.

선남자야, 외도들은 혹은 내가 항상하다 말하고 혹은 내가 아주 없다 말하거니와 여래는 그렇지 아니하여 내가 있다고도 말하고 내가 없다고도 말하나니 이것을 중도라 하느니라. 만일 부처님이 중도를 말할 적에 온갖 중생이 모두 불성이 있건만 번뇌가 가리워서 알지도 보지도 못하나니, 그러므로 부지런히 방편을 닦아서 번뇌를 끊어야 한다고 하였다 하면 이런 말을 하는 사람은 4바라이를 범함이 아니고, 이런 말을 하지 않는 이가 바라이죄를 범한 것이며, 만일 내가 이제 아뇩다라삼먁삼보리를 성취하였으니 그 이유는 불성이 있는 까닭이다. 불성이 있는 이는 반드시 아뇩다라삼먁삼보리를 이루는 것이니, 이 인연으로 내가 이제 보리를 성취하였노라 하면 이 사람은 바라이죄를 범하였다 하리라. 왜냐하면 비록 불성이 있더라도 좋은 방편을 닦지 못한 연고로 보지 못하는 것이며, 보지 못한 연고로 아뇩다라삼먁삼보리를 이루지 못한 것이니, 이러므로 부처님 법이 깊고 깊어서 헤아릴 수 없다는 것이니라."

가섭보살이 부처님께 여쭈었다.

"세존이시여, 어떤 임금이 묻기를 '어떤 것이 비구가 과인법(過人法)에 떨어짐인가?'라고 하였습니다."

부처님이 말씀하셨다.

"가섭이여, 어떤 비구가 이익과 음식을 위하여 모든 아첨과 간사와 거짓말을 꾸미되 어찌하면 세상 사람들로 하여금 내가 참말 비구인 줄을 알게 하며 그 인연으로 내가 많은 이익과 큰 명예를 얻게 되랴 하면, 이 비구는 매우 어리석은 연고로 밤낮으로 생각하기를 '내가 실로 네 가지 사문의 과를 얻지 못하였지만, 어떻게 하면 세상 사람들로 하여금 내가 도과를 얻은 줄로 알게 하며, 어떻게 하면 모든 우바새·우바이들이 나를 보고 이 사람의 복덕은 참말로 성인이라고 하게 하리요' 하고는 법은 구하지 않고 이익만 구하면서 그때부터 다닐 때마다 점잖을 빼고 가사와 발우를 가지며 위의를 차리고 참말 아라한처럼 고요한 곳에 혼자 앉아 있어 사람들이 보고는 이 비구는 가장 거룩한 이며 고행을 부지런히 하여 적멸(寂滅)한 법을 닦는다고 칭찬하도록 하여, 이런 인연으로 나의 제자들이 많아지고, 사람들도 의복·음식·포단·탕약 등으로 공양할 것이며, 여러 여인들도 나를 존중하고 애경하리라 생각하나니, 이런 일을 하는 비구·비구니는 과인법(過人法)에 떨어지느니라.

이 또 어떤 비구가 위없는 바른 법을 세우기 위하여 고요한 곳에 머물러 있으면서 아라한이 아니지만, 사람들이 보고는 이 스님은 '아라한이다. 좋은 비구다, 착한 비구다, 고요한 비구다'라고 생각하게 하여, 많은 사람들이 신심을 내게 되면, 이 인연으로 한량없는 비구들을 권속으로 삼게 될 것이며, 이 일로 말미암아 파계한 비구와 우바새들로 하여금 계행을 가지게 하면, 그 인연으로 바른 법을 세우고 여래의 위없이 훌륭한 이치를 빛낼 것이며 방등의 대승법으로 교화함을 나타내고 많은 중생들을 해딜케 하여, 여래가 말씀힌 경과 율에 대하여 기법고 무거운 뜻을 이해하게 하리라 하며, 다시 말하기를 '나에게도 불성이 있고, 여래비장(如來秘藏)이라는 경이 있는데 이 경에서 마땅히 부처님 도를 이루어 한량없는 번뇌의 결박을 끊으리라' 하면서, 한량없는 우바새들을 위하여 '너희들도 모두 불성이 있으니 나와 네가 함께 여래의 경지에 머물러 아뇩다라삼먁삼보리를 이루어 한량없는 번뇌의 결박을 끊으리라' 한다면, 이 사람은 과인법(過人法)에 떨어진다고 이름하지 않고 보살이라 이름하느니라.

또 돌길라죄를 범하면 도리천의 세월로 8백만 년 동안에 지옥에 떨어져 모든 죄보를 받는다 하였거늘, 하물며 일부러 투란차죄를 범함이랴. 대승법 중에 투란차죄를 범한 비구가 있으면 가까이하지 말아야 하나니, 어떤 것이 대승경 중의 투란차죄인가. 만일 장자가 절을 짓고 화만으로 부처님께 공양할 적에 어떤 비구가 꽃을 꿴 실을 보고 묻지 않고 가지면 투란차죄라 하나니, 알거나 모르거나 범죄가 되는 것이며, 만일 탐내는 마음으로 부처님 탑을 파괴하면 투란차죄를 범하는 것이니 이런 사람은 친근하지 말아야 하며, 국왕이나 대신이 탑이 낡은 것을 보고 중수하며 사리에 공양할 적에 탑 속에서 보배를 얻어 비구에게 맡긴 것을 비구가 제 마음대로 사용하면 이런 비구는 부정이라 하며, 많은 투쟁을 일으키게 되니, 선한 우바새들은 그 비구에게 친근하거나 공경하거나 공양하지 말아야 하느니라. 또 이런 비구는 근(根)이 없다, 근이 둘이다, 근이 일정치 않다 하나니, 근이 일정치 않다는 것은 여자를 탐하려는 때는 몸이 여자가 되고, 남자를 탐하려는 때는 몸이 남자가 되는 것이매, 이런 비구는 나쁜 근[惡根]이라 하여 남자라 하지도 않고 여자라 하지도 않으며, 출가라고도 않고 재가(在家)라고도 않나니, 이런 비구는 친근하거나 공양하거나 공경하지 말아야 하느니라. 부처님 법에는 사문의 법이 자비한 마음으로 중생들을 어루만져 기르는 것이며, 내지 개미 따위라도 두려움 없는 보시를 하는 것이 사문의 법이요, 술을 마시거나 냄새를 맡는 것까지 여의는 것이 사문의 법이며 거짓말을 하지 말며 꿈에서도 거짓말을 생각하지 않는 것이 사문의 법이며, 애욕의 마음을 내지 말고 꿈에서까지도 그렇게 하는 것이 사문의 법이니라."

"선남자야, 만일 비구가 꿈에 음행을 하면 범계가 됩니까?"

"아니다. 음욕에 대하여 더럽다는 생각을 하고 잠깐이라도 깨끗하다는 생각을 내지 말아야 하며, 여인을 사랑하는 번뇌를 멀리 여읠 것이니, 만일 꿈에 음욕을 행하면 깨어서 뉘우칠 것이니라. 비구가 걸식하다가 공양을 받을 적에는 흉년에 아들의 고기를 먹는 생각을 하여야 하며 만일 음욕을 내었으면 빨리 버려야 하나니, 이런 법문은 부처님이 말한 경과 율이라, 마군의 말을 따르는 이는 마군의 권속이요, 부처님의 말을 따르는 이는 이름이 보살이니라.

만일 여래가 비구에게 한 다리를 항상 들고 있으며 잠자코 말하지 아니하며 못에 빠지며 불에 뛰어들며 높은 바위에서 떨어지며, 험한 데를 피하지 아니하며 녹약을 먹으며 밥을 썩히며 재나 먼지 위에 누우며 제 손발을 결박하고 중생을 살해하는 방법과 주문을 허락하였다 하며, 전다라들과 근이 없는 이, 근을 둘 가진 이, 근이 일정치 않은 이, 몸이 불구한 이들이 출가하여 수도하는 일을 여래가 허락하였다 하면 이는 마군의 말이며, 다섯 가지 우유와 유밀(油蜜)과 교사야(명주·비단) 옷과 가죽신 따위를 여래가 먼저 허락하였고, 그 밖에 마하릉가(摩訶楞伽)를 입으며 모든 종자를 저축하며 풀이나 나무 따위도 목숨이 있다고 허락하였으며, 이런 말을 하고 열반에 들었다 하면 그런 말을 적은 경과 율은 마군의 말이니라. 나는 한 다리를 항상 들라고 허락하지 않았으며, 법을 위하여 가고 머물고 앉고 눕기를 허락할 뿐이며, 독약을 먹고 밥을 끊고 다섯 가지 뜨거움으로 몸을 태우고 손발을 결박하고 중생을 살해하는 방법과 주문을 허락하지 않았으며, 옥이나 상아로 가죽신을 단장하고 종자를 저축하고 초목도 목숨이 있고 마하릉가를 입으라고 허락하지 않았거늘, 만일 세존이 이런 말을 하였다고 하는 이는 외도의 권속이고 나의 제자가 아니니라. 나는 다만 다섯 가지 우유와 유밀 따위를 먹고 교사야옷을 입을 것을 허락하였을 뿐이요, 4대는 목숨이 없다고 말하였으니, 만일 경과 율에 이런 말을 적은 것은 부처님의 말이니, 부처님이 말한 것을 따르는 이는 나의 참 제자려니와 부처님의 말을 따르지 않는 이는 마군의 권속이며, 부처님의 경과 율을 따르는 이는 대보살인 줄을 알지니라. 선남자야, 마군의 말과 부처님의 말의 다른 것을 지금 그대에게 자세히 베풀어 말하였노라."

"세존이시여, 제가 지금에야 마군의 말과 부처님의 말이 서로 다름을 알았으니 이것으로 부처님 법의 깊은 이치에 들어갈 수 있나이다."

"그렇다. 선남자야, 그대가 이처럼 분명하게 분별하니, 매우 지혜롭다."

10. 네 가지 진리[四諦品]

부처님께서 또 가섭보살에게 말씀하셨다.

"괴로운 것[苦]을 괴로움에 대한 성스러운 진리[苦聖諦]라 이름하지 않나니, 무슨 까닭이냐. 만일 괴로운 것을 괴로움에 대한 성스러운 진리라 한다면, 온갖 축생과 지옥 중생에게도 성스러운 진리가 있으리라. 선남자야, 어떤 사람이 여래의 깊고 깊은 경계가 항상 머물고 변치 않는 비밀한 법신임을 알지 못하고 밥 먹는 몸[食身]이요, 법신(法身)이 아니라 하면, 이는 여래의 도덕(道德)과 위력을 모르는 것이니, 그것을 괴로움이라 이름하느니라. 왜냐하면 알지 못하므로 법을 법이 아니라 보고, 법 아닌 것을 법이라고 보는 연고니, 이 사람은 나쁜 갈래[惡趣]에 떨어져 생사에 헤맬 것이며, 번뇌[結]가 많아져서 여러 가지 고뇌(苦惱) 받으려니와, 만일 여래가 항상 머물고 변하지 아니함을 알거나, 혹은 항상 머문다는 말을 들어 귀에 한번 지나가면 천상에 태어날 것이요, 뒤에 해탈을 얻을 때에 여래의 항상 머물고 변치 않는 이치를 증득할 것이며, 증득하고 말하기를 '내가 옛날에 이런 이치를 들었더니 이제 해탈을 얻어 증득하여 알았노라. 나는 당초에 이 이치를 몰라서 생사에 헤매면서 그지없이 돌아다녔더니, 오늘에야 참 지혜를 얻었노라' 하면, 이렇게 아는 것은 참으로 괴로움을 닦는 것이어서 이익이 많으려니와, 만일 알지 못하면 아무리 부지런히 닦아도 이익이 없으리니, 이것은 괴로움을 아는 것이며 괴로움에 대한 성스러운 진리라 하겠지만, 만일 이렇게 닦지 못하면 괴로움이라고는 하려니와 괴로움에 대한 성스러운 진리는 아니니라.

괴로움의 발생에 대한 진리[苦集諦]란 것은 참 법 가운데서 참 지혜를 내지 못하고 종과 하인 따위의 부정한 것을 받으며, 잘못된 법을 바른 법이라 하고 바른 법을 끊어버리어 오래 머물지 못하게 하나니, 이런 인연으로 법의 성품을 알지 못하고, 알지 못하므로 생사에 헤매면서 많은 고통을 받고, 천상에 나거나 바른 해탈을 얻지 못하는 것이요, 만일 깊은 지혜가 있어 바른 법을 무너뜨리지 않으면 그 인연으로 천상에도 나고 바른 해탈을 얻으려니와, 만일 괴로움의 발생에 대한 성스러운 진리를 알지 못하여, 바른 법이 항상 머무는 것이 아니고 모두 없어지는 법이라 하면, 이 인연으로 한량없는 세월에 생사에 헤매면서 모든 고통을 받나니, 만일 법이 항상 머물고 변하지 않는 줄을 알면 이것은 괴로움의 발생을 아는 것이며, 괴로움의 발생에 대한 성스러운 진리라 하련만, 만일 이와 같이 닦지 못하면 괴로움의 발생이라고는 하려니와, 괴로움의 발생에 대한 성스러운 진리는 아니니라. 괴로움의 소멸에 이르는 진리[苦滅諦]란 것은 설사 공한 법을 많이 닦아도 그것은 선하지 못한 것이니, 왜냐하면 온갖 법을 없애는 연고며 여래의 참 법장을 무너뜨리는 연고니라. 이렇게 닦는 것은 공한 법을 닦는 것이니라. 괴로움의 소멸을 닦는 것은 모든 외도들과는 어기는 것이거늘, 공한 법을 닦는 것으로 괴로움의 소멸에 대한 진리라 한다면, 모든 외도들은 공한 법을 닦으니 역시 괴로움의 소멸에 대한 진리가 있다고 하리라. 만일 말하기를 여래장(如來藏)이 있음을 보지 못하더라도 온갖 번뇌를 없애 버리면 들어갈 수가 있다 하면, 잠깐 동안 이 마음을 낸 인연으로 모든 법에 자재함을 얻으려니와, 만일 여래의 비밀한 법장은 내가 없고 공적하다고 닦는 이가 있으면, 이런 사람은 한량없는 세월에 생사 중에 헤매면서 고통을 받을 것이요, 그렇게 닦지 않는 이는 번뇌가 있더라도 빨리 멸할 수 있으리라. 왜냐하면 여래의 비밀한 법장을 아는 까닭이니, 이것을 괴로움의 소멸에 대한 성스러운 진리라 이름할 것이며, 이렇게 괴로움의 소멸을 닦아 익히는 이는 나의 제자라 하려니와, 이렇게 닦지 못하면 공한 법을 닦는다 할지언정, 괴로움의 소멸에 대한 성스러운 진리는 아니니라.

　괴로움의 소멸에 이르는 길에 대한 성스러운 진리[道聖諦]라 함은 불보·법보·승보와 바른 해탈을 말함이니, 어떤 중생이 뒤바뀐 마음으로 삼보와 바른 해탈은 없고, 생사에 헤매는 것이 환술과 같다고 말하며 그런 소견을 익히면, 그 인연으로 삼계에 헤매면서 오래오래 고통을 받으리라. 만일 바른 마음을 내어 부처님이 항상 머물러 변치 아니하며, 법보·승보와 바른 해탈도 그러함을 보면, 이 한 생각으로 말미암아 한량없는 세월에 자재한 과보를 마음대로 얻으리라. 왜냐하면 내가 지난 옛적에 네 가지 뒤바뀐 마음으로 법 아닌 것을 법이라 여기고, 한량없는 나쁜 업의 과보를 받았거니와 지금 그런 소견을 없애었으므로 부처님의 정각을 이루었으니, 이것을 괴로움의 소멸에 이르는 길에 대한 진리라 하느니라. 어떤 사람이 삼보가 무상하다 말하면서 그런 소견을 닦으면 그것은 허망하게 닦는 것이요. 괴로움의 소멸에 이르는 길에 대한 성스러운 진리가 아니며, 법이 항상 머문다고 닦는 이는 나의 제자니라. 진실한 소견으로 네 가지 성스러운 진리를 닦는 것을 4성제(聖諦)라 이름하느니라."

　가섭보살이 부처님께 아뢰었다.

　"세존이시여, 지금에야 깊고 깊은 성인의 네 가지 성스러운 진리를 닦을 줄을 알았나이다."

11. 네 가지 뒤바뀜[四倒品]

부처님께서 가섭보살에게 말씀하셨다.
"선남자야, 네 가지 뒤바뀜이라 함은 괴로움이 아닌데 괴롭다는 생각을 내는 것을 뒤바뀜이라 하나니, 괴로움이 아니라는 것은 여래요, 괴롭다는 생각을 내는 것은 여래가 무상하고 변이(變異) 한다는 것이니라. 여래가 무상하다고 말함은 큰 죄와 괴로움이요, 여래가 이 괴로운 몸을 버리고 열반에 드는 것이 마치 나무가 다하면 불이 꺼지는 것과 같다고 하면, 그것은 괴로움이 아닌데 괴롭다는 생각을 내는 것이므로 뒤바뀜이라 하느니라. 내가 만일 여래가 항상하다고 말하면 곧 나라는 소견[我見]이니, 나라는 소견으로는 한량없는 죄가 있는 것이므로, 여래가 무상하다고 말하여야 하며, 이렇게 말하면 내가 즐거움을 받는다 하거니와 여래의 무상함이 괴로움이니, 만일 괴로움이라면 어떻게 즐거움을 내겠는가. 괴로운데 즐겁다는 생각을 냄으로써 뒤바뀜이라 하는 것이며, 즐거운데 괴롭다는 생각을 내는 것도 뒤바뀜이라 하나니, 즐겁다는 것은 여래요, 괴롭다는 것은 여래가 무상하다는 것이니라. 만일 여래가 무상하다고 말하면 이는 즐거운데 괴롭다는 생각을 내는 것이니라. 여래의 항상 머무는 것이 즐거운 것이거늘, 만일 내가 말하기를 여래가 항상하다고 한다면 어찌하여 열반에 들며, 만일 여래가 괴로움이 아니라면 어찌하여 몸을 버리고 열반을 취한다 하는가. 즐거운데 괴롭다는 생각을 냄으로써 뒤바뀜이라 하나니, 이것은 첫째 뒤바뀜이니라.

　무상한데 항상하다는 생각과 항상한데 무상하다는 생각을 하는 것을 뒤바뀜이라 하나니, 무상하다는 것은 공한 법을 닦지 않는 것이며, 공한 법을 닦지 아니하므로 목숨이 단명한 것이어늘, 만일 공적한 법을 닦지 아니하고 상수한다고 하면 이것이 뒤바뀜이라 하나니, 이것은 둘째 뒤바뀜이니라. 내가 없는데 나라 생각하고, 나에 내가 없다고 생각하는 것을 뒤바뀜이라 하나니, 세간 사람도 내가 있다 말하고 부처님 법에서도 내가 있다 말하거니와. 세상 사람은 비록 내가 있다 말하나 불성은 없다는 것이니 이것은 내가 없는데 나라는 생각을 내는 것이므로 뒤바뀜이라 하느니라. 부처님 법에서 내가 없다고 말하니, 이것은 나라는 데서 내가 없다는 생각을 내는 것이니라. 만일 말하기를 '부처님 법에는 결정코 내가 없으므로 여래가 제자들에게 명령하여 내가 없는 것을 닦으라 하셨다'고 하므로 뒤바뀜이라 하나니, 이것은 셋째 뒤바뀜이니라.

　깨끗한데 부정하다고 생각하고 부정한데 깨끗하다고 생각하는 것을 뒤바뀜이라 하나니, 깨끗하다함은 여래는 항상 머무는 것이어서 잡식하는 몸이 아니고 번뇌 있는 몸이 아니고, 육신의 몸이 아니고 힘줄과 뼈로 얽힌 몸이 아니거늘, 만일 말하되 여래는 무상하여 잡식하는 몸이요 내지 힘줄과 뼈로 얽힌 몸이며, 법보·승보와 해탈도 없어지는 법이라 하면, 그것을 뒤바뀜이라 하고, 부정한데 깨끗하다 생각함을 뒤바뀌었다 함은 만일 나의 몸에는 한 가지도 부정한 것이 없나니 부정한 것이 없으므로 결정코 닦으리라. 청정한 곳에 들어갈 수 있거늘, 여래는 부정관(不淨觀)을 하셨으니, 이 말은 허망한 말이라고 말하면 이것을 뒤바뀌었다 하나니, 이것은 넷째 뒤바뀜이니라."

"세존이시여, 저는 오늘부터 바른 소견을 얻었으니, 세존이시여, 이전의 우리는 모두 잘못된 소견을 가진 사람이라 이름할 것입니다."

대반열반경 제8권

12. 여래의 성품[如來性品]

가섭보살이 부처님께 여쭈었다.
"세존이시여, 25유에 나[我]가 있습니까?"
부처님께서 말씀하셨다.
"선남자야, 나라는 것은 여래장이라는 뜻이니, 모든 중생이 모두 불성을 가진 것이 곧 나란 것이니라. 이 나란 것이 본래부터 한량없는 번뇌에 덮였으므로 중생들이 보지 못하느니라. 선남자야, 어떤 가난한 여인의 집안에 순금 독이 묻혀 있었는데, 집안 식구들은 어른 아이 할 것 없이 아무도 몰랐었다. 수단 많은 한 이상한 사람이 가난한 여인에게 말하기를 '내가 그대에게 삯을 주리니 나를 위하여 풀을 매어 달라'고 하였다. 여인이 대답하되 '그렇게 할 수 없으나, 나의 아들에게 순금 독을 보여주면 그대의 일을 해 주겠소'라고 하였다. 그 사람이 다시 말하되 '내가 그대의 아들에게 순금 독을 보여 줄 수 있다'라고 하였다. 여인이 대답하되 '우리집 식구는 한 사람도 알지 못 하는데 그대가 어떻게 알겠는가'라고 하였다. 그 사람이 다시 말하되 '내가 아는 방법이 있다'라고 하였다. 여인이 대답하되 '나도 보고 싶으니 내게도 보여달라'고 하였다. 그래서 그 사람이 그 집에서 순금 독을 파내었더니, 여인이 보고 매우 기뻐서 이상하게 여기면서 그 사람을 숭배하였느니라.

선남자야, 중생의 불성도 그와 같아서 모든 중생들은 볼 수 없는 것이, 마치 순금 독을 가난한 사람들이 알지 못하는 것과 같으니라. 선남자야, 내가 이제 모든 중생에게 있는 불성이 번뇌에 가리웠던 것을 보여주는 것이 마치 가난한 사람들이 자기 집에 있는 순금 독을 보지 못한 것 같으니라. 여래가 오늘 중생에게 있는 본각(本覺) 광을 보여주나니, 그것은 불성이니라. 모든 중생들이 이것을 보고는 기쁜 마음으로 여래에게 귀의하리라. 수단이라 함은 곧 여래요, 가난한 여인은 온갖 중생들이요, 순금 독은 불성이니라.

또 선남자야, 어떤 여인이 한 아들을 낳아 기르는데, 어린 아기가 병이 들었다. 그 여인이 걱정하면서 의사를 찾았는데, 의사가 와서 생소와 우유와 석밀 세 가지로 약을 만들어 주고 먹이게 하면서, 여인에게 말하기를 '아기가 약을 먹은 뒤에는 젖을 주지 말았다가 약이 소화된 후에 젖을 주라'고 하였다. 여인이 쓴 맛을 젖꼭지에 바르고, 아기에게 '젖에 독약을 발랐으니 빨지 못한다'고 말하였다. 아기가 목이 마르고 허기져서 어머니의 젖을 빨려다가 독한 냄새를 맡고 멀리 떠나고 말았다. 먹은 약이 소화된 뒤에 어머니가 젖꼭지를 씻고 아기를 불러 젖을 주려 하였으나 아기는 먼저 독한 냄새를 맡은 까닭에 주림을 참고 오지 아니하였다. 어머니가 다시 달래기를 '먼저는 네가 약을 먹었으므로 독약을 발랐었으나 지금은 약이 소화되었기에 독약을 씻었으니 걱정 말고 와서 먹어라'고 하였다. 그 말을 듣고 아기가 차츰차츰 다시 젖을 빨게 되었느니라.

선남자야, 여래도 그러하여 모든 중생을 제도하려고 내가 없는 법을 닦으라 하였으며, 그렇게 닦고는 나라는 마음을 아주 끊어 버리고 열반에 들게 하는 것이니, 세간의 허망한 소견을 덜리는 것이며, 세간보다 뛰어나는 법을 보이려는 것이며, 세간에서 나라고 생각하는 것이 허망하고 참이 아님을 보이려는 것이며, 내가 없는 청정한 몸을 닦게 하려는 까닭이니라. 마치 여인이 아들을 위하여서 젖에 쓴 것을 바른 것처럼, 여래도 그러하여 공한 법을 닦게 하기 위하여 모든 법이 나랄 것이 없다고 말하였으며, 어머니가 젖을 씻고 아들을 불러 젖을 빨게 하듯이, 나도 그러하여 여래장을 말하는 것이므로 비구들은 공포심을 내지 말아야 하며, 저 아기가 어머니의 부르는 말을 듣고 다시 와서 젖을 빨듯이, 비구도 그와 같이 여래의 비밀한 법장이 없지 아니한 것을 분별하여야 하느니라."

"세존이시여, 실로 내가 없겠습니다. 왜냐하면 어린 아기가 갓날 적에는 아는 바가 없습니다. 만일 내가 있다면 나던 날에도 앎이 있어야 할 터이오니, 그러므로 결정코 내가 없는 줄을 아나이다. 만일 결정코 내가 있다면 태어난 뒤에는 죽는 일이 없을 것이며, 모든 것이 다 불성이 있어 항상 머문다면 무너짐이 없을 것이며, 만일 무너짐이 없을진댄 어찌하여 찰제리·바라문·비사·수타·전다라·축생의 차별이 있겠나이까. 지금도 업의 인연이 가지가지 같지 않고 여러 갈래가 각각 다름을 보겠나이다. 결정코 내가 있을 진댄 모든 중생이 낫고 못함이 없을 것이오니, 이런 이치로 불성이 항상한 법이 아님을 결정코 알겠나이다. 만일 불성이 결정코 항상하다면 무슨 인연으로 죽이는 일, 훔치는 일, 음행하는 일, 이간하는 말, 욕설하는 말, 거짓말, 번드르르한 말, 탐욕, 성내는 일, 삿된 소견이 있으며, 만일 나라는 성품이 항상하다면 어찌하여 술취한 뒤에는 아득하고 허황하나이까. 나란 성품이 항상하다면 소경도 빛을 보고 귀머거리도 듣고 벙어리도 말하고 절름발이도 걸어야 할 것이며, 나란 성품이 항상하다면 불구렁·큰물·독약·칼·검·나쁜 사람·나쁜 짐승을 피하지 않을 것이며, 만일 내가 항상하다면 한번 지낸 일을 잊지 말아야 할 것이며, 잊지 않았다면 무슨 인연으로 내가 어느 때 어느 곳에서 이 사람을 보았던가 하오리까. 만일 내가 항상하다면 늙고 젊고 성하고 쇠하던 지난 일을 기억함이 없어야 할 것이오며, 내가 항상하다면 어느 곳에 머무나이까. 콧물·침·푸른빛·누른빛·붉은빛·흰빛 따위에 있나이까. 만일 내가 항상하면 몸에 두루하였을 것이니, 참기름이 빈 데가 없는 것 같아서 몸을 끊을 적에는 나도 끊어질 것입니다."

"선남자야, 어떤 임금의 집에 기운 센 장사가 있었는데, 그의 양미간에 금강주가 있었다. 그가 다른 장사와 떠받는 내기를 하다가 그 장사에게 받치어서 양미간 구슬이 살 속으로 들어가서 보이지 않고 구슬 있던 데는 부스럼이 생겼다. 곧 의사를 불러 치료하게 하였더니 의사가 방문과 약을 잘 아는 터이라, 이 부스럼은 구슬이 몸에 들어간 까닭인 줄을 알았다. 구슬이 살 속에 박힌 줄을 알고는 장사에게 '그대의 양미간 구슬이 어디 있는가'라고 물었다. 장사가 놀라서 이렇게 대답하였다. '의사 선생이여, 나의 구슬이 없어졌는가. 그 구슬이 지금 어디 있는가, 요술처럼 없어졌는가?' 하며 걱정하며 울었다. 그때에 의사는 장사를 위로히였다.

'그대는 너무 걱정하지 마시오. 떠받힐 적에 구슬이 몸으로 들어가서 지금 살 속에 박혔으며 지금도 그 모양이 밖으로 보입니다. 그대들이 다툴 적에 너무 성이 나서 구슬이 살에 박힌 줄을 모른 것입니다.'

이에 장사는 의사의 말도 믿지 않고 '만일 가죽 속에 있다면 고름과 피가 어째서 나오지 않으며, 만일 살 속에 박혔으면 보이지 않을 것이거늘, 그대가 왜 나를 속이느냐'고 하였다. 의사가 거울을 들어 얼굴을 비치니 구슬이 분명하게 거울에 나타났다. 장사가 그것을 보고야 놀라 탄식하며 이상하게 생각하였느니라.

선남자야, 모든 중생도 그와 같아서 선지식을 친근하지 못하였으므로 불성이 있는 것도 보지 못하며, 음욕과 성내는 일과 어리석음에 가려졌으므로 지옥·축생·아귀·아수라·전다라·찰제리·바라문·비사·수타에 떨어져서 가지가지 문중에 태어나며, 마음으로 지은 가지각색 업으로 인하여 사람의 몸을 받더라도 귀먹고 눈멀고 벙어리 되고 앉은뱅이·곱사등이가 되어 25유에서 온갖 과보를 받으며, 탐욕·성냄·어리석음이 마음을 가리워서 불성을 알지 못하며, 장사가 구슬이 몸 속에 있는 것을 모르고 잃었다고 하듯이, 중생들도 그리하여 선지식을 친근히 할 줄을 모르는 연고로 여래의 비밀한 보배 광을 알지 못하고 내가 없는 것을 배우며, 성인 아닌 이들이 비록 내가 있다고 말하나 나의 참 성품을 알지 못함과 같이, 나의 제자도 그리하여 선지식을 친근하지 못하므로 내가 없는 것을 닦으면서도 내가 없는 데를 알지 못하나니, 내가 없다는 참 성품도 알지 못하거늘, 하물며 내가 있다는 참 성품이야 어떻게 알겠는가. 선남자야, 여래가 이렇게 중생들에게 불성이 있다고 말하는 것은 저 의사가 장사에게 금강 구슬을 보여주는 것과 같으니, 중생들이 한량없는 번뇌에 덮이어서 불성을 알지 못하다가, 번뇌가 없어지면 그때에야 분명히 증득하게 됨이 마치 저 장사가 거울 속에서 구슬을 보는 것과 같으니라. 선남자야, 여래의 비밀한 법장도 이와 같이 한량이 없어 헤아릴 수 없느니라.

또 선남자야, 설산에 낙미(樂味)라는 약이 있으니 맛이 매우 달고 깊은 숲속에 있으므로 사람이 잘 보지 못한다. 어떤 사람은 냄새를 맡고 그곳에 이 약이 있는 줄을 안다. 지나간 세상에 어떤 전륜왕이 이 약을 얻으려고 설산에서 군데군데 나무통을 만들어 놓고 이 약을 받게 하였더니, 약이 성숙되면 땅에서 흘러나와 통에 모이는데 그 맛이 진짜 맛이었다. 그 전륜왕이 죽은 뒤에는 약이 변하여서 시기도 짜기도 달기도 쓰기도 맵기도 싱겁기도 하여 본래 한 맛이던 것이 흐르는 곳을 따라 여러 가지로 변하였으나, 이 약의 참 맛은 산에 머물러 있어 마치 보름달 같았다. 박복한 사람들이 약을 얻으려고 공을 들여 땅을 파도 얻지 못하더니, 다른 전륜왕이 세상에 나서는 그의 복력으로 약의 진정한 맛을 얻었느니라. 선남자야, 여래의 비밀한 법장의 맛도 그와 같아서 모든 번뇌의 숲 속에 묻혀 있으므로 무명이 두터운 중생들이 맛좋은 약을 보지 못하느니라. 불성이 번뇌로 말미암아 가지가지 맛을 내나니 소위 지옥·축생·아귀·천상·인간·남자·여자·남자 아닌 이·여자 아닌 이·찰제리·바라문·비사·수타 따위가 되지만, 불성은 웅장하고 용맹하여 깨뜨릴 수 없으므로 살해하지 못하느니라. 만일 살해할 수 있다면 불성이 끊어지려니와, 그렇지 아니하므로 불성은 끊을 수 없나니, 성품을 끊을 수 있다는 것은 옳지 아니하니라. 나의 성품은 곧 여래의 비밀한 법장이니, 이렇게 비밀한 법장을 무엇으로도 깨뜨리거나 소멸할 수 없으며, 비록 깨뜨리지도 못하고 보지도 못하건만, 아뇩다라삼먁삼보리를 성취하면 증득하여 아나니, 이런 인연으로 살해할 이가 없느니라."

"세존이시여, 살해할 이가 없다면 나쁜 업이 없겠나이다."

"가섭이여, 참으로 살생하는 일이 있느니라. 왜냐하면 선남자야, 중생의 불성이 5음 속에 있나니, 5음을 깨뜨리면 살생이라 할 것이며, 살생하면 나쁜 갈래에 떨어지느니라. 이러한 업의 인연으로 찰제리·바라문·비사·수타·전다라·남자·여자·남자 아닌 이·여자 아닌 이 따위와 25유의 차별이 있어 나고 죽는 데 헤매는 것이거늘, 성인 아닌 사람이 나에 대하여 크고 작은 모양을 억측할 적에 돌피씨 같다, 쌀 같다, 콩 같다, 엄지손가락 같다 하여, 가지각색 허망한 생각을 내지만 허망하게 생각하는 모양은 참되지 아니하니라. 세상을 뛰어난 나의 모양을 불성이라 하나니, 이렇게 나를 생각함이 가장 선한 일이니라. 또 선남자야, 어떤 사람이 땅 속에 있는 보물 독을 잘 알고 괭이로 땅을 파는데 모래와 자갈과 반석은 무난하게 파고 내려갈 수 있지만, 금강륜(金剛輪)에 이르면 뚫을 수 없나니, 금강륜은 창이나 도끼로는 깨뜨릴 수 없느니라. 선남자야, 중생의 불성도 그러하여 모든 언론가(言論家)나 천마 파순이나 천상 사람 세간 사람으로는 깨뜨릴 수 없으며, 5음 모양은 만들어진 것이니 만들어진 것은 모래나 돌과 같아서 뚫을 수 있고 깨뜨릴 수 있지만, 불성인 참 나는 금강륜과 같아서 깨뜨릴 수 없느니라. 그러므로 5음을 깨뜨리는 것을 살생이라 하느니라. 선남자야, 불성은 결정코 이러하여 헤아릴 수 없는 줄을 알아야 하느니라.

　선남자야, 방등경은 감로와도 같고 독약과도 같으니라."

　"세존이시여, 무슨 인연으로 방등경이 감로와도 같고 독약과도 같다고 말씀하십니까?"

　"선남자야, 그대는 여래의 비밀한 법장의 진실한 이치를 알고자 하는가?"

"저는 참으로 여래의 비밀한 법장의 이치를 알고자 하나이다."

이때에 부처님께서 게송으로 말씀하셨다.

어떤 이는 감로 먹고 단명하였고
어떤 이는 감로 먹고 장수했으며
어떤 이는 독약 먹고 살았다 하고
어떤 이는 녹약 먹고 죽었다 하네.

걸림없는 지혜 감로 대승의 경전
대승경을 독약이라고도 하나니
타락·생소·제호 등 사탕까지도
잘 삭이면 약이고 못 삭이면 독이네.

방등경도 그러하여 지혜 있는 이는
감로라고 하지만 어리석은 이는
불성 알지 못해 독약이 되고
성문·연각·대승에겐 감로되나니.

말하자면 여러 가지 음식들 중에
우유가 제일 좋은 맛이 되듯이
부지런히 정진하면 대승을 인해
대열반에 이르러서 상왕(象王)되나니.

중생들로 불성 분명히 아는
가섭보살 같은 이는 위없는 감로
나지도 아니하고 죽지 않나니
가섭이여, 삼귀의를 잘 분별하라.

이와 같이 삼보에게 귀의하면
그 성품이 틀림없는 내 성품이니
내 성품에 불성 있는 이치를
그대들 분명하게 살펴본다면

그런 이는 부처님의 비밀법장에
들어가게 되는 줄을 마땅히 알라.
나와 내 것들을 모두 다 알고
곧 세상에서 뛰어나리라.

부처님과 법과 승가의 성품
제일이요 위없는 높은 이시니
내가 지금 연설하는 이런 게송은
그 성품과 그 이치가 이러하니라.

그때에 가섭보살도 역시 게송으로 말하였다.

나는 지금 삼보에 귀의할 데를

그런 법을 도무지 모릅니다.
어떻게 하면 위없고 두려움 없는
그 경계에 나아가게 되겠나이까.

삼보에 귀의할 줄 모르나니
어떻게 하면 내가 없게 되겠으며
어떻게 하면 부처님께 귀의하는 이
편안하게 위로함을 얻겠나이까.

어떻게 하면 대법보에 귀의할 수 있는지
바라건대 저를 위해 말씀하소서.
어떻게 하면 자재함을 얻게 되오며
어떻게 하면 자재하지 못합니까.

어떻게 하면 승가에 귀의하여서
위없는 큰 이익을 얻게 되오며
어떻게 하면 오는 세상 부처 이룰지
진실하게 말씀하여 주소서.

오는 세상 부처님을 못 이룬다면
어떻게 하여 삼보에 귀의할 수 있는지
저는 지금 아는 일이 전혀 없으나
차례차례 귀의하여 볼까 합니다.

어찌하여 아기를 배지도 않고
아들 낳을 생각을 가지랴만
반드시 태 가운데 아기 있으면
자식이 있는 이라 이름하리니.

아기가 태 가운데 만일 있다면
결정코 오래잖아 낳게 되오며
이를 일러 자식이라 이름하나니
중생들의 업보도 그러합니다.

부처님의 말씀하신 바와도 같이
어리석은 사람은 알지 못하고
그 이치를 모르는 인연으로써
나고 죽는 지옥에서 헤맵니다.

이름만 빌려 가진 우바새들이
진실한 그런 이치 알지 못하니
바라건대 자세하게 분별하시어
저희들의 의심 그물 벗겨 주소서.

부처님의 대자비와 크신 지혜로
슬피 여겨 분별하심 드리우시어
여래의 비밀하신 보배 법장을

원하오니 저희들에게 말씀하소서.

가섭보살 그대들아, 마땅히 알라.
내가 지금 그대들을 모두 위하여
비밀한 큰 법장을 열어 보이어
얽혀 있는 의심 그물 끊게 하노니.

잘 늘어라, 그대는 보살 숭에서
일곱째 부처님과 이름 같나니
지성으로 부처님께 귀의하는 이는
진정한 우바새의 이름 얻으리.

여러 가지 천신에게 귀의치 말라.
법보에 귀의하면 살해 여의고
승보에 귀의하면 외도 멀리해
삼보에 귀의하면 공포 없으리.

가섭보살이 부처님께 여쭈었네.
저는 이미 삼보에 귀의했으니
이를 일러 보리로 가는 바른 길
여러 부처님들의 경계입니다.

삼보의 평등하신 그 모양에는

넓고 큰 지혜 성품 항상 있으며
우리들의 성품과 부처님 성품
둘도 없고 차별도 없다 합니다.

이런 길은 부처님의 찬탄하신 길
올바르게 나아가 있게 될 곳
옳게 알고 두루 아는 지견이오니
그러므로 부처님께서 칭찬하셨네.

나도 역시 부처님의 찬탄하신
위없는 그 길로 나아가리니
이것이 가장 좋은 감로이며
온 세상에 다시없는 큰 길입니다.

이때에 부처님께서 가섭보살에게 말씀하셨다.
"선남자야, 그대 지금 성문이나 범부들처럼 삼보를 분별하지 말라. 이 대승경전에는 삼귀의의 차별한 모양이 없느니라. 왜냐하면 불성 가운데 법과 승이 있지만 성문과 범부들을 교화 제도하기 위하여 삼보가 모양이 다름을 분별하여 말한 것이니, 선남자야, 만일 세간법을 따르려면 삼귀의가 있다고 분별할 것이니라. 선남자야, 보살은 이렇게 생각할지니, 나의 이 몸이 이제 부처님께 귀의하였으니 만일 이 몸이 불도를 이룬다면 이룬 뒤에는 다른 세존에게 공경하고 예배하고 공양하지 아니 할지니, 왜냐하면 부처님들이 평등하여 다 같이 중생의 귀의할 바가 되는 까닭이며, 법신 사리를 존중하려면 모든 부처님의 탑에 예경할 것이니, 왜냐하면 중생들을 제도하기 위함이며, 중생들로 하여금 나의 몸 가운데 탑이라는 생각을 일으키고 예배하고 공양하게 하였으니, 이런 중생들이 나의 법신으로 귀의할 곳을 삼음이니라.

모든 중생들이 참되지 아니한 거짓 법에 귀의하므로 내가 차례로 참 법을 말하는 것이며, 또 참된 스님이 아닌 이에게 귀의하는 이가 있으면 내가 참 스님에게 귀의할 곳을 지을 것이며, 만일 삼귀의를 분별하는 이가 있으면, 나는 마땅히 한 귀의할 곳을 지어 세 가지 차별이 없게 할 것이며, 배냇소경들의 눈이 되며, 또 성문과 연각들을 위하여 참말 귀의할 곳을 지을 것이니, 선남자야, 보살이 이렇게 한량없는 나쁜 중생들과 지혜 있는 이들을 위하여 부처님 일을 짓느니라.

선남자야, 어떤 사람이 전장에 나아가 싸울 때에 생각하기를 '내가 이 가운데 가장 제일이 되었으니 모든 병사들이 나를 의지한다' 하며, 또 태자가 생각하기를 '내가 다른 왕자들을 모두 조복하고 대왕의 자리를 이어서 자재할 것이며, 모든 왕자들로 하여금 내게 귀의케 할 것이므로 못난이의 마음을 내지 아니하리라' 하며, 왕과 왕자와 같이 대신들도 또한 그러하니라.

선남자야, 보살마하살도 그와 같아서 생각하기를 '어떻게 하면 세 가지 일을 나와 한 몸처럼 만들 것인가' 한다. 선남자야, 내가 보여준 세 가지 일은 곧 열반이요, 여래는 위가 없는 이다. 비유컨대 사람의 몸에는 머리가 가장 위가 되고 다른 팔 다리나 손발은 위가 아닌 것처럼, 부처님도 그와 같아서 가장 높은 것이요, 법이나 스님은 아니다. 세간 사람들을 교화하기 위하여 가지가지로 차별한 모양을 나타낸 것이 사다리와 같으니라. 그러므로 그대는 어리석은 사람들이 아는 것같이 삼귀의가 다르다는 모양을 가져서는 안 되는 것이니, 그대는 대승에 대하여 용맹하게 결단하기를 강철로 만든 칼과 같이 하라."

"세존이시여, 제가 알면서 일부러 물은 것이고 몰라서가 아닙니다. 저는 매우 용맹한 보살들을 위하여 때가 없고 깨끗하게 행동할 것을 문사와 여래로 하여금 보살들을 위하여 기특한 일을 널리 분별케 하오며 대승 방등경전을 말씀하게 하였던 것인데, 여래께서 지금 대자대비로 말씀하셨으니, 저도 그 가운데 말씀하신 보살의 깨끗이 행동할 곳에 편안하게 머무르리니, 곧 대열반경을 연설함입니다. 세존이시여, 저도 역시 중생들을 위하여 그러한 여래의 비밀한 법장을 선양하겠으며, 또한 참으로 삼귀의할 곳을 증득하여 알겠나이다. 어떤 중생이 이러한 대열반경을 믿는 이가 있으면 그 사람은 저절로 삼귀의할 곳을 분명하게 알 것이오니, 왜냐하면 여래의 비밀한 법장에는 불성이 있는 터이므로 이런 경전을 선양하여 말하는 이는 모두 몸 가운데 불성이 있다고 말하나이다. 이런 사람은 삼귀의할 곳을 먼 데서 구하지 아니할 것이오니, 왜냐하면 오는 세상에는 내 몸도 삼보를 이룰 것이기 때문입니다. 그러므로 성문·연각과 다른 중생들이 모두 저에게 귀의하여 공경하고 예배하여야 하며, 선남자들이 이런 뜻으로 대승경전을 배워야 하나이다."

가섭보살이 또 말하였다.

"불성이 이와 같이 헤아릴 수 없으니 32상과 80종호도 헤아릴 수 없나이다."

부처님께서 말씀하였다.

"훌륭하고 훌륭히다. 선남자야, 그대가 깊고 훌륭한 지혜를 성취하였으니, 내가 이제 그대에게 여래장에 들어가도록 말하리라. 만일 내가 머문다면 그것은 항상한 법이니 괴로움을 여의지 못하고, 만일 내가 없다면 깨끗한 행을 닦아도 이익이 없으리라. 모든 법이 내가 없다고 말하면, 그것은 아주 없다는 소견[斷見]이요, 내가 머문다면 그것은 항상하다는 소견이며, 모든 변천하는 법이 무상하다고 말하면 그것은 아주 없다는 소견이요, 모든 행법이 항상하다는 것은 곧 항상한 소견이며, 만일 괴롭다고 말하면 곧 아주 없다는 소견이요, 즐겁다고 말하면 그것은 항상한 소견이니라. 온갖 법이 항상하다는 것을 닦는 이는 항상하다는 소견에 떨어지리니, 마치 자벌레가 앞발로 인하여 뒷발을 옮기듯이, 항상하다는 소견과 아주 없다는 소견을 닦는 이도 그와 같아서, 반드시 아주 없다는 소견이나 항상하다는 소견을 말미암아 되느니라. 그런 이치로 다른 법이 괴롭다고 닦는 이는 선하지 못하다 하고, 다른 법이 즐겁다고 닦는 이는 선하다 하며, 다른 법이 내가 없다고 닦는 이는 번뇌의 장본이요, 다른 법이 항상하다고 닦는 이는 여래의 비밀한 법장이라 하나니, 열반은 굴택(窟宅)이 없다는 것이니라. 다른 무상한 법을 닦는 것은 재물이요, 다른 항상한 법을 닦는 것은 불·법·승 삼보와 바른 해탈이니, 이러하여 불법의 중도(中道)는 두 가지 극단[二邊]을 여의고 진정한 법을 말하는 것이므로, 범부와 어리석은 사람도 여기에는 의심이 없는 것이 마치 병에 걸린 사람이 생소를 먹고 기운이 상쾌하여지는 것과 같으니라.

있다 없다 하는 법의 성품이 일정치 아니함이 마치 4대(大)의 성품이 같지 아니하여 제각기 어긋나거든, 용한 의사는 그것을 잘 알고 그의 치우쳐 일어남을 따라 다스림 같으니라. 선남자야, 여래도 그와 같아서 중생들의 용한 의사가 되어 모든 번뇌의 자체와 모양이 다른 것을 알아 끊어 버리고, 여래의 비밀한 법장에 청정한 불성이 항상 머물러 변하지 않음을 보이느니라. 만일 있다고 말하여도 지혜가 물들지 않아야 하며, 없다고 말하면 곧 허망한 말이니라. 있다고 말하거든 잠잠하지도 말며 희롱거리로 다투지도 말고, 법의 참된 성품을 알아야 할 것이니 범부들이 희롱거리로 다투는 것은 여래의 비밀한 법장을 이해하지 못하는 연고니라.

만일 괴롭다고 말하면 어리석은 이는 이 몸이 무상하다 하여 모든 것이 괴롭다고 생각하고 몸에 즐거운 성품이 있음을 알지 못하며, 무상하다고 말하면 범부들은 모든 몸이 모두 무상하여 날기와 같은 줄로 알거니와 지혜로운 사람은 마땅히 잘 분별하여 모든 것이 모두 무상하다고 말하지 말지니, 왜냐하면 나의 몸에 불성의 종자가 있는 까닭이니라. 만일 내가 없다고 말하면 범부들은 모든 불법이 모두 내가 없다고 생각하려니와, 지혜로운 이는 내가 없다는 것이 일부러 하는 말이요 실답지 아니함을 분별할 것이며, 그렇게 알고는 의심하지 말지니라. 만일 여래의 비밀한 법장이 고요하다[空寂]고 말하면 범부들이 듣고는 아주 없다는 소견을 내려니와, 지혜로운 이는 잘 분별하여 여래는 항상하여 변함이 없음을 알며, 해탈이 마치 환술과 같다고 말하면 범부들은 참 해탈을 얻더라도 곧 소멸하리라 여기거니와 지혜로운 이는 잘 분별하여 사람 중의 사자(師子)는 비록 가고 옴이 있더라도 항상 머물고 변함이 없음을 아느니라.

 만일 무명의 인연으로 모든 행(行)이 있다 하면 범부들이 듣고는 분별을 일으키어 명(明)과 무명이 두 가지라는 생각을 내려니와, 지혜로운 사람은 그 성품이 둘이 아닌 줄을 통달하여 둘이 아닌 성품이 곧 실다운 성품임을 알며, 모든 행의 인연으로 식(識)이 있다 하면 범부들은 행과 식이 둘이라고 생각하려니와, 지혜로운 이는 그 성품이 둘이 없는 줄을 알고서 둘이 없는 성품이 곧 실다운 성품이라 하리라. 만일 10선(善), 10악(惡), 하여서 쓸 것[可作], 하여서는 못쓸 것[不可作], 좋은 갈래, 나쁜 갈래, 흰 법[白法], 검은 법[黑法]을 말하면 범부는 둘이라 말하려니와 지혜로운 이는 그 성품이 둘이 없음을 알고 둘 없는 성품이 곧 실다운 성품이라 할 것이며, 만일 온갖 법이 괴로운 것임을 닦으라고 말하면 범부는 둘이라 하려니와, 지혜로운 이는 그 성품이 둘이 없음을 알고, 둘 없는 성품이 실다운 성품이라 할 것이며, 만일 모든 행법이 무상하고 여래의 비밀한 법장도 무상하다 말하면 범부는 둘이라 하려니와, 지혜로운 이는 그 성품이 둘이 없음을 알고, 둘 없는 성품이 곧 실다운 성품이라 할 것이며, 만일 온갖 법이 내가 없고 여래의 비밀한 법장도 내가 없다고 말하면 범부들은 둘이라 하려니와, 지혜로운 이는 그 성품이 둘이 없고 둘 없는 성품이 곧 실다운 성품임을 아느니라. 나와 내가 없음은 성품이 둘이 아니니, 여래의 비밀한 법장이 이치가 그러하여 말할 수 없고 한량없고 가없는 부처님들이 칭찬한 것이며, 나도 지금 온갖 공덕을 성취한 경에서 모두 말하였느니라. 선남자야, 나와 내가 없음의 성품과 모양이 둘이 없으니, 그대는 마땅히 이렇게 받아지닐지니라.

　선남자야, 그대도 마땅히 이런 경전을 굳게 지키고 기억하려니와, 내가 먼 저 마하반야바라밀경에서 말하기를 '나와 내가 없음이 둘이 아니니, 마치 젖으로 말미암아 타락이 생기고, 타락에서 생소가 생기고, 생소에서 숙소가 생기고, 숙소로부터 제호를 얻는 것과 같으니라' 하였다.

　이러한 타락의 성질이 젖에서 생기는가, 스스로 나는가, 다른 데서 나는가. 내지 제호의 성질도 그와 같으니라. 만일 다른 데서 난다면, 곧 다른 것으로 만드는 것이므로 젖에서 생긴 것이 아니요, 젖에서 나는 것이 아니라면 젖은 소용이 없을 것이며, 만일 스스로 난다면 비슷한 것이 계속되어서[相似相續] 나는 것이 아닐 것이며, 만일 서로 계속되어서 난다면 한꺼번에 나지 아니할 것이니, 한꺼번에 나지 않는다면 다섯 가지 맛이 한 때에 나지 아니할 것이니라. 비록 한 때에 나지 않더라도 다른 데서 오는 것은 아니니, 그러므로 알아라. 젖 속에 본래 타락의 거리[資料]가 있지만, 단맛이 많아서 스스로 변하지 못하는 것이며, 내지 제호도 그와 같으니라. 소가 물과 풀을 먹는 인연으로 혈맥이 점점 변화하여져서 젖이 되는 것이니, 단 풀을 먹으면 젖이 달아지고 쓴 풀을 먹으면 젖맛이 써지느니라. 설산에 비이(肥膩)라는 풀이 있는데, 소가 그 풀을 먹으면 순전한 제호가 생기어서 푸르고 누르고 붉고 희고 검은 빛이 없나니, 곡식이나 풀의 인연으로 젖의 빛깔과 맛이 다르니라. 모든 중생들이 명(明)과 무명의 업인 인연으로 두 가지 모양이 생기는 것이니, 만일 무명이 달라지면 변하여서 명이 되는 것이며, 모든 법의 선한 것과 선하지 아니한 것도 그와 같아서 두 가지 모양이 없느니라."

가섭보살이 부처님께 여쭈었다.

"세존이시여, 부처님 말씀에 젖 속에 타락이 있다는 이치는 어떠합니까? 세존이시여, 만일 젖 속에 타락거리가 있지만, 너무 미세하여서 보지 못한다면, 어찌 젖의 인연으로 타락이 난다고 말하오리까? 무슨 법이든지 본래 없던 것을 난다고 말하는데, 이미 있는 것이면 어찌 난다고 말하오리까? 만일 젖 가운데 결정코 타락거리가 있다고 말할진댄 온갖 풀 가운데도 젖이 있어야 하고 그와 같이 젖 가운데도 풀이 있어야 할 것이며, 만일 젖 가운데 결정코 타락이 없다면 어찌하여 젖으로 인하여서 타락이 생기나이까? 법이 본래 없었는데 뒤에 생긴다 하오면 젖 가운데서 왜 풀은 나지 않나이까?"

"선남자야, 젖 가운데 결정코 타락이 있다고도 없다고도 말할 수 없고, 다른 데서 난다고도 말할 수 없느니라. 만일 젖 가운데 결정코 타락이 있을진댄 어찌하여 그 자체와 맛이 각각 다르냐.

그러므로 젖 가운데 결정코 타락이 있다고 말할 수 없으며, 젖 가운데 결정코 타락이 없을진댄 젖 속에 어찌하여 토끼의 뿔은 나지 않으며 젖 속에 독약을 넣으면 타락이 사람을 죽게 하나니, 그러므로 젖 가운데 결정코 타락이 없다고 말할 수 없느니라. 만일 타락이 다른 데서 난다면, 어찌하여 물에 서는 타락이 생기지 않느냐. 그러므로 타락이 다른 데서 난다고도 말할 수 없느니라. 선남자야, 이 소가 풀을 먹은 인연으로 피가 변하여 희어지고, 풀과 피가 없어지고는 중생의 복력으로 변하여서 젖이 되나니, 젖이 비록 풀과 피로 좇아 나지만 두 가지에서 난다고 말할 수 없고, 인연으로 좇아서 난다고 이름하는 것이며, 타락으로부터 제호에 이르는 것도 그와 같나니, 이러한 이치로 소의 맛[牛味]이라 하느니라. 젖이 없어지는 인연으로 타락이 되나니, 어떠한 인연인가. 괴는[酢] 것과 가열하는 것이다. 그러므로 인연으로 생긴다는 것이며, 내지 제호가 되는 것도 그와 같으니, 그러므로 젖 가운데 결정코 타락이 없다고 말할 수 없으며 다른 데서 난다면 젖을 여의고 있게 되는 것이니 이런 일은 있을 수 없느니라. 선남자야, 명과 무명도 그와 같아서 만일 번뇌의 결박과 함께하면 무명이라 하고, 모든 선한 법과 함께하면 명이라 하나니, 그러므로 두 가지 모양이 없다고 내가 말하느니라. 이런 인연으로 내가 먼저 말하기를 설산에 비이(肥膩)라는 풀이 있는데 소가 먹으면 제호가 된다고 한 것이니, 불성도 그와 같으니라.

선남자야, 중생이 박복히여 그 풀을 보지 못히듯이, 불성도 그와 같아서 번뇌가 덮이어서 중생들이 보지 못하느니라. 마치 바닷물이 비록 한결같이 짜지만 그 속에도 젖과 같이 훌륭한 물이 있으며, 설산이 비록 여러 가지 공덕으로 많은 약초가 나지만 독한 풀도 있듯이, 중생의 몸도 그러하여 비록 독사 같은 4대의 종자가 있지만 그 가운데도 묘한 약이 있으니, 곧 불성이며, 이는 만들어 되는 것이 아니요, 다만 번뇌에 덮였으므로 찰리·바라문·비사·수타들이 누구나 번뇌를 끊기만 하면 불성을 보아 위없는 보리를 이루느니라. 마치 허공에서 번개와 우레가 구름을 일으키면 모든 코끼리의 어금니에 꽃이 생기고 우레가 없으면 꽃이 생기지도 않고 이름도 없듯이, 중생의 불성도 그와 같아서 모든 번뇌에 덮였으므로 보지 못하나니, 그래서 중생은 내가 없다고 말하는 것이니라. 만일 이 대반열반이란 미묘한 경전을 듣기만 하면 불성을 보게 되는 것이 코끼리 어금니의 꽃과 같거니와 비록 다른 경전의 온갖 삼매를 듣더라도 이 경을 듣지 못하면 여래의 미묘한 모양을 알지 못하나니, 마치 우레가 없을 적에는 코끼리 어금니의 꽃을 볼 수 없는 것과 같으며 이 경을 들으면 모든 부처님의 비밀한 법장의 불성을 아느니라. 우레가 있을 적에는 코끼리 어금니의 꽃을 보게 되듯이, 이 경을 들으면 한량없는 중생에게 모두 불성이 있음을 알지니라. 이러한 이치로 대반열반경이 여래의 비밀한 법장이라 말하며, 법신을 기르는 것이 우레가 있을 때에 코끼리의 어금니 위에 꽃과 같나니, 이러한 큰 이치를 기르는 것이므로 대반열반이라 이름하느니라. 만일 선남자·선여인으로서 이 미묘한 대반열반경을 익히는 이는 능히 부처님 은혜를 갚을 것이며 진정한 부처님의 제자가 되리라."

"기이합니다. 세존이시여. 말씀하시는 불성은 깊고 깊어서 보기도 어렵고 들어가기도 어려우니, 성문이나 연각으로는 이해할 수 없나이다."

"선남자야, 참으로 그러하니라. 그대의 찬탄함이 나의 말에 어기지 않느니라."

"세존이시여, 불성은 어찌하여 깊고 깊어서 보기도 어렵고 들어가기도 어렵습니까?"

"선남자야, 여러 소경들이 눈을 치료하려고 용한 의사에게 찾아갔는데, 의사가 쇠 젓가락[金錍]으로 눈의 막을 째고 한 손가락을 들어 보이면서 보이느냐고 물었다. 소경이 아직도 보이지 않는다고 대답하자, 다시 두 가락 또 세 가락을 들어 보이니, 그때서야 조금 보인다고 대답하는 것같이 선남자야, 이 대반열반의 미묘한 경전도 여래가 아직 말씀하시지 않았을 때는 그와 같아서, 한량없는 보살들이 모든 바라밀과 내지 10주(住)를 구족하게 행하더라도 불성을 보지 못하다가, 여래가 이 경을 말한 뒤에야 조금 보았으며, 보고는 모두 말하기를 '이상합니다, 세존이시여. 우리가 한량없는 생사에 헤매면서 항상 내가 없다는 소견에 의혹되었나이다'라고 하느니라. 선남자야, 이와 같이 보살이 지위가 10지에 올라서도 불성을 분명하게 보지 못하거늘, 하물며 성문·연각들이 어떻게 볼 수 있겠느냐. 또 선남자야, 마치 허공에 기러기를 쳐다볼 적에 허공인지 기러기인지 모르다가 자세하게 보고야 어렴풋이 보이듯이, 10주 보살이 여래의 성품을 조금만 보는 것도 그와 같거늘, 하물며 성문·연각들이 볼 수 있겠느냐. 선남자야, 술취한 사람이 먼 길을 떠나려 할 적에 어렴풋이 길을 짐작할 수 있듯이, 10주 보살이 여래의 성품을 조금만 보는 것도 그와 같으니라. 선남자야, 목마른 사람이 넓은 벌판을 여행할 적에, 목마름이 급하여 물을 찾다가 나무 숲에 흰 학이 있는 것을 보았으나, 이 사람이 정신이 나가 나무인지 물인지를 분별하지 못하고 자세히 보고서야 흰 학과 나무 숲을 알아보듯이, 선남자야, 10주 보살이 여래의 성품을 조금만 보는 것도 그와 같으니라.

　선남자야, 어떤 사람이 백천 유순쯤 먼 큰 바다 가운데 있으면서, 멀리 큰 배의 망루[樓櫓]집을 바라보고 망루인가 허공인가 의심하다가, 오래오래 보고야 비로소 결정한 마음이 생기어 망루인 줄을 알듯이, 10주 보살이 자기의 몸 속에서 여래의 성품을 보는 것도 그와 같으니라. 선남자야, 어떤 왕자가 허약한 몸으로 밤이 새도록 놀다가 이튿날 새벽에 모든 것을 보아도 분명하지 못하듯이, 10주 보살이 자기의 몸에서 여래의 성품을 보는 것도 그와 같아서 매우 분명하지 못하리라. 또 선남자야, 마치 벼슬하는 신하가 나라 일에 골몰하다가 밤이 되어 집에 돌아올 적에 번개 빛이 잠깐 번쩍 하는데 소의 떼를 보고 소의 떼인지 구름인지 집인지 망설이다가 오랫동안 보고서야 소인 줄을 짐작하나 오히려 분명히 결정하지 못하듯이 10주 보살이 자기의 몸에서 여래의 성품을 보면서도 분명하게 결정하지 못하는 것도 그와 같으니라.

또 선남자야, 계행을 가지는 비구가 벌레 없는 물을 보면서도 벌레 비슷한 모양을 보고 꾸물꾸물하는 것이 벌레인가 티끌인가 망설이다가 오래오래 보고서 비록 티끌인 줄을 짐작하지만 오히려 분명하지 못하듯이, 10주 보살이 자기의 몸에서 여래의 성품을 보는 것도 그와 같아서 분명하지 못하니라. 또 선남자야, 어떤 사람이 어스름한 밤에 멀리 있는 아이를 보고 소인지 사람인지 새인지 망설이다가 오래오래 보고는 어린 아이인 줄을 짐작하지만 오히려 분명하지 못하듯이, 10주 보살이 자기의 몸에서 여래의 성품을 보는 것도 그와 같아서 분명하지 못하니라. 또 선남자야, 어떤 사람이 어스름한 밤에 보살의 화상을 보고 보살의 화상인가 자재천의 화상인가 대범천의 화상으로서 옷이 퇴색되었는가 생각하다가 오래오래 보고는 비록 보살의 화상인 줄 짐작하지만, 그래도 분명하지 못하듯이, 10주 보살이 자기의 몸에서 여래의 성품을 보는 것도 그와 같아서 그리 분명하지 못하니라. 선남자야, 불성이 이렇게 깊고 아득하여 보기 어려운 것이니, 부처님만이 보는 것이요, 성문이나 연각으로는 미칠 수 없느니라. 선남자야, 지혜로운 이가 이렇게 분별하여서 여래의 성품을 알지니라."

"세존이시여, 부처의 성품이 이렇게 미세하여 알기 어려우면, 어떻게 육안으로 볼 수 있겠습니까?"

"선남자야, 비상비비상천(非想非非想天)도 2승으로는 알 수 있는 것은 아니지만, 경선을 따라서 믿음으로 아는 것같이, 선남자야, 성문과 연각이 이런 대반열반경을 믿음으로 말미암아 자기의 몸에 여래의 성품이 있는 줄을 아는 것도 그와 같으니라. 선남자야, 그러므로 대반열반경을 부지런히 익혀야 하나니, 선남자야, 이러한 불성은 부처님만이 아는 것이요. 성문이나 연각으로는 미칠 수 없느니라."

가섭보살이 부처님께 여쭈었다.

"세존이시여, 성인이 아닌 범부들은 중생의 성품이 있으니 모두 내가 있다고 말하나이다."

부처님께서 말씀하였다.

"어떤 두 사람이 서로 친구가 되었는데, 하나는 왕자요 하나는 빈천한 사람이었다. 두 사람이 서로 왕래하였는데, 그때 왕자에게 훌륭하고 기묘한 칼이 있는 것을 보고 빈천한 사람이 탐을 내었다. 그 뒤에 왕자는 그 칼을 가지고 다른 나라로 도망하여 가고, 빈천한 사람이 다른 집에서 자다가 '칼, 칼' 하면서 잠꼬대하는 것을 곁에 사람이 듣고 그 사람을 끌고 임금에게 갔더니, 왕이 묻기를 '네가 칼, 칼 하였으니 그 칼을 내게 보여라' 하니, 그 사람이 전후 사실을 갖추어 말하고, '대왕께서 지금 신의 몸을 도륙하고 손발을 찢더라도 칼은 얻을 수 없나이다. 신이 왕자와 친하였으므로 함께 다니면서 눈으로 칼을 보았으나, 감히 손으로 만지지도 못하였는데 어찌 가졌을 리가 있겠나이까' 하였다. 왕이 또 묻기를 '그대가 본 칼은 모양이 어떠하였는가' 라고 하자, 빈천한 사람이 '양[殺羊]의 뿔과 같다'라고 대답하였더니, 왕이 듣고는 혼연히 웃고 말하기를 '너는 지금 가고 싶은 데로 가고 무서워하지 말라. 나의 광에는 그런 칼이 없거니, 하물며 왕자에게서 보았겠느냐' 하고는, 여러 신하들에게 묻기를 '그대들은 그런 칼을 본 일이 있느냐' 하며 말을 마치고는 얼마 후 죽었다. 이윽고 다른 아들을 세워 왕위를 잇게 하였더니, 그 왕이 또 신하들에게 묻기를 '그대들은 궐내의 광에서 그 칼을 본 일이 있는가'라고 하자 신하들이 '보았습니다'라고 대답하였고, 다시 그 모양이 어떻냐고 물으니 신하들이 양의 뿔과 같더라고 대답하였다. 왕은 나의 광에 그런 칼이 있을 리가 있느냐고 하였다. 이렇게 차례차례로 네 임금이 모두 검사하여 보았으나 그런 칼을 찾지 못하였다.

그런지 얼마 후에 도망하였던 왕자가 다른 나라로부터 다시 본국에 돌아와서 왕이 되었고, 왕이 된 뒤에 다시 신하들에게 그 칼을 보았느냐고 물으니 모두 보았노라 대답하였고, 또 그 모양이 어떻냐고 물었더니 '대왕이시여, 빛이 깨끗하여 우발라 꽃 같습니다' 하고, 어떤 이는 모양이 양의 뿔 같다고 하고, 또 어떤 이는 빛이 붉어서 불더미 같다고 하고, 또 어떤 이는 검은 뱀 같다고 대답하였다. 그때에 임금이 크게 웃으며 '그대들은 모두 내 칼의 참 모양을 보지 못하였다'고 말하였다.

　선남자야, 보살마하살도 그와 같아서, 세상에 나서 나의 진실한 모양을 설명하고 말하고는 곧 떠나간 것은 마치 왕자가 훌륭한 칼을 가지고 다른 나라로 도망한 것과 같고, 어리석은 범부들이 '모든 것이 내가 있다. 내가 있다'고 말하는 것은 마치 빈천한 사람이 다른 집에서 자다가 '길 길' 하고 잠꼬대 하던 것과 같고, 성문·연각이 중생들에게 묻기를 내가 어떤 모양인가 하니 어떤 이는 나의 모양이 엄지손가락 같다 하고, 혹은 쌀 같다 하고, 혹은 피의 씨[稗子] 같다고 하며, 어떤 이는 나의 모양이 마음속에 있는데 해처럼 찬란하다고 하니, 이와 같이 중생들이 나의 모양을 알지 못하는 것은 마치 신하들이 칼의 모양을 모르는 것과 같으니라. 보살이 이렇게 나를 말하는 것을 범부들이 알지 못하고 가지각색으로 분별을 내어 나라는 모양을 짐작하여 보는 것은 마치 칼의 모양이 양의 뿔 같다고 대답함과 같나니, 범부들이 차례차례로 계속하여 가면서 잘못된 소견을 일으키므로, 그런 소견을 끊어 버리기 위하여 여래가 일부러 내가 없다고 말하였으니, 마치 왕자가 신하들에게 말하기를 '나의 광에는 그런 칼이 없었다'고 한 것과 같으니라.

　선남자야, 오늘 여래가 말하는 참 나는 이름이 불성이니, 이러한 불성은 나의 불법 중에서 훌륭한 칼과 같으니라. 선남자야, 만일 범부로서 옳게 말하는 이는 곧 위없는 불법을 따르는 이요, 잘 분별하여 이것을 따라서 말하는 이는 곧 보살의 모양인 줄을 알아야 하느니라."

13. 문자에 대해서[文字品]

부처님께서 또 가섭보살에게 말씀하셨다.
"세계에 있는 가지각색 다른 언론과 주술과 말과 글자는 모두 부처님이 말씀한 것이요, 외도가 말한 것이 아니니라."
가섭보살이 여쭈었다.
"세존이시여, 어떤 것이 여래께서 말씀하신 글자의 근본입니까?"
"선남자야, 처음에 반쪽 글자[半字]를 말하여 근본을 삼아 가지고 모든 언론과 주술과 문장과 5음의 실제 법을 기록하게 하였으므로, 범부들은 이 글자의 근본을 배운 뒤에야 바른 법인지 잘못된 법인지를 알 것이니라."
"세존이시여, 글자라는 것은 그 뜻이 어떠합니까?"
"선남자야, 열네 가지 음을 글자의 뜻이라 이름하고, 글자의 뜻을 열반이라 하며, 항상한 것이므로 흘러 변하지 않느니라. 만일 흐르지 않는다면 그것은 다함이 없는 것이요, 다함이 없는 것은 곧 여래의 금강 같은 몸이니라. 이 열네 가지 음을 글자의 근본이라 하느니라.

짧은 아(阿, a)는 파괴하지 못함이요, 파괴하지 못하는 것은 삼보니 마치 금강과 같으니라. 또 아는 흐르지 않음이요, 흐르지 않는 것은 여래니, 여래의 아홉 구멍에는 흐를 것이 없으므로 흐르지 않으며, 또 아홉 구멍이 없으므로 흐르지 않나니, 흐르지 않는 것은 항상하고 항상함은 곧 여래니, 여래는 짓는 것이 없으므로 흐르지 않느니라. 또 아는 공덕이라 하나니, 공덕은 곧 삼보라, 그러므로 아(a)라 하느니라.

나음에 긴 아(阿, a)는 이름이 아사리(阿闍梨)니 아사리란 뜻은 무엇인가? 세간에서 성인이라 하니, 어째서 성인이라 하는가? 성인은 집착이 없음이니, 욕심이 없어 만족한 줄을 알므로 청정이라고도 하느니라. 3유(有)에서 흐르는 나고 죽는 바다에서 중생들을 제도하므로 성인이라 하느니라. 또 아(a)는 제도(制度)라고 하나니, 깨끗한 계행을 지키고 위의를 잘 차리느니라. 또 아(a)는 성인을 의지함이라 하나니, 위의와 거동을 배우고 삼보를 공양하고 공경하여 예배하며, 부모에게 효도하고 대승을 배우는 것이니라. 선남자·선여인으로 계율을 잘 지키는 이와 보살마하살을 성인이라 하느니라. 또 아(ā)는 가르침이라 이름하나니, 너희들은 이런 일은 하고 이런 일은 하지 말라고 말하고, 위의 답지 못한 일을 못하게 하는 이를 성인이라 하나니, 그러므로 아(ā)라 하느니라.

짧은 이(伊, i)는 곧 부처님 법이니, 범행(梵行)이 넓고 크고 깨끗하여 때가 없음이 보름달 같으며, 너희들은 이런 일은 하고 이런 일은 하지 말며, 이것은 옳은 것이요 이것은 옳지 않은 것이며, 이것은 부처님 말씀이요 이것은 마군의 말이라 하므로 이(i)라 이름하느니라.

긴 이(伊, ī)는 부처님 법이 미묘하고 깊어서 얻기 어려움이니, 마치 자재천과 대범천왕의 법을 자재라고 하는 것과 같으며, 만일 이것을 보호하면 법을 보호한다고 하는 것이며, 또 자재라 함은 세상을 보호하는 사천왕[四護世]이라 하나니, 이 네 가지 자재하는 이는 대반열반경을 거두어 보호하며, 또 자재하게 선전하고 연설하느니라. 또 이(ī)는 자재하기 위하여 말하나니, 그것은 방등경전을 닦아 익히는 것이니라. 또 이(ī)는 질투를 끊으려는 것이니, 돌피를 뽑는 것 같아서 모두 길상한 일로 변하는 것이므로 이(ī)라 하느니라.

짧은 우(憂, u)는 모든 경전 중에 가장 높고 가장 훌륭하며 자꾸 늘어나는 것이니 곧 대열반이니라. 또 우(u)는 여래의 성품이어서 성문이나 연각은 듣지 못하는 것이니 모든 곳에서 북쪽의 울단월이 가장 훌륭하듯이, 보살이 이 경을 들어 가지면 모든 중생에게 가장 높고 가장 훌륭하므로 우(u)라 하느니라.

긴 우(憂, ū)는 마치 우유가 모든 맛 가운데 상품이 되듯이 여래의 성품도 그와 같아서, 모든 경전 가운데 가장 높고 가장 으뜸이 되며, 만일 비방한다면 이 사람은 소와 다를 것이 없느니라. 또 우(ū)는 이 사람을 지혜와 바른 생각이 없는[無慧正念]이라 이름하며, 여래의 비밀한 법장을 비방하면 이 사람은 매우 불쌍한 것이니, 여래의 비밀한 법장을 여의고 내가 없다는 법을 말하므로 우(ū)라 하느니라.

열(咽, e)은 부처님들 법의 성품인 열반이므로 열(e)이라 하느니라.

야(野, ai)는 여래란 뜻이며, 또 야(ai)는 여래의 나아가고 멈추고 굽히고 펴는 동작이 중생을 이익케 하지 않음이 없으므로 야(ai)라 하느니라.

오(烏, o)는 번뇌란 뜻이니, 번뇌는 루(漏)라고 하거니와 여래는 모든 번뇌를 영원히 끊었으므로 오(o)라 하느니라.

포(炮, au)는 대승이란 뜻이니, 14음에서 이것이 나중이 되듯이 대승경전도 이와 같아서, 모든 경과 논에서 가장 나중이므로 포(au)라 하느니라.

암(菴, aṃ)은 모든 부정한 것을 막음이니, 부처님 법에서는 온갖 금과 은과 보물을 버리므로 암(aṃ)이라 하느니라.

아(痾, aḥ)는 훌륭한 법이란 뜻이니, 왜냐하면 이 대승경전인 대열반경은 모든 경 가운데 가장 훌륭하므로 아(aḥ)라 하느니라.

가(迦, ka)는 모든 중생들에게 대자대비를 일으키는 것이니, 아들이란 생각 내기를 라후라와 같이하여, 묘하고 선한 뜻을 지으므로 가(ka)라 하느니라.

가(呿, kha)는 착하지 아니한 벗이라 하나니, 착하지 아니한 벗은 잡되고 더러움을 이름하며, 여래의 비밀한 법장을 믿지 아니하므로 가(kha)라 하느니라.

가(伽, ga)는 장(藏)이라 이름하니, 장은 여래의 비밀한 장을 말함이며, 모든 중생이 모두 불성이 있으므로 가(ga)라 하느니라.

무거운 음 가(伽, gha)는 여래의 항상한 음이니, 무엇을 여래의 항상한 음이라 하는가. 여래는 항상 머물고 변역하지 않으므로 가(gha)라 하느니라.

아(我, ṅa)는 온갖 행을 파괴하는 모양이니 그러므로 아(ṅa)라 하느니라.

차(遮, ca)는 곧 닦는다는 뜻이니 모든 중생들을 조복하는 것을 닦는다 하며, 그러므로 차(ca)라 하느니라.

차(車, chā)는 여래가 모든 중생들을 가리워 주는 것이니 마치 큰 일산과 같으므로 차(chā)라 하느니라.

자(闍, ja)는 곧 바른 해탈로서 늙는 모양이 없으므로 자(ja)라 하느니라.

무거운 음 자(闍, jha)는 번뇌가 성한 것이니, 빽빽한 숲과 같으므로 자(jha)라 하느니라.

약(若, ña)은 지혜란 뜻이니, 참된 법의 성품을 알므로 약(ña)이라 하느니라.

타(吒, ṭa)는 염부제에서 몸을 반쯤 나타내고 법을 연설하는 것이니, 반달과 같으므로 타(ṭa)라 하느니라.

타(佗, ṭha)는 법신이 구족함이니, 보름달과 같으므로 타(ṭha)라 하느니라.

다(茶, ḍa)는 어리석은 승려이니, 항상함과 무상함을 알지 못함이 어린 아이와 같으므로 다(ḍa)라 하느니라.

무거운 음 다(茶, ḍha)는 스승의 은혜를 알지 못함이니 마치 숫양[羝羊]과 같으므로 다(ḍha)라 하느니라.

나(拏, ṇa)는 성인이 아니라는 뜻이니, 마치 외도와 같으므로 나(ṇa)라 하느니라.

타(多, ta)는 여래가 저기에서 비구들에게 말하기를 '놀라고 두려움을 여의라, 너희들에게 미묘한 법을 말하리라' 하므로 타(ta)라 하느니라.

타(他, tha)는 어리석다는 뜻이니, 중생들이 생사에서 헤매기를 자기의 실로 몸을 얽는 누에와 같으므로 타(tha)라 하느니라.

다(陀, da)는 크게 베풂이니 이른바 대승이라, 그러므로 다(da)라 하느니라.

무거운 음 다(陀, dha)는 공덕을 칭찬함이니, 이른바 삼보가 수미산처럼 높고 가파르고 커서 뒤바뀌지 않으므로 다(dha)라 하느니라.

나(那, na)는 삼보가 편안히 머물러 기울어지지 않음이 문지방과 같으므로 나(na)라 하느니라.

파(波, pa)는 뒤바뀌었다는 뜻이니, 만일 삼보가 모두 없어졌다고 말하면, 이 사람은 스스로 의혹하는 것이므로 파(pa)라 하느니라.

파(頗, pha)는 세간의 재앙이니, 만일 세간의 재앙이 일어날 때에는 삼보도 끝난다고 말하면, 이 사람은 어리석고 지혜가 없어 성인의 뜻을 어기는 것이므로 파(pha)라 하느니라.

바(婆, ba)는 부처님의 10력(力)이라 하나니, 그러므로 바(ba)라 하느니라.

무거운 음 바(婆, bha)는 무거운 짐이라 하나니, 위없는 바른 법을 짊어질 수 있으며 이 사람이 대보살임을 알지니, 그러므로 바(bha)라 하느니라.

마(摩, ma)는 보살들의 엄숙한 제도(制度)니, 대승의 대반열반 이므로 마(ma)라 하느니라.

야(耶, ya)는 보살들이 간 데마다 중생들을 위하여 대승법을 말하는 것이므로 야(ya)라 하느니라.

라(囉, ra)는 탐욕·성냄·어리석음을 깨뜨리고, 진실한 법을 말하므로 라(ra)라 하느니라.

가벼운 음 라(羅, la)는 성문승은 흔들리고 머물러 있지 않으며, 대승은 편안하여 흔들리지 않음이라 하나니, 성문승을 버리고 위없는 대승을 부지런히 닦으므로 라(la)라 하느니라.

화(和, va)는 여래 세존께서 중생들에게 큰 법비를 내림이라 하나니, 세간의 주문·술법의 경전이라, 그러므로 화(va)라 하느니라.

사(賒, śa)는 세 가지 화살을 멀리 떠남이니, 그러므로 사(śa)라 하느니라.

사(沙, sa)는 구족하다는 뜻이니 이 대열반경을 들으면 곧 온갖 대승경전을 듣고 지니는 것이므로 사(sa)라 하느니라.

사(娑, ṣa)는 중생들을 위하여 바른 법을 연설하며 마음을 즐겁게 함이니, 그러므로 사(ṣa)라 하느니라.

하(呵, ha)는 마음이 즐거움이라 하나니, 신기하게 세존은 온갖 행을 여의었고, 이상하게 여래께서 반열반에 드시므로 하

(ha)라 하느니라.

라(羅, lam)는 마군이란 뜻이니, 한량없는 마군들도 여래의 비밀한 법장을 깨뜨리지 못하므로 라(lam)라 하며, 또 라(lam)는 내지 일부러 세상을 따라서 부모와 처자를 두는 것이므로 라(lam)라 하느니라.

로(魯, r)·류(流, r)·로(盧, l)·루(樓, ī) 이 네 글자는 네 가지 뜻이 있으니, 이른바 부처님·교법·승가와 대법(對法)이니라. 대법이라 함은 제바달(提婆達)이 일부러 승단을 파괴하며 가지가지 형상을 변화시킴과 같은 것이니 계율을 제정하기 위한 것이므로 지혜 있는 이는 그렇게 알고 두려운 생각을 내지 말 것이며, 이것은 세상을 따르는 행이라 하나니, 그러므로 로(r)·류(r)·로 (l)·루(ī) 라 하느니라.

숨을 들이키는 소리는 혀가 코를 따르는 소리이다. 긴 소리, 짧은 소리, 뛰어나는 소리 따위로 음에 따라서 뜻을 해석함이 모두 혀와 이로 인하여 차별이 있나니, 이런 글자들이 중생의 구업(口業)을 깨끗하게 한다. 중생의 불성은 그렇지 않아서 문자를 빌린 뒤에야 깨끗하여지는 것이 아니니, 왜냐하면 성품이 본래 깨끗한 것이므로 비록 5음·6입·18계에 있더라도 5음·6입·18계와 같지 아니하니라. 그러므로 중생들은 모두 귀의하여야 하며, 보살들도 불성인 인연으로 중생들을 평등하게 보고 차별하지 아니하나니, 그러므로 반쪽 글자가 모든 경서(經書)와 기론(記論)과 문장의 근본이 되느니라. 또 반쪽 글자의 뜻은 모든 번뇌를 말하는 근본이므로 반쪽 글자라 하고, 완전한 글자는 모든 선한 법을 말하는 근본이니, 마치 세상에서 나쁜짓 하는 이를 반쪽 사람이라 하고, 선한 일하는 이를 완전한 사람이라 하는 것 같으니라. 이와 같이 모든 경서와 기론은 다 반쪽 글자로 근본을 삼거니와 만일 여래와 바른 해탈도 반쪽 글자에 들어간다 하면 그런 것이 아니니, 왜냐하면 문자를 여읜 까닭이니라. 그러므로 여래는 온갖 법에 거리끼지도 않고 집착하지도 않아서 참으로 해탈을 얻었느니라.

어떤 것을 가리켜 글자의 뜻을 안다고 하는가. 만일 여래가 세상에 나타나서 반쪽 글자를 없앨 줄을 안다면 이는 글자의 뜻을 안다고 할 것이요, 만일 반쪽 글자만을 따르는 이는 여래의 성품을 모르는 것이니라. 어떤 것을 글자가 없는 뜻이라 하는가. 선하지 못한 법을 친근하여 닦는 이는 글자가 없다고 하는 것이며, 또 글자가 없는 것은 비록 선한 법을 친근하여 닦으면서도 여래의 항상하고 무상함과, 늘 있고 늘 있지 않음과, 법보·승보와 계율과 잘못된 계율과, 경전과, 잘못된 경전과, 마군의 말과 부처님 말을 알지 못하는 것이니, 이렇게 분별할 줄을 모르는 이는 글자가 없는 뜻을 따른다 하느니라. 내가 지금 글자가 없는 뜻을 따르는 것을 말하였으니, 선남자야, 그대들은 지금 반쪽 글자를 여의고 완전한 글자를 잘 알아야 하느니라."

"세존이시여, 저희들은 마땅히 글자의 수를 잘 배우겠나이다. 저희들이 지금 위없는 스승을 만나서 여래의 은근한 가르침을 받았나이다."

부처님께서 가섭보살을 칭찬하였다.

"훌륭하고 훌륭하다. 바른 법을 좋아하는 사람은 그렇게 배워야 하느니라."

14. 새 비유[鳥喩品]

이때에 부처님께서 가섭보살에게 말씀하셨다.

"선남자야, 새에 두 가지 종류가 있으니 하나는 가린제(迦隣提)요 다른 하나는 원앙이다. 함께 다니면서 서로 떠나지 아니하나니, 괴롭고 무상하고 내[我]가 없는 법도 그와 같아서 서로 여의지 못하느니라."

가섭보살이 부처님께 여쭈었다.

"세존이시여, 어찌하여 괴롭고 무상하고 내가 없는 법이 저 원앙과 가린제 새 같다 하나이까?"

"선남자야, 다른 법이 괴로움이요, 다른 법이 낙이요, 다른 법이 항상함이요, 다른 법이 무상이요, 다른 법이 나요, 다른 법이 내가 없음이니, 마치 벼가 삼이나 보리와 다르고, 삼과 보리는 또 콩·조·감자와 다른 것 같으니라. 이런 여러 가지가 움트고 싹 나고 내지 꽃과 잎이 모두 무상하거니와 열매가 익어 사람이 사용할 적에는 항상하다 하나니, 왜냐하면 성품이 진실한 까닭이니라."

"세존이시여, 이런 것들이 만일 항상하다면 여래와 같습니까?"

"선남자야, 그대는 그런 말을 하지 말라. 왜냐하면 만일 여래가 수미산과 같다 하더라도, 겁이 무너질 때[懷劫]에 수미산은 무너지지만, 여래가 어찌 무너지겠느냐. 선남자야, 그대는 이런 생각을 가지지 말라. 모든 법이 열반을 제외하고는 하나도 항상한 것이 없나니, 세간 법으로 말하므로 열매가 항상하다는 것이니라."

"세존이시여, 그러하나이다. 부처님의 말씀과 같나이다."

"그러하니라. 선남자야, 비록 모든 경전의 선정을 닦더라도, 내지 대반열반경을 듣지 못하면 온갖 것이 모두 무상하다고 말할 것이며, 이 경을 듣기만 하면 비록 번뇌가 있더라도 번뇌가 없는 것 같아서 모든 인간 사람·천상 사람을 이익케 하느니라. 왜냐하면 자기의 몸에 불성이 있는 줄을 분명히 알므로 항상하다 하느니라. 또 선남자야, 마치 암마라나무가 꽃이 처음 필 적에는 무상하다 하지만 열매가 익어서 이익함이 많으면 항상하다고 하는 것과 같으니라. 이와 같이 선남자야, 비록 모든 경전의 선정을 닦더라도 이 대반열반경을 듣지 못하였을 적에는 모든 것이 무상하다고 하거니와 이 경을 듣고는 비록 번뇌가 있더라도 번뇌가 없는 것과 같아서 곧 모든 세간 사람·천상 사람을 이익케 하나니, 왜냐하면 자기의 몸에 불성이 있는 줄을 알므로 항상하다 하느니라.

또 선남자야, 마치 금의 광석이 녹을 적에는 무상한 것이요, 녹아서 순금이 되면 이로움이 많으므로 항상하다 하느니라.

선남자야, 그와 같이 비록 모든 경전의 선정을 닦더라도 이 대반열반경을 듣지 못하였을 적에는 온갖 것이 모두 무상하다고 하지만 이 경을 듣고 나서는 비록 번뇌가 있더라도 번뇌가 없는 것과 같아서 모든 세간 사람·천상 사람을 이익케 하느니라. 왜냐하면 자기의 몸에 불성이 있는 줄을 아는 것이므로 항상하다 하느니라.

또 선남자야, 마치 참깨가 기름을 짜기 전에는 무상하다 하지만, 짜서 기름이 되면 이익함이 많으므로 항상하다 함과 같으니라. 선남자야, 비록 모든 경전의 선정을 닦더라도 이 대반열반경을 듣지 못하였을 적에는 온갖 것이 모두 무상하다고 말하지만 이 경을 듣고 나서는 비록 번뇌가 있더라도 번뇌가 없는 것과 같아서 모든 인간 사람·천상 사람을 이익케 하나니, 왜냐하면 자기의 몸에 불성이 있는 줄을 분명히 아는 것이므로 항상하다 하느니라.

또 선남자야, 여러 가지 흐르는 물이 모두 바다로 가는 것같이, 모든 경전의 선정 삼매를 닦으면 모두 대승 대열반경으로 돌아가나니, 왜냐하면 끝까지 불성이 있음을 잘 말하는 까닭이니라. 선남자야, 그러므로 내가 말하기를 다른 법이 항상하고 다른 법이 무상하며 내지 내가 없는 것도 그와 같다 하느니라."

"세존이시여, 여래께서는 근심하고 슬퍼하는 독한 살을 이미 여의었나이다. 근심하고 슬퍼함을 하늘이라 하지만 여래는 하늘이 아니며, 근심하고 슬퍼함을 사람이라 하지만 여래는 사람이 아니며, 근심하고 슬퍼함을 25유라 하지만 여래는 25유가 아니어서, 여래는 근심이나 슬퍼함이 없거늘, 어찌하여 여래께서 근심과 슬픔이 있다고 하오리까?"

"선남자야, 무상천(無想天)은 생각이 없다 하지만 만일 생각이 없다면 수명이 없을 것이요. 수명이 없으면 어찌하여 5음·6입·18계가 있으리오. 이러한 이치로 무상천의 수명이 머무는 데가 있다고 말할 수 없느니라. 선남자야. 마치 나무의 신[樹神]이 나무를 의지하여 있거니와 결정코 가지에 의지하거나 마디에 의지하거나 줄기에 의지하거나 잎에 의지하였다고 말할 수 없으며, 비록 일정한 곳이 없지만, 그렇다고 없다고 말할 수도 없나니, 무상천의 수명도 그와 같으니라. 선남자야, 부처님 법도 그와 같아서 깊고 깊어 알기 어려운 것이니, 여래가 진실로 근심·슬픔·괴로움·번뇌가 없지만, 중생에게 대자비심을 일으키어 근심·슬픔이 있는 듯이 나타내어 중생들 보기를 라후라처럼 하느니라. 또 선남자야, 무상천들이 가진 수명은 부처님만이 아는 것이요, 다른 이는 미칠 수 없으며, 내지 비상비비상천도 그와 같으니라. 가섭이여, 여래의 성품은 청정하고 물들지 않음이 화신(化身)과 같거늘, 어찌하여 근심·슬픔·괴로움·시끄러움이 있겠느냐. 만일 여래에게 근심·슬픔이 있다면 어떻게 모든 중생을 이익하고 부처님 법을 널리 선포하며, 없다고 하면 어떻게 중생들을 평등하게 보기를 라후라와 같이한다 하겠느냐. 만일 라후라처럼 평등하게 보지 않는다면 이런 말은 곧 허망한 것이니라. 이러한 뜻으로 선남자야, 부처님께서는 헤아릴 수 없으며 법도 헤아릴 수 없으며 중생의 불성도 헤아릴 수 없으며 무상천의 수명도 헤아릴 수 없나니, 여래가 근심이 있는지 근심이 없는지는 부처님의 경계요, 성문이나 연각으로는 알 수 있는 것이 아니니라.

선남자야, 허공에는 집이나 티끌이 머물러 있을 수 없지만, 만일 집이 허공을 인하여 머물지 않는다 하면 옳지 않느니라. 이런 이치로 집이 허공에 머물렀다 허공에 머물지 않았다 할 수 없나니, 범부들은 집이 허공에 머물렀다 하지만, 허공은 실로 머물 데가 없느니라. 왜냐하면 성품이 머물 수 없는 연고니라. 선남자야, 마음도 그와 같아서 5음·6입·18계에 머물렀다거나 머물지 않았다고 말할 수 없느니라. 무상천의 수명도 그러하고 여래의 근심 슬픔도 그러하니, 만일 근심 슬픔이 없다면 어떻게 중생을 평등하게 보기를 라후라와 같이 한다고 말하며, 만일 근심 슬픔이 있다면 어떻게 성품이 허공과 같다고 말하겠느냐. 선남자야, 마치 환술쟁이가 가지각색 궁전을 변화시켜 만들고 죽이고 기르고 얽매고 놓아주며, 또 금·은·폐유리·보물과 숲과 나무들을 만들어도 모두 참된 성품이 없나니, 여래도 그와 같아서 세상을 따라서 근심 슬픔을 나타내지만, 진실하지 아니하니라. 선남자야, 여래는 이미 대반열반에 들었거늘 어찌하여 근심·슬픔·괴로움·시끄러움이 있겠느냐. 만일 여래가 열반에 들었으니 이것이 무상하다 하면 이 사람은 근심 슬픔이 있는 것이요, 만일 여래가 열반에 들지 않고 항상 머물러 변하지 않는다 하면 이 사람은 근심 슬픔이 없는 줄을 알겠거니와 여래가 근심이 있고 없는 것은 알 사람이 없느니라.

또 선남자야, 마치 하품 사람은 하품 법만 알고 중품·상품 법은 모르며, 중품 사람은 중품만 알고 상품은 알지 못하거니와 상품 사람은 상품도 알고 중품·하품도 아는 것같이 성문·연각도 그와 같아서 자기의 처지만 알고 있다. 여래는 그렇지 아니하여 자기의 처지와 다른 이의 처지까지 알므로 여래를 걸림없는 지혜라 하는 것이며, 환술 같은 변화를 나타내어 세상을 따르는 것을 범부의 육안으로는 진실하다 하지만, 여래의 걸림없고 위없는 지혜를 알고자 함은 옳지 아니하며, 근심이 있고 없는 것은 부처님만이 아는 것이니, 이러한 인연으로 다른 법은 내가 있고 다른 법은 내가 없는 것이니, 이것을 원앙과 가린제의 성품이라 하느니라. 또 선남자야, 부처님 법은 마치 원앙이 함께 행하는 것과 같나니, 가린제와 원앙은 여름에 물이 불으면 높은 곳을 가리어서 새끼를 두고 기르며, 그런 뒤에 본래대로 편안히 노니나니, 여래도 그와 같아서 한량없는 중생을 교화하여 바른 법에 머물게 함은, 저 원앙이나 가린제가 높은 곳을 가리어 새끼를 두는 것 같나니, 여래도 그러하여 중생들로 하여금 할 일을 마치고는 대반열반에 들어가느니라. 선남자야, 이것을 이름하여 다른 법은 괴롭고 다른 법은 즐거움이라 하느니라. 모든 행은 괴로움이요 열반은 즐거움이니 제일 미묘하여 모든 행을 무너뜨리는 까닭이니라."

"세존이시여, 어찌하여 중생으로서 열반을 얻는 이를 제일 즐거움이라 하나이까?"

"선남자야, 내가 말한 것같이 모든 행이 화합한 것을 늙고 죽음이라 하느니라."

삼가하고 놀지 말라.
이런 것이 감로니라.
방일하고 안 삼가면
이를 일러 죽음이라 하느니라.

방일하지 않은 이는
안 죽을 데 얻게 되고
방일하게 노는 이는
죽을 길만 가게 되리.

방일함은 함이 없는 법이요, 함이 있는 법은 제일 괴로운 것이며, 방일하지 아니함은 열반이니 열반은 감로라 하여 제일 즐거움이니라. 모든 행을 따라감은 죽는 것이니 제일 괴로움을 받고, 열반에 나아가면 죽지 않는 것이니 가장 훌륭한 낙을 받느니라. 만일 방일하지 아니하면 비록 모든 행을 모으더라도 이것은 항상하고 즐겁고 죽지 않고 파괴되지 않는 몸이라 하느니라. 어떤 것이 방일이요 어떤 것이 방일하지 않음인가. 성인 아닌 범부는 방일이라 하나니, 항상 죽는 법이요, 세상에서 뛰어난 성인은 방일하지 않으므로 늙고 죽음이 없느니

라. 왜냐하면 제일가는 항상하고 즐거운 열반에 드는 까닭이니, 이런 이치로 다른 법이 괴로움이요 다른 법이 즐거움이며, 다른 법이 나이고 다른 법이 내가 없음이라 하였느니라.

  사람이 땅에서 공중을 쳐다볼 때 새가 날아간 자리를 볼 수 없는 것처럼, 선남자야, 중생도 그러하여 하늘눈이 없고 번뇌 속에 있어서 스스로 여래의 성품이 있다는 것을 보지 못한다. 그러므로 내가 무아의 비밀을 말하였다. 왜냐하면 하늘눈이 없는 자는 참 나를 알지 못하여 제멋대로 나라는 것을 헤아리기 때문이다. 번뇌들로 인하여 짓는 함이 있는 것은 무상하다. 그러므로 내가 다른 법은 항상되고 다른 법은 항상하지 않다고 말하였다.

    정진하는 날쌘 사람
    산꼭대기에 있게 되면
    평지나 넓은 들에 있는
    범부들을 항상 보게 되리.

    위가 없이 훌륭한
    지혜 궁전 올라가면
    제 근심을 소멸하고
    중생 근심도 마냥 보리.

  여래는 한량없는 번뇌를 모두 끊고 지혜의 산에 있으면서,

중생들이 한량없는 번뇌 속에 항상 있는 것을 보느니라."

"세존이시여, 게송으로 말씀하신 이치가 그렇지 않으니, 왜냐하면 열반에 들어가면 근심도 기쁨도 없거늘, 어찌하여 지혜의 궁전에 올라가며, 또 어떻게 산 위에 있으면서 중생을 보리까?"

"선남자야, 지혜의 궁전이라 함은 열반을 말함이요, 근심이 없는 이는 여래요, 근심이 있는 이는 범부니, 범부는 근심하는 것이므로 여래는 근심이 없느니라. 수미산 꼭대기는 바른 해탈을 말함이요, 정진함은 수미산이 흔들림이 없음에 비유하고, 평지는 함이 있는 행이니, 모든 범부들이 평지에 머물러 있으면서 모든 행을 짓느니라. 지혜란 것은 바른 깨달음을 말함이니, 유(有)를 여의고 항상 머물기 때문에 여래라 하느니라. 여래는 한량없는 중생들이 항상 모든 유의 독한 살에 맞았음을 불쌍히 여긴다. 그러므로 여래는 근심이 있다고 하느니라."

"세존이시여, 만일 여래께서 근심과 슬픔이 있다 하면 등정각(等正覺)이라 할 수 없겠나이다."

"가섭보살이여, 모두 인연이 있는 것이니, 교화를 받을 만한 중생이 있는 곳을 따라서 그 가운데 여래가 태어나는 것이며, 비록 태어나더라도 실로는 나는 일이 없으므로 여래는 항상 머무는 법이어서 가린제나 원앙 등의 새와 같다고 하느니라."

대반열반경 제9권

15. 달 비유[月喩品]

부처님께서 가섭보살에게 말씀하셨다.

"비유컨대 마치 사람들이 달이 뜨지 않음을 보고는 달이 없어졌다고 말하면서 없어졌다는 생각을 하지만 달의 성품은 참으로 없어진 것이 아니며, 다른 지방에 달이 뜰 때 그 지방 중생들이 달이 떴다고 하지만 달의 성품은 참으로 나는 일이 없음 같으니, 왜냐하면 수미산이 가리워서 나타나지 못할지언정 달은 항상 있는 것이어서 났다 없어졌다 하는 것이 아니니라.

여래·응공·정변지도 그와 같아서 여래가 삼천대천세계에 나타나 혹 염부제에서 부모를 가지게 되면 중생들이 말하기를 염부제에 나셨다 하고, 혹 염부제에서 일부러 열반을 나타내면 여래의 성품은 진실로 열반이 없지만 중생들은 모두 여래가 참으로 열반에 들었다 함이 비유컨대 달이 없어졌다는 것과 같으니라. 선남자야, 여래의 성품은 나고 없어짐이 없건만 중생을 교화하기 위하여 났다 없어졌다 하는 듯이 보이느니라.

선남자야, 마치 여기서 보름달일 적에는 다른 곳에서는 반달을 보고, 여기서 반달일 적에는 다른 곳에서는 보름달을 보고는 모두 초하루다 하여 초승이란 생각을 가지고 달이 둥글어진 것을 보고는 보름이라 하여 보름달이란 생각을 냄과 같으니, 달의 성품은 이지러지거나 둥글어지는 일이 없고 수미산으로 인하여 늘었다 줄었다 하는 것이니라. 선남자야, 여래도 그와 같아서 염부제에서 혹 처음 나는 것을 보이기도 하고 혹 열반에 드는 것을 보이기도 하나니, 처음 나는 것은 초하루 달과 같아서, 모든 사람들이 아기가 처음 났다 하고, 일곱 걸음을 걷는 것은 초이틀 달과 같고, 혹 글방에 들어가는 것은 초사흘 달과 같고, 출가함을 나타내는 것은 여드레 달과 같고, 미묘한 지혜의 광명을 놓아 한량없는 중생의 마군을 깨뜨리는 것은 보름달과 같으며, 혹 32상과 80종호를 나타내어 스스로 장엄하다가 열반을 나타내는 것은 월식함과 같거든, 중생들의 보는 것이 한결같지 아니하여 혹은 반달로 보고 혹은 보름달로 보고 혹은 월식으로 보지만, 달의 성품은 진실로 늘고 줄고 월식되는 일이 없고, 언제나 둥근 달인 것같이, 여래의 몸도 그와 같으므로 항상 머물러 있고 변역하지 않는다고 이름하느니라.

또 선남자야, 마치 보름달이 모든 곳에 비칠 적에, 간 데마다 도시나 시골 에나 산·구렁·강물·우물·못·물그릇에 모두 나타나거든, 모든 중생이 백 유순이나 백천 유순 길을 갈 적에 달이 항상 따라오는 것을 보고는, 어리석은 범부들은 허망한 억측을 내어 말하기를 '내가 본래 아무 도시의 집에서 이 달을 보았는데 이제 이 못에서도 보니 이것이 본래 보던 달인가, 그 달과 다른 달인가' 하여 제각기 생각을 달리하며 달의 형상이 크고 작은 것도, 혹은 소줏고리와 같다 하고 혹은 수레바퀴와 같다 하고 혹은 49유순과 같다 하며, 모든 사람이 달의 광명을 보지만, 혹은 둥글기가 쟁반과 같다 하여, 달은 본래 하나 이건만 여러 중생들이 제각기 달리 보는 것과 같나니, 선남자야, 여래도 그러하여 세상에 나타나거든, 어떤 하늘 사람이나 세상 사람은 여래가 지금 내 앞에 있다고 생각하고, 어떤 축생들은 여래가 지금 자기의 앞에 있는 줄로 생각하며, 귀머거리나 벙어리는 여래를 볼 적에 귀머거리나 벙어리 같다고 하며, 여러 중생들의 말과 음성이 제각기 다르거든, 모두 생각하기를 여래가 자기네 말과 같은 말을 한다고 하며, 또 각각 자기의 집에 와서 자기네의 공양을 받는다 하며, 어떤 중생은 여래의 몸이 엄청나게 크다고 보기도 하고, 대단히 작다고 보기도 하며, 어떤 이는 여래가 성문의 모양이라 보고, 혹은 연각의 모양이라 보며, 또 외도들은 여래가 지금 자기네의 도에 들어와서 도를 배운다 생각하고, 어떤 중생은 여래가 자기를 위하여 세상에 났다고 생각하거니와 여래의 참 성품은 달과 같아서 곧 법신이며 나고 없어짐이 없는 몸이건만, 방편으로 나타내는 몸이 세상을 따르느라고 한량없는 본래 업의 인연을 보이는 것이어서, 간 데마다 태어나는 줄로 보임이 저 달과 같나니, 그러므로 여래는 항상 머물러서 변함이 없다고 하느니라.

또 선남자야, 라후라 아수라왕이 손으로 달을 가리우면, 세상 사람들은 모두 월식한다 하거니와 아수라왕은 실로 월식할 수가 없고 아수라가 달의 광명을 장애하는 연고며 달은 둥글어서 이지러지는 것이 아니지만, 손으로 가리워서 나타나지 못하는 것이니라. 만일 손을 떼면 세상 사람들은 달이 도로 소생하였다 하면서 달이 많은 괴로움을 받았다고 말하거니와 가령 백천 명의 아수라왕이라도 괴롭게 할 수가 없느니라. 여래도 그러하여 어떤 중생이 여래의 있는 곳에서 나쁜 마음을 내어 부처님 몸에 피를 내며 5역죄를 짓거나. 일천제(一闡提)가 되는 것을 보임은, 오는 세상의 중생들을 위해서 이와 같이 승가를 깨뜨리며 법을 끊기게 하여 난처한 일을 보이거니와 한량없는 백천 마군이라도 여래의 몸에 피를 낼 수가 없나니, 왜냐하면 여래의 몸은 피나 살이나 힘줄이나 골수가 없으며, 여래는 진실하여 괴롭거나 파괴됨이 없으며, 중생들은 모두 말하기를 교법과 승가가 파괴되고 여래가 없어진다 하거니와 여래의 성품은 진실하여 변함이 없고 파괴됨도 없건만 세상을 따르느라고 이렇게 나타내는 것이니라.

또 선남자야, 마치 두 사람이 싸울 적에 칼이나 몽둥이로 쳐서 피를 내며 죽게 하였더라도, 죽이려는 생각을 내지 아니하였으면 이런 죄업은 그리 중대하지 않은 것과 같이, 여래에게 대하여 본래 죽이려는 마음이 없었으면 비록 몸에 피를 내었더라도 그런 죄업은 가볍고 중대하지 아니하니, 여래도 그와 같아서, 오는 세상에서 중생을 교화하기 위하여 업의 과보를 보이는 것이니라.

또 선남자야, 어떤 훌륭한 의사가 아들에게 의술과 방문의 근본을 부지런히 가르치면서, '이것은 뿌리 약이고 이것은 줄기 약이고 이것은 빛깔 약이니, 가지각색 모양새를 네가 자세히 알아라' 하니, 그 아들이 아버지의 가르침을 공경하여 받들어서 부지런히 배워서 여러 가지 약을 잘 알았느니라. 그 뒤에 의사가 죽으매 아들이 부르짖어 울며 말하되 '아버지가 가르치기를 뿌리 약은 이렇고, 줄기 약은 저렇고, 꽃 약은 어떻고 빛깔과 모양은 이렇다고 하였다'라고 하느니라. 여래도 그와 같아서, 중생들을 교화하기 위하여 계율을 제정하면서 마땅히 이렇게 지니고 범하지 말며, 5역죄를 짓거나 정법을 비방하거나 일천제가 되지 말라 하는 것은, 오는 세상에 이런 일을 저지를 사람을 위하여 규모를 보이는 것이며, 비구들로 하여금 부처님 열반한 뒤에, 이것은 경전의 깊은 이치요, 이것은 계율의 가볍고 중대한 것이요. 이것은 아비담의 분별하는 글귀인 줄을 알게 한 것이니, 마치 의사의 아들과 같으니라.

또 선남자야, 인간에서 달을 보면 여섯 달 만에 한 번 월식하지만, 위에 있는 하늘에서는 잠깐 동안에 여러 번 월식함을 보나니, 왜냐하면 하늘의 세월은 오래고, 인간의 세월은 짧은 연고니라. 선남자야, 여래도 그러하여 천상이나 인간들이 여래의 수명이 짧다고 하는 것은, 천상에서 잠깐 동안에 여러 번 월식을 보는 것과 같으니라. 여래는 또 잠깐 동안에 백천만억 번 열반함을 보이어 번뇌의 마군·5음의 마군·죽는 마군을 끊나니, 그러므로 백천만억 하늘의 마군들은 모두 여래가 열반에 드는 줄로 알며 또 한량없는 백천 가지 지나간 업의 인연을 나타내나니, 세간의 가지가지 성품을 따르는 연고니라. 이렇게 한량이 없고 가없는 헤아릴 수 없는 일을 나타내므로, 여래는 항상 머물러서 변하지 않느니라.

또 선남자야, 밝은 달은 중생들이 보기를 좋아하나니, 그러므로 달을 요견(樂見)이라 일컫거니와 중생이 탐욕·성냄·어리석음이 있으면 요견이라 일컫지 못하느니라. 여래도 그와 같아서 성품이 순일하고 착하고 깨끗하고 때가 없으니, 가장 요견이라 하련만, 법을 좋아하는 중생은 보기에 만족함을 모르거니와 마음이 나쁜 사람은 보기를 좋아하지 않느니라. 이런 이치로 여래는 밝은 달과 같다고 말하느니라.

또 선남자야, 해가 뜨는 것은 세 철이 각각 다르니 봄과 여름과 겨울이라, 겨울 해는 짧고 봄철 해는 중간이요 여름 해는 가장 기니라. 여래도 그와 같아서, 이 삼천대천세계에서 수명이 짧은 이와 성문들을 위하여서 짧은 목숨을 나타내면, 그들이 보고 모두 말하기를 여래의 수명이 짧다 하나니, 이것은 겨울 해와 같고, 보살을 위하여서 중간 목숨을 보이되 한 겁도 되고 좀 모자라는 한 겁을 나타내는 것은 봄철 해와 같고, 부처님만이 부처님의 수명이 한량없음을 보나니 이것은 여름 해와 같으니라. 선남자야, 여래가 말씀한 대승 방등경전의 비밀한 교법으로 세간에서 큰 법비를 내리거든, 오는 세상에서 어떤 사람이 이 경전을 보호하여 가지고 열어 보이며 분별하여 중생들을 이익케 하면, 이런 이는 참된 보살이니, 마치 여름날 무척 더울 적에 단비가 내리는 것과 같고, 성문이나 연각들이 부처님 여래의 비밀한 교법을 듣는 것은 마치 겨울철에 추운 걱정을 만나는 듯하며, 보살들이 이렇게 비밀하게 가르치는 여래는 항상 머물러 변역하지 않는다는 말을 들음은 마치 봄철에 온갖 움이 트는 것과 같거니와 여래의 성품은 길고 짧음이 없으면서도 세상을 위하여서 이렇게 나타내나니, 이것이 부처님들의 진실한 법의 성품이니라.

또 선남자야, 마치 모든 별들이 낮에는 나타나지 않거든, 사람들이 말하기를 낮에는 별이 없어진다 하거니와 실로는 없어지는 것이 아니지만, 나타나지 않는 것은 햇빛이 비치는 연고니라. 여래도 그와 같아서 성문이나 연각들이 보지 못함은, 세상 사람들이 낮에는 별을 보지 못하는 것과 같으니라. 또 선남자야, 마치 캄캄하게 흐렸을 적에 해와 달이 나타나지 못하는 것을, 어리석은 사람들은 해와 달이 없어졌다 함과 같으니, 해와 달은 없어지는 것이 아니니라. 여래의 바른 법이 없어질 때에 삼보가 나타나지 아니함도 그와 같아서, 아주 영원히 없어지는 것이 아니니, 그러므로 여래는 항상 머물러 있고 변역함이 없는 줄을 알지니라. 왜냐하면 삼보의 참 성품은 모든 때[垢]로 물들일 수 없는 연고니라.

또 선남자야, 마치 그믐밤에 혜성(彗星)이 나타나거든 그 빛이 찬란한 것이 얼마 동안 떴다가 도로 없어지는 것을 중생들이 보고는 상서롭지 못하다는 생각을 냄과 같으니, 벽지불들도 그와 같아서 부처님 없는 세상에 나타나는데 중생들이 보고는 모두 말하기를, 여래가 참으로 열반하였다고 근심 걱정을 하거니와 여래의 법신은 열반하는 것이 아니니, 저 해와 달이 없어지지 않는 것과 같으니라.

또 선남자야, 마치 해가 뜨면 안개가 모두 걷힘 같으니, 이 대반열반의 미묘한 경전도 그와 같아서, 세상에 일어나 중생들의 귀에 한 번만 지나가도, 모든 나쁜짓과 무간지옥의 죄업이 모두 소멸되느니라. 이 대반열반경의 깊고 묘한 경계는 헤아릴 수 없으며, 여래의 미묘한 성품을 말한 것이니라. 이런 이치로 선남자·선여인들은 여래에게 대하여 항상 머물고 변함이 없다는 생각을 낼지니, 바른 법은 끊어지지 않으며 승보는 없어지지 않나니, 그러므로 마땅히 방편을 닦으며 이 경전을 부지런히 배우면, 이 사람은 오래지 않아서 아뇩다라삼먁삼보리를 얻을 것이니라. 그러므로 이 경의 이름이 한량없는 공덕으로 이룬 것이라 하며, 보리는 끝날 수 없는 것이라고도 이름하나니, 다하지 아니하는 까닭이며, 그래서 대반열반경이라고도 하는 것이니, 훌륭한 빛이 여름 해와 같으며, 몸이 가없으므로 대열반이라 이름하느니라."

16. 보살에 대해서[菩薩品]

"또 선남자야, 마치 해와 달의 광명이 모든 밝은 것 중에 제일이어서, 온갖 광명이 미칠 수 없음같이 대반열반경의 광명도 그와 같아서, 모든 경전의 삼매 광명 중에 가장 훌륭하며, 다른 경전의 삼매 광명으로는 미칠 수 없느니라. 왜냐하면 대반열반경의 광명은 중생들의 털구멍까지 들어가는 까닭이며, 중생들이 보리심이 없더라도 그들을 위하여 보리의 인연을 짓게 하나니, 그러므로 대반열반이라고 이름하느니라."

가섭보살이 여쭈었다.

"세존이시여, 부처님께서 말씀하신 바와 같이 대반열반경의 광명이 모든 중생들의 털구멍에 들어가서 중생이 비록 보리심이 없더라도 그들을 위하여 보리의 인연을 짓게 한다는 말이 옳지 않겠나이다. 왜냐하면, 세존이시여, 4중금(重禁: 바라이)을 범한 이와 5역죄(逆罪)를 지은 이와 일천제들이라도 광명이 그의 몸에 들어가서 보리의 인을 짓는다 하오면, 그런 무리들과 계행을 깨끗이 가지며 선한 일을 닦은 이와 무슨 차별이 있습니까. 만일 차별이 없다면 여래께서 어찌하여 네 가지 의지할 것을 말하였습니까. 세존이시여, 또 부처님의 말씀처럼 만일 중생이 대반열반경을 들어서 한 번만 귀에 지나가더라도 모든 번뇌를 끊는다 할진댄, 어찌하여 여래께서 먼저 말씀하시기를, '어떤 사람이 항하 모래 수 부처님 계신 데서 보리심을 내었더라도, 대반열반경을 듣고 뜻을 이해하지 못한다'고 하였습니까? 만일 뜻을 이해하지 못한다면 어떻게 온갖 번뇌를 끊겠습니까?"

부처님께서 말씀하셨다.

"선남자야, 일천제를 제외하고는 다른 중생들이 이 경을 들으면 모두 보리의 인연을 지을 것이요. 법문 소리의 광명이 털구멍에 들어가면 결정코 아뇩다라삼먁삼보리를 얻을 것이니라. 왜냐하면 어떤 사람이라도 한량없는 부처님들을 공경하고야 대반열반경을 듣게 될 것이요, 박복한 사람은 들을 수 없나니, 그 까닭은 큰 공덕을 쌓은 사람이라야 이렇게 큰 법을 들을 수 있을 것이요. 용렬한 범부들은 듣지 못하느니라. 무엇을 크다 하는가? 모든 부처님의 깊고 비밀한 여래의 성품을 밀함이니, 이런 뜻으로 큰 일이라 하느니라."

"세존이시여, 어찌하여 보리심을 내지 못한 이가 보리의 인(因)을 얻는다 하십니까?"

"가섭이여, 어떤 이가 이 대반열반경을 듣고 '나는 보리심을 낼 필요가 없다'고 말하면서 바른 법을 비방하면 이 사람이 꿈에 나찰의 형상을 보고 마음으로 무서워하면 나찰의 말이 '애달프다, 선남자야, 네가 만일 보리심을 내지 아니하면 너의 목숨을 끊으리라' 하리니, 이 사람이 황겁하여 깨고 나서는 곧 보리심을 낼 것이며, 이 사람이 죽은 뒤에는 세 나쁜 갈래에 있거나 인간·천상에 있거나 계속하여 다시 보리심을 생각하리니, 이 사람은 대보살마하살인 줄을 알지니라. 이런 이치로 대반열반경의 거룩하고 신기한 힘이 능히 보리심을 내지 못한 이로 하여금 보리의 인을 짓게 한다고 하느니라. 선남자야, 이것을 '보살의 마음을 내는 인연'이라 이름하나니, 인연이 없는 것이 아니라, 이런 이치로 대승의 묘한 경전이 참 부처님의 말씀한 것이니라. 또 선남자야, 마치 허공에서 큰 구름이 일어 비가 대지에 쏟아져 내릴 때 죽은 나무나 돌로 된 산에나 높은 둔덕과 두드러진 언덕에는 물이 고여 있지 아니하고 흘러 내려가서 논과 봇도랑에 가득 차서 많은 중생들을 이익케 하는 것과 같이 이 대반열반의 미묘한 경전도 그와 같아서, 큰 법비를 내려 중생들을 윤택케 하거니와 일천제만은 보리심을 내지 못하느니라. 또 선남자야, 마치 볶은 씨앗은 아무리 단비를 맞으며 백천만 년을 지내도 싹이 나지 못함과 같으니, 만일 싹이 난다면 그럴 이치가 없느니라. 일천제들도 그와 같아서 비록 대반열반의 미묘한 경전을 듣더라도 보리심의 싹을 내지 못하나니. 만일 보리심을 낸다면 그럴 이치가 없나니, 왜냐하면 이 사람은 온갖 선근을 끊어 버렸으므로 저 볶은 씨앗과 같아서 다시는 보리의 싹을 내지 못 하느니라. 또 선남자야, 물 맑히는 구슬을 흐린 물속에 넣으면 구슬의 위력으로 흐린 물이 맑아지거니와 진창 속에 넣으면 맑히지 못하나니, 이 대반 열반의 미묘한 경전도 그와 같아서, 다른 중생의 5무간죄나 4중금을 범한 흐린 물속에 두면 그것을 맑히어서 보리심을 내게 하려니와, 일천제의 진창 속에 두면 백천만 년이 되어도 그것을 맑히고 보리심을 내게 하지 못하리니, 왜냐하면 이 일천제는 선근을 소멸하여서 그릇이 되지 못하는 연고니라. 설사 이 사람이 백천만 년 동안 대반열반경을 듣더라도 마침내 보리심을 내지 못하리니, 왜냐하면 선한 마음이 없는 까닭이니라. 또 선남자야, 약왕이라는 약 나무가 있으니, 모든 약 가운데 가장 훌륭하여서 젖이나 타락이나 꿀이나 생소(生酥)나 물이나 즙에 개거나, 가루를 만들거나 환을 지어서, 헌데에 붙이거나 몸에 쏘이거나 눈에 바르거나 눈으로 보거나 코로 맡으면, 중생들의 모든 병을 소멸하지만, 이 약 나무가 생각하기를, '모든 중생들이 나의 뿌리를 쓰거든 잎은 쓰지 말고, 잎을 쓰거든 뿌리는 쓰지 말며, 나의 속을 쓰거든 거죽은 쓰지 말고, 거죽을 쓰거든 속은 쓰지 말라' 하지 아니하나니, 이 약 나무가 비록 이런 생각을 내시 않지만, 모든 병을 소멸하느니라. 신남자야, 대반열반의 미묘한 경전도 그와 같아서 모든 중생들의 나쁜짓과 4바라이(波羅夷)죄와 5무간죄(無間罪)와 속에 있고 밖에 있는 모든 나쁜 것을 소멸하거든, 보리심을 내지 못한 이도 이것으로 말미암아 보리심을 내게 되나니, 왜냐하면 이 미묘한 경전은 모든 경전 중의 왕인 것이, 마치 저 약 나무가 모든 약 나무 중의 왕인 것과 같은 연고니라. 어떤 이가 이 대반열반을 배워 익히지 않았거나 간에, 이 경전의 이름을 듣고 공경하여 믿으면, 온갖 번뇌의 중병이 모두 소멸되지만, 일천제만은 아뇩다라삼먁삼보리에 머물게 할 수가 없나니, 저 신기한 약이 가지가지 중병을 잘 치료하면서도 죽을 사람은 치료하지 못함과 같으니라.

또 선남자야, 손에 부스럼 난 사람이 독약을 잡으면 독이 따라 들어가지만, 부스럼이 없는 이는 독이 들어가지 않나니, 일천제들도 그와 같아서, 보리의 인이 없음이 마치 부스럼이 없는 이에게 독이 들어가지 않음과 같으니라. 부스럼이라 함은 위없는 보리의 인연이요, 독이라 함은 제일의 묘한 약이요, 부스럼이 없는 이는 일천제를 이름이니라.

또 선남자야, 금강은 깨뜨릴 물건이 없으나 금강으로는 모든 물건을 깨뜨릴 수 있나니. 다만 거북의 껍데기와 백양의 뿔은 제외하느니라. 대반열반의 미묘한 경전도 그와 같아서 한량없는 중생들을 보리의 도에 이르게 하거니와 다만 일천제만은 보리의 인에 서지 못하게 하느니라. 또 선남자야, 마치초(馬齒草)와 사라시(娑羅翅)나무와 니가라(尼迦羅)나무는 줄기나 가지를 끊으면 다시 전과 같이 나거니와 다라(多羅)나무는 한번 끊으면 다시 나지 못하나니 중생들도 그와 같아서, 이 대반열반경을 듣기만 하면 비록 4중금(重禁)과 5무간죄를 범하였더라도 다시 보리의 인이 나거니와 일천제만은 그렇지 아니하여 아무리 이 경전을 듣고 지니더라도 보리도의 인을 내지 못하느니라. 또 선남자야, 가다라(佉陁羅)나무와 진두가(鎭頭迦)나무는 한번 끊으면 다시 나지 못하나니, 일천제들도 그와 같아서 비록 대반열반경을 듣더라도 보리의 인연을 내지 못하느니라. 또 선남자야, 마치 큰 비는 공중에 머물러 있지 못하나니, 대반열반의 미묘한 경전도 그와 같아서 법비를 널리 내리지만, 일천제에게는 머물러 있지 못하는 것이니, 일천제는 온몸이 촘촘하고 굳은 것이 마치 금강이 다른 물건을 용납하지 못함과 같으니라."

세존께 여쭈었다.

"세존이시여, 부처님께서 이러한 게송을 말씀하셨습니다.

선한 일은 보지도 짓지도 않고
나쁜짓만 보고 또 짓기도 하면
이런 곳이 대단히 무서운 데라
외따른 곳 험악한 길과 같나니.

세존이시여, 이 말씀이 무슨 뜻입니까?"
부처님께서 말씀하셨다.
"선남자야, 보지 않는다 함은 불성을 보지 못함이요. 신한 일은 곧 아뇩다라삼먁삼보리요, 짓지 않는다 함은 선지식을 친근하지 않음이요, 오직 본다 함은 인과가 없다고 봄이요, 나쁜짓은 방등 대승경전을 비방함이요, 짓기도 한다 함은 일천제들은 방등이 없다고 말함이니, 이런 뜻에서 일천제들에게는 청정하고 선한 법에 나아갈 마음이 없나니, 무엇이 선한 법인가. 곧 열반이니라. 열반에 나아가는 이는 선한 행을 닦거니와 일천제는 선한 행이 없으므로 열반에로 나아가지 못하느니라. 이런 곳이 무섭다는 것은 바른 법을 비방함이니, 누가 무서운가. 이른바 지혜 있는 사람이다. 왜냐하면 법을 비방하는 이는 선한 마음과 방편이 없는 연고며, 험악한 길이라 함은 모든 행법이니라."
부처님께 여쭈었다.
"부처님께서 이렇게 말씀하셨습니다.

어떻게 하면 지을 일을 보는 것이며

어떻게 하면 선한 법을 얻는 것인가.
어느 곳이 무섭지 아니하여서
임금님의 평탄한 길과 같은가.

이 뜻이 무엇입니까?"
부처님께서 말씀하셨다.
"선남자야, 지을 일을 본다 함은 나쁜짓을 털어 내어 놓는 것이니, 나고 죽는 즈음으로부터 지은 나쁜짓을 모두 털어놓고 이를 수 없는 곳에 이르는 것이니, 그런 이치로 그곳은 무섭지 않음이 마치 임금님의 다니는 길과 같아서 그 가운데는 도둑들이 모두 도망하느니라. 이렇게 온갖 나쁜짓을 털어놓아서 모두 소멸하고 남은 것이 없느니라. 또 지을 일을 보지 못한다 함은 일천제가 지은 나쁜짓을 스스로 보지 못함이니, 이 일천제는 마음이 교만한 연고로 아무리 나쁜짓을 많이 지었어도 그 일에는 애초부터 무서움이 없나니, 그러므로 열반을 얻지 못함이 마치 원숭이가 물속의 달을 잡으려는 것과 같으니라. 선남자야, 가령 한량없는 중생들이 한꺼번에 아뇩다라삼먁삼보리를 성취하더라도, 이 부처님들은 일천제가 보리를 성취함을 보지 못하므로 지을 일을 보지 못한다 하고, 또 누가 짓는지를 보지 못하나니, 여래의 짓는 바를 보지 못한다는 것이며, 부처님이 중생을 위하여 불성이 있다고 말 하여도, 일천제는 생사에서 헤매느라고 보지도 못하나니, 이런 뜻으로 여래의 짓는 바를 보지 못한다 하느니라. 또 일천제는 여래가 필경에 열반함을 보고는, 참으로 무상함이 마치 등불이 꺼지매 기름이 다한 것과 같다 하느니라. 왜냐하면 이 사람은 나쁜 업이 줄지 아니하였으므로, 어떤 보살이 지은 선한 업으로 아뇩다라삼먁삼보리에 회향할 때에, 일천제들은 훼방하고 파괴하며 믿지 않더라도, 보살들은 여전하게 베풀어 주면서 위없는 도를 한가지로 이루려 하나니, 왜냐하면 부처님 법은 으레 그러한 연고니라.

나쁜짓을 하고도 바로 보를 받아서
우유가 타락(酪)되듯 하진 않으나
숯불 위에 마른 재 덮은 것과 같아서
어리석은 사람들 경솔하게 밟나니.

일천제는 '눈 없는 이'라 하나니, 그러므로 아라한의 도를 보지 못하는 것이며, 마치 아라한이 나고 죽는 험악한 길을 다니지 않는 것같이 눈이 없으므로 방등경을 비방하고 닦으려 하지 아니하며, 아라한이 자비한 마음을 부지런히 닦는 것같이, 일천제들이 방등경을 닦지 아니함도 그와 같으니라. 어떤 사람이 말하기를 나는 지금 성문의 경전을 믿지 아니하고 대승을 믿어 읽고 외우고 해설하는 터이므로 내가 곧 보살이며, 모든 중생에게 모두 불성이 있나니, 불성이 있으므로 중생의 몸속에 10력과 32상(相)과 80종호(種好)가 있느니라. 나의 하는 말이 부처님 말씀과 다르지 아니하니, 그대들과 내가 지금에 한량없는 나쁜 번뇌를 깨뜨리기를 물병 깨듯 할 것이며, 번뇌를 깨뜨리므로 아뇩다라삼먁삼보리를 보리라 하나니, 이 사람이 이런 말을 하더라도, 그 마음은 불성이 있음을 참으로 믿는 것이 아니고, 이익을 위하여서 경문대로 말하는 것뿐이니 이렇게 말하는 이를 나쁜 사람이라 하거니와 이런 나쁜 사람이 바로 나쁜 과보를 받아서, 마치 우유가 타락되듯 하지는 아니하느니라. 비유컨대 어떤 사신(使臣)이 말을 잘하고 방편이 좋아서 다른 나라에 심부름 갔을 적에 몸이 죽게 되어도 임금의 명령을 숨기지 않듯이, 지혜 있는 이도 그와 같아서 범부들 속에서 목숨을 아끼지 않고, 반드시 대승 방등경전과 여래의 비밀한 법장을 말하여, 모든 중생이 모두 불성이 있다고 하느니라.

선남자야, 어떤 일천제가 아라한처럼 꾸미고 고요한 곳에 있으면서, 방등 대승경전을 비방하는 것을 범부들이 보고는 모두들 참 아라한이라 대보살마하살이라 하나니, 이 일천제인 나쁜 비구는 절에 있으면서 절 규모를 파괴하며, 다른 이가 이양 받는 것을 보고는 질투하는 마음으로 말하기를 '방등 대승경전이란 것은 모두 천마(天魔) 파순(波旬)이 말한 것이며, 여래도 무상한 법이니라' 하여, 바른 법을 비방하고 승가를 깨뜨리며, 또 말하기를 '파순이 말한 것은 좋은 법이 아니다' 하나니, 이렇게 삿되고 나쁜 법을 선전하는 사람이, 나쁜짓을 짓고도 바로 과보를 받아, 우유가 타락되듯 하지는 아니하나, 재로 불을 덮은 듯하여 어리석은 이가 경솔하게 밟게 되나니, 이런 사람을 일천제라 하느니라. 그러므로 미묘한 방등경전은 결정코 깨끗한 것이어서 마치 마니구슬을 흐린 물 속에 넣으면 물이 곧 맑아짐과 같은 줄을 알아야 하나니 대승경전도 그와 같으니라. 또 선남자야, 연꽃이 햇볕에 비추이면 피지 않는 것이 없듯이, 모든 중생도 그와 같아서, 대반열반의 해를 보거나 들으면, 마음을 내지 못한 사람들도 좋은 마음을 내어 보리의 인이 되느니라. 그러므로 내가 말하기를, 대반열반경의 빛이 털구멍에 들어가면 반드시 묘한 원인이 된다고 하는 것이니라. 일천제들은 아무리 불성이 있더라도, 한량없는 죄업에 얽히어서 벗어나지 못함이, 마치 누에가 고치 속에 들어 있는 것 같나니, 이런 업으로 말미암아 보리의 묘한 인연을 내지 못하고 나고 죽는 데 헤매면서 그칠 날이 없느니라. 또 선남자야, 마치 저 청련화·홍련화·황련화·백련화 등이 진흙 속에 나더라도 진흙에 물들지 않듯이, 중생들이 대반열반의 미묘한 경전을 익히는 것도 그와 같아서, 비록 번뇌가 있더라도 번뇌에 물들지 아니하나니, 불성 모양의 힘을 아는 연고니라. 선남자야, 비유컨대 어떤 나라에 서늘한 바람이 많이 불어서 중생들의 털구멍에 스치면 모든 답답한 번뇌가 소멸되나니, 이 대반열반의 대승경전도 그와 같아서, 모든 중생의 털구멍에 들어가면 보리의 미묘한 인연이 되거니와 일천제만은 제외하나니 법의 그릇이 아닌 연고니라.

또 선남자야, 마치 용한 의사가 여덟 가지 약방문을 알아서 온갖 병을 고치지만 아살사(阿薩闍)병은 고치지 못하듯이 모든 경전의 선정 삼매도 그와 같아서, 모든 탐욕, 성내는 마음, 어리석은 번뇌의 병을 다스리고 번뇌라는 지독한 화살도 뽑거니와 4중금과 5무간죄를 지은 것은 다스리지 못하느니라. 선남자야, 어떤 용한 의사가 여덟 가지 묘한 의술을 가지고 중생들의 모든 병을 치료하더라도 꼭 죽을병은 고치지 못하나니, 이 대반열반경도 그와 같아서 중생들의 모든 번뇌를 소멸하여 여래의 청정한 인에 머물게 하며 발심하지 못한 이를 발심케 하거니와, 꼭 죽을 일천제의 무리들만은 제외하느니라.

또 선남자야, 마치 용한 의사가 기묘한 약으로 소경을 치료하여, 해와 달과 별 따위의 밝은 빛을 보게 하나, 배냇소경은 고치지 못하듯이, 대승경전인 대반열반경도 그와 같아서, 성문이나 연각들의 지혜 눈을 뜨게 하여 한량없고 끝없는 대승경전에 머물게 하며, 발심하지 못한 이와 4중금과 5무간죄를 범한 이라도 모두 발심케 하거니와, 배냇소경인 일천제들은 제외하느니라. 또 선남자야, 용한 의사가 여덟 가지 의술을 잘 알아서 중생들의 모든 병을 치료할 적에 가지가지 방문으로 병을 따라 약을 주나니, 혹 토하게 하고 몸에 바르고 코에 넣기도 하며, 쐬고[薰] 씻기도 하고, 환약·가루약을 쓰거든, 혹 가난하거나 어리석은 사람이 먹지 않은 이가 있으면, 이 의사가 딱하게 여기어 그 사람을 데리고 집에 가서 억지로 먹게 하면, 약의 효력으로 병환이 곧 나으며, 여인이 난산으로 태를 낳지 못할 적에 이 약을 쓰면, 태가 곧 나오고 아기도 걱정이 없나니, 이 대승경전도 그와 같아서 가는 곳마다 집에서도 중생들의 한량없는 번뇌와 4중금을 범하거나 5무간죄를 지은 것도 모두 소멸케 하며, 발심하지 못한 이를 발심케 하나 일천제는 제외하느니라."

"세존이시여, 4중금을 범하거나 5무간죄를 지음은 지극히 나쁜짓이어서, 마치 다라나무를 베면 다시 돌아나지 못하는 것과 같은데, 저렇게 보리심을 내지 못한 사람에게 어떻게 보리의 인을 짓게 하오리까?"

"선남자야, 만일 그 중생들이 만일 꿈 속에서 지옥에 떨어져 지독한 고통을 받는 양을 보고는 뉘우치는 마음을 내어서 '내가 내 허물로 이런 죄를 받게 되는 것이니 이 죄를 벗어날 수만 있으면 결정코 보리심을 내리라. 지금 내가 당하는 이 고통이 지극히 혹독하다'라고 생각하고, 깬 뒤에 부처님 법이 훌륭한 과보가 있는 줄을 알 것이니, 마치 저 아이가 자라나서는 '저 용한 의원이 방문과 약을 잘 알아서, 내가 태 속에 있을 적에 어머니에게 훌륭한 약을 주어서 어머니도 평안하고 나도 생명을 보전하였으며 또 어머니는 무한한 고통을 받으면서 열 달이 차도록 나를 배에 기르고, 내가 난 뒤에는 젖은 데를 피하고 마른 자리에 누이며, 부정한 똥·오줌을 받아내면서 젖먹여 키워 내 몸을 보호하였으니, 나는 마땅히 어머니의 은혜를 갚기 위하여 효순한 정성으로 어머니를 모시며, 말씀과 뜻을 순종하여 공양하여야 하리라'고 생각할 것과 같이, 4중금과 5무간죄를 범한 이가 죽으려할 적에 이 대승의 대반열반경을 읽으면, 비록 지옥·아귀·축생·천상·인간에 나더라도 이 경전이 그 중생들에게 보리의 인을 짓게 하려니와, 일천제만은 제외하느니라. 또 선남자야, 용한 의원이나 의원의 아들이 아는 것이 매우 깊어서, 다른 의원보다 훨씬 뛰어나며, 모든 독을 소멸하는 훌륭한 주문과 술법을 알아서, 나쁜 뱀이나 용이나 독사 따위가 있으면 주문으로 약을 변하여 좋게 만들고, 그 약을 가죽신에 발라서 독한 벌레들을 건드리면 독이 소멸되거니와 다만 큰 용의 독은 제외할 것이니, 대승경전인 대반열반경도 그와 같아서, 어떤 중생이 4중금이나 5무간죄를 범하였더라도, 그 죄가 소멸되고 보리에 머물게 하나니, 마치 약을 바른 가죽신이 모든 독을 소멸하듯 하여, 발심하지 못한 이를 발심케 하여 보리의 도에 머물게 하나니, 대승경전인 대반열반경의 신기한 약도 중생들로 하여금 편안한 마음이 나게 하거니와 큰 용인 일천제들은 제외하느니라. 또 선남자야, 어떤 사람이 여러 가지 독약을 북에 발라서 여러 사람 속에서 쳐서 소리를 내면, 비록 무심하게 듣더라도 듣고는 모두 죽거니와 횡사하지 아니할 사람은 제외하느니라.

이 대반열반의 대승경전도 그와 같아서 간 데마다 여러 중생들이 이 소리를 들으면 모두 탐욕, 성냄, 어리석음이 모두 소멸하여, 그 중에는 마음으로 생각하지 않는 이라도, 대반열반경의 번뇌를 없애는 힘으로 번뇌가 저절로 소멸되며, 4중금(重禁)과 5무간죄를 범한 이들도 이 경을 듣기만 하면 위없는 보리의 인이 되어서 번뇌를 끊거니와 횡사하지 않을 일천제들은 제외하느니라. 또 선남자야, 어두운 밤에는 모든 일을 쉬게 되며, 마치지 못한 일을 다음날 해가 뜨기를 기다리듯이, 대승을 배우는 이가 경전의 모든 삼매를 닦더라도, 대반열반경의 대승인 해가 뜨기를 기다려서 여래의 비밀한 교법을 들은 뒤에야, 보리의 업을 지어 바른 법에 머무느니라. 마치 하늘에서 내리는 비가 여러 가지 곡식을 축여주고 자라게 하여 열매를 성숙케 하면, 흉년을 없애고 풍년의 즐거움을 받게 하는 것같이, 여래의 비밀한 법장인 법비도 그와 같아서 여덟 가지 열병을 모두 소멸히니니, 이 경전이 세상에 나오는 것은 저 열매기 이익함이 많아서 모든 중생을 편안케 함과 같으며, 중생들로 하여금 불성을 보게 함은『법화경』에서 8천 성문의 수기를 받은 것 같으며, 그 과실을 성숙하여 가을에 거두고 겨울에 간직하면 다시 지을 것이 없듯이, 일천제들도 그와 같아서 선한 법에 대하여 지을 것이 없느니라.

또 선남자야, 비유컨대 용한 의원이 남의 아들이 사람 아닌 것에게 홀린 줄을 알고 심부름꾼에게 묘한 약을 주어 보내면서 말하기를 '그대는 이 약을 가지고 가서 그 사람에게 주라. 그 사람이 나쁜 귀신에게 홀렸더라도 이 약의 효력으로 그 귀신이 멀리 도망가리라. 그대가 만일 더딜 것 같으면 내가 가서 마침내 저 사람을 횡사하게 하지 않으리라. 저 귀신에게 홀린 사람이 심부름꾼과 및 나의 위덕을 보면 모든 고통이 없어지고 안락함을 얻으리라' 함과 같이, 대승경전인 대반열반경도 그와 같아서 비구나 비구니나 우바새나 우바이나 외도들이 이 경을 배워 가지거나 읽고 외워 통달하고 다시 사람에게 분별하여 일러 주거나 자기가 쓰거나 사람을 시켜 쓰거나 하면 그런 일이 모두 보리의 인이 될 것이며, 4중금을 범하였거나 5역죄를 지었거나 나쁜 귀신이나 독에 걸렸더라도, 이 경을 듣기만 하면 모든 나쁜 귀신이 도망하듯 하리니, 이런 사람은 참말 보살마하살임을 알지니라. 왜냐하면 이 대열반경을 잠시라도 들은 까닭이며, 여래가 항상한 줄을 생각한 까닭이니, 잠시 들은 이도 그러하거든, 하물며 배워 지니고 쓰고 읽고 외운 사람이겠는가. 일천제를 제외하고는 모두 보살마하살이니라.

또 선남자야, 마치 귀먹은 사람은 소리를 듣지 못하듯이, 일천제들도 그러하여 아무리 이 경전을 들으려 하여도 듣지 못하나니, 왜냐하면 인연이 없는 연고니라. 또 선남자야, 어떤 의원이 모든 의술과 방문을 모두 통달하고 다시 한량없는 주문까지 잘 아는데, 이 의원이 임금을 보고 말하기를 '대왕께서 지금 돌아가실 병환이 드셨습니다' 하였다. 임금이 대답하되 '그대가 나의 뱃속을 보지 못하였거늘, 어찌 죽을 병이 들었다고 말하는가' 하였다. 의원이 말하되 '만일 믿지 않으시면 설사할 약을 잡수시고 설사한 뒤에 대왕께서 보시면 아실 것입니다' 하였으나, 임금이 믿지 아니하였다. 그때에 의원이 주문을 외워서 임금의 으슥한 곳에 부스럼이 나게 하고 설사가 나면서 벌레와 피가 섞여 나오게 하였다. 임금이 그것을 보고서야 무서운 생각이 나서 그 의원을 칭찬하여 '용하다, 용하다. 그대의 말을 내가 믿지 않았더니, 이제야 나에게 큰 이로운 말을 한 줄 알겠소' 하면서, 그 의원을 부모처럼 공경하였다. 이 대반열반경도 그와 같아서 모든 중생에게 대하여 욕심이 있건 없건 간에 모두 그들의 번뇌가 무너지게 하면 그 중생들이 꿈에라도 이 경전을 보고 공경하고 공양하기를 저 임금이 의원을 공경하듯 할 것이거니와, 그 용한 의원이 꼭 죽을 사람에게는 치료를 하지 않는 것같이 이 대승경전인 대반열반경도 그와 같아서 일천제들을 다스리지 아니하느니라. 또 선남자야, 마치 용한 의원이 여덟 가지 의술을 잘 알고서, 모든 병을 치료하면서도 꼭 죽을 사람은 치료하지 못하듯이 부처님과 보살들도 그와 같아서, 모든 범죄를 치료하면서도 꼭 죽을 사람인 일천제들은 치료하지 못하느니라.

또 선남자야, 마치 용한 의원이 여덟 가지 훌륭한 의술을 잘 알고, 또 여덟 가지보다 더 훌륭한 술법까지 통달하고서 자기가 아는 기술을 아들에게 가르치면서, 물에나 뭍에나 산골짜기에 있는 약초들을 모두 알게 하고 이리하여 점점 여덟 가지를 가르치고는 다시 다른 훌륭한 기술을 가르치듯이, 여래·응공·정변지도 그와 같아서 그 아들인 비구들을 먼저 가르쳐서 방편으로 모든 번뇌를 없애고 '깨끗한 몸이 견고치 못하다'는 생각을 닦게 하나니, 물과 뭍과 산골짜기란 것은, 물은 몸이 괴로움 받는 것이 물거품 같은 데 비유하고, 뭍은 몸이 견고치 못한 것이 파초 같은 데 비유하고, 산골짜기는 번뇌 속에서 내가 없음을 닦는 데 비유하였으니, 그런 뜻으로 몸은 내가 없다고 이름하느니라. 여래는 이렇게 제자들에게 9부 경전을 가르쳐서 통달케 한 뒤에 여래의 비밀한 법장을 가르치고 그 아들을 위하여 여래가 항상하다고 말하였으니, 여래가 이와 같이 대승의 대반열반경을 말하여 중생들로서 발심한 이나 발심하지 못한 이를 위하여 보리의 인을 짓게 하거니와 일천제는 제외하느니라. 선남자야, 이 대승경전인 대반열반경은 한량없고 수가 없고 헤아릴 수 없고 일찍이 있지 아니한 것이니, 이것이 곧 제일가는 용한 의원이며, 가장 높고 가장 훌륭한 모든 경전 중의 왕임을 알지니라.

또 선남자야, 마치 큰 배가 바다에 떠서 이 언덕에서 저 언덕까지 갔다가 다시 저 언덕으로부터 이 언덕에 오듯이, 여래의 정각도 그와 같아서 대반열반이란 대승의 배를 타고 왔다 갔다 하면서 중생들을 제도할 적에 간 데마다 제도할 이가 있으면 모두 여래의 몸을 보게 하나니, 이런 뜻으로 여래를 훌륭한 뱃사공이라 하느니라. 마치 배가 있으면 사공이 있고 사공이 있으므로 중생들이 큰 바다를 건너가는 것같이, 여래가 항상 머물면서 중생을 제도함도 그와 같으니라. 또 선남자야, 마치 어떤 사람이 바다 가운데서 배를 타고 건너갈 때에 만일 순풍을 만나면 잠깐 동안에 수많은 유순을 지나갈 수 있지만 순풍을 만나지 못하면 아무리 오래 있으면서 한량없는 세월을 경과하여도 있던 곳을 떠나지 못하다가 혹 파선이 되면 물에 빠져 죽게 되듯이, 중생도 그와 같아서 어리석은 생사 바다에서 무상한 배를 타고 있으면서 다행히 대반열반의 좋은 바람을 만나면 위없는 보리의 언덕에 빨리 다다를 수 있거니와, 만일 만나지 못하면 한량없는 생사에서 오래오래 헤매다가 혹시 파괴되면 지옥·축생·아귀에 떨어지느니라.

또 선남자야, 어떤 사람이 바람을 만나지 못하고 오랫동안 바다에 있으면서 생각하기를 '우리가 이번에는 여기서 죽으려나 보다' 하다가, 문득 순풍을 만나서 순조롭게 바다를 건너고는 말하기를 '통쾌한 바람이여, 처음 있는 일이로다. 우리들로 하여금 편안히 바다를 건너게 하였다' 하나니, 중생들도 그와 같아서 어리석은 생사 바다에 오래오래 있으면서 곤궁하고 지쳐서 대반열반의 바람을 만나지 못하면 우리들은 아무래도 지옥이나 축생이나 아귀 갈래에 떨어지리라' 하다가, 뜻밖에 대승의 대반열반 바람을 만나서 순풍으로 아뇩다라삼먁삼보리에 들어가고는 비로소 참인 줄을 알며, 기특한 생각으로 찬탄하기를, '통쾌하다. 나는 예전부터 여래의 이렇게 비밀한 법장을 보고 듣지 못하였다' 하면서, 그제서야 대반열반경에 대하여 청정한 믿음을 내느니라.

또 선남자야, 뱀이 허물을 벗으면 죽어 없어지는가?"

"아닙니다. 세존이시여."

"선남자야, 여래도 그러하니, 방편으로 독한 몸을 버림을 나타내거늘, 여래가 무상하여 멸도(滅度)한다 말하겠는가?"

"아닙니다. 세존이시여."

"여래가 이 염부제에서 방편으로 몸을 버리는 것이 저 독사가 낡은 허물을 벗는 것 같나니, 그러므로 여래는 항상 머문다고 하느니라. 또 선남자야, 마치 금장이가 좋은 진금을 얻으면 마음대로 가지가지 기구를 만들 듯이 여래도 그와 같아서 25

유에서 일부러 여러 가지 몸을 나타내는 것은 중생을 교화하여 생사에서 벗어나게 하려는 것이니, 그러므로 여래는 끝없는 몸이라 하여, 비록 여러 가지 몸을 나타내더라도 항상 머물러서 변역하지 않는다고 하느니라.

또 선남자야, 암라(菴羅)나무나 염부(閻浮)나무가 한 해에 세 번씩 변하여 어떤 때는 꽃이 피어 빛이 찬란하고, 어떤 때는 잎이 피어 대단히 울창하고, 어떤 때는 낙엽이 되어 말라죽은 듯하나니, 선남자야, 어떻게 생각하느냐? 이 나무가 참으로 말라죽은 줄 아느냐?"

"아닙니다, 세존이시여."

"선남자야, 여래도 그러하여 삼계에서 세 가지 몸을 나타내나니, 어떤 때는 처음으로 태어나고 어떤 때는 장성하고, 어떤 때는 열반하거니와 여래의 몸은 실로 무상한 것이 아니니라."

가섭보살이 찬탄하여 여쭈었다.

"훌륭합니다. 진실로 세존의 말씀과 같으니 여래께서는 항상 머물러서 변역함이 없나이다."

"선남자야, 여래의 비밀한 말은 깊고 깊어 알기 어려우니라. 어떤 임금이 신하들에게 선다바(先陀婆)를 가져 오라 하였다. 선다바란 이름은 같으나 실물은 넷이니, 소금과 그릇과 물과 말[馬]이다. 이런 네 가지 물건을 모두 선다바라 한다. 지혜 있는 신하는 이런 이름을 잘 이해하여서, 임금이 손이나 발을 씻으려 하면서 선다바를 찾으면 물을 받들고, 음식을 들면서 선다바를 찾으면 소금을 받들고, 식사를 마치고 물을 마시려 하면서 선다바를 찾으면 그릇을 받들고, 거동을 하려 하면서 선다바를 찾으면 말을 받든다. 이 지혜 있는 신하가 임금의 네 가지 비밀한 말을 잘 알듯이, 이 대승경전도 그와 같아서, 네 가지 무상이 있으니, 대승의 지혜 있는 신하는 잘 알아야 할 것이다. 부처님이 세상에 나시어서 중생을 위하여 여래가 열반한다고 말하면, 지혜 있는 신하는 '이것은 여래가 항상한 줄로 생각하는 중생을 위하여 무상한 모양을 말하여 비구들로 하여금 무상하다는 생각을 닦게 하기 위함'인 줄을 알아야 하며, 혹은 정법이 장차 없어진다고 말하면, 지혜 있는 신하는 '이것은 여래가 즐거운 줄로 생각하는 중생을 위하여 괴로운 모양을 말하여, 비구들로 하여금 괴롭다는 생각을 닦게 하기 위함'인 줄을 알아야 하며, 또 혹은 내가 병이 들어서 대중이 파괴된다고 말하면 지혜 있는 신하는 '이것은 여래가 내가 있다고 생각하는 중생을 위하여 내가 없는 모양을 말하여, 비구들로 하여금 내가 없다는 생각을 닦게 하기 위함'인 줄을 알아야 하며, 혹은 또 공한 것이 바른 해탈이라고 말하면, 지혜 있는 신하는 '이것은 여래가 바른 해탈에는 25유가 없음을 말하여, 비구들로 하여금 공한 생각을 닦게 하기 위함'인 줄을 알아야 할지니라. 이런 이치로 바른 해탈을 '공'이라 이름하고 또 '동하지 않음'이라 이름하나니, '동하지 않는다' 이름은 해탈 가운데는 괴로움이 없는 까닭으로 동하지 않는다는 것이니라. 바른 해탈은 모양이 없다 하나니, 모양이 없다는 것은 빛·소리·냄새·맛·감촉 따위가 없는 것이므로 모양이 없다는 것이며, 바른 해탈은 항상하여 변역하지 않나니, 해탈에는 무상한 시달림과 변역이 없으므로 해탈은 항상 머물고 변역하지 아니하며, 서늘하다고 이름하는 것이니라. 혹은 모든 중생에게 여래의 성품이 있다고 말하면, 지혜 있는 신하는 '이것은 여래가 항상한 법을 말하여 비구들로 하여금 정상(正常)한 법을 닦게 하기 위함'인 줄을 알아야 할지니, 모든 비구들이 이렇게 따라 배우는 이는 참으로 나의 제자로서 여래의 비밀한 법장을 잘 이해하는 것이니, 저 임금의 지혜 있는 신하가 임금의 뜻을 잘 아는 것과 같은 줄을 알지니라. 선남자야, 저 임금도 이렇게 비밀한 말이 있는데 여래가 어찌 없겠느냐. 선남자야, 그러므로 여래의 비밀한 말은 알기 어려운 것이니, 오직 지혜가 있는 이라야 나의 깊고 깊은 불법을 이해할 수 있는 것이고, 세간의 범부들로는 믿을 수 없느니라.

또 선남자야, 마치 파라사(波羅奢)나무·가니가(迦尼迦)나무·아숙가(阿叔迦)나무들이 대단히 가물 적에는 꽃이 피거나 열매가 맺지 못하며, 그 밖에 물에나 육지에 나는 물건들도 모두 말라 시들고 윤기가 없어 자라지 못하며, 온갖 약풀들도 약기운이 없는 것처럼, 선남자야, 이 대승의 대반열반경도 그와 같아서, 내가 열반한 뒤에는 중생들이 공경하지 아니하여 위덕이 없으리니, 왜냐하면 이 중생들이 여래의 비밀한 법장을 알지 못하는 연고니, 무슨 까닭인가? 중생들이 박복한 탓이니라. 또 선남자야, 여래의 바른 법이 없어지려 할 때에는, 나쁜짓하는 비구가 많아서 여래의 비밀한 법장을 알지 못하고, 게으르고 태만하여 읽지도 외우지도 아니하며, 여래의 바른 법을 선전하고 분별하지 못함이, 마치 어리석은 도둑이 참 보배는 버리고 나무토막을 지고 가는 것같이 여래의 비밀한 법장을 알지 못하는 연고로 이 경에 대하여 게을러서 부지런하지 아니하리니, 애달프다. 크게 위험한 다음 세상이 매우 두려우니라. 중생들은 이 대승경전인 대반열반경을 듣고 지니지 아니하거니와 보살마하살들은 이 경에 대하여 진실한 이치를 이해하고 글자에만 집착하지 아니하며, 이치를 따라서 중생들에게 연설하리라. 또 선남자야, 어떤 젖소 치는 여인이 우유를 팔 적에 이익을 많이 얻으려고 2분쯤 물을 타서 다른 소치는 여인에게 팔았고, 그 여인이 우유를 사서는 또 2분쯤 물을 타서 도성에 가까이 사는 여인에게 팔고, 그 여인이 또 2분쯤 물을 타서 성중에 사는 여인에게 팔고, 또 그 여인이 2분쯤 물을 타서 저자에 가서 팔았다.

이때 어떤 사람이 며느리를 맞으면서 좋은 우유를 구하여 손님들에게 이바지하려고 저자에서 사려 하는데 우유를 파는 사람이 값을 많이 불렀다. 사려는 사람이 말하기를 '이 우유는 물을 많이 탄 것이어서 그 값어치가 되지 못하지만, 나는 오늘 손님을 대접할 일이 있어서 사노라' 하면서, 사가지고 그 집에 가서 우유죽을 끓였으나 우유 맛은 별로 없었다. 우유 맛이 별로 없지만 쓴맛보다는 천 배나 훌륭하였으니, 왜냐하면 우유의 맛이 모든 맛 중에는 가장 훌륭한 까닭이니라. 선남자야, 내가 열반한 뒤 바른 법이 없어질 때가 80년쯤 남았다. 그때에 이 경이 염부제에 널리 유포되거든, 나쁜 비구들이 이 경에서 한 대문 한 대문씩 뽑아내어서 여러 책으로 갈라 만들어 바른 법의 빛깔과 향기와 아름다운 맛을 없앨 것이며, 나쁜 사람들이 그런 경전을 외우더라도 여래의 깊고 중요하며 비밀한 뜻을 없애 버리고 세상에 있는, 어줍지 않은 문장치레나 한, 무의미한 문구를 섞으며 앞에 것은 뽑아 뒤에 두고 뒤에 것은 뽑아 앞에 두며, 앞뒤 것을 가운데 넣고 가운데 것을 앞뒤에 두리니, 이런 나쁜 비구들은 마군의 동무로서 온갖 부정한 물건을 받아 두면서 말하기를, '여래께서 우리에게 이런 물건을 받도록 허락하였다' 하리라. 마치 젖소 치는 여인이 우유에 물을 많이 타는 것같이, 나쁜 비구들도 그리하여 세간의 문장을 섞어 이 경을 잘못 만들어서 여러 중생들로 하여금 바른 말과 바르게 쓴 것을 얻지 못하게 하며, 정당하게 존중하고 찬탄하며 공양하고 공경하지도 못하게 할 것이며, 이 나쁜 비구들이 이익만을 위하므로 그런 경전이라도 널리 선전 유포하지도 못할 것이요, 조금씩 유포한다는 것도 너무 적어서 말할 나위도 없으리니, 마치 저 젖소 치는 가난한 여인이 여러 번 돌려 판 우유로 끓인 우유죽이 별로 우유 맛이 없는 것과 같으니라. 이 대승경전인 대반열반경도 그와 같아서 차츰차츰 싱거워져서 참맛이 없을 것이나, 비록 참맛은 없더라도 다른 경전보다는 천 갑절이나 훌륭한 것이니, 마치 저 우유가 쓴맛보다는 천 배나 훌륭한 것과 같으니라. 왜냐하면 이 대승의 대반열반경은 성문의 경전보다는 가장 으뜸인 것이, 우유가 여러 맛 중에서 가장 훌륭함과 같나니, 이런 이치로 대반열반이라 이름하느니라.

또 선남자야, 여러 선남자·선여인들이 남자되기를 구하지 않는 이가 없나니 무슨 까닭인가? 모든 여인들은 모두 온갖 나쁜 것만이 모여 있는 연고니라. 또 선남자야, 모기의 오줌으로는 이 큰 땅을 적실 수 없는 것같이, 여인의 음욕을 채울 수 없음도 그와 같으니라. 가령 이 땅으로 겨자만큼씩 환을 만들어 그 수효처럼 많은 남자가 한 여인으로 더불어 음욕을 행하여도 만족하지 못하며, 가령 항하의 모래 수처럼 많은 남자가 한 여인과 음욕을 행하여도 역시 만족하지 못하니라. 선남자야, 마치 큰 바다에는 온갖 빗물과 여러 강물들이 모두 흘러 들어가도 바다는 채울 수 없는 것같이, 여인의 법도 그와 같아서, 모든 중생이 모두 남자가 되어서 한 여인과 음욕을 행하여도 오히려 부족하니라. 또 선남자야, 저 아숙가(阿叔迦)나무·파타라(波吒羅)나무·가니가(迦尼迦)나무들이 봄에 꽃이 피면 모든 벌들이 빛과 향기와 맛을 빨아먹으면서도 싫은 줄을 모르듯이, 여인이 남자를 요구함도 그와 같아서 만족함을 모르느니라. 선남자야, 이런 이치로 모든 선남자·선여인이 이 대승열반경을 듣고는 항상 여인의 모양을 꾸짖고 남자되기를 구하나니, 왜냐하면 이 대승경전에 사내다운 기상이 있으니 곧 불성이니라. 만일 사람으로서 불성을 알지 못하는 이는 남자의 기상이 없나니, 무슨 까닭인가? 스스로 불성이 있는 줄을 모르는 연고며, 불성을 알지 못하는 이는 내가 그들을 이름하여 여인이라 말하고, 스스로 불성 있음을 아는 이는 대장부라고 말하느니라. 만일 여인이 자기의 몸에 결정코 불성이 있는 줄을 알면, 그런 이는 곧 남자가 되느니라. 선남자야, 이 대승경전인 대반열반경은 한량없고 그지없고 헤아릴 수 없는 공덕 덩어리니, 왜냐하면 여래의 비밀한 법장을 말한 연고니라. 그러므로 선남자·선여인이 빨리 여래의 비밀한 법장을 알려거든, 모든 방편으로 이 경을 부지런히 닦아야 하느니라."

"세존이시여, 참으로 그러하나이다. 부처님의 말씀과 같이, 저는 지금 장부의 기상이 있으니 여래의 비밀한 법장에 들어간 까닭이며, 여래께서 오늘에야 저를 깨닫게 하였으니 그로 말미암아 결정적으로 통달할 수 있었나이다."

"훌륭하고 훌륭하다. 선남자야, 그대는 지금 세간의 법을 따라서 이런 말을 하는구나."

"저는 세간의 법을 따르지 않나이다."

부처님께서 가섭보살을 찬탄하셨다.

"그대가 지금 알았다는 위없는 법맛은 깊고 깊어서 알기 어려운 것이거늘 능히 알았으니, 마치 벌이 꿀을 빨듯이 그대도 그와 같으니라. 또 선남자야, 모기의 오줌으로는 큰 땅을 적실 수 없듯이, 오는 세상에 이 경을 유포함도 그와 같아서 모기의 오줌과 같으리라. 바른 법이 없어지려 할 적에는 이 경이 먼저 이 땅에서 매몰되리니, 그것이 곧 바른 법이 쇠퇴하는 모양임을 알지니라. 또 선남자야, 여름을 지낸 뒤의 첫 달이 가을이며 가을에는 비가 자꾸 오듯이, 이 대승 대반열반경도 그와 같아서, 남방의 보살들을 위하여 널리 유포하면서 법비를 내려 그곳에 가득 채울 것이요. 법이 없어지려 할 때에는 계빈국에 이르러서 구족하고 모자람이 없다가 땅 속에 매몰될 것이다. 어떤 이는 믿고 어떤 이는 믿지 않겠지만, 이와 같은 대승 방등경전인 감로의 법맛이 모두 땅에 묻힐 것이며, 이 경이 묻힌 뒤에는 모든 대승경전이 함께 없어지려니와, 만일 이 경을 얻어 구족하여 모자람이 없으면 사람 중의 코끼리왕처럼 될 것이다. 보살들은 여래의 위없이 바른 법이 오래지 않아 없어질 줄을 알지니라."

그때에 문수사리가 부처님께 여쭈었다.

"세존이시여, 지금 순타(純陁)는 아직도 의심이 있는 것 같으니, 바라옵건대 여래께서 거듭 분별하시어 의심을 끊도록 해주십시오."

부처님께서 말씀하셨다.

"선남자야, 어떤 의심인지 그대가 말해 보라. 의심을 끊어 주리라."

문수보살이 여쭈었다.

"순타가 마음으로, 여래가 항상 머문다는 것을 의심함은 불성을 보게 된 힘을 얻음으로써 입니다. 불성이 항상하다고 본다면 본래 보지 못하였을 적에는 무상일 것이며, 본래가 무상이라면 뒤에도 그러할 것이니, 왜냐하면 세상의 물건들은 본래 없던 것이 지금 있고, 있은 뒤에는 도로 없어지나니, 이런 물건들은 모두 무상한 것입니다. 이런 이치로 부처님·보살·

성문·연각이 모두 차별이 없겠나이다."
 이때에 세존께서 게송으로 말씀하셨다.

 본래는 있으나 지금 없으며
 본래는 없으나 지금 있으니
 이 세상·앞 세상·지난 세상에
 있다는 모든 법 옳지 않나니.

 "선남자야, 이런 이치로 부처님·보살·성문·연각이 차별이 있기도 하고 차별이 없기도 하니라."
 문수보살이 찬탄하였다.
 "참으로 부처님 말씀과 같으니, 제가 지금에야 부처님·보살·성문·연각이 차별이 있기도 하고, 차별이 없기도 한 줄을 알았나이다."
 가섭보살이 부처님께 여쭈었다.
 "세존이시여, 부처님께서 말씀하신 부처님·보살·성문·연각의 성품이 차별이 없다는 데 대하여 바라옵건대 여래께서 널리 분별하시어서 모든 중생을 이익하고 안락케 하소서."
 부처님께서 말씀하셨다.
 "선남자야, 자세히 들어라. 그대에게 말하리라. 선남자야, 어떤 장자가 젖소를 많이 기르는데 여러 가지 빛깔이 있었다. 한 사람을 시켜 맡아 기르게 하였더니, 이 사람이 어느 때에 제사를 지내기 위하여 여러 소의 젖을 짜서 한 그릇에 담다가,

여러 소의 젖빛이 꼭 같이 흰 것을 보고 문득 놀래어 '소의 빛이 제각기 다른데, 젖빛은 어찌하여 같을까' 하고 생각하였다. 그러다가 모든 것이 중생들의 업보의 인연이어서 젖빛이 같은 줄을 알았느니라. 선남자야, 성문·연각·보살도 그러하여 불성이 마찬가지인 것이 젖빛과 같으니, 왜냐하면 번뇌가 없어짐이 같은 까닭이니라. 그런데 중생들은 부처님·보살·성문·연각이 차별이 있다 하고, 어떤 성문과 범부들은 3승이 어찌하여 차별이 없는가 하다가, 이 사람들이 오랜 뒤에야 모든 3승의 불성이 마찬가지임을 스스로 이해하였으니, 저 사람이 젖빛이 업보의 인연임을 깨달음과 같으니라. 또 선남자야, 마치 금광의 쇳돌이 불리고 단련되어 쇠똥과 찌꺼기를 없애고 순금이 된 뒤에야 값이 한량없이 되듯이, 선남자야, 성문·연각·보살도 그와 같아서 마찬가지 불성을 이루나니, 왜냐하면 번뇌를 제거한 까닭이라, 금광에서 찌꺼기를 제거함과 같으니라. 이런 이치로 모든 중생의 불성이 마찬가지로 차별이 없는 것은, 먼저 여래의 비밀한 법장을 듣고 뒤에 성불할 때에 자연히 알게 되는 것이니 저 장자가 젖의 한 모양을 아는 것과 같으니라. 왜냐하면 한량없는 억천 번뇌를 끊은 까닭이니라."

가섭보살이 부처님께 여쭈었다.

"세존이시여, 만일 모든 중생에게 불성이 있다 하면 '부처님과 중생이 무슨 차별이 있겠습니까'라고 이렇게 말하는 이가 허물이 많을 것이며, 또 중생들이 모두 불성이 있으면, 무슨 인연으로 사리불들은 소열반에 들고 연각은 중열반에 들고 보살들은 대열반에 듭니까? 이 사람들의 불성이 같을진댄 어찌하여 다 함께 여래의 열반으로 열반하지 않습니까?"

"선남자야, 여러 부처님들이 얻는 열반은, 성문이나 연각으로는 얻을 것이 아니니, 그러므로 대열반을 선유(善有)라 이름하는 것이며, 세상에 부처님이 없다 하여도 2승(乘)의 두 가지 열반을 얻는 일이 없지 아니하리라."

"그 이치가 무엇입니까?"

"한량없고 끝없는 아승기겁 전에 부처님이 세상에 나시어서 3승(乘)을 말하여 보이시니라. 선남자야, 그대의 말과 같이 보살과 2승의 차별이 없다는 것은, 내가 먼저 여래의 비밀한 법장인 대열반에서 그 뜻을 말하였다. 아라한은 선유가 없다. 왜냐하면 아라한들도 마땅히 대열반을 얻게 될 것이니라. 이런 뜻으로 대열반에는 끝까지 즐거움이 있는 것이며, 그래서 대반열반(大般涅槃)이라고 말하느니라."

가섭이 말하였다.

"부처님의 말씀과 같으니, 제가 이제야 차별한 뜻과 차별이 없는 뜻을 알았나이다. 왜냐하면 모든 보살·성문·연각이 다음 세상에서 마땅히 대반열반으로 나아갈 것이 마치 모든 강물이 바다로 가는 것 같습니다."

"그러므로 성문이나 연각들을 모두 항상하다 이름하여 무상이 아니니, 이런 뜻으로 차별이 있기도 하고 차별이 없기도 하니라."

"어찌하여 성품이 차별하다 합니까?"

"선남자야, 성문은 우유와 같고, 연각은 타락과 같고, 보살은 생소·숙소와 같고, 부처님 세존은 제호와 같으니, 그러므로 대반열반 중에 네 가지 성품이 차별이 있다고 말하였느니라."

"모든 중생의 성품 모양은 어떠합니까?"

"선남자야, 소가 처음 났을 적에는 젖과 피가 갈리지 아니함 같으니, 범부의 성품에 번뇌가 섞인 것도 그와 같으니라."

"구시나성(拘尸那城)에 환희(歡喜)라는 전다라가 있는데 부처님이 그에게 수기하시기를, 이 사람이 한 번 발심함으로 오는 세상에 이 세계에서 천 부처님 중에 한 사람으로서 위없이 진정한 도를 이루리라 하시면서, 어찌하여 존자 사리불이나 목건련들에게는 빨리 부처님 도를 이루리라고 수기하지 아니합니까?"

"선남자야, 어떤 성문·연각·보살들이 서원하기를, 나는 오래오래 바른 법을 보호하다가 나중에 위없는 부처님 도를 이루리라 하거니와, 빨리 이루려는 원을 내었으므로 빨리 수기하는 것이니라. 또 선남자야, 어떤 장사치가 훌륭한 보배를 가지고 시장에 가서 팔려 할 적에, 어리석은 사람이 보고 보배인 줄을 알지 못하고 우습게 생각하니, 장사치가 '이 보배는 값이 한이 없다' 말하면, 그 말을 듣고도 웃으면서 서로 말하기를 '이것은 참 보배가 아니고 파리 구슬이다' 하리라. 선남자야, 성문·연각도 그와 같아서, 빨리 수기함을 들으면 게으르고 우습게 여기어서 천박하게 생각하리니, 마치 어리석은 사람이 참말 보배를 모르는 것과 같으니라. 오는 세상에 여러 비구들이 선한 법을 부지런히 닦지 못하여, 가난하고 곤궁하여 굶주림에 쪼들리다가, 그런 까닭으로 출가하여 몸을 부지하여 가면서도, 마음이 경조(輕躁)하고 옳지 못하게 살아갈 적에, 만일 여래가 성문들에게 빠르게 수기를 주었다는 말을 들으면 크게 웃으면서 업신여기고 훼방하리니, 이런 이는 곧 계율을 파한 이며, 과인법(過人法)을 얻었노라 하리니, 그러므로 빠르게 원을 세우면 빠른 수기를 주고, 바른 법을 두호하는 이는 멀게 수기를 주느니라."

"세존이시여, 보살마하살이 어떻게 하면 파괴되지 않는 권속을 얻습니까?"

"가섭이여, 만일 보살이 부지런히 정진하고 바른 법을 보호하려 하면, 이런 인연으로 얻은 권속은 파괴할 수 없느니라."

"세존이시여, 무슨 인연으로 중생들이 입술에 조갈이 생깁니까?"

"가섭이여, 삼보가 항상 있는 줄을 알지 못하면 이 인연으로 입술에 조갈이 생기는 것이니, 마치 사람이 입맛이 나빠지면 달고 쓰고 맵고 시고 짜고 싱거운 여섯 가지 맛의 차별을 알지 못하듯이, 모든 중생들이 어리석고 지혜가 없어 삼보가 항상 머무는 법인 줄을 알지 못하면, 그것을 일러 입술에 조갈이 난다 하느니라. 또 선남자야, 만일 중생으로서 여래가 항상 머무는 줄을 알지 못하면 이런 사람은 배냇소경이 되고, 여래가 항상 머무는 줄을 알면 이 사람은 육안(肉眼)을 가졌더라도 나는 천안(天眼)이라 이름하느니라. 또 선남자야, 여래가 항상한 줄을 아는 이가 있으면, 이 사람은 오래전부터 이런 경전을 닦은 사람이므로 나는 그런 이를 천안이라 하고, 비록 천안을 가졌더라도 여래가 항상한 줄을 알지 못하면 이 사람은 육안이라 이름하나니, 이런 사람은 자기의 팔다리와 수족까지도 알지 못하고 다른 이로 하여금 알게 하지도 못하는 것이므로 육안이라 하느니라. 또 선남자야, 여래는 항상 모든 중생에게 부모가 되나니, 무슨 까닭인가? 모든 중생이 가지각색 형상을 가져서 두 발도 있고 네 발도 있고 열 발도 있고 발이 없기도 한데, 부처님이 한 가지 음성으로 법문을 말하매 저 여러 종류들이 제각기 이해하며 찬탄하기를, '여래가 지금 자기를 위하여 법을 말씀한다' 하리니, 그런 뜻으로 부모라 하느니라.

또 선남자야, 사람이 아기를 낳아 16삭이 되면 비로소 말을 하면서도 음성이 분명치 못하여 알아듣기 어렵거든, 그 부모가 아기에게 말을 가르치려고 일부러 아기의 말을 본떠서 차츰차츰 가르친다면, 그 부모의 말을 바르지 못하다고 하겠는가?"

"아닙니다, 세존이시여."

"선남자야, 부처님들도 그와 같아서, 중생들의 가지가지 음성을 따라서 법을 말하여 부처님의 바른 법에 머무르게 하느라고, 그들이 볼 수 있는 대로 가지가지 형상을 나타내나니, 이렇게 여래가 저들의 말을 본뜨는 것을 바르지 못하다 하겠는가?"

"아닙니다, 세존이시여. 왜냐하면 여래의 말씀은 사자후와 같아서, 세상의 여러 가지 음성을 따라서 중생들에게 묘한 법문을 말씀하십니다."

대반열반경 제10권

17. 대중의 물음[一切大衆所問品]

그때에 부처님께서 입으로 푸른빛·누른빛·붉은빛·흰빛·분홍빛·자줏빛 등 가지각색 광명을 놓아서 순타의 몸에 비치었다. 순타가 광명을 받고 권속과 여러 가지 음식을 가지고 부처님 계신 데 빨리 나아가, 여래와 비구들에게 마지막 공양을 올리려 하여, 가지가지 그릇에 가득하게 담아 가지고 부처님 계신 데 이르렀다. 그때에 대위덕(大威德) 천인이 앞을 막고 두루 돌면서 순타에게 '아직 멈추고 받들어 올리지 말라'고 말하였다. 이때에 여래께서 다시 한량없고 그지없는 가지가지 광명을 놓으니, 하늘 대중들이 이 광명을 보고는, 순타가 앞으로 가서 부처님께 공양을 올리도록 허락하였다. 이때에 하늘 사람과 중생들이 자기들이 가지고 왔던 공양거리를 가지고 부처님 앞에 나아가 꿇어앉아 '바라옵건대 여래시여, 비구들에게 이 공양을 받도록 허락하소서' 하고 여쭈었다. 비구들이 때가 이른 줄 알고 가사와 발우를 가지고 한결같은 마음으로 망설이고 있었다. 이때에 순타가 부처님과 스님들을 위하여 가지각색 사자보좌를 베풀고, 법과 일산을 달고, 꽃과 향과 영락을 차려 놓으니, 삼천대천세계가 아름답고 미묘하게 장엄되어 마치 서방의 극락세계와 같았다.

이때에 순타가 부처님 앞에 서서 근심하고 슬퍼하면서 다시 여쭈었다.

"바라옵건대 여래시여, 저희들을 가엾이 여기시어 한 겁이나, 한 겁이 조금 모자라게라도 세상에 머물러 계시옵소서."

부처님께서 말씀하셨다.

"순타여, 네가 나로 하여금 오래 이 세상에 있게 하려거든 마지막 보시바라밀을 구족하게 빨리 받들라."

이때에 여러 보살마하살과 하늘 사람·세간 사람과 여러 무리들이, 입은 다르나 같은 음성으로 이렇게 말하였다.

"기특하다, 순타는 큰 복덕을 성취하여 여래로 하여금 훌륭한 마지막 공양을 받게 하였건만, 우리들은 복이 없어 마련한 공양거리도 부질없게 되었네."

이때에 부처님께서 모든 대중의 소망을 만족하게 하려고 당신의 몸에 있는 털구멍마다 한량없는 비구들을 거느렸으며, 이 부처님들과 모든 대중들이 다같이 공양을 받는데 석가여래는 순타가 올린 공양을 받으시니, 순타가 가지고 온 여러 가지 음식이 마가다국의 말로 여덟 휘[斛]나 되는 것을 부처님의 신통으로 모든 대중들이 만족하게 먹었다. 그래서 순타는 그것을 보고 환희한 마음으로 한없이 뛰놀았고 모든 대중들도 그러하였다. 이때에 대중들이 부처님의 뜻을 받들어 제각기 생각하기를 '여래께서 지금 우리의 공양을 받으셨으니, 오래지 아니하여 열반에 드시리라' 하고는 마음이 기쁘고도 슬펐다. 이때에 숲이 들어선 땅은 좁았으나 부처님의 신력으로 바늘 끝 같은 곳에서 한량없는 부처님과 권속들이 모여 앉아 먹었으며 먹는 물건도 차별이 없었다. 그때에 천상 사람·세간 사람과 아수라들이 울고 슬퍼하면서 이런 말을 하였다.

"여래께서 오늘날 우리의 마지막 공양을 받으시니, 공양을 받으신 뒤에는 열반에 드실 터인즉, 우리들이 다시 누구에게 공양하리요. 우리가 이제 위없으신 부처님을 여의면 아주 눈이 없는 소경이 되리라"고 하였다.

이때에 세존께서 모든 대중을 위로하시려고 게송으로 말씀하셨다.

너희들은 슬프게 탄식 말아라.
부처님의 법이란 으레 그런 것
나는 이미 열반에 들어간 지가
한량없는 세월을 지내었건만

나는 항상 훌륭한 낙을 받으며
영원히 편안한 데 있는 터이니
너희들 지성으로 이 말 들어라.
내가 이제 열반을 말하리라.

나는 이미 밥 먹을 생각이 없어
어느 때나 기갈을 걱정 않나니
오늘날 너희들을 위하는 마음
따라주는 소원을 자세히 말하여

이 세상·앞 세상의 여러 대중들
모두 다 편안한 낙 얻게 하리니
너희들 듣고서 정성 다하여
항상 있는 불법을 닦아 행하라.

까마귀와 올빼미 두 마리 새가
한 나무에 의좋게 깃들여 살며
형제처럼 정답게 지내다가도
필경에는 영원히 열반하지만

여래는 모든 중생 굽어보기를
외아들 라후라와 같이 여기어
중생들의 어버이 항상 되거니
어찌하여 영원히 열반하리오.

뱀과 쥐와 이리들 여러 짐승이
한 구멍에 의좋게 깃들여 살며
형제처럼 서로들 사랑하다가도

필경에는 영원히 열반하지만,

여래는 모든 중생 굽어보기를
외아들 라후라와 같이 여기어
중생들의 어버이 항상 되거니
어찌하여 영원히 열반하리오.

칠엽나무 구린내 꽃이 변하여
바리사가 향기로운 꽃이 되거나
가류(迦留)나무 변하여 진두(鎭頭)되어도
필경에는 영원히 열반하지만,

여래는 모든 중생 굽어보기를
외아들 라후라와 같이 하는데
어째서 자비한 맘 아주 버리고
영원히 열반에 들어가리오.

만일에 어리석은 일천제가
현신으로 부처님 도를 이루어
영원히 즐거움에 있다 하여도
필경에는 열반에 들어가지만,

여래는 모든 중생 굽어보기를

모두 다 라후라와 같이 하는데
어째서 자비한 맘 아주 버리고
영원히 열반에 들어가리오.

가령 일러 저 많은 모든 중생들
한꺼번에 부처님 도를 이루어
수없는 근심 걱정 여의더라도
필경에는 열반에 들어가지만,

여래는 모든 중생 굽어보기를
모두 다 라후라와 같이 하는데
어째서 자비한 맘 아주 버리고
영원히 열반에 들어가리오.

가령 모기의 오줌이
온 땅을 적시어서 무너뜨리고
골짜기 물이 바다에 가득 찬대도
필경에는 열반에 들어가지만,

자비로 모든 중생 굽어보기를
모두 다 라후라와 같이 하는데
중생들의 어버이 항상 되거니
어찌하여 영원히 열반하리오.

그러므로 너희는 정성을 다해
깊이깊이 바른 법 좋게 여기고
부질없이 근심과 걱정을 내어
부르짖어 울거나 통곡 말아라.

만일에 바른 행을 배우려거든
여래의 항상함을 닦을 것이며
이러한 묘한 법이 항상 있어서
변하지 않는 줄 살피어 보고,

삼보가 어느 때나 항상 있음을
마음 속 간절하게 늘 생각하면
이것으로 큰 보호 얻게 되리니
죽은 나무 꽃피고 열매 맺듯이.

이런 것을 삼보라 이름하나니
사부대중은 이 말을 잘 들어 두라.
듣고는 환희하는 마음을 내어
위없는 보리심을 발할지어다.

삼보가 이 세상에 항상 머물러
참 이치와 같은 줄 확실히 알면,
이것이 시방 삼세 모든 부처님

가장 높아 위없는 서원이니라.

어떤 비구·비구니·우바새·우바이들이 여래의 가장 높은 서원으로 원을 세우면 이 사람은 어리석은 생각이 없고 공양을 받을 것이며 이 원력과 공덕의 과보로 세상에 가장 훌륭하기가 아라한과 같으려니와 만일 삼보가 항상 한 줄을 알아보지 못하면 이는 곧 전다라며, 삼보가 항상 머무는 줄을 아는 이가 있으면 이 진실한 법의 인연으로 괴로움을 여의고 안락할 것이며, 시끄럽게 하거나 해를 끼치며 방해할 이가 없으리라.”

이때에 세간 사람·천상 사람 여러 대중과 아수라들이 이 법문을 듣고 즐거운 마음으로 한량없이 뛰놀며, 마음이 부드럽고 번뇌가 소멸되어 높고 낮은 생각이 없어지고 거동이 깨끗하며, 얼굴이 화평하여 부처님께서 항상 머무시는 줄을 알고는, 여러 가지 천상의 공양거리를 베풀고 가지각색 꽃과 가루향·바르는 향을 흩으며, 하늘의 풍악을 잡히어 여래께 공양하였다. 이때에 부처님께서 가섭보살에게 말씀하셨다.

“선남자야, 그대는 이 무리들의 희유한 일을 보는가?”

가섭보살이 대답하였다.

“보았나이다. 세존이시여. 여래께서 한량없고 그지없고 헤아릴 수 없는 천상 인간 여러 대중이 받드는 공양을 받으심을 보았으며, 또 여러 부처님의 장엄하신 큰 몸으로 앉으신 곳이 바늘 끝 같은데 여러 대중이 둘러앉아서도 조금도 비좁지 아니함을 보았으며, 또 대중이 모두 서원을 세워 13게송을 말씀함을 보았고, 또 대중이 각각 생각하기를 '여래께서 지금 나의 공양만을 받으신다' 함을 알았습니다. 가령 순타가 받든 음식을 모두 부수어 티끌을 만들어 한 부처님께 한 티끌씩 드려도 오히려 부족할 것을, 부처님의 신통력으로 모든 대중에게 만족케 하심을, 모든 보살마하살 문수사리 법왕자들만이 그런 희유한 일을 알았으니, 모두 여래의 방편으로 나타내심이오며, 성문 대중과 아수라들도 여래가 항상 머무는 법인 줄을 아나이다."

이때에 세존께서 순타에게 말씀하셨다.

"네가 지금 본 것이 희유하고 기특한 일인 줄을 아느냐?"

순타가 여쭈었다.

"참으로 그러하나이다. 세존이시여. 제가 먼저 보던 것은, 한량없는 부처님들의 32상(相)와 80종호(種好)로 몸을 장엄한 것이더니, 지금은 보살마하살이 되어 큰 몸이 특이하고 얼굴모습이 비길 데 없음을 보며 부처님 몸이 마치 약 나무[藥樹] 같으시어 여러 보살마하살에게 호위되심을 보나이다."

"순타여, 네가 먼저 보았다는 한량 없는 부처님께서는 모두 나의 화신으로서 모든 중생들을 이익하여 즐거움을 얻게 하려 함이며, 그러한 보살마하살들의 행하는 일은 헤아릴 수 없어서 많은 부처님의 일을 짓는 것이니라. 순타여, 너도 지금 보살마하살의 행을 성취하여 10지에 머물렀으며, 보살의 행할 바를 구족히 성취하였느니라."

가섭보살이 부처님께 여쭈었다.

"세존이시여, 진실로 그러하나이다. 부처님의 말씀과 같이, 순타가 닦아 이룬 보살의 행을 저도 따라서 기뻐하오며 지금 여래께서 오는 세상의 한량없는 중생들에게 크게 밝음을 지으시려고 이 대승 대반열반경을 말씀하시나이다. 세존이시여, 온갖 경전의 말씀에는 남긴 뜻이 있습니까, 남긴 뜻이 없습니까?"

"선남자야, 내가 말한 것은 남긴 뜻이 있기도 하고, 남긴 뜻이 없기도 하니라."

순타가 부처님께 여쭈었다.

"세존이시여, 부처님께서 이런 게송을 말씀하셨습니다.

내게 있는 모든 것을
여러 곳에 보시하면
찬탄은 할지언정
훼손될 건 하나 없네.

세존이시여, 이 뜻이 어떠하오며, 계율을 가짐과 계율을 파함이 무슨 차별이 있습니까?"

부처님께서 말씀하셨다.

"한 사람만을 제외하고는, 모든 사람에게 보시하는 것을 모두 찬탄할 만하니라."

"한 사람만 제외한다 함은 누구입니까?"

"이 경에서 말하는 계율을 파한 이니라."

"제가 지금 알지 못하오니, 말씀하여 주소서."

"순타여, 계율을 파한 것은 일천제니라. 그 외에는 누구에게 보시하여도 모두 찬탄할 일이며, 큰 과보를 얻으리라."

"일천제란 뜻은 어떠합니까?"

"순타여, 비구·비구니·우바새·우바이로서 추악한 말로 바른 법을 비방하거나, 이런 죄업을 짓고도 참회하지 아니하며 부끄러운 생각이 없으면, 이런 사람을 일천제로 나아간다 하는 것이며, 4중금을 범하거나 5역죄를 짓거나 하고, 이러한 중대한 일을 저지른 줄을 알면서도 애초부터 두렵거나 부끄러운 마음이 없어 털어놓고 참회하지 아니하며 부처님의 법을 보호하고 건설할 마음이 조금도 없으며, 훼방하고 천대하며 말에 허물이 많으면 이런 사람도 일천제로 나아간다 하며, 또 만일 불·법·승 삼보가 없다고 말하면, 이런 사람도 일천제로 향한다 하나니, 이런 일천제를 제외하고는 다른 이에게 보시하는 것은 모두 찬탄할 일이니라."

"세존이시여, 파계라 말씀함이 무슨 뜻입니까?"

"만일 4중금을 범하거나 5역죄를 지으며 바른 법을 비방하면, 이 사람을 파계라 하느니라."

"이렇게 파계한 이도 제도할 수 있습니까?"

"순타여, 인연이 있으면 제도할 수 있나니, 만일 법복(法服)을 입으면 아직 멀리 버려지지 않았으며, 마음에 부끄러움과 두려움을 항상 품고 스스로 책망하기를 '애달프다, 어찌하여 이런 중한 죄를 범하였으며, 괴로워라, 어찌하여 이런 고통의 법을 지었는가' 하여 스스로 깊이 뉘우치고 법을 보호할 마음을 내어 바른 법을 세우려 하며 '법을 보호하는 이는 내가 공양할 것이며, 대승경전을 읽는 이가 있으면 내가 뜻을 묻고 받아 지녀 읽고 외우고 이미 통달하고는 다른 이에게 분별하여 해설하리라' 하면, 이런 사람은 파계한 것이 아니라고 내가 말한 것이니, 선남자야, 왜냐하면 마치 해가 뜨면 모든 어둠과 가리웠던 티끌을 없앨 수 있듯이, 이 미묘한 대반열반이 세상에 나타나면 중생들의 한량없는 세월에 지은 죄업을 소멸할 수 있으므로, 이 경에서 말하기를 '바른 법을 보호하면 큰 과보를 얻으며 파계한 이를 제도한다'고 말하였느니라. 만일 바른 법을 비방한 이가 스스로 뉘우치고 법으로 다시 돌아와서 자기가 지은 나쁜짓들이 제가 저를 해롭게 함과 같은 줄을 알고, 두려운 마음을 내어 놀라고 부끄러워하더라도, 바른 법이 아니고는 구제할 수 없나니, 그러므로 마땅히 바른 법으로 돌아와야 하느니라. 이렇게 말한 것처럼, 귀의하는 이에게 보시하면 한량없는 복을 얻을 것이며, 세상에서 공양을 받으리라 이름하거니와 만일 그러한 죄를 범하고도 한 달이나 보름이 되도록 귀의하여 털어놓고 참회할 생각을 내지 아니하는 이에게 보시하면, 얻는 과보가 매우 적으리라. 5역죄를 지은 것도 그와 같아서, 뉘우치는 생각을 내고 속으로 부끄러워하며, '내가 저지른 나쁜짓은 대단히 괴로움을 받을 것이니, 내가 마땅히 바른 법을 세우고 보호하리라' 하면, 이런 이는 5역죄라 이름하지 아니하나니, 이런 사람에게 보시하면, 한량없는 복을 얻을 것이요, 역죄를 짓고도 법을 보호하고 귀의할 마음을 내지 아니하면, 그런 사람에게 보시 하는 것은 복이라고 말할 수 없느니라.

또 선남자야, 중한 죄를 범한 이를 분별하여 말하리니 너는 자세히 들어라. 범죄한 이가 마음을 내어 '바른 법은 여래의 비밀한 법장이니 내가 보호하고 세우리라' 하거든, 그 사람에게 보시하면 좋은 과보를 얻으리니, 마치 어떤 여인이 아기를 배어 해산할 달이 임박하였을 적에, 나라가 흉년 들고 혼란하여서 다른 지방으로 갔다가 어느 당집에서 아기를 순산하여 기르더니, 그 뒤에 고국이 안정되고 풍년까지 들었단 말을 듣고, 아기를 데리고 고향으로 오던 길에 항하에 이르니, 물이 불어서 넘치고 물살이 급하여 아기를 업고는 건널 수 없었다. 여인이 생각하되 '내가 아기와 함께 빠져 죽을지언정, 아기를 버리고 혼자서만 건널 수는 없다' 하고, 아기와 함께 죽어서 마침내 천상에 태어났으니, 아기를 사랑하여 함께 건너려 한 까닭이니라. 그 여인의 성품은 본래 나쁘지만, 아기를 사랑한 인연으로 천상에 난 것이니, 4중금과 5역죄를 범하고도 법을 보호하려는 마음을 내는 것도 그와 같아서, 먼저는 비록 나쁜 업을 지었더라도 법을 보호하는 인연으로 세간의 위없는 복밭이 되는 것이니, 법을 보호하면 이렇게 한량없는 과보가 있느니라."

"세존이시여, 어떤 일천제가 스스로 뉘우치고 삼보를 공경하고 공양하고 찬탄하는, 이런 이에게 보시하면 큰 과보를 얻겠나이까?"

"선남자야, 너는 그런 말을 하지 말라. 선남자야, 어떤 사람이 암마라 열매를 먹고 씨를 뱉어서 버렸다가, 다시 생각하기를 '그 씨 속에 단 것이 있으리라' 하고, 버렸던 씨를 가져다가 깨어 먹으니 쓰기만 하였다. 마음으로 후회하였으나 종자를 잃을까 염려하여 도로 주워서 땅에 심고, 부지런히 보호하며 거름을 주고 물을 준다면 그 씨가 싹이 나리라 생각하느냐?"

"그렇지 않나이다. 세존이시여. 설사 하늘이 감로 비를 내린대도 날 수 없나이다."

"선남자야, 저 일천제도 그와 같아서, 선근을 불살라 버렸으니 어떻게 죄를 없앨 수 있겠느냐. 선남자야, 만일 선한 마음을 낼 수 있으면 일천제라 하지 않느니라. 선남자야, 이러한 뜻으로 모든 보시한 공덕으로 얻는 과보가 차별이 없지 아니하니라. 왜냐하면 성문에게 보시한 과보가 다르고, 벽지불에게 보시한 과보가 다르며, 여래께 보시한 인연으로야 위없는 과보를 얻나니. 그러므로 여러 가지로 보시함이 차별이 없지 않느니라."

"무슨 연고로 여래께서 이 게송을 말씀하셨습니까?"

"순타여, 인연이 있어서 이 게송을 말하였느니라. 왕사성에 있는 우바새가 깨끗한 신심도 없이 니건자 외도를 믿어 섬기면서 나에게 와서 보시하는 뜻을 묻길래, 그 인연으로 이 게송을 말하였으며, 또 보살마하살을 위하여 비밀한 법장의 이치를 말한 것이니라. 이 게송의 뜻은 어떠한가? 여럿이라 함은 일부분을 말함이니, 보살마하살은 사람 중에 영특한 이라, 계행을 가지는 이에게는 필요한 것을 보시하고, 파계한 이는 돌피나 가라지같이 버릴 것이니라.

또 선남자야, 나는 옛날에 이런 게송을 말하였느니라."

온갖 강은 반드시
굽이쳐서 흐르고
온갖 숲은 반드시
나무라고 말하고

온갖 여인 반드시
아첨한 맘 품었고
온갖 자재 반드시
안락함을 받나니.

그때에 문수사리보살마하살이 자리에서 일어나 오른 어깨를 벗어 메고 오른 무릎을 땅에 대고 부처님 발에 예배하고 게송으로 말하였다.

온갖 강이 반드시
굽이친 것 아니고
온갖 숲을 반드시
나무라고 안 하고

온갖 여인 반드시
아첨한 것 아니고
온갖 자재 반드시
안락한 것 아니니.

"부처님께서 말씀하신 게송은 그 뜻이 미진함이 있으니, 바라옵건대 불쌍히 여기시어 그 인연을 말씀하소서. 왜냐하면 세존이시여, 이 삼천대천세계에 구야니주(拘耶尼洲)가 있고 그곳에는 곧게 흐르고 굽이치지 아니한 강이 있으니, 이름을 사바야(娑婆耶)라 하오며, 이 강은 활줄같이 서해로 들어가는데, 이런 강은 다른 경전에서 부처님께서 말씀하지 아니하였으니, 바라옵건대, 여래께서 이 방등 아함경에서 미진한 뜻이 있음을 말씀하시어, 보살들로 하여금 깊이 믿고 해설하게 하시옵소서. 세존이시여, 어떤 사람이 먼저 금광을 알고도 뒤에 순금을 알지 못하듯이 여래도 그러하여 법을 모두 아시고도 연설하심에는 미진함이 있나이다. 여래께서 비록 이렇게 미진한 말씀을 하시오나, 마땅히 방편으로 그 뜻을 해설하셔야 하리이다. 온갖 숲이 반드시 나무라 하지만 그것도 미진한 것이 있으니, 왜냐하면 갖가지 금과 은과 유리로 만든 보배 나무도 숲이라 이름할 것이오며, 온갖 여인은 반드시 아첨한 맘을 품는다는 말도 미진한 것이 있으니, 왜냐하면 여인들 중에도 계율을 잘 지니고 공덕이 성취되어 대자비심을 가진 이가 있나이다. 온갖 자재한 이는 반드시 안락을 받는다는 것도 역시 미진한 것이니, 왜냐하면 자재한 이는 전륜왕인데, 여래인 법왕은 죽는 마군에 속하지 아니하여 아주 멸도하지 아니하오며, 범천왕과 제석천왕이 비록 자재하나 모두 무상합니다. 항상 있고 변하지 아니하여야 자재하다 할 것이오니, 그것은 대승의 대반열반입니다."

"선남자야, 그대가 이제 참으로 말 잘하는 변재[樂說辯才]를 얻었거니와 아직 잠자코 들어라. 문수사리여, 어떤 장자가 몸에 병이 생겨서 의원에게 진찰하였더니 의원이 약을 지어 주었다. 그때에 환자가 많이 먹으려고 하니 의원이 말하기를, '만일 소화할 수만 있으면 마음대로 하려니와 그대는 지금 몸이 쇠약하여 많이 먹을 수 없다. 이 약은 감로라고도 하고 독약이라고도 하나니, 많이 먹고 소화하지 못하면 독약이 된다'고 하였다. 선남자야, 너는 이 의원의 말이 이치에 어기어서 약의 효력을 감손한다고 말하지 말라. 선남자야, 여래도 그와 같아서 여러 국왕·후비·태자·왕자·대신들을 위한 것이니라. 바사닉왕의 왕자와 후비가 교만한 마음이 있으므로 그것을 조복하기 위하여 공포를 나타내고자 하였음이 저 의원과 같으니, 게송으로 말하겠노라.

온갖 강은 반드시
굽이쳐서 흐르고
온갖 숲은 반드시
나무라고 말하고

온갖 여인 반드시
아첨한 맘 품었고
온갖 자재 반드시
안락함을 받나니.

문수사리여, 그대는 여래의 말이 누실이 없는 줄을 알라. 이 땅덩이는 설사 뒤집힐 수 있을지언정, 여래의 말은 끝까지 누실함이 없나니, 이런 이치로 여래의 말은 모두 미진함이 없느니라."

이때에 부처님께서 문수사리를 칭찬하셨다.

"훌륭하고 훌륭하다. 선남자야, 그대는 오래전부터 이런 이치를 알건만 여러 사람을 딱하게 여기며 중생들로 하여금 지혜를 얻게 하려고 나에게 그런 게송의 뜻을 묻는구나."

그때에 문수사리 법왕자가 또 부처님 앞에서 게송을 읊었다.

다른 이의 하는 말은
따라가며 안 어기고,
다른 이의 하고 안함
꼬치꼬치 보지 말고,
자기 몸의 잘잘못만
자세하게 보살펴라.

"세존께서 이렇게 이 법의 약을 말씀하심은 바른 말씀이 아닙니다. 다른 이의 하는 말은 따라가며 안 어긴다 함을, 바라옵건대 바르게 말씀하소서. 왜냐하면 세존께서 항상 말씀하시기를 '96종의 모든 외도들은 나쁜 길로 가고, 성문 제자들은 바른 길로 나아간다'고 하셨나이다. 만일 계율을 잘 지니고 위의를 갖추어 모든 행동을 조심하면, 이런 사람은 바른 법을 좋아하고 좋은 길로 향할 것인데, 어찌하여 여래께서 아홉 종류 경전 중에서 다른 이를 헐뜯는 것을 보시면 문득 꾸중하였으니 이 게송은 어떠한 뜻입니까?"

"선남자야, 내가 이 게송을 말한 것도 온갖 중생을 모두 두고 한 말이 아니고, 그때 다만 아사세왕을 위한 말이다. 부처님들은 인연이 없으면 거스르는 말을 하지 않지만, 인연이 있으면 말하느니라. 선남자야, 아사세왕이 그 아버지를 해치고 나에게 와서 나를 꺾어보려고 묻기를, '세존께서는 온갖 지혜가 있나이까, 온갖 지혜가 없나이까, 만일 온갖 지혜가 있다면 조달이 한량없이 오래전부터 나쁜 마음을 품고 여래를 해치려 하였거늘, 어찌하여 여래는 그의 출가를 허락하였습니까?'라고 하였느니라. 선남자야, 이런 인연으로 내가 이 임금을 위하여 이 게송을 말하였노라.

    다른 이의 하는 말은
    따라가며 안 어기고,
    다른 이의 하고 안 함을
    꼬치꼬치 보지 말고,

자기 몸의 잘잘못만
자세하게 보살펴라.

여래는 왕에게 이렇게 말하였느니라.
'당신이 지금 아버지를 살해하여 가장 중한 역죄를 지었으니. 마땅히 털어놓고 참회하여 깨끗하게 되기를 구할 것이거늘 어찌하여 남의 허물만 보려 하느냐?'
선남자야, 이런 뜻으로 내가 그 임금을 위하여 그런 게송을 말하였느니라. 또 선남자야, 계율을 보호하여 깨뜨리지 않고 위의를 잘 성취하면서 다른 이의 허물을 보는 이를 위하여서 그런 게송을 말하였으니, 만일 어떤 사람이 다른 이의 가르침을 받아 여러 가지 나쁜짓을 여의고, 또 다른 사람으로 하여금 나쁜짓을 여의게 하면 이런 사람은 곧 나의 제자니라."
이때에 세존이 문수사리보살에게 다시 게송으로 말하였다.

중생마다 칼과 몽둥이 너도나도 무서워라.
제 목숨을 사랑하지 않는 이가 없으련만
내 마음을 생각하면 남의 마음 아우를지니
살생도 하지 말고 때리지도 말지어다.

그때에 문수사리보살이 다시 부처님 앞에서 게송을 읊었다.

중생마다 칼과 몽둥이 무서운 것 아니오며

사람마다 제 목숨을 사랑함도 아니어라.
제 마음을 생각하면 남의 마음 아우를지니
착한 방편 좋은 도리 부지런히 닦아라.

"여래께서 이런 법문을 말씀하신 뜻도 미진함이 있나이다. 왜냐하면 아라한과 전륜왕과 옥녀(玉女)와 보배 코끼리[象寶], 보배 말[馬寶], 광 차지[主藏] 대신들은 하늘 사람이나 아수라 등이 칼을 들고 해치려 하여도 될 수 없으며, 큰 말의 왕이나 짐승의 왕이나 계율 지키는 비구들은 비록 대적이 오더라도 두려워하지 아니하나니, 그런 뜻으로 보아서 여래의 말씀하신 게송은 미진함이 있다 하오며, 만일 제 마음을 생각하면 남의 마음 안다는 것도 미진함이 있으니, 왜냐하면 아라한으로서 제 마음으로 남의 마음을 짐작한다면, 나라는 생각과 목숨이란 생각이 있는 것이니, 만일 나란 생각과 목숨이란 생각이 있다면. 마땅히 옹호하여야 할 것이며, 범부들도 아라한을 수행하는 사람이라고 볼 것이니, 그렇다면 그것은 잘못된 소견이요, 잘못된 소견이 있으면 죽어서 아비지옥에 날 것이고, 또 아라한으로서는 중생에게 대하여 해할 마음을 낸다는 것이 옳지 아니하며, 한량없는 중생들도 아라한을 해할 이가 없으리이다."

"선남자야, 나라는 생각이라 말함은 중생에게 자비한 마음을 내어 살해할 생각이 없다는 것이니, 이는 아라한의 평등한 마음이니라. 세존이 인연이 없는데 거스르는 말을 하였다고 말하지 말라. 예전에 왕사성에 큰 사냥꾼이 있어 사슴을 많이 잡아 놓고 나를 청하여 고기를 먹으라고 하기에, 내가 그때에 그 청을 받기는 하였으나. 중생들에게 자비한 마음 내기를 라후라처럼 하면서 게송을 말하였노라.

너희들도 장수하는 법을 알아서
오래오래 이 세상에 있게 하리니
살해하지 않는 법을 받아 지니면
부처님의 수명같이 오래 살리라.

그리고서 나는 또 이 게송을 말하였느니라.

중생마다 칼과 몽둥이 너도나도 무서워라.
제 목숨을 사랑하지 않는 이가 뉘 있으리.
제 마음을 생각하면 남의 마음 아우를지니
살생도 하지 말고 때리지도 말지어다.

훌륭하고 훌륭하다. 문수사리여, 보살마하살들을 위하여 여래의 이와 같은 비밀한 교법을 믿는구나.”

이때에 문수사리가 또 이런 게송을 말하였다.

어찌하여 부모를 공경하여서

말과 뜻을 따라 존중하여도
어찌하여 이런 법 닦아 익히면
무간지옥에 떨어져 버리나이까.

부처님께서 또 게송으로 대답하였다.

탐심과 애욕으로 어머니 삼고
무명과 번뇌로써 아버지 삼아
말과 뜻을 따라서 존중한다면
무간지옥에 떨어져 버리느니라.

그때에 여래가 다시 문수사리를 위하여 거듭 게송을 말하였다.

온갖 일이 남에게 매였을 때엔
그것을 이름하여 괴롭다 하고
온갖 일을 내 맘대로 하게 될 적엔
자재하고 안락하다 말하지만

온갖 것에 교만한 마음을 내면
그 형세가 지극히 포악하나니
착하고 어진 이는 어디서라도
온갖 것을 사랑하고 염려하느니.

이때에 문수사리보살마하살이 여래께서 여쭈었다.

"세존이시여, 여래의 말씀하심이 역시 미진하다 생각되오니, 바라옵건대 여래께서 다시 가엾이 여기시어 그 인연을 말씀하소서. 왜냐하면 어떤 장자의 아들이 스승을 따라서 공부할 적에 스승에게 매였나이까? 만일 스승에게 매였다 하면 뜻이 성취되지 못하고, 매이지 않았다 해도 성취되지 못하며, 마음대로 자재한다 하여도 성취하지 못하리니, 그러므로 여래의 말씀하심이 미진하다 하나이다. 또 세존이시여, 마치 왕자가 한 가지를 주장하여 익히지 아니하여 아무 일도 성취하지 못하면 이것이 자재하고도 어리석어 괴로운 것이니, 이런 왕자는 자재하다 하여도 뜻이 성립되지 못하고 다른 이에게 매였다 하여도 뜻이 성립되지 않나니, 이런 이치로 부처님의 말씀하신 뜻은 미진하다 하오며, 그래서 '온갖 일이 다른 이에게 매였을 적에도 반드시 괴로움을 받는 것이 아니고, 온갖 일을 마음대로 하여도 반드시 낙을 받는 것이 아니다' 하나이다. 온갖 것에 교만한 마음을 내면 그 형세가 지극히 포악하다는 것도 미진한 말이오니, 세존이시여, 음녀들이 교만한 마음으로 출가하여서는 도를 닦으며 계율을 잘 지키고 위의를 성취하고 6근을 조심하여 산란케 하지 아니하나니, 그러므로 온갖 것에 교만한 마음도 반드시 포악한 것 아니오며, 착하고 어진 이는 온갖 사람이 사랑하고 염려한다는 것도 미진한 말이오니, 어떤 이가 속으로 4중금을 범한 뒤에 법복을 버리지 않고 위의를 굳게 지키는 것을 법을 보호하는 이가 보고 사랑하지 아니하면, 이 사람은 죽어서 지옥에 들어갈 것이며, 어진 사람도 중대한 계율을 범하였으면, 법을 보호하는 이가 보고는 몰아내어 도복을 벗기어 퇴속시키나니, 이런 뜻으로 모든 어진 이를 반드시 모두 사랑하는 것이 아니라 하나이다."

"문수사리여, 인연이 있으므로 여래가 미진한 뜻을 말하는 것이며, 또 인연이 있어서 여래가 이 법을 말한 것이니라. 왕사성에 선현(善賢)이라는 한 여인이 있었다. 친정에 왔다가 나에게 와서 나와 법과 스님들에게 귀의하고 말하기를, '온갖 여인은 자재하지 못하고, 온갖 남자는 자재하여 걸리는 데 없다'고 하기에 내가 그때에 그 여인의 마음을 알고 그런 게송을 말하였느니라. 문수사리여, 그대가 지금 모든 중생을 위하여 여래의 이렇게 비밀한 말을 묻는구나."

문수사리보살이 다시 게송으로 말하였다.

온갖 중생은 음식으로 살아가고
온갖 기운 센 이는 마음 속에 질투 없고
온갖 사람들은 음식으로 병이 들고
온갖 수행자는 안락함을 받느니라.

"이러한데 세존이시여, 지금 순타의 음식으로 공양함을 받으니, 장차 여래께서는 공포가 없겠습니까?"

그때 세존께서 다시 문수사리를 위하여 게송으로 말씀하셨다.

중생들이 모두 먹고야 사는 것 아니고
기운 센 이 모두 질투심 없는 것 아니고
사람들이 모두 음식에 병든 것 아니고
수행자가 모두 행 닦아 안락한 것 아니니.

"문수사리여, 그대가 병을 얻으면 나도 그렇게 병을 얻으리니, 왜냐하면 모든 아라한·벽지불·보살·여래는 실로 먹는 것이 아니지만 중생들을 교화하기 위하여 일부러 중생들의 한량없는 보시를 받고 그들의 보시바라밀을 구족케 하여 지옥·아귀·축생을 제도하느니라. 여래가 6년 동안 고행하느라고 몸이 수척하였다는 말은 옳지 아니하니, 부처님들은 모든 유(有)에서 뛰어나서 범부들과 같지 아니하거늘 어찌하여 몸이 수척하겠는가. 부처님들은 부지런히 몸과 마음을 닦아서 금강 같은 몸을 얻었으므로 세상 사람의 연약한 몸과는 같지 아니하고 나의 제자들도 그와 같아서 헤아릴 수 없으며 음식을 의지하지 않느니라. 온갖 기운 센 이들은 모두 질투가 없다는 말도 미진한 말이니, 저 세간 사람들 중에는 일평생에 질투하는 마음이 없으면서도 기운이 없는 이가 있으며, 온갖 병이 음식으로 생긴다는 말도 미진한 말이니, 어떤 사람은 뜻밖에 병을 얻나니, 칼과 창에 찔리는 이가 있는 것이며, 온갖 깨끗한 행을 닦는 이는 안락을 받는다는 것도 미진한 말이니, 이 세상의 외도들은 범행을 닦으면서도 괴로움을 받는 이가 많으리라. 그러므로 여래의 말한 것이 모두 미진하다 하거니와 그것은 여래가 인연이 없이 이런 게송을 말한 것이 아니고 인연이 있어서 말한 것이라 하느니라. 예전에 우선니국(優禪尼國)에 있는 고저덕(殺范德)이란 바라문이 나에게 와서, 네 번째의 8계재(戒齋)를 받으려 하기에 그때에 내가 그 게송을 말하였느니라."

그때에 가섭보살이 부처님께 여쭈었다.

"세존이시여. 어떤 것을 미진함이 없는 뜻이라 하오며 어떤 것을 온갖 이치라 하나이까?"

"선남자야, 온갖이라 함은 도를 돕는 것[助道]만을 제외하고 항상 선한 법을 좋아하는 것을 온갖이라 하며, 또한 미진함이 없다고도 하거니와 그 밖에 법들은 미진하다고도 하고 미진함이 없다고도 하나니. 법을 좋아하는 선남자들로 하여금 이 미진한 뜻과 미진하지 않은 뜻을 알게 하려 함이니라."

가섭보살이 마음이 즐거워서 한량없이 뛰놀고 부처님께 여쭈었다.

"신기합니다. 세존이시여, 중생들을 평등하게 보시기를 라후라와 같이 하시나이다."

이때에 부처님께서 가섭보살을 칭찬하셨다.

"훌륭하고 훌륭하다. 그대의 지금 소견이 매우 미묘하고 깊구나."

가섭보살이 부처님께 여쭈었다.

"세존이시여, 바라옵건대 여래께서 이 대승 대반열반경으로 얻는 공덕을 말씀해 주소서."

"선남자야, 이 경의 이름을 듣고 얻는 공덕은, 성문이나 벽지불들은 말하지 못하는 것이고 부처만이 아느니라. 왜냐하면 헤아릴 수 없는 것이 부처의 경계인데 하물며 경전을 받아 지니고 외워서 통달하고 쓰고 함이리오."

이때에 천상 사람·세상 사람들과 아수라들이 부처님 앞에서 입은 다르나 같은 말로 게송을 읊었다.

헤아릴 수가 없는 부처님 경계
교법과 승가도 그러합니다.
그러므로 또다시 청하옵나니
바라건대 잠깐만 머무르소서.

대가섭과 아난과 다른 권속들
마가타 나라 임금 아사세왕이
지성으로 부처님 사모하려서
아직도 이 자리에 안 오셨으니,

바라건대 부처님 잠깐 동안만
가엾이 여기시고 머물러 계셔
대중이 많이 모인 이 자리에서
우리의 의심 그를 끊어 주소서.

이때 부처님께서 여러 대중에게 게송으로 말씀하셨다.

내 법의 받아들인 마하가섭과
부지런히 정진하는 아난 등이
대중의 모든 의심 결단하리니
너희들은 자세히 들을지어다.

다문제일 아난이 너희들에게
항상한지 무상한지 그런 이치를
자연히 해석하여 말한 것이니,
큰 걱정은 마음에 품지 말아라.

이때에 대중이 갖가지 물품으로 여래에게 공양하였고, 부처님을 공양한 뒤에는 곧 아뇩다라삼학삼보리 마음을 내었고, 한량없고 그지없는 항하사 보살들이 초지(初地)에 머물렀다. 그때에 세존께서 문수사리보살과 가섭보살과 순타에게 수기 하시고, 그리고 나서 이렇게 말씀하셨다.
"여러 선남자들이여, 자기의 마음을 스스로 차고 조금도 방일하지 말라. 내가 지금 등에 난 부스럼으로 온몸이 모두 아파서 저 아이들처럼, 또 보통 환자들처럼 누워야겠다. 문수사리여, 그대들은 사부대중을 위하여 대승법을 널리 말하라. 이제 이 법으로 그대들에게 부촉하는 것이며, 가섭과 아난이 오더라도 다시 이런 법을 부촉할 것이니라."
이때 부처님께서 이 말씀을 하시고 모든 중생들을 조복하려고 몸에 병이 있음을 나타내어 오른쪽 옆구리로 누우시니, 마치 병든 사람과 같았다.

18. 병을 나타냄[現病品]

그때에 가섭보살이 부처님께 여쭈었다.

"세존이시여, 여래는 모든 병환을 면하시었으므로 걱정과 고통이 소멸되어 두려움이 없으십니다. 세존이시여, 모든 중생들은 네 가지 독한 화살이 있어 병의 원인이 되나니, 그 네 가지란 탐욕·성냄·어리석음·교만함입니다. 병의 원인이 있으면 병이 생기나니, 애정과 열기로 생기는 폐병, 상기되어 구토하는 병, 피부가 근질근질하는 것, 가슴이 답답한 것, 이질, 재채기·트림·오줌소태·눈병·귓병·배가 부르고 등이 거북스러운 것, 전광(顚狂)증, 소갈증, 귀신이 지피는 등 여러 가지 병을 세존께서는 모두 소멸하셨는데, 부처님께서 무슨 연고로 오늘 문수보살에게 유촉하여 말씀하시기를 '오늘 내가 등이 아프니, 너희들이 대중을 위하여 법을 연설하라' 하십니까? 두 가지 인연으로 병고가 없어지나니, 하나는 모든 중생을 가엾이 여김이요, 또 하나는 병자에게 의약을 보시함입니다. 여래께서는 지난 세상 한량없는 만억 겁 전부터 보살행을 닦으면서, 사랑하는 말로 중생을 이익하여 괴롭히지 아니하였을 것이며, 병자에게는 가지가지 의약을 보시하셨는데, 어찌하여 오늘에 병이 있다 하십니까? 세존이시여, 세상 사람들은 병이 있으면 앉았다가 누웠다가 하면서, 한곳에 편안히 있지 못하며, 혹은 음식을 찾으며, 권속들을 시키어 살림살이를 보살피라고 하는데, 여래께서는 어찌하여 잠자코 누우시고, 제자나 성문들에게 지계바라밀과 선정(禪定)과 해탈과 삼마발제(三摩燎提)와 부지런히 수행하는 일을 가르치지 아니하시며, 무슨 인연으로 깊고 묘한 대승경전을 말씀하지 않으십니까? 여래께서 어찌하여 한량없는 방편으로 대가섭이나 사람 중의 코끼리인 여러 보살들에게 가르치시어 아뇩다라삼학삼보리에서 퇴전하지 못하게 하지 않으며, 무슨 까닭으로 나쁜 비구들을 다스리어 부정한 물건을 받아두지 않도록 하지 않습니까?

　세존께서는 진실로 병이 없으신데 어찌하여 잠자코 오른쪽 옆구리로 누워 계십니까? 모든 보살들은 병자에게 의약을 보시한 인연으로 얻게 되는 선근을 모두 중생에게 보시하여 온갖 것을 아는 지혜로 회향하며, 중생들의 번뇌의 장애와 업의 장애와 과보의 장애를 제거합니다. 번뇌의 장애라 함은 탐욕·성냄·어리석음·분노·얽매는 번뇌·덮는 번뇌·시끄러움·질투·인색·간탐·간사·아첨·부끄러운 줄 모르는 것과 거만[慢]·지나친 거만[慢慢]·남과 같지 못하다는 거만[不如慢]·높다는 거만[增上慢]·아만(我慢)·나쁜짓을 믿는 거만·교만과 방일하고 잘난 체하고 밉게 보고 다투고 옳지 않게 살고 아양부리고 거룩한 체하여서, 이익으로 이익을 구하며 나쁘게 구하고 많이 구하며, 공경함이 없고 가르침을 따르지 아니하며, 나쁜 동무를 가까이하고, 이익을 탐하며 만족함이 없으며, 얽힌 것을 풀지 못하고 나쁜 욕망을 구하고 나쁜 탐욕을 내며, 몸이 있다는 소견[身見], 실물이 있다는 소견[有見], 실물이 없다는 소견[無見]과 기지개 켜고 졸기를 좋아하며, 하품하고 즐거운 생각이 없으며, 음식에 탐을 내고 생각이 흐리멍덩하고 이상한 생각을 가지고, 옳게 생각하지 못하고 몸과 입으로는 나쁜 짓이 많고 웃기를 좋아하고 말이 수다스럽고 눈과 귀가 암둔하고 헛소리가 많고, 탐욕의 감각[欲覺], 성내는 감각[奈覺], 해치는 감각[害覺]에 가리우는 따위를 번뇌의 장애라 하고, 업의 장애라 함은 다섯 가지 무간지옥에 떨어질 나쁜 죄업으로 생기는 병이요, 과보의 장애라 함은 지옥·축생·아귀에 태어나서, 바른 법을 비방하는 것과 일천제들을 과보의 장애라 하나니, 이런 세 가지 장애를 큰병이라 하거니와 보살들은 한량없는 세월에 보리를 닦아 배울 때에 여러 병자에게 의약을 보시하고 염원하기를 '중생들로 하여금 이러한 세 가지 장애로 생기는 중병을 영원히 끊게 하여지이다' 하나이다.

또 세존이시여, 보살마하살이 보리를 닦아 익힐 적에, 모든 병자에게 의약을 보시하면서 서원을 세우기를, '중생들로 하여금 모든 병을 영원히 끊고 여래의 금강 같은 몸을 이루게 하여지이다' 하였으며, 또 '한량없는 중생이 묘한 약왕이 되어 모든 중대한 나쁜 병이 끊어지이다' 하며, 모든 중생들이 아가타 약을 얻고, 그 약의 효력으로 한량없는 악독을 제거할 수 있기를 원하며, 또 중생들이 아뇩다라삼먁삼보리에서 물러나지 말고 위없는 부처님 약을 성취하고 미묘한 약이 되어 모든 병을 치료하여 사람들로 하여금 소송하려는 생각을 내지 않게 하기를 원하며, 또 중생들이 큰 약 나무가 되어 모든 나쁜 병을 치료하기를 원하며, 또 중생들이 독한 살을 뽑아버리고 위없는 여래의 광명을 이루기를 원하며, 또 중생들이 여래의 지혜인 약의 비밀한 법장에 들어가기를 원하였습니다. 세존이시여, 보살들이 이와 같이 한량없는 백천억 나유타겁 전에 이런 원을 세워 중생들의 모든 병이 없게 하였는데, 어찌하여 여래께서 오늘 병이 있다고 말씀하십니까? 또 세존이시여, 세상에 병자들이 앉고 일어나고 가고 오고 하지 못하며, 음식도 먹지 못하고 물도 마시지 못하며, 자손들을 경계하여 살림살이를 다스리라는 말을 못하게 되면, 부모 처자나 형제 친척이나 친구들이 이 사람에게 대하여 반드시 죽으리라는 생각을 내게 됩니다. 오늘 세존께서도 그와 같아서, 오른쪽 옆구리로 누우시고 말씀을 아니하시매, 염부제의 어리석은 사람들은 여래께서 열반에 드시리라 하여 아주 없어지리란 생각을 하지만 여래의 성품은 끝까지 열반에 들지 아니하시니, 왜냐하면 여래는 항상 머물러서 변함이 없는 까닭이니, 이 인연으로 '내가 지금 등이 아프다'고 말씀하지 마십시오.

또 세존이시여, 세상에서 병난 이들이 몸이 수척하여 기대거나 옆으로 이부자리에 누우면, 뭇 사람들이 천대하며 반드시 죽으리라는 생각을 내나니, 여래도 지금 그러하여 95종 외도들의 경멸하는 대상이 되어 무상하다는 생각을 내게 하오니, 저 외도들이 말하기를, '신아(神我)의 성품이 항상하고 자재하며 시절과 티끌 따위의 법도 항상 머물러서 변역함이 없는 우리들만 같지 못하여서 사문 구담(瞿曇)은 무상으로 말미암아 변천하니, 이것은 변역하는 법이라' 하리이다. 그러므로 세존께서 오늘날 잠잠하여 오른쪽 옆구리로 누우심이 마땅치 아니하나이다. 또 세존이시여, 세상의 병자들은 4대가 늘거나 줄거나 하여 조화하지 못하므로 극도로 수척하여 마음대로 앉거나 일어나지 못하고 이부자리에서 눕거니와 여래의 4대는 조화되지 않는 일이 없고 기력이 구족하여 수척하지 아니하십니다.

세존이시여, 작은 소 열 마리의 힘이 큰 소 한 마리의 힘만 못하고, 큰 소 열의 힘이 푸른 소 하나의 힘만 못하고, 푸른 소 열의 힘이 코끼리 하나의 힘만 못하고, 코끼리 열의 힘이 들 코끼리[野象] 하나의 힘만 못하고, 들 코끼리 열의 힘이 어금니 둘 가진 코끼리 하나의 힘만 못하고, 어금니 넷 가진 코끼리 열의 힘이 설산의 흰 코끼리 하나의 힘만 못하고, 설산의 흰 코끼리 열의 힘이 향 코끼리[香象] 하나의 힘만 못하고, 향 코끼리 열의 힘이 푸른 코끼리 하나의 힘만 못하고, 푸른 코끼리 열의 힘이 누런 코끼리 하나의 힘만 못하고, 누런 코끼리 열의 힘이 붉은 코끼리 하나의 힘만 못하고. 붉은 코끼리 열의 힘이 흰 코끼리 하나의 힘만 못하고, 흰 코끼리 열의 힘이 산 코끼리[山象] 하나의 힘만 못하고, 산 코끼리 열의 힘이 우발라(優鉢羅) 코끼리 하나의 힘만 못하고, 우발라 코끼리 열의 힘이 파두마(波頭摩) 코끼리 하나의 힘만 못하고, 파두마 코끼리 열의 힘이 구물두(拘物頭) 코끼리 하나의 힘만 못하고, 구물두 코끼리 열의 힘이 분다리(分陁利) 코끼리 하나의 힘만 못하고, 분타리 코끼리 열의 힘이 인간의 한 역사(力士)의 힘만 못하고, 인간의 열 역사의 힘이 한 발건제(鍊健提)의 힘만 못하고, 열 발건제의 힘이 여일 팔 가진 한 나라연(羅羅延)의 힘만 못하고, 열 나라연의 힘이 10주 보살 한 마디[一節]의 힘만 못합니다.

모든 범부들의 몸에 있는 때의 마디는 마디가 서로 닿지 못하였고, 인간의 역사는 마디의 끝이 서로 닿았고, 발건제의 몸에는 마디들이 서로 붙었고, 나라연의 몸에는 마디들의 끝이 서로 연결되었고, 10주 보살의 골절 마디들은 서로 굽고 틀어졌나니, 그러므로 보살의 힘이 가장 커서, 세계가 성립될 적에 금강륜(金剛輪)으로부터 금강좌(金剛座)를 일으켜서 위로 도량의 보리수 아래까지 올라오게 하고 보살이 그 자리에 앉으면 마음에 10력을 얻는다 하나이다. 여래께서는 지금 어린 아기와 같지 않아야 하십니다. 어린 아기는 어리석고 지혜가 없어 말할 줄을 모르나니, 그러므로 제 마음대로 눕고 기대고 하더라도 비웃을 사람이 없지만, 세존께서는 큰 지혜가 있어 모든 것을 밝게 비치시며, 사람 중의 용이어서 큰 위의를 갖추고 신통을 성취하여 위가 없는 신선으로서 영원히 의심을 끊으셨고, 독한 살을 뽑으시어서 모든 거동이 찬찬하시고 위의가 구족하여, 조금도 두려움이 없으시거늘, 어찌하여 오른쪽 옆구리로 누우시어 천상과 세간 사람들로 하여금 수심하고 괴롭게 하십니까?"

이때에 가섭보살이 부처님 앞에서 게송을 읊었다.

대성인 구담 부처님이시여
일어나서 묘한 법 말씀하소서.
철없는 어린 아기 중병자처럼
이부자리 속에 눕지 마시고.

천상 인간 조어장부 대도사께서
쌍으로 선 사라나무 아래 누우시니
어리석은 못난이 범부가 보고
열반에 드신다고 말을 합니다.

방등의 대승경전 깊고도 묘한
부처님 행하던 일 알지 못하고
비밀한 미묘한 법장 못 보는 것은
소경이 저 갈 길을 보지 못하듯.

문수사리법왕자 그와 같으신
대보살 마하살타 그런 이들만
깊고 깊은 이 법문 아시는 것은
활 잘 쏘는 사람과 마치 한가지.

시방 삼세 수없는 부처님들은

대자대비 큰마음 근본이신데
그와 같이 자비한 고마운 마음
지금엔 어느 곳에 계십니까.

그와 같은 자비심 없을진대
이름을 부처라고 할 수 없는 일
부처님이 열반에 드신다 하면
무엇을 이름하여 항상타 하리.

바라오니 위없는 세존께서
저희들의 소청을 굽어살피시어
한량없는 중생을 이익케 하고
외도들을 꺾어서 굴복하소서.

이때에 세존께서 대자대비한 마음으로 중생들의 염원을 알고, 그를 따라서 끝까지 이익케 하려고 누웠던 자리에서 일어나 가부좌를 틀고 앉으시니, 얼굴이 화열하여 금덩어리 같고 면목이 단정하여 보름달 같으며, 형용이 밝고 깨끗하여 티끌이나 때가 없으며, 광명을 놓아 허공에 가득하니 빛이 찬란하기가 백천억 해가 뜬 듯하여, 동·서·남·북과 네 간방과 위와 아래의 시방세계에 비치며, 중생들에게 큰 지혜의 횃불을 베풀어 캄캄한 무명을 소멸하고, 백천억 나유타 중생들을 퇴전하지 않는 보리심에 머물게 하셨다. 이때에 세존께서는 마음에 염려가 없어 사자왕과 같으시며, 32상(相)과 80종호(種好)로 몸을 장엄하니, 몸에 있는 털구멍마다 연꽃이 나오고, 연꽃이 미묘하여 각각 천 잎을 갖추어 순금 빛이요, 유리로 줄기를 삼고 금강으로 꽃술을 삼고 매괴로 꽃판을 삼았는데, 모양이 크고 둥글어 수레바퀴 같으며 꽃마다 가지각색 광명이 나오니, 푸른빛·누른빛·붉은빛·흰빛·자줏빛·파리빛이며, 이런 광명들이 낱낱이 아비지옥·상(想)지옥·흑승(黑繼)지옥·중합(衆合)지옥·규환(叫嘆)지옥·대규환지옥·초열(焦熱)지옥·대초열지옥에 두루 비치었다. 이 여덟 지옥에 있는 중생들이 항상 여러 가지 고통에 시달림을 받아 솥에 삶고 불에 굽고 도끼로 찍고 칼로 쑤시고 가죽을 벗기는 고통을 받다가, 이 광명에 비치니, 이런 고통들이 모두 소멸되고, 편안하고 서늘하여 쾌락이 그지없으며, 이 광명 가운데서 여래의 비밀한 법장을 연설하여, 모든 중생에게는 모두 불성이 있다고 말하매, 중생들이 듣고는 목숨을 마치어 인간과 천상에 태어났으며, 내지 여릴 가지 얼음지옥이 있으니 아파파(阿波波)지옥·아타타(阿吒吒)지옥·아라라(阿羅羅)지옥·아사사(阿㥶㥶)지옥·우발라(優漆羅)지옥·파두마(波頭摩)지옥·구물두(拘物頭)지옥·분타리(諒經利)지옥들이라, 이 가운데 있는 중생들은 항상 추운 고통에 떨고 있었으니, 온몸이 터지고 쪼개지고 갈라지고 부서지며, 서로 서로 해치다가, 이 광명을 받고는 이런 고통이 소멸되며 몸이 따뜻하고 조화되었으며, 광명 중에서 역시 여래의 비밀한 법장을 연설하여 중생들마다 불성이 있다고 말하매, 중생들이 듣고는 목숨이 마치어 인간과 천상에 태어났다.

　이때에 이 염부제와 다른 세계에 있던 지옥들이 비어서 일천제들을 제외하고는 죄를 받는 사람이 없었으며, 아귀 중생들은 기갈에 시달리며, 머리카락으로 몸에 얽매어 백천 년을 지내도록 물이란 이름도 듣지 못하다가, 이 광명을 만나서는 기갈이 없어졌으며, 광명 속에서 여래의 비밀한 법장을 연설하여 중생마다 모두 불성이 있다고 말하는 것을, 중생들이 듣고는 문득 목숨이 마치고 인간과 천상에 태어났으며 아귀 갈래가 비게 되었지만, 대승 방등경전을 비방한 이들은 제외되었으며, 축생 갈래의 중생들은 서로 죽이고 서로 잡아먹고 하다가, 이 광명을 만나고는 성내는 마음이 소멸되었으며, 광명 가운데서 역시 여래의 비밀한 법장을 연설하여 모든 중생들에게 모두 불성이 있다고 말하는 것을 중생들이 듣고는 곧 목숨이 마치고 인간과 천상에 태어나서 축생 갈래도 비게 되었으나, 바른 법을 비방한 이는 제외되었다.

　이 낱낱 꽃마다 부처님이 한 분씩 계시는데, 둥근 광명이 한 길이요 금빛이 찬란하며, 미묘하고 단정하기가 비길 데 없는 32상과 80종호로 몸을 장엄하였으며, 이 여러 세존들이 앉은 이도 있고 다니는 이도 있고 누운 이도 있고 선 이도 있으며, 혹은 우레 소리를 내고 혹은 큰비를 내리고 혹은 번개빛을 내고 혹은 큰바람을 불기도 하며, 혹은 불꽃과 연기를 뿜어 몸이 불더미 같고, 혹은 7보로 된 산·못·강·샘·숲·나무를 나타내기도 하고, 혹은 다시 7보로 된 국토·도성·마을·궁전·집들을 나타내며, 혹은 코끼리·말·사자·범·이리·공작·봉황 따위의 새를 나타내며, 혹은 다시 염부제 중생들로 하여금 지옥·축생·아귀를 보게 하기도 하며, 혹은 욕계(欲界)의 여섯 하늘을 보이기도 하였다.

또 어떤 부처님께서는 5음·6입·18계의 허물이 많다고 말씀하시기도 하고, 혹 네 가지 성인의 이치를 말씀하시기도 하고, 여러 가지 법의 인연을 말씀하시기도 하고, 업과 번뇌가 인연으로 생긴다고 말씀하시기도 하고 내가 있는 것과 내가 없는 것을 말씀하시기도 하고, 괴롭고 즐거운 두 가지 법을 말씀하시기도 하고, 항상함과 무상함을 말씀하시기도 하고, 깨끗함과 부정함을 말씀하시기도 하였다. 또 어떤 부처님께서는 보살들을 위하여 수행할 6바라밀을 말씀하시기도 하고, 혹은 모든 큰 보살들의 얻는 공덕을 말씀하시기도 하고, 혹은 부처님들의 얻는 공덕을 말씀하시기도 하고, 혹은 성문들의 얻는 공덕을 말씀하시기도 하고, 혹은 1승을 따를 것을 말씀하시기도 하고, 혹은 3승으로 도를 이룬다고 말씀하시기도 하였다. 어떤 세존은 왼쪽으로 물을 내고 오른쪽으로 불을 내기도 하며, 어떤 세존은 처음 태어나고 출가하고 도량의 보리나무 아래 앉으며, 법의 수레를 운전하다가 열반에 드는 일을 보이기도 하며, 어떤 세존은 사자후를 지어 모인 이들로 하여금 초과나 2과나 3과나 내지 제4과까지를 얻게 하며, 어떤 세존은 생사를 뛰어나는 한량없는 인연을 말하기도 하였는데, 이때에 염부제에 있는 중생들이 이 광명을 만나고는, 소경은 빛을 보고 귀머거리는 소리를 듣고 벙어리는 말을 하고 앉은뱅이는 걸어다니고 가난한 이는 재물을 얻고 인색한 이는 보시를 하고 성을 잘 내는 이는 자비심이 생기고 믿지 않던 이는 신심을 내어서, 이렇게 세계 중생들이 한 사람도 나쁜 팀을 행하는 이가 없었으나, 일천제만은 제외되었다.

이때에 모든 하늘과 용과 귀신과 건달바·아수라·긴나라·마후라가·나찰·건타·우마타(憂摩隋)·아바마라(阿婆魔羅)와 사람인 듯 아닌 듯한 이들이, 같은 목소리로 말하기를 '위없는 세존께서 우리들을 많이 이익케 하신다'고 하면서, 뛰놀고 기뻐하며, 노래도 하고 춤도 추고 몸을 움직이기도 하면서, 가지각색 꽃으로 부처님과 스님들에게 흩으니, 하늘의 우발라화·구물두화·파두마화·분다리화·만다라화·마하만다라화·만수사화·마하만수사화·산다나(散院那)화·마하산다나화·로지나(盧指那)화·마하로지나화·향화·대향화·적의화(適意流)·대적의화·애견(愛見)화·대애견화·단엄(端嚴)화·제일단엄화 등이며, 또 여러 가지 향을 흩으니 침수향·다가주향·전단향·울금향·화합한 잡향·해안취향(海岸聚香)이요, 다시 천상의 보배로 된 짐대·깃발·일산과 하늘의 풍류와 쟁(筆)·저[笛]·생황[塗]·슬(鷺)·공후(壟漆) 등을 치고 불어서 부처님께 공양하고 게송으로 말하였다.

꾸준하게 정진하고 위없는 법을
깨달으신 양족존께 예배하오니

천상 인간 대중들이 모르는 것을
구담 부처님만 아십니다.

세존께서 예전에 우리를 위해
오래오래 고행을 닦으셨는데
어찌하여 별안간 서원 버리고
열반에 드시려고 하시나이까.

부처님의 비밀하고 묘한 범장을
중생들이 볼 수가 없었으므로
그리하여 뛰어남을 얻지 못하고
나고 죽고 나쁜 갈래 떨어집니다.

부처님의 말씀처럼 아라한들이
모두 다 열반에 갈 것이오나,
깊고 묘한 부처님 행하던 곳을
범부들이 어떻게 알겠나이까.

중생들께 감로법을 보시하심은
그들의 모든 번뇌 끊으렴이니
누구나 이런 감로 먹기만 하면
나고 늙고 죽는 일을 받지 않으리 .

세존께선 백천 중생 병을 치료해
온갖 고통 모조리 없앴으며
세존께선 모든 병을 버렸기에
일곱째 부처라 이름합니다.

바라건대 오늘날 법비를 내려
우리의 공덕 종자 축여 주소서.
모여 있는 천상 인간 모든 대중들
이렇게 청하고는 잠자코 있네.

이 게송을 말할 적에 연화대에 계시는 부처님들과 염부제에 서부터 정거천까지 모두 다 그것을 들었다.
이때에 부처님께서 가섭보살에게 말씀하셨다.
"훌륭하고 훌륭하다. 선남자야, 그대는 이렇게 깊고 미묘한 지혜를 구족하여, 마군이나 외도들의 파괴함을 받지 아니하며, 선남자야, 그대는 편안하게 머물러 있으므로 여러 가지 나쁜 바람에 흔들리지 아니하며, 선남자야, 그대는 말 잘하는 변재를 이룩하였고 지난 세상의 한량없는 항하사 부처님께 공양하였으므로 여래에게 이런 이치를 묻는구나. 선남자야, 나는 지난 옛적 한량없고 그지없는 억 나유타 백천만 겁 전부터 병의 근본을 제거하였고, 기대고 눕는 일을 여의었느니라.
가섭이여, 지나간 옛적 한량없는 아승기겁에 부처님이 세상에 나시니, 이름이 무상승(無上勝) 여래·응공·정변지·명행족·선서·세간해·무상사·조어장부·천인사·불세존이시라. 성문들을 위하여 이 대승 대반열반경을 말씀하며, 열어 보이고 잘 분별하여 이치를 밝히셨으므로, 나도 그때에 그 부처님의 성문이 되어 이 대반열반경을 받아 가지고 읽고 외우고 통달하여 경전을 썼고, 또 다른 이를 위하여 분별하고, 해석하였으며, 이러한 선근의 인연으로 아뇩다라삼막삼보리에 회향하였느니라. 선남자야, 나는 그때부터 한 번도 나쁜 번뇌와 업의 인연으로 나쁜 갈래에 떨어지지 아니하였으며, 바른 법을 비방하고 일천제가 되거나 내시가 되거나 남녀의 근(根)이 없거나 두 가지 근을 갖게 된 적이 없으며, 부모에게 반역하거나 아라한을 죽이거나 탐을 허물고 스님들을 파괴하거나, 부처님 몸에 피를 내어 4중금을 지은 일이 없었으며, 그때부터 몸과 마음이 편안하여 괴로움을 받은 일이 없었느니라.

가섭이여, 나는 지금 실은 온갖 병이 없으니, 왜냐하면 부처님들은 오래 전부터 온갖 병을 여읜 까닭이니라.

가섭이여, 중생들이 대승 방등의 비밀한 교법을 알지 못하는 연고로, 여래에게 참으로 병이 있다고 말하느니라.

가섭이여, 여래를 인간의 사자(師子)라고 말하지만 여래는 사자가 아니니 이런 말이 여래의 비밀한 교법이니라. 가섭이여, 여래를 인간의 큰 용이라고 말하지만, 나는 이미 한량없는 겁 동안에 이 업을 버리었느니라. 가섭이여, 여래를 사람이라 하늘이라 말하지만, 나는 참으로 사람도 아니고 하늘도 아니고, 또 귀신도 건달바도 아수라도 가루라도 긴나라도 마후라가도 아니며, 나도 아니고 수명도 아니고 기를 수 있음도 아니고 사람인 사부(士夫)도 아니며, 지음도 아니고 짓지 아니함도 아니고 받음도 아니고 받지 않음도 아니며, 세존도 아니고 성문도 아니고 말하는 것도 아니고 말하지 아니함도 아니니, 이런 말들이 모두 여래의 비밀한 교법이니라.

가섭이여, 여래를 큰 바다나 수미산과 같다 말하지만, 여래는 실로 짠맛도 아니고 돌로 된 산과 같지도 않으니, 이 말도 역시 여래의 비밀한 교법인 줄을 알지니라. 가섭이여, 여래를 분다리라 말하지만, 나는 실로 분다리가 아니니, 이런 말이 곧 여래의 비밀한 교법이니라. 가섭이여, 여래를 부모와 같다 하지만, 여래는 실로 부모가 아니니, 이런 말도 여래의 비밀한 교법이니라. 가섭이여, 여래를 큰 뱃사공이라 하지만, 여래는 뱃사공이 아니니 이런 말도 여래의 비밀한 교법이니라. 가섭이여, 여래를 장사 물주[商主]와 같다고 하지만, 여래는 실로 장사 물주가 아니니, 이런 말도 여래의 비밀한 교법이니라. 가섭이여, 여래가 마군을 됐어 굴복한다 하지만 여래는 실로 악한 마음으로 저들을 굴복하려 함이 없나니 이런 말도 여래의 비밀한 교법이니라. 가섭이여, 여래가 등창을 치료한다 하지만, 나는 등창을 치료하는 의원이 아니니, 이런 말도 여래의 비밀한 교법이니라.

가섭이여, 내가 먼저 말하기를 '만일 선남자·선여인이 신·구·의업을 잘 닦으면, 죽은 뒤에 친척들이 그 송장을 가져다가 불에 사르거나 강물에 던지거나 공동묘지에 버려서 여우나 이리나 새와 짐승이 뜯어먹더라도, 마음은 좋은 곳에 태어나나니, 이 마음은 실로 과거와 미래가없고, 가는 데도 없고. 다만 앞과 뒤의 서로 같은 것이 서로 계속되어, 모양이 다르지 않는 것이다' 하였으니, 이런 말도 여래의 비밀한 교법이니라. 내가 지금 병났다고 말함도 이와 같아서, 여래의 비밀한 교법이니라. 그러므로 문수사리에게 유촉하여 '내가 지금 등이 아프니 그대들이 사부대중을 위하여 법을 말하라' 하였거니와, 가섭이여, 여래 정각은 참으로 병이 있어서 오른쪽 옆구리로 누운 것이 아니며, 필경에 열반에 들 것도 아니라. 가섭이여, 이 대열반은 부처님들의 깊은 선정이니, 이런 선정은 성문이나 연각의 행할 곳이 아니니라. 가섭이여, 그대가 먼저 묻기를 '여래가 어찌하여 기대어 누워서 일어나지 않으며, 음식도 찾지 않고 권속들에게 말하여 살림살이를 보살피라고 하지 않느냐' 하였지만, 가섭이여, 허공의 성품도 앉거나 눕거나 음식을 찾거나 권속에게 말하여 살림살이를 보살피라고 하지 아니하는 것이며, 과거와 미래와 나고 없어짐과 건장하고 늙음과 나오고 빠짐과 상하고 깨지고 벗어나고 얽매임이 없으며, 스스로 말하지도 않고 다른 이에게 말하지도 않고, 스스로 풀지도 않고 다른 이를 풀어 주지도 않으며, 편안한 것도 아니고 병난 것도 아니니. 선남자야, 부처님 세존도 그와 같아서, 허공과 같은 것이니 어찌하여 모든 병고가 있겠느냐.

　가섭이여, 세상에 세 사람의 병을 다스리기 어려우니, 첫째는 대승을 비방함이요, 둘째는 5역죄요, 셋째는 일천제니라.

이 세 가지 병이 가장 중한 것이니, 성문이나 연각으로는 다스릴 수 없느니라. 선남자야, 어떤 이가 병이 들어서 고칠 수 없고 꼭 죽을 것은, 병을 간호하는 이와 뜻대로 되는 의원과 약이 있거나 그런 것이 없거나 간에 이런 병은 고칠 수 없나니, 이 사람은 반드시 죽을 것이 의심되지 않느니라. 선남자야, 이 세 가지 사람도 그와 같아서, 성문이나 연각이나 보살이 있어서 법문을 말하거나 법문을 말하지 않거나 간에, 그 사람들로 하여금 아뇩다라삼먁삼보리심을 내게 할 수 없느니라. 가섭이여, 마치 병난 사람이 간호하는 이와 뜻과 같은 의원과 약이 있으면, 병을 낫게 할 수 있지만, 그런 세 가지가 없으면 병을 고칠 수 없나니, 성문과 연각도 그와 같아서, 부처님이나 보살에게서 법을 들으면 문득 아뇩다라삼먁삼보리심을 낼 수 있거니와 법을 듣지 않고는 발심할 수 없느니라.

가섭이여, 비유하면 어떤 병든 사람이 간호하는 이와 뜻과 같은 의원과 약이 있거나, 그런 것이 없거나 간에 병이 나을 수 있는 이가 있으니, 어떤 사람은 그와 같아서, 성문을 만나거나, 만나지 못하거나, 연각을 만나거나 만나지 못하거나, 보살을 만나거나 만나지 못하거나, 부처님을 만나거나 만나지 못하거나, 법을 듣거나 법을 듣지 못하거나 간에 자연히 아뇩다라삼먁삼보리를 성취하게 되나니, 그 사람은 자기를 위해서나 남을 위해서나 두려움을 위해서나 이익을 위해서나 아첨하기 위해서나 남을 속이기 위해서나, 이 대반열반경을 쓰거나 받아 지니거나 읽거나 외우거나 공양하거나 공경하거나 다른 이에게 말하여 주는 사람이니라.

　가섭이여, 다섯 종류사람이 이 대승 대반열반경에 대하여 병 고치는 행을 하는 곳이 있으니 여래가 아니니라. 어떤 것이 다섯 종류인가? 첫째는 세 가지 번뇌를 끊고 수다원과를 얻어서 지옥·축생·아귀에 떨어지지 않고 인간 천상으로 일곱 번을 오고 가면서, 모든 고통을 끊고 열반에 드느니라. 가섭이여, 이 사람은 첫째 병 고치는 행을 하는 곳이니, 이 사람은 오는 세상에 8만 겁을 지내고서 아뇩다라삼먁삼보리를 이루게 되느니라. 가섭이여, 둘째 사람은 세 가지 결박을 끊고 탐심·진심·치심이 얼어져서 사다함과를 얻은 이로서, 한번 다녀오는 이[一往來]라 이름하나니, 영원히 모든 고통을 끊고 열반에 드느니라. 가섭이여, 이 사람은 둘째 병 고치는 행을 하는 곳이니, 이 사람은 오는 세상에 6만 겁을 지내고서 아뇩다라삼먁삼보리를 이루게 되느니라. 가섭이여, 셋째 사람은 다섯 가지 아래 결박[五下結]을 끊고 아나함과를 얻어서 다시는 여기 오지 아니하고 영원히 모든 고통을 끊고 열반에 드느니라. 이 사람은 셋째 병 고치는 행을 하는 곳이니, 이 사람은 오는 세상에 4만 겁을 지내고서 아뇩다라삼먁삼보리를 이루게 되느니라. 가섭이여, 넷째 사람은 탐욕·성냄·어리석음을 영원히 끊고 아라한과를 얻어서 번뇌가 남음이 없이 열반에 드나니, 참으로 기린 같이 혼자서 하는 행이 아니니라. 이것은 넷째 병 고치는 행을 하는 곳이니, 이 사람은 오는 세상에 2만 겁을 지내고서 아뇩다라삼먁삼보리를 이루게 되느니라. 가섭이여, 다섯째 사람은 탐욕·성냄·어리석음을 영원히 끊고 벽지불(辟支佛) 도를 얻은 이로서, 번뇌의 남음이 없이 열반에 드나니, 참으로 기린같이 혼자서 하는 행이니라. 이것은 다섯째 병 고치는 행을 하는 곳이니, 이 사람은 오는 세상에 10천 겁을 지내고서 아뇩다라삼먁삼보리를 이루게 되느니라. 가섭이여, 이것이 다섯 종류 사람이 병 고치는 행을 하는 곳이니, 여래가 아니니라."

대반열반경 제11권

19. 거룩한 행[聖行品] ①

이때에 부처님께서 가섭보살에게 말씀하셨다.
"선남자야, 보살마하살은 이 대반열반경에 대하여 전일한 마음으로 다섯 가지 행을 생각하여야 하나니, 무엇을 다섯 가지라 하는가? 첫째는 거룩한 행[聖行]이요, 둘째는 청정한 행[流行]이요, 셋째는 하늘의 행[天行]이요, 넷째는 아기의 행[嬰兒行]이요, 다섯째는 병 고치는 행[病行]이니라. 선남자야, 보살마하살은 항상 이 다섯 가지 행을 닦아야 하며, 또 한 가지 행이 있으니 그것은 여래의 행, 곧 대승 대반열반경이니라.

가섭이여, 어떤 것이 보살마하살이 닦아야 하는 거룩한 행인가. 보살마하살이 성문에게서나 보살에게서나 이 대반열반경을 듣고, 듣고는 믿는 마음을 내고, 믿고는 생각을 하되, '부처님 세존께서는 위없는 도가 있고, 크고 바른 법과 대중의 바른 행이 있으며, 또 방등 대승경전이 있으니, 내가 이제 대승경전을 좋아하고 구하기 위해서는, 사랑하는 처자와 권속과 살고 있는 집과, 금과 은과 보배와, 미묘한 영락과 향과 꽃과 풍류와 종과 심부름꾼과 남자·여자와, 코끼리·말·수레·소·양·닭·개·돼지 따위를 버리리라' 하며, 또 생각하기를 '사는 집이 비좁고 시끄럽기가 감옥과 같아 온갖 번뇌가 생기는 것이니 출가하여 높고 고요하기가 허공과 같으면, 온갖 선한 법이 자라날 것이며, 집에 있으면서는 몸이 마치도록 깨끗한 행을 닦을 수 없으니, 이제 나는 머리를 깎고 출가하여 도를 배우리라' 하며, 또 생각하기를 '내가 이제 결정코 출가하여 위없고 진정한 보리의 도를 닦으리라' 하여 보살이 이렇게 출가하려는 때에, 천마인 파순이 그 고통을 느끼어 말하기를, '이 보살이 또 나와 더불어 큰 싸움을 일으키려는구나'고 하느니라.

선남자야, 이런 보살이 어찌하여 다른 이와 싸움을 일으키리요. 이때에 보살이 곧 승방에 이르러 부처님이나 부처님의 제자들이 위의가 구족하고 모든 근(根)이 고요하며 마음들이 화평하고 깨끗하며 고요함을 보고는, 그곳에 가서 출가하기를 청하고, 머리를 깎고 세 가지 가사를 입으며, 이미 출가하고는 계율을 지키고 위의가 아름답고 행동이 점잖으며 죄를 범하는 일이 없고, 작은 죄를 저지르고도 두려운 생각을 내어 계율을 수호하려는 마음이 금강같이 견고하리라. 선남자야, 어떤 사람이 구명부대[浮囊]를 몸에 달고 바다를 건너려 할 때에, 바다 속에 있던 나찰이 이 사람에게 구명부대를 달라고 하였다. 그 사람이 듣고 생각하기를 '이것을 주면 나는 반드시 물에 빠져 죽을 것이다' 하였다. 대답하기를 '네가 차라리 나를 죽일지언정 구명부대는 줄 수 없다' 하였더니, 나찰이 또 말하기를 '그대가 만일 전부를 내게 줄 수 없거든, 반이라도 갈라 달라'고 하였다. 그래도 그 사람이 주지 않으려 하였다. 나찰은 또 '그대가 반도 줄 수 없거든 3분의 1이라도 달라' 하였으나, 그래도 주지 아니하였다. 나찰은 또 '그것도 줄 수 없거든, 손바닥만큼 달라' 하나 그것도 주지 아니하니, 나찰은 다시 말하였다. '그대가 만일 손바닥만큼도 줄 수 없으면, 내가 배가 고프고 고통이 심하니, 티끌만큼이라도 달라' 하였다. 그 사람은 또 이렇게 말하였다. '지금 네가 달라는 것은 얼마 되지는 않는다만, 내가 지금 바다를 건너가려 하는데 앞길이 얼마나 먼지 모르는 터에, 조금이라도 네게 준다면 거기에서 기운이 점점 새어나올 것이니, 드넓은 바다를 어떻게 건너가며 물에 빠져 죽는 일을 면할 수 있겠느냐' 하였다.

　선남자야, 보살마하살이 계율을 두호하고 지니는 것도 그와 같아서 바다를 건너가는 사람이 구명부대를 사랑하고 아끼는 것과 같으니라. 보살이 이렇게 계율을 수호할 적에 번뇌라는 나쁜 나찰이 따라다니면서 말하기를 '너는 나를 믿어라. 속이지 아니하리니, 4중금은 깨뜨리고 다른 계행만을 잘 보호하여 지니더라도 그 인연으로 편안하게 열반에 들게 되리라' 한다. 그때에 보살은 이렇게 대답하리라.

　'나는 차라리 이런 계율을 지키다가 아비지옥에 떨어질지언정, 계율을 파하고 천상에 나려 하지 않노라.'

　번뇌 나찰은 또 말하기를 '네가 만일 네 가지 계율을 파할 수 없거든, 승잔(僧殘)죄만이라도 파하면 그 인연으로 편안하게 열반에 들게 되리라'고 하나, 보살은 그 말도 듣지 아니하리라. 나찰은 또 달래기를 '그대가 승잔죄도 파할 수 없거든, 투란차(偸蘭遮)죄만이라도 범하라. 그 인연으로 편안하게 열반에 들게 되리라'고 하나 그때에도 보살은 허락하지 아니하리라.

나찰은 또 '그대가 투란차죄를 범할 수 없으면, 사타(捨墮)죄를 범하라. 그 인연으로도 편안하게 열반에 들 수 있으리라' 한다. 그래도 보살은 허락하지 않으리라. 나찰은 또 '그대가사타죄도 범할 수 없으면, 바야제(波夜提)죄를 탐하라. 그 인연으로도 편안히 열반에 들 수 있으리라' 한다. 보살은 그때에도 허락하지 아니할 것이다. 나찰은 또 말하기를 '그대가 바야제를 탐하지 못하겠거든 돌길라(突吉羅) 계를 파하라. 그 인연으로도 편안하게 열반에 들 수 있으리라' 한다. 보살이 이때에 생각하기를 '내가 만일 돌길라를 범하고 털어놓고 참회하지 아니하면, 생사 바다의 저 언덕까지 건너가서 열반을 얻지 못할 것이다' 한다. 보살이 이 조그만 계율에까지도 견고하게 수호하려는 마음이 금강과 같으며, 보살마하살이 4중금이나 돌길라까지를 소중하게 여기고 견고하게 생각함이 차별이 없으며, 보살이 만일 이렇게 굳게 가지면 곧 다섯 가지 계율을 구속하리니, 이른바 보살의 근본의 업인 청정한 계율과 앞뒤의 권속인 다른 청정한 계율과 나쁜 깨달음이 아닌 각(覺)의 청정한 계율과 바른 생각을 수호하여 지니는 생각의 청정한 계율과 아뇩다라삼먁삼보리로 회향하는 계율이니라.

가섭이여, 이 보살마하살이 또 두 가지 계율이 있으니, 첫째는 세상의 가르치는 계율을 받음이요, 둘째는 바른 법의 계율을 얻음이니라. 보살이 바른 법의 계율을 얻은 이는 마침내 나쁜짓을 하지 아니하고, 세상의 계율을 받는 이는 백사갈마(白四諸磨)한 뒤에야 얻느니라. 또 선남자야, 두 가지 계율이 있으니, 첫째는 성품이 중한 계율[性重戒]이요, 둘째는 세상의 혐의를 쉬는 계율[息世議嫌戒]이니라. 성품이 중한 계율은 네 가지 계율을 이름이요, 세상의 혐의를 쉬는 계율은 장사하면서 가벼운 저울이나 작은 말로 사람을 속이거나, 다른 이의 세력으로 인하여 남의 재물을 뺏는 것이나, 해롭게 하려는 마음으로 결백하고 성공할 것을 파괴하거나, 불을 켜놓고 눕는 것이나, 집과 전장(團莊)을 마련하고 곡식과 나무를 심거나, 살림을 유지하려고 가게를 내는 일을 하지 아니하며, 코끼리·말·수레·소·양·약대·나귀·닭·개·원숭이·공작·앵무·공명조(共命鳥)·구기라(拘根羅)·늑대·이리·범·표범·고양이·살쾡이·돼지 따위의 나쁜 짐승을 기르지 아니하며, 사내아이·계집아이·남자·여자·노비·아이종 따위를 두지 아니하며, 금·은·폐유리·파리·진주·자거·마노·산호·옥·보패 따위와 구리·백통·주석 따위로 만든 그릇과, 담요·전·털붙이 옷이나, 온갖 곡식·쌀·밀·보리·콩·기장·조·벼·삼이나, 날로 먹고 익혀 먹는 기구를 받지 아니하고, 하루에 한번 먹고 두 번 먹지 아니하며, 걸식하거나 대중에서 먹는 것으로 만족하고, 따로 청함[別請]을 받지 아니하며, 고기를 먹지 않고 술을 마시지 않고 5신채(辛菜)를 모두 먹지 아니하므로, 몸에 더러운 냄새가 없어서 천상 사람과 세상 사람들의 공경하고 공양하며 존중하고 찬탄함을 받으며 적당하게[趣足] 먹고 풍족하게 받지[長受] 말며, 의복은 몸을 가리울 만큼만 하고 출입할 때는 항상 가사와 발우를 가지고 다녀서 여의지 말기를 새의 두 날개와 같이 하며, 뿌리로 나는 것[節子], 꼭지에서 나는 것[接子], 종자로 나는 것[子子]들을 저축하지 말고, 보배 광[寶藏]·금·은·음식·고방·몸 치장할 의복 따위를 쌓아 두지 말며, 높고 넓은 큰 침상이나, 상아나 금으로 꾸민 평상이나, 각색 빛으로 훌륭하게 찰 자리에 앉거나 눕거나 하지 말며, 여러 가지 보드라운 자리를 쌓아 두지 말며, 온갖 코끼리 자리[象薦]·말 자리[馬薦]에 앉지 말며, 보드랍고 묘하고 훌륭한 천과 옷을 평상 위에 깔지 말며, 눕고 쉬는 평상에 두 가지 베개를 놓지 말며, 훌륭한 단침(丹枕)을 받아 두거나, 황목침(黃木枕)을 놓지 말며, 코끼리 싸움·말 싸움·수레 싸움·군대 싸움이나, 남자·여자·소·양·닭·꿩·앵무 따위의 싸움을 구경하지 말며, 군대의 진중에 가서 구경하지도 말며, 소라 불고 북치고 나팔 불고, 거문고 타고, 저 불고, 퉁소 불고, 공후 타고, 노래하고 춤추고 풍류하는 소리를 듣지 말아야 하나니, 부처님께 공양하는 일은 제외할 것이며, 투전[攜請]·바둑·파라색 노름·사자 노름상투(象鬪)·탄기(彈碁) .필도행성(八道行成) 따위의 온갖 노름을 모두 하지도 구경하지도 말며, 손금보고 관상보지도 말며, 조경(爪鏡)·지초(芝草) ·양 지(楊枝)·발우(鍊盂)·촉루(證麗) 따위로 점치지 말며, 허공의 별들을 쳐다보지도 말아야 하거니와 잠을 깨우는 것은 제외할 것이며, 국왕의 사신이 되어 오고 가면서, 이것을 저기에 말하고 저것을 여기에 말하지 말며 아첨하고 정당치 못하게 살아가지 말며, 임금·신하·도적과 싸움과 음식과 국토와 흉년 들고 풍년 들고 공포(恐怖)하고 안락한 것들을 선전하여 말하지 말지니라. 선남자야, 이것을 보살마하살의 '세상의 혐의를 쉬는 계율'이라 하느니라. 선남자야, 보살마하살들은 이러한 제한한[遮判] 계율을 가지되, 성품이 중한 계율과 평등하게 여기어 차별함이 없느니라.

선남자야, 보살마하살이 이러한 계율을 받아 지니고는 서원을 세우되 '차라리 이 몸을 맹렬하게 타는 큰 불구덩이에 던질지언정, 지나간 세상·오는 세상·지금 세상의 여러 부처님의 제정한 계율을 파하면서, 찰리나 바라문이나 거사들의 여인과 더불어 부정한 짓을 하지 않겠나이다' 하느니라.

또 선남자야, 보살마하살이 서원을 세우되 '차라리 뜨거운 무쇠로 이 몸을 두루두루 얽을지언정, 파계한 몸으로 신심 있는 시주의 의복을 받지 않겠나이다' 하느니라. 선남자야, 또 보살마하살이 원을 세우되 '차라리 이 입으로 끓는 철환을 삼킬지언정, 파계한 입으로 신심 있는 시주의 음식을 먹지 않겠나이다' 하느니라. 또 선남자야, 보살마하살이 원을 세우되 '차라리 이 몸으로 뜨거운 무쇠 위에 누울지언정, 파계한 몸으로 신심 있는 시주의 침상과 좌복을 받지 않겠나이다' 하느니라. 또 선남자야, 보살마하살이 원을 세우되 '차라리 이 몸으로 3백 자루의 창을 받을지언정 파계한 몸으로 신심 있는 시주의 의

약을 받지 않겠나이다' 하느니라. 또 선남자야, 보살마하살이 서원을 세우되 '차라리 이 몸을 쇳물이 끓는 가마솥에 던질지언정, 파계한 몸으로 신심 있는 시주의 집이나 방을 받지 않겠나이다' 하느니라.

또 선남자야, 보살마하살이 서원을 세우되 '차라리 쇠망치로 이 몸을 부수어서 머리에서 발까지 모두 가루를 만들지언정, 파계한 몸으로 찰리·바라문·거사의 공경과 예배를 받지 않겠나이다' 하느니라. 또 선남자야, 보살마하살이 원을 세우되 '차라리 뜨거운 쇠꼬챙이로 두 눈을 뽑을지언정, 음란한 마음으로 다른 이의 아름다운 얼굴을 보지 않겠나이다' 하느니라. 또 선남자야, 보살마하살이 또 원을 세우되 '차라리 송곳으로 온몸을 빈틈없이 찌를지언정, 음란한 마음으로 좋은 음성을 듣지 않겠나이라' 하느니라. 또 선남자야, 보살마하살이 원을 세우되 '차라리 잘드는 칼로 코를 벨지언정, 음란한 마음으로 여러 가지 향기를 맡지 않겠나이다' 하느니라. 또 선남자야, 보살마하살이 원을 세우되 '차라리 잘 드는 칼로 혀를 찢을지언정, 음란한 마음으로 아름다운 맛을 탐하지 않겠나이다.' 또 선남자야, 보살마하살이 또 원을 세우되 '차라리 잘 드는 도끼로 몸을 찍을지언정, 음란한 마음으로 보드라운 촉감을 탐하지 않겠나이다' 하나니, 왜냐하면 이런 인연이 수행하는 이로 하여금 지옥·아귀·축생에 떨어지게 하는 연고니라.

가섭이여, 이것이 보살마하살이 계행을 수호하여 가지는 것이니라. 보살마하살이 이런 여러 가지 계행을 가지고는, 그것을 온갖 중생들에게 베풀어 주고, 그 인연으로써 중생들로 하여금 엄금하는 계율을 수호하여 지니며, 청정한 계, 선한 계, 모자라지 않는 계, 꺾이지 않는 계, 대승계, 물러가지 않는 계, 따라가는 계[隨順戒], 끝까지 계를 얻어서 바라밀계를 구족히 성취하게 하느니라.

선남자야, 보살마하살이 이렇게 청정한 계율을 지닐 때에, 곧 첫 부동지(不動地)에 머물게 되나니, 어떤 것을 '부동지'라 하는가. 보살은 이 부동지 가운데 머물러서는, 동요하지 않고 떨어지지 않고 물러가지 않고 흩어지지 않느니라. 선남자야, 마치 수미산은 수람(隨藍)이란 폭풍이 동요하게도 떨어지게도 물러가게도 흩어지게도 하지 못하는 것같이, 보살마하살이 이 부동지 가운데 머무는 것도 그와 같아서, 빛이나 소리나 냄새나 맛에 동요하지 아니하며, 지옥·축생·아귀에 떨어지지 아니하며 성문이나 벽지불의 지위에 물러가지 아니하며, 이상한 소견이나 삿된 바람에 흩어져서 잘못된 생활[邪命]을 짓지 아니하느니라. 또 선남자야, 동요하지 않는다 함은 탐욕·성냄·어리석음에 동요하지 않는 것이요, 떨어지지 않는다 함은 네 가지 중대한 범죄에 떨어지지 않음이요, 물러가지 않는다 함은 집으로 물러가지 않음이요, 흩어지지 않는다 함은 대승경전을 거역하는 이의 해산하고 깨뜨림이 되지 않는다는 것이니라. 또 선남자야, 보살마하살도 다시는 모든 번뇌 마군의 동요되지 아니하며, 5음 마군에 떨어지지 아니하며, 도량의 보리나무 아래 앉아서 비록 천마가 있더라도 아뇩다라삼먁삼보리에서 물러가게 하지 못하며, 죽는 마군의 해산이나 깨뜨림이 되지 않느니라. 선남자야, 이것을 보살마하살의 닦아 익히는 성스러운 행이라 하느니라.

선남자야, 어찌하여 성스러운 행이라 하는가. 성스러운 행이라 함은 부처님이나 보살들의 행하는 것이므로 성스러운 행이라 하느니라. 부처님이나 보살을 어찌하여 성인이라 하는가. 이런 이들은 성인의 법이 있는 연고며, 모든 법의 성품이 고요함을 항상 관찰하는 연고니, 이런 뜻으로 성인이라 하며, 성스러운 계행이 있으므로 성인이라 하며, 성스러운 선정과 지혜가 있으므로 성인이라 하며, 믿음·계율·남 부끄러움[慚]·제 부끄러움[愧]·많이 알음·지혜·버림의 일곱 가지 성스러운 재물이 있으므로 성인이라 하며, 일곱 가지 성스러운 깨달음이 있으므로 성인이라 하나니, 이런 뜻으로 거룩한 행이라 이름하느니라.

또 선남자야, 보살마하살의 성스러운 행이라 함은 몸을 살펴보건대 머리로부터 발까지에 다만 머리카락·털·손톱·발톱·이·부정한 것·더러운 때·가죽·살·힘줄·뼈·지라[脾]·콩팥·염통·허파·간·쓸개·창자·위부·생장(生藏)·숙장(熟藏)·대변·소변·콧물·침·눈물·지방·뇌·막·골수·고름·피·혈관 따위가 있을 뿐이니, 보살이 이렇게 전심으로 관찰할 적에 어느 것이 나겠는가. 나는 무엇에 소속되었으며, 어디 있으며, 무엇이 나에게 소속되었는가. 또 생각하기를 뼈가 나겠는가, 뼈를 떠나서 나가 있겠는가. 보살이 이때에 가죽과 살을 제외하고 백골만을 관찰하면서, 또 생각하기를 백골 빛이 제각기 달라서 푸른빛·누른빛·흰빛·잿빛이니 이런 백골도 나가 아닐 것이다. 왜냐하면 나란 것은 푸른빛·누른빛·흰빛·잿빛이 아닌 까닭이다. 보살이 이렇게 마음을 써서 관찰할 적에 온갖 색욕을 끊느니라. 또 생각하기를, 뼈란 것은 인연으로 생긴 것이니, 발뼈를 인하여 복사뼈를 받치고, 복사뼈를 인하여 정강이뼈를 받치고, 무릎뼈를 인하여 넓적다리뼈를 받치고, 넓적다리뼈를 인하여 엉치뼈를 받치고, 엉치뼈를 인하여 허리뼈를 받치고, 허리뼈를 인하여 등골뼈를 받치고, 등골뼈를 인하여 갈빗대를 받치고, 또 등골뼈를 인하여 위로 목의 뼈를 받치고, 목의 뼈를 인하여 턱뼈[頷骨]를 받치고, 턱뼈를 인하여 이빨을 받치고, 위로는 두골을 받치고, 또 목의 뼈로 어깨뼈를 받치고, 어깨피를 인하여 팔뼈를 받치고, 팔뼈를 인하여 손목뼈를 받치고, 손목뼈를 인하여 손바닥뼈를 받치고, 손바닥뼈를 인하여 손가락뼈를 받치었도다. 보살마하살이 이렇게 관찰할 때에, 몸에 있는 뼈들이 모두 나뉘어 떨어졌으며, 이런 관찰을 하고는 세 가지 욕망을 끊나니, 하나는 형체의 욕망, 둘은 자태(姿態)의 욕망, 셋은 보드랍게 닿는 욕망[細觸欲]이니라.

보살마하살이 푸른빛의 백골을 관할 때에, 이 땅의 동·서·남·북과 네 간방과 위와 아래가 모두 푸른 모양이며, 푸른빛을 관하는 것같이, 누른빛·흰빛·잿빛을 관함도 그와 같으며, 보살이 이런 관을 할 때에 양미간에서 푸른빛·누른빛·붉은빛·흰빛·잿빛 광명을 놓거든, 보살이 이 낱낱 광명 속에서 부처님 형상이 있음을 보았으며, 보고는 묻기를 '이 몸은 부정한 인연이 화합하여 이루어진 것인데, 어찌하여 안고 일어나고 다니고, 서고 구부리고 펴고 굽히고 우러러보고 깜짝이고 헐떡거리고 숨쉬고 슬피하고 울고 기피하고 웃고 합니까? 그 가운데 주재가 없거늘, 누가 그렇게 시킵니까?'라고 물으니, 광명 속의 부처님들이 문득 자취를 감추어 버렸다.

또 생각하기를 '혹 알음알이[識]가 나이므로 부처님들로 하여금 나에게 말하지 않게 하는가' 하고, 또 관하니 이 알음알이가 차례로 났다 없어졌다 함이 마치 흐르는 물과 같으니, 역시 내가 아니라 하였고, 또 생각하기를 '만일 알음알이가 나가 아니라면 내쉬고 들이쉬는 숨이 나겠는가' 하고, 또 생각하되 '내쉬고 들이쉬는 숨은 바로 바람의 성품이요, 바람의 성품은 곧 4대니, 4대 중에서 어느 것이 나겠는가, 지대의 성품이 내가 아니니, 수대·화대·풍대의 성품도 내가 아니리라' 하고, 또 생각하되 '이 몸의 온갖 것에 모두 나라 할 것이 없고, 마음과 바람이 인연으로 화합하여 가지가지 짓는 업을 나타내는 것이 마치 주력(呪力)이나 환술로 짓는 것 같고 공후가 뜻을 따라함이 여러 가지 인연을 빌어 화합하여 이루어진 것이라, 어느 곳에 탐욕을 내며, 설사 욕설을 듣는다 한들 어느 곳에 성을 내겠는가. 이 몸은 36가지가 모두 부정하고 더럽거늘, 어느 곳에 욕설을 들을 것이 있겠는가' 하느니라. 만일 꾸짖는 말을 듣거든, 곧 생각하기를 '어느 음성으로 꾸짖는 것인가. 낱낱 음성이 꾸짖지 못한다면 한 음성이 꾸짖지 못하듯이 여러 음성도 그러하리라' 하리니, 이런 이치로 성을 낼 것이 아니리라.

만일 다른 이가 와서 때리거든, 또 생각하되 '이렇게 때리는 이는 어디서 왔는가' 하느니라. 또 생각하되 '손과 칼과 방망이와 내 몸을 말미암아서 때린다고 하는 것이니, 내가 제 다른 이를 노여워하랴. 이것은 내 몸이 스스로 이 허물을 불러오는 것이며, 내가 5음으로 된 몸을 받은 연고이다. 마치 과녁이 있으므로 화살을 맞는 것같이 내 몸도 그러하여 몸이 있으므로 때리는 일이 있나니, 내가 이것을 참지 못하면 마음이 산란할 것이고, 마음이 산란하면 바른 생각[正念]을 잃을 것이고, 바른 생각을 잃으면 선하고 선하지 않은 이치를 관찰하지 못할 것이고, 선하고 선하지 않음을 관찰하지 못하면 나쁜 법을 행할 것이고, 나쁜 법을 행한 인연으로는 지옥·축생·아귀에 떨어질 것이다' 하느니라.

보살이 이러한 관을 하고는 4념처(念處)를 얻고, 4념처를 얻고는 곧 참는 지위[理忍地]에 머물 것이며, 보살마하살이 이 참는 지위에 머물면, 탐욕·성냄·어리석음을 참고 견딜 것이며, 역시 추위·더위·굶주림·목마름을 참으며, 모기·등에·벼룩·이·폭풍·나쁜 촉각·여러 가지 전염병·욕설·악담·때리는 것 따위의 몸과 마음의 고통을 참고 견딜 것이므로, 참는 지위에 머물렀다 하느니라."

가섭보살이 부처님께 여쭈었다.

"세존이시여, 보살이 부동지(不動地)에 머물지 못하고서, 계율을 깨끗하게 가지다가도, 어떤 인연으로 파계하는 일이 있습니까?"

"선남자야, 보살이 부동지에 머물지 못하였을 적에는, 인연이 생기면 파계할 수 있느니라."

"세존이시여, 그러면 어떤 것이 그런 인연입니까?"

"가섭이여, 만일 보살이 파계하는 인연을 가지고 다른 이로 하여금 대승경전을 받아 지니고 좋아하게 하며, 또 그로 하여금 대승경전을 없고 외우고 통달하고 보게 하여 다른 이에게 선전하여서, 아뇩다라삼먁삼보리에서 물러가지 않게 할 줄을 안다면 이런 인연으로 파계하게 되는 것이니, 그때에 보살이 생각하기를 '내가 차라리 한 겁이나 한 겁이 조금 못 되는 세월에 아비지옥에 들어가서 그 죄보를 받을지언정, 이 사람으로 하여금 아뇩다라삼먁삼보리에서 물러나지 않게 하리라' 하느니라. 가섭이여, 이런 인연이면 보살마하살이 깨끗이 지키던 계율을 깨뜨릴 수 있느니라."

그때에 문수사리보살이 부처님께 여쭈었다.

"세존이시여, 만일 보살이 이런 사람을 붙들어 보호하며 보리심에서 물러나지 않게 하기 위하여서 계율을 깨뜨리고 아비지옥에 떨어진다면 옳지 않겠나이다."

이때에 부처님께서 문수보살을 칭찬하셨다.

"문수사리여, 훌륭하고 훌륭하다. 그대의 말과 같으니라. 내가 오랜 옛날에 염부제에서 큰 나라 임금이 되었으니 이름이 선예(仙預)였으며, 대승경전을 사랑하고 공경하여 마음이 순일하고, 나쁜 생각·시기하는 마음·아끼는 생각이 없었으며, 입으로는 사랑하는 말, 착한 말만을 하였고, 몸으로는 빈궁하고 고독한 사람들을 거두어 보호하였으며, 보시하고 정진하기를 쉬지 아니하였으나, 그때에는 부처님이나 성문이나 연각이 없었으므로, 나는 대승 방등경전을 좋아하면서도 12년 동안에 바라문을 섬기면서 필요한 것을 공양하였고, 12년 동안 보시하기를 마치고는 '당신들은 이제 아뇩다라삼먁삼보리심을 내십시오'라고 말하였더니, 바라문이 대답하되 '대왕이여, 보리의 성품은 있는 것이 아니며, 대승경전도 역시 그러하거늘, 대왕이 어찌하여 사람들로 하여금 허공과 같게 하려 합니까' 하였다. 선남자야, 내가 그때에 대승을 소중하게 여기는 마음으로서, 바라문이 방등경을 비방함을 듣고는 즉시에 그 목숨을 끊었노라. 그러나 선남자야, 그때부터 이런 인연으로 지옥에 떨어지지는 아니하였느니라. 선남자야, 대승을 옹호하고 붙드는 것은 이렇게 한량없는 세력이 있느니라.

가섭이여, 또 거룩한 행이 있으니, 성인의 네 가지 참된 이치인 고(苦)·집(集)·멸(滅)·도(道)니라. 가섭이여, '고'라 함은 못살게 구는 것[逼迫相]이요, '집'이라 함은 나고 자라게 하는 것[能生長相]이요, '멸'이라 함은 고요한 것[流滅相]이요, '도'라 함은 대승을 말함[大乘相]이니라. 또 선남자야, 고는 현상(現相)이요, 집은 전상(轉相)이요, 멸은 제한 것[除相]이요, 도는 능히 제하는 것[能除相]이니라. 또 선남자야, 고에는 세 가지 모양이 있으니, 괴로운 이 몸에 괴롭고 시끄러움이 생기는 것[苦苦相]과, 변천하므로 괴로움이 생기는 것[行苦相]과, 파괴되어서 괴로움이 생기는 것[壞苦相]이며, 집은 25유요, 멸은 25유를 멸하는 것이요, 도는 계율·선정·지혜를 닦는 것이니라. 또 선남자야, 유루법(有漏法)에 두 가지가 있으니 인과 과요, 무루법(無漏法)에도 두 가지가 있으니 인과 과니라. 유루법의 과는 고요, 유루법의 인은 집이며, 무루법의 과는 멸이요, 무루법의 인은 도니라. 또 선남자야, 여덟 가지를 고라 하나니, 나는 고, 늙는 고, 병나는 고, 죽는 고, 사랑하는 것을 이별하는 고[愛別離苦], 미운 것이 모이는 고[怨憎會苦], 구하여 얻지 못하는 고[求不得苦], 다섯 가지 음으로 성하는 고[五陰盛苦]니라. 이 여덟 가지 고를 내는 것을 집이라 하고, 이 여덟 가지 고가 없는 데를 멸이라 하고, 10력(力), 4무소외(無所畏), 3념처(念處), 대비(大悲)를 도라 하느니라.

선남자야, '나는 고'라 함은 내는 모양[出相]으로 다섯 가지가 있으니, 처음 나는 것[初出], 나중까지 가는 것[至終], 자라는 것[增長], 태에서 나오는 것[出胎], 종류에 나는 것[種類生]이니라. 어떤 것을 늙는다 하는가? 늙는 데 두 가지가 있으니, 찰나찰나 늙는 것[念念老]과 종신토록 늙는 것[終身老]이며, 다시 두 가지가 있으니 자라면서 늙는 것[增長老]과 없어지면서 늙는 것[滅壞老]이니, 이것을 늙는 고라 하느니라. 어떤 것을 병난다 하는가? 병이라 함은 독사 같은 4대가 서로 조화하지 못함으로 두 가지가 있으니, 몸의 병과 마음의 병이며, 몸의 병에 다섯 가지가 있으니, 물을 인한 것, 바람을 인한 것, 열을 인한 것, 잡생(雜病), 객병(客病)이며, 객병에 넷이 있으니, 첫째는 분한이 아닌 것을 억지로 하는 것[惱拉濯作]이고, 둘째는 잘못 하여서 떨어지는 것[忘誤墮落]이며, 셋째는 칼·작대기·기왓장·돌멩이에 맞은 것이고, 넷째는 귀신 들린 것[鬼競所著]이다. 마음의 병에도 넷이 있으니, 뛰노는 것[誦躍], 무서워하는 것, 수심하는 것, 어리석은 것이니라.

또 선남자야, 몸과 마음의 병에 세 가지가 있으니, 첫째는 업보요, 둘째는 악한 상대를 여의지 못함[不得速離惡對]이요, 셋째는 시절이 바뀜[時節代謝]으로 이런 인연과 이름과 받는 분별[受分別]을 내는 것이니, 병의 인연은 바람 따위의 병이요, 이름이라 함은 가슴이 답답하고 허파가 부풀고 상기되고 해소로 구역질하고 마음이 놀라고 이질이 나는 것들이요, 받는 분별이라 함은 두통·수족 등의 아픔이니, 이런 것을 병이라 하느니라. 어떤 것을 죽는다 하는가. 죽는다 함은 받았던 몸을 버리는 것이며, 받았던 몸을 버리는 데 두 가지가 있으니, 명이 다하여 죽는 것과, 바깥 인연으로 죽는 것이다. 명이 다하여 죽는 데 또 세 가지가 있으니, 첫째는 명이 다하였으나 복이 다한 것 아니요, 둘째는 복이 다하였으나 명은 다하지 않은 것이요, 셋째는 복과 명이 모두 다한 것이며, 바깥 인연으로 죽는 데도 세 가지가 있으니, 첫째는 분한이 아닌데 스스로 해롭게 하여 죽는 것이고, 둘째는 횡수로 다른 이 때문에 죽는 것이고, 셋째는 두 가지로 함께 죽는 것이며, 또 세 가지 죽음이 있으니, 첫째는 방일하여 죽는 것이고, 둘째는 파계하고 죽는 것이며, 셋째는 목숨을 파괴하여 죽는 것이니라. 무엇이 방일하여 죽음인가. 대승 방등 반야바라밀을 비방하는 것은 방일하여 죽음이라 하느니라. 무엇이 파계하고 죽음인가. 과거·미래·현재의 부처님이 제정한 계율을 탐하는 것은 파계하고 죽음이라 하느니라. 무엇이 목숨을 파괴하여 죽음인가. 5음으로 된 몸을 버리는 것은 목숨을 파괴하고 죽음이라 하나니, 이런 것을 죽는 고통이라 이름하느니라.

  어떤 것을 사랑하는 것을 이별하는 고라 하는가. 사랑하던 물건이 파괴되거나 흩어지는 것이니라. 사랑하던 물건이 파괴되고 흩어지는 데도 두 가지가 있으니, 인간의 5음이 파괴되는 것과, 천상의 5음이 파괴되는 것이니라. 이러한 인간 천상의 사랑하는 5음을 분별하여 계산하면 한량없는 종류가 있거니와 이것을 사랑하는 것이 이별하는 고라 하느니라. 어떤 것을 미운 것이 모이는 고라 하는가. 사랑하지 않는 것과 함께 모이게 되는 것이니라. 사랑하지 않는 것과 함께 모이게 되는 것에도 세 가지가 있으니, 지옥과 아귀와 축생이니라. 이런 세 갈래를 분별하여 계산하면 한량없는 종류가 있거니와 이것을 미운 것이 모이는 고라 하느니라. 어떤 것을 구하여 얻지 못하는 고라 하는가. 구하여 얻지 못하는 고에도 두 가지가 있으니, 희망하는 것을 구하여 얻지 못함과 힘을 많이 쓰고도 과보를 얻지 못하는 것이니라. 이런 것을 구하여 얻지 못하는 고라 하느니라. 어떤 것을 다섯 가지 음으로 성하는 고라 하는가. 다섯 가지 음으로 성하는 고라 함은 나는 고·늙는 고·병나는 고·죽는 고·사랑하는 것을 이별하는 고·미운 것이 모이는 고·구하여 얻지 못하는 고 따위들이니, 이것을 이름하여 다섯 가지 음으로 성하는 고라 하느니라. 가섭이여, 나는 것을 근본으로 하여 이 일곱 가지 고통이 있으니, 늙는 고와 나아가 다섯 가지 음으로 성하는 고니라.

가섭이여, 쇠하여 늙는 일이 온갖 것에 있는 것이 아니니, 부처님과 하늘 사람들에게는 조금도 없고, 인간에는 일정치 아니하여, 있기도 하고 없기도 하느니라. 가섭이여, 삼계에 몸을 받는 이가 나지 않는 이는 없으나, 늙음은 반드시 있는 것이 아니므로, 온갖 것은 나는 것이 근본이 되느니라. 가섭이여, 세간의 중생들은 뒤바뀜이 마음을 덮어서 나는 것은 탐하고 늘고 죽는 것은 싫어하거니와 보살은 그렇지 아니하여 처음 나는 것을 볼 적에 이미 근심을 보느니라.

가섭이여, 어떤 여인이 다른 이의 집에 들어갔는데, 그 여자의 몸매가 단정하고 용모가 아름답고 좋은 영락으로 몸에 장엄하였으므로 주인이 보고 묻기를 '그대의 성명은 무엇이며 누구에게 소속되었는가?' 하였다. 여인이 대답하되, '나는 공덕천입니다' 하였다. 주인은 또 묻기를 '그대는 가는 곳마다 무슨 일을 하는가?'라고 하였다. 공덕천이 대답하되 '나는 가는 곳마다 가지각색 금·은·폐유리·파리·진주·산호·호박·자거·마노·코끼리·말수레·노비·하인들을 줍니다'라고 하였다. 주인이 듣고 환희한 마음으로 즐거워 뛰놀면서, '나는 복덕이 있어서 그대가 나의 집에 온 것이다' 하면서, 향을 사르고 꽃을 흩어서 공양하고 공경하며 예배하였다.

또 문밖에 다른 한 여인이 있는데, 형상이 누추하고 의복이 남루하고 더럽고 때가 많고 피부가 쭈그러지고 살빛이 부옇게 되었다. 주인이 보고 묻기를 '그대의 이름은 무엇이며 누구에게 소속되었는가?' 하였다. 여인이 대답하되 '나의 이름은 검둥이입니다' 하였다. '왜 검둥이라고 이름하였는가?'라고 물었다. 여인이 대답하되 '나는 가는 데마다 그 집 재물을 소모하게 합니다' 하였다. 주인이 그 말을 듣고는 칼을 들고 말하기를 '그대가 빨리 가지 아니하면 목숨을 끊으리라' 하자 여인이 대답하되 '그대는 왜 그렇게 어리석고 지혜가 없습니까?' 하였다. 주인이 묻기를 '어째서 나를 어리석고 지혜가 없다고 하는가?' 하였다. 여인이 대답하되 '그대의 집에 들어간 이는 나의 언니요, 나는 언제나 언니와 거취를 같이하는 사람이니, 그대가 나를 쫓아내려거든 나의 언니도 쫓아내야 합니다' 하였다. 주인이 안으로 들어가서 공덕천에게 물었다. '밖에 어떤 여인이 와서 말하기를 그대의 동생이라 하니 사실인가?' 공덕천이 대답하기를, '그는 분명히 나의 동생입니다. 나는 항상 동생과 행동을 같이하였고, 한번도 떠난 적이 없으며, 가는 곳마다 나는 좋은 일을 하고 동생은 나쁜짓을 하였으며, 나는 이로운 일을 하고 동생은 손해나는 일을 하였습니다. 만일 나를 사랑하거든 그도 사랑하여야 하고, 나를 공경하려면 그도 공경하여야 합니다' 하였다. 주인이 이렇게 말하였다. '만일 그렇게 좋은 일도 나쁜짓도 한다면 나는 받아들일 수 없으니, 모두 마음대로 가시오.' 두 여인이 서로 팔을 끌고 살던 데로 가고, 주인은 그들이 가는 것을 보고 마음이 환희하여 한량없이 뛰놀았다. 그때에 두 여인은 손에 손을 잡고 가난한 집에 이르렀다. 가난한 사람이 보고는 기쁜 마음으로 '지금부터 그대들은 나의 집에 항상 있으라'고 청하였다. 공덕천이 말하되, '우리들은 어떤 사람에게 쫓겨오는 터인데, 그대는 어찌하여 우리더러 있으라고 청합니까?' 하자, 가난한 사람이 말하기를 '그대가 지금 나를 생각하기에 내가 그대를 위하여서 저 사람을 공경하며, 그래서 둘 다 나의 집에 있으라고 청하는 것이오' 하였다.

가섭이여, 보살마하살도 그와 같아서 천상에 태어나기를 원하지 아니하나니, 나면 반드시 늙고 병나고 죽음이 있는 까닭으로 모두 버리고 조금도 받을 마음이 없거니와 범부나 어리석은 사람은 늙고 병나고 죽음의 걱정을 알지 못하는 연고로 나고 죽는 두 가지 법을 받으려고 탐하느니라.

또 가섭이여, 바라문의 어린아이가 굶주림에 쪼들리다가, 사람의 똥 속에 암마라 열매가 있는 것을 보고 집어 들었더니 어떤 지혜 있는 이가 보고 꾸짖되, '네가 바라문의 청정한 집 자손으로서 어찌하여 똥 속에 있는 더러운 과실을 집느냐?' 하니, 아이가 듣고 부끄러운 마음으로 대답하기를, '나는 먹으려는 것이 아니요 깨끗하게 씻어서 도로 버리려는 것입니다'라고 하였다. 지혜 있는 이가 말하되 '너는 썩 어리석은 아이다. 도로 버릴 것을 무엇하러 집느냐' 하였다. 선남자야, 보살마하살도 그와 같아서 이 나는 일을 받지도 않고 버리지도 아니함은 지혜 있는 이가 아이를 꾸짖음과 같고, 범부들이 나는 것을 기뻐하고 죽는 것을 싫어함은 저 아이가 과실을 집었다가 도로 버리는 것과 같으니라.

또 선남자야, 어떤 사람이 네거리에서 빛과 냄새와 맛이 훌륭한 밥을 그릇에 담아 가지고 팔고 있었는데, 멀리서 오던 사람이 허기가 나서 그 먹음직한 밥을 보고 그것이 무엇이냐고 물었다. 밥 파는 이가 대답하기를, '이것은 빛과 냄새와 맛이 훌륭한 밥이요, 이 밥을 먹으면 기운이 충실하고 피부가 좋아지고 기갈이 소별하여 천상 사람들을 볼 수 있소. 그러나 한 가지 걱정되는 것은 목숨이 마치게 되는 것이오' 하였다. 오던 사람이 듣고 생각하기를 '나는 피부가 좋아지는 것도 기운이 충실하는 것도 천상 사람을 보는 것도 쓸데가 없고, 또 죽을 것도 바라지 않는다' 하고는 말하였다.

'이 밥을 먹고 만일 목숨이 마친다면, 그대는 어째서 여기서 파는가?'

밥장수의 대답이 이러하였다.

'지혜 있는 사람은 아무도 사지 않지만, 어리석은 사람은 그런 줄은 모르고 값을 많이 주고 사서 먹소.'

선남자야, 보살마하살도 그와 같아서 천상에 나서 피부가 좋아지고 기운이 충실하고 천상 사람을 보는 일을 원하지 아니하나니, 왜냐하면 모든 고통을 면치 못할 줄을 아는 까닭이거니와 범부는 어리석어서 어디나 태어나는 것을 좋아하나니, 늙고 병나고 죽음을 보지 못하는 연고니라.

또 선남자야, 마치 독한 나무는 뿌리도 사람을 죽이고, 줄기·가지·마디·껍질·잎·꽃·열매도 사람을 죽임과 같이, 선남자야, 25유에 태어나면서 받은 5음도 그와 같아서, 모든 것이 능히 죽이느니라. 또 가섭이여, 똥은 많거나 적거나 구린 것이니, 선남자야, 나는 것도 그와 같아서, 8만 년을 살거나 열 살을 살거나 모두 고통을 받느니라. 또 가섭이여, 어떤 위험한 언덕 위에 풀이 덮여 있고 그 언덕가에는 감로가 많이 있는데, 그것을 먹으면 천년이나 살면서 병이 영원히 소멸되고 쾌락하게 살게 되느니라. 어리석은 사람은 그 맛만 탐하여, 밑에 깊은 구렁이 있는 줄을 모르고 앞으로 나아가 집어먹으려다가 발이 미끄러지며 구렁에 떨어져 죽거니와 지혜 있는 사람은 미리 그런 줄을 알고 피하여 가느니라. 선남자야, 보살마하살도 그와 같아서, 천상의 훌륭한 음식도 받고자하지 아니하거든, 하물며 인간의 음식이리요. 그러나 범부들은 지옥에서 철환을 먹는 것도 사양치 않거늘, 하물며 천상의 아름다운 음식을 어찌 먹지 않겠는가. 가섭이여, 이런 비유나 그 외에 한량없는 비유로 보아서, 남[生]이 실로 큰 괴로움임을 알지니라. 가섭이여, 이것을 이름하여 보살이 대승 대반열반경에 머물러서 나는 고통을 관하는 것이라 하느니라.

가섭이여, 어떤 것을 보살마하살이 대승 대반열반경에서 늙는 고통을 관하는 것이라 하는가? 늙는다는 것은 해소가 생기고 상기가 일어나며, 용기와 기억력과 앞으로 나아가는 힘과 쾌락과 교만과 잘난 체하는 마음과 편안하고 자재함을 꺾어버리는 것이며, 허리가 구부러지고 게을러지고 기운이 없어져서 남의 업신여김을 받느니라. 가섭이여, 마치 연못에 연꽃이 만발하여 곱게 성하면 매우 사랑스럽다가 우박이 내리면 모두 부서지듯이, 선남자야, 늙는 것도 그와 같아서 장성하던 기색이 모두 소멸되느니라. 또 가섭이여, 어떤 나라 임금에게 지혜 있는 신하가 있어 병법을 잘 아는데, 적국의 왕이 거역하고 공순하지 아니하면, 이 신하를 보내어 토벌하고 그 대적의 왕을 사로잡아 이 나라 임금에게 끌어오듯이, 늙음도 그와 같아서, 장성한 기색을 사로잡아 죽음이란 왕에게 끌어가느니라. 또 가섭이여, 마치 꺾어진 굴대는 다시 쓸 수 없듯이, 늙음도 그와 같아서 다시 쓸 수 없느니라. 또 가섭이여, 어떤 부잣집에 금·은·폐유리·산호·호박·자거·마노 따위의 보배가 있더라도, 도적의 떼가 그 집에 들어가면 남기지 않고 모두 빼앗아가듯이, 선남자야, 장성하던 기색도 그와 같아서, 늙음이란 도적의 빼앗음이 되느니라. 또 가섭이여, 마치 가난한 사람이 훌륭한 음식과 화려한 의복을 탐하여 희망하더라도 얻을 수 없듯이 선남자야, 늙음도 그와 같아서 비록 탐심이 있어 부귀와 쾌락을 받으면서 5욕락을 마음껏 즐기려 하여도 될 수 없느니라. 또 가섭이여, 뭍에 있는 거북이 마음으로 항상 물을 생각하듯이, 선남자야, 사람도 그와 같아서, 노쇠하여 누그러지더라도 마음으로는 장성하였을 적에 5욕락을 즐기던 일을 생각하느니라.

또 가섭이여, 초가을에 피는 연꽃을 모든 사람이 보기를 좋아하지만 시들고 쇠잔하면 모두들 천히 여기듯이 선남자야,

장성한 때의 훌륭하던 기색도 그와 같아서, 모든 사람이 사랑하다가도 늙어지면 모두들 싫어하느니라. 또 가섭이여, 사탕무도 즙을 짜고 나면 찌꺼기는 맛없듯이, 장성한 때의 훌륭한 기색도 그와 같아서, 늙음에 짜이면 세 가지 맛이 없어지나니, 출가하는 맛, 경을 외우는 맛, 참선하는 맛이니라. 또 가섭이여, 마치 보름달이 밤에는 빛이 찬란하다가도 낮이 되면 그렇지 못하듯이, 선남자야, 사람도 그러하여 장성하였을 적에는 얼굴이 단정하고 몸매가 아름답다가도, 늙으면 얼굴이 쭈그러지고 전신이 혼미하느니라. 또 가섭이여, 어떤 왕이 바른 법으로 나라와 백성을 다스리며 진실하고 자비하여 보시를 좋아하다가, 적국에게 패하여 창황하게 도망하여 다른 나라에 가면, '대왕께서 지난날에는 바른 법으로 나라를 다스리더니, 어찌하여 이렇게 되었습니까?' 하리니, 선남자야, 사람도 그와 같아서 노쇠에 패하여지고는 항상 장성하였을 적에 행하던 일을 찬탄하느니라. 또 가섭이여, 마치 심지는 기름만을 의지하는 것이어서, 기름이 끊어지면 불이 오래 있을 수 없나니, 선남자야, 사람도 그와 같아서 장성한 기름을 의지하는 것이므로, 장성한 기름이 다하면 노쇠의 심지가 어찌 오래 있겠느냐.

또 가섭이여, 마른 개천은 사람이나 사람 아닌 것이나 새나 짐승을 이익케 할 수 없나니, 선남자야, 사람도 그와 같아서 늙음의 마름이 되면, 온갖 사업을 이익케 할 수 없느니라. 또 가섭이여, 강 언덕에 위태롭게 선 나무가 폭풍을 만나면 넘어지나니, 선남자야, 사람도 그와 같아서 늙음의 언덕에 다다랐을 적에, 죽음의 폭풍이 불면 오래도록 서 있을 수 없느니라. 또 가섭이여, 수레의 굴대가 치어지면 무거운 짐을 실을 수 없나니, 선남자야, 늙음도 그와 같아서, 온갖 선한 법을 받아 지닐 수 없느니라. 또 가섭이여, 어린아이는 사람마다 업신여기나니, 선남자야, 늙음도 그와 같아서, 항상 모든 무리의 업신여김을 받느니라. 가섭이여, 이런 비유와 그 외에 한량없는 비유로 보아서, 늙는 일이 큰 고통 되는 줄을 알지니라. 가섭이여, 이것을 이름하여 보살마하살이 대승의 대반열반경을 수행하면서 늙는 고통을 관하는 것이라 하느니라.

가섭이여, 어떤 것을 보살마하살이 대승의 대반열반경을 수행하면서 병나는 고통을 관하는 것이라 하는가. 병이라 함은 모든 편안하고 즐거운 일을 깨뜨리는 것이니, 마치 우박이 곡식의 모를 상하게 하는 것과 같으니라. 또 가섭이여, 사람이 원수가 있으면 마음이 항상 근심스러우며 두려운 생각을 품나니, 선남자야, 모든 중생도 그와 같아서 항상 병나는 고통을 두려워하며 걱정스러운 마음을 품느니라. 또 가섭이여, 어떤 사람이 용모가 단정하여 왕후가 애욕을 품고 사람을 보내어 억지로 불러다가 간통한 것을, 임금이 체포하여 놓고 사람을 시켜 한 눈을 뽑고 한 귀를 베고 한 손과 한 발을 끊으면, 이 사람의 용모가 흉악하게 변하여 사람들이 천히 여기나니, 선남자야, 사람도 그와 같아서 처음은 단정하고 귀와 눈이 구족하였으나, 병에 걸리어 시달리면 모든 사람이 천히 여기느니라. 또 가섭이여, 마치 파초나 대나무나 노새는 씨가 맺거나 새끼를 배면 죽는 것이니, 선남자야, 사람도 그와 같아서 병이 들면 죽느니라. 또 가섭이여, 전륜왕은 군대를 맡은 대신이 앞에서 길을 잡고, 왕은 뒤에 따라가는 것이며, 또 물고기 왕과 개미 왕과 메뚜기 왕과 소의 왕과 장사 물주가 앞을 서서 가면, 다른 무리들이 모두 따라가고 뒤떨어지지 않나니, 선남자야, 죽음이란 전륜왕도 그와 같아서 항상 병이란 신하를 따르고 여의지 아니하며, 물고기·개미·메뚜기·장사 물주라는 병의 왕도 그와 같아서, 항상 죽음의 무리들이 따라다니느니라.

가섭이여, 병의 인연은 괴로움과 시끄러움과 근심과 슬픔으로 몸과 마음이 불안한 것이니, 혹은 원수와 도적의 핍박도 되고, 구명부대를 깨뜨리고 다리를 무너뜨리며, 바르게 생각하는 근본을 겁탈하는 것이며, 또 장성한 기색과 기운과 안락을 파괴하고 부끄러움을 버리게 하며, 몸과 마음을 뜨겁고 번민하게 하나니, 이런 비유와 그 외에 한량없는 비유로 보아서, 병나는 일이 큰 고통되는 줄을 알지니라. 가섭이여, 이것을 이름하여 보살마하살이 대승의 대반열반경을 수행하면서, 병나던 고통을 관하는 것이라 하느니라.

가섭이여, 어떤 것을 대승의 대반열반경을 수행하면서 죽는 고통을 관하는 것이라 하는가. 죽음이라 함은 태워 없애는 것이니라. 가섭이여, 화재가 일어나면 온갖 것을 태워버리거니와 2선천(禪天)은 제외하나니 힘이 미치지 못하는 연고니라. 선남자야, 죽음이란 화재도 그와 같아서, 온갖 것을 태워 없애거니와 대승의 대반열반에 머물러 있는 보살만은 제외하나니,

세력이 미치지 못하는 연고니라. 또 가섭이여, 수재(水災)가 일어나면, 온갖 것이 물 속에 빠지거니와 3선천은 제외하나니, 힘이 미치지 못하는 연고니라. 선남자야, 죽음이란 물도 그러하여 온갖 것을 빠뜨리거니와 대승의 대반열반에 머물러 있는 보살만은 제외하느니라. 또 가섭이여, 풍재가 일어나면 온갖 것을 불어서 날려버리거니와 4선천은 제외하나니, 힘이 미치지 못하는 연고니라. 선남자야, 죽임이란 바람도 그러하여 모든 있는 것을 불어 없애거니와 대승의 대반열반에 머문 보살만은 제외하느니라."

가섭보살이 부처님께 여쭈었다.

"세존이시여, 저 4선천은 무슨 인연으로 풍재도 불어 날리지 못하고, 수재도 빠뜨리지 못하고 화재도 태우지 못합니까?"

부처님께서 가섭에게 말씀하셨다.

"선남자야, 4선천은 안에 걱정과 밖에 걱정이 모두 없는 까닭이니라. 선남자야, 초선천의 걱정은 안으로 관찰하여 생각함[覺觀]이 있고 밖으로 화재가 있으며, 2선천의 걱정은 안으로 환희함이 있고 밖으로 수재가 있으며, 3선천의 걱정은 안으로 헐떡이는 숨이 있으므로 밖으로 풍재가 있거니와 선남자야, 4선천은 안찰 걱정이 모두 없으므로 모든 재앙이 미치지 못하느니라. 선남자야, 보살마하살도 그와 같아서 대승의 대반열반에 머물면 안팎 걱정이 모두 없나니, 그러므로 죽음의 왕이 미치지 못하느니라.

또 가섭이여, 금시조가 모든 용과 금·은 따위의 보배를 먹고 소화하지만 금강은 소화하지 못하나니, 선남자야, 죽음이란 금시조도 그와 같아서, 온갖 중생들을 먹고 소화하지만, 대승의 대반열반에 머문 보살마하살만은 소화하지 못하느니라. 또 가섭이여, 마치 강가에 있는 풀과 나무는 홍수가 나면 물에 떠내려가서 바다로 들어가거니와 버드나무는 제외하나니, 부드러운 까닭이니라. 선남자야, 모든 중생도 그와 같아서, 모두 흐름을 따라서 죽는 바다에 들어가거니와 대승의 대반열반에 머문 보살은 제외하느니라. 또 가섭이여, 나라연이 모든 역사를 모두 굴복시키지만 바람은 제외하나니, 왜냐하면 걸림이 없는 까닭이니라. 선남자야, 죽음이란 나라연도 그와 같아서, 모든 중생을 꺾어 굴복시키지만, 대승의 대반열반에 머문 보살은 제외하나니, 왜냐하면 걸림이 없는 까닭이니라. 또 가섭이여, 어떤 사람이 원수들에게 친근한 듯이 가장하고, 항상 그림자처럼 따라다님은 틈을 타서 죽이려고 함이거니와 저 원수가 조심하여 굳게 방비하므로 그 사람이 죽이지 못하느니라. 선남자야, 죽음이란 원수도 그러하여 항상 중생들의 틈을 엿보아 죽이려 하지만, 대승의 대반열반에 머문 보살마하살은 죽이지 못하나니, 왜냐하면 보살들은 방일하지 않는 까닭이니라. 또 가섭이여, 금강 소나기[金剛瀑雨]가 갑자기 퍼부어서 약초·나무·산림·흙·모래·기왓장·돌과 금·은·유리의 모든 물건을 파괴하더라도, 금강 보배는 파괴하지 못하느니라. 선남자야, 죽음이란 금강 소나기도 그와 같아서 모든 중생을 모두 파괴하지만, 대승의 대반열반에 머문 금강 보살은 제외하느니라.

또 가섭이여, 저 금시조가 모든 용을 잡아먹지만 삼귀의를 받은 용은 먹지 못하느니라. 선남자야, 죽음이란 금시조도 그와 같아서, 한량없는 중생들을 모두 잡아먹지만, 세 가지 선정에 머문 보살은 제외하나니, 세 가지 선정은 공(空)한 것, 모양이 없는 것[無相], 원이 없는 것[無願]이니라. 또 가섭이여, 마라(摩羅) 독사는 물리기만 하면, 아무리 훌륭한 주문과 좋은 약이라도 어찌할 수 없거니와 오직 아갈다(阿場多) 별의 주문으로만 독을 없애나니, 선남자야, 죽음의 독사에 물림도 그와 같아서, 온갖 방문과 약이라도 어찌할 수 없지만, 오직 대승의 대반열반의 주문에 머문 보살은 제외하느니라. 또 가섭이여, 사람이 왕의 노함을 받으면 그 사람이 부드럽고 좋은 말을 하며 훌륭한 보배를 바쳐 면할 수 있거니와 선남자야, 죽음의 왕은 그렇지 아니하여, 아무리 부드럽고 좋은 말을 하며 훌륭한 보배를 바쳐도 면할 수 없느니라.

선남자야, 죽음이란 것은 험난한 길에 노자가 없는 것이며, 갈 곳은 먼데 동무가 없으며, 밤낮으로 줄곧 가지만 끝을 알지 못하며, 깊고 어두운데 등불이 없으며, 들어갈 문은 없는데 처소만 있으며, 비록 아픈 데는 없으나 치료할 수 없으며, 가도 끝이 없고 이르러도 벗어날 수 없으며, 파괴함은 없지만 보는 이마다 근심하며, 험악한 빛깔은 아니나 사람들을 무섭게 하며, 내 몸에 있지만 깨닫지 못하느니라. 가섭이여, 이런 비유와 그 외에 한량없는 비유로 보아서 죽는 일이 참으로 큰 괴로움인 줄을 알지니, 가섭이여, 이것을 이름하여 보살이 대승의 대반열반경에 머물러서 죽는 고통을 관하는 것이라 하느니라.

가섭이여, 어떤 것을 보살이 대승의 대반열반경에 머물러서 사랑하는 것을 이별하는 고통을 관한다 하는가. 사랑하는 것을 이별하는 고통은 모든 고통의 근본이 되나니, 이런 게송이 있느니라.

사랑으로 말미암아 근심이 있고
사랑으로 말미암아 공포 생기니
사랑하는 애정만 떼어버리면
근심은 무엇이며 공포는 무엇.

사랑하는 인연으로 근심이 있고 근심하는 고통으로 중생들이 늙는 것이니, 사랑하는 것을 이별하는 고통은 말하자면 목숨이 마치는 것이니라. 선남자야, 이별하는 연고로 가지가지 미세한 고통이 생기는 것을, 이제 그대에게 분별하여 보여주리라. 선남자야, 지나간 세상 사람의 목숨이 한량없던 때에 한 왕이 있었으니 이름이 선주(善住)였다. 그 왕이 동자로 있으면서 태자 일을 보던 때와 왕이 되었을 때가 각각 8만 4천 년이었는데, 그때에 왕의 정수리에 살혹이 났었다. 그 혹은 부드럽기가 도라솜 같고 말랑하기가 겁패천 같은 것이 점점 자랐으나 걱정될 정도는 아니더니, 열 달이 차서는 혹이 터지면서 아기가 나왔는데 얼굴이 단정하고 기이하기 짝이 없으며, 몸매가 훌륭하여 사람으로는 제일이었다. 아버지 임금이 기뻐서 정생(頂生)이라고 이름지었다. 그때에 선주왕이 곧 나라 일을 정생에게 맡기고 궁전과 처자 권속을 버리고 산으로 들어가서, 8만 4천 년 동안을 도를 배우고 있었다.

그때에 정생은 어느 보름날 높은 누각에서 목욕하고 재를 받았더니, 마침 동방에 금륜 바퀴가 있는데, 바퀴살[輻]이 천 개요, 속바퀴와 덧바퀴가 구족하였으며, 장인[工匠]의 손을 말미암지 않고 저절로 만들어져서 왔다. 정생왕이 생각하기를 '내가 예전에 5통(通) 선인의 말을 들으니, 만일 찰리왕이 보름날 높은 누각에서 목욕하고 재를 받았을 적에, 바퀴살이 천 개요 속바퀴와 덧바퀴가 구족한 금륜 바퀴가 장인의 손을 거친 것이 아니고 저절로 만들어져 온다면, 그런 임금은 전륜성왕이 된다고 하더라' 하였고, 또 생각하되 '이제 시험하여 보리라' 하고, 왼손으로는 금륜 보배를 받들고 오른손으로는 향로를 들고 오른 무릎을 땅에 대고 서원을 세워 말하기를 '이 금륜 보배가 참으로 사실이라면, 지난 세상의 전륜성왕의 하던 도법(道法)과 같아지이다' 하였더니, 그 금륜 보배가 허공으로 날아 올라가서, 시방을 한 바퀴 돌고는 다시 돌아와서 정생왕의 왼손에 머물렀다. 이때에 정생왕이 환희한 마음으로 수없이 뛰놀고, 다시 말하기를 '내가 지금 전륜성왕이 되었구나' 하였더니, 오래지 아니하여 모양이 단정하기가 백련화와 같은 코끼리 보배가 일곱 가지[七支]로 땅을 디디고 있었다.

정생왕이 그것을 보고 다시 생각하기를 '내가 예전에 5통 선인의 말을 들으니, 전륜왕이 보름날 높은 누각에서 목욕하고 재를 받았을 적에, 코끼리 보배가 모양이 단정하기로는 백련화와 같은 것이 일곱 가지로 땅을 디디고 오면 그 임금은 전륜성왕이 된다더라' 하였고, 다시 생각하되 '내가 이제 시험하여 보리라' 하였다. 그리고 향로를 받들고 오른 무릎을 땅에 대고 서원을 세우기를, '이 코끼리 보배가 참으로 사실이라면, 지난 세상의 전륜성왕이 행하던 도법(道法)과 같아지이다' 하였더니, 그 코끼리 보배가 아침부터 저녁까지에 팔방을 두루 다니며 바닷가에까지 갔다가 본곳으로 돌아왔다. 이때에 정생왕은 환희한 마음으로 한량없이 뛰놀고, 다시 말하기를 '내가 이제는 전륜성왕이 되었구나' 하였더니, 그 뒤에 오래지 아니하여, 말 보배가 왔는데 색은 검붉고 갈기는 금빛이었다.

정생왕이 그것을 보고 다시 생각하기를 '예전에 5통 선인의 말을 들으니, 전륜성왕이 보름달 높은 누각에서 목욕하고 재를 받았을 적에, 말 보배가 색이 검붉고 갈기가 금빛 같은 것이 와서 응하면, 그 왕은 전륜성왕이 된다더라' 하였고, 다시 생각하되 '내가 이제 시험하여 보리라' 하고, 향로를 받들고 오른 무릎을 땅에 대고 서원을 세우기를 '이 말 보배가 참으로 사실이라면, 지난 세상의 전륜성왕이 행하던 도법과 같아지이다' 하였다. 그러자그 말 보배가 아침부터 저녁까지 팔방을 두루 다니며 바닷가에까지 갔다가 본곳으로 돌아왔다. 이때에 정생왕이 환희한 마음으로 한량없이 뛰놀고, 다시 말하기를 '내가 이제는 분명히 전륜성왕이 되었다' 하더니, 그 뒤에 오래지 아니하여 여자 보배[女寶]가 있으니, 얼굴이 단정하고 아름답기가 제일이요, 크지도 않고 작지도 않으며 희지도 않고 검지도 않으며, 몸에 있는 털구멍마다 전단 향기가 나고, 입에서 나오는 기운은 향기롭고 깨끗하기가 청련화 같고, 눈은 한 유순까지 멀리 보고, 귀로 듣는 것, 코로 맡는 것도 그와 같으며, 혀는 넓고 커서 얼굴을 덮을 수 있으며, 몸의 빛깔은 보드랍고 얇아서 붉은 구리 빛 같고, 정신은 총명하여 큰 지혜가 있으며, 중생들에게는 항상 부드러운 말을 하였고, 이 여인이 손으로 왕의 옷을 잡으면, 왕의 몸이 편안한지 병환이 있는지 알며, 왕이 마음으로 생각하는 데까지 알았다. 이때에 정생왕은 다시 '만일 여인으로서 왕의 마음을 알면 곧 여자 보배다' 하던 일을 생각하였고, 그 뒤에 오래지 아니하여 왕의 궁전 안에는 보배 마니주가 저절로 있었으니, 순전히 푸른 폐유리로 된 것이 수레의 속바퀴같이 크고, 어두운 데서는 한 유순까지 비치며, 하늘에서 굴대 같은 비가 오더라도 이 마니주가 큰 우산이 되어 한 유순까지 덮어서 큰비가 내려오지 못하게 하였다. 그때에 정생왕은 또 이렇게 생각하기를 '만일 왕으로서 마니주 보배를 얻으면 반드시 전륜성왕이다' 하였다.

그 뒤에 오래지 않아서 고방차지 대신[主藏臣]이 저절로 나왔으니, 재물이 많아져서 풍부하기가 한량없고, 고방에 가득차서 넘치어 모자라는 일이 없으며, 과보로 얻은 눈이 땅 속에 있는 모든 보배를 사무쳐 보고, 왕의 생각하는 대로 모두 마련하여 내었다. 정생왕은 그를 시험하여 보려고 배를 함께 타고 큰 바다에 들어가서 고방차지 대신에게 묻기를, '나는 지금 신기한 보배를 얻고자 하노라' 하였더니, 고방차지 대신이 듣고는 두 손으로 바닷물을 저으니 열 손가락 끝에서 열 개의 보배가 나와서 임금에게 받들며 여쭈기를 '대왕께서 필요하신 것을 마음대로 쓰십시오. 남은 것은 바다 속에 던지겠나이다' 하였다. 이때에 정생왕은 마음이 기뻐서 한량없이 뛰놀고, '나는 이제 결정코 전륜성왕이다'라고 생각하였다.

또 오래지 아니하여 군대차지 신하[主兵臣]가 자연히 나타나니, 용맹하고 지략이 많아 지모가 제일이며, 네 가지 군대를 잘 알아서, 싸움을 감당할 만한 이는 성왕에게 뵙게 하고, 싸움을 감당하지 못할 것은 물리치고 나타나지 못하게 하며, 아직 굴복하지 아니한 것은 굴복케 하고 이미 굴복한 것은 잘 지키고 보호하였다. 그때에 전륜왕은 생각하기를 '만일 전륜왕으로서 이 군대차지 신하를 얻으면 결정코 전륜성왕이 되리라'고 하였다.

이때에 정생 전륜왕이 대신들에게 말하였다.

'그대들은 자세히 생각하라. 이 염부제는 안락하고 풍족한데, 나는 지금 7보(寶)가 있고 1천 아들을 구족하였으니, 다시 무슨 일을 하면 좋겠는가?'

신하들이 대답하였다.

'그러하나이다. 대왕이시여, 동쪽의 불바제(弗要提)가 아직 대왕의 덕화에 귀순하지 아니하였으니, 대왕께서 가시는 것이

좋을까 하나이다.'

그때에 전륜성왕이 7보와 모든 시종들을 거느리고 허공으로 날아서 동쪽의 불바제에 이르니, 그 지방의 백성들이 즐겁게 귀화하였다.

정생 전륜왕이 또 신하들에게 말하였다.

'염부제와 불바제가 모두 풍족하고 안락하며 백성이 치성하여 모두 귀화하였으며, 7보를 성취하고 1천 아들을 구족하니, 다시 무엇을 할 것인가?'

신하들이 대답하였다.

'그러하나이다. 대왕이시여, 서쪽의 구타니(瞿暗濯)가 아직 덕화에 귀순 하지 않았나이다.'

전륜성왕이 다시 7보와 시종들을 일으켜 거느리고, 허공으로 날아서 서쪽의 구타니로 향하여 그곳에 도착하니, 그 지방의 백성들도 모두 귀순하여 복종하였다.

전륜왕이 또 대신들에게 말하였다.

'우리의 염부제와 불바제와 구타니가 이미 안락하고 풍족하며 백성들이 치성하여 모두 귀화하였으며, 7보가 이루어졌고 1천 아들이 구족하였으니, 이제 또 무엇을 할 것인가?'

여러 신하들이 말하였다.

'그러하나이다. 대왕이시여, 북쪽의 울단월(欝單越)은 아직 귀화하지 않았나이다.'

전륜성왕이 다시 7보와 모든 시종들을 거느리고 허공으로 날아서 북쪽의 울단월로 향하여 그곳에 당도하니, 그 지방의 백성들도 환희하여 귀순하였다.

왕이 또 대신들에게 말하였다.

'이제는 4천하가 모두 편안하고 풍족하여 백성들이 치성하고 덕화에 귀순하였는데, 지금 7보가 이루어졌고 1천 아들이 구족하였으니, 다시 무엇을 할 것인가?'

신하들이 대답하였다.

'그러하나이다. 성왕이시여, 33천은 수명이 매우 길고 쾌락 태평하여, 저 하늘 사람들의 형상이 단정하고 사는 궁전이나 앉는 평상이나 이부자리들이 모두 7보로 되었으며, 천상의 복락을 믿고 와서 귀화하지 아니하오니, 이제 한번 가서 평정하여 항복받음이 좋을까 하나이다.'

그때에 성왕이 다시 7보와 온갖 시종들을 거느리고 허공으로 날아 올라가 도리천에 이르니, 한 나무가 있는데 빛이 매우 푸르고 훌륭하였다. 성왕이 대신들에게 이것이 무슨 빛깔이냐고 물었다.

'이것은 파리질다라(波利質多羅)나무인데, 도리천에서는 여름 석 달에는 이 나무 아래서 즐기고 있나이다.'

또 흰 구름처럼 흰빛을 보고, 이것은 무슨 빛이냐고 대신들에게 물었다.

'이것은 선법당(善法堂)인데, 도리천 사람들은 그 속에 모여서 인간과 천상의 일을 의논하나이다.'

이때에 도리천 임금 제석천왕이 정생왕이 온 줄을 알고, 친히 나와 맞으며 서로 처음 보는 인사를 하고는 손을 잡고 선법당에 올라가서 자리를 잡고 앉았다. 그때에 두 임금이 얼굴이나 몸매는 평등하여 별로 차별이 없으나, 다만 눈을 깜박이는 것이 같지 아니하였다. 이때에 성왕이 이런 생각하기를 '내가 이제 저 왕을 퇴위시키고 여기 있어서 천왕이 되어볼까' 하였다.

선남자야, 이때에 제석천왕은 대승경전을 받아 지니고 읽고 외우며 열어 보이고 분별하여 다른 이에게 연설하였으나, 깊은 이치는 통달하지 못하였다. 이렇게 읽고 외우고 받아 지니고 분별하여 다른 이에게 연설한 인연의 힘으로, 큰 위덕이 있었다. 선남자야, 이 정생왕이 제석천왕에 대하여 나쁜 마음을 내고는 문득 타락되어 염부제로 돌아오고, 사랑하던 천인과 이별하게 되어 큰 고통을 받았으며, 또 나쁜 병을 만나서 죽고 말았으니, 그때의 제석이 곧 가섭불이었고, 전륜왕은 내 몸이었느니라. 선남자야, 이렇게 사랑하는 것을 이별하는 것은 대단한 고통인 줄을 알지니라. 선남자야, 보살마하살이 지난 세상에서 이렇게 사랑하는 것을 이별하던 고통도 기억하거늘, 하물며 보살이 대승의 대반열반경에 머물러 있으면서, 지금 세상에서 사랑하는 것을 이별하는 고통을 관찰하지 아니하겠느냐?

선남자야, 어떤 것을 보살이 대승의 대반열반경을 수행하면서 원망함과 미운 것과 모이는 고통을 관찰한다 하느냐. 선남자야, 이 보살마하살이 지옥·축생·아귀·인간·천상에 모두 이런 원망함과 미운 것과 모이는 고통이 있음을 관찰하나니, 마치 사람이 감옥에 갇히고 큰칼을 쓰고 족쇄에 채이고 고랑을 차는 것을 보고는 큰 고통을 삼는 것같이, 보살마하살도 그와 같아서, 다섯 갈래[五道]에 태어나는 모든 것이 모두 미운 것과 모이는 고통인 줄로 관찰하느니라. 또 선남자야, 마치 사람이 원수나 큰칼 쓰는 것, 족쇄 채는 것, 고랑 차는 것 따위를 무서워하여, 부모와 처자와 권속과 보배와 살림을 버리고 별리 도피하는 것처럼, 선남자야, 보살마하살도 그와 같아서, 나고 죽는 일이 무서워서 육바라밀을 구족하게 수행하여 열반에 들어가느니라. 가섭이여, 이것을 이름하여 보살이 대승의 대반열반을 수행하면서 미운 것과 모이는 고통을 관찰하는 것이라 하느니라.

선남자야, 어떤 것을 보살이 대승의 대반열반을 수행하면서 구하여 얻지 못하는 고통을 관찰한다 하느냐. 구한다 함은 모든 것을 다 구하는 것이며, 다 구한다는 데 두 가지가 있으니, 하나는 선한 법을 구함이요, 다른 하나는 나쁜 법을 구하는 것이니라. 선한 법은 얻지 못함이 고통이요, 나쁜 법은 여의지 못함이 고통이니라. 이것이 5음으로 성하는 고통을 대강 말한 것이니, 가섭이여, 이것을 '고'라는 참된 이치라 하느니라."

이때에 가섭보살마하살이 부처님께 여쭈었다.

"세존이시여, 부처님의 말씀하신 5음으로 성하는 고통[五盛陰苦]이 이치가 그렇지 않으니, 왜냐하면 부처님이 예전에 석마남(釋摩男)에게 말씀하시기를, '만일 색이 고통이라면 모든 중생이 색을 구하지 아니할 것이며, 구하는 이가 있다면 고통이라 이름하지 않는다' 하셨으며, 또 부처님께서 비구들에게 말씀하시기를 '세 가지 받음[三種受]이 있으니 괴로운 받음, 즐거운 받음, 괴로움도 아니고 즐거움도 아닌 받음[不苦不樂受]이니라' 하였으며, 또 부처님께서 모든 비구들에게 말씀하시기를 '만일 사람이 선한 법을 닦으면 즐거움을 받는다' 하셨고, 또 말씀하시기를 '좋은 갈래에서는 여섯 가지 촉(觸)으로 즐거움을 받나니, 눈으로 좋은 빛을 보는 것이 즐거움이요, 귀·코·혀·몸·뜻으로 좋은 법을 듣거나 생각함도 그와 같다' 하셨나이다. 또 부처님께서는 이런 게송을 말씀하였나이다.

계행을 가지는 것 즐거움이니
몸으로 모든 고통 받지 않으며
잠을 잘 때 편안을 얻게도 되고
깨고 나면 마음이 환희하나니.

의복이나 음식을 받았을 때와
경전 읽고 외우며 거닐 적에나
산림 속에 고요히 앉아 있는 것
이것이 가장 좋은 즐거움이니.

누구나 중생들을 대할 적마다
밤낮으로 자비심 항상 닦으면
이런 일로 즐거움 얻게 되리니

다른 이를 괴롭히지 않는 연고라.

욕심 없어 만족함을 알면 즐겁고
많이 듣고 분별함도 즐거움이며
고집함이 없어진 아라한들도
즐거움을 받는다 이름하나니.

시방세계 여러 보살마하살
필경에 열반 언덕 이르러 가서
여러 가지 할 일을 마치고 나면
그것을 가장 좋은 낙이라 하네.

 세존이시여, 모든 경전에 말씀하신 즐거움이란 뜻이 이러하거늘, 부처님께서 지금 말씀하시는 것이 어떻게 하면 이 이치와 맞겠나이까?"
 부처님께서 가섭보살에게 말씀하셨다.
 "훌륭하고 훌륭하다. 선남자야, 그대는 여래에게 이 뜻을 잘 물었다. 선남자야, 모든 중생이 하품(下品) 고통에서 즐거운 생각을 잘못 내는 것이므로, 지금 내가 말하는 고통의 모양이 본래 말한 것과 다르지 아니하니라."
 "부처님의 말씀하심과 같이, 하품 고통에서 즐거운 생각을 낸다 하오면, 하품(下品) 나는 것, 하품 늙는 것, 하품 병나는 것, 하품 죽는 것, 하품 사랑하는 것을 이별하는 것, 하품 구하여 얻지 못하는 것, 하품 미운 것이 모이는 것, 하품 5음으로 성하는 것 따위의 고통에서도 즐거움이 있겠나이다. 세존이시여, 하품 나는 것은 3악도요, 중품 나는 것은 인간이요, 상품 나는 것은 천상일 것이오며, 또 어떤 사람이 묻기를 '만일 하품 즐거움에 괴로운 생각을 낸다면, 중품 즐거움에는 괴롭지 않고 즐겁지 않은 생각을 낼 것이며, 상품 즐거움에는 즐거운 생각을 낼 것이겠나이다' 하면, 어떻게 대답하겠나이까? 세존이시여, 하품 고통에서 즐거운 생각을 낸다면, 혹시라도 천 번 벌을 받을 사람이, 천 번 벌을 받을 적에는 즐거운 생각을 내어야 할 것이오며, 만일 내지 않는다면 어찌 하품 고통 속에서 즐거운 생각을 낸다 하오리이까?"

"가섭이여, 그대의 말과 같으니라. 그런 뜻으로 즐거운 생각이 없으련만, 마치 그 사람이 마땅히 1천 벌을 받을 것이로되, 첫때 한 번을 받고 면할 수 있다면, 그때에는 그 사람이 즐거운 생각을 내나니, 그러므로 즐거움이 없는 데서 허망하게 즐거움을 내는 것이니라."

"세존이시여, 그 사람은 한 번 벌을 받으므로 즐거운 생각을 내는 것이 아니고, 면할 수 있으므로 즐거운 생각을 내는 것입니다."

"가섭이여, 그러므로 내가 예전에 석마남에게 '5음 가운데 즐거움이 있다'고 말한 것이 헛된 것이 아니니라. 가섭이여, 세 가지 받음과 세 가지 괴로움이 있으니, 세 가지 받음이라 함은 즐거운 받음·괴로운 받음·괴롭지도 즐겁지도 않은 받음이요,

세 가지 괴로움이라 함은 괴로운데 괴로움과, 변천하는 괴로움과, 파괴되는 괴로움이니라. 선남자야, 괴로운 받음이라 함은 세 가지 괴로움이니, 괴로운데 괴로움과 변천하는 괴로움과 파괴되는 괴로움이요 다른 두 가지 받음은 변천하는 괴로움과 파괴되는 괴로움이니라. 선남자야, 이 인연으로 나고 죽는 속에 실로 즐거운 받음이 있거니와 보살마하살은 괴로움과 즐거움의 성품이 서로 여의지 아니하므로, 모든 것이 모두 괴로움이라 하느니라. 선남자야, 나고 죽는 속에는 진실로 즐거움이 없건만, 부처님과 보살들이 세상을 따르느라고 즐거움이 있다고 말하느니라."

"세존이시여, 부처님과 보살들이 만일 세상을 따르느라고 말한다면, 그것이 허망한 것입니까? 부처님 말씀대로 선한 것을 수행하는 이는 즐거운 과보를 받고 계행을 가지면 편안하여 몸에 괴로움을 받지 아니하고, 내지 모든 일을 마치고 나면 그것이 가장 좋은 낙이라면 그런 경전에 말한 즐거운 받음이란 허망한 말일 것이며, 만일 허망하다면, 부처님 세존께서 한량없는 백천만억 아승기겁 동안 보리도를 닦아서 허망한 말을 여의었거늘 지금 이렇게 말씀함은 무슨 뜻입니까?"

"선남자야, 위에 말한 즐거움을 받는다는 게송은 곧 보리도의 근본이며, 능히 아뇩다라삼먁삼보리를 기르는 것이니 , 그런 이치로 먼저의 경전에 즐거운 모양이라고 말하였느니라. 선남자야, 마치 세간에서 필요한 살림거리가 즐거움의 원이 되므로 즐거움이라 이름하나니, 이른바 여색을 즐기는 것, 술을 마시는 것, 훌륭한 음식, 맛있는 음식, 목마를 적에 물을 만나는 것, 추울 적에 불을 만나는 것, 의복·영락·코끼리·말·수레·노복·하인·금·은·폐유리·산호·진주·창고·곡식 따위가 세상에서 필요한 것이어서, 즐거움의 원인이 되므로 즐겁다고 이름하느니라.

선남자야, 이런 것들도 괴로움을 내나니, 여인으로 인하여 남자가 괴로움을 내어 근심하고 걱정하고 울고 내지 목숨을 끊으며, 맛있는 술이나 내지 창고와 곡식을 인하여, 사람들로 하여금 걱정을 내게 하나니, 이런 뜻으로 온갖 것이 모두 괴로움이요, 즐거운 것이 없다고 하느니라. 선남자야, 보살마하살은 이 8고(苦)에 대하여 괴로움에 괴로움이 없는 줄을 알거니와 선남자야, 모든 성문과 벽지불들은 즐거움의 원인인 줄을 알지 못하므로, 이런 사람들을 위하여 하품(下品) 고통 속에 즐거움이 있다고 말하는 것이며, 오직 보살만이 대승의 대반열반에 머물러서 이와 같이 괴로움의 원인과 즐거움의 원인을 아느니라."

대반열반경 제12권

19. 거룩한 행[聖行品] ②

부처님께서는 다시 말씀하셨다.

"선남자야, 어떤 것을 보살마하살이 대승의 대반열반에 머물러서 집의 참된 이치[集諦]를 관찰한다 하는가. 선남자야, 보살마하살은 이 집의 참된 이치가 음(陰)의 인연이라고 관찰하나니, 집(集)이라 함은 도리어 유(有)를 사랑하는 것[受]이니라. 사랑에 두 가지 있으니, 하나는 자기의 몸을 사랑함이요, 다른 하나는 소용 있는 것을 사랑함이니라. 또 두 가지가 있으니 . 5욕락을 얻지 못하였을 적에는 마음을 두어 오로지 구함이요, 얻고 나서는 견디어 가면서 오로지 집착함이니라. 또 세 가지가 있으니, 욕계의 사랑·색계의 사랑·무색계의 사랑이니라. 또 세 가지가 있으니, 업의 인연으로 사랑함과 번뇌의 인연으로 사랑함과 고의 인연으로 사랑함이니라. 출가한 사람에게는 네 가지 사랑이 있으니, 넷이라 함은 의복과 음식과 좌복과 탕약이니라. 또 다섯 가지가 있으니, 5음을 탐하는 것이니라. 소용되는 것을 따라 온갖 것을 애착함을 분별하여 헤아리면 한량이 없고 끝이 없느니라.

선남자야, 사랑에 두 가지가 있으니, 하나는 선한 사랑이요, 다른 하나는 선하지 못한 사랑이니라. 선하지 못한 사랑은 어리석은 범부가 구하는 것이요, 선한 사랑은 보살이 구하는 것이니라. 선한 법을 사랑하는 데 두 가지가 있으니, 선하지 못한 것과 선한 것이니라. 2승을 구함은 선하지 못함이라 하고, 대승을 구함은 선함이라 하느니라. 선남자야, 범부의 사랑은 집이라 이름하고 참된 이치라 이름하지 아니하며, 보살의 사랑은 참된 이치라 이름하고 집이라 이름하지 아니하나니, 왜냐하면 중생을 제도하기 위하여 태어나는 것이요, 사랑을 위하여 태어나는 것이 아닌 까닭이니라."

가섭보살이 부처님께 여쭈었다.

"세존이시여, 부처님께서 다른 경전에서는, 중생들에게 업이 인연이 된다고 말씀하신 것처럼, 혹 교만을 말하고 혹 6촉(觸)을 말하고 혹 무명을 말하여 5음의 인연이 된다고 말씀하시더니, 지금에 무슨 뜻으로 4성제(聖諦)를 말씀하시면서, 사랑의 성품만이 5음의 인연이 된다고 말씀하시나이까?"

부처님께서 가섭보살을 찬탄하시었다.

"훌륭하고 훌륭하다. 선남자야, 그대 말대로 모든 인연이 인이 아니라는 것은 아니지만, 다만 5음은 반드시 사랑을 인하느니라. 선남자야, 마치 임금이 나가 다니려면 대신과 권속이 모두 따라다니듯이 사랑도 그와 같아서, 사랑이 가는 곳에는 모든 번뇌들이 따라다니느니라. 마치 끈끈한 옷에는 티끌이 와서 닿는 대로 붙나니, 사랑도 그와 같아서 사랑하는 곳을 따라서 업과 번뇌도 머무느니라. 또 선남자야, 축축한 땅에는 모든 싹이 잘 나는 것처럼, 사랑도 그러하여 모든 업과 번뇌의 싹을 내느니라. 선남자야, 보살마하살이 대승의 대반열반에 머물러서 사랑을 깊이 관찰하는 데 아홉 가지가 있으니, 첫째는 빚을 갚는 데 나머지가 있는 것 같고, 둘째는 나찰의 딸로 아내를 삼은 것 같고, 셋째는 아름다운 꽃 가지에 독사가 감긴 것 같고, 넷째는 식성에 맞지 않는 것을 억지로 먹는 것 같고, 다섯째는 음란한 여자와 같고, 여섯째는 마루가(摩樓迦)의 씨와 같고, 일곱째는 부스럼 속에 군살[瘀]과 같고, 여덟째는 폭풍과 같고, 아홉째는 살별과 같으니라.

어찌하여 빚을 갚는 데 나머지가 있는 것 같다 하느냐. 선남자야, 어떤 가난한 사람이 남에게 빚을 졌을 적에, 아무리 갚으려 하였어도 남은 빚이 있으므로 옥에 갇히어 풀려나지 못하는 것처럼 성문이나 연각도 그와 같이 사랑의 남은 버릇[習氣]이 있으므로 아뇩다라삼먁삼보리를 이루지 못하나니, 선남자야, 이것을 이름하여 빚을 갚는 데 나머지가 있는 것 같다하느니라.

선남자야, 어찌하여 나찰의 딸로 아내를 삼은 것 같다 하느냐. 선남자야, 어떤 사람이 나찰의 딸을 데려다가 아내를 삼았더니, 그 나찰의 딸이 아이를 낳는 대로 잡아먹고, 아이를 모두 잡아먹고는 또 남편까지 잡아먹었느니라.

선남자야, 사랑이란 나찰의 딸처럼, 중생들이 선근의 아이를 낳으면 낳는 대로 잡아먹고, 선근의 아이가 끝나면 또 중생까지 잡아먹어서, 지옥·축생·아귀에 떨어지게 하거니와 보살은 제외하나니, 이것을 이름하여 나찰의 딸로 아내를 삼은 것 같다 하느니라.

선남자야, 어찌하여 아름다운 꽃 가지에 독사가 감긴 것 같다 하느냐. 어떤 사람이 아름다운 꽃을 사랑하는 성질이 있는데, 꽃 가지에 독사가 있는 것을 보지 않고 나아가서 꽃을 잡았더니, 잡는 동시에 독사에게 물려 죽었다. 모든 범부들도 그와 같아서 5욕락의 꽃을 탐내어 애욕의 독사가 걱정되는 것을 보지 못하고 문득 취하면 애욕의 독사에게 물리고는 죽어서 3악도에 떨어지거니와 보살만은 제외하나니, 이것을 이름하여 아름다운 꽃 가지에 독사가 감긴 것 같다 하느니라.

선남자야, 어찌하여 식성에 맞지 않는 음식을 억지로 먹는 것이라 하는가. 마치 어떤 사람이 식성에 맞지 않는 음식을 억지로 먹고는 복통이 생기고 설사가 나서 죽는 것이니, 사랑이란 음식도 그와 같아서 다섯 갈래 중생들이 탐하는 욕심으로 억지로 먹고는 그 인연으로 3악도에 떨어지거니와 보살만은 제외하나니, 이것을 이름하여 식성에 맞지 않는 음식을 억지로 먹는 것이라 하느니라.

선남자야, 어리하여 음란한 여자와 같다 하는가. 어떤 어리석은 사람이 음란한 여자와 정을 통하면, 그 여자는 가지각색 아리따운 태도를 부리며 친절한 모양을 나타내어, 이 사람의 가진 재산을 몽땅 빼앗고, 재산이 없어지면 마침내 쫓아내나니, 사랑이란 음녀도 그와 같아서 지혜 없는 어리석은 사람이 사귀어 통하면, 사랑이란 음녀는 그 사람의 가진 모든 선한 법을 몽땅 빼앗고, 선한 법이 없어지면 쫓아내어 3악도에 떨어지게 하거니와 보살만은 제외하나니, 이것을 이름하여 음란한 여자와 같다 하느니라.

선남자야, 어찌하여 마루가(摩樓迦) 씨와 같다 하는가. 마치 마루가 씨를 새가 먹으면 똥에 섞이어 땅에 떨어지거나 바람에 불리어 나무 밑에 떨어지게 되면 문득 싹이 트고 자라서 니구라나무에 감기고 얽히어, 나무가 자라지 못하고 말라죽게 하나니, 사랑이란 마루가 씨도 그와 같아서, 범부들이 가지고 있는 선한 법을 얽어서 자라지 못하고 말라 없어지게 하며, 말라 없어지고는 죽어서 3악도에 떨어지게 하거니와 보살만은 제외하나니, 이것을 이름하여 마주가 씨와 같다 하느니라.

선남자야, 어찌하여 부스럼 속에 있는 군살[瘡]과 같다 하는가. 마치 사람이 부스럼이 오래되어 군살이 박히면, 그 사람이 부지런히 다스리고 내버려 두지 말아야 하거니와 만일 내버려 두면 군살이 점점 커져 벌레가 생기고 창질이 되어, 그 인연으로 필경엔 죽게 되느니라. 어리석은 범부의 5음 부스럼도 그와 같아서, 사랑이 그 속에서 군살이 되거든 마땅히 부지런히 사랑의 군살을 다스려야 하나니, 만일 다스리지 아니하면, 죽어서 3악도에 떨어지거니와 보살만은 제외하나니, 이것을 이름하여 부스럼 속의 군살과 같다 하느니라.

선남자야, 어찌하여 폭풍과 같다 하는가. 거센 폭풍은 산을 흔들고 천지를 진동하며 깊이 박힌 뿌리를 뽑나니, 애욕의 폭풍도 그와 같아서 부모에게도 나쁜 마음을 내며, 지혜 많은 사리불 등의 깊이 박힌 보리의 부리를 뽑거니와 보살은 제외하나니, 이것을 이름하여 폭풍과 같다 하느니라.

선남자야, 어찌하여 혜성과 같다 하는가. 마치 혜성이 나타나면 천하의 백성들이 흉년과 병에 쪼들리며 모든 고통에 얽히나니, 사랑이란 혜성도 그와 같아서 모든 선근의 종자를 끊어 버리며, 범부들로 하여금 곤궁한 흉년을 만나고 번뇌란 병에 얽히어 나고 죽는 데서 헤매면서 온갖 고통을 받게 하거니와 보살만은 제외하나니, 이것을 혜성과 같다 하느니라.

선남자야, 보살마하살이 대승의 대반열반에 머물러서 이러한 아홉 가지 사랑의 결박을 관찰하느니라. 선남자야, 이런 이치로 팀부들은 괴로움만 있고 참된 이치는 없으며, 성문이나 연각은 괴로움도 있고 참된 이치도 있으나 진실한 것은 없으며, 보살들은 괴로움에서 괴로움이 없음을 아나니, 그러므로 괴로움은 없고 진실한 참된 이치가 있다 하느니라. 범부들은 집(集)만 있고 참된 이치는 없으며, 심문이나 연각은 집도 있고 참된 이치도 있으며, 보살들은 집에서 집이 없음을 아나니, 그러므로 집은 없고 진실한 참된 이치가 있다는 것이며, 성문이나 연각은 멸이 있으나 진실한 것이 아니며, 보살마하살은 멸도 있고 진실한 참된 이치도 있다는 것이며, 성문이나 연각은 도가 있어도 진실하지 않거니와 보살마하살은 도도 있고 진실한 참된 이치도 있다는 것이니라.

선남자야, 어떤 것을 보살마하살이 대승의 대반열반에 머물러서 멸도 보고 멸의 참된 이치도 본다 하는가. 이것은 온갖 번뇌를 끊어 버리는 것이요, 만일 번뇌가 끊어지면 항상하다 하고, 번뇌의 불을 멸하면 적멸이라 하고 번뇌가 없어지므로 즐거움을 받게 되고, 부처님과 보살은 인연을 구하므로 깨끗하다는 것이고, 다시 25유(有)를 받지 아니하므로 세상을 뛰어났다 하며, 세상을 뛰어났으므로 나라고 이름하며, 빛이나 소리나 냄새나 맛이나 부딪힘이나, 남자·여자나 나고 머물고 없어짐이나 괴로움이나 즐거움이나 괴롭지도 않고 즐겁지도 아니함에 모양새를 취하지 아니하므로 끝까지 적멸한 참된 이치라 이름하느니라. 선남자야, 보살이 이렇게 대승의 대반열반에 머물러서 멸의 참된 이치를 관찰하느니라.

선남자야, 어떤 것을 보살마하살이 대승의 대반열반에 머물러서 도라는 성인의 참된 이치를 관찰한다 하는가. 선남자야, 마치 어두운 가운데서는 등불로 인하여 크고 작은 물건을 보게 되나니, 보살마하살도 그와 같아서 대승의 대반열반에 머물러서 8성도를 인하여 온갖 법을 보나니, 항상한 것과 무상한 것과 함이 있는 것, 함이 없는 것과, 중생과 중생 아닌 것과 물건과 물건 아님과 괴로움과 즐거움과 나와 내가 없음과 깨끗함과 깨끗하지 않음과 번뇌와 번뇌 아닌 것과 업과 업 아님과 진실함과 진실하지 않음과, 승(乘)과 승 아님과 알음알이와 알음알이 없음과 다라표(陁羅驃)와 다라표 아님과 구나(求那)와 구나 아님과 견(見)과 견 아님과 색과 색 아님과 도와 도 아님과 풀림과 풀리지 아니함이니, 보살이 이와 같이 대승의 대반열반에 머물러서 도라는 성인의 참된 이치를 관찰하느니라."

"세존이시여, 만일 8성도(聖道)가 도라는 성인의 참된 이치[道聖諦]라면, 뜻이 서로 응하지 않나이다. 왜냐하면 여래께서 혹은 믿는 마음을 도라고 말씀하셨으니, 모든 번뇌를 제도하는 까닭이며, 혹은 방일하지 않는 것이 도라고 말씀하셨으니, 모든 부처님이 방일하지 아니하므로 아뇩다라삼먁삼보리를 얻었고, 역시 보살의 도를 돕는 법인 까닭이며, 어떤 때에는 정진함이 도라고 말씀하셨으니, 아난에게 말씀하시기를 '사람이 부지런히 정진하면 아뇩다라삼먁삼보리를 얻으리라'고 하였으며, 어떤 때에는 몸의 염처[身念處]를 관찰함이 도라고 말씀하셨으니, 마음을 두어 몸의 염처를 부지런히 닦으면 아뇩다라삼먁삼보리를 얻으리라 하였으며, 어떤 때에는 바른 정[正定]이 도라고 말씀하셨으니, 마하가섭에게 말씀하시기를 '바른 정이 참으로 도이고, 바르지 아니한 정은 도라고 하지 아니하나니, 바른 정에 들면 5음의 나고 없어짐을 생각할 수 있거니와 바른 정에 들지 아니하고는 생각할 수 없느니라' 하였으며, 혹은 한 법이라 말씀하시되 '만일 사람이 닦아 익히면 중생들을 청정케 하고, 모든 근심과 시끄러움을 멸하고 바른 법을 얻게 되리니, 곧 염불삼매니라' 하였으며, 어떤 때에는 무상한 생각을 닦음이 도라고 하셨으니, 비구에게 말씀하시기를 '누구든지 무상한 생각을 많이 닦으면 아뇩다라삼먁삼보리를 얻으리라' 하였으며, 혹은 '고요한 절간 같은 데 홀로 앉아 곰곰이 생각하면, 아뇩다라삼먁삼보리를 빨리 이루리라'고 말씀하였으며, 어떤 때에는 사람에게 법문을 연설함이 도라고 말씀하시면서 '법문을 들으면 의심이 끊어지고 의심이 끊어지면 아뇩다라삼먁삼보리를 얻는다'고 말씀하였나이다.

어떤 때에는 계행을 가지는 것이 도라고 말씀하셨으니, 아난에게 말씀하시기를 '만일 계율을 부지런히 닦아 지니면 그 사람이 나고 죽는 고통에서 제도되리라' 하였으며, 어떤 때에는 선지식을 친근함이 도라고 말씀하셨으니, 아난에게 말씀하시기를 '선지식을 친근하는 이는 깨끗한 계율에 안정된 것이며, 어떤 중생이나 나에게 친근하면, 아뇩다라삼먁삼보리 마음을 내게 되리라' 하였으며, 어떤 때에는 말씀하시기를 '자비를 닦는 것이 도이니 자비를 닦는 이는 번뇌를 끊고 흔들리지 않는 곳을 얻으리라' 하였으며, 어떤 때에는 지혜가 도라고 말씀하셨으니, 예전에 부처님이 파사파제(波闍波提) 비구니에게 이르시기를 '그대는 성문들처럼, 지혜의 칼로 모든 종류의 번뇌를 끊으라' 하였으며, 어떤 때에는 보시가 도라고 말씀하셨으니 부처님께서 예전에 바사닉 왕에게 이르시기를 '대왕은 이런 줄을 아십시오. 내가 지나간 옛적에 보시를 많이 행한 인연으로 오늘날 아뇩다라삼먁삼보리를 이루었습니다' 하였나이다. 세존이시여, 만일 8성도가 도의 참된 이치라 하면, 이런 경전은 허망함이 아니겠나이까. 만일 저 경전들이 허망함이 아닐진댄, 저 경전에는 무슨 인연으로 여덟 가지 도라는 성인의 참된 이치라고 말씀하지 아니하셨나이까? 저 경전에서 말씀하지 아니하셨다면 여래께서 그때에는 어찌하여 잘못하시었나이까? 그러나 저는 결정코 부처님께서는 오래전부터 잘못을 여의신 줄을 아나이다."

그때에 세존이 가섭보살을 찬탄하여 말씀하셨다.

"훌륭하고 훌륭하다. 선남자야, 그대는 지금 보살 대승의 미묘한 경전에 있는 비밀을 알고자 하여 이렇게 묻는 것이로다. 선남자야, 그러한 모든 경전이 모두 도라는 참된 이치에 들어갔느니라. 선남자야, 내가 먼저 말한 것처럼 믿는 이가 있으면, 그렇게 믿는 것이 신심의 근본이며 보리의 도를 돕는 것이니, 그러므로 나의 말한 것이 잘못됨이 없느니라. 선남자야, 여래는 한량없는 방편을 잘 알고서 중생을 교화하기 위하여 이렇게 가지가지로 법을 말하였느니라.

선남자야, 마치 훌륭한 의원이 중생들의 가지각색 병의 원인을 알고, 그 병환을 따라 약을 지으며 금기할 것을 잘 알거니와 물은 금기하는 데 들지 아니하였으니, 혹 생강 물·감초 물·세신(細辛) 물·흑설탕 물·아마륵 물·니바라(尼要羅) 물·발주라(鍊晝羅) 물을 먹기도 하고, 혹 찬물·더운 물·포도 물·안석류(安石榴) 물을 먹기도 하느니라. 선남자야, 이와 같이 훌륭한 의원이 중생들의 병환을 잘 알며 가지각색 약에 금기가 많지만 물은 금기에 들지 않는 것처럼, 여래도 그러하여 방편을 잘 알고서 한 가지 법에서도 중생을 따라서 여러 가지 이름과 모양을 분별하여 말하거든, 저 중생들이 말하는 대로 받아 지니고, 받고는 닦아 익히면 번뇌를 끊게 되나니, 마치 병난 사람이 의원의 가르침을 따르면, 병환이 낫는 것 같으니라.

또 선남자야, 어떤 사람이 여러 가지 말을 잘 알면서 대중 가운데 있었더니, 그 대중이 갈증을 견디지 못하여 외쳐 말하기를 '나 물 좀 주시오. 나 물 좀 주시오' 하거든 이 사람이 냉수를 가지고 그 종류를 따라서 '물'이라고 하고, 혹은 '파니(波尼)' 혹은 '울특(蠻特)'이라 혹은 '사리람(柴利藍)'이라 혹은 '바리'라 혹은 '바야(婆耶)'라 혹은 '감로'라 혹은 '우유'라 하여, 한량없는 물의 이름으로 대중에게 말하는 것처럼, 선남자야, 여래도 그와 같아서, 한 가지 성인의 도로써 여러 성문을 위하여 '믿는 근본[信根本]'으로부터 나아가 8성도까지 여러 가지로 말하였느니라.

또 선남자야, 마치 금장이가 한 가지 금으로써 여러 가지 영락을 마음대로 만드나니, 목걸이 · 금사슬 · 가락지 · 팔찌 · 비녀 · 귀고리 · 천관(天冠) · 비인(雷印) 따위로서, 여러 가지가 다르지만 모두 금이 아닌 것은 아니니, 선남자야, 여래도 그와 같아서 한 가지 부처님의 도이지만 중생들을 따라서 가지가지로 분별하여 말할 적에 혹 한 가지로 말하니, 부처님들은 한 가지 도요 둘이 없다 하며, 혹 두 가지로 말하니 선정과 지혜며, 세 가지로 말하니 소견과 지혜와 슬기며, 네 가지로 말하니 견도(見道) · 수도(修道) · 무학도(無學道) · 불도(佛道)며, 다섯 가지로 말하니 믿고 행하는 도[信行道] · 법대로 행하는 도[法行道] · 믿고 해탈하는 도[信解經道] · 보고 이르는 도[見到道] · 몸으로 증하는 도[身證道]며, 여섯 가지로 말하니 수다원도 · 사다함도 · 아나함도 · 아라한도 · 벽지불도 · 불도며, 일곱 가지로 말하니 염각분(念覺分)·택법(擇法)각분·정진(精進)각분·희(喜)각분·제(除)각분·정(定)각분·사(捨)각분이며, 여덟 가지로 말하니 정견(正見)·정사유(正思惟)·정어(正語)·정업(正業)·정명(正命)·정정진(正精進)·정념(正念)·정정(正定)이며, 아홉 가지로 말하니 여덟 성인의 도와 믿음이며, 열 가지로 말하니 10력(力)이며, 열한 가지로 말하니 10력과 대자(大慈)며, 열두 가지로 말하니 10력과 대자와 대비며, 열세 가지로 말하니 10력과 대자와 대비와 염불삼매며, 열여섯 가지로 말하니 10력과 대자와 대비와 염불삼매와 부처님이 얻으신 3정념처(正念處)며, 또 스무 가지로 말하니 10력과 4무소외(無所畏)와 대자와 대비와 염불삼매와 3정념처니라. 선남자야, 도는 하나이지만 여래가 예전에 중생들을 위하여 가지가지로 분별하였느니라.

또 선남자야, 마치 불은 하나이지만 타는 것을 말미암아 가지가지 이름이 있어 장작불·짚불·겻불·밀기울불·소똥불·말똥불 하는 것같이, 선남자야, 불도도 그러하여 하나요 둘이 없건만 중생을 위하므로 가지가지로 분별하느니라. 또 선남자야, 마치 한 가지 식(識)을 여섯 가지로 분별하여, 눈에서는 안식이라 하고, 내지 뜻에서는 의식이라 함도 그와 같으니라. 선남자야, 도란 것도 그와 같아서 하나요 둘이 없건만 여래가 중생을 교화하느라고 가지가지로 분별하느니라. 또 선남자야, 마치 한 가지 색(色)이지만, 눈으로 보는 것은 빛이라 하고 귀로 듣는 것은 소리라 하고, 코로 맡는 것은 냄새라 하고 혀로 맛보는 것은 맛이라 하고, 몸으로 깨닫는 것은 촉이라 하는 것처럼 선남자야, 도도 그와 같아서 하나요, 둘이 아니건만 여래가 중생을 교화하느라고 가지가지로 분별하였느니라.

　선남자야, 이런 뜻으로 8성도를 이름하여, 도라는 성인의 참된 이치[道聖諦]라 하느니라. 선남자야, 이 4성제를 부처님 세존이 차례로 말씀하였으니, 이런 인연으로 한량없는 중생이 나고 죽는 데서 제도되었느니라."

　가섭보살이 부처님께 여쭈었다.

　"세존이시여, 예전에 부처님께서 어느 때에 항하의 언덕 시수림(尸首林) 속에 계실 때에 작은 나뭇잎을 드시고 비구들에게 말씀하시기를, '내가 지금 손에 잡은 잎이 많으냐, 모든 땅에 있는 풀과 나무의 잎이 많겠느냐' 하시니, 비구들이 '세존이시여, 모든 땅에 있는 풀과 나뭇잎은 많아서 헤아릴 수 없으나, 여래의 잡으신 잎은 적어서 말할 나위도 없나이다' 하였으며, 여래께서는 또 말씀하시기를 '비구들이여, 내가 깨달은 모든 법은 땅에 난 초목의 잎과 같고, 내가 중생을 위하여 말한 법은 손에 잡은 잎과 같으니라' 하였나이다. 세존께서 그때에 이렇게 말씀하셨는데, 여래의 깨달으신 한량없는 법이 만일 4제(諦)에 들었으면 이미 말씀하신 것이요, 만일 들지 아니하였으면 5제(諦)가 있겠나이다."

　"장하고 장하다. 선남자야, 그대가 지금 물은 것은 한량없는 중생을 이익케 하고 편안하고 즐겁게 하리라. 선남자야, 이러한 모든 법은 모두 4성제 안에 들었느니라."

　"그러한 법이 4성제 안에 들어 있다면, 여래께서 어찌하여 말하지 않았다고 말씀하시나이까?"

"선남자야, 비록 그 안에 들었지만 말하였다고 이름할 수 없나니, 왜냐하면 4성제를 아는 데 두 가지 지혜가 있으니, 하나는 중품 지혜요, 다른 하나는 상품 지혜니라. 중품은 성문·연각의 지혜요, 상품은 부처님과 보살의 지혜니라. 선남자야, 모든 음(陰)이 고통인 줄을 아는 것은 중품 지혜라 하고 모든 음을 분별하는 데 한량없는 모양이 있는 것이 모두 고통인 것은 성문·연각의 알 바가 아니니 이것은 상품 지혜라 하거니와 선남자야, 이러한 뜻은 내가 저 경전에서 말하지 아니하였느니라. 선남자야, 모든 입(入)이란 것을 문(門)이라 하고 고통이라 하는 줄을 아는 것은 중품 지혜라 하고, 모든 입을 분별하는 데 한량없는 모양이 있는 것이 모두 고통인 것은 성문·연각의 알 바가 아니니 이것은 상품 지혜라 하거니와 선남자야, 이러한 뜻은 내가 저 경전에서 말하지 아니하였느니라. 선남자야, 모든 계(界)란 것을 분(分)이라 하고 성품이라 하고 고통이라 하는 줄을 아는 것은 중품 지혜라 하고, 모든 계를 분별하는 데 한량없는 모양이 있는 것이 모두 고통인 것은 성문·연각의 알 바가 아니니 이것은 상품 지혜라 하거니와 선남자야, 이러한 뜻은 내가 저 경전에서 말하지 아니하였느니라.

선남자야, 색(色)이 파괴되는 모양을 아는 것은 중품 지혜라 하고, 모든 색을 분별하는 데 한량없는 모양이 있는 것이 모두 고통인 것은 성문·연각의 알 바가 아니니 이것은 상품지혜라 하거니와 이러한 뜻은 내가 저 경전에서 말하지 아니하였느니

라. 선남자야, 수(受)로 깨닫는 모양을 아는 것은 중품 지혜라 하고, 모든 수를 분별하는 데 한량없는 깨닫는 모양이 있는 것은 성문·연각의 알 바가 아니니 이것은 상품 지혜라 하거니와 선남자야. 이러한 뜻은 내가 저 경전에서 말하지 아니하였느니라. 선남자야, 상(想)으로 취하는 모양을 아는 것은 중품 지혜라 하고, 이 생각을 분별하는 데 한량없는 취하는 모양이 있는 것은 성문·연각의 알 바가 아니니 이것은 상품 지혜라 하거니와 이러한 뜻은 내가 저 경전에서 말하지 아니하였느니라. 선남자야, 행음[行]으로 짓는 모양을 아는 것은 중품 지혜라 하고, 행음을 분별하는 데 한량없는 짓는 모양이 있는 것은 성문·연각의 알 바가 아니니 이것은 상품 지혜라 하거니와 선남자야, 이러한 뜻은 내가 저 경전에서 말하지 아니하였느니라. 선남자야, 식음[識]으로 분별하는 모양을 아는 것은 중품 지혜라 하고, 식음을 분별하는 데 한량없는 아는 모양이 있는 것은 성문·연각의 알 바가 아니니 이것은 상품 지혜라 하거니와 선남자야, 이러한 뜻은 내가 저 경전에서 말하지 아니하였느니라.

선남자야, 사랑의 인연으로 5음을 내는 줄을 아는 것은 중품 지혜라 하고, 한 사람의 사랑을 일으킴이 한량없고 그지없는 줄은 성문·연각으로는 알지 못하는 것이니, 온갖 중생이 일으키는 이러한 사랑을 아는 것은 상품 지혜라 하거니와 이러한 뜻은 내가 저 경전에서 말하지 아니하였느니라. 선남자야. 번뇌를 멸함을 아는 것은 중품 지혜라 하고, 번뇌를 분별함을 헤아릴 수 없고 멸함도 그와 같아서 헤아릴 수 없는 것은, 성문·연각의 알 바가 아니니 이것은 상품 지혜라 하거니와 이러한 뜻은 내가 저 경전에서 말하지 아니하였느니라. 선남자야, 도라는 모양이 번뇌를 여의는 줄을 아는 것은 중품 지혜라 하고, 도라는 모양을 분별함이 한량없고 그지없으며 여의는 번뇌도 한량없고 그지없는 것은 성문·연각의 알 바가 아니니 이것은 상품 지혜라 하거니와 이러한 뜻은 내가 저 경전에서 말하지 아니하였느니라. 선남자야. 세제(世諦)를 아는 것은 중품 지혜라 하고, 세제를 분별함이 한량없고 끝이 없어 헤아릴 수 없는 것은 성문·연각의 알 바가 아니니 이것은 상품 지혜라 하거니와 이러한 뜻은 내가 저 경전에서 말하지 아니하였느니라. 선남자야, 온갖 행(行)이 무상하고, 모든 법이 내가 없고, 열반이 고요한 것이 제일의(第一義)인 줄을 아는 것은 중품 지혜라 하고, 제일의가 한량없고 끝이 없어 헤아릴 수 없는 줄을 아는 것은 성문·연각의 알 바가 아니니 이것은 상품 지혜라 하거니와 이러한 뜻은 내가 저 경전에서 말하지 아니하였느니라."

그때에 문수사리보살이 부처님께 여쭈었다.

"세존이시여, 말씀하시는 세제와 제일의제의 뜻이 어떠하나이까? 세존이시여, 제일의제 가운데 세제가 있나이까? 세제 가운데 제일의제가 있나이까? 만일 있다면 한 제[一諦]일 것이고, 없다면 여래의 허망한 말씀이 아니겠나이까?"

"선남자야, 세제란 것이 곧 제일의제니라."

"세존이시여, 만일 그렇다면 두 제가 아니겠나이다."

"선남자야, 좋은 방편[善方便]이 있어서, 중생들을 따라서 두 제가 있다고 말하느니라. 선남자야, 만일 말만을 따른다면 두 가지가 있나니, 하나는 세간법이요 둘은 출세간법이니라. 선남자야, 출세간 사람의 알 것은 제일의제라 하고, 세간 사람의 알 것은 세제라 하느니라. 선남자야, 5음(陰)이 화합한 것을 아무라 하거든, 범부 중생이 그 일컫는 대로 따르는 것은 세제라 하고, 5음에도 아무라는 이름이 없고, 5음을 여의고도 아무라는 이름이 없음을 알지니, 출세간 한 사람이 그 성품과 모양과 같이 아는 것은 제일의제라 하느니라.

또 선남자야, 혹 어떤 법은 이름도 있고 실상도 있으며, 혹 어떤 법은 이름은 있으나 실상이 없나니, 선남자야, 이름은 있으나 실상이 없는 것은 곧 세제요, 이름도 있고 실상도 있는 것은 제일의제니라. 선남자야, 나·중생·수명, 알고 보는 것, 기르는 것, 장부(丈夫), 짓는 이, 받는 이, 더울 때의 아지랑이, 건달바성, 거북의 털, 토끼의 활, 불 바퀴, 5음, 18계, 6입 등은 세제라 이름하고, 고·집·멸·도는 제일의제라 이름하느니라.

선남자야, 세간법에 다섯 가지가 있으니, 첫째는 명사(名詞) 세간이요, 둘째는 구절(句節) 세간이요, 셋째는 속박(束縛) 세간이요, 넷째는 법 세간이요, 다섯째는 집착(執着) 세간이니라. 명사 세간이란 남자·여자·옹기·옷·수레·집 등의 물건을 명사 세간이라 하느니라. 또 구절 세간이란, 네 글귀가 한 게송이라 하는 따위의 게송을 구절 세간이라 하느니라. 또 속박 세간이란, 걷어 합하는 것, 얽어매는 것, 속박, 합장 따위를 속박

세간이라 하느니라. 무엇이 법 세간인가. 종을 쳐서 대중을 모으며, 북을 울려 군대를 준비시키며, 소라를 불어 시간을 알리는 것 따위를 법 세간이라 하느니라. 무엇을 집착 세간이라 하는가. 물든 옷 입은 사람이 멀리 있는 것을 보고는, 저는 사문이요 바라문이 아니라 생각하고, 노끈을 맺어서 몸에 가로 찬 사람을 보고는, 저는 바라문이요 사문이 아니라고 생각하는 것 따위는 집착 세간이니라. 선남자야, 이런 것을 다섯 가지 세간법이라 하느니라. 선남자야, 어떤 중생이 이런 다섯 가지 세간법에 대하여 잘못된 마음이 없어, 사실대로 아는 것은 제일의제라 하느니라.

또 선남자야, 타거나 베거나 죽거나 파괴함은 세제라 하고, 타는 일이 없고 베어지지 않고 죽는 일이 없고 파괴됨이 없는 것은 제일의제라 하느니라. 또 선남자야, 여덟 가지 괴로운 모양은 세제라 하고, 나는 일도 없고, 늙음도 없고, 병도 없고, 죽음도 없고, 사랑을 이별함도 없고, 미운 이를 만남도 없고, 구하여 얻지 못함도 없고, 5음이 성함도 없음은 제일의제라 하느니라. 또 선남자야, 마치 한사람이 여러 가지 기능이 있어서 될 때에는 뛰는 이라 하고, 거둘 때에는 거두는 이라 하고, 음식을 장만할 때에는 식모라 하고, 재목을 다룰 때에는 목수라 하고, 금·은을 다룰 때에는 은장이라 하듯이, 한사람에게 여러 가지 이름이 있는 것같이, 법도 그러하여 실상은 하나이지만 여러 가지 이름이 있는 것이니, 부모의 화합으로 인하여 나는 것은 세제라 하고, 12인연이 화합하여 생기는 것은 제일의제라 하느니라."

"세존이시여, 진실한 이치[實諦]라고 말씀하신 것은 그 뜻이 어떠하나이까?"

"선남자야, 진실한 이치라 함은 이름이 참된 법이니, 선남자야, 법이 참되지 않으면 진실한 이치라 하지 않느니라. 선남자야, 진실한 이치라 함은 뒤바뀜이 없음이니, 뒤바뀜이 없는 것을 진실한 이치라 하느니라. 선남자야, 진실한 이치라 함은 허망이 없는 것이니, 허망이 있으면 진실한 이치라 하지 않느니라. 선남자야, 진실한 이치라 함은 이름이 대승이니, 대승이 아니면 진실한 이치라 하지 않느니라. 선남자야, 진실한 이치라 함은 부처님의 말씀이요 마군의 말이 아니니, 만일 마군의 말이요 부처님의 말씀이 아닌 것은 진실한 이치라 하지 않느니라. 선남자야, 진실한 이치라 함은 한 가지 도가 청정하고 둘이 없는 것이니라. 선남자야, 항상하고 즐겁고 내가 있고 깨끗한 것을 진실한 이치라 하느니라."

"세존이시여, 만일 참된 것으로 진실한 이치라 할진댄 참된 법은 여래와 허공과 불성인데, 만일 그렇다면 여래와 허공과 불성이 차별이 없겠나이다."

"문수사리여, 괴로움[苦]이 있고 이치가 있어 진실이 있으며 집(集)이 있고 이치가 있어 진실이 있으며, 열반[滅]이 있고 이치가 있어 진실이 있으며, 도(道)가 있고 이치가 있어 진실이 있거니와 선남자야, 여래는 괴로움이 아니고 이치도 아니어서 진실한 것이며, 허공은 괴로움이 아니고 이치도 아니어서 진실한 것이며, 불성은 괴로움이 아니고 이치도 아니어서 진실한 것이니라. 문수사리여, 괴로움이라 말함은 무상한 모습이며 끊을 모습이어서 진실한 이치가 되는 것이고, 여래의 성품은 괴로움도 아니고 무상도 아니고 끊을 모습도 아니므로 진실이 되는 것이니, 허공과 불성도 역시 그와 같으니라.

선남자야, 집이라 말함은 5음으로 하여금 화합하여 생기게 하는 것이매, 괴로움이라고도 하고 무상이라고도 하고 끊을 모습이라고도 하여서 진실한 이치가 되거니와 선남자야, 여래는 집의 성품도 아니고 음(陰)의 원인도 아니고 끊을 모습도 아니므로 진실이라 하나니, 허공과 불성도 역시 그와 같으니라.

선남자야, 열반이라 말함은 번뇌가 없어짐을 이름하는 것으로, 항상하다고도 하고 무상하다고도 하나니, 2승들이 얻는 것은 무상이라 하거니와 부처님이 얻는 것은 항상하다고 하며 증득한 법이라고도 하므로, 진실한 이치라 하느니라. 선남자야, 여래의 성품은 열반이라 이름하지 아니하나 번뇌를 없애며 항상함도 무상도 아니며, 증득하여 안다고도 이름하지 아니하며, 항상 머물러서 변함이 없으므로 진실이라 하나니, 허공과 불성도 역시 그와 같으니라.

선남자야, 도라고 말함은 능히 번뇌를 끊으며, 항상하기도 하고 무상하기도 하며, 닦아야 할 법이므로 진실한 이치라 하거니와 여래는 도가 아니로되 번뇌를 끊으며 항상함도 무상도 아니며, 닦아야 할 법도 아니며, 항상 머물러 변하지 아니하므로 진실이라 하나니, 허공과 불성도 역시 그와 같으니라.

또 선남자야, 진실이라 말함은 곧 여래요 여래는 곧 진실이며, 진실이라 함은 곧 허공이요 허공은 곧 진실이며, 진실이라 함은 곧 불성이요 불성은 곧 진실이니라. 문수사리여, 괴로움이 있고 괴로움의 원인이 있고 괴로움의 다함도 있고 괴로움을 상대함도 있거니와 여래는 괴로움이 아니며 내지 괴로움을 상대함도 아니니라. 그러므로 진실이라 말하고 이치라 말하지 아니하나니, 허공과 불성도 그와 같으니라. 괴로움이란 것은 함이 있고 번뇌가 있을 즐거움이 없거니와 여래는 함이 있음이 아니고 번뇌가 아니고 고요하여 안락하므로 진실이요 이치는 아니니라."

"세존이시여, 부처님의 말씀과 같이 뒤바뀌지 아니한 것을 진실한 이치라 이름한다 하오니, 그렇다면 네 가지 이치 가운데 네 가지 뒤바뀜이 있나이까? 만일 있을진댄 어찌하여 뒤바뀜이 없는 것을 진실한 이치라 이름하고 온갖 뒤바뀜이 있는 것은 진실이라 이름하지 않나이까?"

"문수사리여, 모든 뒤바뀐 것은 모두 괴로운 이치에 들어가나니, 모든 중생에게 뒤바뀐 마음이 있으므로, 뒤바뀌었다고 이름함과 같으니라. 선남자야, 어떤 사람이 부모와 존장의 가르침을 받지 않거나, 받고도 수행하지 아니하면 이런 사람들을 뒤바뀌었다 하나니, 이렇게 뒤바뀐 것이 괴로움 아님이 없으므로 괴로움이라 하느니라."

"부처님의 말씀하신 것이 허망하지 않으면 곧 진실한 이치일 것이고, 만일 그렇다면 허망한 것은 진실한 이치가 아니겠나이다."

"선남자야, 온갖 허망한 것은 모두 괴로운 이치에 들어가나니, 어떤 중생이 남을 속이면 그 인연으로 지옥·축생·아귀에 떨어지며, 이런 법들을 허망이라 이름하나니 이러한 허망은 고통 아님이 없으므로 괴로움이며, 성문·연각이나 부처님 세존은 멀리 여의고 행하지 아니하는 것이므로 허망이라 이름하나니, 이러한 허망을 부처님이나 2승은 끊어 버리는 것이므로, 진실한 이치라 이름하느니라."

문수사리가 말하였다.

"부처님 말씀과 같이 대승이 진실한 이치라면, 성문이나 벽지불승은 진실치 못함이겠나이다."

부처님께서 말씀하셨다.

"문수사리여, 2승들은 진실하기도 하고, 진실하지 않기도 하니, 성문·연각이 모든 번뇌를 끊은 것은 진실이라 이름하고, 무상하고 머물러 있지 아니함은 변역하는 법이므로 진실하지 않다고 이름하느니라."

"부처님의 말씀과 같으니, 부처님의 말씀을 진실하다 할진댄 마군의 말은 진실한 것이 아니겠나이다. 세존이시여, 마군이 말한 것이 성인의 이치에 들겠나이까?"

"문수사리여, 마군이 말한 것은 두 가지 이치에 소속하나니, 괴로움과 집이니라. 무릇 이런 것은 법도 아니고 계율도 아니어서, 사람으로 하여금 이익을 얻게 하지 못하며, 종일토록 말하여도 한 사람도 괴로움을 보고 집을 끊으며, 열반을 증득하려고 도를 닦는 이가 없으므로, 허망하다 하는 것이며, 이렇게 허망한 것을 마군의 말이라 하느니라."

"부처님께서 말씀하시기를, 한 가지 도가 청정하고 둘이 없다 하였거니와 외도들도 말하기를 '내게 있는 한 가지 도는 청정하고 둘이 없다' 하나니, 만일 한 가지 도가 진실한 이치라면, 저 외도들과 더불어 무슨 차별이 있나이까? 만일 차별이 없다면, 한 가지 도가 청정하다고 말할 수 없을 것입니다."

"선남자야, 모든 외도는 괴로움이란 참된 이치와 집이란 참된 이치만 있고, 열반이란 참된 이치와 도라는 참된 이치는 없느니라. 열반이 아닌데 열반이라 생각하고, 도가 아닌 것을 도라 생각하고, 과(果)가 아닌 것을 과라 생각하고, 인(因)이 아닌 것을 인이라 생각하나니, 이러한 뜻으로 저들에게는 '한 가지 도가 청정하고 둘이 없다'는 것이 없느니라."

"부처님의 말씀과 같이 '항상하고 내가 있고 즐겁고 깨끗한 것을 진실한 이치라 한다' 하오면, 모든 외도에게 진실한 이치가 있고, 부처님 법에는 없겠나이다. 왜냐하면 외도들도 말하기를 '모든 행(行)이 항상한 것이다. 어찌하여 항상하다 하는가. 뜻에 맞든지 뜻에 맞지 않든지 간에, 모든 업보를 잃어버리지 않고 받는 연고니라' 하나이다. 뜻에 맞는 것은 10선업의 과보요, 뜻에 맞지 않는 것은 10업의 과보니, 만일 모든 행이 무상하다면, 업을 지은 이는 여기서 없어졌는데, 누가 저기서 과보를 받겠나이까? 이런 뜻으로 모든 행이 항상하다 하나이다. 살생하는 인연으로 항상하다 하나니 세존이시여, 만일 모든 행이 무상하다면, 죽인 것과 죽은 것이 모두 무상한 것이며, 만일 무상하다면 누가 지옥에서 죄의 갚음을 받겠나이까? 만약 결정코 지옥에서 과보를 받는다면 모든 행이 무상한 것이 아님을 알겠나이다.

세존이시여, 마음을 두어 오로지 생각함도 항상하다 할 것이오니, 가령 10년 전에 생각하던 것을 백년이 되어도 잊어버리지 아니하므로, 항상하다 하겠나이다. 만일 무상하다면, 본디 생각하던 일을 누가 기억하고 생각하겠나이까? 이런 인연으로 온갖 행이 무상이 아닙니다. 세존이시여, 온갖 기억도 항상하다 할 것이오니 어떤 사람이 먼저 보았던 다른 이의 손·발·머리·목 등의 모습을 오랜 뒤에 보고는 문득 기억하게 되나이다. 만일 무상하다면 본디 보던 모습이 없어졌을 것입니다. 세존이시여, 여러 가지 지어야 할 업을 오래오래 익혔으면 처음 배우던 때로부터 3년을 지나거나 5년을 지나서도 잘 아는 것이므로 항상하다 하나이다.

세존이시여, 셈하는 법이 하나로부터 둘이 되고, 둘로부터 셋이나 내지 백 천이 되나이다. 만일 무상하다면 첫 번의 하나가 없어질 것이며, 첫 번 하나가 없어진다면 어떻게 둘이 되겠나이까. 언제든지 하나뿐이고 둘이 될 수 없건만 하나가 없어지지 아니하므로 둘이 되고 내지 백천이 되나니, 그러므로 항상하다 하나이다. 세존이시여, 교법을 외울 적에 한 아함(阿含)을 외우고 두 아함에 이르며, 내지 세 아함과 네 아함에 이르거니와 만일 무상하다면 외우는 일이 4아함에 이를 수 없나니,

이와 같이 외우는 것이 점점 많아지는 인연으로, 항상하다 하나이다. 세존이시여, 옹기나 옷이나 수레나 남의 빚을 지는 것이나 땅의 현상·산·강·나무·숲·약초·잎새·중생의 병을 치료하는 일 따위가 모두 항상한 것도 그와 같나이다. 세존이시여, 모든 외도들이 다 말하기를 '모든 행이 항상하다' 하오니, 만일 항상하다면, 곧 진실한 이치라 하겠나이다.

세존이시여, 어떤 외도들은 또 말하기를 '즐거움이 있다. 어떻게 아느냐 하면, 받는 이가 뜻에 맞는 과보를 얻는 까닭이다'라고 하나이다. 세존이시여, 즐거움을 받을 이는 결정코 그것을 얻으니, 이른바 대범천왕·대자재천·제석천왕·비뉴천과 모든 천인들이 그러합니다. 이런 이치로 결정코 즐거움이 있다 하나이다. 세존이시여, 외도들은 또 말하기를 '즐거움이 있나니, 중생들로 하여금 소망을 구하게 하는 까닭이다. 굶주린 이는 밥을 구하고 목마른 이는 물을 구하고 추운 이는 더움을 구하고 더운 이는 서늘함을 구하고 피곤한 이는 쉬기를 구하고 병난 이는 낫기를 구하고 애욕이 있는 이는 색을 구하나니, 만일 즐거움이 없다면 무슨 까닭으로 구하겠는가. 구하는 것이 있으므로 즐거움이 있는 줄 안다' 하나이다. 세존이시여, 외도들은 또 말하기를 '보시하면 즐거움을 얻나니, 세상 사람들은 사문이나 바라문이나 빈궁하고 곤란한 이에게 의복·음식·와구·의약·코끼리·말·수레·가루향·바르는 향·집·의지할 데·등불 따위로 즐거이 보시한다. 이렇게 갖가지로 보시함은 내가 후세에 좋은 과보를 받기 위해서이다. 그러므로 결정코 즐거움이 있는 줄을 안다' 하나이다. 세존이시여, 외도들은 또 말하기를 '인연이 있으므로 즐거움이 있는 줄을 아나니, 즐거움을 받는다 함은 인연이 있으므로 낙을 느끼는 것이며, 만일 낙이 없으면 어찌 인연이 있으리오. 토끼 뿔은 없는 것이므로 인연이 없거니와 낙의 인연이 있으므로 낙이 있을 줄을 안다' 하나이다. 세존이시여, 외도들은 또 말하기를 '상품·중품·하품으로 낙이 있음을 아나니, 하품의 낙은 제석천왕이요, 중품의 낙은 대범천왕이요, 상품의 낙은 대자재천왕이라, 이러한 상품·중품·하품이 있으므로 즐거움이 있는 줄을 안다' 하나이다.

　세존이시여, 외도들은 또 말하기를 '깨끗함이 있다. 왜냐하면 깨끗함이 없으면 탐욕을 일으키지 아니하려니와, 만일 탐욕을 일으킨다면 깨끗함이 있을 것이다' 하오며, 또 말하기를 '금·은·보배·유리·파리·자거·마노·산호·진주·구슬·옥·냇물·연못·음식·의복·꽃·향·가루향·바르는 향·등촉 따위들이 모두 깨끗한 것이며, 또 깨끗한 것이 있으니, 5음은 곧 깨끗한 것이며, 또 깨끗한 그릇에 깨끗한 물건을 담은 것으로서, 세간 사람·천상 사람·신선·아라한·벽지불·보살·부처님들이니, 이런 뜻으로 깨끗한 것이다' 하나이다.

　세존이시여, 외도들은 또 말하기를 '내가 있나니, 보는 일이 있으며 짓는 일이 있는 까닭이다. 비유컨대 어떤 사람이 옹기장이 집에 들어가서, 비록 옹기장이의 몸을 보지 못하였더라도 옹기장이의 물레와 노끈을 보고는 그 집에 옹기장이가 있을 줄을 아는 것처럼, 나란 것도 그와 같아서 눈으로 색을 보고는 반드시 내가 있는 줄을 알지니, 만일 내가 없으면 누가 색을 보리요. 소리를 듣거나 당임과 법진을 앎도 그와 같으니라. 또 내가 있나니, 어떻게 아는가. 모양으로 인하여 아느니라. 무엇을 모양이라 하는가. 숨쉬고 눈 깜박이고 목숨이 있고 마음을 쓰고, 괴로움과 즐거움을 받고 탐내고 성내는 따위가 모두 나의 모양이니, 그러므로 결정코 내가 있음을 아느니라. 또 내가 있으니, 맛을 분별하는 까닭이니라. 사람이 과실을 먹으면 맛을 아나니, 그러므로 내가 있음을 아느니라. 또 내가 있음을 어떻게 아는가. 도구를 들고 업을 짓는 까닭이니라. 낫을 들고 풀을 베며 도끼를 들고 나무를 찍으며 병을 들고 물을 길으며 수레를 잡고 말을 모는 따위가, 모두 내가 도구를 들고 짓는 것이므로 결정코 내가 있는 줄을 아느니라. 또 내가 있음을 어떻게 아는가. 갓 났을 적에 젖을 먹고자 함은 익힌 버릇이니, 그러므로 내가 있는 줄을 결정코 아느니라. 또 내가 있음을 어떻게 아는가. 화합하여 다른 중생을 이익케 하는 연고니라. 마치 병이나 옷이나 수레·밭·집·산림·나무·코끼리·말·소·양 따위들이 화합하면 이익케 하나니 속에 있는 5음도 그러하여, 눈 따위의 근이 화합하였으므로 나를 이익케 하나니, 그러므로 결정코 내가 있는 줄을 아느니라. 또 내가 있음을 어떻게 아는가. 부인(否認)하는 법이 있는 까닭이니, 물건이 있으므로 부인함이 있거니와 물건이 없으면 부인할 것이 없느니라. 만일 부인함이 있으면 내가 있음을 알지니, 그러므로 내가 있는 줄을 아느니라. 또 내가 있음을 어떻게 아는가. 짝하고 짝하지 아니하는 까닭이니, 친한 것과 친하지 아니한 것은 짝이 아니고 바른 법과 삿된 법은 짝이 아니고, 지혜 있고 지혜 없는 것은 짝이 아니며, 사문과 사문 아닌 이, 바라문과 바라문 아닌 이, 아들과 아들 아닌 이, 낮과 낮 아닌 것 밤과 밤 아닌 것, 나와 나 아닌 것 따위는 짝하거나 짝하지 아니하므로, 반드시 내가 있는 줄을 안다고 하나이다. 세존이시여, 외도들이 가지가지로 항상함과 즐거움과 나와 깨끗함이 있다고 말하므로 결정코 항상함과 즐거움과 나와 깨끗함이 있음을 아나이다. 세존이시여, 이런 뜻으로 외도들도 나에게 참된 이치가 있다고 말하나이다."

"선남자야, 만일 사문이나 바라문이 항상함이 있고 즐거움이 있고 깨끗함이 있고, 나란 것이 있다는 이는 사문이 아니며 바라문이 아니니, 왜냐하면 나고 죽는 데 미혹되어 온갖 지혜인 대도사를 여읜 연고며, 이와 같은 사문·바라문들은 탐욕에 빠져서 선한 법이 감한 연고며, 이 외도들이 탐욕과 성내는 일과 어리석음의 옥에 갇혀서 참고 좋아하는 연고니라. 이 외도들이 업과 과보를 제가 짓고 제가 받는 줄을 알지만 나쁜 법을 여의지 못하며, 이 외도들이 바른 법과 바른 생활[正命]로 살지 못하나니, 왜냐하면 지혜의 불이 없어서 소멸하지 못하는 연고며, 이 외도들이 비록 훌륭한 5욕락을 탐구하려 하지만 선한 법이 부족하여 부지런히 닦지 않는 연고며, 이 외도들이 비록 바른 해탈에 이르고자 하지만 계율 가지는 일이 성취되지 못하는 연고며, 이 외도들이 비록 즐거움을 구하지만 즐거움의 인연을 구하지 못하기 때문이며, 이 외도들이 비록 온갖 고통을 미워하지만 그의 행하는 일이 고통의 인연을 여의지 못하며, 이 외도들이 4대의 독사에게 얽혀 있으면서도, 방일한 짓만 행하고 조심하지 못하며, 이 외도들이 무명에 덮이어서 선한 벗을 멀리 여의고, 무상한 삼계의 불 속에 있으면서 나오지 못하며, 이 외도들이 고치기 어려운 번뇌의 병을 만나고도 지혜 있는 용한 의원을 구하지 아니하며, 이 외도들이 오는 세상에서 그지없는 험난한 길을 걸어야 할 것이로되, 선한 법의 양식으로 장엄하여야 할 줄을 모르며, 이 외도들이 항상 음욕이란 재앙의 해침을 받을 터이건만, 도리어 5욕락의 독함을 안고 있으며, 이 외도들이 성내는 마음이 치성하면서도 도리어 나쁜 동무를 가까이하며, 이 외도들이 항상 무명의 가리움이 되면서도 도리어 나쁜 법을 구하며, 이 외도들이 항상 삿된 소견에 속으면서도 도리어 그 속에 친근한 생각을 내며, 이 외도들이 맛있는 과실을 먹으려 하면서도 쓴 종자를 심으며, 이 외도들이 번뇌의 캄캄한 방에 있으면서도 도리어 지혜의 횃불을 멀리 여의며, 이 외도들이 번뇌의 목마름을 걱정하면서도 도리어 짠물을 마시며, 이 외도들이 나고 죽는 끝없는 바다에 빠졌으면서도 도리어 훌륭한 뱃사공을 여의며, 이 외도들이 미혹하고 전도되어 모든 행이 항상하다 말하거니와 모든 행이 항상할 수가 없느니라."

대반열반경 제13권

19. 거룩한 행[聖行品] ③

부처님께서는 다시 말씀을 계속하셨다.

"선남자야, 나는 모든 법이 다 무상하다고 보노라. 어떻게 아는가 하면, 인연으로 말미암은 까닭이니 어떤 법이든지 인연으로 생기는 것은 무상한 줄을 알지니라. 모든 외도들도 한 법도 인연으로 좇아 생기지 않은 것이 없느니라. 선남자야, 불성은 나는 일도 없고 없어지는 일도 없고 가는 일도 없고 오는 일도 없으며, 지나간 것도 아니고 미래도 아니고 현재도 아니며, 인으로 지은 것도 아니며 인 없이 지은 것도 아니며, 지음도 아니며 짓는 사람도 아니며, 모양도 아니고 모양 없는 것도 아니며, 이름 있는 것도 아니고 이름 없는 것도 아니며, 이름도 아니고 색도 아니고 긴 것도 아니고 짧은 것도 아니며, 5음·18계·12입에 소속된 것도 아니므로 항상하다 이름하느니라.

선남자야, 불성은 곧 여래요 여래는 곧 법이며 법은 곧 항상한 것이니라. 선남자야, 항상한 것이 곧 여래요 여래가 곧 승가며 승가는 곧 항상한 것이니, 이런 이치로 인연으로 좇아 생긴 법은 항상하다고 이름하지 않나니, 이 모든 외도가 한 법도 인연으로 좇아 생기지 아니한 것이 없느니라.

선남자야, 외도들은 불성과 여래와 법을 보지 못하였나니, 그러므로 외도들의 말하는 것은 모두 허망한 말이요 진실한 이치가 아니니라. 범부들은 먼저 옹기·옷·수레·집·성곽·강물·산림·남자·여자·코끼리·말·소·양을 보고서 뒤에 비슷한 것을 보고는 문득 항상하다고 말하거니와 실상은 항상한 것이 아님을 알아야 하느니라. 선남자야, 모든 함이 있는 것은 모두 무상하다. 허공은 함이 없으므로 항상하다. 불성도 함이 없는 것이므로 항상하니, 허공은 곧 불성이요, 불성은 곧 여래요, 여래는 곧 함이 없는 것이요, 함이 없는 것은 곧 항상하니라. 항상한 것은 곧 법이요, 법은 곧 승가요, 승가는 곧 함이 없는 것이요, 함이 없는 것은 곧 항상하니라.

선남자야, 함이 있는 법이 두 가지가 있으니, 색법(色法)과 색 아닌 법이며, 색 아닌 법은 심법(心法)과 심수법(心數法)이요, 색법은 지대(地大)·수대(水大)·화대(火大)·풍대(風大)니라. 선남자야, 마음을 무상하다고 이름하나니, 왜냐하면 성품은 반연하는 것이요, 서로 응하고 분별하는 까닭이니라. 선남자야, 안식(眼識)의 성품이 다르고 내지 의식(意識)의 성품이 다르니, 그러므로 무상하니라. 선남자야, 색의 경계가 다르고 내지 법의 경계가 다르니, 그러므로 무상하니라. 선남자야, 안식의 서로 응함이 다르고 내지 의식의 서로 응함이 다르니, 그러므로 무상하니라.

선남자야, 마음이 만일 항상하다면, 안식이 혼자서 온갖 법을 반연하려니와 선남자야, 만일 안식이 다르고 내지 의식이 다르다면, 무상한 줄을 알 것이지만 법이 서로 비슷하여 찰나찰나 났다 없어졌다 하는 것을, 범부가 보고는 항상하다고 억측하느니라. 선남자야, 모든 인연의 모양은 깨뜨릴 수 있으므로 무상이라 하나니, 눈을 인하고 빛을 인하고 밝음을 인하고 생각함을 인하여 안식이 생기는 것이며, 이식(耳識)이 생길 적에는 인함이 각각 달라서 안식의 인연이 아니며, 내지 의식이 다른 것도 그와 같으니라. 또 선남자야. 모든 행을 깨뜨리는 인연이 다르므로 마음을 무상하다 이름하나니, 무상함을 닦는 마음이 다르고, 괴로움과 공함과 내가 없음을 닦는 마음이 다르니라. 마음이 항상하다면 언제나 무상함만 늘 닦을 것이니, 괴로움과 공함과 내가 없는 것도 관찰하지 못하겠거든 하물며 다시 항상하고 즐겁고 내가 있고 깨끗함을 관찰하겠는가. 이런 이치로 외도의 법에는 항상하고 즐겁고 내가 있고, 깨끗함을 거두어들이지 못하느니라. 선남자야, 심법이 반드시 무상한 줄을 알지니라.

또 선남자야, 마음의 성품이 다르므로 무상하다 이름하나니, 성문의 마음 성품이 다르고 연각의 마음 성품이 다르고, 부처님의 마음 성품이 다르니라. 모든 외도의 마음에 세 가지가 있으니, 첫째는 출가한 이의 마음이요, 둘째는 집에 있는 이의 마음이요, 셋째는 집에 있으면서 멀리 떠난 마음이다. 즐거움과 서로 응하는 마음이 다르고, 괴로움과 서로 응하는 마음이 다르고, 괴로움도 아니요 즐거움도 아님과 서로 응하는 마음이 다르며 , 탐욕과 서로 응하는 마음이 다르고, 성내는 것과 서로 응하는 마음이 다르고, 어리석음과 서로 응하는 마음이 다르고, 의혹과 서로 응하는 마음이 다르고, 잘못된 소견과 서로 응하는 마음이 다르고, 동작하는 위의의 마음이 역시 다르니라.

선남자야, 마음이 항상하다면, 모든 빛을 분별하지 못하리니, 푸른빛, 누른빛, 붉은빛, 흰빛, 자줏빛이니라. 선남자야, 마음이 항상하다면 기억한 것들을 잊지 않을 것이다. 선남자야, 마음이 항상하다면, 읽고 외우는 일이 늘지 못하리라. 또 선찰자야, 마음이 항상하다면 이미 지었다, 지금 짓는다, 다음에 지을 것이다라고 말하지 못하리니, 만일 이미 지었고 지금 짓고 다음에 지음이 있다면, 이 마음은 반드시 무상한 줄 알지니라. 선남자야, 마음이 항상하다면 원수거나 친한 이거나 원수도 아니고 친하지 않음도 없으리라. 마음이 항상하다면 내 것이다, 네 것이다, 죽는다, 산다고 말하지 아니할 것이니라. 마음이 항상하다면 비록 짓는 일이 있더라도 늘지 않을 것이니라. 선남자야, 이런 이치로 마음의 성품이 제각기 다름을 알 것이며, 제각기 다르므로 무상한 줄을 알지니라.

선남자야, 내가 지금 색이 아닌 법에서 무상을 말한 것은 이치가 이미 분명하여졌으니, 다시 그대에게 색법이 무상한 것을 말하리라. 이 색법이 무상하니, 본래 생기지 않았고 생겨서는 없어지는 연고니라. 몸이 태 속에서 가라라(歌羅邏)로 있을 적에 본래 생기지 않았었고 생겨서는 변하는 연고며, 밖에 있는 싹과 줄기도 본래 나지 않았었고 나서는 변하는 연고니, 그러므로 온갖 색법이 모두 무상한 것을 알지니라.

선남자야, 이 몸의 색법이때를 따라 변하나니, 가라라 때가 다르고 안부타(安浮陀) 때가 다르고 가나(伽那) 때가 다르고 폐수(閉手) 때가 다르며 태 속에 있을 적이 다르고 처음 났을 때가 다르고 어린 아기 때가 다르고, 아이 때가 다르고, 내지 늙었을 때가 제각기 다르며, 밖에 있는 색법도 그러하여 싹이 다르고 줄기가 다르고 가지가 다르고 잎이 다르고 꽃이 다르고 열매가 다르니라.

또 선남자야, 안의 맛도 다르니, 가라라 때와 내지 늙었을 때가 각각 다르며, 밖의 맛도 그러하여 싹·줄기·가지·잎·꽃·열매의 맛이 각각 다르니라. 가라라 때의 힘이 다르고, 내지 늙었을 때의 힘이 다르며, 가라라 때의 형상이 다르고 내지 늙었을 때의 형상이 다르며, 가라라 때의 과보가 다르고 내지 늙었을 때의 과보가 다르며, 가라라 때의 이름이 다르고 내지 늙었을 때의 이름이 다르며, 몸 안에 색법이 부수어졌다가 도로 합하는 연고로 무상한 줄을 알고, 밖에 있는 나무도 부수어졌다가 도로 합하는 연고로 무상한 줄을 아느니라. 차례차례로 생기는 연고로 무상한 줄을 아나니, 차례로 가라라 때로부터 늙을 때까지가 생기고, 차례로 색으로부터 열매까지 생기므로 무상한 줄을 아느니라. 모든 색법이 없어지는 것이므로 무상한 줄을 아나니 가라라의 없어질 때가 다르고 내지 늙음이 없어질 때가 다르며, 싹이 없어질 때가 다르고 내지 열매가 없어질 때가 다르므로 무상한 줄을 아는 것이거늘, 범부는 지혜가 없어 비슷하게 나는 것은 보고 항상하다고 생각하나니, 이런 이치로 무상하다 이름하느니라. 무상이 곧 괴로움이요 괴로움이 곧 부정인 것은 선남자야, 가섭보살이 먼저 그 일을 물었으므로, 그때에 대답하였느니라.

또 선남자야, 모든 행(行)이 나라 할 것이 없느니라. 선남자야, 온갖 법을 통틀어 말하면 색과 색 아닌 것이거니와 색이 내가 아니니, 왜냐하면 깨뜨릴 수 있고 부술 수 있고 찢을 수 있고 꺾을 수 있으며 나서 자라는 연고며, 나란 것은 깨뜨리고 부수고 찢고 꺾고 나고 자라는 것이 아니므로, 색이 내가 아닌 줄을 알지니라. 색이 아닌 법도 역시 내가 아니니, 왜냐하면 인연으로 생기는 연고니라.

선남자야, 외도들은 오로지 생각함으로써 내가 있는 줄을 안다 하거니와, 오로지 생각하는 성품이 실로 내가 아니니라. 만일 오로지 생각하는 것으로 나의 성품을 삼는다면 지나간 일은 잊어버림이 있으니, 잊어버림이 있으므로 결정코 내가 없음을 알 것이니라. 선남자야, 외도들은 상기하는 것으로써 내가 있음을 안다 하거니와 상기됨이 없기 때문에 내가 없는 줄을 알지니, 마치 어떤 사람에게 여섯 손가락이 있음을 보고 묻기를 '우리가 어디서 서로 만났는가' 하는 것처럼, 만일 내가 있다면 다시 물을 것이 아니건만, 서로 물음으로써 결정코 내가 없음을 알지니라. 선남자야, 만일 외도들이 부인하는 법이 있으므로 내가 있음을 안다 할진대, 선남자야, 부인함이 있으므로 내가 없음을 알 것이니, 마치 조달이 마침내 조달이 아니라고 말하지 않는 것처럼, 나도 그와 같아서 만일 결정코 나라면 마침내 나를 부인하지 않을 것이니, 나를 부인함으로써 내가 결정코 없는 줄을 알지니라. 만일 부인함으로써 내가 있는 줄을 안다면, 그대는 지금 부인하지 아니하니 결정코 내가 없을 것이니라.

선남자야, 외도들이 짝하고 짝하지 아니함으로 내가 있음을 안다 하거니와 짝이 없으므로 내가 없을 것이니라. 짝이 없는 법이 있나니, 여래와 허공과 불성이며, 나도 그와 같아서 실로 짝이 없나니, 이런 이치로 결정코 내가 없음을 알 것이니라. 또 선남자야, 만일 외도들이 이름이 있으므로 내가 있음을 안다 할진댄 내가 없다는 법에도 나라는 이름이 있느니라. 마치 가난한 사람이 부자라고 이름을 지은 것과 같으며, 내가 죽었노라고 말하는 것으로써 내가 죽는다면, 내가 나를 죽이는 것이지만 나는 실로 죽일 수 없는 것이거늘 거짓말로 나를 죽였다는 것이며, 역시 난쟁이를 키다리라 이름 짓는 것 같은 것이니, 이런 이치로 내가 없는 줄을 알 것이니라. 또 선남자야, 외도들이 나면서부터 젖을 찾으므로 내가 있는 줄을 안다 하거니와 선남자야, 만일 내가 있다면, 모든 어린 아기가 반드시 똥이나 불이나 뱀이나 독약을 집지 아니하여야 할 것이니, 이런 이치로 결정코 내가 없음을 알 것이니라.

또 선남자야, 모든 중생들이 세 가지 법에 평등한 지혜가 있나니, 음욕과 음식과 공포하는 것이니라. 그러므로 내가 없음을 알 것이니라. 또 선남자야, 만일 외도들이 형상으로써 내가 있는 줄을 안다 할진댄 선남자야, 형상이 있어도 내가 없고, 형상이 없어도 내가 없느니라. 어떤 사람이 잘 적에는 동작하거나 굼닐거나 보거나 깜작거리지 못하며 괴롭고 즐거움을 깨닫지 못할 것이므로 내가 없어야 할 것이며, 만일 동작하고 굼닐고 보고 깜작이므로 내가 있다고 한다면 허깨비 나무 사람도 내가 있어야 할 것이니라. 선남자야, 여래도 그와 같아서, 나아가지도 않고 멈추지도 않고 굽히지도 않고 잦히지도 않고 보지도 않고 깜작이지노 않고 괴롭지도 않고 즐겁지도 않고 탐하지도 않고 성내지도 않고 어리석지도 않고 행하지도 않지만 여래는 참으로 내가 있느니라. 또 선남자야, 만일 외도들이 말하기를 다른 이가 과실 먹는 것을 보고는 입에 침이 생기므로 내가 있음을 안다 하거니와 선남자야, 기억하는 생각으로 보고는 침이 생기는 것이니, 침이 내가 아니고 나도 침이 아니며, 기쁨도 아니고 슬픔도 아니고 통곡도 아니고 웃음도 아니고 눕는 것도 아니고 일어남도 아니고 굶주림도 아니고 배부름도 아니니, 이런 이치로 내가 없는 줄을 결정코 알지니라.

선남자야, 이 외도들이 어린아이처럼 어리석고 지혜와 방편이 없어서 항상한지 무상한지, 괴로움인지 즐거움인지, 깨끗한지 부정한지, 나인지 내가 아닌지, 장수함인지 장수하지 않음인지, 중생인지 중생이 아닌지, 진실인지 진실이 아닌지, 있는 것인지 있는 것 아닌지를 분명하게 알지 못하면서 부처님 법에서 조금 얻어 가지고는 허망하게 항상하다, 즐겁다, 나다, 깨끗하다고 억측하거니와 실제로는 항상하고 즐겁고 나이고 깨끗함을 알지 못하느니라.

배냇소경이 젖빛을 알지 못하여 다른 이에게 묻기를 '젖빛이 어떠한가?' 하였다. 다른 이가 대답하되 '젖빛은 조개 같으니라' 하였다. 소경이 다시 묻되 '그러면 젖빛이 조개 소리 같은가?' 다른 이가 '아니다'라고 대답하였다. 소경이 다시 묻되 '조개 빛이 어떤가?' 하니 대답하되 '쌀가루 같다' 하였다. 소경이 다시 묻되 '젖빛이 보드랍기가 쌀가루 같은가, 쌀가루는 또 어떤가?' 하니 대답하되, '눈 오는 것 같다' 하였다. 소경이 다시 말하되 '쌀가루는 차기가 눈 같은가? 눈은 또 어떤가?' 하니 대답하되 '흰 두루미 같다'고 하였다.

이 배냇소경이 비록 네 가지 비유를 들었지만 끝끝내 젖의 참빛을 알지 못하였나니, 외도들도 그와 같아서 마침내 항상하고 즐겁고 나이고 깨끗한 것을 알지 못하느니라. 선남자야, 이러한 이치로 나의 불법에만 진실한 참된 이치가 있고 외도들에게 있는 것이 아니니라."

문수사리보살이 부처님께 여쭈었다.

"희유합니다. 세존이시여, 여래께서 지금 반열반에 다다르시어, 다시 위없는 법수레를 운전하시어 이렇게 참된 이치를 분별하시나이다."

부처님께서 말씀하셨다.

"문수사리여, 그대는 어찌하여 여래에 대하여 열반한다는 생각을 내는가. 선남자야, 여래는 진실로 항상 머물러 있고 변하지 아니하며, 열반에 들지 않느니라. 선남자야, 만일 어떤 이가 억측하기를 '내가 부처님이고 내가 아녹다라삼먁삼보리를 이루었으며, 내가 곧 법이고 법은 나의 것이며, 내가 곧 도이고 도는 나의 것이며, 내가 곧 세존이고 세존은 나의 것이며, 내가 곧 성문이고 성문은 나의 것이며, 내가 법을 말하여 다른 이로 하여금 듣게 하며, 내가 법수레를 운전하고 다른 이는 운전하지 못한다'고 한다면, 여래는 이러한 계교를 하지 아니하므로 여래는 법수레를 운전하지 않는 것이니라.

선남자야, 어떤 사람이 헛되이 계교하기를 '내가 곧 눈이고 눈은 나의 것이니, 귀·코·혀·몸·뜻도 그러하며, 내가 곧 색이고 색은 나의 것이니, 내지 법도 그러하며, 내가 곧 지대요 지대는 나의 것이니, 수대·화대·풍대도 그러하다' 하며, 선남자야, 어떤 사람이 말하기를 '내가 곧 믿음이고 믿음은 나의 것이며, 내가 곧 많이 아는 것[多聞]이고 많이 앎은 나의 것이며, 내가 곧 보시바라밀이요 보시바라밀은 나의 것이며, 내가 곧 지계(持戒)바라밀이요 지계바라밀은 나의 것이며, 내가 곧 인욕(忍辱) 바라밀이요 인욕바라밀은 나의 것이며, 내가 곧 정진바라밀이요 정진바라밀은 나의 것이며, 내가 곧 선바라밀이요 선바라밀은 나의 것이며, 내가 곧 지혜바라밀이요 지혜바라밀은 나의 것이며, 내가 곧 4념처(念處)요 4념처는 나의 것이며, 4 정근(正勤)·4여의족(如意足)·5근(根)·5력(力)·7각분(覺諒)·8

성도(聖進)도 그러하다'고 한다면, 선남자야, 여래는 이러한 계교를 하지 아니하므로, 여래는 법수레를 운전하지 않는 것이니라. 선남자야, 만일 항상 머물러 있고 변역함이 없다면, 어찌하여 부처님이 법수레를 운전한다 하는가. 그러므로 그대는 '여래가 방편으로 법수레를 운전한다'고 말하지 말아야 하느니라.

 선남자야, 눈을 인하고 빛을 말미암고 밝음을 말미암고 생각함을 말미암아 인과 연이 화합하여 안식을 내거니와 선남자야, 눈이 생각하기를 '내가 안식을 내었다' 하지 아니하며, 빛과 내지 생각함도 생각하기를 '내가 안식을 내었다' 하지 아니하며, 안식도 생각하기를 내가 스스로 났노라 하지 아니하나니, 선남자야, 이런 법들의 인과 연이 화합하여 본다고 이름하느니라. 선남자야, 여래도 그와 같아서, 6바라밀과 37조도법(助道法)을 인하여 모든 법을 깨달았고, 다시 목구멍·혀·이·입술·입을 인하여 말과 음성으로써, 교진여에게 처음으로 법문을 연설한 것을 법수레를 운전하였다고 이름하거니와 이러한 이치로 여래는 법수레를 운전한다고 이름하지 아니하나니, 선남자야, 만일 운전하지 않았다면 곧 법이라 이름하며 법이 곧 여래니라.

 선남자야, 부싯돌[燧]을 인하고 부시[鑽]를 인하고 손을 인하고 부싯깃[乾牛糞]을 인하여 불을 내거니와 부싯돌이 생각하기를 '내가 불을 내었노라. 하지 아니하며, 부시·손·부싯깃도 저마다 생각하기를 '내가 불을 내었노라' 하지 아니하며, 불도 말하기를, '내가 스스로 났노라' 하지 아니하나니, 여래도 그와 같아서 6바라밀을 인하여, 내지 교진여에게 법문 말하는 것을 법수레를 운전한다 이름하거니와 여래도 생각하기를 '내가 법수레를 운전한다'고 하지 아니하느니라. 선남자야, 만일 생각을 내지 않는다면, 그것은 바른 법수레를 운전한다 이름하나니, 이렇게 법수레를 운전하는 것이 곧 여래니라.

선남자야, 낙[酪]을 인하고 물을 인하고 젓는 일[攢]을 인하고 옹기를 인하고 노끈을 인하고 사람의 손으로 잡음을 인하여 소(酥)가 나거니와 박이 생각하기를 '내가 소를 나게 하였다' 하지 아니하며, 내지 사람의 손도 생각하기를 '내가 소를 나게 하였다' 하지 아니하며, 소도 '내가 스스로 났노라'고 말하지 아니하거니와 여러 인연이 화합하여 소가 나는 것이니, 여래도 그러하여 마침내 생각하기를 '내가 법수레를 운전하노라' 하지 아니하느니라. 선남자야, 만일 내지 않는다면 그것이 곧 바른 법수레를 운전함이니, 이렇게 법수레를 운전하는 것이 곧 여래니라.

선남자야, 씨를 인하고 땅을 인하고 물을 인하고 따뜻함을 인하고 바람을 인하고 거름을 인하고 시기를 인하고 사람의 작업을 인하여 싹이 나거니와 선남자야, 씨가 말하기를 '내가 싹을 내었노라' 하지 아니하며, 내지 작업도 생각하기를 '내가 싹을 내었노라' 하지 아니하며, 싹도 말하기를, '내가 스스로 났노라. 하지 아니하나니 여래도 그러하여, 마침내 생각하기를 '내가 법수레를 운전하노라' 하지 아니하느니라. 선남자야, 만일 짓지 않는다면 이것이 곧 바른 법수레를 운전하는 것이니, 이렇게 법수레를 운전하는 것이 곧 여래니라.

선남자야, 북을 인하고 빈 것을 인하고 가죽을 인하고 사람을 인하고 북채를 인하여 화합하여 소리를 내거니와 북이 생각하기를 '내가 소리를 내노라' 하지 아니하며, 내지 북채도 그와 같으며, 소리도 말하기를, '내가 스스로 났노라' 하지 아니하나니, 선남자야, 여래도 그와 같아서 마침내 생각하기를 '내가 법수레를 운전하노라' 하지 아니하느니라. 선남자야, 법수레를 운전함은 짓지 않는다 이름하고, 짓지 않는 것은 곧 법수레를 운전함이니, 법수레를 운전하는 것은 곧 여래니라.

선남자야, 법수레를 운전함은 부처님 세존의 경계요, 성문·연각의 알 바가 아니니라. 선남자야, 허공은 낸 것도 아니요 난 것도 아니요, 지은 것도 아니요 만든 것도 아니요 함이 있는 법도 아니니, 여래도 그러하여 낸 것도 아니요 난 것도 아니요, 지은 것도 아니요 만든 것도 아니요 함이 있는 법도 아니며, 여래의 성품과 같이 불성도 그러하여 낸 것도 아니요 난 것도 아니요, 지은 것도 아니요 만든 것도 아니요 함이 있는 법도 아니니라.

선남자야, 부처님 세존의 말이 두 가지가 있으니, 세간 말과 출세간 말이니라. 선남자야, 여래가 성문·연각들을 위하여는 세간 말로 말하고, 보살들을 위하여는 출세간 말로 말하느니라. 선남자야, 대중도 두 가지가 있으니 소승을 구하는 이와 대승을 구하는 이니라. 예전에 내가 바라내성에서는 성문들을 위하여 법수레를 운전하였고, 지금 이 구시나성에서는 보살들을 위하여 큰 법수레를 운전하느니라. 또 선남자야, 두 가지 사람이 있으니, 중품 근기와 상품 근기니라. 중품 근기를 위하여는 바라내성에서 법수레를 운전하였고, 상품 근기며 사람 중의 코끼리인 가섭보살들을 위하여는 지금 이 구시나성에서 큰 법수레를 운전하느니라. 선남자야, 가장 하품 근기에서는 여래가 법수레를 운전하지 않나니, 하품 근기는 일천제니라. 또 선남자야, 부처님 도를 구하는 데 두 가지가 있으니, 중품 정진과 상품 정진이니라. 바라내성에서는 중품 정진을 위하여 법수레를 운전하였고, 지금 이 구시나성에서는 상품 정진을 위하여 큰 법수레를 운전하느니라. 또 선남자야, 내가 예전에 바라내성에서 처음 법수레를 운전할 때에는 천상과 세간의 8만 사람이 수다원과를 얻었고, 지금 이 구시나성에서는 80만억 사람이 아뇩다라삼먁삼보리에서 물러나지 아니하느니라. 또 선남자야, 바라내성에서는 대범천왕이 머리를 조아리며 나에게 법수레 운전하기를 청하였고, 지금 이 구시나성에서는 가섭보살이 머리를 조아리며 나에게 큰 법수레 운전하기를 청하느니라. 또 선남자야, 내가 예전에 바라내성에서 법수레를 운전할 적에는 무상하고 괴롭고 공하고 내가 없음을 연설하였고, 지금 이 구시나성에서 법수레를 운전함에는 항상하고 즐겁고 내가 있고 깨끗함을 연설하느니라. 또 선남자야, 내가 예전에 바라내성에서 법수레를 운전할 때에는 음성이 범천까지 들리었고, 여래가 지금 구시나성에서 법수레를 운전할 때에, 나는 음성은 동방으로 20항하의 모래 수 부처님 세계에 들리며, 남방·서방·북방과 네 간방과 상방과 하방도 그와 같으니라.

또 선남자야, 부처님 세존의 모든 말씀은 다 법수레를 운전한다 이름하느니라. 선남자야, 마치 전륜성왕이 가진 보배 바퀴가 아직 항복하지 않은 이는 항복케 하고 이미 항복한 이는 편안케 하듯이, 선남자야, 부처님 세존의 말하는 법도 그와 같아서, 한량없는 번뇌를 조복하지 못한 이는 조복케 하고 이미 조복한 이는 선근을 내게 하느니라. 선남자야, 마치 전륜성왕이 가진 보배 바퀴가 모든 원수와 대적을 소별하듯이, 여래의 연설하는 법도 그와 같아서, 모든 번뇌의 도적을 모두 고요하게 하느니라. 또 선남자야, 마치 전륜성왕이 가진 보배 바퀴가 위아래로 돌듯이, 여래의 말하는 법도 그와 같아서 아래 갈래에 있는 나쁜 중생들로 하여금 위로 올라가서, 천상 인간이나 부처님 도에 나게 하느니라. 선남자야, 그러므로 그대는 지금 여래가 여기서 다시 법수레를 운전한다고 칭찬하지 말아야 하느니라."

그때에 문수사리보살이 부처님께 여쭈었다.

"세존이시여, 제가 이런 뜻을 모르는 것이 아니오나, 그래도 물은 것은 모든 중생을 이익케 하려는 것입니다. 세존이시여, 저는 진작부터 법수레를 운전함이 참으로 부처님 여래의 경계이고, 성문·연각으로서는 미칠 바가 아닌 줄을 알았나이다."

이때에 부처님이 가섭보살에게 말씀하였다.

"선남자야, 이것을 이름하여 보살이 대승의 대반열반경에 머물러서 행할 바 거룩한 행이라 하느니라."

가섭보살이 부처님께 여쭈었다.

"세존이시여, 또 무슨 뜻으로 거룩한 행이라 이름하나이까?"

"선남자야, 거룩하다 함은 부처님 세존을 말하는 것이니, 이런 뜻으로 거룩한 행이라 하느니라."

"세존이시여, 만일 부처님들의 행할 것이라면, 성문이나 연각이나 보살로는 닦아 행할 것이 아니겠나이다."

"선남자야, 이것은 부처님들이 대반열반경에 머물러 있으면서 이렇게 열어 보이고 분별하여 그 이치를 연설하는 것이므로 거룩한 행이라 하며, 성문·연각과 보살들은 이렇게 듣고는 받들어 행하는 것이므로 거룩한 행이라 이름하느니라. 선남자야, 보살마하살이 이런 행을 얻고는 즉시 두려움이 없는 지위에 머물게 되느니라. 선남자야, 만일 보살이 이렇게 두려움이 없는 지위에 머물면, 다시는 탐욕·성내는 일·어리석음과, 나고 늙고 병들고 죽는 일을 두려워하지 아니하며, 또 나쁜 갈래인 지옥·축생·아귀도 두려워하지 않느니라. 나쁜 것이 두 가지니, 하나는 아수라요 다른 하나는 인간이니라. 인간에 세 가지 나쁜 것이 있으니, 일천제와 방등경전을 비방함과 4중금(重禁)을 범함이니라. 선남자야, 이 지위에 머무는 보살들은 이러한 나쁜 곳에 떨어짐을 두려워하지 아니하고, 또 사문이나 바라문이나 외도의 나쁜 소견이나 천마 파순도 두려워하지 아니하며, 25유에 태어나는 일도 두려워하지 않나니, 그러므로 이 지위를 두려움 없는 자리라 이름하느니라.

선남자야, 보살마하살이 두려움 없는 지위에 머물러서는 25삼매를 얻어 25유를 깨뜨리느니라. 선남자야, 때 없는[無垢] 삼매를 얻어서는 지옥의 유(有)를 깨뜨리고, 물러남이 없는[無退] 삼매를 얻어서는 축생의 유를 깨뜨리고, 마음 즐거운[心樂] 삼매를 얻어서는 아귀의 유를 깨뜨리고, 환희한[歡喜] 삼매를 얻어서는 아수라의 유를 깨뜨리고, 햇빛[日光]삼매를 얻어서는 불바제의 유를 깨뜨리고, 달빛 삼매를 얻어서는 구야니의 유를 깨뜨리고, 아지랑이[熱炎] 삼매를 얻어서는 울단월의 유를 깨뜨리고, 환술 같은[如幻] 삼매를 얻어서는 염부제의 유를 깨뜨리고, 온갖 법에 흔들리지 않는 삼매를 얻어서는 4왕천의 유를 깨뜨리고, 굴복하기 어려운[難伏] 삼매를 얻어서는 33천의 유를 깨뜨리고, 마음이 기쁜[悅意] 삼매를 얻어 염마천의 유를 깨뜨리고, 청색삼매를 얻어서는 도솔천의 유를 깨뜨리고, 황색삼매를 얻어서는 화락천의 유를 깨뜨리고, 적색삼매를 얻어서는 타화자재천의 유를 깨뜨리고, 백색삼매를 얻어서는 초선천의 유를 깨뜨리고, 가지가지 삼매를 얻어서는 대범천의 유를 깨뜨리고, 쌍삼매를 얻어서는 2선천의 유를 깨뜨리고, 천둥소리[雷音] 삼매를 얻어서는 3선천의 유를 깨뜨리고 소낙비[澍雨] 삼매를 얻어서는 4선천의 유를 깨뜨리고 허공 같은[如虛] 삼매를 얻어서는 무상천의 유를 깨뜨리고, 거울 비치는[照鏡] 삼매를 얻어서는 정거천 아나함의 유를 깨뜨리고, 걸림없는 삼매를 얻어서는 공처천의 유를 깨뜨리고, 항상한 삼매를 얻어서는 식처천(識處天)의 유를 깨뜨리고, 쾌락삼매를 얻어서는 불용처천(不用處天)의 유를 깨뜨리고, 나[我]삼매를 얻어서는 비상비비상천의 유를 깨뜨리느니라. 선남자야, 이것을 이름하여 보살이 25삼매를 얻어 25유를 끊는다 하느니라.

선남자야, 이 25삼매를 모든 삼매의 왕이라 이름하나니, 선남자야, 보살 마하살이 이러한 삼매의 왕에 들어가서는 수미산왕을 불어서 넘어뜨리려 하여도 마음대로 되고, 삼천대천세계에 있는 중생들의 마음에 생각하는 것을 알고자 하여도 모두 알게 되며, 삼천대천세계의 중생들을 내 몸의 한 털구멍 속에 넣으려 하여도 뜻대로 되면서도 중생들로 하여금 비좁은 생각이 없게 하며, 한량없는 중생을 변화하여 만들어서 삼천대천세계에 채우려 하여도 마음대로 되며, 한 몸을 나누어 여러 몸을 만들고, 여러 몸을 합하여 한 몸을 만들더라도 마음에 집착이 없음이 연꽃과 같으니라.

선남자야, 보살마하살이 이러한 삼매의 왕에 들게 되면 곧 자재한 지위에 머물게 되고, 보살이 자재한 지위에 머물면 곧 자재한 힘을 얻어서 가고 싶은 곳에 마음대로 가서 보게 되느니라. 선남자야, 마치 전륜성왕이 사천하를 통솔하면 마음대로 다녀도 거리낌이 없듯이, 보살마하살도 그러하여 어느 곳에든지 가서 나고자 하면 마음대로 가서 나느니라. 선남자야, 보살마하살이 만일 지옥 중생들 중에 교화하여 선근에 머물게 할 만한 이를 보면 보살이 그 가운데 가서 나거니와 보살이 그렇게 나는 것은 본래 지은 업의 과보가 아니고, 보살마하살이 자재한 지위에 머문 힘의 인연으로 가서 나는 것이니라. 선남자야, 보살마하살이 비록 지옥 속에 있더라도 뜨겁고 몸을 부수는 고통을 받지 않느니라. 선남자야, 보살마하살이 성취하는 이런 공덕도 한량없고 끝이 없어서 백천만억으로 말할 수 없거든, 하물며 부처님들의 가진 공덕이야 어떻게 말하겠는가.”

그때에 대중 가운데 한 보살이 있으니 이름이 무구장왕(無垢藏王)이었다. 큰 위덕이 있고 신통을 성취하였으며, 큰 총지(摠持)를 얻고 삼매가 구족하여 두려울 것이 없었다. 곧 자리에서 일어나 오른 어깨를 벗어 메고 오른 무릎을 땅에 대고 꿇어앉아 합장하고 부처님께 여쭈었다.

“세존이시여, 부처님이 말씀하신 대로 부처님과 보살들의 성취하는 공덕과 지혜가 한량없고 끝이 없어 백천만억으로 말할 수 없거니와 나의 생각으로는 오히려 이 대승경전만 못하리라 하나니, 왜냐하면 이 대승 방등경의 힘으로 인하여 부처님 세존의 아뇩다라삼먁삼보리를 내는 까닭입니다.”

이때에 부처님께서 칭찬하여 말씀하셨다.

“훌륭하고 훌륭하다. 선남자야, 그대의 말대로 대승 방등경전이 비록 한량없는 공덕을 성취하였지만 이 경전에 견주어보면 비교도 되지 아니하여, 백곱 천곱 백천만억 곱이며, 내지 산수와 비유로도 미칠 수 없느니라. 선남자야, 비유컨대 마치 소에서 우유가 나오고 우유에서 낙이 나고 낙에서 생소가 나고 생소에서 숙소가 나고 숙소에서 제호가 나는데, 제호는 가장 훌륭하여서 먹기만 하면 모든 병이 소멸되며, 온갖 약이 모두 그 속에 들어 있음과 같으니라. 선남자야, 부처님도 그와 같아서 부처님에게서 12부경이 나오고, 12부경에서 수다라가 나오고, 수다라에서 방등경이 나오고, 방등경에서 반야바라밀경이 나오고, 반야바라밀경에서 대반열반경이 나오나니, 대반열반경은 제호와 같으니라. 제호는 불성에 비유한 것이니, 불성은 곧 여래니라. 선남자야, 이런 뜻으로 여래의 가진 공덕은 한량없고 그지없어 헤아릴 수 없다고 말하느니라."

가섭보살이 부처님께 여쭈었다.

"세존이시여, 부처님께서 대반열반경을 칭찬하시기를 '제호와 같아서 가장 훌륭하고 가장 묘하고 먹기만 하면 모든 병이 모두 소멸되며, 온갖 약이 그 속에 들었다' 하시었습니다. 제가 듣고 가만히 생각하오니 이 경을 듣고 받들지 못하는 이는 매우 어리석은 사람이며 선한 마음이 없다 하겠나이다. 세존이시여, 나는 지금 가죽을 벗겨 종이를 삼고 피를 뽑아 먹을 삼고 골수로 물을 삼고 뼈를 꺾어 붓을 삼아서 이 대반열반경을 쓰고, 쓰고는 읽고 외워서 익히 통달한 후에, 다른 이들에게 일러주는 일을 감당하겠나이다. 세존이시여, 어떤 중생이 재물을 탐하면 나는 재물로써 보시한 뒤에 이 대반열반경을 읽으라고 권하겠으며, 지위가 높고 귀한 이에게는 먼저 사랑하는 말로 그의 뜻을 순종하고 다음에 이 대승의 대반열반경을 점점 권하여 읽게 하겠으며, 만일 보통 범부들이면 위엄으로 위협한 뒤에 읽게 하며, 교만한 이는 내가 그의 종이 되어서 마음을 순종하여 기쁘게 한 뒤에 대반열반경을 가르쳐 인도하며, 대승경전을 비방하는 이는 세력으로 꺾어 굴복시키고 그러한 뒤에 대반열반경을 권하여 읽게 하며, 대승경전을 좋아하는 이는 내가 몸소 가서 공경하고 공양하고 존중하고 찬탄하겠나이다."

이때에 부처님께서 가섭보살을 칭찬하셨다.

"훌륭하고 훌륭하다. 선남자야, 그대가 대승경전을 매우 좋아하고 대승경전을 탐구하고 대승경전을 받아 지니고 대승경전을 맛들이고 대승경전을 믿고 공경하고 존중하고 공양하는구나. 선남자야, 그대는 이 선심의 인연으로써 마땅히 한량없고 그지없는 항하의 모래 같은 대보살들을 뛰어넘어서, 그들보다 먼저 아뇩다라삼먁삼보리를 성취할 것이며, 또 오래지 않아서 나와 같이 대중을 위하여, 여래며 불성이며 부처님들이 말씀한 비밀한 법장인 대반열반경을 연설하리라.

선남자야, 지나간 옛적 부처님이 나시기 전에 내가 바라문이 되어 보살행을 닦으면서, 모든 외도들의 경전을 모두 통달하고, 고요한 행을 닦으며 위의를 구족하고 마음이 깨끗하여, 탐욕을 낼 만한 외부의 물건에 파괴되지 않을 만하였으며, 성냄의 불을 소멸하여 항상하고 즐겁고 나이고 깨끗한 법을 받아 지니고서, 여러 방면으로 대승경전을 구하여도 마침내 방등경의 이름도 듣지 못하였다. 내가 그때에 설산에 있었는데, 산이 깨끗하고 흐르는 물, 목욕하는 못, 나무 숲, 약풀들이 간 데마다 가득하였고, 바위틈에는 밝은 물이 흐르고 향기로운 꽃들이 두루 장엄하였으며, 아름다운 새와 진기한 짐승이 헤아릴 수 없고, 맛나는 과실이 번성하여 종류가 한량없으며, 한량없는 연근·감근(甘根)·청목향 뿌리들이 있었다. 내가 그때에 혼자 산중에 있으면서 과실만을 따먹고, 그리고는 전심으로 좌선하는 일을 행하면서 한량없는 세월을 지났으나, 여래가 세상에 나셨다거나 대승경전의 이름을 듣지 못하였다. 선남자야, 내가 그렇게 어려운 고행을 닦을 적에 제석천왕과 천상 사람들이 마음에 크게 놀라고 이상하게 여겨 한곳에 모이어 서로서로 말하면서 게송을 읊었다."

아름답고 깨끗한 설산 가운데
고요히 앉아 있어 욕심 벗은 님
공덕으로 장엄한 거룩한 이를
번갈아 서로서로 가리키노니

욕심·교만·성내는 일 다 여의었고
어리석은 무명을 아주 끊어서
추악하고 더러운 나쁜 소리가
입에서 나오는 일 보지 못했네.

이때에 대중 가운데 환희(歡喜)라는 천인이 또 게송을 말했다.

저렇게 모든 욕심 떠난 사람이
깨끗하게 부지런히 정진하다가
그러다가 제석이나 천상 사람이
되기를 구하지나 아니할는지

흔히는 세상에서 도 닦는 사람
여러 가지 괴로운 일 닦아 행할 때
제석천왕 앉아 있는 높은 자리를
외람되게 희망하는 욕심 있나니.

그때에 어떤 신선이 곧 제석천왕을 위하여 게송을 말하였다.

이 하늘 임금이신 교시가시여
행여나 그런 염려하지 마시오.
외도들이 고행을 닦아 행함이
하필이면 제석 자리 희망할라구.

이러한 게송을 읊고 나서 또 이렇게 말하였다.
"교시가여, 세상에는 갸륵한 사람들이 중생을 위하므로 자기의 몸을 탐내지 아니하며, 중생들을 이익케 하기 위하여 한량없는 고행을 닦는 이가 있습니다. 그런 사람은 나고 죽는 속에 걱정이 많음을 보았으므로, 가령 땅에나 모든 산에나 큰 바다에 보배가 가득 찼더라도, 탐내지 아니하고 뱉은 침을 보듯 합니다. 그런 이들은 재물이나 사랑하는 처자나 자기의 머리·눈·골수·손·발·팔·다리·살던 집·코끼리·말·수레·노복·하인 따위를 모두 버리고, 천상에 나기도 구하지 아니하며, 다만 모든 중생으로 하여금 쾌락을 받게 하려는 일을 구할 뿐이오니, 내가 생각하기에는 저 보살은 깨끗하여 물들지 아니하고 모든 번뇌가 아주 없어졌으매, 다만 아뇩다라삼먁삼보리를 구함뿐인가 하나이다."

제석천왕이 또 이렇게 말하였다.

"그대의 말과 같다면 저 사람은 세간의 모든 중생들을 거두어 줄 것이다. 대선(大仙)이여, 이 세상에 부처라는 나무가 있다면, 모든 천상 사람·세간 사람과 아수라들의 번뇌 독사를 덜어 줄 것이며, 모든 중생이 부처라는 나무의 서늘한 그늘에 가서 있으면, 번뇌의 독기가 모두 소멸할 것이다. 대선이여, 저 사람이 만일 오는 세상에서 부처를 이룬다면, 우리들도 한량없이 뜨거운 번뇌를 소멸하게 되련만 그런 일은 진실로 믿을 수 없을 것이다. 왜냐하면 한량없는 백천 중생이 아뇩다라삼먁삼보리 마음을 내었더라도 조그만 인연만 보면 아뇩다라삼먁삼보리에서 흔들리게 되나니, 마치 물 속의 달이 물이 흔들리면 따라서 흔들리는 것 같고, 또 초상이 그리기는 어려우나 부서지기는 쉬운 것 같아서, 보리의 마음도 내기는 어려우나 물러가기는 쉬운 것이다.

대선이여, 마치 여러 사람이 여러 가지 무기로 견고하게 몸을 단속하고 앞으로 나아가서 도적을 토벌하려 하다가도, 막상 다다라서 두려움이 생기면 문득 흩어지는 것처럼, 중생들도 그와 같아서, 보리심을 내어 견고하게 몸을 장엄하였다가도 나고 죽는 허물을 보고는 두려운 마음을 내어 물러가는 것이다. 대선이여, 나는 이러한 많은 중생들이 발심하였다가 뒤에는 모두 동요하는 것을 보았으므로, 지금에 비록 이 사람이 고행을 닦으면서 번뇌도 없고 시끄러움도 없으며 험난한 길에 있어 행실이 깨끗함을 보지만, 믿지 못하는 것이다. 내가 지금 그에게 가서, 참으로 아뇩다라삼먁삼보리의 무거운 짐을 감당할 수 있는지 시험하여 보려 한다. 대선이여, 수레는 두 바퀴가 있어야 짐을 실을 수 있고, 새는 두 날개가 있어야 날아다닐 수 있나니, 고행하는 사람도 그와 같아서, 내가 비록 그가 계율을 굳게 가짐을 보지만 깊은 지혜가 있는지는 알지 못하나니, 만일 깊은 지혜가 있으면 아뇩다라삼먁삼보리의 무거운 짐을 감당할 줄을 알 것이다. 대선이여, 마치 물고기가 알을 많이 낳지만 고기가 되는 것은 적고, 암마라나무가 꽃은 많지만 열매는 적은 것처럼, 중생도 발심하는 이는 한량없지만 끝까지 성취하는 이는 말할 수 없이 적으니라. 대선이여, 내가 당신과 더불어 함께 가서 시험하리라. 대선이여, 진금은 세 가지로 시험하면 참인지를 아나니, 녹이고 두들기고 갈아보는 것인데, 수행하는 이를 시험함도 그와 같으니라."

그때에 제석천왕이 몸을 변하여 나찰이 되니, 형상이 흉악하였다. 설산에 내려가서 멀지 아니한 곳에 섰으니, 그때에 나찰은 두려운 마음이 없고, 용맹하기 짝이 없으며, 조리 있는 변재와 밝은 음성으로 지난 세상의 부처님께서 말씀한 반구 게송을 말하였다.

변천하는 모든 법 항상치 않아〔諸行無常〕
이것이 났다가는 없어지는 법〔是生滅法〕

이 반구 게송을 말하고는 앞에 섰는데, 얼굴이 험상스럽고 눈을 두리번거리면서 사방을 노려보았다. 고행하던 이는 이 반구 게송을 듣고 마음이 대단히 기뻤으니 마치 장사치가 험난한 길에서 밤에 동행을 잃고 여러 곳으로 찾아다니다가 동무를 만나서는 기쁜 마음으로 한량없이 뛰노는 듯하며, 또는 오래 알던 이가 용한 의원과 간호할 사람과 좋은 약을 만나지 못하다가 나중에 만난 듯하며 바다에 빠진 이가 배를 만난 듯, 목마른 이가 찬물을 만난 듯, 원수에게 쫓기다가 벗어난 듯, 오래 갇혔던 사람이 놓아진 듯, 농사꾼이 오랜 가뭄에 비를 만난 듯, 길 떠났던 사람이 집에 돌아오자 가족들이 보고 기뻐하는 듯하였다. 선남자야, 내가 그때에 반구 게송을 듣고 마음에 기쁘기가 그와 같아서, 곧 자리에서 일어나 손으로 머리카락을 거두어 들고 사방을 살펴보면서, 지금 들려준 게송을 누가 말한 것이냐고 물었으나, 다른 사람은 보이지 않고 나찰만이 보였다. 그래서 이렇게 물었다.

'누가 이러한 해탈의 문을 열었으며, 누가 능히 모든 부처님들의 음성을 우레처럼 우렁차게 외쳤는가. 나고 죽는 잠꼬대에서 누가 혼자 깨어 이런 게송을 읊었는가. 생사에 흉년 든 중생에게 누가 위없는 도의 맛을 보여 주었는가. 한량없는 중생이 나고 죽는 바다에 헤매는데, 누가 능히 이 속에서 뱃사공이 되었는가. 모든 중생들이 번뇌의 중병에 걸렸는데, 누가 용한 의원이 되었는가. 이 반 게송을 말하여 나의 마음을 깨워 주니, 마치 반쪽 달이 연꽃을 점점 피게 하는 듯하구나.'

선남자야, 그때에 다시는 보이는 이가 없고, 나찰만이 보였다. 내가 생각하기를 '저 나찰이 게송을 말하였는가' 하였다가, 다시 의심하되 '그가 이런 게송을 말할 수 없으리라. 왜냐하면 저의 형상이 저렇게 흉악하니, 만일 이런 게송을 들었으면, 모든 흉악하고 무서운 모양이 없어졌을 것이거늘, 어찌 저런 모양으로 이런 게송을 말할 수 있겠는가. 불 속에는 연꽃이 날 수 없으며 햇빛에서는 찬물이 생길 수 없느니라' 하였다. 그리고 내가 다시 생각하기를 '내가 지혜가 없구나. 이 나찰이 혹시 지나간 세상에서 부처님을 뵙고 부처님께 이런 게송을 들었는지도 알 수 없지 않은가. 내가 한번 물어 보리라' 하고, 문득 나찰이 있는 데로 나아가서 이렇게 물었다.

'대사(大師)여, 그대가 어디에서, 지나간 세상 두려움을 떠난 이가 말씀한 반구 게송을 얻었는가? 대사여, 그대는 어느 곳에서 이러한 반쪽 여의주를 얻었는가? 대사여, 이 반구 게송의 뜻은 진실로 지나간 세상·오는 세상·지금 세상의 여러 부처님의 바른 도리요, 모든 세간의 한량없는 중생이 항상 여러 가지 소견의 그물에 싸였으니, 일생을 두고도 외도의 법에서는, 세상을 뛰어나서 10력(力)을 가진 부처님께서 말씀하신 공한 이치를 얻어 들을 길이 없는 것이오.'

이렇게 물었더니, 나찰이 나에게 대답하였다.

'대바라문이여, 그대는 나에게 이 뜻을 묻지 마시오. 왜냐하면 나는 먹지 못한 지가 여러 날이 되었소. 여러 곳으로 먹을 것을 구하였으나 만나지 못하여, 지금은 기갈이 심하고 정신이 어지러워 헛소리를 한 것이고 나의 본마음에서 나온 말이 아니오. 지금 나의 근력이 허공으로 날아다닐 수만 있으면, 울단월이나 천상에까지 다니면서 먹을 것을 구하련만 그렇게도 할 수 없어서 이런 말을 하는 것이오.'

선남자야, 내가 그때에 또 나찰에게 말하였다.

'대사여, 그대가 나에게 그 게송을 마저 일러주면, 나는 일생 동안 그대의 제자가 되겠소. 대사여, 그대가 말한 반구 게송은 글로도 끝나지 않았고 뜻으로도 끝난 것 아닌데, 무슨 인연으로 마저 말하려 하지 않는가. 재물로 보시하는 일은 다할 때가 있지만 법으로 보시하는 인연은 다하지 않는 것이오. 법으로 보시함은 다함이 없고 이익이 많은 것이오. 내가 지금 그 반구 게송 법문을 듣고는 마음으로 한편 놀라고 한편 의심하는 터이니, 그대는 지금 나의 의심을 풀어주시오. 그 게송을 마저 말하면, 나는 평생을 두고 그대의 제자가 되겠소.'

나찰이 대답하였다.

'그대는 지나치게 꾀가 있어서, 제 일만 생각하고 남의 사정

은 모르는구려. 나는 참으로 배가 고파서 말할 수가 없소.'

내가 곧 묻되 '그대는 무엇을 먹는가?' 하니, 나찰이 대답하되 '그대는 묻지도 마시오. 내가 만일 말을 하면, 여러 사람이 깜짝 놀랄 것이오' 하였다.

그래서 내가 또 말하였다.

'여기는 우리 두 사람뿐이고 다른 이가 없지 않소. 나는 그대를 두려워하지 않을 터인데, 어찌하여 말하지 않으려 하오.'

나찰이 이렇게 대답했다.

'내가 먹는 것은 사람의 더운 살이고, 마시는 것은 사람의 끓는 피요. 나는 복이 없어서 이런 것만 먹게 되었는데, 아무리 구하여도 만날 수가 없구려. 세상에는 사람도 많지만 모두 복덕이 있고 이울러 천인들이 수호하고 있으니, 나의 힘으로는 죽일 수가 없소.'

선남자야, 나는 또 이렇게 말하였느니라.

'그대가 그 나머지 반구 게송마저 말하여 준다면, 나는 그 게송을 듣고 나서 이 몸으로 당신에게 공양하겠소. 대사여, 설사 내가 더 살다가 목숨이 다하여 죽더라도 이 몸은 다시 소용이 없소. 필경에는 호랑이나 늑대나 올빼미·독수리·부엉이 따위의 밥이 되어 조그만 복도 짓지 못할 것이므로, 나는 지금 아뇩다라삼먁삼보리를 구하기 위하여, 연약한 몸을 버리고 견고한 몸으로 바꾸려 하오.'

나찰이 또 대답하였다.

'그대의 그런 말을 누가 믿겠소. 여덟 글자를 위하여서 사랑

하는 몸을 버리겠다고 하는 것을.'

선남자야, 내가 곧 대답하였다.

'그대는 참으로 지견이 없소. 어떤 사람이나 질그릇을 주고 7보 그릇을 얻으려는 것인데, 나도 보잘것없는 이 몸으로 금강 같은 몸을 바꾸려는 것이오. 그대의 말이 〈누가 믿겠느냐〉 하지만 내가 지금 증거를 세우겠소. 대범천왕·제석천왕·사천왕들이 모두 이 일을 증명하고, 또 천안통을 얻은 보살로서 한량없는 중생을 이롭게 하려고 대승 행을 닦아서 6바라밀을 구족한 이들도 증명하실 것이고, 또 시방세계에 계시는 부처님께서도 중생을 이익케 하려는 이들이 내가 지금 여덟 글자를 듣기 위하여 생명을 버리려 하는 것을 증명하시는 것이오' 하였다.

나찰이 다시 말하였다.

'그대가 만일 몸을 버리겠다면, 그대에게 나머지 반구 게송을 말할 터이니, 자세히 들으시오.'

선남자야, 그때에 내가 그 말을 듣고는 기쁜 마음으로 몸에 둘렀던 사슴 가죽을 벗어서, 나찰에게 설법하는 자리로 깔아 놓고 '화상이시여, 이 자리에 앉으십시오' 하고는, 내가 그 앞에 합장하고 꿇어앉아 말하였느니라.

'원하옵니다. 화상이시여, 나를 위하여 나머지 반구 게송을 말씀하시어 구족하게 하소서.'

그러자 나찰은 즉시 게송을 말하였다.

났다 없다 하는 법 없어지고 나면[生滅滅已]
그때가 고요하여 즐거우리라[寂滅爲樂].

그때에 나찰이 이 게송을 읊고는 다시 말하였다
'보살마하살이여, 그대가 지금 게송의 뜻을 구족하게 들었으니, 그대의 소원은 다 만족하였소. 만일 중생을 이익하게 하려면 그대의 몸을 나에게 주어야 하오.'

선남자야, 내가 그때에 게송의 뜻을 깊이깊이 명심하고 그런 뒤에 각처에 있는 돌과 벽과 나무와 길에 이 게송을 써놓고는, 몸에 입었던 옷을 다시 정돈하여 죽은 뒤에라도 살이 드러나지 않게 하고 높은 나무로 올라갔다.

그때에 나무 신이 또 나에게 묻되 '당신은 어찌하려는 것이냐?'고 하기에, '나는 몸을 버려서 게송 들은 값을 갚겠노라'고 하였더니, 나무 신은 '그 게송이 무슨 이익이 있느냐?'고 물었다.

내가 대답했다.

'이 게송은 지난 세상·오는 세상·지금 세상에 계시는 여러 부처님께서 말씀하신 것으로 법이 공한 도리를 말한 것인데, 나는 이 법을 위하여서 몸과 목숨을 버리려는 것이고, 이양이나 명예나 재물이나, 전륜성왕·사천왕·제석천왕·대범천왕이나 인간·천상의 즐거움을 위하지 아니하며, 모든 중생들을 위하여서 이 몸을 버리노라.'

선남자야, 나는 몸을 버리려 하면서 또 이런 말을 하였다.

'바라건대 여러 간탐하고 인색한 사람들은 모두 와서 나의 몸 버림을 보라. 또 조금만 보시하고 뽐내는 사람들도 와서, 내가 지금 한 구 게송을 위하여 생명 버리기를 초개같이 함을 보라.'

나는 이때에 이 말을 마치고는, 곧 손을 놓고 나무 아래로 몸을 던졌다. 떨어지는 몸이 땅에 닿기 전에 허공에서 가지가지 소리가 나며, 그 소리가 아가니타천까지 들렸다. 이때였다. 나찰이 제석의 몸으로 돌아가 공중에서 나의 몸을 받아서 평지에 내려놓으니 제석천왕과 여러 천인과 대범천왕이 나의 발에 예배하고 찬탄하였다.

'장하여라, 당신은 참으로 보살입니다. 한량없는 중생을 이익하려고 캄캄한 무명 속에서 법의 친불을 켜려는 것을, 내가 여래의 큰 법을 아끼느라고 당신을 시끄럽게 하였으니, 바라건대 지은 죄를 참회하는 정성을 받아 주소서. 당신은 반드시 오는 세상에서 아뇩다라삼먁삼보리를 이를 것이니, 그때에 저희를 제도하소서.'

그리고는 제석천왕과 하늘 대중들이 나에게 예배하여 하직하고 다시 나타나지 아니하였다.

선남자야, 내가 지난 옛적에 반구 게송을 위하여 이 몸을 버린 인연으로 12겁을 초월하여 미륵보살보다 먼저 아뇩다라삼먁삼보리를 이루었느니라. 선남자야, 내가 이러한 한량없는 공덕을 이룬 것은 여래의 바른 법에 공양한 까닭이니라. 선남자야, 그대도 그와 같아서 아뇩다라삼먁삼보리 마음을 내었으니, 한량없고 그지없는 항하의 모래 수 보살들을 벌써 뛰어넘었느니라. 선남자야, 이것을 이름하여 보살이 대승의 대반열반경에 머물러서 거룩한 행을 닦음이라 하느니라."

대반열반경 제14권

20. 청정한 행[梵行品] ①

"선남자야, 어떤 것을 보살마하살의 청정한 행[梵行]이라 하는가. 선남자야, 보살마하살이 대승의 대반열반경에 머무르면 일곱 가지 착한 법에 머물러야 범행을 구족하나니 무엇이 일곱 가지인가. 첫째는 법을 알고, 둘째는 뜻을 알고, 셋째는 때를 알고, 넷째는 만족함을 알고, 다섯째는 스스로 알고, 여섯째는 대중을 알고, 일곱째는 높고 낮음을 아는 것이니라. 선남자야, 어떤 것을 보살마하살이 법을 아는 것이라 하느냐.

선남자야, 이 보살마하살이 12부경을 알아야 하나니, 수다라[契經]·기야[重頌]·수기(援記)·가타[孤起頌]·우타나[自說]·니다나[因緣]·아바다나[譬喩]·이제목다가[本事]·사다가[本生]·비불략[方廣]·아부타달마[未曾有]·우파제사[論議]니라. 선남자야, 어떤 것을 수다라경이라 이름하는가.

'이와 같이 나는 들었다[如是我聞]'에서 '기쁘게 받들어 행하니라[歡喜奉行]'까지의 모든 것을 수다라경이라 하느니라. 어떤 것을 기야경이라 이름하는가. 부처님이 비구들에게 말씀하시기를, 옛적에 나와 너희들이 어리석고 지혜가 없어 4진제(眞諦)를 실상 그대로 보지 못하고서, 오래도록 생사에 헤매면서 고통 바다에 빠졌으니, 네 가지 이치는 괴로움과 집(集)과 열반과 도이니라. 부처님이 예전에 비구들에게 수다라경을 말하여 마치었는데, 다시 자격이 훌륭한 중생이 법문을 들으려고 나중에 부처님 계신 데 와서 다른 이에게 묻기를 '여래께서 요전에 어떤 것을 말씀하였는가' 하기에, 부처님이 그 일을 알고 근본경을 의지하여 게송으로 말하였다.

멀고 먼 옛적에는 나나 너희나
네 가지 참 이치를 보지 못하고
났다가는 죽고 하는 고통 바다에
오래오래 헤매면서 지내었으니.

네 가지 참 이치를 보았더라면
나고 죽는 뿌리를 끊어 버리어
나는 일이 다하여 없어지고는
다시는 모든 세상 받지 않으리.

이런 것을 기야경이라 하느니라.
어떤 것을 수기경이라 이름하는가. 마치 어떤 경이나 계율에서 부처님이 법을 말하다가 천상 사람이나 세간 사람에게 부처님의 수기를 주면서 '너 아일다여, 오는 세상에 양가(蠰佉)

라는 왕이 있으리니, 바로 그 세상에서 부처의 도를 이룩하고 이름을 미륵이라 하리라' 하는 것을 수기경이라 하느니라.

어떤 것을 가타경이라 이름하는가. 수다라나 계율을 제외하고, 그 밖에 네 글귀 게송을 가리키는 것이니라.

여러 가지 나쁜짓 짓지도 말고
여러 가지 착한 일 모두 행하라.
자기 마음 스스로 깨끗이 하면
이를 일러 부처님 교라 하느니라.

이런 것을 가타경이라 하느니라.
어떤 것을 우다나경이라 이름하는가. 부처님께서 저녁나절에 선정에 들어서 하늘 대중들에게 법문을 연설하였는데, 그때에 비구들이 생각하기를. '여래께서 지금은 무엇을 하시는가' 하였다. 여래께서는 다음날 아침에 선정에서 일어나 물은 사람이 없지만, 타심통으로 알고 스스로 말씀하시기를 '비구들은 알아라. 모든 천인들은 수명이 엄청나게 긴데, 너희 비구들은 남을 위하고 자기의 이익을 구하지 않는 것이 잘하는 일이며, 탐욕이 없는 것이 잘하는 일이며, 만족한 줄을 아는 것이 잘하는 일이며, 고요하게 지내는 것이 잘하는 일이니라' 하셨다.

이런 경들은 묻는 이가 없어도 스스로 말하는 것이니, 이것을 '우다나'경이라 하느니라.

어떤 것을 니다나경이라 하는가. 어떤 경이나 게송에서 원인이 되는 근본을 다른 이에게 연설하는 것이니라. 사위성(舍衛城)에 어떤 장부가 그물로 새를 잡아서 새장에 넣어두고 모이와 물을 주다가 도로 놓아주었는데, 세존께서 그 근본과 나중의 인연을 알고 게송을 말씀하셨다.

작은 악을 업신여겨
죄가 없다 하지 말라
물방울이 작지만
큰그릇에 차느니라.

이런 것을 니다나경이라 하느니라.
어떤 것을 아바다나경이라 이름하는가. 계율 가운데서 말한 비유와 같은 것을 아바다나경이라 하느니라.
어떤 것을 이제목다가경이라 이름하는가. 부처님께서 말씀하시기를 '비구들은 마땅히 알아라. 내가 세상에 났을 때에 말한 것은 계경(契經)이라 하고, 구류진불(綠留泰佛)이었을 때에는 감로 북[甘露鼓]이라 하였고, 구나함모니불(拘那含牟濯佛) 때에는 법 거울[法鏡]이라 하였고, 가섭불(迦葉佛) 때에는 분별공(分別公)이라 하였느니라' 하는 이런 것을 이제목다가경이라 하느니라.
어떤 것을 사다가경이라 이름하는가. 부처님이 본래 보살로서 고행을 닦던 일이니, '비구들아, 마땅히 알아라. 내가 지난 세상에서 사슴이 되고 곰이 되고 노루가 되고 토끼가 되고 좁쌀이 흩어진 것처럼 많은 임금이 되고 전륜왕이 되고 용이 되고 금시조가 되었는데, 이와 같은 것은 보살의 도를 닦을 적에 받던 몸이다'라고 한다면 이런 것을 사다가경이라 하느니라.

어떤 것을 비불략경이라 이름하는가. 대승의 방등경전을 말함이니, 뜻이 넓고 커서 허공과 같음이라, 이런 것을 비불략경이라 하느니라.

어떤 것을 미증유경이라 이름하는가. 저 보살이 처음 났을 적에 붙들어 주는 이가 없었지만 일곱 걸음을 걸었고, 큰 광명을 놓으며 시방을 두루 보았다느니, 원숭이가 손으로 꿀 그릇을 받들어 여래께 드렸다느니, 목이 흰 강아지가 부처님 곁에서 법을 들었다느니, 마왕 파순이 푸른 소로 변하여 옹기 발우 사이로 다니면서 발우가 서로 부딪치게 하여도 깨어지지 않았다느니, 부처님이 아기 때에 천신의 사당에 들어가매 천신의 동상이 일어나서 예배하던 일 따위를 미증유경이라 하느니라.

어떤 것을 우바제사경이라 이름하는가. 부처님이 말씀한 경전에서 논란하고 분별하여, 그 모양을 말하는 것을 우바제사경이라 하느니라.

보살이 이와 같이 12부경을 분명히 알면 이것을 법을 안다고 하느니라.

어떤 것을 보살마하살이 뜻을 아는 것이라 하느냐. 보살마하살이 온갖 글자와 말에 대하여 그 뜻을 널리 알면 그것을 뜻을 안다고 하느니라. 어떤 것을 보살마하살이 때를 아는 것이라 하는가. 선남자야, 보살이 이런 때에는 고요함을 닦을 만하고 이런 때에는 정진을 닦을 만하고 이런 때에는 버리는 선정을 닦을 만하며, 이런 때에는 부처님께 공양할 만하고 이런 때에는 스님께 공양할 만하며, 이런 때에는 보시·지계·인욕·정진·선정을 닦아서 반야바라밀을 구족할 만한 줄을 잘 아는 것을 뜻을 안다고 하느니라.

어떤 것을 보살마하살이 만족함을 아는 것이라 하는가. 선남자야, 보살마하살이 만족함을 안다 함은 닦은 음식·의복·약과, 다니고 머무르고 앉고 눕고 자고 깨고 말하고 잠잠하는 따위니, 이것을 만족함을 안다고 하느니라.

선남자야, 어떤 것을 보살마하살이 스스로 아는 것이라 하는가. 이 보살이 내게 이런 믿음·이런 계행·이런 기억·이런 버림·이런 지혜·이런 거래·이런 바른 생각·이런 선행·이런 물음·이런 대답이 있음을 아는 것을 스스로 안다고 하느니라.

어떤 것을 보살마하살이 대중을 아는 것이라 하는가. 선남자야, 보살이 이러한 이는 찰리(刹利) 대중이며 바라문 대중이며 거사 대중이며 사문 대중들이니, 이 대중에게는 이렇게 가고 오고, 이렇게 앉고 일어나고, 이렇게 법을 연설하고, 이렇게 묻고 대답하여야 할 줄을 하는 것을 대중을 안다고 하느니라.

선남자야, 어떤 것을 보살마하살이 사람의 높고 낮음을 아는 것이라 하는가. 선남자야, 사람에 두 가지가 있으니, 하나는 믿는 이요, 다른 하나는 믿지 않는 이니라. 믿는 이는 착하고 믿지 않는 이는 착하지 아니함을 보살이 알아야 하느니라.

믿는 데 두 가지가 있으니 절에 가는 이와 가지 않는 이니라. 가는 이는 착하고 가지 않는 이는 착하지 않은 줄을 보살이 알아야 하느니라. 절에 가는 이에 또 두 가지가 있으니, 예배하는 이와 예배하지 않는 이니라. 예배하는 이는 착하고 예배하지 않는 이는 착하지 않은 줄을 보살이 알아야 하느니라. 예배하는 데도 두 가지가 있으니, 법을 듣는 이와 듣지 않는 이니라. 법을 듣는 이는 착하고 듣지 않는 이는 착하지 아니한 줄을 보살이 알아야 하느니라. 법을 듣는 데 또 두 가지가 있으니 지성으로 듣는 이와 지성이 없는 이니라. 지성으로 듣는 이는 착하고 지성이 없는 이는 착하지 않은 줄을 보살이 알아야 하느니라. 지성으로 법을 듣는 데 또 두 가지가 있으니 뜻을 생각하는 이와 생각하지 않는 이니라. 뜻을 생각하는 이는 착하고 뜻을 생각하지 않는 이는 착하지 않은 줄을 보살이 알아야 하느니라. 뜻을 생각하는 데도 두 가지가 있으니, 말한 대로 행하는 이와 말한 대로 행하지 않는 이니라. 말한 대로 행하는 이는 착하고 말한 대로 행하지 않는 이는 착하지 아니한 줄을 보살이 알아야 하느니라. 말한 대로 행하는 데 또 두 가지가 있으니, 하나는 성문을 구하고 모든 괴로움 받는 중생을 이익하여 편안케 하지 못하는 이요, 둘은 위없는 대승으로 회향하여 여러 사람을 이익하고 안락케 하는 이니, 여러 사람을 이익케 하여 안락을 얻게 하는 이가 가장 높고 가장 선한 줄을 보살은 알아야 하느니라.

선남자야, 모든 보배 가운데는 여의주가 가장 훌륭하고, 여러 가지 음식 중에는 감로가 제일이니, 이런 보살은 천상과 인간에서 가장 훌륭하고 가장 높아서 비유할 수 없느니라. 선남자야, 이것을 이름하여 보살마하살이 대승 대반열반경에 머물러서 일곱 가지 선한 법에 있는 것이라 하느니라. 선남자야, 이 일곱 가지 선한 법에 머물면, 청정한 행을 구족하느니라.

또 선남자야, 또 청정한 행이 있으니, 사랑하고[慈] 가엾이 여기고[悲] 기뻐하고[喜] 버리는[捨] 것이니라."

가섭보살이 부처님께 여쭈었다.

"세존이시여, 만일 사랑함을 닦으면 성내는 마음을 끊고, 가엾이 여김을 닦아도 성내는 마음을 끊거늘, 어찌하여 4무량심이라 합니까? 이치로 미루어보면 세 가지가 있겠나이다. 세존이시여, 사랑함에 세 가지 반연함이 있으니, 중생을 반연하는 것과 법을 반연하는 것과 반연함이 없는 것이며, 가엾이 여기는 마음·기뻐하는 마음·버리는 마음도 그와 같아서 이런 뜻을 따른다면 셋만이 있겠고 넷이 있지 않을 것입니다. 중생의 반연은 5음으로 말미암아 즐거움을 주려는 것이 중생의 반연이요, 법의 반연은 중생들이 필요하는 물건을 보시하여 주는 것이 법의 반연이요, 반연함이 없다 함은 여래를 반연함이니, 이것을 이름하여 반연이 없다고 하나이다.

사랑이라 함은 흔히 가난한 중생을 반연하는 것인데, 여래께서는 가난을 영원히 여의고 첫째가는 기쁨을 받으시니, 만일 중생을 반연한다면 부처님께서는 반연하지 않으며, 법도 그러하니, 이런 이치로 여래를 반연하는 것을 반연이 없다고 이름하나이다.

　세존이시여, 사랑으로 반연하는 모든 중생은 부모·처자·권속을 반연하는 따위니, 이런 뜻으로 중생의 반연이라 이름하고, 법을 반연함은 부모·처자·권속을 보지 않고, 모든 법이 인연으로 생긴 줄을 보는 것이니, 이것을 법의 반연이라 이름하고, 반연이 없다 함은 법의 모습과 중생의 모습에 머물지 않는 것이니, 이것을 반연이 없다 이름하오며, 가엾이 여김과 기뻐함과 버리는 일도 이와 같으니, 셋이 마땅하고 넷은 있을 수 없나이다.

　세존이시여, 사람에 두 가지가 있으니, 잘못 보는 행[見行]과 애욕의 행[愛行]입니다. 잘못 보는 행을 하는 사람은 사랑함과 가엾이 여김을 많이 닦고, 애욕의 행을 하는 사람은, 기뻐함과 버림을 많이 닦으니, 그러므로 둘이 마땅하고 넷은 있을 수 없나이다. 세존이시여 한량없다[無量] 함은 가가없다는 것이니, 가를 짐작할 수 없으므로 한량없다 하오니, 만일 한량이 없으면 하나라 함이 마땅하고, 넷이라 할 수는 없나이다. 만일 넷이라 하면 어찌 한량이 없으리오. 그러므로 하나가 마땅하고 넷이 있을 수는 없나이다."

　부처님께서 가섭에게 말씀하셨다.

　"선남자야, 부처님 여래가 중생들에게 말씀하는 법은 그 말씀이 비밀하여 분명하게 알기가 어려우니라. 혹은 중생을 위하여 한 인연을 말하나니, 무엇이 한 인연인가. 온갖 함이 있는 법이라 함이니라. 선남자야, 혹은 두 가지를 말하나니, 인과 과이니라. 혹은 셋을 말하나니 번뇌와 업과 괴로움이니라. 혹은 넷을 말하니 무명과 행과 나는 것과 늙어 죽는 것이니라. 혹은 다섯을 말하니 수(受), 애(愛), 취(取), 유(有), 생(生)이니라. 혹은 여섯을 말하니 삼세의 인과 과보니라. 혹은 일곱을 말하니 식(識), 명색(名色)·6입(入)·촉(觸)·수(受)·애(愛)·취(取)니라. 혹은 여덟을 말하니 12인연에서 무명·행·생·노사를 제외한 나머지 여덟이니라. 혹은 아홉을 말하니 성(城)을 지나던 중에 무명과 행과 식을 빼고 설한 나머지 아홉 가지와 같으니라. 혹은 열한 가지니 살차니건자를 위하여 말할 적에 생(生) 한 법만 빼고 설한 나머지 열한 가지와 같으니라. 혹은 12인연을 구족하게 말하니 왕사성에서 가섭 등을 위하여 열두 가지를 구족하게 말한 것으로 무명으로부터 생·노사까지니라. 선남자야, 한 가지 인연에서도 중생들을 위하여 가지가지로 분별하나니, 한량없는 마음도 그와 같으니라. 선남자야, 이런 뜻으로 여래의 깊고 비밀한 일에 의심을 내지 말아야 하느니라.

선남자야, 여래는 큰 방편이 있어서 무상을 항상하다 말하고, 항상함을 무상하다 말하며, 즐거움을 괴롭다 말하고, 괴로움을 즐겁다 말하며, 부정함을 깨끗하다 말하고 깨끗함을 부정하다 말하며, 나[我]를 내가 없다[無我] 말하고, 내가 없는데 나라 말하며, 중생 아닌데 중생이라 말하고, 참말 중생에겐 중생 아니라 말하며, 물건 아닌데 물건이라 말하고, 물건을 물건 아니라 말하며, 진실이 아닌데 진실하다 말하고, 진실한데 진실이 아니라 말하며, 경계가 아닌데 경계라 말하고, 경계를 경계 아니라 말하며, 생(生)이 아닌데 생이라 말하고, 생을 생이 아니라 말하며, 내지 무명을 명(明)이라 말하고. 명을 무명이라 말하며, 색을 색 아니라 말하고, 색 아닌 것을 색이라 말하며, 도가 아닌 것을 도라 말하고, 도를 도가 아니라 말하나니, 선남자야, 여래가 이러한 한량없는 방편으로 중생들을 조복함을 어찌 허망하다 하겠는가.

선남자야, 어떤 중생이 재물을 탐하거든, 나는 그 사람 앞에서 몸을 변화하여 전륜왕이 되어, 한량없는 세월 동안 그가 필요로 하는 것을 가지가지로 이바지한 뒤에 그를 교화하여 아뇩다라삼먁삼보리에 머물게 하느니라. 어떤 중생이 5욕락을 탐하거든 한량없는 세월에 미묘한 5욕락으로 그 뜻을 만족케 한 뒤에, 그를 권유하고 교화하여 아뇩다라삼먁삼보리에 머물게 하느니라. 어떤 중생이 영화와 귀함을 누리려 하거든, 한량없는 세월 동안 그 사람의 하인이 되어 심부름하고 모시면서 그의 마음에 들게 한 뒤에, 권유하고 교화하여 그로 하여금 아뇩다라삼먁삼보리에 머물게 하느니라. 어떤 중생이 성질이 사나워서 다른 이의 간함을 필요하게 되면, 내가 백천 년 동안에 그를 타이르고 달래서 마음이 조복된 뒤에 다시 권유하여 아뇩다라삼먁삼보리에 머물게 하느니라.

선남자야, 여래가 이와 같이 한량없는 세월 동안 가지가지 방편으로 중생들로 하여금 아뇩다라삼먁삼보리에 머물게 하는 것을 어찌 허망하다 하겠느냐. 부처님 여래는 가지가지 나쁜 것 가운데 있더라도 물들지 아니함이 연꽃과 같으니라. 선남자야, 이렇게 4무량심을 알아야 하느니라. 선남자야. 이 한량없는 마음의 성품이 넷이 있으니, 이것을 닦아 행하면 대범천에 태어나느니라.

　선남자야, 이러한 한량없는 마음의 짝이 네 가지가 있으므로 넷이라고 이름하느니라. 사랑하는 마음을 닦는 이는 탐욕을 끊고, 가엾이 여기는 마음을 닦는 이는 성내는 일을 끊고, 기뻐하는 마음을 닦는 이는 즐겁지 아니함을 끊고 버리는 마음을 닦는 이는 탐욕을 내고 성내는 중생을 끊나니, 선남자야, 이런 뜻으로 넷이라 이름하고, 하나나 둘이나 셋이라고 하지 않느니라. 선남자야, 그대가 말하기를 '사랑으로 성내는 일을 끊고, 가엾이 여김도 그렇다 하여, 셋이라고 말할 것이다' 하지만, 그대는 이제부터 그런 문난을 하지 말라. 왜냐하면 선남자야, 성내는 데 두 가지가 있으니, 하나는 생명을 빼앗는 것이고 하나는 채찍질하는 것이니라. 사랑을 닦으면 생명 빼앗는 일을 끊고 가엾이 여김을 닦으면 채찍질하는 일을 끊나니, 선남자야, 그런 이치로 보면 넷이 아니겠느냐. 또 성내는 데 두 가지가 있으니, 중생을 성내는 것과 중생 아닌 것을 성내는 것이니라. 사랑하는 마음을 닦는 이는 중생에게 성내는 일을 끊고, 가엾이 여기는 마음을 닦는 이는 중생 아닌 것에 성내는 일을 끊느니라. 또 성내는 데 두 가지가 있으니, 하나는 인연이 있는 것이요, 다른 하나는 인연이 없는 것인데, 사랑하는 마음을 닦는 이는 인연 있는 것을 끊고, 가엾이 여기는 마음을 닦는 이는 인연 없는 것을 끊느니라. 또 성내는 데 두 가지가 있으니, 하나는 지난 세상에서 오래전부터 익힌 것이요 다른 하나는 지금 세상에서 금방 익힌 것인데, 사랑하는 마음을 닦는 이는 지나간 것을 끊고, 가엾이 여기는 마음을 닦는 이는 지금 것을 끊느니라. 또 성내는 데 두 가지가 있으니 하나는 성인을 성내는 것이요, 다른 하나는 범부를 성내는 것인데, 사랑하는 마음을 닦는 이는 성인을 성내는 것을 끊고, 가엾이 여기는 마음을 닦는 이는 범부를 성내는 것을 끊느니라. 또 성내는 데 두 가지가 있으니, 하나는 상품이요, 다른 하나는 중품인데, 사랑을 닦으면 상품을 끊고, 가엾이 여김을 닦으면 중품을 끊느니라. 선남자야, 이런 이치로 넷이라 이름하거늘, 어찌하여 셋이 마땅하고 넷이 아니라고 힐난하겠느냐.

그러므로 가섭이여, 이 한량없는 마음을 짝으로 상대하여 분별하면 넷이 되고, 또 근기로 말하여도 넷이 되나니, 근기에 사랑함이 있으면 가엾이 여김과 기피함과 버리는 마음은 있을 수 없으니, 그러므로 넷이 마땅하고 감할 수 없느니라. 선남자야, 행으로 분별하여도 넷이 있어야 하나니, 만일 사랑을 행할 때에는 가엾이 여김과 기뻐함과 버리는 마음이 없으므로 넷이 있느니라. 선남자야, 한량이 없는 것으로도 넷이라 이름하느니라. 한량없는 마을에 네 가지가 있으니, 어떤 한량없는 마음은 반연은 있으나 자재함이 아니고, 어떤 한량없는 마음은 자재는 하나 반연이 아니고, 어떤 한량없는 마음은 반연도 있으며 자재도 하고, 어떤 한량없는 마음은 반연도 아니며 자재도 아니니라. 어떠한 한량없는 마음을 반연은 있으나 자재가 아니라 하는가. 한량없고 가없는 중생을 반연하면서도 자재한 삼매를 얻지 못하거나, 얻더라도 확고하지 못하여 얻기도 하고 잃기도 하는 것이니라. 어떠한 한량없는 마음을 자재는 하지만 반연이 아니라 하는가. 부모·형제·자매를 반연하여 안락을 얻게 하려는 것들은 한량없는 마음의 반연이 아니니라. 어떠한 한량없는 마을을 반연도 있고 자재도 하다고 하는가. 부처님과 보살들을 말하는 것이니라. 어떠한 한량없는 마음을 반연도 아니고 자재도 아니라 하는가. 성문과 연각은 한량없는 중생을 반연하지도 못하고 자재도 아니니라. 선남자야, 이런 뜻으로 4무량심은 성문이나 연각들의 알 것이 아니고, 부처님 여래의 경계니라. 선남자야, 이러한 네 가지는 성문이나 연각은 한량없다고 이름하지만 너무 적어서 말할 것이 못되는 것이요 부처님과 보살만은 한량없고 갓이 없다고 이름하느니라."

가섭보살이 부처님께 여쭈었다.

"세존이시여, 그러하나이다. 참으로 거룩한 말씀과 같아서, 여래의 가지신 경계는 성문이나 연각으로는 미칠 것 아닙니다. 세존이시여, 어떤 보살이 대승의 대반열반경에 머물러서 사랑하는 마음과 가엾이 여기는 마음을 얻더라도 큰 사랑과 큰 가엾이 여김이 아닐 수 있겠나이까?"

"있느니라. 선남자야, 보살이 만일 중생들 가운데 3품으로 분별하면 첫째는 친한 이, 둘째는 원수, 셋째는 중간사람이다. 친한 이를 또 3품으로 나누면 상품·중품·하품이며 원수도 그러하니라. 이 보살마하살이 상품의 친한 이에게는 더 나은 낙을 주고, 중품·하품의 친한 이에게도 평등하게 더 나은 낙을 주며, 상품의 원수에게는 조그만 낙을 주고, 중품의 원수에게는 중품 낙을 주고, 하품의 원수에게는 더 나은 낙을 주며, 보살이 이렇게 점점 더 닦아서 상품의 원수에게 중품 낙을 주고, 중품. 하품의 원수에게 평등하게 더 나은 낙을 주며, 더 점점 닦아서 상품·중품·하품에게 평등하게 상품 낙을 주나니, 만일 상품의 원수에게 상품 낙을 주면, 그때에는 사랑하는 마음을 성취하느니라. 보살이 그때에는 부모와 상품의 원수에게 평등한 마음을 얻어 차별이 없으리니, 이것을 이름하여 사랑하는 마음을 얻었다 하거니와 큰 사랑하는 마음은 아니니라."

"세존이시여, 무슨 인연으로 보살이 이렇게 사랑하는 마음을 얻은 것을. 오히려 큰 사랑하는 마음이라고 이름하지 못하나이까?"

"선남자야, 성취하기 어려우므로 큰 사랑이라 이름하지 않느니라. 왜냐하면 지나간 옛적 한량없는 세월에 오래오래 번뇌만 쌓았고 선한 법을 닦지 못하였으므로, 하루 동안에 마음을 조복할 수 없느니라. 선남자야, 마치 완두(燕豆)가 말랐을 적에는 송곳으로 찌를 수 없는 것처럼, 번뇌의 굳기도 그와 같아서 하루 밤낮에 마음을 두어 산란치 않아도 조복하기 어려우니라. 또 집에 있는 개는 사람을 두려워하지 않지만 산에 있는 들사슴은 사람을 보면 무서워서 달아나나니, 성내는 마음을 버리기 어렵기는 집을 지키는 개와 같고, 사랑하는 마음을 잃어버리기 쉽기는 들사슴 같으므로 조복하기 어려우니라. 이런 뜻으로 큰 사랑이라 이름하지 않느니라. 또 선남자야, 돌에 그린 그림은 문채가 항상 있지만 물에 그린 것은 빨리 없어져서 오래가지 못하나니, 성내는 마음은 돌에 그린 그림 같고, 선한 근본은 물에 그린 그림 같나니, 그러므로 조복하기 어려우니라. 마치 큰 불더미는 밝은 빛이 오래 머물고, 번개 빛의 밝은 것은 잠깐도 머물 수 없거든, 성내는 마음은 불더미 같고 사랑하는 마음은 번개 빛 같으므로 조복하기 어려우니, 그런 뜻으로 큰 사랑하는 마음이라 이름하지 않느니라.

선남자야, 보살마하살이 초지(初地)에 머물면 큰 사랑하는 마음이라 하나니, 왜냐하면 선남자야, 가장 나쁜 이는 일천제라 하는데, 초지 보살은 큰 사랑을 닦을 때에 일천제에 대하여 차별하는 마음이 없으며, 그의 허물을 보지 아니하므로 성을 내지 아니하나니, 이런 뜻으로 큰 사랑하는 마음이라 하느니라. 선남자야, 중생들을 위하여 이익 없는 일을 덜어 버리므로 크게 사랑함이라 하고, 중생들에게 한량없는 이익을 주려하므로 크게 불쌍히 여김이라 하고, 중생들에게 대하여 환희한 마음을 내므로 크게 기뻐함이라 하고, 내 것이라 하여 옹호하려는 생각이 없으므로 크게 버림이라 하며, 만일 나[我]라는 법의 모양과 내 몸을 보지 아니하고, 모든 법이 평등하여 둘이 없는 줄 보면 이것을 크게 버림이라 하며, 자기의 즐거움을 버리어 다른 이에게 주면 크게 버림이라 하느니라. 선남자야, 4무량심으로야 보살이 6바라밀을 늘게 하며 구족케 할 것이요,

다른 행으로는 그렇게 하지 못하느니라. 선남자야, 보살마하살이 먼저 세간의 4무량심을 얻은 뒤에 아뇩다라삼먁삼보리 마음을 내어서, 차례로 출세간의 것을 얻느니라. 선남자야, 세간의 한량없는 마음을 인하여 출세간의 한량없는 마음을 얻는 것이므로 큰 한량없는 마음이라 하느니라."

"세존이시여, 이익 없는 것을 덜어 버리고, 이익과 안락을 준다는 것은 실제로는 하는 일이 없는 것입니다. 이렇게 사유하는 것은 빈 관찰뿐이고 실지의 이익은 없나이다. 세존이시여, 마치 비구들이 부정한 줄을 관찰할 적에 입은 옷을 모두 가죽이라고 보지만 실로는 가죽이 아니며 먹는 것을 모두 벌레라고 생각하지만 실로 벌레가 아니며, 콩국을 똥물[卜汁]로 생각하지만 실로 똥이 아니며, 먹을 수 있는 타락을 골수와 같다고 관찰하지만 실로 골수가 아니며, 뼈 부순 가루를 보릿가루와 같다고 관찰하지만 실로 보릿가루가 아닌 것처럼, 4무량심도 그와 같아서, 진실하게 중생을 이익하여 즐거움을 얻게 하지 못할 것이오니, 아무리 입으로만 중생에게 즐거움을 준다고 말하여도, 실제로는 즐거움을 얻지 못하리니 이러한 관찰은 허망한 것이 아니겠나이까? 세존이시여, 만일 허망한 것이 아니고 실제로 즐거움을 준다면, 모든 중생들이 어찌하여 부처님과 보살의 위덕의 힘으로 모두 즐거움을 받지 못하나이까? 만일 진실로 즐거움을 얻지 못한다면 부처님이 말씀하신 것같이, '네가 옛적에 사랑하는 마음만을 닦고서도, 이 세계가 일곱 번 이루어지고 파괴되는 동안에 여기 와서 나지 아니하면서, 세계가 성취될 적에는 범천에 태어나고, 세계가 파괴될 적에는 광음천(光音天)에 태어났는데, 범천에 나서는 세력이 자제하여 아무도 됐을 이가 없고, 1천 범천 중에 가장 훌륭하고 가장 높아서 대범천왕이 되었으며, 모든 중생들이 나에게 대하여 가장 높은 이란 생각을 가졌고, 서른여섯 번이나 도리천의 제석천왕이 되고, 한량없는 백천 번은 전륜왕이 되었노라. 다만 사랑하는 마음만을 닦고도 이렇게 인간·천상의 과보를 얻은 것이다' 하였으니 만일 진실하지 않다면 어떻게 이 이치와 서로 맞겠나이까?"

부처님께서 말씀하셨다.

"장하고 장하다. 선남자야, 너는 참으로 용맹하여 두려움이 없도다."

그리고는 가섭보살에게 게송으로 말씀하였다.

한 중생에게라도
성내는 맘 내지 않고
즐거움을 주려 하면
이를 일러 자선이요

모든 세계 중생들을
가엾이 여긴다면
성인의 종성(種性)이니
한량없는 복 받으리.

온 세계에 가득하온
5통(通) 얻은 신선들과
대자재천주에게
온갖 것을 보시해도

그 복으로 얻는 과보
사랑하는 한 마음을
닦은 복에 비긴다면
십육분의 일도 못돼

 "선남자야, 사랑하는 마음을 닦는 것은 허망한 생각이 아니고 이치가 진실하니라. 만일 성문이나 연각의 사랑이라면 허망하다고 이름하지만 부처님과 보살의 사랑은 진실한 것이요 허망하지 아니하니라. 무엇으로 아는가. 선남자야, 보살마하살로서 이러한 대반열반을 닦는 이는 흙을 관하여 금을 만들고 금을 관하여 흙을 만들며, 지대로 수대를 만들고 수대로 지대를 만들며, 물로 불을 만들고 불로 물을 만들며, 지대로 풍대를 만들고 풍대로 지대를 만들어서, 마음대로 성취하여 허망함이 없으며, 참말 중생을 관하여 중생 아닌 것을 만들고 중생 아닌 것을 관하여 참말 중생을 만들되, 모두 뜻대로 되어서 허망하지 아니하나니, 선남자야, 보살의 4무량심은 진실한 생각이요 진실하지 아니함이 아니니라.
 또 선남자야, 어찌하여 진실한 생각이라 하는가. 모든 번뇌를 끊어 버리기 때문이다. 선남자야, 사랑을 닦는 이는 탐욕을 끊어 버리고, 가엾이 여김을 닦는 이는 성냄을 끊어 버리고, 기쁨을 닦는 이는 즐겁지 아니함을 끊어 버리고, 버리는 마음을 닦는 이는 탐욕과 성냄과 중생이란 모습을 끊어 버리나니, 그러므로 진실한 생각이라 하느니라.

또 선남자야, 보살마하살의 4무량심은 모든 선근의 근본이 되느니라. 선남자야, 보살마하살이 만일 가난한 중생을 보지 못하면 사랑하는 마음을 낼 인연이 없고 사랑하는 마음을 내지 못하면 보시할 마음을 일으키지 못하려니와, 보시하는 인연으로써 중생들로 하여금 편안한 쾌락을 얻게 하나니, 곧 음식과 수레와 의복과 꽃과 향과 평상과 집과 등불이니라. 이런 것으로 보시할 적에 마음이 속박되지 않고 탐착함을 내지 아니하면 결정코 아뇩다라삼먁삼보리로 회향할 것이며, 그 마음에 의지함이 없고, 허망한 생각을 끊어 버리고, 두려움이나 명예나 이양을 위하지 아니하여, 인간과 천상에서 받는 쾌락도 구하지 아니하고, 교만한 마음도 내지 아니하며, 은혜 갚기를 바라지도 않고, 다른 이에게 속아서 보시하는 것도 아니며, 부귀를 구함도 아니며, 보시를 행할 때에는 받는 이가 계행을 가지거나 계행을 파하거나, 복밭이거나 복밭이 아니거나 선지식이거나 선지식이 아니거나도 보지 말며, 보시할 때에 정당한 그릇인지 그릇이 아닌지도 보지 말며, 보시할 때거나 보시할 곳이거나 아닌 것도 가리지 말아야 하며, 또 흉년과 풍년도 아는 체하지 말고, 원인이나 결과나 중생이다, 중생 아니다, 복이다 복 아니다하는 것을 보지 말아야 하며, 보시하는 이와 받는 이와 재물을 비록 보지 아니하며, 내지 끊는 것과 과보를 보지 않더라도, 항상 보시를 행하여 끊이지 말아야 하느니라.

선남자야, 보살이 만일 계행을 가짐과 계행을 깨뜨림과 내지 과보를 본다면, 마침내 보시하지 못하고, 보시하지 아니하면 보시바라밀을 구족하지 못하며, 보시바라밀다를 구족하지 못하면 아뇩다라삼먁삼보리를 이루지 못하느니라.

선남자야, 어떤 사람이 독화살을 맞았을 적에, 그 권속들이 편안케 하며 독을 없애기 위하여 의원을 청하여 살을 뽑으려 하는데 그 사람이 말하기를 '아직 손을 대지 말라. 이 독한 살이 어느 쪽에서 왔으며, 누가 쏘았으며 찰리인지 바라문인지 비사인지 수타인지를 내가 살펴보아야겠다' 하며, 또 생각하기를 '그 살이 나무냐 대냐 버들이냐? 그 촉은 어디서 만들었으며 강한 것인지 연한 것인지, 깃[羽]은 무슨 새의 깃이냐? 까마귀 깃이냐 올빼미 깃이냐 독수리 깃이냐? 그 독은 만든 것이냐 자연으로 생긴 것이냐, 사람의 독이냐 뱀의 독이냐?' 하고 이렇게 따지려 하면, 이런 어리석은 사람은 그런 것은 알지도 못한 채 목숨이 끊어질 것이니라. 선남자야, 보살도 그러하여 보시를 행하려 하면서 받을 사람이 계행을 가지는가, 계행을 파하였는가, 과보는 어떠할 것인가를 분별하려 들면, 마침내 보시하지 못할 것이요, 보시하지 못하면 보시바라밀을 구족하지 못하고, 보시바라밀을 구족하지 못하면 아뇩다라삼먁삼보리를 이루지 못하느니라.

선남자야, 보살마하살이 보시를 행할 적에는, 평등한 자비심으로 중생을 아들처럼 생각할 것이며, 또 보시할 때에는 중생을 불쌍히 여기는 마음을 일으켜서 마치 부모가 병든 자식을 돌보듯이 할 것이며, 보시를 행할 적에는 마음이 기쁘기가 아들의 병이 쾌차함을 보는 부모와 같아야 하며, 보시한 뒤에는 마음 놓기를 마치 부모가 장성한 아들의 스스로 생활할 수 있음을 보듯이 하여야 하느니라.

이 보살마하살이 인자한 마음으로 밥을 보시할 적에 항상 원하기를 '내가 지금 보시하는 것을 모든 중생들에게 바치니, 이 인연으로 모든 중생들이 큰 지혜의 밥을 얻고 부지런히 정진하여 위없는 대승으로 회향하여지이다. 바라건대 모든 중생이 좋은 지혜의 밥을 얻고 성문·연각의 밥을 구하지 말아지이다. 바라건대 중생들이 법의 기쁜 밥[法喜食]을 얻고 사랑의 밥[愛食]을 구하지 말아지이다. 바라건대 모든 중생이 모두 반야바라밀 밥을 얻어 만족하고 걸림 없이 늘어가는 선근[增上善根]을 섭취하여지이다. 바라건대 모든 중생이 공한 모양을 깨닫고 허공과 같이 걸림없는 몸을 얻어지이다. 바라건대 모든 중생들이 받는 이를 위하여 여럿을 불쌍하게 여기며, 중생들의 복밭이 되어지이다' 할지니, 선남자야, 보살마하살이 인자한 마음을 닦으면서 밥을 보시할 적에는 마땅히 이러한 서원을 세워야 하느니라.

또 선남자야, 보살마하살이 인자한 마음으로 마실 것을 보시할 적에는, 항상 원하기를 '내가 지금 보시하는 것을 모든 중생들에게 바치니, 이 인연으로 모든 중생들이 대승의 강에 들어가 여덟 가지 맛을 마시고, 위없는 보리도에 들어서며, 성문 연각의 목마름을 여의고 부처님의 법을 구하며, 번뇌의 갈증을 끊고 법의 맛을 앙모하며, 나고 죽는 애착을 끊고 대승의 대반열반을 좋아하며, 법신을 갖추어 모든 삼매를 얻어 깊고 깊은 지혜 바다에 들어가지이다. 바라건대 중생들이 감로의 맛과 보리와 출세간과 탐욕을 여읜 고요한 맛들을 얻어지이다. 바라건대 모든 중생이 한량없는 백천의 법맛을 구족하며, 법맛을 구족하고는 불성을 보고, 불성을 보고는 법비를 능히 내리며, 법비를 내리고는 불성이 두루 덮이기를 허공과 같이 하며, 또 다른 한량없는 중생들로 하여금 한 법의 맛을 얻게 하되, 대승의 법맛이요 성문·벽지불의 맛이 아니게 하여지이다. 바라건대 중생들이 법맛과 걸림없는 불법을 행하는 맛을 얻고 다른 맛을 구하지 말아지이다' 할지니, 선남자야, 보살마하살이 인자한 마음으로 마실 것을 보시할 적에는 마땅히 이러한 서원을 세워야 하느니라.

또 선남자야, 보살마하살이 인자한 마음으로 수레 등을 보시할 적에는 마땅히 원하기를 '내가 지금 보시하는 것을 모든 중생들에게 바치니, 이 인연으로써 중생들로 하여금 대승을 이루게 하며, 대승에 머물러서 법에서 물러가지 아니함과 동요하지 않는 법과 금강좌(金剛座) 같은 법을 얻게 하며, 성문승이나 벽지불승을 구하지 아니하고, 부처님 법, 굴복할 수 없는 법, 부족함이 없는 법, 물러가지 않는 법, 위가 없는 법과 10

력승(乘)·대공덕승·미증유승 그리고 희유한 법, 얻기 어려운 법, 가가 없는 법, 온갖 것을 아는 법으로 향하여지이다' 하느니라. 선남자야, 보살마하살이 인자한 마음에서 수레를 보시할 적에는 마땅히 이러한 서원을 세워야 하느니라.

또 선남자야, 보살마하살이 인자한 마음으로 옷을 보시할 적에는 마땅히 원하기를 '내가 지금 보시하는 것을 모든 중생들에게 바치니, 이 인연으로써 모든 중생이 부끄럽다는 옷[漸愧衣]을 얻게 하며, 법계로 몸을 덮어 잘못된 소견의 옷을 찢으며, 옷이 몸에서 1척 6촌을 떠나고 금빛 몸을 얻으며, 여러 가지 받는 촉감이 부드러워 장애가 없으며, 얼굴빛이 윤택하고 피부가 보드라우며, 뚜렷한 광명[常光]이 한량없고, 빛이 없고 빛을 여의어지이다. 바라건대 모든 중생이 모두 빛 없는 몸을 얻고, 온갖 색을 뛰어넘어 빛이 없는 대반열반에 들어지이다' 하느니라. 선남자야, 보살마하살이 옷을 보시할 적에 마땅히 이런 서원을 세워야 하느니라.

또 선남자야, 보살마하살이 인자함을 닦으면서 꽃과 향과 바르는 향·가루·여러 가지 잡색향을 보시할 적에 마땅히 원하기를 '내가 지금 보시하는 것을 모든 중생들에게 바치니, 이 인연으로써 모든 중생으로 하여금 모두 불화(佛流)삼매를 얻고 일곱 가지 깨달은 미묘한 화만으로 머리에 매어지이다. 바라건대 중생들의 형모는 보름달 같고 보는 빛들은 미묘하기 제일이 되어지이다. 바라건대 중생들이 모두 한 모양을 이루어 온갖 복으로 장엄하여지이다. 바라건대 모든 중생이 마음대로 뜻에 맞는 빛을 보아지이다. 바라건대 모든 중생들이 항상 선지식을 만나서 걸림없는 향기를 얻고 더러운 냄새를 여의어지이다. 바라건대 모든 중생이 선한 근본인 위없는 보배를 얻어지이다. 바라건대 모든 중생이 서로 보고 기뻐하며 괴로움이 없으며, 모든 선한 일을 갖추어 근심과 염려가 없어지이다. 바라건대 중생들이 계율의 향기를 구족하여지이다. 바라건대 중생들이 걸림없는 계율을 지니어 향기가 아름답게 사방에 가득하여지이다. 바라건대 중생들이 견고한 계행·후회가 없는 계행·온갖 지혜의 계행을 얻고, 여러 가지 파계를 여의어 없는 계율·미증유한 계율·스승 없는 계율·짓지 않는 계율[無作戒]·더러움 없는 계율·물들지 않는 계율·끝낸 계율[竟已戒]·끝까지의 계율을 모두 얻으며, 평등한 계율을 얻고 향을 몸에 발라주거나 살을 깎는 데에 사랑하고 미워함이 없어지이다. 바라건대 중생들이 위없는 계율·소승이 아닌 계율을 얻어지이다. 바라건대 중생들마다 지계바라밀을 구족하여 부처님들이 성취한 계율과 같은 것을 얻어지이다. 바라건대 중생들이 모두 보시·지계·인욕·정진·선정·지혜에 훈습하는 수행을 하여지이다. 바라건대 중생들이 모두 대반열반경의 미묘한 연꽃을 얻고, 그 꽃의 향기가 시방에 가득하여지이다. 바라건대 중생들이 대승 대반열반의 위없는 음식을 먹되, 벌이 꽃을 빨듯이 향기로운 맛만을 빨아지이다. 바라건대 중생들이 모두 한량없는 공덕으로 닦아 얻은 몸을 성취하여지이다' 하느니라. 선남자야, 보살마하살이 인자한 마음에서 꽃과 향을 보시할 적에 마땅히 이러한 서원을 세워야 하느니라.

또 선남자야, 보살마하살이 인자한 마음으로 평상을 보시할 적에, 마땅히 원하기를 '내가 지금 보시하는 것을 모든 중생들에게 바치니, 이 인연으로써 모든 중생으로 하여금 하늘의 하늘[天中天]이 눕던 평상을 얻으며 큰 지혜를 얻고 4선정 자리에 앉아서, 보살들이 눕던 평상에 눕고 성문·연각의 평상에 눕지 말며, 나쁜 평상에 눕지 말게 하여지이다. 바라건대 모든 중생이 안락한 누움을 얻어, 나고 죽는 평상을 여의고 대반열반의 사자가 눕는 평상을 이루어지이다. 바라건대 모든 중생이 이 평상에 앉아서 다시 한량없는 다른 중생들을 위하여 신통과 사자(師子)의 유희(遊戱)를 보여지이다. 바라건대 중생들이 이 대승의 궁전에 있으면서, 중생들을 위하여 불성을 연설하여지이다. 바라건대 중생들이 위없는 평상에 앉아서 세상 법에 굴복함이 되지 말아지이다. 바라건대 중생들이 인욕의 평상에 맞아 생사의 흉년과 얼고 굶주림을 여의어지이다. 바라건대 중생들이 두려움 없는 평상을 얻어 온갖 번뇌의 도적을 여의어지이다. 바라건대 중생들이 청정한 평상을 얻어 위없고 진정한 도를 오로지 구하여지이다. 바라건대 중생들이 선한 법의 평상을 얻어 선지식의 항상 옹호함이 되어지이다. 바라건대 중생들이 오른쪽 옆구리로 눕는 평상을 얻어 부처님들이 행하던 법을 의지하여지이다' 하느니라. 선남자야, 보살마하살이 인자한 마음으로 평상을 보시할 적에, 마땅히 이러한 서원을 세워야 하느니라.

또 선남자야, 보살마하살이 인자한 마음으로 주택을 보시할 적에, 마땅히 원하기를 '내가 지금 보시하는 것을 모든 중생들에게 바치니, 이 인연으로써 모든 중생들로 하여금 대승의 집에 있어서 선지식들이 행하던 행을 닦되, 크게 가엾이 여기는 행·6바라밀 행·큰 정각의 행·모든 보살이 행하는 도행·그지없이 넓고 커서 허공 같은 행을 닦아지이다. 바라건대 모든 중생이 모두 바른 생각을 얻고 나쁜 생각을 여의어지이다. 바라건대 중생들마다 항상하고 즐겁고 내가 있고, 깨끗한 데 머물러 네 가지 뒤바뀜을 여의어지이다. 바라건대 중생들마다 출세간 하는 글을 배워지이다. 바라건대 중생들이 반드시 위없는 온갖 지혜의 그릇이 되어지이다. 바라건대 중생들이 모두 감로의 집에 들어지이다. 바라건대 중생들이 첫 마음·중간 마음·나중 마음이 항상 대승열반의 집에 들어지이다. 바라건대 중생들이 오는 세상에서 항상 보살의 거처하는 궁전에 있어지이다' 하느니라. 선남자야, 보살마하살이 인자한 마음으로 주택을 보시할 적에, 마땅히 이러한 서원을 세워야 하느니라.

또 선남자야, 보살마하살이 인자한 마음으로 등촉을 보시할 적에, 마땅히 원하기를 '내가 지금 보시하는 것을 모든 중생들에게 바치니, 이 인연으로써 모든 중생들로 하여금 광명이 한량이 없어 부처님 법에 편안히 머물러지이다. 바라건대 모든 중생이 항상 밝게 비침을 얻어지이다. 바라건대 중생들이 미묘하고 광택이 제일 되는 빛을 얻어지이다. 바라건대 중생들이 눈이 깨끗하여 흐리터분한 병이 없어지이다. 바라건대 중생들이 지혜의 햇불을 얻어 내[我]가 없고 중생(衆生)이 없고 사람[人]이 없고 수명[壽]이 없음을 잘 알아지이다. 바라건대 중생들마다 청정한 불성이 허공과 같음을 보아지이다. 바라건대 중생들이 육안(肉眼)이 깨끗하여 시방 항하의 모래 같은 세계를 사무쳐 보아지이다. 바라건대 중생들이 부처님의 광명을 얻어 널리 시방을 비치어지이다. 바라건대 중생들이 막힘 없는 눈을 얻어 청정한 불성을 모두 보아지이다. 바라건대 중생들이 지혜의 등불을 얻어 온갖 어둠과 일천제를 깨뜨려지이다. 바라건대 중생들이 한량없는 광명을 얻어 한량없는 부처님 세계를 널리 비치어지이다. 바라건대 중생들이 대승의 등불을 켜고 2승의 등불을 여의어지이다. 바라건대 중생들이 얻은 광명으로 무명의 어둠 없애기를 일천 해가 함께 비치는 공덕보다 뛰어나지이다. 바라건대 중생들이 큰 광명을 얻어 삼천대천세계에 있는 어둠을 소멸하여지이다. 바라건대 중생들이 네 가지 눈을 구족하고 법의 모양을 깨달아, 스승 없이 깨달음을 이루어지이다. 바라건대 중생들이 무명을 보지 말아지이다. 바라건대 중생들마다 대승 대반열반경의 미묘한 광명을 얻고 중생들에게 진실한 불성을 깨닫게 하여지이다' 하느니라. 선남자야, 보살마하살이 인자한 마음으로 등촉을 보시할 적에, 마땅히 이러한 서원을 세워야 하느니라.

선남자야, 모든 성문·연각·보살과 부처님 여래의 가진 선근에는 인자한 마음이 근본이 되느니라. 선남자야, 보살마하살이 인자한 마음을 닦으면, 이렇게 한량없는 선근을 내나니,

이른바 부정한 것, 숨을 들이쉬고 내쉬는 것, 무상하게 나고 없어지는 것, 4념처(念處), 일곱 가지 방편, 세 가지 관하는 곳, 12인연, 내가 없는 등의 관, 난법(煗法)·정법(頂法)·인법(忍法)·세제일법(世第一法)과 견도(見道)·수도(修道)와 정근(正勤)·여의(如意)·여러 근(根)·여러 역(力)·7보리분법·8정도·4선정·4무량심·8해탈·8승처(勝處)·10일체입(一切入)과 공한 것·모양이 없는 것·원이 없는 것·다툼 없는[無諍] 삼매와 다른 이 마음을 아는 지혜, 모든 신통, 본고장을 아는 지혜[知本際智], 성문의 지혜, 연각의 지혜, 보살의 지혜, 부처님의 지혜니라.

선남자야, 이러한 팀에는 인자함이 근본이 되나니, 선남자야, 이런 이치로 인자함이 진실하고 허망하지 아니하니라. 어떤 이가 묻기를 '무엇이 모든 선근의 근본이냐' 하면, 인자한 마음이라고 말하리니, 이런 이치로 인자함은 진실하고 허망하지 아니하니라.

선남자야, 능히 선한 일을 하는 것을 진실한 생각이라 하나니, 진실한 생각은 곧 인자한 마음이요, 인자함은 곧 여래며, 인자함이 곧 대승이니, 대승은 곧 인자함이요 인자함은 곧 여래니라. 선남자야, 인자함이 곧 보리의 도니, 보리의 도가 곧 여래요 여래는 곧 인자함이니라. 선남자야, 인자함은 곧 대범(大梵)이니, 대범이 곧 인자함이요, 인자함이 곧 여래니라. 선남자야, 인자함은 모든 중생의 부모가 되나니, 부모는 곧 인자함이요 인자함이 곧 여래니라. 선남자야, 인자함이 곧 헤아릴 수 없는 부처님 경계니, 헤아릴 수 없는 부처님 경계가 곧 인자함이요 인자함이 곧 여래니라. 선남자야, 인자함이 곧 중생의 불성이니 이러한 불성이 오랫동안 번뇌에 덮였으므로 중생이 불성을 보지 못하였거니와 불성이 곧 인자함이요 인자함이 곧 여래니라. 선남자야, 인자함이 곧 대공(大空)이니 대공이 곧 인자함이요 인자함이 곧 여래니라. 선남자야, 인자함이 곧 허공이니, 허공은 곧 인자함이요 인자함은 곧 석래니라. 선남자야, 인자함이 곧 항상함이니, 항상함은 곧 법이요 법은 곧 승가며, 승가는 곧 인자함이고 인자함은 곧 여래니라. 선남자야, 인자함이 곧 즐거움이니, 즐거움은 곧 법이요 법은 곧 승가며 승가는 곧 인자함이고 인자함은 곧 여래니라. 선남자야, 인자함이 곧 깨끗함이니, 깨끗함은 곧 법이요 법은 곧 승가며 승가는 곧 인자함이고 인자함은 곧 여래니라. 선남자야, 인자함이 곧 나이니 내가 곧 법이요 법은 곧 승가며 승가는 곧 인자함이고 인자함은 곧 여래니라.

선남자야, 인자함이 곧 감로니, 감로는 인자함이요 인자함은 곧 불성이며 불성은 곧 법이요 법은 곧 승가며 승가는 곧 인자함이니 인자함은 곧 여래니라. 선남자야, 인자함이 곧 모든 보살의 위없는 도니, 도는 곧 인자함이요 인자함은 곧 여래니라. 선남자야, 인자함이 곧 부처니 세존의 한량없는 경계며, 한량없는 경계가 곧 인자함이니, 인자함이 곧 여래인 줄을 알지니라.

선남자야, 인자함이 만일 무상하다면, 무상함이 곧 인자함이니 이 인자함은 성문의 인자함인 줄을 알지니라. 선남자야,

인자함이 만일 괴롭다면, 괴로움이 곧 인자함이니 이 인자함은 성문의 인자함인 줄을 알지니라. 선남자야, 인자함이 만일 부정하다면, 부정이 곧 인자함이니 이 인자함은 성문의 인자함인 줄을 알지니라. 선남자야, 인자함이 만일 내가 없다면, 나 없음이 곧 인자함이니 이 인자함은 성문의 인자함인 줄을 알지니라. 선남자야, 인자함이 만일 허망한 생각이라면, 허망한 생각이 곧 인자함이니 이 인자함은 성문의 인자함인 줄을 알지니라. 선남자야, 인자함이 만일 보시바라밀이 아니라면, 보시바라밀이 아닌 것이 인자함이니 이 인자함은 성문의 인자함인 줄을 알 것이며, 내지 반야바라밀도 그와 같으니라.

　선남자야, 인자함이 만일 중생을 이익하게 못한다면, 이런 인자할은 성문의 인자함이니라. 선남자야, 인자함이 만일 한 모양인 도에 들어가지 못한다면, 이 인자함은 성문의 인자함인 줄을 알지니라. 선남자야, 인자함이 만일 모든 법을 깨닫지 못한다면, 이 인자함은 성문의 인자함인 줄을 알지니라. 선남자야, 인자함이 만일 여래의 성품을 보지 못한다면 이 인자함은 성문의 인자함인 줄을 알지니라. 선남자야, 인자함이 만일 법이 모두 모양새가 있는 줄로 본다면, 이 인자함은 성문의 인자함인 줄을 알지니라. 선남자야, 인자함이 만일 유루(有漏)라면 유루인 인자함은 성문의 인자함인 줄을 알지니라. 선남자야, 인자함이 만일 함이 있는 것이라면, 함이 있는 인자함은 성문의 인자함인 줄을 알지니라. 선남자야, 인자함이 만일 초주(初住)에 머물지 못한다면, 초주가 아닌 인자함은 성문의 인자함인 줄을 알지니라. 선남자야, 인자함이 만일 부처님의 10력(力)과 4무소외를 얻지 못한다면 이 인자함은 성문의 인자함인 줄을 알지니라. 선남자야, 인자함이 만일 4사문과를 얻는다면 이 인자함은 성문의 인자함인 줄을 알지니라. 선남자야, 인자함이 만일 있거나 없거나 있는 것도 아니요 없는 것도 아니라면, 이렇게 인자함은 성문이나 벽지불들이 헤아릴 수 있는 것이 아니니라. 선남자야, 인자함이 만일 헤아릴 수 없으면, 법도 헤아릴 수 없고 불성도 헤아릴 수 없고 여래도 헤아릴 수 없느니라.

선남자야, 보살마하살이 대승의 대반열반에 머물러서 이렇게 인자함을 닦으면 비록 자는 가운데 편안하더라도 자는 것이 아니니 부지런히 정진하는 까닭이며, 항상 깨어 있더라도 깨어 있는 것이 아니니 잠이 없는 까닭이며, 자는 가운데 하늘사람들이 보호하더라도 보호함이 없나니 나쁜짓을 행하지 않는 까닭이며, 자면서도 나쁜 꿈을 꾸지 않으며 선하지 못함이 없나니 잠을 여읜 까닭이며, 목숨이 마친 뒤에 범천에 나더라도 태어남이 없나니 자재함을 얻은 까닭이니라. 선남자야, 인자함을 차는 이는 이렇게 한량없고 그지없는 공덕을 성취하느니라. 선남자야, 대반열반의 미묘한 경전도 이와 같이 한량없고 그지없는 공덕을 성취하며, 부처님 여래도 이와 같이 한량없고 그지없는 공덕을 성취하느니라."

가섭보살이 부처님께 여쭈었다.

"세존이시여, 보살마하살이 가진 생각은 모두 진실하거니와 성문이나 연각은 진실한 것이 아니거늘, 중생들이 어찌하여 보살의 위신력으로 평등하게 쾌락을 받지 않나이까? 만일 중생들이 참으로 쾌락을 얻지 못한다면, 보살이 닦는 인자한 마음은 이익이 없겠나이다."

"선남자야, 보살의 인자함이 이익이 없지 아니하니라. 선남자야, 어떤 중생들은 괴로움을 받기도 하고 받지 않기도 하느니라. 어떤 중생이 괴로움을 받는다면, 보살의 인자함이 이익이 없음이니 그것은 일천제요, 만일 괴로움을 받더라도 반드시 결정함이 아닌 것은 보살의 인자함이 이익이 있음이니, 저 중생으로 하석금 모두 쾌락을 받게 하리라. 선남자야, 마치 사람이 멀리서 사자·범·표범·늑대·이리·나찰·귀신 따위를 보면 저절로 공포가 생기고, 밤에 길을 가다가 말뚝을 보고도 공포가 생기나니, 선남자야, 이런 사람들은 저절로 공포하는 것처럼 중생들도 그러하여, 인자함을 닦는 이를 보면 자연히 쾌락을 받느니라. 선남자야, 이런 뜻으로 보살이 인자함을 닦음은 진실한 생각이며 이익이 없지 아니하니라.

선남자야, 내가 인자함을 말하는 데 한량없는 문이 있으니, 그것은 신통이니라. 선남자야, 저 제바달이 아사세를 시켜서 여래를 해하려 할 적에 그때에 내가 왕사성에 들어가서 차례로 걸식하였더니, 아사세왕이 재물 지키는 취한 코끼리를 놓아서 나와 제자들을 해하게 하였다. 그 코끼리가 그때에 한량없는 중생을 밟아 죽였으며 중생들이 죽어서 피가 많이 흐르니 코끼리가 그 냄새를 맡고는 취한 증세가 갑절이나 더하여,

나를 따르는 이들이 붉은 옷 입은 것을 보고는 피인 줄 알고 다시 나의 제자들 속에 들어오니, 탐욕을 여의지 못한 이는 사방으로 흩어지고, 아난만이 남아 있었느니라. 그때에 왕사성에 있는 백성들이 한꺼번에 큰 소리로 통곡하면서 이렇게 말하였다.

'괴상한 일이로다. 여래께서 오늘 죽을는지 모르겠다. 어찌하여 바르게 깨달은 분이 하루아침에 산산조각이 나는가.'

이때에 조달은 마음이 기뻐서 '구담사문이 죽는 것은 좋은 일이다. 이제부터는 다시 나타나지 못할 것이다. 통쾌하구나, 이 계책은 나의 소원이 이루어진 것이다'라고 하였다. 선남자야, 나는 그때에 재물 지키는 코끼리를 항복받기 위하여, 인자한 선정에 들어서 손을 펴 보였더니, 다섯 손가락에서 다섯 마리 사자가 튀어나왔다. 코끼리가 보고는 무서워서 똥을 흘리면서 땅에 엎드려 내 발에 절하였느니라. 선남자야, 그때에 나의 손가락에는 사자가 없었건만 인자함을 닦은 선근의 힘으로 코끼리를 조복한 것이니라.

또 선남자야, 내가 열반에 들려고 처음 발을 옮겨 구시나성을 향할 적에 5백 명의 역사가 길을 닦고 쓸더니 길 가운데 큰 돌이 있는 것을 여러 역사들이 굴려 버리려 하였으나, 어찌하지 못하는 것을 내가 가엾이 여기는 마음을 내었으니, 역사들이 보기에는 내가 엄지발가락으로 그 돌을 들어서 공중에 던졌다가 다시 손으로 받아서 오른 손바닥에 놓고, 입으로 불어서 가루가 되도록 부수었다가, 도로 한데 합하였느니라. 그래서 그 역사들로 하여금 뽐내는 마음이 없어지게 하고는, 가지가지로 법을 말하여 모두 아뇩다라삼먁삼보리 마음을 가지게 하였느니라. 선남자야, 여래가 그때에 참으로 발가락으로 돌을 들어서 공중에 던졌다가 다시 손바닥에 놓고 불어서 가루를 만들거나 인자한 선근의 힘으로써 역사들로 하여금 그렇게 보게 한 것이니라.

또 선남자야, 이 남천축에 수파라(首波羅)성이 있고 성중에 노지(盧至) 장자가 있어서 여러 사람의 지도자가 되었으니, 지난 세상에 한량없는 부처님 계신 데서 여러 가지 선근을 심었느니라. 선남자야, 그 성중에 사는 사람들이 모두 삿된 도를 믿으면서 니건의 도를 섬기었다. 나는 그때에 그 장자를 제도하기 위하여 왕사성에서 수파라성으로 가는데, 65유순이나 먼 데를 걸어서 갔으니, 그 사람들을 교화하려는 까닭이니라. 그 니건들은 내가 수파라성으로 간다는 말을 듣고, 생각하기를 '사문 구담이 이곳에 오면 백성들이 나를 버리고 다시 이바지하지 아니할 것이니, 우리는 어떻게 살아가겠는가' 하고, 니건들이 각각 여러 곳으로 가서 성중 사람에게 말하기를 '사문 구담이 이리로 온다는데, 그 사문은 부모를 버린 사람으로 사방으로 다니면서 간 데마다 그곳에는 흉년이 들고 백성들이 굶주려서 죽는 이가 많고 병이 돌아서 구제할 도리가 없다. 구담은 무뢰한 사람으로서 악독한 나찰이나 귀신들로 시중을 삼았으며, 부모도 없고 떠돌아다니는 건달들을 오는 대로 모아서 제자를 삼았고, 가르치는 학설은 모두 허공이란 말뿐이며, 간 데마다 편안하지 않다'고 선전하였다. 듣는 사람들은 겁이 나서 니건의 무리들에게 예배하면서 물었다.
'선생이여, 그러면 우리들은 어떻게 하여야 하겠나이까?'
니건들은 대답하였다.
'구담은 숲속이나 밝은 샘이나 흐르는 물을 좋아하는 터이니 그런 데가 있으면 파괴하여 버려야 한다. 너희들은 성밖으로 나가서 숲이 있으면 찍어버리고, 샘이나 강에는 똥이나 송장 따위를 넣어 두어서 그런 데 있지 못하게 하며, 성문을 꼭꼭 닫고, 병장기를 준비하여 가지고 잘 방비하여, 저들이 오더라도 성 안으로 들어오지 못하게 하면 너희들은 편안할 것이며, 우리들은 여러 가지 술법을 베풀어, 오던 구담이 도로 가게 하리라.'
백성들은 이 말을 듣고 그대로 시행하여 나무숲은 찍어 버리고 샘과 물을 더럽게 만들고 병장기를 준비하여 물샐틈없이 방비하고 기다렸다.
선남자야, 내가 그때에 그 성에 이르니 나무숲은 볼 수가 없었고, 여러 사람들이 무기를 있는 대로 가지고 지키고 있었다. 그런 광경을 보니 가엾은 생각이 나서 인자한 마음으로 대하였더니, 나무숲은 예전대로 도로 살아서 다시 무성하여지고, 냇물이나 못들도 깨끗하기가 유리 같아서 가득가득 찼으며, 가지각색 꽃이 위에 덮였으며, 성벽들은 변하여 붉은 유리가 되어서 성 안에 있던 사람들은 나와 대중들을 환하게 보았으며, 성문은 저절로 열리어 막는 이가 없고 준비하였던 무기는 아름다운 꽃으로 변하였다. 노지 장자가 두목이 되어 여러 사람들이 모여왔기에, 내가 그들에게 가지가지 법을 말하여 그들로 하여금 모두 아뇩다라삼먁삼보리 마음을 내게 하였느니라. 선남자야, 내가 그때에 여러 가지 나무숲을 변화하여 만들지도 아니하였고, 밝은 물이 못에 차게 하거나, 성벽이 유리로 변하게 하거나, 그 사람들로 하여금 나를 보고 성문을 열고 무기를 꽃으로 변하게 한 일이 없었건만 선남자야, 그것은 인자한 선근의 힘으로써 그 사람들이 그런 일을 보게 된 것이니라.

또 선남자야, 사위성에 바라문 여인이 있으니, 성이 바사타(婆私吒)였다. 외아들이 있어서 애지중지하였는데 병으로 일찍 죽었다. 그 여인은 걱정하다 못해 미쳐서 부끄러운 줄도 모르고 옷을 벗고 네거리로 돌아다니며 통곡하면서 '아들아! 아들아! 너는 어디로 갔느냐' 하고, 온 성안을 헤매면서 고달픈 줄도 몰랐다. 그러나 이 여인은 지난 세상에 부처님께 선근을 많이 심은 일이 있었느니라. 선남자야, 내가 그 여인에게 가엾은 생각을 하였더니 그 여인이 나를 보고 아들인 줄 알고는, 곧 제정신을 차리고 뛰어와서 나를 붙들고 아들을 사랑하듯 하였다. 내가 곧 시자 아난에게 말하여 옷을 가져다가 여인에게 입히게 하고, 가지가지로 법문을 말하였더니, 여인이 법을 듣고 기뻐서 뛰면서 아뇩다라삼먁삼보리심을 내었느니라. 선남자야, 나는 그때에 그의 아들도 아니고 그도 나의 어머니가 아니며, 또 서로 붙든 일도 없었건만 선남자야, 모두 인자한 선근의 힘으로 그 여자가 이런 일을 본 것이니라.

또 선남자야, 바라내 성에 한 우바이가 있었으니 이름이 마하사나달다(摩訶斯那達多)요, 지나간 세상에 많은 부처님께 여러 가지 선근을 심은 일이 있었다. 이 우바이가 여름 90일 동안에 비구들에게 의약을 보시하는데, 그 대중 가운데 어떤 비구가 중병이 들려서 의원에게 물은즉 고기를 먹어야 한다고 하며, 고기를 먹으면 병이 나을 수 있지만 고기를 얻지 못하면 죽을 것 이라고 말하였다. 그때에 우바이는 의원의 말을 듣고는 황금을 가지고 온 거리로 두루 다니면서 '고기를 팔 사람이 없는가, 금을 주고 고기를 사려 하노라. 고기를 가진 사람이 있으면 그만큼 금을 주겠노라' 하면서, 성안을 두루 돌아다녔으나 고기를 얻을 수가 없었다. 그래서 우바이는 칼을 들고 자기의 넓적다리 살을 베어내어 썰어서 국을 끓이고 가지가지 고명을 넣어 병든 비구에게 보냈다. 비구는 고기를 먹고 병이 나았으나, 우바이는 상처를 앓느라고 고통을 견딜 수 없어서 '나무불! 나무불!' 하고 소리를 내었다. 나는 그때에 사위성에서 그 소리를 듣고 그 여인에게 인자한 마음을 내었더니, 그 여인은 내가 좋은 약으로 상처 위에 발라주는 것을 보고, 그 상처가 곧 아물었으며, 내가 그 여인에게 가지가지 법을 말하였더니, 그는 법문을 듣고 환희하여 아뇩다라삼먁삼보리심을 내었느니라. 선남자야, 내가 진실로 바라내 성에 가서 우바이의 상처에 약을 발라준 일이 없었건만 선남자야, 이것은 모두 인자한 선근의 힘으로써 그 여인으로 하여금 그런 일을 보게 한 것이니라.

또 선남자야, 조달은 나쁜 사람으로서 탐욕스러워 만족함을 모르는 연고로, 생소를 많이 적고 배가 부르고 머리가 아프며, 고통을 참을 수가 없어서 '나무불! 나무불!' 하고 소리를 질렀다. 나는 우선니성(優禪雁城)에 있다가 그 소리를 듣고 인자한 마음을 내었더니, 그때에 조달은 내가 자기에게 가서 손으로 머리와 배를 만지고 소금물을 주어서 먹게 함을 보고는 병이 나았다고 한다. 나는 실로 조달에게 가거나 머리와 배를 만지거나 약을 주어 먹게 한 일이 없었지만 선남자야, 이것은 모두 인자한 선근의 힘으로써 조달이 그런 것을 보게 된 것이다.

또 선남자야, 교살라국에 도적 떼가 있었으니, 그 무리가 5백이며, 떼를 지어 다니면서 노략질을 하여 피해가 막심하였다. 바사닉왕이 그들의 행패를 염려하여, 군대를 보내어 체포하고 그 눈들을 뽑아버리고 컴컴한 수풀 속에 버려두었다. 이 도적들이 지난 세상에 부처님께 많은 공덕을 심었기에, 눈을 뽑히고는 큰 고통을 받으면서 '나무불! 나무불! 우리를 구원해 줄 사람이 없네' 하면서, 통곡하고 있었다. 나는 그때에 기원정사에 있다가 그 소리를 듣고 인자한 마음을 내었더니, 그때에 서늘한 바람이 향산에 있는 가지각색 향기로운 약을 실어 그들의 눈에 넣어 주었으므로 눈이 전과 같이 회복되었다. 도적들이 눈을 뜨고 보니 여래가 앞에 서서 법을 말하여 주었고, 도적들은 법을 듣고 아뇩다라삼먁삼보리심을 내었느니라. 선남자야, 나는 그때에 바람을 일으켜서 향산에 있는 향기 약을 실려 보낸 일도 없었고, 그 사람들 앞에서 법을 말하지도 아니하였지만 선남자야, 이것은 모두 인자한 선근의 힘으로써 그 도적들로 하여금 그런 일을 보게 한 것이니라.

또 선남자야, 유리 태자가 어리석어서 부왕을 폐하고 자기가 임금이 되고는, 예전의 혐의로 석가의 종족을 많이 살해하고, 석가 종족의 여자 1만 2천 명을 잡아다가 귀와 코를 베고 손과 발을 잘라서 구렁에 쓸어 넣었더니, 그 여자들은 고통을 못 이기고 '나무불! 나무불! 우리들을 구해 줄 이가 없구나' 하면서 통곡하였다. 이 여자들은 지난 세상 부처님께 여러 가지 선근을 지은 일이 있었는데, 내가 그때에 대숲 속에 있다가 그 소리를 듣고 인자한 마음을 내었다. 그 여자들은 내가 가비라성에 이르러 물로 상처를 씻어 주고 약을 발라 주어서 고통이 없어지고 귀와 코와 손과 발이 모두 예전대로 되었으며, 내가 법을 말하여서 그들이 모두 아뇩다라삼먁삼보리심을 내고는, 즉시 대애도(大愛道) 비구니에게 가서 출가하고 구족계를 받았다고 하느니라.

선남자야, 여래는 그때에 가비라성에 가지도 아니하였고, 물로 씻고 약을 발라서 고통을 멎게 한 일도 없건만 선남자야, 이것은 모두 인자한 선근의 힘으로써 그 여자들로 하여금 그런 일을 보게 한 것이니, 가엾이 여기고 기뻐하는 마음도 그와 같으니라. 선남자야, 이런 이치로 보살마하살이 인자한 생각을 닦는 것이, 진실한 일이요 허망하지 아니하니라. 선남자야, 한량없는 마음은 헤아릴 수 없으며, 보살의 행하는 일도 헤아릴 수 없으며, 대승경전인 대반열반경도 헤아릴 수 없느니라."

대반열반경 제15권

20. 청정한 행[梵行品] ②

부처님께서는 말씀하셨다.
"또 선남자야, 보살마하살이 인자함과 가엾이 여김과 기뻐함을 닦고는 외아들을 가장 사랑하는 자리에 머무느니라. 선남자야, 어찌하여 이 자리를 가장 사랑함이라 하며, 또 외아들이라 하느냐. 선남자야, 마치 부모가 아들이 편안함을 보면 마음이 매우 환희하듯이, 보살마하살이 이 자리에 머묾도 이와 같아서, 중생을 보기를 외아들과 같이 하며 선한 일 닦음을 보고는 크게 즐거워하나니, 그러므로 이 자리를 가장 사랑한다 하느니라. 선남자야, 부모가 아들이 우환에 걸림을 보면 괴로운 마음을 내고 딱하게 여기는 걱정을 버리지 못하나니, 보살마하살이 이 자리에 머문 이도 그와 같아서 중생들이 번뇌의 병에 얽매임을 보면, 마음으로 걱정하고 수심하기를 아들과 같이 하며, 온몸의 털구멍에서 피가 흐르므로 이 자리를 외아들이라 하느니라. 선남자야, 사람이 어렸을 적에는 흙덩이나 똥 묻은 돌이나 마른 뼈나 나뭇가지 따위를 입에 넣으면, 부모가보고는걱정이 되어서 왼손으로 머리를 붙들고 오른손으로 끄집어내나니, 보살마하살이 이 자리에 머문 이도 그리하여, 중생들이 법신이 더 나아가지 못하였는데, 혹 몸이나 입이나 마음으로 하는 짓이 옳지 못하면, 보살이 보고는 지혜의 손으로 뽑아내고, 그로 하여금 생사에 헤매면서 고통을 받지 않도록 하나니, 그러므로 이 자리를 외아들이라 이름하느니라.

선남자야, 마치 사랑하던 아들이 세상을 버리고 죽으면, 부모는 애통하여 함께 목숨을 버리려 하나니, 보살도 그와 같아서, 일천제(一闡提)가 지옥에 떨어짐을 보고는 함께 지옥에 가서 나기를 원하느니라. 왜냐하면 이 일천제가 고통을 받을 적에 잠깐이라도 뉘우치는 마음을 내면 내가 곧 그를 위하여 가지가지 법을 말하여 잠깐 동안 선근이라도 내게 하려는 까닭이니, 그러므로 이 자리를 외아들이라 이름하느니라. 선남자야, 마치 부모가 외아들을 두었으면, 그 아들이 자나깨나 가거나 머물거나 앉거나 눕는 것을 항상 염려하고, 만일 허물이 있으면 좋은 말로 달래어 나쁜 일이 더하지 않게 하듯이, 보살마하살도 그와 같아서 중생들이 지옥·축생·아귀 갈래에 떨어지거나, 혹은 인간이나 천상에 나서 선한 일 악한 일을 짓는 것을 마음에 항상 생각하면서 놓아 버리지 못하며, 만일 나쁜짓을 하더라도 성을 내어 나쁜 일이 더하지 않게 하나니, 그러므로 이 자리를 외아들이라 하느니라."

가섭보살이 부처님께 여쭈었다.

"세존이시여, 부처님의 말씀과 같아서 말씀이 비밀하고 저의 지혜는 옅으니, 어떻게 알겠나이까? 만일 보살이 외아들인 자리에 머물러서 능히 이러하다 하오면 어찌하여 여래는 옛적에 국왕이 되어 보살의 도를 행할 적에 저러한 바라문의 목숨을 끊었나이까? 만일 이 자리를 얻었으면 마땅히 보호하고 염려할 것이오며, 만일 얻지 못하였으면 무슨 인연으로 지옥에 떨어지지 않았나이까? 만일 모든 중생들을 평등하게 보기를 아들처럼 생각하여 라후라와 같이 한다면, 무슨 까닭으로 제바달다에게 말씀하시기를 '어리석은 사람은 부끄러운 줄을 모르니 남의 침이나 덕어라' 하여, 그가 이 말을 듣고 성을 내어서 나쁜 마음으로 부처님의 몸에 피를 내게 하였으며, 제바달다가 이런 나쁜짓을 한 뒤에 부처님께서는 또 수기(授記)하시기를 '지옥에 떨어져서 한 겁 동안 죄를 받으리라' 하였나이까? 세존이시여, 이런 말이 어찌하여 이치에 어긋나지 않나이까? 세존이시여, 수보리는 허공인 자리에 머물러 있으면서도 성 안에 들어가 음식을 빌려 할 적에는, 먼저 사람을 관찰하여 자기에게 미워하는 마음이 있는 이에게는 가지 아니하오며, 내지 아무리 굶주려도 걸식하지 아니하나니, 왜냐하면 수보리는 항상 생각하기를 '나는 지나간 옛적에 어떤 복밭 되는 이에게 한 번 나쁜 생각을 한 인연으로, 지옥에 떨어져서 가지가지 고통을 받았으니, 내가 이제 차라리 굶을지언정 종일토록 먹지 아니하여, 그들로 하여금 내게 혐의를 일으키고 지옥에 떨어져서 고통을 받게 하지 아니하리라' 하였기 때문입니다.

또 생각하기를 '만일 중생들이 내가 서 있는 것을 혐의하면,

나는 종일토록 단정히 앉아 일어나지 아니할 것이며, 만일 중생이 나의 앉아 있는 것을 혐의하면 나는 종일토록 서서 자리를 옮기지 아니할 것이며, 다니고 눕는 일도 역시 그렇게 하리라' 하였나이다. 이 수보리는 중생을 보호하기 위하여서도 이런 마음을 내었거늘 하물며 보살이겠습니까? 보살이 만일 외아들인 자리를 얻었으면, 무슨 인연으로 여래께서 이런 거친 말을 하여 중생으로 하여금 대단히 나쁜 마음을 일으키게 하였나이까?"

"선남자야, 그대는 지금 이렇게 힐난하는 말로 부처님이 중생들을 위하여 번뇌의 인연을 지었다고 하지 말라. 선남자야, 설사 모기의 입으로 바닷물을 말리더라도 여래는 중생을 위하여 번뇌의 인연을 짓지 아니할 것이니라. 선남자야, 가령 땅덩이가 모두 색 아닌 것이 되며, 물의 모양이 바삭바삭하며, 불의 모양이 싸늘하며, 바람의 모양이 머물러 있으며, 삼보와 불성과 허공이 무상하여지더라도, 여래는 중생을 위하여 번뇌의 인연을 짓지 아니할 것이니라. 선남자야, 가령 4중금을 범하였거나 바른 법을 비방한 일천제들이 지금 가진 몸으로 10과 4무소외와 32상과 80종호를 이루더라도 여래는 중생을 위하여 번뇌의 인연을 짓지 아니할 것이니라. 선남자야, 가령 성문·벽지불들이 항상 머물러 변하지 않더라도 여래는 중생을 위하여 번뇌의 인연을 짓지 아니할 것이니라. 선남자야, 가령 10주(住) 보살들이 4중금을 범하며 일천제가 되어 바른 법을 비방하더라도 여래는 중생을 위하여 번뇌의 인연을 짓지 아니할 것이니라. 선남자야, 가령 한량없는 중생의 불성이 없어지고 여래가 끝끝내 반열반에 든다 하여도 여래는 중생을 위하여 번뇌의 인연을 짓지 아니할 것이니라. 선남자야, 가령 그물을 던져 바람을 얽어매고, 이빨로 쇠를 깨물고, 손톱으로 수미산을 헐더라도 여래는 중생을 위하여 번뇌의 인연을 짓지 아니할 것이니라. 차라리 독사와 한곳에 있고, 두 손을 굶은 사자의 입에 넣고 가다라 숯으로 몸을 씻더라도 여래 세존이 중생을 위하여 번뇌의 인연을 지었다고 말하지 않아야 하느니라. 선남자야, 여래는 진실로 중생을 위하여 번뇌를 끊을지언정 끝내 번뇌의 인연을 짓지 아니하느니라.

선남자야, 그대의 말이 여래가 옛적에 바라문을 죽였다 하거니와 선남자야, 보살마하살은 나아가 개미 한 마리도 일부러 죽이지 아니하거늘 하물며 바라문이랴. 보살이 항상 가지가지 방편으로 중생들에게 한량없는 수명을 보시하느니라. 선남자야, 밥을 보시함은 곧 목숨을 보시함이니, 보살마하살이 보시바라밀을 행할 때에 항상 중생들에게 한량없는 수명을 보시하느니라. 선남자야, 죽이지 않는 계율을 닦으면 목숨이 장수함을 얻나니, 보살마하살이 지계(持戒)바라밀을 행할 적에 항상 모든 중생들에게 한량없는 수명을 보시하느니라. 선남자야, 입을 조심하여 허물이 없으면 목숨이 장수함을 얻나니, 보살마하살이 인욕바라밀을 행할 때에 항상 중생들에게 권하여 원망하는 생각을 내지 말게 하며, 곧은 일은 남에게 미루고 굽은 일은 자기에 향하여 다투지 아니하면 목숨이 장수함을 얻나니, 그러므로 보살이 인욕바라밀을 행할 때에 이미 중생들에게 한량없는 수명을 보시하였느니라. 선남자야, 부지런히 착한 일을 닦으면 목숨이 장수함을 얻나니, 보살마하살이 정진바라밀을 행할 때에 항상 중생에게 권하여 부지런히 선한 법을 닦게 하며, 중생들이 그대로 행하고는 한량없는 수명을 얻나니, 그러므로 보살이 정진바라밀을 행할 때에 이미 중생들에게 한량없는 수명을 보시하였느니라. 선남자야, 마음을 다잡는 수행을 하면 목숨이 장수함을 얻나니, 보살마하살이 선정바라밀을 행할 때에 중생들에게 권하여 평등한 마음을 닦게 하며, 중생들이 그대로 행하고는 목숨이 장수함을 얻나니, 그러므로 보살이 선정바라밀을 행할 때에 이미 중생들에게 한량없는 수명을 보시하였느니라. 선남자야, 모든 선한 법에 방일하지 아니하면 목숨이 장수함을 얻나니, 보살마하살이 반야바라밀을 행할 때에 중생들에게 권하여 선한 법에 방일하지 말게 하며, 중생들이 그대로 행하고는 그 인연으로 목숨이 장수함을 얻나니, 그러므로 보살이 반야바라밀을 행할 때에 이미 중생에게 한량없는 수명을 보시하였느니라. 선남자야, 이런 뜻으로 보살마하살이 중생에게 대하여 마침내 목숨을 빼앗는 일이 없느니라.

　선남자야, 그대가 묻기를 '바라문을 죽일 때에 이 자리를 얻었는가' 하거니와 선남자야, 나는 이미 얻었지만 사랑하는 생각으로 그 목숨을 끊은 것이고 나쁜 마음이 아니니라. 선남자야, 마치 부모가 외아들을 두고 애지중지하다가 아들이 나라의 법을 범하였으면 부모가 두려운 마음으로 쫓아내거나 죽이거나 하는데, 비록 내쫓고 죽이고 하더라도 나쁜 마음이 아니니, 보살마하살이 바른 법을 보호함도 그와 같으니라. 어떤 중생이 대승을 비방하면 이를 매질하여 호되게 다스리거나 혹 목숨을 빼앗아서 지나간 잘못을 고치고 선한 법을 닦게 하려는 것이니, 보살은 항상 생각하기를 '무슨 인연으로든지 중생들로 하여금 믿는 마음을 내게 하고 방편을 따라서 잘하리라' 하느니라. 바라문들이 목숨이 마친 뒤에 아비지옥에 나고는 세 가지 생각이 있나니 하나는 생각하기를 '내가 어디로부터 여기에 와서 났는가' 하고는 곧 인간 갈래에서 온 줄을 알 것이요, 둘은 '내가 지금 난 데는 어디인가' 생각하여, 아비지옥에 난 줄을 알 것이요, 셋은 스스로 생각하기를 '무슨 죄업으로 여기에 와서 났는가 하여 자기가 방등 대승경전을 비방하고 인연을 믿지 아니한 죄로 임금에게 죽임을 받고 여기 난 줄을 알 것이니, 이런 일로 생각하고는 즉시 대승의 방등경전에 믿는 마음을 낼 것이요, 그리고는 목숨을 마치면 저 감로 북 여래의 세계에 태어나서 그 세계의 수명으로 10겁을 구족할 것이니라. 선남자야, 이런 뜻으로 보면 내가 지난 옛적에 이 사람들에게 10겁의 수명을 준 것이거늘 어찌하며 죽였다 하겠는가.

  선남자야, 만일 사람이 땅을 파고 풀을 베고 나무를 찍으며 송장을 자르고 욕설하고 매질했다면 이러한 업의 인연으로 지옥에 떨어지겠는가?"

  가섭보살이 부처님께 여쭈었다.

"세존이시여, 제가 부처님의 말씀한 뜻을 해석하기에는 지옥에 떨어질 것입니다. 왜냐하면 부처님께서 예전에 성문들에게 말씀하시기를 '너희 비구들은 초목에 대하여도 나쁜 마음을 내지 말라. 왜냐하면 모든 중생들이 나쁜 마음으로 인하여 지옥에 떨어진다'고 하셨기 때문입니다."

이때에 세존은 가섭보살을 찬탄하셨다.

"훌륭하고 훌륭하다. 그대의 말과 같으니 잘 받아 지녀라. 선남자야, 만일 나쁜 마음으로 지옥에 떨어진다면 보살은 그때에 진실로 나쁜 마음이 없었으니, 왜냐하면 보살마하살이 모든 중생에게 나아가 개미 같은 것이라도 가엾이 여기고 이롭게 하려는 마음을 내는 까닭이니라. 그 까닭을 말하면 인연과 모든 방편을 잘 아는 연고로 그 방편으로써 중생들로 하여금 선근을 심게 하는 까닭이니라. 선남자야, 이런 뜻으로 나는 그때에 좋은 방편으로 그 목숨을 빼앗은 것이고 나쁜 마음으로 한 것이 아니니라. 선남자야, 바라문 법에는 가령 개미를 열 수레에 차도록 죽여도 죄가 없다 하고, 모기·등에·벼룩·이·고양이·살쾡이·사자·범·이리·곰 따위의 나쁜 벌레와 사나운 짐승이거나 그 밖에라도 중생에게 해가 되는 것은 열 수레를 죽이거나, 귀신(鬼神)·나찰(羅制)·구반다(拘繋茶)·가라부단나(迦羅富單那)·전광귀(顚狂鬼)·간고귀(幹枯鬼) 따위로서 중생을 시끄럽게 하는 것들은 그 목숨을 빼앗아도 죄보가 없고, 만일 나쁜 사람을 죽이면 죄보가 있으며, 만일 죽이고 참회하지 아니하면 아귀에 떨어지려니와 만일 참회하고 3일 동안 먹지 않으면 그 죄가 소멸되고 남지 않으며, 만일 화상을 죽이거나 부모나 여인이나 소를 살해하면 여러 천년을 지옥 속에 있게 된다 하느니라.

  선남자야, 부처님과 보살들은 죽이는 데 세 가지가 있음을 아나니, 그것은 곧 하품·중품·상품이니라. 하품 살생은 개미나 나아가 모든 축생을 죽이는 것이니라. 보살이 일부러 태어난 것은 제외하나니 선남자야, 보살마하살이 원력으로 축생이 되는 일이 있는 것은 제외한다는 것이니라. 이런 것을 하품 살생이라 이름하며, 하품 살생한 인연으로는 지옥이나 축생이나 아귀에 떨어져서 하품 고통을 받나니, 왜냐하면 이 축생들도 작은 선근이 있으므로 죽이면 죄보를 받기 때문이며, 이것을 하품 살생이라 하느니라. 중품 살생은 범부들로부터 아나함까지 죽임을 중품 살생이라 하나니, 그 업인으로는 지옥·축생·아귀에 떨어져서 중품 고통을 받는 것으로, 이것을 중품 살생이라 하느니라. 상품은 부모나 내지 아라한·벽지불·결정된 보살을 상품 살생이라 하나니, 이 업인으로는 아비지옥에 떨어져서 상품 고통을 받는 것으로, 이것을 상품 살생이라 하느니라. 선남자야, 일천제를 죽이는 것은 이 세 가지 살생에 들지 않나니 선남자야, 저 바라문들은 모두 일천제니라. 마치 땅을 파며 풀을 베며 나무를 찍거나 송장을 자르고 욕설하고 매질하는 것이 죄보가 없는 것처럼, 일천제를 죽임도 그와 같아서 죄보가 없느니라. 왜냐하면 저 바라문들은 내지 믿음 따위의 다섯 가지 법이 없으므로 죽여도 지옥에 떨어지지 아니하기 때문이니라.

　선남자야, 그대가 먼저 말하기를 '여래는 무슨 까닭으로 제 바달다를 어리석은 사람이라고 꾸짖으면서 침이나 먹어라'고 하였느냐 하거니와 그대도 그런 질문을 하지 말 것이니, 왜냐하면 부처님의 하는 말은 헤아릴 수 없기 때문이니라. 선남자야, 혹은 진실한 말로써 세상의 사랑을 받는다 하더라도, 때도 아니고 법도 아니어서 이익이 되지 못하는 이런 말은 내가 말하지 않느니라. 선남자야, 또 어떤 말은 거칠고 허망하며 때도 아니고 법도 아니어서 듣는 이가 사랑하지 아니하며 이익하지도 못하나니, 이런 것은 나도 말하지 않느니라. 선남자야, 만일 어떤 말이 거칠기는 하나 진실하고 허망하지 아니하며, 때도 알맞고 법답기도 하여 모든 중생의 이익이 될 만한 것은, 듣는 이가 기뻐하지 않더라도 내가 말하나니, 왜냐하면 부처님 세존인 응(應)·정변지(正遍知)가 방편을 아는 까닭이니라.

　선남자야, 어느 때에 나는 넓은 벌판에 있는 어떤 마을의 숲속에 갔더니, 그 수풀 밑에 광야(曠野)라는 귀신이 있어, 고기와 피만 먹으면서 중생들을 많이 죽였고, 또 그 마을에서 하주에 한 사람을 잡아먹었다. 선남자야, 나는 그 귀신에게 법을 말하였지만 그는 포악하고 어리석고 지혜가 없어 가르침을 받지 아니하기에, 나는 기운 센 귀왕으로 변화하여 그 궁전을 흔들어서 편안하게 있지 못하도록 하였더니, 그 귀신은 권속들을 데리고 궁전에서 나와 나를 거역하려 하였다. 귀신은 나를 보고는 곧 제정신을 잃고 두려워하며 땅에 엎드려서 기절하여 죽은 것 같았다. 내가 인자한 손길로 그 몸을 만졌더니, 도로 일어나 앉아서 이렇게 말하였다. '시원하다, 이제 다시 살아났습니다. 큰 신왕께서 위덕이 구족하시고 자비한 마음으로 저의 허물을 용서하였나이다' 하면서 나에게 대하여 믿음을 냈으므로, 나는 여래의 몸을 회복하고 다시 가지가지 법문을 말하여 그 귀신으로 하여금 살생하지 않는 계를 받게 하였다. 이날 그 마을에서 죽을 차례가 된 장자가 있었는데, 마을 사람들은 그를 귀신에게 데리고 갔고 귀신은 그 장자를 나에게 보내었기에, 나는 그를 받고는 다시 이름을 지어서 수장자(手長者)라 하였다.

그때에 그 귀신이 나에게 '세존이시여, 나와 권속들은 피와 고기를 먹고 살았는데, 이제는 계를 받았으니 어떻게 살아가야 하겠나이까?' 하기에, 나는 이렇게 대답하였다. '이제부터는 성문 제자들에게 말하여 그들이 부처의 법을 수행하는 곳마다 너에게 음식을 주게 하리라.' 선남자야, 이 인연으로 비구들에게 이런 계율을 마련하였으니, '너희들은 지금부터 광야 귀신에게 먹을 것을 주라. 만일 거처가 있으면서도 주지 아니한다며, 그는 천마의 무리와 권속이라' 하였느니라. 선남자야, 여래는 중생들을 조복하기 위하여 이렇게 가지가지 방편을 보인 것이요, 그들을 두렵게 하려는 것이 아니니라. 선남자야, 나도 나무로써 호법하는 귀신을 때리기도 하였으며, 또 어떤 때에는 산 위에서 양 머리 귀신을 밀어서 산 밑으로 떨어지게 하였고, 또 나무 끝에서 원숭이 수호하는 귀신을 때려잡았으며, 재물 보호하는 코끼리에게 다섯 마리 사자를 보게 하였고, 금강신으로 하여금 살차니건(薩遮尼犍)을 놀라게 하고, 또 침으로 살털 귀신[箭毛鬼]을 찔렀으니, 비록 그런 일을 하였으나 그 귀신들을 죽게 하지는 아니하였고, 다만 그들로 하여금 바른 법에 머물게 하기 위하여 이런 여러 가지 방편을 보인 것이니라.

선남자야, 나는 그때에 참으로 제바달다를 욕하지 아니하였으며, 제바달다도 남의 침을 먹을 만큼 어리석지 아니하였고, 나쁜 갈래인 아비지옥에 나서 한 겁 동안 죄를 받지 아니하였으며, 또 승가를 파괴하거나 부처의 몸에 피를 내지도 아니하였고, 4중금을 범하였거나 바른 법과 대승경전을 비방하지도 아니하였으며, 일천제도 아니고, 성문이나 벽지불도 아니었느니라. 선남자야, 제바달다는 실로 성문·연각의 경계가 아니고 부처님만이 알고 보는 것이니, 선남자야, 그러므로 그대는 지금 '여래는 어찌하여 제바달다를 꾸짖고 욕하였느냐'고 문난할 것이 아니며, 부처님의 경계에 대하여 이러한 의심을 내지도 말아야 하느니라."

"세존이시여, 마치 사탕무를 오래 달이면 가지가지 맛을 얻듯이, 저도 그와 같아서 부처님을 따라서 자주 듣고 많은 법맛을 얻었으니, 이른바 출가한 맛·탐욕을 여윈 맛·고요한 맛·도의 맛이니라. 세존이시여, 마치 진금을 자주자주 달구고 두들기고 녹이고 연단하면, 점점 더 깨끗하고 조화되고 부드럽고, 광채가 아름답고 값도 한량이 없나니, 그런 뒤에야 인간·천상의 보배가 되나이다. 세존이시여, 여래도 그러하여 정중하게 물으면 깊은 이치를 듣고 볼 것이며, 실행하는 이로 하여금 받아 지니고 닦아 행하며, 한량없는 중생으로 아뇩다라삼먁삼보리심을 내게 한 뒤에야 인간·천상에서 받들어 섬기고 공경하고 공양하게 되나이다."

이때에 부처님께서는 가섭보살을 칭찬하시었다.

"훌륭하고 훌륭하다. 보살마하살이 중생들을 이익케 하기 위하여 여래에게 이렇게 깊은 뜻을 묻는구나. 선남자야, 이러한 이치로 나는 그대의 뜻을 따라, 대승 방등의 깊고 비밀한 법을 말하나니, 가장 사랑하는 외아들 같은 자리니라."

가섭보살이 부처님께 여쭈었다.

"세존이시여, 만일 보살이 인자함과 가엾이 여김과 기뻐함을 닦아서 외아들 자리를 얻는다면, 버리는 마음을 할 때에는 무슨 자리를 얻나이까?"

부처님께서 말씀하셨다.

"훌륭하고 훌륭하다. 선남자야, 그대는 때를 잘 알아서 내가 말하려는 줄을 알고 묻는 것이로다. 보살마하살이 버리는 마음을 닦을 적에는 공하고 평등한 자리에 머물기를 수보리와 같이 하느니라. 선남자야, 보살마하살이 공하고 평등한 자리에 머물면, 부모·형제·자매·아이들·친척·동무·원수·보통 사람을 보지 아니하며, 내지 5음·18계·6입·중생·오래 사는 이를 보지 아니하느니라. 선남자야, 마치 허공에는 부모·형제·처자도 없고, 나아가 중생·오래 사는 이도 없는 것처럼,

모든 법도 그와 같아서 부모와 나아가 오래 사는 것이 없느니라. 보살마하살이 모든 법을 보는 일도 그와 같아서 마음이 평등하기가 허공과 같으니라. 왜냐하면 모든 공한 법을 잘 닦아 익힌 까닭이니라."

"세존이시여, 어떤 것을 공하다 하나이까?"

"선남자야, 공이라는 것은 안이 공한 것, 밖이 공한 것, 안팎이 공한 것, 함이 있는 공, 함이 없는 공, 비롯함이 없다는 공, 성품이 공한 것, 있는 바 없는 공, 제일의 공, 공한 공, 큰 공이니라.

보살마하살이 어떻게 안이 공함[內空]을 관찰하는가. 보살마하살이 안의 법이 공하다고 관찰한다. 안의 법이 공하다 함은 부모와 원수와 친한 이와 보통 사람과 중생과 오래 사는 것과 항상함과 즐거움과 나와 깨끗함과 여래와 법과 승가와 재물이 없다는 것을 말함이다. 이 안의 법 가운데 불성이 있지만 불성은 안도 아니고 밖도 아니니라. 왜냐하면 불성은 항상 있어서 변역함이 없는 까닭이니, 이것을 이름하여 보살마하살이 안이 공함을 관찰한다 하느니라.

밖이 공하다는 것[外空]도 그와 같아서 안의 법이 없는 것이며, 안팎이 공하다는 것[內外空]도 그와 같으니라. 선남자야, 다만 여래와 법과 승가와 불성은, 두 가지 공한 데 있지 아니하니, 왜냐하면 이 네 가지 법은 항상하고 즐겁고 나이고 깨끗하기 때문이다. 그러므로 네 가지 법을 공하다 이름하지 아니하나니, 이것을 이름하여 안과 밖이 함께 공하다는 것이니라.

선남자야, 함이 있는 공[有爲空]이라 함은, 함이 있는 법이 모두 공하다는 것이니, 안의 법이 공하고 밖의 법이 공하고 안팎 법이 공하며 항상하고 즐겁고 나이고 깨끗함이 공하고, 중생과 오래 삶과 여래와 법과 승가와 제일의가 공하거니와 이 가운데 불성은 함이 있는 법이 아니므로 불성은 함이 있는 법의 공한 것이 아니니, 이것을 이름하여 함이 있는 공이라 하느니라.

선남자야, 어떤 것을 보살마하살이 함이 없는 공[無爲空]을 관찰한다 하는가. 이는 함이 없는 법이 모두 공하다는 것이니, 이른바 무상함과 괴로움과 부정함과 내가 없음과 5음·18계·12입과 중생이란 고집과 오래 산다는 고집과 함이 있는 것, 유루(有漏), 안의 법, 밖의 법이 없다는 것이니라. 함이 없는 법 가운데 부처님 등의 네 가지 법은 함이 있는 것도 아니도 함이 없는 것도 아니다. 성품이 선한 것이므로 함이 없는 것이 아니고 성품이 항상 있는 것이므로 함이 있는 것이 아니니라. 이것을 이름하여 보살이 함이 없는 공을 관찰한다 하느니라.

어떤 것을 보살이 비롯함이 없다는 공[無始空]을 관한다 하는가. 이 보살마하살이 나고 죽음이 비롯함이 없어 모두 공한 줄을 관찰하는 것이니, 이른바 공하다 할은 항상함과 즐거움과 나와 깨끗함이 모두 공적하여 변역함이 없으며, 중생·오래 사는 것·삼보·불성·함이 없는 법도 마찬가지니, 이것을 이름하여 보살이 비롯함이 없다는 공을 관찰함이라 하느니라.

어떤 것을 보살이 성품이 공함[性空]을 관찰한다 하는가. 이 보살마하살이 온갖 법의 본 성품이 모두 공한 줄을 관찰함이니, 5음·18계·12입과, 항상함과 무상함, 괴로움과 즐거움, 깨끗함과 부정함, 나와 나 없음 등이니라. 이러한 온갖 법을 관찰하여도 본 성품을 보지 못하나니, 이것을 이름하여 보살마하살이 성품이 공함을 관찰함이라 하느니라.

어떤 것을 보살마하살이 있는 바 없는 공[無所有空]을 관찰한다 하는가. 마치 사람이 아들 없는 것을 집안이 비었다고 말하는 것처럼, 필경에 공함을 관찰하면 친하고 사랑할 이가 없다. 어리석은 사람은 모든 방소가 공하다고 말하며, 빈궁한 사람은 온갖 것이 비었다고 말하나니, 이렇게 계교하는 것이 혹은 공하고 혹은 공한것이 아니거니와 보살이 관찰할 때에는 빈궁한 사람이 온갖 것이 비었다고 하는 것과 같나니, 이것을 이름하여 보살마하살이 있는 바 없는 공을 관찰한다 하느니라.

어떤 것을 보살마하살이 제일의공(第一義空)을 관찰한다 하는가. 보살마하살이 제일의를 관찰할 때에 '이 눈이 생길 적에도 온 곳이 없었고, 없어질 적에도 가는 데가 없으니, 본래 없던 것이 지금 있었고, 이미 있던 것이 도로 없어지는 것이므로 그 실제의 성품을 추구하면 눈도 없고 주재도 없으며, 눈과 같아서 온갖 법도 그러하다' 하는 것이니라. 어떤 것을 제일의공이라 하는가. 업이 있고 과보가 있으나, 지은 이를 보지 못하는 것이다. 이렇게 공한 법을 제일의공이라 하며, 이것을 이름하여 보살마하살이 제일의공을 관찰한다고 하느니라.

어떤 것을 보살마하살이 공한 공[空空]을 관찰한다 하는가. 이 공한 공 가운데는 성문과 벽지불들도 아득하여 빠지는 곳이니라. 선남자야, 이것이 있지만 이것은 없다. 이것을 공한 공이라 이름한다. 이것이 그것이요 이것이 아님을 공한 공이라 이름하느니라. 선남자야, 십주(十住) 보살도 이 가운데서는 조금의 통달함이 티끌과 같거늘, 하물며 다른 사람이겠느냐. 선남자야. 이러한 공한 공은 성문들이 얻는 공공삼매와는 같지 아니하니, 이것을 이름하여 보살이 공한 공을 관찰한다고 하느니라.

선남자야, 어떤 것을 보살마하살이 큰 공[大空]을 관찰한다 하는가. 선남자야, 큰 공이라 함은 반야바라밀이니, 이것을 큰 공이라 하느니라. 선남자야, 보살마하살이 이러한 공한 문을 얻으면 허공과 같은 자리에 머물게 되느니라.

선남자야, 내가 이 대중 가운데서 이러한 공한 이치를 말할 적에, 열 항하의 모래와 같은 보살마하살이 허공과 같은 자리에 머무느니라. 선남자야, 보살마하살이 이 자리에 머물고는 온갖 법 가운데 걸리거나 속박되거나 집착이 없으며, 마음에 답답함이 없나니, 이런 이치로 허공 같은 자리라 하느니라.

선남자야, 마치 허공은 사랑스러운 빛에 탐심을 내지도 않고, 사랑스럽지 아니한 빛에 성을 내지도 아니하나니, 보살마하살이 이 자리에 머묾도 그와 같아서, 좋거나 나쁜 빛에 대하여 탐심내거나 성내는 마음이 없느니라. 선남자야, 마치 허공은 넓고 크기가 짝이 없어서 온갖 법을 수용하는 것처럼, 보살마하살이 이 자리에 머묾도 그와 같아서, 넓고 크기 짝이 없어 온갖 법을 모두 용납하나니, 이런 이치로 허공 같은 자리라 이름하느니라.

선남자야, 보살마하살이 이 자리에 머무르면 온갖 법을 보기도 하고 알기도 하나니, 행·반연·성품·모양·인·연·중생의 마음·근성·선정·승(乘)·선지식·계행을 지님·보시 따위의 법을 모두 알고 보느니라. 또 선남자야, 보살마하살이 이 자리에 머물고는 알기만 하고 보지는 못하나니, 무엇을 안다 하는가. 스스로 굶는 일·못에 빠지고, 불에 뛰어들고, 높은 바위에서 떨어지고, 한 다리를 늘 뻗는 일·다섯 가지 뜨거운 방법으로 몸을 지지는 일·재와 먼지와 가시덤불·엮은 서까래·나뭇잎·나쁜 풀·소똥 따위의 위에 누우며, 굵은 베옷·무덤 곁에 버린 더러운 걸레나 담요·흠바라(欽婆羅) 옷·노루 가죽·풀로 만든 옷을 입고, 나물 밥·연근·깻묵·쇠똥·근과(根果)를 먹으며, 걸식할 적에는 한 집에만 한하는데, 주인이 밥이 없다고 말하면 곧 떠나가고, 다시 부르더라도 돌아보지도 아니하며, 절인 고기나 다섯 가지 우유로 만든 것을 먹지 아니하고, 항상 뜨물과 백비탕을 마시며, 우계(牛戒)·구계(狗戒)·계계(雞戒)·치계(雉戒) 등 외도의 계율을 가지고, 재를 몸에 바르고 머리를 기르며, 양을 잡아 제사할 적에는, 먼저 주문을 읽은 뒤에 죽이며, 넉 달 동안 불을 섬기고 7일 동안 바람을 섬기며, 백천억의 꽃으로 하늘에 공양하면, 모든 소원이 이것을 말미암아 성취된다고 하여, 이런 법이 위없는 해탈의 원인이 된다는 것이, 옳지 아니한 줄을 아는 것을 안다고 이름하는 것이며, 무엇을 보지 못한다 하는가. 보살마하살이 한 사람도 이런 법을 행하여 바른 해탈을 얻는 것을 보지 못하였으니, 이것을 보지 못한다 이름하느니라.

또 선남자야, 보살마하살이 보기도 하고 알기도 하는 것이니, 어떤 것을 본다 하는가. 중생들이 삿된 법을 행하면, 반드시 지옥에 떨어질 줄을 보는 것을 본다 이름하느니라. 어떤 것을 안다 하는가. 중생들이 지옥에서 나와서 인간에 나서는 만일 보시바라밀을 행하며, 나아가 모든 바라밀을 구족하면, 이 사람이 반드시 바른 해탈을 얻을 줄 아는 것을 안다고 이름하느니라. 또 선남자야, 보살마하살이 보기도 하고 알기도 하는 것이 있나니, 어떤 것을 본다 하는가. 항상하고 무상한 것과, 괴롭고 즐거운 것과, 깨끗하고 부정한 것과 나와 나 없음을 보는 것을 본다 이름하느니라. 어떤 것을 안다 하는가. 여래는 결정코 끝끝내 열반에 들지 아니함을 알며, 여래의 몸은 금강과 같아서 무너지지 아니하며, 번뇌로 된 몸이 아니고, 또 더럽고 부패하는 몸이 아닌 줄을 알며, 또 모든 중생이 모두 불성이 있는 줄을 아나니, 이것을 안다고 이름하느니라.

또 선남자야, 보살마하살이 다시 알기도 하고 보기도 하는 것이 있으니, 어떤 것을 안다하는가. 이 중생은 신심이 성취된 줄을 알며, 이 중생은 대승을 구하고, 이 사람은 흐름을 따르고 이 사람은 흐름을 거스르고 이 사람은 바르게 머물고 이 중생은 저 언덕에 이른 줄 아나니, 흐름을 따르는 이는 범부요, 흐름을 거스르는 이는 수다원이나 내지 연각이요, 바르게 머문 이는 보살들이요, 저 언덕에 이른 이는 여래·응공·정변지니, 이것을 이름하여 안다고 하느니라. 어떤 것을 본다 하는가. 보살마하살이 대승의 대반열반에 머물러서 범행할 마음을 닦으면서, 깨끗한 천안통으로 중생들이 몸과 입과 뜻으로 세 가지 나쁜 업을 짓고, 지옥·축생·아귀 갈래에 떨어짐을 보며, 중생들이 선한 업을 닦는 이는, 목숨을 마치면 천상이나 인간에 태어나는 것을 보며, 어떤 중생은 어두운 데로부터 어두운 데 들어가고, 어떤 중생은 어두운 데로부터 밝은 데 들어가고, 어떤 중생은 밝은 데로부터 어두운 데 들어가고, 어떤 중생은 밝은 데로부터 밝은 데 들어감을 보나니, 이것을 이름하여 본다고 하느니라.

또 선남자야, 보살마하살이 또 알기도 하고 보기도 하는 것이 있으니, 보살마하살은 여러 중생이 몸을 닦고 계행을 닦고 마음을 닦고 지혜를 닦으면, 이 사람이 이 세상에서 나쁜 업이 성취되었거나, 혹은 탐욕과 성내는 일과 어리석음으로 인하여 마땅히 지옥에 떨어져서 과보를 받을 것이로되, 몸을 닦고 계행을 차고 마음을 닦고 지혜를 닦음으로써, 이 세상에서 가볍게 받고 지옥에 떨어지지 아니할 줄을 아느니라. 어떻게 이 업으로 이 세상에서 과보를 받는가. 여러 가지 나쁜짓을 참회하고 털어놓으며 참회한 뒤에는 다시 짓지 아니하여, 참회가 성취되고 삼보에 공양하고 항상 스스로 책망한 까닭이니, 이 사람이 이런 인연으로 지옥에 떨어지지 아니하고, 이 세상에서 과보를 받되, 머리가 아프고 눈이 아프고 배가 아프고 등이 아프며, 죽을 횡액을 만나고 꾸중과 욕을 당하고 매를 맞고 얽어매이고 굶주리고 곤궁하여 이런 고통을 이 세상에서 가볍게 받는 줄을 아나니, 이것을 이름하여 안다고 하느니라. 어떤 것을 본다 하는가. 보살마하살이 이런 사람은 몸과 계행과 마음과 지혜를 닦지 못하고 나쁜 업을 조금 지었으면 이 인연으로 이 세상에서 죄보를 받으련만 이 사람이 조금 지은 나쁜 짓을 참회도 아니하고, 스스로 책망도 하지 않고, 부끄러운 마음도 내지 않고, 두려운 생각도 없으면, 이 업이 점점 커져서 지옥의 과보를 받게 됨을 보나니, 이것을 이름하여 본다고 하느니라.

또 알기만 하고 보지 못함이 있나니, 어떤 것을 알기만 하고 보지 못한다 하는가. 모든 중생들이 모두 불성이 있는 줄을 알지만 번뇌에 덮여서 보지 못하나니, 이것을 이름하여 알기만 하고 보지는 못한다 하느니라. 또 알고 조금 보는 것이 있나니, 10주 보살마하살이 중생들에게 불성이 있음을 알고 보기도 하지만 분명하지 못함이 마치 어두운 데서는 보는 것이 분명치 못한 것 같으니라. 또 보기도 하고 알기도 하는 것이 있나니, 이른바 여래는 보기도 하고 알기도 하느니라. 또 보기도 하고 알기도 하며, 보지도 못하고 알지도 못함이 있나니, 보기도 하고 알기도 한다는 것은, 세간의 문자와 말과 남터·수레·옹기·집·도시·의복·음식·산·강·동산·숲과 중생과 오래 사는 따위니, 이것은 알기도 하고 보기도 하는 것이니라. 어떤 것을 보지도 못하고 알지도 못한다 하는가. 성인의 하시는 비밀한 말씀은 남자·여자·동산·수풀이 없나니, 이것은 보지도 못하고 알지도 못하는 것이니라.

또 알기는 하나 보지 못하는 것이 있나니, 보시할 것과 공양할 곳과 받을 이를 알며 원인과 과보도 아는 것을 안다고 이름하느니라. 어떤 것을 보지 못한다 하는가. 보시할 것과 공양할 곳과 받을 이와 과보를 보지 못하는 것을 보지 못한다고 이름하느니라. 보살마하살의 아는 것이 여덟 가지가 있는 것은 곧 여래의 다섯 가지 눈으로 아는 것이니라."

가섭보살이 부처님께 여쭈었다.

"세존이시여, 보살마하살이 이렇게 아는 것은 무슨 이익을 얻나이까?"

부처님께서 말씀하셨다.

"선남자야, 보살마하살이 이렇게 알면 4무애(無碍)를 얻나니, 법에 걸림이 없고, 뜻에 걸림이 없고, 말에 걸림이 없고, 말하기를 좋아하는 데 걸림이 없느니라. 법에 걸림이 없다 함은 모든 법과 법의 이름을 아는 것이요, 뜻에 걸림이 없다 함은 모든 법이 가지고 있는 뜻을 알고, 모든 법의 이름을 따라서 뜻을 짓는 것이요, 말에 걸림이 없다 함은 이름을 따르는 언론[隨字論], 바른 음성의 언론[正音論], 천타론(闡陀論), 세간 변재의 언론[世辯論]이요, 말하기를 좋아하는 데 걸림이 없다 함은 보살마하살의 연설하는 것이 무릇 걸림이 없어 변동할 수 없으며, 두려움이 없어 굴복할 수 없는 것이니, 선남자야, 이것을 이름하여 보살이 이렇게 보고 알면, 4무애지를 얻는다 하느니라.

또 선남자야, 법에 걸림이 없다 함은 보살마하살이 성문과 연각과 보살과 부처님의 법을 두루 아는 것이요, 뜻에 걸림이 없다 함은 승(乘)은 비록 셋이나 하나에 돌아감을 알아서, 마침내 차별이 있다고 말하지 않는 것이요. 말에 걸림이 없다 함은 보살마하살이 한 가지 법에 대하여 가지가지 이름을 지어서, 한량없는 세월을 지나면서 말하여도 다할 수 없거니와 성문이나 연각은 이렇게 말할 수가 없는 것이요, 말하기 좋아하는 데 걸림이 없다 함은 보살마하살이 한량없는 세월에 중생들을 위하여 법을 연설하되, 이름과 뜻을 가지가지로 말하여도 다할 수 없는 것이니라.

또 선남자야, 법에 걸림이 없다 함은 보살마하살이 모든 팀을 알면서도 집착하지 아니함이요, 뜻에 걸림이 없다 함은 보살마하살이 모든 뜻을 알면서도 집착하지 아니함이요, 말에 걸림이 없다 함은 보살마하살이 이름을 알면서도 집착하지 아니함이요. 말하기 좋아하는 데 걸림이 없다 함은 보살마하살이 말하기 좋아함이 이렇게 훌륭함을 알면서도 집착하지 아니함이니, 왜냐하면 선남자야, 만일 집착하면 보살이라 이름하지 못하느니라."

"세존이시여, 만일 집착하지 아니하면 법을 알 수 없습니다. 법을 안다는 것은 곧 집착하는 것이기 때문입니다. 만일 알고도 집착하지 않는다면, 그것은 아는 것이 아닙니다. 어찌하여 여래께서는 말씀하시기를 법을 알면서도 집착하지 않는다 하시나이까?"

"선남자야, 집착하는 것은 걸림이 없다고 할 수 없나니, 집착함이 없어야 걸림이 없다고 하느니라. 선남자야, 그러므로 모든 보살이 집착이 있으면 걸림이 없을 수 없고, 만일 걸림이 없지 아니하면 보살이라 하지 못하나니, 이런 사람은 범부라고 하느니라. 어찌하여 집착하는 이를 범부라 하는가. 온갖 범부들은 빛에 집착하며, 나아가 알음알이에 집착하나니, 빛에 집착함으로써 탐심을 내고, 탐심을 내기 때문에 빛에 속박되며, 나아가 알음알이에 속박되는 것이며, 속박되는 연고로 나고 늘고 병들고 죽고 근심하고 슬퍼하고 괴로워하는 온갖 번뇌를 면하지 못하나니, 그러므로 집착하는 이를 범부라 하며, 이런 이치로 범부들은 4무애를 얻지 못하느니라. 선남자야, 보살마하살은 한량없는 아승기겁 동안에 벌써 법의 모습을 알고 보았고, 알고 보았으므로 그 뜻을 알았고, 법의 모습을 보고 뜻을 알았으므로 빛 가운데 집착을 내지 아니하고, 나아가 알음알이 가운데서도 그와 같다. 집착하지 아니하므로 보살이 빛에 대하여 탐심을 내지 아니하고, 나아가 알음알이에도 탐심을 내지 아니한다. 탐심이 없으므로 빛에 속박되지 아니하고, 나아가 알음알이에도 속박되지 아니하며 속박되지 아니하므로 나고 늙고 병들고 죽고 근심하고 슬퍼하고 괴로워하는 온갖 번뇌에서 해탈하나니, 이런 이치로 모든 보살이 4무애를 얻느니라.

선남자야, 이런 인연으로 내가 제자들을 위하여 12부 경전에서 말하기를 얽매고 집착함은 마군에게 속박됨이라 하였다. 만약 집착하지 아니하면 마군의 속박을 벗어나리니, 마치 세상에 죄 있는 사람은 임금의 속박을 받지만 죄 없는 사람은 임금도 속박하지 못하느니라. 보살마하살도 그와 같아서, 얽매이고 집착하면 마군의 속박을 받고, 얽매이고 집착함이 없으면 마군이 속박하지 못하나니, 이런 뜻으로 보살마하살은 집착함이 없느니라.

또 선남자야, 법에 걸림이 없다 함은 보살마하살이 글자를 잘 가지고 잊어버리지 아니함이니라. 가진다는 것은 땅과 같고 산과 같고 눈[眼]과 같고 구름과 같고 사람과 같고 어미와 같나니, 온갖 법도 그와 같으니라. 뜻에 걸림이 없다 함은 보살이 비록 모든 법의 이름을 알지만 뜻은 알지 못하다가, 뜻에 걸림 없음을 얻으면 곧 뜻을 아느니라. 어떻게 뜻을 아는가. 땅이 가진다 함은 마치 땅이 모든 중생과 중생 아닌 것을 모두 가지는 것과 같나니, 이런 뜻으로 땅이 가진다 이름하느니라. 선남자야, 산이 가진다 함은 보살마하살이 생각하기를 '무슨 이유로 산을 가진다고 하는가' 하는데, 산이 땅을 붙들어 기울거나 흔들리지 않게 하기 때문이다. 그러므로 가진다고 이름하느니라. 무슨 이유로 눈을 가진다고 하는가. 눈은 광채를 가졌으므로 가진다고 하느니라. 무슨 이유로 구름을 가진다고 하는가. 구름을 용의 기운이라 하고, 용의 기운은 물을 가지는 까닭으로 구름을 가진다고 하느니라. 무슨 이유로 사람을 가진다고 하는가. 사람은 법과 법 아닌 것을 가지므로 사람을 가진다고 이름하느니라. 무슨 이유로 어미를 가진다고 하는가. 어미는 자식을 가지므로 어미를 가진다고 이름하나니, 보살마하살이 온갖 법의 이름과 구절과 뜻을 아는 것도 그와 같으니라.

말에 걸림이 없다 함은 보살마하살이 가지가지 말로써 한 가지 뜻을 연설하지만 역시 뜻이 없나니, 마치 남자나 여자나 집이나 수레나 중생의 이름과 같으니라. 어찌하여 뜻이 없다 하는가. 선남자야, 뜻은 곧 보살과 부처님의 경계요 말은 범부의 경계니, 뜻을 아는 까닭으로 말에 걸림이 없게 되느니라. 말하기 좋아하는 데 걸림이 없다 함은 보살마하살이 말을 알고 뜻을 아는 까닭으로 한량없는 아승기겁 동안에 말을 연설하고 뜻을 연설하여 다하지 아니하나니, 이것을 말하기 좋아하는 데 걸림이 없다 하느니라.

선남자야, 보살마하살이 한량없고 그지없는 아승기겁에 세상 법[世諦]을 수행하고, 수행하였으므로 법에 걸림없음을 알며 또 한량없는 아승기겁에 제일의제를 수행하였으므로 뜻에 걸림없음을 얻으며, 또 한량없는 아승기겁에 비가라나(毗伽羅那)논을 익혔으므로 말에 걸림없음을 얻으며 , 또 한량없는 아승기겁에 세상 언론을 말하기를 익혔으므로, 말하기 좋아하는 데 걸림없음을 얻느니라. 선남자야, 성문·연각이 만일 이 4무애를 얻는다면 그것은 그럴 수가 없는 일이니라. 선남자야, 9부 경전 중에는 내가 말하기를, 성문·연각이 4무애가 있다고 하였으나, 성문·연각에서는 참으로 없느니라. 왜냐하면 보살마하살은 중생들을 제도하느라고 4무애지를 닦아 익히거니와 연각들은 고요한 법을 닦아서 혼자 있기를 좋아하며, 만일 중생을 교화하려면 신통을 보일 뿐이요, 종일토록 잠자코 있고 말하는 일이 없거늘 어찌하여 4무애지가 있겠는가. 어적하여 잠자코 말하는 일이 없는가. 연각은 법을 말하여 사람을 제도해서 난법(煖法)·정법(頂法)·인법(忍法)·세제일법(世第一法)이나, 수다원·사다함·아나함·아라한·벽지불이나, 보살마하살을 얻게 하지 못하며, 사람으로 하여금 아뇩다라삼먁삼보리마음을 내게 하지 못하느니라. 왜냐하면 선남자야, 연각이 세상에 날 적에는 세간에 9부 경전이 없기 때문이다. 그러므로 연각은 말에 걸림이 없는 일과 말하기 좋아하는 데 걸림이 없는 일이 없느니라.

선남자야, 연각들은 비록 여러 가지 법을 알아도 법에 걸림이 없지 못하니, 왜냐하면 법에 걸림이 없다는 것은 글자를 안다는 것인데, 연각들은 글자를 알지만 글자에 걸림이 없지는 못하나니, 왜냐하면 항상 머문다는 글자를 모르기 때문이다. 그러므로 연각들은 법에 걸림이 없음을 얻지 못하느니라. 비록 뜻은 알지만 뜻에 걸림이 없지는 못하나니, 참으로 뜻을 안다 함은 중생들에게 불성이 있음을 아는 것이며, 불성이란 뜻은 아뇩다라삼먁삼보리라 이름하나니, 이런 이치로 연각들은 뜻에 걸림이 없음을 얻지 못하며, 그러므로 연각들은 모두 4무애지가 없느니라.

어찌하여 성문들은 4무애지가 없는가. 성문들은 세 가지 좋은 방편이 없는 연고니라. 무엇을 세 가지 방편이라 하는가. 첫째는 반드시 부드러운 말을 한 뒤에야 법을 받는 것이요, 둘째는 반드시 거친[麤] 말을 한 뒤에야 교화를 받는 것이요, 셋째는 부드럽지도 않고 거칠지도 아니한 말을 한 뒤에야 교화를 받는 것인데, 성문들은 이 세 가지가 없는 연고로 4무애지가 없느니라. 또 성문이나 연각들은 끝까지 말을 알지 못하고 뜻을 알지 못하며, 자재한 지혜가 없어 경계를 알지 못하며, 10력이 없고, 4무외심이 없어서 필경에 12인연의 강을 건너가지 못하며, 중생들의 근성이 예리하고 둔한 차별을 알지 못하며, 두 가지 참된 이치[二諦]의 의심을 끊지 못하였으며, 중생들이 가지가지 마음으로 반연하는 경계를 알지 못하며, 제일의공을 말하지 못하나니, 그러므로 2승들은 4무애지가 없느니라.”

가섭보살이 부처님께 여쭈었다.

“세존이시여, 만일 성문이나 연각은 모두 4무애지가 없을진대 어찌하여 세존께서 말씀하시기를 '사리불은 지혜가 제일이요, 목건련은 신통이 제일이요, 마하구치라는 4무애가 제일이라 하셨으며, 만일 4무애지가 없다면, 여래께서 어찌하여 이런 말씀을 하셨나이까?”

이때에 부처님께서는 가섭보살을 칭찬하셨다.

“훌륭하고 훌륭하다. 선남자야, 마치 항하에 한량없는 물이 있고, 신두하(辛頭河)에도 한량없는 물이 있고, 박차하(博叉

河)에도 한량없는 물이 있고, 실타하(悉陀河)에도 한량없는 물이 있고 아뇩달(阿耨達)못에도 한량없는 물이 있고, 바다에도 한량없는 물이 있다 하여, 여러 곳 물을 모두 한량없다 하지만 그 분량은 진실로 같지 않은 것처럼, 성문·연각·보살의 4무애지도 그와 같아서, 같다고 말할 수 없느니라. 선남자야, 내가 범부들에게 마하구치라가 4무애지가 제일이라 한 것이니, 그대가 물은 그 뜻이 이러한 것이니라. 선남자야, 성문들은 혹은 한 가지를 얻고, 혹은 두 가지를 얻었을지언정, 네 가지를 구족한 것은 아니니라."

가섭보살이 부처님께 여쭈었다.

"세존이시여, 부처님께서 먼저 말씀하신 청정한 행을 말한 글[梵行品] 중에서 '보살은 알고 보는 것으로 4무애를 얻는다' 하였으나, 보살의 알고 보는 것은 얻는 것이 없고, 얻는 것이 없다고 말하는 마음도 없습니다. 세존이시여, 이 보살마하살이 참으로 얻는 것이 없습니다. 만일 보살이 마음에 얻음이 있을진댄 보살이 아니고 범부라 이름할 것인데, 어찌하여 여래께서 보살이 얻음이 있다고 말씀하시나이까?"

"선남자야, 훌륭하고 훌륭하다. 내가 지금 말하려 하는데 그대가 묻는구나. 선남자야, 보살마하살은 진실로 얻음이 없다. 얻음이 없는 것을 4무애라고 이름하느니라. 선남자야, 무슨 뜻으로 얻음이 없는 것을 걸림이 없다고 이름하는가. 만일 얻음이 있으면 곧 걸림이 있는 것이라 하며, 걸림이 있는 것은 4전도(顚倒)라 이름하느니라. 선남자야, 보살마하살이 4전도가 없으므로 걸림없음을 얻었다 하며, 그러므로 보살을 얻은 것이 없다[無所得]고 이름하느니라. 또 선남자야, 얻음이 없으면 지혜라 이름한다. 보살마하살이 이 지혜를 얻었으므로 얻음이 없다고 이름하고, 얻음이 있는 것은 무명이라 이름하거니와 보살은 무명의 어둠을 아주 끊었으므로 얻음이 없다고 하며, 그래서 보살을 이름하여 얻음이 없다고 하느니라. 선남자야, 얻음이 없는 것은 대반열반이라 이름하나니, 보살마하살은 이 대반열반 가운데 머물러 있으면서, 온갖 법의 성품과 모양을 보지 아니하는 것이며, 그러므로 보살을 얻음이 없다고 이름한다. 얻음이 있는 것은 25유라 이름하거니와 보살은 25유를 아주 끊고 대반열반을 얻었나니, 그러므로 보살을 이름하여 얻음이 없다고 하느니라.

또 선남자야, 얻음이 없는 것은 대승이라 이름하나니, 보살마하살은 모든 법에 머물지 아니하므로 대승을 얻었으며, 그래서 보살을 얻음이 없다고 이름하고, 얻음이 있는 것은 성문·벽지불의 도라고 이름하거니와 보살은 2승의 도를 아주 끊었으므로 부처님 도를 얻었나니, 그러므로 보살을 이름하여 얻음이 없다고 하느니라. 또 선남자야, 얻음이 없는 것은 방등경(方等經)이라 이름하나니, 보살은 이런 경전을 읽고 외우므로 대열반을 얻었으며, 그러므로 보살을 얻음이 없다고 이름하고, 얻음이 있는 것은 11부 경전이라고 이름하거니와 보살의 닦는 것은 방등 대승경전만을 말하나니, 그러므로 보살을 이름하여 얻음이 없다고 하느니라. 또 선남자야, 있는 바 없음을 허공이라 이름하고 세간에서 물건이 없음을 허공이라 하며, 보살은 이 허공삼매를 얻었으니 보는 것이 없는 까닭이며, 그러므로 보살을 얻은 것이 없다고 이름하느니라. 얻은 것 있는 것은 나고 죽는 바퀴라 이름하나니, 모든 범부는 나고 죽는 데서 바퀴 돌듯 하므로 보는 것이 있거니와 보살은 온갖나고 죽음을 아주 끊었으므로 보살을 일러서 얻음이 없다고 이름하느니라.

또 선남자야, 보살마하살이 얻음이 없는 것은 항상하고 즐겁고 나이고 깨끗하다 이름하나니, 보살마하살은 불성을 보았으므로 항상하고 즐겁고 나이고 깨끗함을 얻었으며, 그래서 보살을 얻음이 없다고 이름하고, 얻음이 있는 것은 무상하고 즐거움이 없고 내가 없고 깨끗함이 없다고 하거니와 보살마하살은 이 무상하고 즐거움이 없고 내가 없고 깨끗함이 없는 것을 아주 끊었으므로, 보살을 일러서 얻음이 없다고 하느니라. 또 선남자야, 얻음이 없는 것을 제일의공이라 이름하나니, 보살마하살은 제일의공을 관찰하여 보는 바 가없으므로 보살을 얻음이 없다고 이름하느니라. 얻음이 있는 것은 다섯 가지 소견이라 이름하거니와 보살은 이 다섯 가지 소견을 아주 끊었으므로 제일의공이라 하며, 그러므로 보살을 이름하여 얻음이 없다고 하느니라.

또 선남자야, 얻음이 없는 것은 아뇩다라삼먁삼보리라 이름하나니, 보살마하살이 아뇩다라삼먁삼보리를 얻을 적에는 보는 바가 없으므로 보살을 얻음이 없다고 이름하느니라. 얻음이 있는 것은 성문·연각의 보리라 이름하거니와 보살은 2승의 보리를 아주 끊었으므로 보살을 이름하여 얻음이 없다고 하느니라. 선남자야, 그대가 물은 것도 얻음이 없고, 내가 말하는 것도 얻음이 없나니, 만일 얻음이 있다고 말하면, 그는 마군의 권속이요 나의 제자가 아니니라."

가섭보살이 부처님께 여쭈었다.

"세존이시여, 저를 위하여 보살의 얻음이 없음을 말씀할 적에 한량없는 중생이 모양이 있는 마음을 끊었으니 이런 일로써 제가 감히 얻음이 없는 이치를 묻자와 이러한 한량없는 중생으로 하여금 마군의 권속을 여의고 부처님의 제자가 되게 하였나이다."

가섭보살은 부처님께 또 이렇게 여쭈었다.

"세존이시여, 여래께서 먼저 쌍으로 선 사라나무 사이에서 순타(純陀)에게 게송을 말씀하셨나이다.

본래는 있어도 지금은 없으며
본래는 없어도 지금은 있으니
이 세상 앞 세상 지나간 세상에
있다는 모든 법 옳은 곳 없나니.

세존이시여, 이것은 무슨 뜻입니까?"

부처님께서 말씀하셨다.

"선남자야, 나는 중생을 교화하고 제도하기 위하여 이 말을 하였고, 또 성문·벽지불을 위하여 이 말을 하였고, 또 문수사리법왕자를 위하여 이 말을 한 것이요, 순타 한 사람만을 위하여 이 게송을 말한 것이 아니니라. 그때에 문수사리가 나에게 물으려 하기에, 내가 그의 마음을 알고 말하였으며, 내가 말한 뒤에는 문수사리가 곧 이해하였느니라."

"세존이시여, 문수사리 같은 이가 몇 사람이나 이 뜻을 알았는지 모르거니와 바라건댄 여래께서 대중을 위하시어 다시 분별하여 말씀하소서."

"선남자야, 자세히 들어라. 이제 그대들에게 다시 말하리라. 본래는 있다[本有]는 것은 나에게는 옛날 본래 한량없는 번뇌가 있다는 것이니, 번뇌가 있으므로 현재에 대반열반이 없다는 것이며, 본래는 없다[本無]는 것은 본래 반야바라밀이 없다는 것이니, 반야바라밀이 없으므로 현재에 번뇌의 결박이 두루 있다는 것이다. 만일 사문이나 바라문이나 하늘이나 마군이나 범천이나 사람들이 말하기를 '여래는 지난 세상·오는 세상·지금 세상에 번뇌가 있다'고 하면 옳지 아니하니라.

또 선남자야, 본래는 있다는 것은 나에게 본래 부모의 화합한 몸이 있다는 것이니, 그러므로 현재에 금강 같은 미묘한 법신이 없다는 것이며, 본래는 없다는 것은 나의 몸에 본래 32상과 80종호가 없다는 것이니, 본래는 32상과 80종호가 없으므로, 현재에 404가지 병을 갖추었다는 것이니라. 만일 사문이나 바라문이나 하늘이나 마군이나 범천이나 사람들이 말하기를 '여래께서는 지난 세상·오는 세상·지금 세상 병의 고통이 있다'고 하면 옳지 아니하니라.

또 선남자야, 본래는 있다는 것은 나에게는 옛적에 본래 무상함과 내가 없음과 즐거움 없음과 부정함이 있다는 것이니, 무상함과 내가 없음과 즐거움 없음과 부정함이 있으므로 현재에 아뇩다라삼먁삼보리가 없다는 것이며, 본래는 없다는 것은 불성을 보지 못했다는 것이니, 불성을 보지 못하였으므로. 항상하고 즐겁고 나이고 깨끗함이 없다는 것이니라. 만일 사문이나 바라문이나 하늘이나 마군이나 범천이나 사람들이 말하기를 '여래는 지난 세상·오는 세상·지금 세상에 항상하고 즐겁고 나이고 깨끗함이 없다'고 하면 옳지 아니하니라.

또 선남자야, 본래는 있다는 것은 범부로서 고행을 닦아서 아뇩다라삼먁삼보리를 얻으려는 마음이 있다는 것이니, 이런 일이 있으므로 현재에 네 가지 마군을 깨뜨리지 못하는 것이며, 본래는 없다는 것은 나에게 본래 6바라밀이 없다는 것이니, 본래 6바라밀이 없으므로 범부로서 고행을 닦아서 아뇩다라삼먁삼보리를 얻으려는 마음이 있다는 것이니라. 만일 사문이나 바라문이나 하늘이나 마군이나 사람들이 말하기를 '여래는 지난 세상·오는 세상·지금 세상에 고행이 있다'고 하면 옳지 아니하니라.

또 선남자야, 본래는 있다는 것은 나에게는 옛적에 본래 잡식하는 몸이 있다는 것이니, 잡식하는 몸이 있으므로 현재에 가없는 몸이 없다는 것이며, 본래는 없다는 것은 본래 37조도법이 없다는 것이니, 37조도법이 없으므로 현재에 잡식하는 몸을 갖추어 있느니라. 만일 사문이나 바라문이나 하늘이나 마군이나 범천이나 사람들이 말하기를, '여래는 지난 세상·오는 세상·지금 세상에 잡식하는 몸이 있다'고 하면 옳지 아니하니라.

또 선남자야, 본래는 있다는 것은 나에게는 옛적에 본래 온갖 법에 집착하는 마음이 있다는 것이니, 이런 일이 있으므로 현재에 필경까지 공한 선정이 없다는 것이며, 본래는 없다는 것은 나에게 중도의 진실한 뜻이 없다는 것이니, 중도의 진실한 뜻이 없으므로 온갖 법에 집착하는 마음이 있느니라. 만일 사문이나 바라문이나 하늘이나 마군이나 범천이나 사람들이 말하기를, '여래는 지난 세상·오는 세상·지금 세상에 온갖 법이 모양이 있다'고 말한다면 옳지 아니하니라.

또 선남자야, 본래는 있다는 것은 내가 처음 아뇩다라삼먁삼보리를 얻었을 때에, 근기가 둔한 성문 제자가 있다는 것이니, 근기가 둔한 성문 제자가 있으므로 1승의 참다운 법을 연설하지 못하였으며, 본래는 없다는 것은 본래 근기가 영리한 사람 중의 코끼리인 가섭보살 같은 이들이 없다는 것이니, 근기가 영리한 가섭 같은 이가 없으므로, 마땅한 방편으로 3승 법을 열어 보이었느니라. 만일 사문이나 바라문이나 하늘이나 마군이나 사람들이 말하기를 '여래는 지난 세상·오는 세상·지금 세상에 필경까지 3승을 연설한다' 하면 옳지 아니하니라.

또 선남자야, 본래는 있다는 것은 내가 본래 말하기를 석 달 뒤에 쌍으로 선 사라나무 사이에서 반열반에 든다고 하였으니, 그러므로 현재에 방등경전인 대반열반경을 연설하지 못하는 것이며, 본래는 없다는 것은 옛적에 본래 문수사리보살들이 없다는 것이니, 보살들이 없으므로 현재에 말하기를, 여래가 무상하다고 하였느니라. 만일 사문이나 바라문이나 하늘이나 마군이나 범천이나 사람들이 말하기를, '여래는 지난 세상·오는 세상·지금 세상에 무상하다'고 말하면 옳지 아니하니라.

선남자야, 여래는 여러 중생들을 두루 위하는 것이므로, 모든 법을 알지만 모르노라 말하고, 모든 법을 보지만 못 보노라 말하며, 모양이 있는 법을 모양이 없다고 말하고, 모양이 없는 법을 모양이 있다 말하며, 진실로 무상한 것을 항상하다 말하고, 진실로 항상한 것을 무상하다 말하며, 나이고 즐겁고 깨끗한 것도 역시 그러하니라. 3승의 법을 1승이라 말하고, 1승 법을 마땅한 대로 3승으로 말하며, 간략한 것을 자세하게 말하고, 자세한 것을 간략하게 말하며, 네 가지 중대한 법을 투란차(偸蘭遮)라 말하고, 투란차 법을 네 가지 중대한 것이라 말하며, 범한 것을 범하지 않았다 말하고, 범하지 아니한 것을 범했다 말하며, 가벼운 죄를 중대하다 말하고, 중대한 죄를 가볍다 말하나니, 왜냐하면 여래는 중생의 근성을 분명히 보는 까닭이니라. 선남자야, 여래가 비록 이렇게 말하지만 허망한 말은 허물이 되거니와 여래는 모든 허물을 여의었거늘, 어찌 허망한 말이 있겠는가. 선남자야, 여래는 비록 허망한 말이 없지만 만일 중생들이 허망한 것이 아니니라. 왜냐하면 허망한 말을 인하여 법의 이익을 얻을 줄을 알면 적당한 방편대로 말하는 것이니라.

  선남자야, 온갖 세상 법이라도 여래에게는 곧 제일의법이니, 왜냐하면 부처님 세존은 제일의법을 위하여서 세상법을 말하며, 또 중생들로 하여금 제일의법을 얻게 하나니, 만일 중생으로 하여금 제일의법을 얻게 하지 못할 것 같으면 부처님께서는 마침내 세상법을 말하지 아니하느니라. 선남자야, 여래가 어떤 때에 세상법을 연설하더라도, 중생들은 부처님이 제일의법을 말한다 하고, 어떤 때에 제일의법을 연설하더라도, 중생들은 부처님이 세상법을 말한다 하나니 부처님의 깊은 경계는 성문이나 연각들의 알 바가 아니니라. 선남자야, 그러므로 그대는 먼저 문난하기를 '보살마하살이 얻는 것이 없다'고 하지 말아야 하나니, 보살이 항상 제일의제(第一義諦)를 얻는 것이거늘, 어찌하여 얻음이 없다고 힐난하겠느냐?"

  가섭보살이 다시 말하였다.

  "세존이시여, 제일의제는 도(道)라고도 하고 보리(菩提)라고도 하고 열반(涅槃)이라고도 하나니, 만일 보살이 도나 보리나 열반을 얻었다고 말하면 곧 무상할 것이니, 왜냐하면 법이 항상하다면 얻을 수 없나이다. 저 허공을 누가 얻을 수 있겠나이까? 세존이시여, 마치 세간 물건으로서 본래 없다가 지금 있는 것을 무상하다고 함과 같이 도(道)도 그러하여 도를 만일 얻을 수 있다면, 무상이라 이름할 것이오며, 법이 만일 항상하다면, 얻는 일도 없고 나는 일도 없을 것이오니, 마치 성품은 얻을 수도 없고 나는 일도 없는 것 같겠나이다. 세존이시여, 도는 빛도 아니고 빛 아님도 아니며, 길지도 않고 짧지도 않고, 높지도 않고 낮지도 않으며, 나는 것도 아니고 없어지는 것도 아니며, 붉은 것도 아니고 흰 것도 아니고 푸른 것도 아니고 누른 것도 아니며, 있는 것도 아니고 없는 것도 아니거늘, 어찌하여 여래께서 얻을 수 있다고 말씀하시나이까? 보리와 열반도 그와 같나이다."

"그러하니라. 선남자야, 도에 두 가지가 있으니, 항상함과 무상함이요, 보리의 모양도 두 가지니 항상함과 무상이며, 열반도 그와 같으니라. 외도의 도는 이름을 무상이라 하고, 내도(內道)의 도는 항상하다 하며, 성문·연각의 보리는 무상이라 하고 보살과 부처님의 보리는 항상하다 하며, 밖으로 해탈함은 무상하다 하고 안으로 해탈함은 항상하다 하느니라. 선남자야, 도와 보리와 열반을 모두 항상하다 이름하거니와 온갖 중생들은 한량없는 번뇌에 덮이어서 지혜의 눈이 없으므로 보지 못하느니라. 중생들이 보기 위하여 계율과 선정과 지혜를 닦으며, 닦으므로 도와 보리와 열반을 보나니, 이것을 이름하여 보살이 도와 보리와 열반을 본다고 하지만 도의 성품과 모양은 진실로 나거나 없어지는 것이 아니니, 그러므로 포착하지 못하느니라.

선남자야, 도라는 것은 모양을 볼 수도 없고 칭량하여 알 수도 없지만 실제로 작용이 있나니, 선남자야, 중생의 마음이 빛도 아니고 긴 것도 아니고 짧은 것도 아니고, 굵지도 않고 가늘지도 않고, 묶인 것도 아니고 풀린 것도 아니며, 볼 수 있는 법도 아니지만 그러나 있는 것이니라. 이런 뜻으로 내가 수달에게 말하기를 '장자여, 마음은 성(城)의 주인이니, 장자가 마음을 수호하지 못하면 몸과 입을 수호하지 못하고, 마음을 수호하면 몸과 입을 수호하느니라. 몸과 입을 수호하지 못하면 중생들로 하여금 3악도에 이르게 하고, 몸과 입을 수호하면 중생들로 하여금 인간·천상이나 열반을 얻게 하리니 얻는 것은 진실하다 하고 얻지 못하면 진실치 않다'고 하느니라.

　선남자야, 도와 보리와 열반도 그와 같아서 있기도 하고 항상하기도 하니, 만일 없다면 어떻게 모든 번뇌를 끊으리요만, 있음으로써 모든 보살들이 분명하게 보느니라. 선남자야, 보는 데 두 가지가 있으니 하나는 모양으로 보는 것이요, 둘은 분명하게 보는 것이니라. 어떤 것을 모양으로 본다 하느냐. 멀리 연기를 보고 불을 보았노라 말하지만 실제로는 불을 보지 못하였으며, 비록 불을 보지 못하였더라도 허망한 것은 아니니라. 공중에 있는 학을 보고 물을 보았노라 말하나니, 비록 물을 보지 못하였으나 허망한 것은 아니니라. 마치 꽃과 잎을 보고 뿌리를 보았노라 말하는 것처럼, 비록 뿌리를 보지는 못하였으나 허망한 것은 아니니라. 어떤 사람이 멀리 울타리 너머로 소뿔을 보고 소를 보았노라 하면, 비록 소를 본 것은 아니나 허망하지는 아니하니라. 여인이 아기 밴 것을 보고 탐욕을 보았노라 말하면, 비록 탐욕을 본 것은 아니나 허망하지는 아니하니라. 나무에 잎이 난 것을 보고 물을 보았노라 말하면, 비록 물을 본 것은 아니나 허망하지는 아니하니라. 구름을 보고 비를 보았노라 말하면 비록 비를 본 것은 아니나 허망하지는 아니하니라. 몸으로 하는 짓이나 입으로 하는 짓을 보고 마음을 보았노라 하면, 비록 마음을 본 것은 아니나 허망하지는 아니하니라. 이런 것을 이름하여 모양으로 본다 하느니라. 어떤 것을 분명하게 본다하느냐. 눈으로 빛을 보는 것과 같으니라. 선남자야, 사람의 눈이 깨끗하여 항상하지 아니하였으면, 손바닥에 아마륵 열매를 보는 것 같나니, 보살마하살이 분명하게 도와 보리와 열반을 보는 것도 이와 같아서, 비록 이와 같이 보지만 애초부터 보는 모양이 없느니라.

    선남자야, 이런 인연으로 내가 예전에 사리불에게 말하기를 '모든 세간의 사문이나 바라문이나 하늘이나 마군이나 범천이나 사람들이, 알지 못하고 보지 못하고 깨닫지 못하는 것을 여래는 모두 알고 보고 깨닫는 것이며, 보살들도 그와 같으니라. 사리불아, 모든 세간에서 알고 보고 깨닫는 것은 나와 보살도 알고 보고 깨닫느니라. 세간중생들은 알지 못하고 보지 못하고 깨닫지 못하면서도, 알지 못하고 보지 못하고 깨닫지 못하는 줄도 스스로 알지 못한다. 세간 중생들이 알고 보고 깨닫는 것은 문득 말하기를, 내가 알고 보고 깨닫노라 하느니라. 사리불아, 여래는 온갖 것을 모두 알고 보고 깨닫지만 스스로 내가 알고 보고 깨닫노라 말하지 아니하나니, 보살들도 그와 같으니라. 왜냐하면 만일 여래가 알고 보고 깨닫는다는 상을 지으면, 이는 부처님이 아니고 범부라 이름할 것이리니, 보살도 그러하니라. 하였느니라."

대반열반경 제16권

20. 청정한 행[梵行品] ③

가섭보살이 부처님께 여쭈었다.

"부처님께서 사리불에게 말씀하시기를 '세간에서 아는 것은 나도 알고 세간에서 모르는 것도 나는 아노라' 하셨는데, 그 뜻이 어떠합니까?"

"선남자야, 모든 세간은 불성을 알지 못하고 보지 못하고 깨닫지 못하나니, 만일 불성을 알고 보고 깨닫는 이가 있으면 세간이라 이름하지 아니하고, 보살이라 이름하느니라. 세간 사람들은 12부경과 12인연과 네 가지 뒤바꿈과 4제(諦)와 37품(品)을 듣는 일과 아뇩다라삼먁삼보리와 대반열반을 알지도 못하고 보지도 못하고 깨닫지도 못하나니, 만일 알고 보고 깨달으면, 세간이라 이름하지 아니하고 보살이라 이름하느니라. 선남자야, 이것을 이름하여 세간은 알지도 보지도 깨닫지도 못한다 하느니라. 어떤 것을 세간이 알고 보고 깨닫는 것이라 하는가. 범천·자재천·8비천(臂天)·성품·때[時]·티끌·법·그리고 법 아닌 것[非法], 조화의 주인[造化主], 세계의 나중과 처음, 아주 없다는 것[斷見], 늘 있다는 것[常見], 초선에서 비비상천까지를 열반이라고 말하는 따위니, 선남자야, 이런 것을 이름하여 세간에서 알고 보고 깨닫는 것이라 하느니라.

보살마하살은 이런 일에도 알고 보고 깨닫나니, 보살이 이렇게 알고 보고 깨닫고도, 만일 알지 못하고 보지 못하고 깨닫지 못하노라 말하면, 이는 허망한 것이요 허망한 법은 죄가 되는 것이며, 이런 죄로는 지옥에 떨어지느니라. 선남자야, 남자나 여인이나 사문이나 바라문으로서, 도와 보리와 열반이 없다고 말하면, 이런 이는 일천제며 마군의 권속이며 법을 비방하는 것이니, 이렇게 법을 비방하는 것을 부처님들을 비방한다고 하느니라. 이런 사람은 세간이라 이름하지도 않고, 세간이 아니라고 이름하지도 않느니라."

그때에 가섭보살은 이 일을 듣고는 곧 게송을 읊어 부처님을 찬탄하였다.

인자하게 중생들을 사랑하시니,
그러할새 제가 지금 귀의하오며
중생들의 독한 살을 뽑아 주시기에
큰 의원 왕이라고 일컫습니다.

세상의 의원들이 고친 병들은
나았다가 또다시 도지거니와
여래께서 고치신 우리의 병은

끝까지 다시 발병 아니하나니.

세존께서 훌륭한 감로약으로
우리를 중생에게 베푸시오니
중생들이 그 약을 한번 먹으면
죽지도 아니하고 나지도 않네.

부처님이 오늘날 우리를 위해
대반열반 큰 경을 연설하시니
중생들이 비밀한 법장 듣고
나고 죽지 않는 일 얻었나이다.

가섭보살은 이런 게송을 말하고 다시 부처님께 여쭈었다.
"세존이시여, 부처님께서 말씀하시기를 '모든 세간 사람들이 알고 보고 깨닫지 못하는 것을 보살은 알고 보고 깨닫는다' 하시니, 만일 보살도 세간이라면, 세간 사람들은 알고 보고 깨닫지 못하는 것을, 보살이 알고 보고 깨닫는다고 말할 수 없을 것이요, 만일 세간이 아니라면 어떻게 다릅니까?"
부처님께서 말씀하셨다.
"선남자야, 보살이라 말함은 세간이기도 하고 세간이 아니기도 하나니, 알고 보고 깨닫지 못하는 것은 세간이라 이름하고, 알고 보고 깨닫는 것은 세간이라 이름하지 않느니라. 어떻게 다르냐고 그대가 물은 것을 지금 말하리라. 선남자야, 남자나 여인이 처음으로 이 열반경을 듣고 공경하고 믿어서, 아뇩다라삼먁삼보리 마음을 내는 이는 세간 보살이라 이름하나니, 모든 세간이 알고 보고 깨닫지 못하는 것은 보살도 세간과 같아서 알고 보고 깨닫지 못하지만 보살이 열반경을 듣고는 세간에서는 알고 보고 깨닫지 못하나 보살은 알고 보고 깨달아야 할 줄을 아느니라. 이런 것을 알고는 또 생각하기를 '내가 무슨 방편으로 닦아 익혀야, 알고 보고 깨닫게 되겠는가' 하며, 다시 생각하기를 '오직 깊은 마음으로 깨끗한 계율을 닦아 지녀야 하리라. 하느니라.

선남자야, 보살이 이때의 이러한 인연으로 오는 세상에 태어날 적마다 계행이 항상 깨끗하니라. 선남자야, 보살마하살이 계행이 깨끗함으로써 곳곳에 태어날 적마다 교만이나 삿된 소견이나 의심이 없으며, 여래가 필경에 열반에 든다고 말하지 아니하나니, 이것을 이름하여 보살이 깨끗한 계행을 닦는다 하느니라. 계행이 깨끗하고는 다시 선정을 닦나니, 선정을 닦음으로써 곳곳에 태어날 적마다 바르게 기억하고 잊지 아니하나니, 온갖 중생이 모두 불성이 있는 것과, 12부경과 부처님들의 항상하고 즐겁고 나이고 깨끗함과 모든 보살이 방등 대반열반경에 편안히 머물러서 불성을 보는 것 따위의 일을 기억하고 잊지 않는 것이며, 선정을 닦는 인연으로 11공(空)을 얻나니, 이것을 이름하여 보살이 청정한 선정을 닦는다 하느니라. 계행과 선정을 구비하고는 다음에 깨끗한 지혜를 닦나니, 지혜를 닦으므로 애초부터 몸 속에 내가 있다거나, 내 속에 몸이 있다거나 이것이 몸이고 이것이 나라든가, 몸이 아니고, 내가 아니라는 데 집착하지 아니하나니, 이것을 이름하여 보살이 깨끗한 지혜를 닦는다 하느니라.

지혜를 닦음으로써 받아 지니는 계율이 견고하여 흔들리지 아니하나니, 선남자야, 마치 수미산이 네 가지 바람에 흔들리지 않는 것처럼 보살마하살도 그와 같아서 네 가지 뒤바뀜에 흔들리지 아니하느니라. 선남자야, 보살이 이때에 스스로 받아 지니는 계율이 흔들림이 없는 줄을 알고 보고 깨닫는 것이 세간이 아니라고 하는 것이니라. 선남자야, 보살이 자기의 지니는 계행이 견고하여 흔들리지 아니하여 뉘우치는 마음이 없으며, 뉘우침이 없으므로 마음이 기쁘고, 마음이 기쁘므로 즐거움을 얻고, 즐거움을 얻으므로 마음이 편안하여지고, 편안하므로 동요하지 않는 선정을 얻고, 동요하지 않는 선정을 얻으므로 진실하게 알고 보게 되며, 진실하게 알고 보았으므로 생사를 싫어하여 여의고, 생사를 여의므로 해탈을 얻고, 해탈을 얻으므로 불성을 분명하게 보나니, 이것을 이름하여 보살이 알고 보고 깨닫는 것이요 세간이 아니라 아느니라. 선남자야, 이것을 말하여 세간이 알고 보고 깨닫지 못하는 것을, 보살들은 알고 보고 깨닫는 것이라 하느니라."

"어떤 것을 보살이 깨끗한 계행을 닦아 마음에 뉘우침이 없으며, 나아가서 불성을 분명하게 본다 하나이까?"

"선남자야, 세간의 계율은 청정하다고 이름하지 않나니, 왜냐하면 세간의 계율은 생존[有]을 위하는 연고며, 성품이 결정되지 못한 연고며, 끝까지 이르지 못한 연고며, 모든 중생을 널리 위하지 못하는 연고니, 그러므로 깨끗하지 못하다 이름하느니라. 깨끗하지 못하므로 뉘우치는 마음이 있고, 뉘우침이 있으므로 마음에 기쁨이 없고, 기쁨이 없으므로 즐겁지 못하고, 즐겁지 못하므로 편안하지 못하고, 편안하지 못하므로 동요하지 않는 선정이 없고. 동요하지 않는 선정이 없으므로 진실하게 알고 보지 못하고, 진실하게 알고 보지 못하므로 싫어함이 없고, 싫어함이 없으므로 해탈이 없고, 해탈이 없으므로 불성을 보지 못하고, 불성을 보지 못하므로 마침내 대반열반을 얻지 못하나니, 그러므로 세간의 계율은 청정하지 못하다고 이름하느니라. 선남자야, 보살마하살의 청정한 계율이란 것은, 계율이 계율 아닌 까닭이며, 생존을 위하는 것이 아닌 까닭이며, 결정코 끝까지 이르는 까닭이며, 중생들을 위하는 까닭이니 이것을 이름하여 보살의 계율이 청정하다 하느니라. 선남자야, 보살마하살의 청정한 계율 속에서는, 뉘우침이 없는 마음을 내지 않고자 하더라도 뉘우침이 없는 마음이 자연히 생기느니라. 선남자야, 마치 사람이 밝은 거울을 들었으면 얼굴을 보려 하지 않더라도 얼굴이 저절로 나타나고, 또 농부가 밭에 씨를 심으면, 확이 나기를 기다리지 않더라도 확이 저절로 나는 것이며, 또 등불을 켜면 어둠을 없애려 하지 않아도 어둠이 저절로 없어지는 것과 같으니라. 선남자야, 보살마하살이 깨끗한 계율을 가지면, 뉘우침이 없는 마음이 자연히 생기는 것도 그와 같으니라. 깨끗한 계율을 가지므로 마음이 기쁘게 되나니 선남자야, 마치 단정하게 생긴 사람이 자기의 얼굴을 보면 기쁜 마음이 생기듯이 깨끗한 계율을 가지는 것도 그와 같으니라. 선남자야, 파계한 사람이 계율이 깨끗하지 못함을 보면, 마음이 기쁘지 아니하나니, 마치 병신이 자기의 모양을 보면 기쁘지 아니한 것처럼, 파계한 사람도 그와 같으니라. 선남자야, 마치 소를 기르는 두 여인이 있는데 하나는 타락 병을 가지고 또 하나는 물만 들어 있는 병을 가지고서, 함께 성안에 가서 팔려다가 길에서 넘어져서 두 병이 모두 깨어지거늘, 한 사람은 기뻐하고 한 사람은 근심하였으니, 계율을 가지는 이와 계율을 파한 이도 그와 같아서, 깨끗한 계율을 가지는 이는 마음이 기쁘니라. 마음이 기쁘므로 문득 생각하기를 '부처님 여래께서 열반경에서 청정한 계율을 가지는 이는 열반을 얻느니라 하셨으니, 내가 지금 깨끗한 계율을 닦는 일로 열반을 얻으리라' 하고, 이 인연으로 마음이 즐거우니라."

가섭보살이 다시 여쭈었다.

"기쁨과 즐거움은 무슨 차별이 있나이까?"

"선남자야, 보살마하살이 나쁜짓을 하지 않았을 적에는 기쁘다 하고, 마음이 깨끗하여 계율을 가지는 것은 즐겁다 하느니라. 선남자야, 보살마하살이 생사를 관찰하는 것은 기쁘다 하고, 대열반을 보는 것은 즐겁다 하느니라. 하품은 기쁘다 하고, 상품은 즐겁다 하나니, 세간과 함께하는 법을 여의는 것은 기쁘다 하고 함께하지 않는 법을 얻는 것은 즐겁다 하느니라. 계율이 깨끗하므로 몸이 가벼워지고 입에 허물이 없으면, 그때에 보살의 보고 듣고 맡고 맛보고 접촉하고 아는 것에 나쁜 일이 없고, 나쁜 일이 없으므로 마음이 편안하여지고, 편안하므로 고요한 선정을 얻고, 고요한 선정을 얻으므로 진실하게 알고 보고, 진실하게 알고 보므로 생사가 싫어서 여의려 하고, 생사를 여의므로 해탈을 얻고, 해탈을 얻으므로 불성을 보고, 불성을 보았으므로 대반열반을 얻나니, 이것을 보살의 청정하게 가지는 계율이요 세간 계율이 아니라 하느니라. 무슨 까닭이냐. 선남자야, 보살마하살이 받은 깨끗한 계율은 다섯 가지 법이 돕는 것이니, 무엇을 다섯 가지라 하는가. 첫째는 믿음[信]이요, 둘째는 제부끄러움[慚]이요, 셋째는 남부끄러움[愧]이요, 넷째는 선지식이요, 다섯째는 공경하는 계율을 숭상함이니, 5개(蓋)를 여의는 까닭이며, 소견이 깨끗하나니 5견(見)을 여의는 까닭이며, 마음에 의심이 없나니 다섯 가지 의심을 여의는 까닭으로 첫째는 부처님을 의심하고, 둘째는 법을 의심하고, 셋째는 승가를 의심하고, 넷째는 계율을 의심하고, 다섯째는 방일하지 않음을 의심함이니라. 보살이 이때에 5근(根)을 얻나니, 믿음·생각·정진·선정·지혜며, 5근을 얻으므로 다섯 가지 열반을 얻나니, 빛에서 해탈함[色解朧]이며 내지 알음알이에서 해탈함[識解經]이니라. 이것을 이름하여 보살의 깨끗한 계율이라 하나니, 세간의 계율이 아니니라. 선남자야, 이것을 이름하여 세간 사람은 알지 못하고 보지 못하고 깨닫지 못하는데 보살은 알고 보고 깨닫는 것이라 하느니라. 선남자야, 만일 나의 제자로서 대반열반경을 받아 가지고 읽고 외우고 쓰고 해설하면서, 계율을 파하는 이가 있거든, 어떤 사람이 꾸짖고 업신여기고 훼방하여 말하기를 '만일 부처님의 비밀한 법장인 대반열반경이 위력이 있다면 어찌하여 너로 하여금 받은 계율을 파하게 하였겠느냐. 이 열반경을 받아가지는 사람이 계율을 파하는 것은 이 경이 위력이 없음을 알 것이요, 위력이 없다면 비록 읽고 외운들 무슨 이익이 있겠느냐' 할 것이며, 이렇게 열반경을 업신여기고 훼방케 하는 인연으로써, 한량없고 그지없는 중생들을 지옥에 떨어지게 할 것이니, 이 경을 받아 가지면서 계율을 파하는 이는 중생의 나쁜 지식이며, 나의 제자가 아니요 마군의 권속이니라. 이런 사람은 이 경전을 받아 가지는 것을 나도 허락하지 아니하나니, 차라리 받지도 않고 가지지도 않고 할지도 않을지언정, 계율을 파하면서 받아 가지고 닦지는 못하게 할 것이니라.

선남자야, 나의 제자로서 대반열반경을 받아 가지고 읽고 외우고 쓰고 해설하려거든, 마땅히 몸과 마음을 바르게 하고 조심하여 희롱하거나 경솔한 동작을 말아야 하느니라. 몸은 희롱함이 되고 마음은 경솔한 동작이 되나니 유(有)를 구하는 마음을 경솔한 동작이라 하고, 몸으로 여러 가지 업을 지음을 희롱이라 하느니라. 만일 나의 제자로서 유를 구하여 업을 짓는 이 대승경전인 대반열반경을 받아 가지지 말아야 하리니, 이런 이가 경을 받아 가지면 사람들이 업신여기며 꾸짖어 말하기를 '부처님의 비밀한 법장인 대반열반경이 위력이 있다면, 어찌 너로 하여금 유를 구하여 업을 짓게 하겠느냐. 경을 받아

가지는 사람이 유를 구하여 업을 짓는 것은, 이 경이 위력이 없음을 알 것이요, 만일 위력이 없다면 비록 받아 가진들 무슨 이익이 있겠느냐' 할 것이며, 이렇게 열반경을 업신여기고 훼방케 하는 인연으로써 한량없고 그지없는 중생들을 지옥에 떨어지게 할 것이니, 이 경을 받아 가지면서 유를 구하여 업을 짓는 이는 중생의 나쁜 지식이며, 나의 제자가 아니요 마군의 권속이니라.

또 선남자야, 나의 제자로서 대반열반경을 받아 가지고 읽고 외우고 쓰고 연설하려거든, 때 아닌 때에 말하지 말며, 나라 아닌 데서 말하지 말며, 청하지 않는데 말하지 말며, 경솔한 마음으로 말하지 말며, 곳곳마다 말하지 말며, 자기를 찬탄하여 말하여 말며, 남을 업신여기어 말하지 말며, 부처님 법을 없이하는 말을 하지 말며, 세상 법을 치성하게 하는 말을 하지 말지니라. 선남자야, 만일 나의 제자로서 이 경을 받아가지고 때 아닌 때에 말하거나 내지 세상 법을 치성하게 말을 하는 이는 사람들이 업신여기고 꾸짖어서 말하기를 '부처님의 비밀한 법장인 대반열반경이 위력이 있다면, 어찌 너로 하여금 때 아닌 때에 말하며, 나아가 세상 법을 치성하게 하는 말을 하겠느냐. 경을 받아가지는 이가 이와 같은 말을 하는 것은 이 경이 위력이 없음을 알 것이요, 만일 위력이 없다면 비록 받아 가진들 무슨 이익이 있겠느냐' 할 것이며, 이렇게 열반경을 업신여기고 훼방케 하는 인연으로써 한량없고 그지없는 중생들을 지옥에 떨어지게 할 것이니, 이 경을 받아 가지면서 때 아닌 때에 말하거나, 나아가 세상 법을 치성하게 말하는 이는 중생의 나쁜 지식이며 나의 제자가 아니요 마군의 권속이니라.

　선남자야, 만일 받아 가지려는 이와 대반열반경을 말하려는 이와 불성을 말하려는 이와 여래의 비밀한 법장을 말하려는 이와 대승을 말하려는 이와 방등경전을 말하려는 이와 성문승을 말하려는 이와 벽지불승을 말하려는 이와 해탈을 말하려는 이와 불성을 보려는 이는 먼저 몸을 깨끗이 해야 하나니, 몸이 깨끗하므로 꾸짖는 책망이 없고, 꾸짖는 책망이 없으므로 한량없는 사람으로 하여금 대열반에 들어가서 깨끗한 신심이 나게 할 것이요, 신심이 생기므로 이 경을 공경할 것이니라. 만일 한 게송, 한 구절, 한 글자를 듣거나 법을 말하는 이는 아뇩다라삼먁삼보리 마음을 낼 것이니, 이 사람은 중생들의 선지식이요 나쁜 지식이 아니며, 나의 제자요 마군의 권속이 아니니, 이것을 이름하여 보살이요 세간이 아니라 하느니라. 선남자야, 세간 사람은 알지 못하고 보지 못하고 깨닫지 못하는데, 보살은 알고 보고 깨닫는 것이라 하느니라.

　또 선남자야, 어떤 것을 모든 세간에서는 알고 보고 깨닫지 못하는 것을 보살은 알고 보고 깨닫는 것이라 하는가. 그것은 6념처(念處)니, 무엇이 여섯 가지인가. 부처님을 생각하고 법을 생각하고 승가를 생각하고 계율을 생각하고 보시를 생각하고 하늘을 생각하는 것이니라. 선남자야, 어떻게 부처님을 생각하는가. 여래·응공·정변지·명행족·선서·세간해·무상사·조어장부·천인사·불세존은 항상하여 변역하지 아니하며, 10력과 4무소외를 구족하여 크게 사자후 하시므로 이름을 대사문이라 하며 대바라문이라 하며 깨끗하게 구경의 저 언덕에 이른 이라 하며, 이길 수 없는 이·정수리를 볼 수 없는 이·두려움 없는 이·놀라지 않고 변동없는 이·혼자로 짝할 이 없는 이·스승 없이 혼자 깨달은 이며·빠른 지혜·큰 지혜·예리한 지혜·깊은 지혜·해탈한 지혜·함께하지 않는 지혜·넓은 지혜·필경의 지혜로서 지혜의 보배를 성취한 이며, 사람 중의 코끼리와, 사람 중의 우왕(牛王)·사람 중의 용왕·사람 중의 장부·사람 중의 연꽃과 분다리꽃·사람을 억제하는 스승이며 대시주·대법사라 이름하나니, 법을 알므로 대법사라 하고, 이치를 알므로 대법사라 하고, 때를 알므로 대법사라 하고, 만족함을 알므로 대법사라 하고, 나를 알므로 대법사라 하고, 대중을 알므로 대법사라 하고, 중생들의 가지가지 성품을 알므로 대법사라 하고, 모든 근성의 영리하고, 둔하고 중품임을 알므로 대법사라 하고, 중도(中道)를 말하므로 대법사라 이름하느니라.

어찌하여 여래라 이름하는가. 지나간 세상의 부처님들처럼 말씀하는 것이 변하지 않기 때문이다. 지나간 부처님이 중생을 제도하느라고 12부경을 연설하였는데, 여래도 그러하므로 여래라 이름하며, 부처님 세존들이 6바라밀과 37품과 11공(空)으로부터 와서 대열반에 이르렀거든, 여래도 그러하므로 부처님을 이름하여 여래라 하며, 부처님 세존들이 중생을 위하여 적당한 방편으로 3승을 열어 보이었으며, 수명이 한량없어 계산할 수 없거든, 여래도 그러하므로 부처님을 이름하여 여래라 하느니라.

어찌하여 응(應)이라 하는가. 세간 법은 모두 원수라 하는데, 부처님이 응당히 해(害)할 것이므로 응이라 하며, 네 가지 마군은 보살의 원수인데, 부처님이 보살이던 때에 지혜로 네 가지 마군을 깨뜨렸으므로 응이라 하느니라. 또 응이란 말은 멀리 여읜다는 뜻이니, 보살이던 때에 한량없는 번뇌를 응당 멀리 여의었으므로 응이라 하며, 또 응이란 말은 즐겁다는 뜻이니, 지난 세상 부처님들이 보살이던 때에 한량없는 아승기겁 동안에 중생들을 위하여 많은 고통을 받더라도 싫어하지 않고 항상 즐거워하였거든, 여래도 그러하므로 응이라 하느니라. 또 응이란 말은 모든 인간·천상 사람들이 응당 여러 가지 향과 꽃과 영락과 짐대[幢]와 깃발과 음악으로 공양하나니, 그러므로 응이라 하느니라.

어찌하여 정변지(正遍知)라 하는가. 정이란 말은 뒤바뀌지 않았다는 뜻이요, 변지란 말은 네 가지 뒤바뀐 것을 모두 안다는 뜻이며, 또 정은 고행(苦行)이란 말이요, 변지는 고행의 원인으로는 결정코 괴로운 결과가 있음을 아는 것이며, 또 정은 세간의 중도란 뜻이요 변지는 중도를 닦으면 결정코 아뇩다라삼먁삼보리를 얻을 것을 끝까지 안다는 뜻이며, 또 정은 셀 수 있고 요량할 수 있고 일컬을 수 있다는 뜻이요, 변지는 셀 수 없고 요량할 수 없고 일컬을 수 없다는 뜻이니, 그러므로 부처님을 이름하여 정변지라 하느니라. 선남자야, 성문이나 연각은 변지하기도 하고 변지하지 못하기도 하느니라. 왜냐하면 변지라 함은 5음·12입·18계를 이름하나니, 성문·연각도 두루 알 수 있으므로 변지라 이름하느니라. 무엇을 변지하지 못한다 하는가. 선남자야, 가령 2승(乘)이 한량없는 겁에 한 색음(色陰)을 관찰하더라도 다 알지 못하나니, 이런 뜻으로 성문·연각은 변지할 수 없다 하느니라.

어찌하여 명행족(明行足)이라 하는가. 명은 한량없는 선한 과보를 얻는다는 말이요, 행은 발이란 뜻이며, 선한 과보는 아뇩다라삼먁삼보리를 말함이요, 발은 계율과 지혜를 이름함이니, 계율과 지혜의 발을 의지하여 아뇩다라삼먁삼보리를 얻는 것이므로 명행족이라 하느니라. 또 결은 주문이요, 행은 길하다는 말이요, 족은 과보니, 선남자야, 이것은 세간의 뜻을 이름하거니와 주문은 해탈이라 하고, 길한 것은 아뇩다라삼먁삼보리라 하고, 과보는 대반열반이니, 그러므로 명행족이라 하느니라. 또 명은 광명이요, 행은 업이요, 족은 과보니 선남자야, 이것은 세간의 뜻을 이름하거니와 광명은 방일하지 않음이요, 업은 여섯 가지 바라밀이요, 과보는 아뇩다라삼먁삼보리니라. 또 명은 3명이니 보살의 명·부처의 명·무명의 명[無明]이라, 보살의 명은 곧 반야바라밀이요, 부처의 명은 곧 부처님 눈이요, 무명의 명은 곧 필경공이니라. 행은 한량없는 겁에 중생을 위하여 선한 업을 닦음이요, 족은 불성을 분명히 보는 것이니, 이런 뜻으로 명행족이라 하느니라.

어찌하여 선서(善逝)라 하는가. 선은 높다는 말이요 서는 높지 않다는 말이니, 선남자야, 이것은 세간의 뜻을 이름하거니와 높은 것은 아뇩다라삼먁삼보리요, 높지 않은 것은 여래의 마음이니라. 선남자야, 마음이 높은 이는 여래라 이름하지 아니하나니, 그러므로 여래를 선서라 하느니라. 또 선은 선지식이란 말이요 서는 선지식의 과보니, 선남자야, 이것은 세간의 뜻을 이름하거니와 선지식은 처음으로 마음을 내는 것이요, 과보는 대반열반을 말하는 것이니, 여래는 최초에 낸 마음을 버리지 아니하고 대열반을 얻는 것이므로 여래를 이름하여 선서라 하느니라. 또 선은 좋다는 뜻이요 서는 있다는 뜻이니, 선남자야, 이것은 세간의 뜻을 이름하거니와 좋다 함은 불성을 보는 것이요, 있다 함은 대열반이니라. 선남자야, 열반의 성품은 실로 있는 것이 아니지만 부처님들이 세간을 인하여서 있다고 말하는 것이니, 선남자야, 마치 세상 사람이 실로 아들이 없건만 아들이 있다고 말하고, 실로 길이 없건만 길이 있다고 말하는 것처럼, 열반도 그러하여 세간을 인하여서 있다고 말하나니, 부처님 세존이 대열반을 이루는 까닭으로 선서라고 이름하느니라.

　선남자야, 어찌하여 세간해(世間解)라 하는가. 선남자야, 세간이란 것은 5음이란 뜻이요, 해란 것은 안다는 뜻이니 부처님 세존은 5음을 잘 아는 까닭으로 세간해라 하느니라. 또 세간은 다섯 가지 탐욕이요, 해는 집착하지 아니함이니, 다섯 가지 탐욕에 집착하지 아니하므로 세간해라 하느니라. 세간해라 함은 동방의 한량없는 아승기 세계를 모든 성문·독각은 알지 못하고 보지 못하고 이해하지 못하거니와 부처님께서는 모두 알고 모두 보고 모두 이해하나니, 남방·서방·북방과 네 간방과 상방·하방도 그와 같으므로 부처님을 이름하여 세간해라 하느니라. 또 세간은 온갖 범부요, 해는 범부들의 선하고 악한 원인과 결과를 아는 것이니, 성문과 연각의 알 것이 아니고, 부처님만이 알므로 부처님을 이름하여 세간해라 하느니라. 또 세간은 연꽃이라 이름하고 해는 더럽히지 않는다 이름하나니, 선남자야, 이것은 세간의 뜻을 이름하거니와 연꽃은 곧 여래요, 더럽히지 않음은 여래가 세간의 여덟 가지 법에 더럽히지 아니함이니 그러므로 부처님을 이름하여 세간해라 하느니라. 또 세간해는 부처님과 보살들을 세간해라 이름하나니, 왜냐하면 부처님과 보살들은 세간을 보는 까닭으로 세간해라 이름하느니라. 선남자야, 마치 밥으로 인하여 생명을 보존하므로 밥을 이름하여 생명이라 하듯이, 부처님과 보살도 그와 같아서, 세간을 보는 까닭으로 세간해라 이름하느니라.

어찌하여 무상사(無上士)라 하는가. 상사라는 말은 끊는다는 뜻이요, 끊을 것이 없으므로 무상사라 이름하나니, 부처님 세존은 번뇌가 없으므로 끊을 것이 없고, 그러므로 부처님을 이름하여 무상사라 하느니라. 또 상사는 다툰다는 뜻이요, 무상사는 다툼이 없다는 것이니, 여래는 다툼이 없으므로 부처님을 이름하여 무상사라 하느니라. 또 상사는 말을 깨뜨릴 수 있음이요, 무상사는 말을 깨뜨릴 수 없음이니, 여래가 말한 것은 모든 중생들이 깨뜨릴 수 없으므로 부처님을 이름하여 무상사라 하느니라. 또 상사는 윗자리라 이름하고, 무상사는 위가 없는 자리라 이름하니, 삼세의 부처님들은 다시 그보다 지나갈 이가 없으므로 부처님을 이름하여 무상사라 하느니라. 상(上)은 새것이요 사(士)는 낡은 것이니, 부처님 세존은 대열반을 체득하여 새것도 없고 낡은 것도 없으므로 부처님을 이름하여 무상사라 하느니라.

어찌하여 조어장부(調御丈夫)라 하는가. 자기가 이미 장부(丈夫)인데 다시 장부를 조복 어거[調御]하는 것이니, 선남자야, 여래는 실로는 장부도 아니고 장부 아닌 것도 아니지만, 장부를 조복 어거하므로 여래를 이름하여 조어장부라 하느니라. 선남자야, 모든 남자나 여인이 네 가지 법을 갖추면 장부라 이름하나니, 무엇이 네 가지인가. 첫째는 선지식이요, 둘째는 능히 법을 듣고, 셋째는 뜻을 생각하고, 넷째는 말한 대로 수행함이니라. 선남자야, 남자나 여인이나 이 네 가지 법을 갖추면 장부라 이름하려니와 선남자야, 남자라도 이 네 가지 법이 없으면, 장부라 이름하지 못하나니, 왜냐하면 몸은 비록 장부나 행동은 짐승과 같기 때문이니라. 여래는 남자와 여인을 조복하므로 부처님을 이름하여 조어장부라 하느니라. 또 선남자야. 말을 모는 데 네 가지가 있으니, 첫째는 털에 닿고, 둘째는 가죽에 닿고, 셋째는 살에 닿고, 넷째는 뼈에 닿음이니라. 닿는 대로 따라서 어거하는 이의 뜻에 맞게 하느니라. 여래도 그러하여 네 가지 팀으로 중생을 조복하나니, 첫째는 나는 일을 말하여 부처님의 말씀을 받게 하나니, 마치 털에 닿게 하여 모는 이의 뜻에 맞게 함이요, 둘째는 나고 늙는 일을 말하여 부처님의 말씀을 받게 하나니, 털과 가죽에 닿게 하여 모는 이의 뜻에 맞게 함이요, 셋째는 나고 늙고 병드는 일을 말하여, 부처님의 말씀을 받게 하나니, 털과 가죽과 살에 닿게 하여 모는 이의 뜻에 맞게 함이요, 넷째는 나고 늙고 병들고 죽는 일을 말하여 부처님의 말씀을 받게 함이니, 털과 가죽과 살과 피에 닿게 하여 모든 이의 뜻에 맞게 함이니라. 선남자야, 말을 모는 이가 말을 조복함에는 결정함이 없지만 여래 세존이 중생을 조복함에는 반드시 결정하여 허망하지 아니하나니, 그러므로 부처님을 이름하여 조어장부라 하느니라.

어찌하여 천인사(天人師)라 하는가. 사(師)에 두 가지가 있으니, 첫째는 착하게 가르침이요, 둘째는 나쁘게 가르침이니라. 부처님과 보살은 항상 착한 법으로 중생들을 가르치나니, 무엇을 착한 법이라 하는가. 몸과 입과 뜻으로 하는 선이니, 부처님과 보살이 중생을 가르칠 때에 이러한 말을 하느니라. '선남자야, 너는 마땅히 몸으로 짓는 나쁜 업을 여의어야 하나니, 왜냐하면 몸으로 짓는 나쁜 업을 여의면, 해탈을 얻을 수 있기 때문이다. 그러므로 내가 이 법으로 너를 가르치거니와 만일 이 나쁜 업을 여의고도 해탈을 얻을 수 없다면, 너로 하여금 멀리 여의라 하지 아니하리라.' 만일 중생들이 나쁜 업을 여의고도 세 나쁜 갈래에 떨어진다면, 그런 일은 있을 수 없으며, 멀리 여읨으로써 아뇩다라삼먁삼보리를 이루고 대열반을 얻게 되나니, 그러므로 부처님과 보살이 항상 이 법으로 중생을 교화하느니라. 입과 뜻으로 짓는 업도 그와 같나니, 그러므로 부처를 이름하여 위없는 스승[無上師]이라 하느니라. 또 예전에 얻지 못하였던 도를 지금 얻었으므로 얻은 도를 중생에게 말하며, 본래는 깨끗한 행을 닦지 못하였다가 지금에는 닦았으므로 자기의 닦은 것으로 중생에게 말하며, 스스로 무명을 깨뜨렸으므로 중생을 위하여 무명을 깨뜨리게 하며, 스스로 깨끗한 눈을 얻었으므로 다시 중생을 위하여 어두운 눈을 제하고 깨끗한 눈을 얻게 하며, 스스로 두 가지 이치[二諦]를 알고 다시 중생을 위하여 두 가지 이치를 말하며, 스스로 해탈하고 중생을 위하여 해탈하는 법을 말하며, 스스로 가없는 생사의 강을 건너고 중생들로 하여금 건너게 하며, 자기가 두려움 없음을 얻고 중생들로 하여금 두려움이 없게 하며, 자기가 열반을 얻고 또 중생들에게 대열반을 연설하므로, 부처를 이름하여 위없는 스승이라 하느니라.

천(天)은 낮이라 이름하나니, 천상은 낮이 길고 밤이 짧으므로 천이라 하느니라. 또 천은 근심이 없다는 뜻이니, 항상 쾌락을 받으므로 천이라 하느니라. 또 천은 등불이라 하나니, 컴컴한 어둠을 깨뜨리고 밝게 하므로 천이라 하며, 또 나쁜 업의 어둠을 깨뜨리고 선한 업을 얻어 천상에 태어나게 하므로 천이라 하느니라. 또 천은 길하다는 뜻이니, 길상하므로 천이라 하느니라. 또 천은 해라는 뜻이며, 해는 광명이 있으므로 해를 이름하여 천이라 하나니, 이런 뜻으로 천이라 하느니라. 인(人)이라 함은 해는 은혜가 많다는 뜻이며, 또 인은 몸과 입이 부드럽다는 것이며, 또 인은 교만이 있다 이름하며, 또 인은 교만을 깨뜨린다 하느니라. 선남자야, 부처님이 모든 중생에게 위없는 스승이 되지만 경전에서 천인사라 말하였으니, 왜냐하면 선남자야. 모든 중생 중에 천과 사람만이 아뇩다라삼먁삼보리 마음을 낼 수 있으며, 10선업을 닦아서 수다원·사다함·아나함·아라한과와 벽지불의 도를 얻으며, 아뇩다라삼먁삼보리를 얻을 수 있기 때문이니, 그러므로 부처님을 이름하여 천인사라 하느니라.

어찌하여 불(佛)이라 하는가. 불은 깨닫는다는 뜻이니 스스로 깨닫고 남을 깨닫게 하는 것이니라. 선남자야, 마치 도둑이 주인이 있는 줄을 알면 당황하여 어찌할 수 없듯이 보살마하살도 한량없는 온갖 번뇌를 깨달았으며 깨달은 뒤에는 번뇌로 하여금 어찌할 수 없게 하나니, 그러므로 불이라 하며, 깨달았으므로 나지도 않고 늘지도 않고 병들지도 않고 죽지도 않나니, 그러므로 불이라 이름하느니라.

바가바[世尊]라는 것은 바가(婆伽)는 깨뜨린다는 뜻이요 바(婆)는 번뇌라는 뜻이니, 번뇌를 능히 깨뜨리므로 바가바라 하느니라. 또 모든 선한 법을 성취하는 까닭이며, 또 모든 법의 뜻을 잘 아는 까닭이며, 큰 공덕이 있어 이길 이가 없는 까닭이며, 큰 소문이 시방에 두루 퍼진 까닭이며, 가지가지 큰 지혜로 보시하는 까닭이며, 또 한량없는 아승기겁에 여근(女根)을 받지 않은[吐] 까닭이니라. 선남자야, 남자나 여인이 이렇게 부처님을 생각하면, 다니거나 섰거나 앉거나 눕거나, 낮에나 밤에나 밝거나 어둡거나 간에 항상 여의지 않고 부처님 세존을 보게 되느니라.

　선남자야, 어찌하여 여래·응공·정변지, 나아가 바가바라 이름하며, 이렇게 한량없는 공덕과 큰 이름이 있는가. 선남자야, 보살마하살이 옛적 한량없는 아승기겁에, 부모와 화상과 스승들과 상좌(上座)와 장로에게 공경하였으며, 한량없는 겁 동안에 중생들을 위하여 항상 보시를 하고 계율을 가지고 인욕을 익히고 부지런히 정진하고, 선정과 지혜와 대자와 대비와 대희와 대사를 행하였으므로 지금 32상과 80종호의 금강 같은 몸을 얻었느니라. 또 보살이 옛적 한량없는 아승기겁 동안에 신심과 생각과 정진과 선정과 지혜의 근본을 닦았으며, 여러 스님들을 공경하고 공양하였으며, 항상 법의 이익을 위하였고 음식의 이익을 위하지 않았느니라. 보살이 12부경을 가지며 읽으며 외우는 것은 항상 중생을 위하여 해탈과 편안함과 쾌락함을 얻게 하려는 것이요, 자기를 위함이 아니니, 왜냐하면 보살은 항상 출세간 마음, 출가한 마음, 함이 없는 마음, 다툼이 없는 마음, 때[垢穢]가 없는 마음, 속박이 없는 마음, 집착이 없는 마음, 덮임이 없는 마음, 무기(無記)가 없는 마음, 생사가 없는 마음, 의심이 없는 마음, 탐욕이 없는 마음, 성냄이 없는 마음, 어리석음이 없는 마음, 교만이 없는 마음, 더러움이 없는 마음, 번뇌가 없는 마음, 괴로움이 없는 마음, 한량이 없는 마음, 넓고 큰 마음, 허공 같은 마음, 없는 마음, 없음이 없는 마음[無無心], 조복한 마음, 보호하지 않는 마음,

숨김이 없는 마음, 세간이 없는 마음, 항상 정한 마음[常定心], 항상 닦는 마음, 항상 해탈한 마음, 갚음이 없는 마음, 서원이 없는 마음, 잘 원하는 마음, 잘못이 없는 마음, 부드러운 마음, 머물지 않는 마음, 자재한 마음, 무루(無漏)한 마음, 제일의 마음, 물러가지 않는 마음, 무상한 마음, 정직한 마음, 아첨이 없는 마음, 순전히 선한 마음, 다소가 없는 마음[無多少心], 견고함이 없는 마음, 범부가 없는 마음, 성문이 없는 마음, 연각이 없는 마음, 잘 아는 마음, 계를 아는 마음, 생기는 계를 아는 마음, 머무는 계를 아는 마음, 자재한 계의 마음을 닦았기 때문이니라. 그러므로 지금에 10력과 4무쇠외와 3념처와 항상하고 즐겁고 나이고 깨끗함을 얻은 것이니, 그러므로 여래, 나아가 바가바라 일컫는 것이다. 이것을 이름하여 보살마하살이 부처님을 생각한다 하느니라.

　어떤 것을 보살마하살이 법을 생각한다 하는가. 선남자야, 보살마하살이 생각하기를, 부처님들이 말씀하신 법은 가장 묘하고 가장 높은 것이니, 이 법을 인하여 중생들로 하여금 현재의 과보를 얻게 하거니와 이 바른 법은 시절이 없으며, 법안(法眼)으로 볼 수 있고, 육안으로 볼 것이 아니며, 비유로 비교할 수도 없으니, 나지도 않고 내지도 않고, 머물지도 않고, 별하지도 않고 비롯하지도 않고 마치지도 않으며, 함도 없고 셀 수도 없으며, 집이 없는 이에게는 집이 되고, 돌아갈 데 없는 이에게는 돌아갈 데가 되며, 밝음이 없는 데는 밝음이 되며, 저 언덕에 이르지 못한 이는 저 언덕에 이르게 하며, 향이 없는 곳에서는 걸림없는 향이 되며, 볼 수도 없으며 동하지 않고 달라지지 않고, 길지도 않고 짧지도 않으며, 모든 즐거움을 아주 끊었으나 편안한 쾌락이 끝까지 미묘하며, 빛이 아니고 빛을 끊었지만 그래도 빛이며, 내지 알음알이가 아니고 알음알이를 끊었지만 그래도 알음알이며, 업이 아니고 업을 끊었으며, 맺힘이 아니고 맺힘을 끊었으며, 물건이 아니고 물건을 끊었지만 그래도 물건이며, 계(界)가 아니고 계를 끊었지만 그래도 계며, 유(有)가 아니고 유를 끊었지만 그래도 유며, 입(入)이 아니고 입을 끊었지만 그래도 입이며, 인이 아니고 인을 끊었지만 그래도 인이며, 과가 아니고 과를 끊었지만 그래도 과며, 빈 것도 아니고 참된 것도 아니고, 온갖 참된 것을 끊었지만 그래도 참된 것이며, 나는 것도 아니고 멸하는 것도 아니고 나고 멸함을 아주 끊었지만 그래도 생멸하는 것이며, 모양도 별함을 아주 끊었지만 그래도 생멸하는 것이며, 모양도 아니고 모양 아님도 아니고 온갖 모양을 끊었지만 그래도 모양이며, 가르침도 아니고 가르치지 않음도 아니지만 그래도 스승이며, 공포도 아니고 편안함도 아니고 온갖 공포를 끊었지만 그래도 편안하며, 참음도 아니고 참지 않음도 아니고 참지 않음을 아주 끊었지만 그래도 참는 것이며, 고요함도 아니고 고요하지 않음도 아니고 모든 고요함을 끊었지만 그래도 고요하며, 온갖 법의 정수리[頂]이어서 모든 번뇌를 온통으로 끊었으며, 청정하고 모양이 없어 온갖 모양을 영원히 벗어났으며, 한량없는 중생의 필경에 머물 곳이며, 모든 생사의 성한 불을 멸하였으며, 부처님들의 노닐며 계시는 곳이어서 항상 변역하지 아니하나니, 이것을 이름하여 보살의 법을 생각하는 것이라 하느니라.

어떤 것을 승가를 생각한다 하는가. 부처님과 부처님의 제자[聖衆]들은 법답게 머물러 있으면서, 정직한 법을 받고 따라서 수행하며, 볼 수도 없고 붙잡을 수도 없고 깨뜨릴 수도 없고 해롭게 할 수도 없고 생각하고 말할 수도 없으며 모든 중생의 좋은 복밭이며, 비록 복밭이나 받는 것이 없고, 청정하여 더럽지 아니하며, 새는 일도 없고 함도 없으며, 넓기는 가없고, 마음은 부드럽고 평등하여 둘이 없으며 시끄러움이 없고 항상하여 변역하지 아니하나니, 이것을 이름하여 승가를 생각한다 하느니라.

어떤 것을 계율을 생각한다 하는가. 보살이 생각하기를, 계율을 파하지 아니하고 새지 아니하고 깨뜨리지 아니하고 잡란하지 아니하며 비록 형상이 없으나 보호하여 가질 수 있으며, 비록 마주 대할 수 없으나 방편을 닦으면, 구족할 수 있고 허물이 없어, 부처님과 보살의 칭찬하는 바이니 이것이 대방등 대열반의 일이니라. 선남자야, 땅덩이와 같고 배·영락·바다·잿물·집·칼·다리[橋]와 같으며, 의원·약·아가타약·여의주와 같으며, 발·눈·부모·그늘과 같으며, 억지로 빼앗을 수도 없고 해롭게 할 수도 없으며, 불로 태울 수 없고 물로 휩쓸어 버릴 수 없으며, 큰산의 사다리 길이요 불·보살의 훌륭한 짐대니라. 이런 계율에 머물면 수다원과를 얻을 것이며, 나도 얻을 명분이 있지만 나는 요구하지 아니하나니, 왜냐하면 내가 만일 수다원과를 얻으면, 모든 중생을 널리 제도할 수 없는 까닭이며, 만일 이 계율에 머물면 아뇩다라삼먁삼보리를 얻을 것이며, 나도 얻을 명분이 있고 내가 요구하나니, 왜냐하면 아뇩다라삼먁삼보리를 얻으면 중생들을 위하여 묘한 법을 말하여 구원을 지을 수 있으리라 하나니, 이것을 이름하여 보살마하살이 계율을 생각하는 것이라 하느니라.

어떤 것을 보시를 생각한다 하는가. 보살마하살이 관찰하기를, 보시가 아뇩다라삼먁삼보리의 인이 된다 하며, 부처님과 보살들이 이와 같이 보시를 친근하고 닦았으니 나도 그와 같이 친근하고 닦는다 하며, 만일 보시하지 아니하고는 사부대중(四部大衆)을 장엄할 수 없으며, 보시가 필경까지 번뇌를 끊지 못하더라도 현재의 번뇌를 덜어버릴 수 있으며, 보시한 인연으로 시방의 한량없고 그지없는 항하의 모래 수 세계의 중생들에게 칭찬을 받을 것이며, 보살마하살이 중생에게 밥을 보시하면 곧 생명을 보시함이니, 이 과보로 성불할 때에 항상 번역하지 아니하며, 즐거움을 보시한 인연으로 성불할 때에 안락을 얻으며, 보살이 보시할 때에 법답게 재물을 구하고 저 사람의 것을 침노하여 이 사람에게 보시하지 아니하였으므로, 성불할 때에 청정한 열반을 얻으며, 보살이 보시할 때에 중생들로 하여금 구하지 않고 얻게 하였으므로, 성불할 때에 자재한 나를 얻으며, 보시한 인연으로써 다른 이로 하여금 힘을 얻게 하였으므로, 성불하여서 10력을 얻으며, 보시한 인연으로써 다른 이로 하여금 말할 수 있게 하였으므로 성불하여서 4무애(無礙)를 얻으며, 부처님과 보살이 보시를 닦아서 열반의 인이 되었으므로 나도 그와 같이 보시하여 열반의 인을 삼으리라 하나니, 자세히 말한 것은 『잡화경(雜花經)』과 같으니라.

어떤 것을 가리켜 하늘을 생각한다 하는가. 사천왕천으로부터 내지 비상비비비상처천이 있나니, 만일 신심이 있으면 사천왕천을 얻게 되나니 나도 얻을 명분이 있으며, 만일 계율과 많이 아는 것[多聞]과 보시와 지혜로 사천왕천으로부터 나아가 비상비비상처를 얻으며, 나도 또한 얻을 명분이 있으며 내가 욕구하는 것은 아니니, 왜냐하면 사천왕천과 내지 비상비비상처천 은 모두 무상한 것이며, 무상한 연고로 나고 늙고 병들고 죽는 것이니, 이런 뜻으로 내가 욕구하지 않는 것이니라. 마치 환술로 어리석은 사람은 속일 수 있거니와 지혜로운 사람은 의혹케 하지 못하나니, 환술은 사천왕천과 내지 비상비비상처천이요, 어리석은 사람은 온갖 범부들이거니와 나는 어리석은 범부와는 같지 아니하니라. 나는 제일의천(第一義天) 이 있음을 들었으니, 부처님과 보살들이 항상하여 변역하지 아니함이며, 항상 머물러 있으므로, 나지 않고 늙지 않고 병들지 않고 죽지 않는 것이니라. 나는 중생들을 위하여 부지런히 제일의천을 구하게 하나니, 왜냐하면 제일의천은 중생들로 하여금 번뇌를 끊어버리기를 의수(意樹)와 같게 하느니라. 만일 나에게 신심이 있고 나아가 지혜가 있으면 제일의천을 얻게 되나니, 마땅히 중생들을 위하여 제일의천을 분별하여 말하리라 하나니,

이것을 이름하여 보살마하살이 하늘을 생각한다 하느니라. 선남자야, 이것을 보살이라 이름하고 세간이 아니며, 이것을 말하여 세간은 알고 보고 깨닫지 못하는 것을 보살은 알고 보고 깨닫는다 하느니라.

선남자야, 만일 나의 제자가 말하기를 '12부경을 받아 지니고 읽고 외우고 쓰고 연설하는 것이 대반열반경을 받아 지니고 읽고 외우고 쓰고 연설하는 것으로 더불어 차별이 없다'고 말한다면 옳지 아니하니라. 왜냐하면 선남자야, 대반열반경은 모든 부처님 세존의 깊고 깊은 비밀한 법장이요, 부처님들의 비밀한 법장이므로 가장 훌륭하니, 선남자야, 그러한 이치로 대반열반경은 매우 기특하여 말하거나 생각할 수 없느니라."

가섭보살이 부처님께 여쭈었다.

"세존이시여, 나도 이 대반열반경이 매우 기특하여 불가사의하오며, 부처님·교법·승가도 불가사의하오며, 보살의 보리인 대반열반도 불가사의한 줄을 압니다만, 세존이시여, 무슨 뜻으로 보살이 불가사의하다고 다시 말씀하시나이까?"

"선남자야, 보살마하살은 가르치는 이가 없지만 스스로 보리의 마음을 내었고, 마음을 내고는 부지런히 정진하며, 설사 큰불이 몸과 머리를 태우더라도, 마침내 구원을 청하느라고 법을 생각하는 마음을 버리지 아니하나니, 왜냐하면 보살마하살이 항상 생각하기를 '내가 한량없는 아승기겁 동안에 혹은 지옥이나 아귀나 축생이나 인간이나 천상에 있으면서, 여러 가지 번뇌의 불에 몸을 태웠지만, 일찍이 결정한 법을 얻지 못하였으며, 결정한 법은 곧 아뇩다라삼먁삼보리니, 나는 아뇩다라삼먁삼보리를 위하여 몸과 마음과 목숨을 아끼지 않겠으며, 아뇩다라삼먁삼보리를 위하여서는 몸이 티끌같이 부서지더라도 뜻을 버리지 아니하고 부지런히 정진하리니, 왜냐하면 부지런히 정진하는 마음이 곧 아뇩다라삼먁삼보리의 인이라' 하기 때문이니라. 선남자야, 이와 같이 보살마하살이 아뇩다라삼먁삼보리를 보지 못하고도 이렇게 몸과 목숨을 아끼지 아니하거든, 하물며 이미 보았음이랴. 그러므로 보살이 불가사의하니라. 또 불가사의한 것은 보살마하살이 생사의 한량없는 허물을 보는 것은 성문·연각의 미칠 바가 아니며, 비록 생사의 한량없는 허물을 알지만 중생을 위하여 그 속에서 받는 고통을 싫어하지 아니하나니, 그러므로 다시 불가사의라 하느니라. 보살마하살이 중생을 위하는 까닭으로 비록 지옥에서 여러 가지 시끄러움을 받더라도, 3선천(禪天)의 즐거움과 같이 여기나니, 그러므로 또 불가사의라 하느니라.

　선남자야, 마치 장자가 집에 불이 난 것을 보고 뛰어나왔으나, 여러 아들들이 뒤에 떨어져서 화재를 벗어나지 못하게 되었더니, 장자는 아들들이 불에 타게 됨을 알고, 다시 들어가서 구원할 적에 자기의 몸을 돌아보지 않듯이 보살마하살도 그와 같아서, 비록 생사의 허물을 알지만 중생을 위하여서 싫어하지 아니하고 그 속에 있나니, 그러므로 불가사의라 하느니라. 선남자야, 한량없는 중생들이 보리심을 내었다가도 생각 중에 걱정이 많은 것을 보고는 마음이 퇴타하여 성문도 되고 연각도 되거니와 보살들로서 이 경을 들은 이는 마침내 보리심이 퇴타하여 성문이나 연각이 되지 아니하나니, 이러한 보살은 비록 초지의 변동되지 않는 자리에 이르지 못하였더라도 퇴타하지 아니하나니, 그러므로 불가사의라 하느니라. 선남자야, 어떤 사람이 말하기를 '나는 큰 바닷물에 떠서 건너갈 수 있노라' 하면, 이 말을 그러리라 생각할 수 있겠는가?"

"세존이시여, 그런 말은 생각할 수도 있고 생각하지 못할 수도 있나이다. 왜냐하면 만일 사람이 건너가노라 하면 생각할 수 없지만, 아수라가 건너가노라 하면 생각할 수 있나이다."

"선남자야, 나는 아수라를 말한 것이 아니고, 사람을 말하였느니라."

"세존이시여, 사람들 중에도 생각할 수 있기도 하고 생각할 수 없기도 하나이다. 세존이시여, 사람에도 두 가지가 있으니 성인과 범부인데, 범부라면 생각할 수 없고, 성현이라면 생각할 수 있나이다."

"선남자야, 나는 범부를 말하였고 성인을 말하지 아니하였느니라."

"세존이시여 , 만일 범부라면 진실로 생각할 수 없나이다."

"선남자야, 범부들은 참으로 큰 바닷물을 건너갈 수 없나니, 보살만이 생사의 큰 바다를 건너갈 수 있으므로 불가사의라 하느니라. 선남자야, 어떤 사람이 연근에서 나는 실로 수미산을 매어 달 수 있다면, 생각할 수 있겠는가?"

"세존이시여, 생각할 수 없나이다."

"선남자야, 보살마하살은 잠깐 동안에 온갖 생사를 헤아릴 수 있으므로 불가사의라 하느니라. 선남자야, 보살마하살이 벌써 한량없는 아승기겁부터 생사함이 무상하고 내가 없고 즐거움이 없고 깨끗함이 없는 줄을 알았건만 중생을 위하여서 항상하고 즐겁고 나이고 깨끗함을 연설하는 것이며, 비록 그렇게 말하더라도 삿된 소견은 아니니, 그러므로 불가사의라 하느니라. 선남자야, 마치 사람이 물에 들어가도 물이 빠뜨리지 못하며 맹렬한 불에 들어가도 불이 태우지 못한다면, 이런 일은 불가사의한 것이니, 보살마하살도 그와 같아서, 비록 생사하는 속에 있더라도 생사하는 것이 시끄럽게 하지 못하나니, 그러므로 불가사의라 하느니라. 선남자야, 사람에게는 3품이 있으니 상품·중품·하품이니라. 하품 사람은 처음 태 속에 들어갔을 적에는 생각하기를 '내가 지금 더러운 것들이 모여드는 뒷간에 있는 것, 마치 송장들 속에나 가시덤불 캄캄한 속에 있는 것 같다'고 하며, 태에서 나와서는 또 생각하기를 '나는 지금 더러운 것들이 모여든 뒷간에서 나왔고, 내지 캄캄한 속에서 나왔다' 하며, 중품 사람은 생각하기를 '나는 지금 많은 나무숲 속에나 깨끗한 강 가운데나 방안에 들어갔다' 하고, 나올 때에도 그러하며, 상품 사람은 생각하기를 '나는 전당에 올라가서 꽃숲 속에 있으며 말도 타고 코끼리도 타고 높은 산에 올라갔다' 하고, 나올 때도 그와 같으니라. 보살마하살은 처음 태에 들 때에도 드는 줄을 알고, 머물 적에도 머무는 줄을 알고, 나올 때에는 나오는 줄을 알아서, 마침내 탐하고 성내는 마음을 내지 않지만 초주(初住)에는 이르지 못하였나니, 그러므로 불가사의라 이름하느니라.

　선남자야, 아뇩다라삼먁삼보리는 비유로도 말할 수 없나니, 선남자야, 마음도 역시 비유로 빗대어서 말할 수 없는 것이니라. 보살마하살은 스승에게 묻고 배운 곳이 없지만 아뇩다라삼먁삼보리를 얻는 것이며, 이 법을 얻고는 아끼는 마음이 없이 중생을 위하여 연설하나니, 그러므로 불가사의라 하느니라. 선남자야, 보살마하살이 몸으로 여의었고 입이 아닌 것이 있으며, 입으로 여의었고 몸 아닌 것이 있으며, 몸도 입도 아니면서 멀리 떠난 것이 있느니라. 몸으로 여의었다 함은 살생과 훔치는 일과 음행을 떠난 것이니, 이것을 이름하여 몸으로 여의었고 입이 아니라는 것이니라. 입으로 여의었다 함은 허망한 말, 이간하는 말, 욕설, 옳지 않은 말을 여읜 것이니, 이것을 이름하여 입으로 여의었고 몸이 아니라는 것이니라. 몸도 입도 아니면서 멀리 여의었다 함은 탐욕, 성내는 일, 나쁜 소견을 멀리 여읜 것이니, 선남자야, 이것을 이름하여 몸도 입도 아니면서 멀리 여의었다는 것이니라. 선남자야, 보살마하살이 한 가지 법도 몸이거나 입이거나 및 주재를 여읜 것을 보지 못하면서도 여의는 것이 있나니, 그러므로 불가사의하며 입도 역시 그와 같으니라.

　선남자야, 몸으로부터 몸을 여의고 입으로부터 입을 여의고 지혜로부터 몸이 아니고 입이 아님을 멀리 여의니라. 선남자야, 진실로 이 지혜가 있지만 보살로 하여금 멀리 여의게 하지 못하나니, 왜냐하면 선남자야, 한 가지 법도 능히 깨뜨리거나 능히 짓게 하지 못하며, 함이 있는 법의 성품은 다르게 나고 다르게 없어지나니, 그러므로 이 지혜가 능히 멀리 여의게 하지 못하느니라. 선남자야, 지혜가 깨뜨리지 못하며 불이 태우지 못하며 물이 풀리게 하지 못하며 바람이 흔들지 못하며 땅이 가지고 있지 못하며, 나는 것이 나게 하지 못하며, 늙음이 늙게 하지 못하며 머무름이 머물게 하지 못하며 깨뜨림이 파괴하지 못하며, 탐심이 탐하지 못하며, 성냄이 성나게 하지 못하며, 어리석음이 어리석게 하지 못하나니, 함이 있는 성품이 다르게 나고 다르게 없어지는 연고니라. 보살마하살이 마침내 생각하기를 '내가 이 지혜로 모든 번뇌를 깨뜨린다' 하지 않지만, 스스로 말하기를 '내가 번뇌를 깨뜨린다' 하며, 비록 이런 말을 하여도 허망한 것이 아니니, 그러므로 또 불가사의라 이름하느니라."

"세존이시여, 저는 지금에야 보살마하살이 불가사의하고, 부처님·교법·승가·대반열반경을 받아 지니는 이와 보리·열반이 불가사의한 줄을 알았나이다. 세존이시여, 위없는 부처님의 법이 얼마 동안이나 머물며 어느 때에 없어지겠나이까?"

"선남자야, 대반열반경과 같은 것은 나아가 다섯 가지 행이 있으니, 거룩한 행[聖行]·청정한 행[梵行]·하늘의 행[天行]·병난 행[病行]·어린 아기의 행[嬰兒行]이니라. 만일 나의 제자가 받아 가지고 읽고 외우고 쓰고 뜻을 연설하여 중생들의 공경하고 존중하고 찬탄하고 여러 가지로 공양함을 받으면, 그런 때에는 없어지지 않느니라. 선남자야, 만일 대반열반경이 구족하게 유통하는 때에, 나의 제자들이 계율을 많이 범하고 나쁜짓을 하며, 이런 경전을 공경하여 믿지 아니하면, 믿지 않는 연고로 받아가지거나 읽거나 외우거나 쓰거나 뜻을 해설하지 아니할 것이며, 여러 사람의 공경과 내지 공양함을 받지 못할 것이며, 받아 가지는 이를 보고는 비방하고 업신여기면서, '너는 육사외도(六師外道)요, 부처님의 제자가 아니다' 하리니, 이런 때에는 부처님 법이 오래지 않아서 없어지느니라."

가섭보살이 다시 부처님께 여쭈었다.

"세존이시여, 저는 부처님께서 이런 말씀하신 것을 들었으니, '가섭부처님의 법이 세상에 이레 동안 있다가 없어졌다' 하였나이다. 세존이시여, 가섭여래께서도 이 경이 있었나이까? 만일 있었다면 어찌하여 없어졌다 하오며, 만일 없었다면 어찌하여 말하기를, 대반열반경은 모든 여래의 비밀한 법장이라 하나이까?"

부처님께서 말씀하셨다.

"선남자야, 내가 먼저 말하기를, 문수사리가 이 뜻을 안다 하였거니와 이제 다시 말하리니, 지성으로 자세히 들어라. 선남자야, 부처님 세존에게 두 가지 법이 있으니, 하나는 세상법[世法]이요 또 하나는 제일의법(第一義法)이니라. 세상 법은 별할 수 있거니와 제일의법은 별하지 않느니라. 또 두 가지가 있으니, 하나는 무상하고 내가 없고 즐겁지 않고 깨끗함이 없는 것이요, 또 하나는 항상하고 즐겁고 나이고 깨끗한 것이니,

무상하고 내가 없고 즐겁지 않고 깨끗함이 없는 것은 없어지거니와 항상하고 즐겁고 나이고 깨끗한 것은 없어지지 않느니라. 또 두 가지가 있으니, 하나는 2승들이 가지는 것이요, 다른 하나는 보살들이 가지는 것이니, 2승들이 가지는 것은 멸하는 것이요, 보살들이 가지는 것은 멸하지 않느니라. 또 두 가지가 있으니, 하나는 바깥 법이요 다른 하나는 안의 법이니, 바깥 법은 멸함이 있고 안의 법은 멸함이 없느니라. 또 두 가지가 있으니, 하나는 함이 있는 법이요 다른 하나는 함이 없는 법이니, 함이 있는 법은 멸함이 있고 함이 없는 법은 멸함이 없느니라. 또 두 가지가 있으니, 하나는 얻을 수 있는 법이요 하나는 얻을 수 없는 법이니, 얻을 수 있는 법은 멸할 수 있고 얻을 수 없는 법은 멸할 수 없느니라. 또 두 가지가 있으니, 하나는 함께하는 법이요 하나는 함께하지 않는 법이니, 함께하는 법은 멸하는 것이요 함께하지 않는 법은 멸하지 않느니라. 또 두 가지가 있으니, 하나는 사람 가운데요 하나는 하늘 가운데니, 사람 가운데 법은 멸하고 하늘 가운데 법은 멸하지 않느니라. 또 두 가지가 있으니, 하나는 11부경이요 하나는 방등 경전이니, 11부경은 멸하는 것이요 방등 경전은 멸하지 않느니라.

　선남자야, 만일 나의 제자가 방등 경전을 받아 가지고 읽고 외우고 쓰고 뜻을 해설하며, 공경하고 공양하고 존중하고 찬탄하면, 그때에는 부처님의 법이 멸하지 않느니라. 선남자야, 그대가 묻기를 '가섭여래에게도 이 경이 있었느냐' 한 것은, 선남자야, 대반열반경은 여러 부처님의 비밀한 법장이니, 왜냐하면 여러 부처님이 비록 11부경이 있지만, 불성을 말하지 아니하고 여래의 항상하고 즐겁고 나이고 깨끗함을 말하지 아니하고, 부처님 세존은 언제까지나 열반에 들지 않는 일을 말하지 아니하였으니, 그러므로 이 경을 여래의 비밀한 법장이라 하느니라. 11부경에서 말하지 아니한 것이므로 장이라 하나니, 마치 사람들이 7보를 들고 나와서 쓰는 것이 아니므로 장(藏)이라 하는 것 같으니라. 선남자야, 그 사람이 이런 물건을 간직하여 두는 것은 다음 일을 위한 것이니, 어떤 것을 다음 일이라 하는가. 곡식이 귀할 때나 대적이 와 나라를 침노할 때나 나쁜 임금을 만났을 적에 보배로 생명을 바꾸거나, 길을 가다가 어려울 때에나 재물을 구하기 어려울 때에 보배를 내어 쓰려는 것이니라. 선남자야, 부처님 여래의 비밀한 법장도 그와 같아서 말세(末世)의 나쁜 비구들이 부정한 물건을 쌓아 두고, 사부대중에게 여래가 필경에 열반에 든다고 말하며, 세간 경전을 없고 부처님 경전을 공경하지 않거든, 이러한 나쁜 일이 세상에 나타날 때에, 여래가 이런 나쁜 일을 없애고 잘못 생활하는 이양을 여의게 하기 위하여 이 경전을 연설하나니, 만일 비밀한 법장인 이 경전이 없어지고 나타나지 아니할 적에는, 부처님 법도 없어지는 줄을 알아야 하느니라.

선남자야, 대반열반경은 항상 변역하지 않는 것이거늘 어찌하여 '가섭 부처님 때에도 이 경이 있었느냐'고 묻느냐. 선남자야, 가섭 부처님 때에는 중생들이 탐욕이 적고 지혜가 많았으며, 보살마하살들도 부드러워 교화하기 쉽고 큰 위덕이 있었으며, 모두 기억하여 잊지 아니함이 코끼리왕과 같으며, 모든 중생들도 여래가 필경까지 열반에 들지 아니하고 항상 머물러서 변하지 않는 줄을 아는 까닭으로, 이 경전이 있지만 연설할 필요가 없었느니라. 선남자야, 지금 세상의 중생들은 번뇌가 많고 어리석어 잊기를 잘하며, 지혜가 없고 의심이 많아서 믿음이 뿌리박히지를 못하고, 세계가 깨끗하지 못하며, 중생들은 모두 생각하기를, 여래가 무상하여 자주 변천하는 터이매, 나중에는 대반열반에 들어간다고 하므로, 여래가 이 경전을 연설하느니라. 선남자야, 가섭부처님의 법은 진실로 멸하지 아니하나니, 왜냐하면 항상하여 변천하지 않는 까닭이니라.

 선남자야, 만일 중생들이 나인 것을 내가 없는 줄로 보고 내가 없는 것을 나라고 보며 항상한 것을 무상하다 보고 무상한 것을 항상하다 보며, 즐거운 것을 즐겁지 않다 보고 즐겁지 않은 것을 즐겁다 보며, 깨끗한 것을 부정하다 보고 부정한 것을 깨끗하다 보며, 멸하는 것을 멸하지 않는다 보고 멸하지 않는 것을 멸한다 보며, 죄를 죄가 아니라 보고 죄가 아닌 것을 죄라 보며, 가벼운 죄를 중하다 보고 중한 죄를 가볍다 보며, 승(乘)을 승이 아니라 보고 승이 아닌 것을 승이라 보며, 도를 도가 아니라 보고 도가 아닌 것을 도라고 보며, 진실한 보리를 보리가 아니라 보고 진실한 보리가 아닌 것을 보리라고 잘못 보며, 고통인 것을 고통이 아니라 보고 집(集)인 것을 집이 아니라 보며, 멸(滅)인 것을 멸이 아니라 보고 진실한 것을 진실하지 않다고 보며, 세제(世諦)를 제일의제 (第一義諦)라 보고 제일의제를 세제라 보며, 귀의할 데를 귀의할 데가 아니라 보고 귀의할 데가 아닌 것을 귀의할 데라 보며, 참으로 부처님 말씀을 마군의 말이라 하고 참으로 마군의 말을 부처님 말이라 하면, 이러한 때에 부처님들이 대반열반경을 말씀하느니라.

선남자야, 모기의 입으로 바다의 밑바닥까지를 말린다 말할지언정 여래의 법이 없어진다고 말하지 못할 것이며, 입으로 불어서 수미산을 날린다 말할지언정 여래의 법이 없어진다고 말하지 못할 것이다. 새끼로 폭풍을 얽어맨다 말할지언정 여래의 법이 없어진다고 말하지 못할 것이며, 가다라(佉陀羅) 불 속에 연꽃이 난다고 말할지언정 여래의 법이 없어진다고 말하지 못할 것이며, 아가타약이 독약이라고 말할지언정 여래의 법이 없어진다고 말하지 못할 것이며, 차라리 달을 뜨겁게 하고 해를 차게 한다고 말할지언정 여래의 법이 없어진다고 말하지 못할 것이며, 차라리 4대가 각각 제 성품을 버린다 말할지언정 여래의 법이 없어진다고 말하지 못할 것이니라.

선남자야, 만일 부처님이 처음 출세하여 아뇩다라삼먁삼보리를 얻었건만, 제자가 깊은 이치를 이해하지 못하고서 부처님 세존이 열반하신다면 이 법은 오래도록 세상에 머물지 못하느니라. 또 선남자야, 부처님이 처음 출세하여 아뇩다라삼먁삼보리를 얻었고, 제자들이 깊은 이치를 이해한다면, 부처님이 열반하여도 그 법은 오래도록 세상에 머무느니라. 또 선남자야, 부처님이 처음 출세하여 아뇩다라삼먁삼보리를 얻었고 제자들이 깊은 이치를 이해하지만, 굳게 믿는 단월이 부처님 법을 공경·존중하는 이가 없는데, 부처님이 문득 열반한다면 그 법은 오래도록 세상에 머물지 못하느니라. 또 선남자야, 부처님이 처음 출세하여 아뇩다라삼먁삼보리를 얻었고 제자들도 깊은 이치를 이해하고, 굳게 믿는 단월들이 있어 부처님 법을 공경 존중하면, 부처님이 열반하여도 그 부처님의 법은 오래도록 세상에 머무느니라. 또 선남자야, 부처님이 처음 출세하여 아뇩다라삼먁삼보리를 얻었고 제자들이 깊은 이치를 이해하고, 굳게 믿는 단월이 있어 부처님 법을 공경 존중하더라도, 제자들이 경법을 연설하면서 이양을 탐하고 열반을 구하지 않는데, 부처님마저 열반한다면, 그 법은 오래도록 세상에 머물지 못하느니라. 또 선남자야, 부처님이 처음 출세하여 아뇩다라삼먁삼보리를 얻었고, 제자들도 깊은 이치를 이해하고 굳게 믿는 단월이 부처님 법을 공경 존중하고, 저 제자들이 경법을 연설하되 이양을 탐하지 아니하고 열반을 구하면, 비록 부처님이 열반하더라도 그 법은 오래도록 세상에 머무느니라. 또 선남자야, 부처님이 처음 출세하여 아뇩다라삼막삼보리를 얻었고, 제자들이 깊은 이치를 이해하고 굳게 믿는 단월들이 부처님 법을 공경 존중하더라도, 제자들이 다툼을 일으키어 서로 시비하는데, 부처님마저 열반한다면 그 법은 오래도록 세상에 머물지 못하느니라. 또 선남자야, 부처님이 처음 출세하여 아뇩다라삼먁삼보리를 얻었고, 제자들이 깊은 이치를 이해하고 굳게 믿는 흰옷 입은 단월들이 부처님 법을 공경 존중하고 제자들도 화합하고 공경하는 법[和敬法]을 닦고 서로 시비하지 않고 서로 존중하면 부처님이 열반하더라도 그 법은 오래도록 세상에 머물고 없어지지 않느니라. 또 선남자야, 부처님이 처음 출세하여 아뇩다라삼먁삼보리를 얻었고, 제자들이 깊은 이치를 이해하고 굳게 믿는 흰옷 입은 단월들이 부처님 법을 공경 존중하고, 저 제자들이 다 열반을 위하여 법을 연설하면서 서로 공경하고 다툼을 일으키지 않더라도, 온갖 부정한 물건을 받아 저축하면서 또 스스로 찬탄하기를, 나는 수다원과와 나아가 아라한과를 얻었노라 하는데 부처님마저 열반하면, 이 법은 오래도록 세상에 머물지 못하느니라. 또 선남자야, 부처님이 처음 출세하여 아뇩다라삼먁삼보리를 얻었고, 제자들이 깊은 이치를 이해하고 굳게 믿는 흰옷 입은 단월들이 부처님 법을 공경 존중하고, 저 제자들이 대반열반을 위하여 경법을 연설하고 화합하여 공경하는 법을 닦으면서 서로 존중하고 모든 부정한 물건을 저축하지 아니하고, 수다원과를 얻었고 나아가 아라한과를 얻었노라 말하지 아니하면, 저 부처님 세존이 비록 열반하더라도 그 법은 오래도록 세상에 머무느니라.

또 선남자야, 부처님이 처음 출세하여 아뇩다라삼먁삼보리를 얻었고, 제자들도 나아가 부정한 물건을 저축하지 아니하고, 또 스스로 말하기를, 수다원과나 아라한과를 얻었노라 하지 않지만 제각기 소견을 고집하여 가지가지로 말을 짓되, 장로여, 부처님이 제정한 4중이나 내지 일곱 가지 다툼을 없애는 법도, 중생을 위하여서는 막기도 하고 열기도 하며, 12부 경전도 그러 한 것이니, 왜냐하면 부처님께서는 국토와 시절이 각각 다르고, 중생이 한결같지 아니하며 영리하고 둔근의 차별을 아시므로 여래가 막기도 하며 중대하고 경미하게 말씀하였나니 선남자야, 마치 용한 의원이 병을 위하여 우유를 쓰기도 하고 병을 위하여 우유를 금하기도 하여, 열병에는 먹게 하고 냉병에는 금하는 것같이, 여래도 그러하여 중생들의 번뇌의 병을 관찰하여 열기도 하고 막기도 한 것이오. 장로여, 나는 부처님을 따라 친히 이런 뜻을 들었나니, 오직 내가 이 뜻을 알고 당신은 모르며, 나만이 계율을 알고 당신은 모르며, 내가 경을 알고 당신은 모른다 하는데, 부처님마저 열반한다면 그 법은 오랫동안 세상에 머물지 못하느니라. 또 선남자야, 부처님이 처음 출가하여 아뇩다라삼먁삼보리를 얻었고, 제자들도 내지 내가 수다원과나 아라한과를 얻었노라 말하지 아니하고, 또 부처님이 중생을 위하여서 막기도 하고 열기도 한 것이오. 장로여, 나는 부처님을 따라 친히 이런 뜻과 이런 법과 이런 계율을 들었으니, 장로여, 마땅히 여래의 12부경을 의지하여 이 뜻이 옳으면 내가 받아가지겠고, 만일 그르면 내가 버리겠노라고 말하지 아니한다면, 부처님 세존이 비록 열반하더라도 그 법은 오래도록 세상에 머무느니라.

　선남자야, 나의 법이 멸할 때에는 성문 제자들이 혹은 신(神)이 있다 하고 혹은 신이 공하다 하며, 혹은 중음(中陰)이 있다 하고 혹은 중음이 없다 하며, 혹은 삼세(三世)가 있다하고 혹은 삼세가 없다하며, 혹은 3승이 있다 하고 혹은 3승이 없다 하며, 혹은 온갖 것이 있다 하고 혹은 온갖 것이 없다 하며, 혹은 중생이 처음도 있고 나중도 있다 하고 혹은 중생이 처음도 없고 나중도 없다 하며, 혹은 12인연이 함이 있는 법이라 하고 혹은 12인연이 함이 없는 법이라 하며, 혹은 여래가 병고행(病苦行)이 있다 하고 혹은 여래는 병고의 행이 없다 하며, 혹은 여래가 비구들에게 열 가지 고기 먹음을 허락하지 않았으니 무엇이 열 가지인가. 사람·뱀·코끼리·말·나귀·개·사자·돼지·여우·원숭이요, 다른 것은 모두 허락하였다 하고, 혹은 온갖 고기를 허락하지 않았다 하며, 혹은 비구들은 다섯 가지 일은 하지 않아야 하나니 무엇이 다섯 가지인가. 짐승·칼·술·낙사(酪沙)·참기름을 팔지 말아야 하고, 다른 것은 모두 허락하였다 하며 혹은 다섯 종류의 집에 들어감을 허락하지 않았다 하니, 백정의 집·기생집·술집·왕궁·전다라의 집이요, 다른 집은 다 허락하였다 하며, 혹은 교사야 옷은 허락하지 않고 다른 옷은 모두 허락하였다 하며, 혹은 여래가 비구들에게 옷이나 음식이나 침구 따위의 값이 금 10만 냥쯤 가는 것까지는 허락하였다 하고, 혹은 허락하지 않았다 하며, 혹은 열반이 항상하고 즐겁고 나이고 깨끗하다 하고, 혹은 열반이라 함은 번뇌가 다한 것이요, 다른 법이 없는 것을 열반이라 이름하나니, 마치 실을 짠 것이 옷인데, 옷이 이미 해진 것을 이름하여 옷이 없다할지언정 옷이 없다는 딴 법이 있는 것 아니니, 열반의 자체도 그러하다 하리라.

선남자야, 이런 때를 당하여서는 나의 제자들도 바른 말 하는 이는 적고 삿된 말하는 이가 많으며, 바른 법을 받는 이는 적고 삿된 법 받는 이가 많으며, 부처님 말을 받는 이는 적고 마군의 말을 받는 이가 많으리라.

선남자야, 그때에 구담미국에 두 제자가 있으니, 하나는 아라한이요 하나는 파계한 사람이다. 파계한 이의 무리는 5백이요 아라한의 무리는 1백이었다. 파계한 이가 말하기를, '여래는 끝까지 열반에 드는 것이니 나는 부처님에게서 이런 뜻을 친히 들었으며, 여래가 마련한 네 가지 중대한 법은 가져도 좋고 범하여도 죄가 없으며, 나도 지금 아라한과와 4무애지를 얻었으며, 아라한도 이러한 네 가지 중대한 법을 범하나니, 네 가지 중대한 법이 만일 참말로 죄라면 아라한은 마침내 범하지 아니할 것이나, 여래께서 세상에 계실 적에는 꼭 가지라 하였지만 열반하실 적에는 모두 버리었다'고 말하였다. 그때에 아라한 비구가 말하기를 '장로여, 당신은 여래께서 끝까지 열반에 든다고 말하지 마시오. 나는 여래가 항상하여 변역하지 않는 줄을 알며, 여래가 세상에 계실 적에나 열반하신 뒤에나 4중금(重禁)을 범한 죄는 차별이 없으며, 만일 아라한이 4중금을 범한다 말하는 것은 그럴 리가 없으니, 왜냐하면 수다원을 증득한 사람도 계율을 범하지 아니하거든, 하물며 아라한이리요. 장로가 아라한이라 말하거니와 아라한은 마침내 내가 아라한을 얻었다는 생각을 하지 아니하며, 아라한은 선한 법만 말하고 선하지 아니한 법은 말하지 아니하거늘, 장로의 말은 모두 잘못된 법이니, 12부경을 보면 장로가 아라한이 아님을 결정코 알 것이오'라고 하였느니라.

선남자야, 그때에 파계 비구의 무리들이 달려들어 그 아라한을 죽이고 말았다. 이때에 마왕은 이 두 무리들이 분노한 마음을 틈타서 6백 비구들을 모두 살해하였으니, 그때에 범부들은 각각 함께 말하기를 '애달프다! 부처님의 법이 이제 없어진다' 하였으나, 나의 바른 법은 진실로 멸하지 아니하였으니, 이때에 그 나라에는 12만 보살들이 있어서 나의 법을 잘 가지었는데, 어찌하여 나의 법이 멸한다 말하겠는가. 그때에 염부제 안에는 한 비구도 나의 제자가 없었고 이때에 파순은 큰불로써 모든 경전을 있는 대로 태워버렸으며, 혹 남은 것은 바라문들이 훔쳐다가 군데군데 뽑아서 자기들의 경전에 써넣었으니, 그런 뜻으로 여러 작은 보살들이 부처님이 출현하기 전에는 모두 바라문의 말을 믿고, 바라문들이 비록 우리에게 재계(齋戒)가 있다고 말하나, 외도들에게는 참으로 없는 것이며, 외도들이 또 말하기를, 나이고 즐겁고 깨끗함이 있노라 말하거니와 참으로 나이고 즐겁고 깨끗한 이치를 알지 못하는 것이고, 부처님 법에서 한 자 두 자 한 구절 두 구절을 가져다가 자기들 경전에 그런 이치가 있다고 말하는 것이니라.

그때에 구시나성 쌍으로 선 사라나무 사이에 한량없고 그지없는 아승기 대중이 이 말을 듣고 모두 말하기를 '세상이 비었다, 세상이 비었다' 하거늘, 가섭보살이 대중에게 말하기를 '그대들은 걱정하지 말고 울지 말라. 세상이 비지 아니하였나니,

여래는 항상 계시어서 변역하지 않으며, 교법과 승가도 그러하니라' 하였다. 대중들은 이 말을 듣고는 통곡을 그치고 모두 아뇩다라삼먁삼보리 마음을 내었느니라."

대반열반경 제17권

20. 청정한 행[梵行品] ④

이때에 왕사성의 아사세왕은 성질이 모질고 살육하기를 좋아하며, 입으로 짓는 네 가지 나쁜짓을 갖추었으며, 탐심과 성내는 일과 어리석은 마음이 치성하여 눈앞의 일만 보고 장래 일을 보지 못하였으며, 나쁜 사람들로 권속을 삼았고 현제의 5욕락만을 탐하는 탓으로 허물없는 부왕을 살해하기에 이르렀다. 부왕을 살해하고 나자 마음으로 뉘우치는 열기를 내고 몸에는 영락을 벗고 풍류를 가까이하지 아니하며, 마음에 뉘우침의 열기로 온몸에 독창이 생기어 지독한 냄새가 나 가까이 할 수 없었다. 드디어 생각하기를 '내 몸이 지금 화보(花報)를 받았으니 지옥의 과보도 멀지 아니하리라' 하였다.

그때에 어머니 위제희(韋提希)가 가지가지 약을 발라 주었지만, 독창은 더욱 성하고 나아지지 아니하였다. 왕은 어머니에게 말하였다.

"이 독창은 마음에서 생기었고 4대(大)로 난 것이 아니니, 중생으로는 다스릴 도리가 없겠나이다."

이때에 한 대신이 있으니 이름이 월칭(月稱)이었다. 왕에게 나아가 한쪽에 서서 여쭈었다.

"대왕이시여, 무슨 근심을 하시는지, 안색이 화평하지 못하시나이다. 몸이 아프시나이까? 마음이 불편하시나이까?"

왕은 대답하였다.

"나의 몸과 마음이 어찌 아프지 않을 수가 있겠는가. 허물이 없는 부왕을 역해(逆害)하였구려. 나는 일찍이 지혜 있는 이에게 들은즉, 이 세상에서 다섯 종류의 사람이 지옥에서 벗어날 수 없나니, 5역죄를 지은 사람이라 하였소. 나는 이미 한량없고 그지없는 아승기 죄를 지었거늘, 어떻게 몸과 마음이 아프지 않겠소. 더구나 나의 몸과 마음을 치료하여 줄 의원이 없구려."

"대왕이시여, 너무 근심하지 마소서."

그리고는 곧 게송을 말하였다.

항상 근심하는 사람
근심 더욱 느는 것이,
잠 잘자는 잠꾸러기
잠이 점점 많아지듯
탐욕·음욕·술 먹는 일
역시 그와 같으니라.

"대왕의 말씀대로 세상에서 다섯 종류의 사람이 지옥에서 벗어나지 못한다하오나, 누가 가서 보고 대왕에게 말하더이까? 지옥을 말함은 이 세상에서 잔꾀 있는 사람의 말입니다. 대왕의 말씀이 세상에는 몸과 마음을 치료할 의원이 없다 하오나, 지금 큰 의원이 있으니 이름은 부란나(富蘭那)라 하나이다. 온갖 것을 알고 보고 하며, 자재한 선정을 얻었으며, 깨끗한 범행을 끝까지 닦았고, 한량없고 그지없는 중생들에게 위없는 열반의 길을 연설하며 제자들에게는 이런 법을 말하나이다.

'검은 업도 없고 검은 업의 과보도 없으며, 흰 업도 없고 흰 업의 과보도 없으며, 검고 흰 업도 없고, 검고 흰 업의 과보도 없으며. 상품 업도 없고 하품 업도 없다.'

이런 사람이 지금 왕사성 안에 있으니, 원컨대 대왕이시여, 그 사람에게 거둥하시어 그로 하여금 몸과 마음을 치료케 하여지이다."

"참으로 나의 죄를 벗겨줄 수 있다면 내가 마땅히 귀의하리라."

또 한 신하가 있으니 이름이 장덕(藏德)이었다. 왕에게 나아가서 이렇게 여쭈었다.

"대왕께서 용안이 여위시고 입술이 마르시고 음성이 작으심이 마치 겁약한 사람이 큰 대적을 만난 듯, 얼굴이 초췌하시니 무슨 괴로움이 계시나이까? 몸이 아프십니까? 마음이 불편하십니까?"

왕은 대답하였다.

"나의 몸과 마음이 어찌 아프지 않겠는가. 내가 어리석고 지혜가 없어 나쁜 사람을 가까이하여 친구를 삼았으며, 제바달다란 악한 사람의 말을 듣고 바른 법으로 나라를 다스리시는 부왕을 역해하였구려. 나는 일찍이 지혜 있는 사람의 게송을 들었소.

아버지나 어머니나
부처님과 제자에게
좋지 못한 마음으로
나쁜짓을 지었으면
이와 같은 과보로는
아비지옥 간다 하오.

이런 일로 말미암아 마음이 송구하고 매우 괴로움을 참지 못하며, 더구나 치료하여 줄 의원도 없구려."
"대왕이시여, 근심하지 마소서. 법에는 두 가지가 있으니, 하나는 출가한 법이요 다른 하나는 임금의 법입니다. 임금의 법에는 부왕을 해하였으면 나라의 왕이 되는 것이매, 비록 시역이라 하더라도 죄가 없는 것입니다. 저 가라라충(迦羅羅虫)이 어미의 배를 무너뜨리고야 나오지만, 나오는 법이 그러하므로 비록 어미의 배를 무너뜨렸으나 죄가 없는 것이며, 노새가 새끼를 배는 것도 그와 같나이다. 나라를 다스리는 법도 그런 것이오매, 비록 아버지나 형을 살해하였더라도 죄가 없는 것이고, 출가한 법에는 모기나 개미를 살해하여도 죄가 있는 것입니다. 원컨대 대왕은 마음을 너그럽게 하시고 걱정하지 마소서. 왜냐하면 게송과 같기 때문입니다.

    항상 근심하는 이는
    근심 더욱 느는 것이,
    잠 잘자는 잠꾸러기
    잠이 점점 많아지듯,
    탐욕·음욕·술 먹는 일
    역시 그와 같으니라.

대왕의 말씀이 이 세상에 몸과 마음을 치료할 의원이 없다 하거니와 지금 큰 스승이 있으니 이름을 말가리구사리자(末伽梨拘舍離子)라 하나이다. 온갖 것을 알고 보며, 중생들을 갓난 아기처럼 불쌍히 여기고, 번뇌를 이미 여의었으며, 중생들의 세 가지 독한 살을 뽑아 주나이다. 모든 중생들은 온갖 법을 알고 보고 깨닫지 못하거니와 이 사람만이 홀로 알고 보고 깨달았으며, 이런 스승이 항상 제자들에게 이런 법을 말하나이다.

'모든 중생들의 몸에 일곱 가지 부분이 있으니, 지대·수대·화대·풍대·괴로움·즐거움·목숨이라, 이 일곱 가지 법은 변화함도 아니고 지음도 아니어서, 깨뜨릴 수 없기는 이사가(伊師迦) 풀과 같고, 머물러 있어 흔들리지 않기는 수미산과 같고,

버릴 수 없고 지을 수 없기는 타락과 같아서 각각 서로 시새우지 아니하며, 괴롭거나 즐겁거나 선하거나 선하지 않거나, 마치 잘 드는 칼에 던져져도 상하지 않음 같으니, 왜냐하면 일곱 부분이 공한 속에서 서로 장애되지 않는 연고며, 목숨도 해할 수 없나니 왜냐하면 해할 이와 죽을 이가 없는 까닭이며, 짓는 이도 없고 받을 이도 없고 말할 이도 없고 들을 이도 없으며, 생각하는 이도 가르칠 이도 없는 까닭이다.'

항상 이런 법을 말하여 중생들로 하여금 한량없는 중대한 죄를 멸하나이다. 그 사람이 지금 왕사성에 있으니, 바라건대 대왕께서 그곳에 가시어서 보기만 하여도 모든 죄가 소멸될 것입니다."

"참으로 나의 죄를 멸할 수 있으면 내가 마땅히 귀의할 것이오."

또 한 신하가 있으니 이름이 실득(實得)이었다. 왕에게 이르러 이런 게송을 말하였다.

대왕께서 무슨 일로
몸에 영락 벗으시며
머리카락 덥수룩해
이런 모양 되시니까.

대왕의 몸 무슨 일로
불안하고 벌벌 떨어

꽃가지에 바람 불어
흔들리듯 하나이까.

"대왕의 용안에 수심이 가득하심이 마치 농부들이 씨를 심은 뒤에 비가 오지 아니하여 걱정하는 듯하오니, 마음이 불안하시나이까? 몸이 아프시나이까?"
왕은 대답하였다.
"나의 몸과 마음이 어찌 아프지 않겠는가. 선대왕께서 인자하시며 나를 사랑함이 특별하시어 조그만 허물도 없었으며, 관상쟁이에게 물었더니, 관상쟁이의 말이 아이가 나기만 하면 반드시 아버지를 해하리라 하였으나, 이런 말을 들으시고도 나를 사랑하여 기르셨소. 일찍이 지혜 있는 이의 말을 듣건대, 만일 사람이 어미나 비구니를 간통하거나, 승가의 물건을 훔치거나, 위없는 보리심 낸 이를 죽이거나, 아버지를 살해하면, 이런 사람은 결정코 아비지옥에 떨어진다 하였거늘, 나의 몸과 마을이 어찌 아프지 않겠는가."
"원컨대 대왕은 걱정하지 마십시오. 부왕께서 해탈을 닦으셨으면 해한 것이 죄가 되려니와, 나라를 다스렸으므로 해하여도 죄될 것이 없나이다. 대왕이여, 법이 아닌 것은 무법이라 이름하오며, 무법이란 말은 무죄라는 뜻이나이다. 마치 아들이 없는 것을 무자(無子)라 하고 나쁜 아들도 무자라 하거니와 무자라 하더라도 참으로 아들이 없는 것이 아니오며, 음식에 소금이 안 든 것도 간이 안 되었다 하고 소금이 덜 든 것도 간이 안 되었다 하오며, 강에 물이 아주 마른 것도 물이 없다 하고 물이 적은 것도 물이 없다 하오며, 찰나찰나 없어지는 것도 무상하다 하고 한 겁 동안을 살아도 무상하다 하오며, 사람이 괴로움을 받는 것도 낙이 없다 하고 즐거움이 적어도 낙이 없다하오며, 자제하지 못함을 내가 없다 하고 조금 자제하는 것도 내가 없다 하오며, 캄캄한 밤을 해가 없다 하고, 안개가 자욱할 때에도 해가 없다 하는 것 같으니, 대왕이시여, 법이 부실하다고 무법이라 하오나 실로 법이 없는 것이 아니리이다. 원컨대 대왕은 유의하시어 신의 말을 들으십시오. 모든 중생들이 모두 남은 업[餘業]이 있고 업의 인연으로 자주자주 생사를 받는 것인데, 만일 선왕께서 남은 업이 있으면 지금 대왕께서 해하였기로 무슨 죄가 있겠나이까? 마음을 너그럽게 가지시고 수심하지 마소서. 왜냐하면 게송과 같기 때문입니다.

    항상 근심하는 이는
    근심 더욱 느는 것이,
    잠 잘자는 잠꾸러기
    잠이 점점 많아지듯
    탐욕·음욕·술 먹는 일
    역시 그와 같으니라.

대왕의 말씀이 이 세상에 몸과 마음을 치료할 의원이 없다 하오나, 지금 큰 스승이 있으니 이름을 산사야비라지자(刪闍耶

毗羅胝子)라 하나이다. 온갖 것을 알고 보며, 지혜의 깊기는 바다와 같고, 큰 위덕이 있고 큰 신통을 갖추었으며, 중생들로 하여금 의심을 끊게 하나이다. 모든 중생들은 알고 보고 깨닫지 못하오나, 이 사람만이 홀로 알고 보고 깨달았으며, 지금 왕사성 가까운 데 있어 제자들에게 이런 법을 말하나이다.

'모든 중생 중에 임금된 이는 자재하게 마음대로 선한 일과 악한 일을 짓나니, 비록 여러 가지 악한 일을 짓더라도 죄가 있는 것 아니니라. 마치 불이 물건을 태울 적에 깨끗하고 부정한 것이 없나니, 임금도 그리하여 불의 성품과 같으니라. 마치 땅덩이가 깨끗한 것, 더러운 것을 모두 실을 적에 기인하거나 성내지 아니하나니, 임금도 그리하여 땅의 성품과 같으니라. 마치 물이 깨끗한 것, 더러운 것을 모두 씻으면서도 기뻐하고 근심함이 없나니, 임금도 그리하여 물의 성품과 같으니라. 마치 바람이 깨끗하고 더러운 것을 모두 불어 날리면서도 기뻐하고 근심함이 없나니, 임금도 그리하여 바람의 성품과 같으니라. 마치 가을에 나뭇잎이 떨어졌다가 봄이 되면 다시 나나니, 비록 잎을 떨어뜨려도 진실로 죄가 없듯이, 중생들도 그와 같아서 여기서 목숨이 마치고는 다시 여기에 나는 것이며, 다시 하는 것이매 무슨 죄가 있겠는가. 모든 중생의 괴롭고 즐거운 과보는 모두 현재의 업으로 말미암는 것이 아니고, 지난 세상에 지은 인으로 지금 세상에서 과보를 받는 것이니, 현재의 인이 없고 다음 세상에 과보가 없건만 현재의 과보를 위하여 중생들이 계율을 가지며, 부지런히 정진하여 현재의 나쁜 과보를 막는 것이니라. 계율을 가지므로 무루(無漏)를 얻고 무루를 얻으므로 번뇌의 업이 다하고, 업이 다하므로 모든 고통이 끝나고, 모든 고통이 끝나므로 해탈을 얻는다.'

원컨대 대왕은 그이에게 가시어서 몸과 마음의 고통을 치료하소서. 대왕이 그를 보기만 하여도 모든 죄가 소멸되리이다."

"참으로 그 사람이 나의 죄를 멸할 수 있으면 내가 마땅히 귀의할 것이오."

또 한 신하가 있으니 이름이 실지의(悉知義)였다. 왕에게 나아가 이렇게 말하였다.

"대왕이시여, 무슨 일로 용안이 단정하지 못하시나이까? 나라를 잃은 이 같으며, 우물이 마른 듯하며, 못에 연꽃이 없는 것 같으며, 나무에 꽃과 잎이 없는 듯하며, 파계한 비구의 위덕이 없는 것 같으니, 몸이 편치 않으십니까? 마음이 괴로우십니까?"

왕은 이렇게 대답하였다.

"나의 몸과 마음이 어찌 아프지 않겠는가. 부왕께서는 인자하신 마음으로 나를 사랑하셨건만, 내가 불효하여 은혜 갚을 줄을 몰랐으며, 항상 나를 즐겁게 하셨건만 내가 배은망덕하여 즐거움을 끊었으며, 선왕께서 허물이 없으시거늘 내가 역해를 하였구려. 일찍이 지혜 있는 이의 말을 듣건대, 만일 아비를 해하면 한량없는 아승기겁 동안 큰 고통을 받는다 하더니, 나는 이제 오래지 않아 지옥에 떨어질 것이거늘, 어느 의원 한 사람 나의 죄를 구하여 줄 이가 없구려."

"원컨대 대왕은 걱정하지 마십시오. 옛적에 라마(羅摩) 임금은 부왕을 살해하고 왕위에 올랐고, 발제대왕(跋提大王)·비루진왕(毘樓眞王)·나후사왕(那睺沙王)·가제가왕(迦帝迦王)·비사가왕(毘舍佉王)·월광명왕(月光明王)·일광명왕(日光明王)·애왕(愛王)·지다인왕(持多人王), 이런 임금들이 모두 부모를 살해하고 왕이 되었지만 한 임금도 지옥에 들어간 이가 없으며, 지금 계시는 비유리왕(毘琉璃王)·우타나왕(優陀那王)·악성왕(惡性王)·서왕(鼠王)·연화왕(蓮花王), 이런 임금이 모두 그 부왕을 해하였지만 한 임금도 걱정 근심하는 이가 없습니다. 비록 말로는 지옥이니 아귀의 갈래니 천상이니 하지만 누가 보았나이까? 대왕이여, 다 두 갈래뿐이오니 인간과 축생이오며, 두 갈래가 있지만 인연으로 태어나는 것도 아니고 인연으로 죽는 것도 아니오며, 만일 인연이 아니라면 무슨 선과 악이 있겠나이까? 원컨대 대왕은 걱정하고 두려워하지 마소서. 왜냐하면 게송과 같기 때문입니다.

> 항상 근심하는 사람
> 근심 더욱 느는 것이
> 잠 잘자는 잠꾸러기
> 잠이 점점 많아지듯,
> 탐욕·음욕·술 먹는 일
> 역시 그와 같으니라.

대왕의 말씀이 이 세상에 몸과 마음을 치료할 의원이 없다 하오나, 지금 큰 스승이 있으니 이름을 아기다시사흠바라(阿耆多翅舍欽婆羅)라 하나이다. 온갖 지견을 가진 이로서 금과 흙을 평등하게 보며, 오른쪽 옆구리를 칼로 찌르거나 왼쪽 옆구리를 전단으로 바르더라도 이 두 사람에게 차별하는 마음이 없으며, 원수와 친한 이를 평등하게 대하고 다르게 생각하지 아니하오니, 이 사람은 진실로 이 세상의 용한 의원입니다. 가거나 섰거나 앉거나 누웠거나 항상 삼매에 있어 마음이 산란하지 아니하오며, 제자들에게는 이런 말을 하나이다.

'제가 짓거나 남을 시켜 지었거나, 제가 찍었거나 남을 시켜 찍었거나, 제가 구웠거나 남을 시켜 구웠거나, 제가 해하였거나 남을 시켜 해하였거나, 제가 훔쳤거나 남을 시켜 훔쳤거나, 제가 음행하였거나 남을 시켜 음행하였거나, 제가 거짓말하였거나 남을 시켜 거짓말하였거나, 제가 술을 먹었거나 남을 시켜 술을 먹었거나, 한 마을·한 도시·한 나라 사람들을 살해하였거나, 칼로써 모든 중생을 죽였거나, 항하의 남쪽에서는 중생에게 보시하고 항하의 북쪽에서는 중생들을 살해하였어도 죄도 복도 모두 없으며, 보시하고 계행 가지고 선정 닦는 일이 없다.'

지금 왕사성 가까이 있으니, 대왕은 속히 가소서. 대왕이 보기만 하여도 모든 죄가 소멸할 것이나이다."

"대신하여 참으로 나의 죄를 소멸할 수 있다면 나는 마땅히 귀의할 것이오."

또 한 대신이 있으니 이름이 길덕(吉德)이었다. 또 왕에게 나아가서 이렇게 말하였다.

"대왕께서 무슨 일로 용안에 윤기가 없나이까. 낮에 켠 등불 같고 낮에 보는 달 같고, 나라 잃은 임금 같고 장사에 실패한 사람 같나이다. 대왕이시여, 지금 사방이 태평하여 원수나 대적이 없는데, 무슨 연고로 이다지 수심하시나이까. 몸이 괴로우시나이까, 마음이 아프시나이까? 다른 왕자들은 항상 생각하기를, 나는 언제나 자재함을 얻을까 하는데, 대왕은 이제 소원을 이루었고 자재하신 왕으로서 마가타국을 차지하셨고 선왕의 보물을 모두 다 얻었사온즉, 마땅히 만족한 마음으로 복을 즐길 것이거늘, 어찌하여 그다지도 근심하시나이까?"

왕은 대답하였다.

"내가 지금 어떻게 수심하지 않겠는가. 대신이여, 어리석은 사람이 단맛만 탐하고 칼날을 보지 못하는 듯, 독한 음식을 먹으면서도 걱정을 생각하지 못 하는 듯, 나도 그와 같으며, 사슴이 먹을 풀만 보고 함정을 보지 못하는 듯, 쥐가 먹을 것만 보고 고양이를 보지 못하는 듯, 나도 그와 같아서 현재의 쾌락만 보고 오는 세상에서 고통의 나쁜 과보 받을 줄을 보지 못하였소. 일찍이 지혜 있는 이에게서 이런 말을 들었소. '차라리 하루 동안에 3백 자루 창에 찔릴지언정 부모에게 대하여 잠깐 동안 나쁜 생각을 내지 말라' 하였거늘, 나는 지금 지옥의 맹렬한 불에 타게 되었는데 어떻게 걱정하지 않겠소."

"누가 지옥이 있다고 말하더이까? 가시 끝이 뾰족한 것은 누가 만들었으며, 나는 새의 빛이 제각기 다른 것은 누가 지었으며, 물의 성질은 축축하고 돌의 성질은 단단하고 바람은 흔들리고 불은 뜨거우며, 온갖 만물이 저절로 났다가 저절로 죽는 것은 누구의 짓입니까? 지옥이란 말은 잔꾀 있는 이의 문자로 조작한 말이오니, 지옥이 무슨 뜻인지를 신이 말하겠습니다. 지는 땅이요 옥은 깨뜨린다는 것이니, 지옥을 깨뜨려도 죄보가 없사올새 지옥이라 하나이다. 또 지는 인간이요 옥은 천상이니, 아비를 살해한 탓으로 인간·천상에 이를 수 있으므로, 바수(婆藪) 선인이 말하기를 '양을 죽이고 인간·천상의 낙을 얻는다' 하였으니, 이것을 이름하여 지옥이라 하나이다. 또 지는 목숨이요 옥은 길다는 것이니 생명 있는 것을 죽이면 목숨이 길어지므로 지옥이라 하나이다. 대왕이시여, 그러므로 실로 지옥이 없는 줄을 알겠나이다. 대왕이여, 밀을 심으면 밀을 거두고 벼를 심으면 벼를 거두듯이, 지옥을 죽이면 지옥에 나게 되고 사람을 살해하고는 인간에 날 것입니다.

　대왕이여, 지금 신이 말하는 살해가 없는 이치를 들으십시오. 만일 내가 있다 하여도 실로 살해함이 없고, 만일 내가 없다면 해할 것이 없나이다. 왜냐하면 내가 있다면 항상하여 변역하지 아니할 것이며, 항상 머무는 터이므로 살해하지 못할 것이니, 깨뜨리지 못하고 부수지 못하고 얽매지 못하고 속박하지 못하고 성내지 아니하고 기뻐하지 아니함이 허공과 같을 것이니 어찌 살해하는 죄가 있겠나이까. 만일 내가 없다면 모든 법이 무상할 것이며, 무상한 것이므로 찰나찰나 멸할 것이니, 찰나찰나 멸하는 연고로 죽인 이 죽은 이가 모두 찰나찰나 멸할 것이요, 만일 찰나찰나 멸한다면 누가 죄가 있겠나이까. 대왕이시여, 불이 나무를 태워도 불은 죄가 없으며, 도끼로 나무를 찍어도 도끼는 죄가 없으며, 낫으로 풀을 베어도 낫은 죄가 없나이다. 마치 칼로 사람을 죽였을 적에 칼은 실로 사람이 아니니, 칼이 이미 죄가 없을진댄 사람이 무슨 죄가 있으며, 독약으로 사람을 죽였을 적에 독약은 실로 사람이 아니니, 독약이 죄가 없을진댄 사람이 무슨 죄가 있겠나이까. 온갖 만물도 그와 같아서 진실로 살해함이 없거늘 어찌 죄가 있으리까? 원컨대 대왕은 근심하지 마십시오. 왜냐하면 게송과 같기 때문입니다.

　　항상 근심하는 사람
　　근심 더욱 느는 것이
　　잠 잘자는 잠꾸러기
　　잠이 점점 많아지듯,
　　탐욕·음욕·술 먹는 일
　　역시 그와 같으니라.

대왕의 말씀이 이 세상에 몸과 마음을 치료할 의원이 없다 하거니와 여기 큰 스승이 있으니 이름이 가라구타가전연(迦羅鳩馱迦旃延)입니다. 온갖 지견을 가진 이로서 삼세를 분명히 알고, 잠깐 동안에 한량없고 그지없는 세계를 보고, 소리를 듣는 것도 그와 같으며, 중생들로 하여금 모든 허물을 여의게 함이, 마치 항하의 안과 밖에 있는 모든 허물이 모두 깨끗하듯이, 이 사람도 그와 같아서 중생들의 안팎의 죄를 멸하게 하오며, 제자들에게 이런 법을 말하나이다.

'만일 사람이 모든 중생을 살해하고도 마음에 부끄러움이 없으면 나쁜 갈래에 떨어지지 아니하나니, 마치 허공이 티끌과 물을 받지 않는 듯하며, 부끄러움이 있으면 지옥에 떨어지나니, 마치 큰물이 땅을 적시는 듯하니라. 모든 중생은 모두 자재천이 지은 것이므로 자재천이 기인하면 중생들이 안락하고 자재천이 노하면 중생들이 고통을 받으며, 모든 중생의 죄와 복은 모두 자재천이 하는 것이거늘, 어찌 사람에게 죄와 복이 있다고 말하리요. 마치 공장(工匠)이 허깨비 사람[機關木人]을 만들면 가고 서고 앉고 눕지만 말은 하지 못하나니, 중생도 그와 같아서, 자재천은 공장과 같고 허깨비 사람은 중생의 몸과 같으며, 이와 같이 만드는 것이거늘 누구에게 죄가 있겠느냐.'

이 사람이 지금 왕사성에 있으니, 원컨대 빨리 가시면 보기만 하여도 모든 죄가 소멸할 것입니다."

"진실로 이런 사람이 있어 나의 죄를 멸한다면 내가 마땅히 귀의하리라."

또 한 신하가 있으니 이름이 무소외(無所畏)였다. 왕에게 나아가 이렇게 말하였다.

"대왕이시여, 세상에서 어리석은 사람은 하루 동안에 백 번

기뻐하고 백 번 수심하며, 백 번 자고 백 번 깨며, 백 번 놀라고 백 번 통곡하거니와 지혜 있는 사람은 그런 일이 없거늘, 대왕은 무슨 일로 그렇게 수심하나이까. 동무를 잃은 나그네 같으며, 수렁에 빠졌을 적에 구원할 이가 없는 것 같으며, 목마른 사람이 물을 만나지 못한 듯하며, 길을 잃은 사람이 길잡이를 만나지 못한 듯하며, 병든 사람에게 치료할 의원이 없는 듯하며, 바다에서 파선하였을 적에 건질 이가 없는 듯합니다. 대왕께서는 지금 몸이 아프시나이까, 마음이 불안하시나이까?"

왕은 대답하였다.

"나의 몸과 마음이 어찌 아프지 않겠는가. 나는 나쁜 사람을 가까이하고 거짓말을 알아차리지 못하여, 허물없는 부왕을 역해하였으니, 마땅히 지옥에 들어갈 줄 알지만 구제하여 줄 의원이 없구려."

"원컨대 대왕은 근심하지 마소서. 찰리는 왕족이라 하는데, 국왕이 되었거나 사문이 되었거나 바라문이 되어서, 백성을 편안케 하기 위하여서는 비록 살해하더라도 죄가 없나이다. 선왕이 사문을 공경하였으나 바라문은 섬기지 아니하였으니 마음이 평등하지 못하였고, 평등하지 못한 연고로 찰리가 아닙니다. 대왕께서 바라문들을 공양하시려고 선왕을 해하심이 무슨 죄가 있겠습니까. 대왕이여, 실로 살해가 없나이다. 살해란 말은 목숨을 죽였다는 것인데, 목숨은 바람 같은 기운이며, 기운의 성품은 살해할 수 없거늘, 어찌하여 목숨을 살해하였다고 죄가 있겠습니까? 원컨대 대왕은 근심하지 마소서. 왜냐하면 게송과 같기 때문입니다.

> 항상 근심하는 사람
> 근심 더욱 느는 것이,
> 잠 잘자는 잠꾸러기
> 잠이 점점 많아지듯,
> 탐욕·음욕·술 먹는 일
> 역시 그와 같으니라.

대왕의 말씀이 이 세상에 치료할 의원이 없다 하거니와 여기 큰 스승이 있으니 이름이 니건타야제자(尼乾陀若提子)인데, 온갖 지견을 가진 이로서 중생들을 가엾이 여기며, 중생들의 근성이 영리하고 둔함을 잘 알고 모든 방편을 통달하여, 세간의 여덟 가지 법이 더럽히지 못하고 고요하게 깨끗한 범행을 닦았으며, 제자들에게는 이런 말을 하나이다.

'보시도 없고 선한 일도 없고, 아비도 없고 어미도 없고, 지금 세상도 없고 뒤의 세상도 없고, 아라한도 없고, 닦을 것도 없고 닦을 도도 없으며, 모든 중생들이 만겁을 지나면 생사의 윤회에서 자연히 해탈하며, 죄가 있거나 죄가 없거나 간에 모두 그러한 것이니라. 마치 신두·항하·박차·사타 등 네 강이 모두 바다에 들어가서 아무 차별도 없듯이, 모든 중생들도 그와 같아서, 해탈을 얻을 적에는 차별이 없다.'

이 사람이 지금 왕시성에 있으니 원컨대 대왕은 빨리 가십시오. 그 사람을 만나면 모든 죄가 소멸할 것입니다.

"진실로 그 사람이 나의 죄를 덜어준다면 나는 마땅히 귀의하겠소."

이때에 기바(耆婆)라는 큰 의원이 임금 계신 데 나아가서 여쭈었다.

"대왕이여, 안녕히 주무셨나이까?"

왕은 게송으로 이렇게 대답하였다.

누구든지 모든 번뇌
깨끗하게 끊어지고
이 세상에 물 안 들면
편안하게 잠을 자고.

큰 열반을 얻고 나서
깊은 뜻을 연설하며
참바라문 된 뒤에야
편안하게 잠을 자고.

몸으로는 세 가지 업
입으로는 네 가지 업
의심 그물 끊은 뒤에
편안하게 잠을 자고.

몸과 맘에 번뇌 없고
고요한 곳 머물러서
위없는 낙 얻고서야
편안하게 잠을 자고.

마음 속에 고집 없고
원수들을 멀리 떠나
다툼 없이 화평하면
편안하게 잠을 자고.

나쁜 업을 짓지 않고
부끄러움 항상 품어
악의 과보 믿어야사
편안하게 잠을 자고.

부모에게 공경하고
산 목숨을 살해 말고
남의 재물 안 훔치면
편안하게 잠을 자고.

모든 감관 조복받고
선지식을 친근하며
마군들을 깨뜨려야

편안하게 잠을 자고.

고·락·길·흉 보지 말고
중생들을 위하여서
나고 죽고 애쓰는 이
편안하게 잠을 자네.

평안하게 잠잘 이는
시방세계 부처님들
공한 삼매 관하면서
몸과 마음 편안한 이.

편안하게 잠잘 이는
자비하신 보살들
불방일(不放逸)을 항상 닦고
중생 보길 아들처럼.

무명 가린 중생들이
번뇌 과보 못 보면서
나쁜 업만 짓는 이는
편안한 잠 못 자느니.

자기 몸을 위해서나

다른 이를 시키어서
10악업을 짓는 이는
편안한 잠 못 자느니.

아비 죽인 죄 없으니
목전 쾌락 누리자는
나쁜 동무 사귄 이는
편안한 잠 못 자느니.

절차 없이 밥을 먹고
지나치게 찬 술 먹고
그리고서 병난 이는
편안한 잠 못 자느니.

임금에게 죄를 짓고
유부녀에 정을 두고
쓸쓸한 길 다니는 이는
편안한 잠 못 자느니.

계행 아직 미숙한 이
등극 못한 태자거나
돈 못 뺏은 도둑들은
편안한 잠 못 자느니.

기바여, 나는 지금 병이 중하오. 바른 법으로 나라를 다스리는 부왕에게 역해를 하였으니, 모든 의원이나 약이나 주문이나 좋은 방편으로 구원하더라도 나을 수가 없소. 그 까닭을 말하면 부왕께서 바른 법으로 나라를 다스리고 실로 허물이 없거늘, 나쁜 마음으로 역해를 하였는지라, 뭍에 나온 물고기 같으니 무슨 낙이 있으며, 그물에 걸린 사람과 같으니 애초부터 즐거운 생각이 없으며, 목숨이 경각에 달린 줄을 아는 사람과 같으며, 나라를 잃고 다른 나라로 도망하는 임금과 같으며, 자기의 병은 고칠 수 없다는 진단을 받은 환자 같으며, 파계한 이가 죄의 설명을 들은 것 같구려. 나는 예전에 지혜 있는 이의 말을 들으니, 몸과 입과 뜻으로 지은 업이 깨끗하지 못하면 그 사람은 지옥에 떨어진다 하였소. 나의 신세가 그와 같거니 어찌 편안하게 잠을 자겠는가. 그리고 나에게는 법의 약을 말하여, 병을 치료하여 줄 만한 훌륭한 의원이 없소."

"좋은 말씀입니다. 대왕께서는 비록 죄를 저질렀으나 마음으로 깊이 뉘우치고 부끄러운 생각을 품으셨나이다. 대왕이시여, 부처님 세존이 항상 말씀하시기를 '두 가지 선한 법이 중생을 구제할 수 있으니, 하나는 제 부끄러움[慚]이요, 다른 하나는 남 부끄러움[愧]이니라. 제 부끄러워하는 이는 스스로 죄를 짓지 아니하고, 남 부끄러워하는 이는 다른 이를 시켜 죄를 짓지 아니하며, 제 부끄러워하는 이는 속으로 수치한 줄 알고, 남 부끄러워 하는 이는 남을 향하여 죄를 털어놓으며, 제 부끄러운 이는 사람에게 부끄럽고, 남 부끄러운 이는 하늘께 부끄러워하나니 이것을 참괴라 하느니라. 참괴가 없는 이는 사람이라 할 수 없고 짐승이라 이름하며, 참괴가 있으므로 부모와 스승과 윗사람을 공경하고, 참괴가 있으므로 부모 형제 자매가 있다고 말하느니라' 하시더니, 대왕께서는 지금 참과 괴를 갖추었나이다. 대왕이시여, 신이 부처님의 이런 말씀을 들었나이다.

'지혜로운 이가 둘이니 하나는 나쁜짓을 짓지 않는 이요, 다른 하나는 지은 뒤에 곧 참회하는 이니라. 어리석은 이도 둘이니 하나는 죄를 짓는 이요, 하나는 짓고는 감추려는 이니라. 비록 나쁜짓을 지었지만, 이내 드러내어 참회하며 참회하고는 부끄러워서 다시 짓지 아니하면, 마치 흐린 물에 밝은 구슬을 넣으면 구슬의 위력으로 물이 곧 밝아지며, 구름이 걷히면 달이 청명하여지듯이, 죄를 짓고 참회하는 것도 그와 같다.'

왕께서 만일 참회하시고 참괴한 생각을 품으시면 죄가 곧 소멸되어 본래와 같이 깨끗해질 것입니다.

대왕이시여, 부자에 두 가지가 있으니, 하나는 코끼리와 말과 가지가지 짐승이요, 다른 하나는 금과 은과 가지가지 보배인데, 코끼리와 말이 아무리 많아도 여의주 하나를 대적할 수 없나이다. 중생도 그러하여 하나는 악이 부자요 하나는 선이 부자니, 모든 악을 많이 지어도 한 가지 선함만 같지 못하나이다. 신이 부처님 말씀을 들으니 한 가지 선을 닦는 마음이 백 가지 악을 깨뜨린다 하더이다. 대왕이시여, 작은 금강이 능히 수미산을 깨뜨리며, 작은 불이 능히 온갖 것을 태우며, 적은 독약이 능히 중생을 해롭게 하나니, 작은 선도 그와 같아서 큰 악을 파하며, 비록 작은 선이라 이름하나 실제로는 큰 것이니 왜냐하면 큰 악을 파하는 까닭입니다. 대왕이시여, 부처님이 말씀하시기를 '덮어 감추는 것은 새고 감추지 아니하면 새지 않나니, 털어놓고 허물을 참회하므로 새지 않느니라. 여러 가지 죄를 지었더라도 덮어 두지 말고 감추지 말지니, 덮어 두지 아니하므로 죄가 경미하여지고 부끄러운 생각을 품으면 죄가 소멸한다'고 하였나이다. 대왕이시여, 물방울이 비록 작으나 점 점 모이면 큰 그릇에 차나니, 선한 마음도 그러하여 하나하나의 선한 마음이 큰 악을 깨뜨리는 것이오며, 만일 죄를 덮어 두면 죄가 점점 더하거니와 털어놓고 참회하면 죄가 소멸하는 것이므로 부처님 말씀이 지혜 있는 이는 죄를 덮어 두지 아니한다 하였나이다. 좋은 일입니다. 대왕이시여, 능히 인과 과를 믿으며 업을 믿고 과보를 믿으니, 원컨대 대왕은 근심하고 두려워하지 마소서.

만일 어떤 중생이 모든 죄를 짓고는 덮어 두고 참회하지 아니하고 부끄러운 마음이 없으며, 인과와 업보를 보지 못하면서 지혜 있는 사람에게 묻지도 아니하며 선지식을 친근하지 아니하면, 이런 사람은 모든 훌륭한 의원이나 병구원을 잘하는 이라도 다스릴 수 없나니, 마치 대풍창병은 세간의 의원들이 손을 댈 수 없는 것처럼 죄를 감추는 사람도 그와 같나이다. 어떤 것을 죄인이라 합니까. 일천제를 말함입니다. 일천제는 인과(因果)를 믿지 않고 부끄러운 마음이 없고 업보를 믿지 않고, 지금 세상과 오는 세상을 보지 못하며, 선지식을 친근하지 않고 부처님의 가르침을 따르지 않나니 이런 사람을 일천제라 하며, 부처님들도 다스릴 수 없나이다. 왜냐하면 마치 세간의 죽은 송장은 의원도 고칠 수 없는 것처럼, 일천제도 그와 같아서 부처님 세존도 다스릴 수 없거니와 대왕은 일천제가 아니거늘 어찌 치료할 수 없다고 말씀하나이까.

왕의 말씀은 치료할 이가 없다 하시나, 가비라성 정반왕의 아드님은 성은 구담이요 이름이 실달다이니, 스승이 없이 혼자 깨달아서 자연으로 아뇩다라삼먁삼보리를 얻었으며, 32상과 80종호로 몸을 장엄하고, 10력과 4무소외(無所畏)와 온갖 지견과 대자비를 구족하고, 모든 중생을 가엾이 여김을 라후라와 같이 하며, 선한 중생을 따르기를 송아지가 어미 따르듯 하며, 때를 알아서 말하고 때가 아니면 말하지 아니하며, 진실한 말·깨끗한 말·미묘한 말·이치 있는 말·법다운 말·한결같은 말을 하여, 중생들로 하여금 번뇌를 영원히 여의게 하며, 중생들의 근성과 심리를 잘 알고 마땅한 방편을 모두 통달하였으며, 지혜의 높고 크기는 수미산 같고, 깊고 넓기는 바다와 같으며, 이 부처님 세존은 금강 같은 지혜가 있어 중생들의 모든 죄악을 깨뜨리나니, 못한다는 말은 있을 수 없나이다.

여기서 12유순 되는 구시나성의 쌍으로 선 사라나무 사이에 계시며, 한량없는 아승기 보살들을 위하여 가지가지 법을 연설하시니, 있는 법, 없는 법, 함이 있는 법, 함이 없는 법, 샘이 있는 법, 샘이 없는 법, 번뇌의 과보, 선한 법의 과보, 빛이 있는 법, 빛이 아닌 법, 빛도 아니고 빛 아님도 아닌 법, 나라는 법, 내가 아닌 법, 나도 아니고 나 아님도 아닌 법, 항상한 법, 항상하지 않은 법, 항상함도 아니고 항상하지 않음도 아닌 법, 즐거운 법, 즐겁지 않은 법, 즐겁지도 않고 즐겁지 않음도 아닌 법, 모양 있는 법, 모양 아닌 법, 모양도 아니고 모양 아님도 아닌 법, 아주 없는 법, 아주 없지 않은 법, 아주 없지도 않고 아주 없지 않음도 아닌 법, 세간법, 출세간법, 세간도 아니고 출세간도 아닌 법, 승(乘)인 법, 승 아닌 법, 승도 아니고 승 아님도 아닌 법, 제가 짓고 제가 받는 법, 제가 짓고 남이 받는 법, 지음도 없고 받음도 없는 법들입니다. 대왕이 만일 부처님 계신 데서 지음도 없고 받음도 없음을 들으시면 있는 바 중대한 죄가 곧 소멸할 것입니다.

  대왕은 또 들으십시오. 제석환인이 목숨이 마치려 할 적에 다섯 가지 쇠하는 모양이 생기니, 첫째는 옷에 때가 묻고, 둘째는 머리 위에 꽃이 시들고, 셋째는 몸에서 냄새가 나고, 넷째는 겨드랑이에 땀이 나고, 다섯째는 앉은 자리가 편안하지 못함입니다. 이때에 제석이 고요한 곳에서 사문이나 바라문을 보고는 그곳에 나아가 부처님인 줄 생각하더니, 그때에 사문과 바라문은 제석이 오는 것을 보고는 매우 기뻐하면서 '천왕이여, 나는 지금 당신에게 귀의하리라'고 말하였습니다. 제석이 듣고는 부처가 아닌 줄 알고 다시 생각하기를 '저가 부처가 아니면 나의 다섯 가지 쇠퇴하는 모양을 다스릴 수 없으리라' 하였습니다.

이때에 모시고 있던 신하 반차시(般遮尸)가 제석에게 말하였습니다.

'교시가여, 건달바왕의 이름이 돈부루(敦浮樓)요, 왕의 딸은 수발타(須跋陀)라 하나니, 왕이 이 아가씨를 신에게 주시면 신이 그 쇠퇴하는 모양을 없앨 방도를 보여드리겠나이다.'

제석의 대답하였습니다.

'선남자야, 비마질다 아수라왕의 딸은 이름이 사지(舍脂)니라. 내가 공경하는 터이나, 경이 만일 나의 쇠퇴함을 소멸할 방도를 보여주면 경에게 주리니, 하물며 수발타리요.'

'교시가여, 부처님 세존이 계시인 호를 석가모니라 하며, 지금 왕사성에 있으니, 그이에게 가서 물으면 쇠퇴하는 모양을 없앨 수 있으리이다.'

'선남자야, 부처님이면 쇠퇴하는 모양을 없앨 수 있으리니 수레를 돌려 그리로 가자.'

신하는 왕의 명을 받들어 수레를 몰아 왕사성의 기사굴산에 이르렀다. 제석은 부처님 앞에 나아가 머리를 조아려 부처님 발에 예배하고, 한쪽에 물러가 앉아서 부처님께 여쭈었습니다.

'세존이시여, 천상 인간에서 무엇이 속박하나이까?'

'교시가여, 간탐과 질투니라.'

또 여쭈었다.

'간탐과 질투는 어찌하여 생기나이까?'

'무명을 인하여 생기느니라.'

'무명은 무엇을 인하여 생기나이까?'

'방일을 인하여 생기느니라.'

'방일은 또 무엇을 인하여 생기나이까?'

'뒤바뀜을 인하여 생기느니라.'

'뒤바뀜은 또 무엇을 인하여 생기나이까?'

'의심을 인하여 생기느니라.'

'세존이시여, 뒤바뀐 법이 의심을 인하여 생긴다 하심은 실로 말씀하심과 같나이다. 왜냐하면 나는 의심이 있었고 의심인 연고로 뒤바뀜이 생기어서 세존이 아닌데 세존이란 생각을 내었더니, 지금 부처님을 뵙고 의심이 없어졌으며, 의심이 없으므로 뒤바뀐 생각도 다하였고, 뒤바뀜이 다하였으므로 간탐심과 질투심이 없어졌나이다.'

부처님이 말씀하셨다.

'그대의 말대로 간탐·질투가 없어졌으면 아나함과를 얻었는가. 아나함은 탐하는 마음이 없나니, 만일 탐심이 없다면 어찌 목숨을 구하려고 여기 왔는가. 참으로 아나함이면 진실로 목숨을 구하지 않느니라.'

'세존이시여, 뒤바뀐 마음이 있는 이는 목숨을 구하고 뒤바뀜이 없는 이는 목숨을 구하지 않는다 하거니와 저는 목숨을 구함이 아니고 구하는 것은 부처님의 법신과 부처님의 지혜입니다.'

'교시가여, 부처님의 법신과 부처님의 지혜를 구한다면 오는 세상에 반드시 얻으리라.'

이때에 제석은 부처님 말씀을 듣고 다섯 가지 쇠하는 모양이 즉시 소멸하여져서, 일어나 예배하고 세 바퀴를 돌고 공경하고 합장하고 이렇게 말하였습니다.

'세존이시여, 저는 이제 죽었다가 살았고 목숨을 잃었다가 목숨을 얻었으며, 또 부처님께서 수기하시기를, 마땅히 아뇩다라삼먁삼보리를 얻으리라 하시니, 이것이 다시 산 것이며 다시 목숨을 얻음입니다. 세존이시여, 온갖 세간 사람 천상 사람이 어찌하면 많아지오며, 무슨 인연으로 줄어지나이까?'

'교시가여, 싸우는 인연으로 사람과 하늘이 줄어지고 화합과 공경을 닦으면 느느니라.'

'세존이시여, 만일 싸우기 때문에 준다 하오면 저는 오늘부터 다시는 아수라와 싸우지 않겠나이다.'

부처님이 말씀하셨다.

'잘하는 일이다. 교시가여, 부처님 세존이 욕되는 일을 참는 법을 말씀하시는데 이것이 아뇩다라삼먁삼보리의 일이 되느니라.'

이때에 제석환인은 앞으로 나아가 부처님께 예배하고 물러갔나이다. 대왕이여, 여래께서 나쁜 모양을 없애었으므로 부처님을 불가사의라 하오니, 왕이 만일 가시기만 하면 무거운 죄악이 반드시 없어지리이다.

대왕은 또 들으십시오. 한 바라문의 아들이 있으니 이름은 불해(不害)라 하는데, 한량없는 중생을 죽이었으므로 또 앙굴마(鴦崛摩)라 이름하며, 다시 어머니를 죽이려고 나쁜 마음이 일어날 때에 마음이 따라 동하였고 몸과 마음이 동하였으므로 5역죄의 인(因)이 되고, 역죄의 인연으로 반드시 지옥에 떨어지게 되었으며, 뒤에 부처님을 뵈올 때에 몸과 마음이 동하여 해하려 하였으니, 몸과 마음이 동함은 5역죄의 일이요, 역죄의 인연으로 지옥에 들어갈 것이거늘, 이 사람이 여래를 만나서 지옥의 인연이 소멸되고 아뇩다라삼먁삼보리의 마음을 내었으므로, 부처님을 일컬어 위없는 의원이라 하오니 외도의 6사(師)와는 다릅니다.

대왕이시여, 또 수비라 왕자는 그 아버지가 성을 내어 손발을 끊어서 우물 속에 넣은 것을 어머니가 가엾게 생각하고 사람을 시켜 건져내어 데리고 부처님 계신 데 갔더니, 부처님을 뵈올 적에 손과 발이 도로 구족하여 아뇩다라삼먁삼보리 마음을 내었나이다. 대왕이여, 부처님을 뵌 인연으로 현세의 과보를 얻었으니, 그러므로 부처님을 일컬어 위없는 의원이라 하오며, 외도의 6사와는 다릅니다.

대왕이여, 항하의 가에 아귀가 있으니 수효가 5백이오며, 한량없는 옛적부터 물은 보지 못하고, 비록 강가에 이르러도 흐르는 불만 보며, 기갈이 막심하여 부르짖어 통곡하였나이다. 그때에 여래께서 그 강 곁에 있는 우담바라 숲속에 앉았더니, 아귀들이 부처님 계신 데 와서 이렇게 여쭈었습니다.

'세존이시여, 저희들이 기갈이 심하여 죽을 날이 멀지 않았나이다.'

부처님께서 말씀하셨습니다.

'항하의 흐르는 물을 어찌하여 먹지 않느냐?'
아귀가 대답하였습니다.
'여래는 물로 보시나 우리는 불로 보이나이다.'
부처님께서 말씀하셨습니다.
'항하의 밝은 물은 불이 아니건만, 나쁜 업의 연고로 마음이 뒤바뀌어 불이라 하는 것이다. 나는 너희들로 하여금 뒤바뀐 마음을 없애고 물을 보게 하리라.'
이때에 세존이 아귀들을 위하여 간탐의 허물을 말씀하시니, 아귀들이 말하였습니다.
'우리는 갈증이 심하여 아무리 법문을 들어도 마음에 들어가지 않나이다.'
부처님께서 말씀하셨습니다.
'너희들이 목이 마르면 먼저 강에 들어가서 양껏 물을 마시라.'
아귀들은 부처님 법력으로 물을 먹게 되었고, 물을 먹은 뒤에 여래는 다시 가지가지 법문을 말씀하셨으며, 아귀들이 법문을 듣고는 모두 아뇩다라삼먁삼보리심을 내어 아귀의 형상을 벗고 하늘의 몸을 얻었나이다. 대왕이시여, 그러므로 부처님을 일컬어 위없는 의원이라 하오니, 외도의 6사와는 다릅니다.
대왕이시여, 사위성에 강도 5백 명이 있는 것을 바사닉왕이 그들의 눈을 뽑았더니, 눈이 없고 길잡이도 없어서 부처님 계신 데로 나아갈 수가 없었습니다. 부처님께서는 불쌍히 여기시고 도적들이 있는 데로 가셔서 이렇게 위로하셨습니다.

'선남자들이여, 몸과 입을 잘 수호하고 다시 나쁜짓을 하지 말라.'

그러자 도적들은 여래의 음성이 미묘하고 청아함을 듣고 곧 눈을 회복하여, 부처님 앞에 합장 예배하고 이렇게 여쭈었습니다.

'세존이시여, 저희들이 이제서야 부처님의 자비하신 마음이 모든 중생들에게 널리 덮이시었고 인간 천상만이 아닌 줄을 알았나이다.'

그때에 여래께서 법문을 말씀하시니, 그 법문을 듣고 모두 아뇩다라삼먁삼보리심을 내었으므로, 여래께서는 참으로 세간의 훌륭한 의원이시고, 외도의 6사와는 다릅니다.

대왕이시여, 또 사위성에 전다라가 있으니, 이름은 기허(氣嘘)입니다. 한량없는 사람을 죽였는데, 부처님의 제자 목건련을 보고는 즉시 지옥의 인연을 깨뜨리고 33천에 태어났으니, 이러한 성스러운 제자가 있으므로 부처님을 일컬어 위없는 의원이라 하오며, 외도의 6사와는 다릅니다.

대왕이시여, 바라내성에 한 장자의 아들이 있으니 이름은 아일다(阿逸多)라, 그 어미를 간통하고, 이 인연으로 아비를 죽였더니, 어미가 또 다른 사람과 정을 통하므로 아들이 알고는 또 어미를 죽였으며, 한 아라한이 있어 모든 일을 잘 알므로 그 아라한에게 부끄러운 마음을 내어 또 죽이고는 기타숲 절에 가서 출가하기를 원하였으나, 비구들은 이 사람이 세 가지 역죄 지은 줄을 알았으므로 허락하지 아니하였습니다. 허락하지 아니하므로 다시 성을 내어 그날 밤에 불을 놓아서 절을 불사르고 죄 없는 사람들을 많이 죽였습니다. 그런 뒤에 다시 왕사성으로 갔다가 부처님 계신 데 이르러 출가하기를 애걸하였더니, 여래가 허락하시고, 그에게 법을 말씀하여 그의 죄를 가볍게 하여주어, 아뇩다라삼먁삼보리심을 내었나이다. 그러므로 부처님을 일컬어 세상의 훌륭한 의원이라 하오며 6사와는 다릅니다.

  대왕이시여, 왕의 성품이 포악하여 나쁜 제바달다를 믿고 술 취한 코끼리를 놓아서 부처님을 밟게 하였으나, 코끼리가 부처님을 보고는 곧 술이 깨었고, 부처님이 손을 내밀어 머리를 만지면서 법문을 말씀하여, 그로 하여금 아뇩다라삼먁삼보리심을 내게 하였나이다. 대왕이시여, 축생도 부처님을 보고 축생의 업보를 벗어버렸거든 하물며 사람이겠습니까. 대왕이 만일 부처님을 뵈오면 무거운 죄악이 반드시 소멸될 것입니다.

  대왕이시여, 세존이 아뇩다라삼막삼보리를 얻지 못하였을 적에 마군이 한량없고 그지없는 권속들과 함께 보살의 계신 데 이르거늘, 보살이 그때에 인욕하는 힘으로 마군의 나쁜 마음을 깨뜨리고 마군으로 하여금 법을 받게 하였더니, 마침내 아뇩다라삼먁삼보리심을 내었습니다. 부처님께서는 이렇게 큰 공덕이 있나이다.

  대왕이시여, 들판에 귀신이 있어 중생들을 많이 해치는데,

여래께서는 그때 선현장자를 위하여 광야 촌에 가서 법을 말씀하셨는데, 들판에 귀신이 법을 듣고 환희하여 장자를 부처님께 드리고 문득 아뇩다라삼먁삼보리 마음을 내었나이다.

대왕이시여, 바라내국에 백정이 있으니 이름은 광액(廣額)이라, 날마다 한량없는 양을 죽이더니, 사리불을 만나서 8계를 받고는, 하루 낮 하룻밤을 지나고 그 인연으로 목숨이 마치고 북방천왕 비사문의 아들이 되었나이다. 여래의 제자도 이런 공덕의 과보가 있거든, 하물며 부처님이겠습니까.

대왕이시여, 북천축에 한 성이 있으니 이름이 세석(細石)이요, 그 성중에 임금이 있으니 이름은 용인(龍印)이라, 나라와 왕위를 탐내어 부왕을 살해하였고, 살해한 뒤에는 뉘우치는 마음을 내어 나라 정사를 버리고 부처님 계신 데 와서 출가하기를 애걸하였습니다. 부처님께서 '잘 왔도다[善來]' 하시니, 곧 비구를 이루어 중리가 소멸되고 아뇩다라삼먁삼보리 마음을 내었나이다. 대왕이시여, 부처님께서는 이렇게 한량없고 그지없는 공덕의 과보를 가지셨나이다.

대왕이시여, 여래의 동생 제바달다가 승가를 파괴하고 부처님 몸에 피를 내고 연화 비구니를 해하여 세 가지 역적죄를 지었으나, 여래가 가지가지 법을 말하여 그 중한 죄가 마침내 경미하여졌나이다. 그러므로 여래를 용한 의원이라 하며, 6사와는 다릅니다. 대왕이시여, 만일 신의 말을 믿으면 원컨대 빨리 여래께 가시고, 만일 믿지 않으시면 잘 생각하소서.

대왕이시여, 부처님 세존께서는 크게 가엾이 여김이 널리 덮이어 한 사람에 국한되지 아니하고, 바른 법이 크고 넓어 포섭하지 아니함이 없으며, 원수나 친한 이에 평등하여 미워하고 사랑하는 마음이 없으며, 한 사람에게만 아뇩다라삼먁삼보리를 얻게 하고 다른 이는 얻지 못하게 하지 아니하며, 여래는 사부대중의 스승이 되는 것만이 아니라, 온갖 천상·인간·용·귀신·지옥·축생·아귀들의 스승이 되는 터인즉, 모든 중생들도 부처님 뵙기를 부모처럼 하여야 하나이다.

대왕께서는 이런 줄을 아셔야 합니다. 여래는 호화롭고 부귀한 발제가왕(跋提迦王)만을 위하여 법을 말하는 것이 아니라, 미천한 우파리(憂波離) 등에게도 법을 말하며, 수달다아나빈지(須達多阿那邠坻)가 받드는 공양만 받는 것이 아니라, 가난한 수달다의 음식도 받으며, 사리불 같은 영리한 근기를 위하여서만 법을 말씀하는 것이 아니라, 근성이 둔한 주리반특(周梨槃特)에게도 법을 말하며, 대가섭(大迦葉)같이 탐심이 없는 사람이 출가하여 도를 구하는 것만을 허락하는 것이 아니라, 탐심이 많은 난타의 출가도 허락하며, 번뇌가 엷은 우루빈나가섭(優樓頻螺迦葉) 등의 출가하여 도를 구하는 것만을 허락하는 것이 아니라, 번뇌가 무겁고 중죄를 지은 바사닉왕의 동생 우타야(優陀耶)의 출가도 허락하여, 사초(裟草)로 공경하고 공양함으로써 그의 성내는 근성을 뽑고, 앙굴마라가 나쁜 마음으로 해하려는 것을 버려두고 구원하지 않는 것이 아니며, 지혜 있는 남자만을 위하여 법을 연설하는 것이 아니라, 아주 어리석은 이의 짝이 된 지혜 있는 여인을 위하여서도 법을 말하며,

출가한 사람으로 하여금 네 가지 도과(道果)를 얻게 하는 것만이 아니라, 집에 있는 이로 하여금 세 가지 도과를 얻게 하며, 부다라(富多羅) 등 바쁜 일을 버리고 한적하게 생각하는 이만을 위하여 법을 말하는 것이 아니라, 빈바사라왕(頻婆娑羅王) 등의 나라를 통치하고 정사를 살피는 이를 위하여서도 법을 말하나이다.

또 다만 술을 끊은 사람만을 위하는 것이 아니라, 술을 즐기는 욱가(郁伽) 장자의 만취한 이에게도 말하며, 선정에 들어 있는 리바다(離婆多)만을 위하는 것이 아니라, 아들이 죽어 상심하는 바라문의 딸인 바사타(娑私吒)를 위하여서도 말하며, 자기의 제자들만을 위하는 것이 아니라, 외도인 니건자(尼乾子)를 위하여서도 말하며, 다만 25세의 장년만을 위하는 것이 아니라, 80세의 늙은이들을 위하여서도 말하며, 선근(善根)이 성숙한 이들만 위하는 것이 아니라, 선근이 성숙하지 못한 이에게도 말하며, 말리(末利) 부인만을 위하는 것이 아니라, 음녀인 연화녀(蓮花女)를 위하여서도 말하며, 바사닉왕의 훌륭한 음식만을 받는 것이 아니라, 시리국다 장자의 나쁜 음식도 받나이다. 대왕이시여, 시리국다도 옛적에 역죄를 지었지만, 부처님을 만나서 법을 들었으므로 아뇩다라삼먁삼보리 마음을 내었나이다.

대왕이시여, 가령 한 달 동안을 의복과 음식으로 온갖 중생에게 항상 공양하고 공경하더라도, 어떤 사람이 잠깐 동안 염불하여 얻는 공덕의 16분의 1도 미치지 못하나이다. 대왕이시여, 가령 황금을 녹여 사람을 만들고 수레와 말에 보배를 실은 것 각각 백으로써 보시하더라도, 어떤 사람이 발심하고 부처님을 향하여 한 걸음을 옮긴 것만 같지 못하나이다. 대왕이시여, 가령 또 코끼리 수레 일백 채에 대진국(大秦國)의 가지가지 보물을 싣고, 여인의 몸에 차는 영락을 각각 일백 가지로 보시하더라도, 오히려 발심하고 부처님을 향하여 한 걸음을 옮긴 것만 못하나이다. 그것은 그만두고, 만일 네 가지 것[四事]으로 삼천대천세계에 있는 중생들에게 공양하더라도, 오히려 발심하고 부처님을 향하여 한 걸음을 걸은 것만 못하나이다. 또 그것은 그만두고, 만일 대왕이 항하의 모래처럼 한량없는 중생에게 공양·공경하더라도, 쌍으로 선 사라나무 사이에 가서 부처님 계신 데서 정성으로 법문을 듣는 것만 못하나이다."

이때에 임금은 기바(耆婆)에게 말하였다.

"여래 세존께서는 성품이 조화되셨으므로 조화된 이로 권속을 삼으시니 마치 전단숲에는 전단만으로 둘러 있는 듯하며, 여래께서 청정하시므로 그 권속들도 청정하니, 마치 용왕은 용으로만 권속을 삼은 듯하며, 여래께서 고요하시므로 권속들도 고요하며, 여래께서 탐욕이 없으시므로 권속들도 탐욕이 없으며, 부처님께서 번뇌가 없으시므로 권속들도 번뇌가 없는 것이거늘, 나는 지금 가장 나쁜 사람이어서 나쁜 업에 얽히고 몸이 더러워 지옥에 매였으니, 어떻게 부처님 계신 곳에 갈 수 있겠는가. 내가 설사 가더라도 돌아보지도 않으며, 상대하여 말씀도 하시지 않을까 싶소. 그대는 비록 나를 권하여 부처님 계신 곳에 가라고 하지만 나는 지금 몸이 더럽고 황송하여 갈 마음이 조금도 없구려."

그때에 허공에서 이런 말이 들렸다.

"위없는 부처님 법이 장차 쇠하려 하며, 깊고 깊은 법의 강물이 장차 마르려 하며 법의 등불이 오래잖아 꺼지려 하며, 법산이 무너지려 하며, 법 배가 잠기려 하며, 법의 다리가 끊어지려 하며, 법의 궁전이 파괴되려 하며, 법의 짐대가 거꾸러지려 하며, 법의 나무가 꺾어지려 하며, 선지식이 가시려 하며, 큰 공포가 장차 이를 것이며, 법에 굶주린 중생이 오래가지 못할 것이며, 번뇌의 괴질이 장차 유행할 것이며, 암흑시대가 닥칠 것이며, 법에 목마른 시기가 이를 것이며, 마왕은 경행하여 갑옷을 벗으며 부처님의 해는 열반의 산으로 넘어가려 합니다. 대왕이여, 부처님이 만일 세상을 떠나시면 왕의 중죄를 다스릴 이가 다시없을 것입니다. 대왕이 이미 아비지옥에 떨어질 극악한 죄업을 지었으니 그 죄업의 인연으로 지옥의 고통을 받을 것이 의심 없으리라.

대왕이여, 아는 없단 말이요 비는 사이란 말이니, 잠깐도 즐거울 사이가 없으므로 무간지옥(無間地獄)이라 하나이다. 대왕이여, 가령 한 사람이 혼자서 이 옥에 들어가도 몸이 8만 유순으로 커져서 그 속에 가득하여 빈틈이 없고 몸으로는 두루두루 가지각색 고통을 받으며, 설사 여러 사람이라도 몸이 가득 차서 서로 방해하지 않나이다. 대왕이여, 추운 지옥에서는 잠깐 동안 더운 바람을 만나서 즐거울 수도 있고, 더운 지옥에서는 잠깐 동안 찬바람을 만나서 즐거울 수가 있으며, 어떤 지옥에서는 설사 명이 끓어졌다가도 살아라 하는 소리를 들으면 문득 살아나지만, 아비지옥에는 그런 일이 아주 없나이다. 대왕이여, 아비지옥에는 사방에 문이 있고, 문 밖마다 맹렬한 불이 있어 동서남북으로 서로 통하였으며, 8만 유순 되는 무쇠 담이 둘려 있고 철망이 덮이었고 땅도 철로 되었으며, 위의 불이 아래로 사무치고 아래의 불이 위로 통하였으므로, 대왕이여, 번철 위에 놓인 물고기가 기름이 끓듯이, 지옥 속의 죄인도 그와 같나이다.

대왕이여, 한 가지 역죄를 지었으면 한 가지 죄를 이렇게 받고, 두 가지 역죄를 지었으면 두 갑절 죄를 받고, 5역죄를 모두 지었으면 다섯 갑절 죄를 받나이다. 대왕이여, 내가 알기에는 왕의 지은 악업이 반드시 면할 수 없으리니, 원컨대 대왕은 빨리 부처님 계신 데로 가시오. 부처님을 제하고는 구원할 이가 없으리다. 나는 왕을 딱하게 여겨서 이렇게 권하는 것이오."

이때에 대왕은 이 말을 듣고 두려운 마음을 품고 온몸이 떨리고 사지가 흔들리기 파초나무 같이 하면서 우러러 대답하였다.

"당신은 누구인데 형상은 드러내지 않고 소리만 들리는가?"

"대왕이여, 나는 왕의 아비인 빈바사라(頻婆娑羅)다. 왕은 마땅히 기바의 말을 따르고 여섯 신하의 잘못된 소견을 따르지 말라."

왕은 이 말을 듣고는 기절하여 땅에 쓰러지니 창병은 더욱 성하여 역한 냄새가 곱절이나 더하였으며, 냉한 약을 바르며 치료하였으나 창이 성하며 뜨거운 독이 더하기만 하고 덜하지 아니하였다.

대반열반경 제18권

20. 청정한 행[梵行品] ⑤

그때에 세존이 쌍으로 선 사라나무 사이에서 아사세가 기절하여 땅에 쓰러짐을 보고 대중에게 말씀하셨다.

"내가 이 임금을 위하여 한량없는 겁 동안 세상에 있으면서 열반에 들지 아니하리라."

가섭보살이 부처님께 여쭈었다.

"세존이시여, 여래께서 마땅히 한량없는 중생을 위하여 열반에 들지 않으실 터인데, 어찌하여 아사세왕만을 위한다 하시나이까?"

"선남자야, 이 대중에는 한 사람도 내가 끝까지 열반에 들리라고 생각하는 이가 없지만, 오직 아사세왕이 내가 끝까지 열반에 들리라하여 기절하고 땅에 쓰러졌느니라. 선남자야, 내가 말한 바 아사세를 위하여 열반에 들지 않는다는 것은 비밀한 뜻이어서 그대들은 알지 못하리라. 왜냐하면 나의 말에 위한다 함은 온갖 범부요, 아사세라 함은 5역죄를 지은 모든 사람들이니라. 또 위한다는 것은 모든 함이 있는 중생이니, 나는 언제나 함이 없는 중생을 위해서는 세상에 머물지 않느니라. 왜냐하면 함이 없는 이는 중생이 아니며, 아사세라 함은 번뇌를 구족한 것이니라. 또 위한다 함은 불성을 보지 못하는 중생이니라. 만일 불성을 보았다면 나는 오래도록 세상에 머물지 아니하리니, 왜냐하면 불성을 본 이는 중생이 아니며, 아사세라 함은 아뇩다라삼먁삼보리 마음을 내지 못한 온갖 중생들이니라.

또 위한다 함은 아난과 가섭 두 대중이요, 아사세라 함은 아사세왕의 후궁에 있는 후비들과 왕시성의 모든 여인들이니라. 또 위한다 함은 이름이 불성이요, 아사는 나지 않음이요, 세는 원수니 불성이 나지 않았으므로 번뇌인 원수가 생겼고, 번뇌인 원수가 생겼으므로 불성을 보지 못하는데, 번뇌가 생기지 아니하면 불성을 볼 것이며, 불성을 보았으므로 대반열반에 편안하게 머물 것이니, 그러므로 나지 않았다 이름하며, 그러므로 아사세라 이름하느니라. 선남자야, 아사는 나지 않았다는 것이요, 나지 않은 것은 열반이며, 세는 세상법이요, 위한다 함은 더럽히지 않음이니, 세상의 여덟 가지 법으로는 더럽힐 수 없는 것이므로, 한량없고 그지없는 아승기겁에 열반에 들지 아니하나니, 그러므로 내가 말하기를 '아사세를 위하여 한량없는 억겁을 열반에 들지 않는다' 하였느니라.

선남자야, 여래의 비밀한 말이 불가사의며, 부처님·교법·승가도 불가사의며, 보살마하살도 불가사의며, 대반열반경도 불가사의니라."

이때에 자비하신 세존 도사(導師)께서 아사세왕을 위하여 월애(月愛)삼매에 드시고, 삼매에 들고는 큰 광명을 놓으니, 그 광명이 청량하여 왕의 몸에 비치매 대풍창병이 즉시 나았고, 답답하고 뜨거운 증세가 스러지고 말았다.

왕은 병이 나았고 몸이 시원함을 느끼면서 기바에게 말하였다.

'내가 들으니 겁말(劫末)에는 달 셋이 한꺼번에 나타나고, 이 때에는 모든 중생의 근심과 고통이 없어진다 하더니, 아직 그 때가 되지 않았는데, 이 광명이 어디서 와서 나의 몸에 비치며, 창병의 고통이 나아져서 몸이 편안하여지는가."

기바는 대답하였다.

"이것은 겁이 다하여 달 셋이 한꺼번에 비친 것도 아니고, 불해[火日]나 별이나 약초나 보배 구슬이나 하늘빛도 아닙니다."

"이 광명이 달 셋이 한꺼번에 비치는 것도, 보배 구슬의 광명도 아니하면 누구의 광명인가?"

"대왕이시여, 이것은 하늘 중의 하늘이 놓는 광명이니, 이 광병은 근본이 없고 가가 없어서, 더운 것도 아니고 찬 것도 아니며, 항상함도 아니고 없어짐도 아니며, 빛도 아니고 빛 없는 것도 아니며, 모양도 아니고 모양 없는 것도 아니며, 푸른 것도 아니고 누른 것도 아니며 붉은 것도 아니고 흰 것도 아니지만, 중생을 구제하기 위하여 모양이 있어 볼 수 있으며, 근본이 있고 가가 있고 덥고 차고 푸르고 누르고 붉고 희어서 말할 수 있나이다. 대왕이시여, 이 광명이 비록 그러하나, 진실로 말할 수 없고 볼 수 없으며, 나아가 푸르고 누르고 붉음이 없나이다."

"기바여, 그 하늘 중의 하늘이 무슨 인연으로 이 광명을 놓으시는가?"

"이 상서는 대왕을 위한 것이니, 대왕이 먼저 말씀하시기를 '이 세상에는 몸과 마음을 치료할 용한 의원이 없다' 하셨으므로 이 광명을 놓아서 먼저 왕의 몸을 다스리고, 그런 뒤에 마음을 다스리나이다."

"기바여, 여래 세존께서 나를 생각하시는가?"

"어떤 사람이 아들 일곱을 두었는데, 그 가운데 한 아들이 병이 났다고 한다면, 부모의 마음은 평등하건만 병난 아들에게 마음이 치우치게 되는 것이오니, 대왕이시여, 여래도 그와 같아서 여러 중생에게 평등하지 않음이 없건만, 죄 있는 이에게 마음이 치우치게 되는 것이오매, 방일한 이는 부처님께서 자비로 염려하시고, 방일하지 않는 이는 마음을 놓는 것이오니, 방일하지 않는 이는 6주(住) 보살이나이다.

대왕이시여, 부처님 세존께서는 중생들에 대하여 문벌이나 늙고 젊음이나 빈부나 시절이나 해나 달이나 별이나 공교롭거나 미천하거나 하인이나 종이 나를 보는 것이 아니고 선심 있는 중생만을 보시며, 선심이 있으면 문득 자비하게 생각하시나이다. 대왕이시여, 이 상서는 여래께서 월애삼매에 들어서 놓으시는 삼매인 줄로 아십시오."

"어떠한 것을 월애삼매라 하는가?"

"마치 달빛이 모든 우발라꽃을 곱게 피게 하듯이, 월애삼매도 그와 같아서 중생들로 하여금 선한 마음을 피게 하므로 월애삼매라 하나이다. 대왕이시여, 마치 달빛이 모든 길가는 사람들의 마음을 기쁘게 하듯이, 월애삼매도 그와 같아서 열반의 길을 닦아 익히는 이의 마음을 기쁘게 하므로 월애삼매라 하나이다. 대왕이시여, 마치 달빛이 초하루부터 보름까지 형상과 빛이 점점 늘어나나니, 월애삼매도 그와 같아서 처음 마음을 낸 이로 하여금 선한 근본이 점점 늘게 하며, 나아가 대반열반을 구족케 하므로 월애삼매라 하나이다. 대왕이시여, 마치 달빛이 16일부터 그믐까지 형상과 빛이 점점 덜어 지나니, 월애삼매도 그와 같아서 빛이 비치는 곳마다 모든 번뇌를 점점 덜어지게 하나니, 그러므로 월애삼매라 하나이다. 대왕이시여, 한창 무더울 때에 모든 중생이 항상 달빛을 생각하고 달빛이 비치면 찌는 듯하던 더위가 감하여지듯이 월애삼매도 그와 같아서 중생들의 탐욕과 번뇌의 더위를 덜어지게 하나이다. 대왕이시여, 마치 보름달이 여러 별들 중에 왕이며 감로맛이 되어 모든 중생의 사랑을 받듯이, 월애삼매도 그와 같아서 여러 선한 일 중의 왕이며, 감로맛이 되어 모든 중생의 즐거움이 되나니, 그러므로 월애삼매라 하나이다."

"기바여, 내가 들으니, 여래께서는 바쁜 사람과 함께 앉지도 서있지도 일어나지도 말도 의논도 하지 아니함이, 마치 바다가 송장을 묵히지 아니하고, 원앙이 뒷간에 머물지 아니하고, 제석천왕이 귀신과 함께 있지 아니하고, 구시라새가 죽은 나무에 깃들지 않는 것 같아서, 여래께서도 그러하다 하나니, 내가 어떻게 가서 뵈오며, 설사 뵈온들 내 몸이 장차 땅속으로 들어가지 않겠는가. 내가 보건대 여래께서 차라리 술 취한 코끼리·사자·호랑이나 맹렬한 불꽃을 가까이할지언정 막중한 죄업을 지은사람과는 가까이하지 아니하리라 하였소. 그러므로 나는 이런 생각을 하였으니 무슨 마음으로 여래를 가서 뵙겠는가?"

"대왕이시여, 마치 목마른 사람은 샘으로 가고, 굶주린 이는 밥을 찾고, 두려워하는 이는 구원을 청하고, 병난 이는 약을 구하고, 더위에 지친 이는 서늘한 그늘을 구하고, 추워 떠는 이는 불을 구하나니, 대왕이 지금 부처님을 찾으심도 그와 같이 하여야 하나이다. 대왕이시여, 여래는 일천제 따위를 위하여서도 법을 연설하시거늘, 하물며 대왕은 일천제가 아니온즉 마땅히 자비로 구제하심을 받을 것입니다."

"기바여, 예전에 내가 들으니 일천제는 믿지도 않고 듣지도 못하고 관찰하지도 못하고 이치도 얻지 못한다하던데, 어찌하여 여래께서 그에게 법을 말씀하시는가?"

"대왕이시여, 어떤 사람이 중병이 들렸는데, 밤에 꿈을 꾸니, 기둥이 하나만 세워진 전당에 올라가서 생소와 기름을 먹기도 하고 몸에 바르기도 하였으며, 재에 눕고 재를 먹기도 하고 마른 나무에 오르기도 하였으며, 혹은 원숭이와 함께 다니고 앉고 눕기도 하고, 물에 잠기고 진흙에 빠지기도 하며. 누각과 높은 산과 나무와 코끼리와 말과 소와 양 따위에서 떨어지기도 하고, 몸에 푸르고 누르고 붉고 검은 옷을 입고 웃으며 노래하고 춤추기도 하며, 혹은 까마귀·독수리·여우·살쾡이 따위를 보기도 하고, 이가 빠지고 머리카락이 떨어지며, 벗은 몸에 개[狗]를 베고 더러운 가운데 누워 보기도 하며, 또 죽은 사람과 함께 가고 서고 맞고 일어나면서 손을 잡고 음식을 먹기도 하며, 독사가 가득한 길로 걸어가기도 하며, 또 혹은 머리를 풀어헤친 여인과 서로 껴안기도 하고, 다라나무 잎으로 옷을 만들기도 하며, 부서진 나귀 수레를 타고 남방으로 가기도 하였나이다. 이 사람이 이런 꿈을 꾸고는 마음으로 수심하며, 수심한 까닭으로 병이 더하였고, 병이 더한 까닭으로 집안 친속들이 사람을 보내어 의원을 청하였습니다.

심부름 간 사람이 키가 작고 불구자로서 머리에는 먼지를 쓰고, 헌옷을 입고 낡고 깨어진 수레를 타고 가서 의원을 보고 빨리 수레를 타라고 청하였습니다. 이때에 의원이 생각하기를 '심부름 온 사람의 모양이 불길하니 환자의 병을 고치기 어려우리라' 하였고, 다시 생각하기를 '심부름꾼은 비록 불길하지만, 다시 날짜를 점쳐서 병을 다스릴 수 있는가 보리라. 4일, 6일, 8일, 12일, 14일과 같은 이런 날에는 병을 치료하기가 어렵겠구나' 하였습니다.

또 생각하기를 '날짜는 비록 불길하나, 다시 별로 점을 쳐서 치료할 수 있는가 보리라. 만일 화성, 금성, 묘성(昴星)·염라왕성·습성(濕星)·만성(滿星) 이런 별들을 본다면 병을 고치기 어려우리라' 하였습니다. 또 이렇게 생각하였습니다. '별점은 비록 불길하나 다시 때를 살펴보리라. 만일 가을이나 겨울이나 해가 질 때나 한밤중이나 달이 질 때면 이 병이 고치기 어려울 것이다'. 또 생각하기를 '이렇게 여러 가지가 모두 불길하거니와 혹 그럴 수도 있고 그렇지 않을 수도 있으리니, 마땅히 병인을 보아야 할 것이다. 병인이 만일 복덕이 있으면 다스릴 수 있을 것이요, 복덕이 없다면 비록 길한들 무슨 이익이 있으리요' 하였습니다.

이렇게 생각하고는 심부름꾼과 함께 길을 떠났습니다. 길에서 다시 생각하기를 '저 병인이 장수할 상이면 치료할 수 있을 것이요, 단명할 상이면 치료할 수 없으리라' 하였는데, 앞길에서 두 아이가 서로 붙들고 싸우면서 머리를 쥐어뜯고 머리카락을 뽑고 기왓장과 돌과 칼과 작대기로 때리는 것을 보았으며, 어떤 사람이 불을 들고 가던 것이 저절로 꺼지기도 하고, 어떤 사람은 나무를 찍고, 어떤 사람이 가죽을 끌고 길을 따라가는 것을 보았으며, 혹은 길에 떨어진 물건을 보며, 어떤 사람은 빈 그릇을 들었고, 혹은 사문이 혼자 가는 것을 보며, 혹은 범·이리·까마귀·독수리·여우를 보기도 하였습니다. 이런 것들을 보고는 또 생각하기를, '심부름꾼이나 길에서 보는 것이 모두 상서롭지 못하니 이 병인은 결정코 치료하기 어려울 것이다' 하였으며, 다시 생각하기를, '내가 만일 가지 않으면 용한 의원이 아니요, 만일 가더라도 치료할 수는 없을 것이다' 하고, 또 생각하되, '이렇게 여러 가지가 상서롭지 못하지만 우선 그냥 두고 병인에게 가 보리라' 하였습니다.

이러한 생각을 하는 때에 앞에서 이런 소리가 들렸습니다.

'없어졌다, 죽었다, 무너졌다, 꺾어졌다, 깎아버렸다, 떨어졌다, 타버렸다, 오지 말라, 치료할 수 없다, 구제할 수 없다.'

또 남쪽에서 짐승의 소리가 들리니, 까마귀·독수리·사리새[舍利鳥]의 소리와 개·쥐·여우·멧돼지·토끼의 소리였습니다.

이런 소리를 듣고는 병인은 진실로 치료하기 어려우리라 하고 생각하였습니다. 그리고 병인이 있는 집에 들어가서 병인을 관찰하니, 찼다 더웠다가 하고, 관절이 아프고 눈이 붉고 눈물이 흐르고 귀 우는 소리[耳聲]가 밖에까지 들리며, 목구멍이 아프고 혓바닥이 터져 그 빛이 검고, 머리를 바로 들지 못하고, 몸은 말라서 땀이 나지 않고, 대소변이 막혀서 통하지 못하며, 몸이 갑자기 비대하여 뻘겋고 이상하며, 말이 고르지 못하여 컸다 작았다 하고 온몸이 얼룩얼룩하여 푸르고 붉고 하며, 배가 부었고 말이 분명치 못하였습니다.

의원은 병세를 살피고는 간병하는 이에게 '병인의 정신상태가 요사이에 어떠하냐'고 물었더니, 그의 대답은 '이 사람이 본래는 삼보와 하늘을 믿고 존경하더니, 지금은 변하여 공경하고 믿는 마음이 없으며, 본래는 보시하기를 좋아하더니 지금은 인색하며, 본래는 밥을 적게 먹더니 지금은 많이 먹으며, 본래는 성품이 폐악(敝惡)하더니 지금은 온화하고 선하며, 본래는 성품이 인자하여 부모에게 공경하더니 지금은 부모에게 공경하는 마음이 없나이다' 하였습니다.

의원이 이 말을 듣고는 병자에게 가까이 가서 맡아보니, 우발라향(優鉢羅香), 침수향(流水香), 필가다향(畢迦多香), 다가라향(多伽羅香), 다마라발향(多摩羅跋香), 울금향(鬱金香), 전단향(栴檀香)과 고기 굽는 냄새, 포도주 냄새, 배 타는 냄새, 생선 냄새, 똥 냄새가 났습니다.

향내와 구린내를 알고는 또 몸을 만져보았더니 보드랍기는 비단이나 목화와 같았고, 굳기는 돌과 같고, 얼음처럼 차기도 하고, 불처럼 뜨겁기도 하고, 모래처럼 깔깔하기도 하였습니다. 의원은 이러한 가지가지 형편을 보고 병자가 반드시 죽을 것을 알았지만, 꼭 죽는다는 말을 하지 않고, 간병하는 사람에게 말하기를 '오늘은 바쁜 일이 있어서 갔다가 내일 다시 올 터이니, 병인이 찾는 대로 무엇이나 주라'고 하고는 집으로 돌아갔습니다. 이튿날 심부름꾼이 또 의사에게 갔으나, 의사의 말은 '나의 볼일이 아직 끝나지 못하였고 약도 마련하지 못하였노라' 하였습니다. 이만하면 지혜 있는 이는 병자가 반드시 죽을 줄을 알 것입니다. 대왕이시여, 세존께서도 그러하여 일천제들의 근성을 잘 알아서 법을 말씀하시나이다. 왜냐하면 만일 그를 위하여 말하지 아니하면, 범부들은 말하기를 '여래가 자비한 마음이 없도다. 자비한 마음이 있으면 온갖 지혜를 가진 이라 하련만, 자비한 마음이 없다면 무엇으로 온갖 지혜를 가진 이라 말하랴' 할 것이므로, 여래께서는 일천제를 위하여서 법을 연설하시나이다. 대왕이시여, 여래 세존께서는 병자를 보는 대로 늘 법약을 주시건만 병자가 먹지 않는 것은 여래의 허물이 아닙니다.

대왕이시여, 일천제를 분별하면 두 가지가 있으니, 하나는 현재의 선근을 얻을 이요, 하나는 후세의 선근을 얻을 이입니다. 여래께서는 일천제들을 잘 아시어서 현재에 선근을 얻을 이에게는 법을 말씀하시고, 후세에 얻을 이에게도 법을 말씀하시나니, 지금에 이익이 없어도 후세의 인을 짓기 위하시므로 여래께서는 일천제에게도 법을 말씀하시나이다. 일천제는 또 두 가지가 있으니, 하나는 영리한 이요 하나는 중품 근성입니다. 영리한 사람은 현재에 선근을 얻을 것이요, 중품 사람은 후세에 얻을 터이므로 부처님의 설법이 헛되지 않나이다. 대왕이시여, 어떤 깨끗한 사람이 뒷간에 빠진 것을 선지식이 보고는 딱하게 여기어 나아가 머리카락을 붙들고 끌어내나니, 부처님 여래께서도 그와 같아서, 중생들이 3악도에 떨어짐을 보고는 방편으로 구제하여 벗어나게 하나니, 그러므로 여래는 일천제를 위하여서도 법을 연설하나이다."

"기바여, 여래가 참으로 그러하시다면 길한 날을 택하여 가서 뵈오리라."

"대왕이시여, 여래의 법에는 길한 날을 택하는 일이 없나이다. 대왕이시여, 마치 중병에 걸린 사람은 날을 보고 길흉을 가리지 못하고 용한 의원을 구할 뿐이니, 대왕은 지금 병이 중하시니, 부처님 의원을 구하실 뿐이고, 좋은 날을 택하실 것 아닌가 하나이다. 대왕이시여, 전단나무에 타는 불이나 이란(荈蘭)에 타는 불이 타기는 마찬가지니, 길한 날 흉한 날도 그와 같아서 부처님께 가시기만 하면 죄를 멸할 것이오니, 바라옵건대 대왕은 오늘 곧 가십시오.”

이때에 대왕은 길상이란 신하에게 말씀하였다.

“경은 내가 지금 부처님 계신 데 가려 하니, 공양하기에 필요한 물건들을 마련하라.”

길상이 여쭈었다.

“대왕이시여, 좋습니다. 필요한 공양거리가 모두 준비되었나이다.”

아사세왕이 부인과 더불어 타고 가는 수레가 1만 2천이요 살찌고 건장한 코끼리가 5만이니, 코끼리마다 세 사람씩 타고, 가지고 가는 깃발·일산·꽃·향·풍류 여러 가지 공양거리가 모두 구족하였고, 따라가는 인마들이 18만이요, 마가다국 백성들로 왕을 따라가는 이가 58만이었다. 이때에 구시나성에 있는 대중이 12유순에 가득하여, 아사세왕과 그 권속들이 길을 찾아오는 것을 멀리서 보고 있었다.

이때에 부처님께서는 대중에게 이렇게 말씀하셨다.

“모든 중생에게 아뇩다라삼먁삼보리에 가까운 인연이 될 것은 착한 벗이 제일이니라. 왜냐하면 아사세왕이 만일 기바의 말을 따르지 아니하였더라면 내달 7일에는 목숨이 마치어 아비지옥에 떨어질 뻔하였느니라. 그러므로 가까운 인연은 착한 벗이 제일이라 하느니라.”

아사세왕은 앞으로 나아가면서 사바제의 비유리왕은 배를 타고 바다에 들어갔다가 화재를 만나 죽었다 하고, 구가리 비구는 산 채로 땅에 들어가 아비지옥에 갔다 하고, 수나찰다는 가지가지 나쁜짓을 하고는 부처님 계신 데 가서 모든 죄가 소멸되었다고 하는 말을 들었다. 그러고는 기바에게 말하였다.

"내가 지금 이런 두 가지 이야기를 들었으나 결정할 수 없으니, 경은 와서 나와 함께 한 코끼리를 탑시다. 내가 만일 아비지옥에 들어가게 되거든, 경이 나를 붙들어 떨어지지 않게 하시오. 왜냐하면 내가 들으니 도를 얻은 사람은 지옥에 들어가지 않는다 하오."

이때에 부처님께서는 대중에게 말씀하셨다.

"아사세왕이 지금 의심이 있으니 내가 이제 그를 위하여 결정한 마음을 가지게 하리라."

그때에 모인 가운데 한 보살이 있으니 이름은 지일체(持一切)라 하는데, 부처님께 이렇게 여쭈었다.

"세존이시여, 부처님께서 먼저 말씀하시기를 모든 법이 일정한 모습이 없나니, 빛도 일정한 모습이 없고 나아가 열반도 일정한 모습이 없다 하셨는데, 지금 여래께서 어찌하여 아사세왕을 위하여 결정한 마음을 가지게 한다 하시나이까?"

부처님께서 말씀하셨다.

"좋은 말이다. 선남자야, 내가 이제 결정코 아사세왕에게 결정한 마음을 가지게 하리라. 왜냐하면 만일 왕의 의심을 깨뜨린다면 모든 법이 일정한 모습이 없는 줄을 알 것이다. 그러므로 내가 아사세왕을 위하여 결정한 마음을 가지게 하리니, 이 마음이란 일정함이 없는 줄을 알지니라. 선남자야, 만일 저 왕의 마음이 일정하다면 왕의 역죄를 어떻게 벗게 하리요만, 일정한 모습이 없으므로 그 죄를 파괴할 수 있느니라. 그러므로 내가 아사세왕을 위하여 결정한 마을을 가지게 한다는 것이니라."

이때에 대왕은 쌍으로 선 사라나무 사이에 이르러 부처님 계신 데 나아가 여래를 뵈오니, 32상과 80종호가 마치·미묘한 황금산 같았다.

이때에 세존께서 여덟 가지 음성으로 '대왕이여!' 하셨다. 아사세왕은 좌우로 돌아보면서, 이 대중에 누가 대왕인가. 나는 이미 역적죄를 지었고, 또 복덕도 없으니 여래께서 나를 대왕이라고 부르지는 아니하리라고 생각하였다. 이때에 여래께서는 '아사세대왕!' 하고 다시 불렀다. 이 말을 왕이 듣고는 마음이 즐거워서 이렇게 생각하였다.

'여래께서 오늘날 인자하게 돌아보아 말씀하시니, 여래의 중생에게 대하여 대비로 가엾이 여기심이 차별이 없음을 알겠도다.'

그리고는 부처님께 여쭈었다.

"세존이시여, 저는 이제 의심이 아주 없어졌으니, 여래는 참으로 중생의 위없는 대사(大師)이심을 알겠나이다."

이때에 가섭보살은 지일체보살(持一切菩薩)에게 말하였다.

"여래께서는 벌써 아사세왕을 위하여 결정한 마음을 가지게 하였나이다."

아사세왕은 부처님께 여쭈었다.

"세존이시여, 가령 내가 범천왕이나 제석천왕과 함께 앉고 일어나고 먹고 하더라도 오히려 기쁠 것이 아니지만 여래께서 한 말씀으로 인자하게 말씀하심을 들은 매우 기쁘고 경사스럽나이다."

그리고 아사세왕은 가지고 왔던 깃발·일산·향·꽃·풍류로 공양하고, 부처님 앞에 나아가 발에 예배하고 오른쪽으로 세 번을 돌고는 한쪽에 물러나 앉았다.

부처님께서는 아사세왕에게 말씀하셨다.

"대왕이여, 이제 대왕을 위하여 바른 법을 말하리니 일심으로 자세히 들어라. 범부들이 마땅히 마음을 가다듬고 몸을 살펴보는 데 스무 가지가 있으니, 첫 번째는 나의 이 몸에는 공하여 무루가 없고, 두 번째는 선근의 근본이 없고, 세 번째는 나의 생사는 아직 조복되지 못하였고, 네 번째는 깊은 구렁에 빠져서 간 데마다 두렵고, 다섯 번째는 무슨 방편으로 불성을 보게 되겠는가. 여섯 번째는 어떻게 선정을 닦아야 불성을 볼 수 있을까. 일곱 번째는 생사가 늘 괴로워서 항상함과 나와 깨끗함이 없고, 여덟 번째는 8난(難)의 액난은 여의기 어렵고, 아홉 번째는 항상 원수가 따라다니고, 열 번째는 한 가지 법도 유(有)를 막을 수 없고, 열한 번째는 3악도에서 벗어나지 못하고, 열두 번째는 가지가지 나쁜 소견을 구족하고, 열세 번째는 5역죄의 나루를 건너갈 일을 마련하지 못하였고, 열네 번째는 나고 죽는 일이 그지없는데 그 끝을 얻지 못하고, 열다섯 번째는 업을 짓지 않고는 과보를 얻을 수 없고. 열여섯 번째는 내가 짓고 다른 이가 과보를 받을 수 없고, 열일곱 번째는 즐거운 인을 짓지 못하였으니 즐거운 과보가 없고, 열여덟 번째는 업을 지었으면 과보가 없어지지 않고, 열아홉 번째는 무명으로 인하여 났으니 무명으로 인하여 죽을 것이요. 스무 번째는 과거와 미래와 현재에 항상 방일을 행함이니라.

　대왕이여, 범부들은 이 몸에 대하여 항상 이렇게 스무 가지 관찰을 하여야 하며, 이러한 관찰을 하게 되면 생사를 좋아하지 아니할 것이요, 생사를 좋아하지 아니하면 지(止)와 관(觀)을 얻을 것이니, 그때에는 차례차례 마음의 나는 모양, 머무는 모양, 없어지는 모양을 관찰하며, 차례차례 마음의 나고 머물고 없어지는 모양을 관찰하면 선정·지혜·정진·계율도 그와 같이 하며, 나고 머물고 없어지는 모양을 관찰하면, 마음의 모양과 나아가 계율의 모양을 알아서 마침내 나쁜 것을 하지 아니하며, 죽는 두려움과 3악도의 두려움이 없으리라. 만일 마음을 가다듬어 이 스무 가지를 관찰하지 아니하면 마음이 방일하여 온갖 나쁜짓을 하게 되리라."

　아사세왕이 여쭈었다.

　"제가 부처님의 말씀하신 이치를 이해하기로는 저는 애초부터 이런 스무 가지 일을 관찰하지 못하여서 여러 가지 나쁜짓을 지었으며, 나쁜짓을 많이 지었으므로, 죽음의 두려움과 3악도의 두려움이 있나이다. 세존이시여, 저는 재앙을 받으려고 중대한 죄악을 지어 아무 허물없는 부왕을 역해하였으니, 이런 스무 가지를 관찰하거나 않거나 간에 결정코 아비지옥에 떨어질 것입니다."

"대왕이여, 온갖 법의 성품과 모양이 항상하지 아니하여 결정한 것이 없는 것이거늘, 왕은 어찌하여 결정코 아비지옥에 떨어지리라 하는가."

"세존이시여, 만일 모든 법이 일정한 모양이 없다면 나의 살생한 죄도 결정적이 아닐 것이고, 만일 살생한 죄가 결정적이라면, 모든 법도 결정이 아니라 할 수 없을 것입니다."

"대왕이여, 좋은 말이오. 여러 부처님 세존께서는 '모든 법이 일정한 모양이 없다' 하였는데, 왕도 살생이 결정적이 아니라고 아시니, 그러므로 살생이 일정한 모양이 없음을 알 것이오. 대왕이여, 왕의 말이 허물이 없는 부왕을 억울하게 역해하였다 하는데 무엇을 아버지라 하는가. 이름만 빌린[假名] 중생의 5음에 대하여 허망하게 아버지란 생각을 내는 것이오. 12입이나 18계 가운데서 무엇을 아버지라 하겠는가. 만일 색음이 아버지라면 다른 4음은 아버지가 아닐 것이고, 만일 4음이 아버지라면 색음은 아버지가 아닐 것이며, 만일 색음과 색음 아닌 것이 화합하여 아버지가 되었다 하여도 그럴 이치가 없으니, 왜냐하면 색음과 색음 아닌 것은 성질이 화합할 수 없는 까닭이오.

대왕이여, 범부 중생들이 색음에 대하여 아버지란 생각을 낸다 하여도 이러한 색음을 해할 수도 없나니, 왜냐하면 색에를 열 가지가 있거니와 이 열 가지 중에서 색진(色塵) 한 가지만을 볼 수 있고 잡고 저울질하고 헤아리고 끌고 속박할 수 있소. 비록 보고 속박할 수 있더라도 그 성품이 머물지 아니하나니, 머물지 아니하므로 볼 수 없고 잡을 수 없고 측량할 수 없고 끌고 속박할 수 없는 것이오. 색의 모양이 이러하거늘, 어떻게 살해할 수 있겠소. 만일 색진인 아버지를 살해하여서 죄보를 얻는다면, 다른 아홉 가지는 아버지가 아닐 것이고, 그 아홉 가지는 아버지가 아니라면, 살해하더라도 죄가 없을 것 아니겠소. 대왕이여, 색에 세 가지가 있으니 과거와 미래와 현재요. 과거와 현재는 살해할 수 없나니, 왜냐하면 과거는 지나간 연고며 현재는 찰나찰나 멸하는 연고요, 미래의 색은 계속하지 못하게 하므로 죽인다 하는 것인즉, 같은 색에도 어떤 것은 죽일 수 있고 어떤 것은 죽일 수 없소.

　죽일 수 있는 것과 죽일 수 없는 것이 있다면 색이 일정하지 않은 것이고, 색이 만일 일정하지 않다면 죽이는 것도 일정하지 않을 것이니, 죽이는 일이 일정하지 않으면 과보 받는 것도 일정하지 않을 것이거늘, 어찌하여 결정코 지옥에 들어가리라 말하는가.

　대왕이여, 모든 중생의 짓는 죄업에 두 가지가 있으니, 하나는 가벼운 죄고, 하나는 중대한 죄요. 만일 마음과 입으로만 지은 것은 가벼운 죄요, 몸과 입과 마음으로 지은 것은 중한 죄라 하는 것이오. 대왕이여, 마음으로 생각하고 입으로 말을 하였으나 몸으로 짓지 아니하였으면 받는 보가 가벼운 것이오. 대왕이 예전에 입으로 죽이라고 말하지 아니하고, 발을 끊으라 하였을 뿐이오. 대왕이 만일 신하에게 명령하여 '섰을 적에 부왕의 머리를 베라' 한 것을 앉았을 적에 베었더라도 죄가 되지 아니할 것인데, 하물며 왕은 베라고 말하지 아니하였으니 무슨 죄를 얻겠소. 왕이 만일 죄를 얻는다면 부처님 세존도 죄를 얻어야 하리니, 왜냐하면 왕의 부왕인 빈바사라왕이 일찍부터 여러 부처님께 선근을 심은 까닭으로 금생에 임금이 되었나니, 부처님들이 만일 그의 공양을 받지 않았더라면 임금이 되지 못하였을 것이오. 만일 임금이 되지 아니하였으면 대왕이 나라를 위하여 살해하지 않았을 터이오. 그러니까 왕이 아버지를 살해하여 죄가 있다면 우리 부처님들도 죄가 있을 것이고, 만일 부처 세존이 죄가 없다면 어찌하여 대왕만이 죄를 얻게 된다는 말이오.

대왕이여, 빈바사라왕도 과거에 나쁜 마음이 있었소. 비부라산에서 사냥할 적에 넓은 들을 두루 다녔으나 짐승을 잡지 못하였고, 오직 5신통을 얻은 신선이 있는 것을 보았소. 보고는 나쁜 마음으로 성을 내어 '내가 사냥하는데 한 마리도 잡지 못한 것은 이 사람이 모두 쫓아보낸 탓이라' 하고, 시중들에게 명령하여 죽이라 하였소. 그 사람이 죽을 적에 원망하는 마음을 내었으므로 신통을 잃어버리고 맹세하기를 '나는 아무 죄도 없건만 네가 마음과 입으로 억울하게 나를 죽이니, 나도 오는 세상에 그와 같이 마음과 입으로 너를 죽이리라' 하였소.

그때에 빈바사라왕은 그 말을 듣고 뉘우치는 마음을 내어 죽은 송장에게 공양하였소. 그 왕은 그러하여 과보를 가볍게 받고 지옥에는 떨어지지 아니하였는데, 대왕은 죽이라고도 하지 아니하였거늘, 어찌 지옥에서 과보를 받겠소. 선왕은 자기가 지은 업으로 자기가 받은 것이거늘 대왕이 어찌하여 살생죄를 받게 되겠소. 대왕은 부왕이 허물이 없다 하거니와 어찌 허물이 없다 하겠는가. 죄가 있으면 죄의 갚음이 있고, 나쁜 업이 없으면 죄의 갚음이 없는 법이오. 왕의 부왕이 만일 허물이 없었으면, 왜 죄의 갚음이 있었겠소. 빈바사라왕은 현세에도 선한 과보를 얻고 나쁜 과보도 얻었소. 그러므로 선왕도 일정하지 않았으니, 일정하지 않았으므로 살해함도 일정하지 않았으며, 살해함이 일정하지 않았거늘, 어찌하여 결정코 지옥에 들어간다고 말하겠소.

　대왕이여, 중생이 미치는 데는 네 가지가 있으니, 하나는 탐심으로 미치는 것이고, 둘은 약으로 미치는 것이고, 셋은 주문으로 미치는 것이고, 넷은 본래 지은 업의 인연으로 미치는 것이오. 대왕이여, 나의 제자 중에 이 네 가지 미친 이가 있어 나쁜짓을 많이 하지만 나는 이 사람이 계율을 범한다고 치지 아니하나니, 이 사람의 짓는 것이 3악도에 이르지 아니하며, 도로 본마음을 얻어도 범하였다 말하지 아니하는 터이오. 대왕이 본래 나라를 탐하여서 부왕을 역해하였으니, 탐심으로 미치어서 지은 것이거늘, 어찌 죄를 얻으리오. 대왕이여, 어떤 사람이 술이 취하여 어머니를 역해하고 깨어서는 후회하는 마음을 낸다면, 이런 업으로는 죄보를 받지 아니하오. 왕은 지금 탐욕에 취하였고, 본마음으로 지은 것이 아니니, 만일 본마음이 아니라면 무슨 죄를 얻겠는가. 마치 환술하는 사람이 네거리에서 환술로 가지가지 남자 여자와 코끼리·말·영락·의복을 만든다면, 어리석은 사람은 참인 줄 알지만, 지혜 있는 사람이면 참이 아닌 줄을 알 것이니, 살해하는 일도 그와 같아서 범부들은 참이라 하지만 부처님 세존은 참이 아닌 줄을 아는 것이오. 대왕이여, 산골짜기에 울리는 메아리를 어리석은 사람은 참말 소리인 줄 알지만 지혜 있는 사람은 참이 아닌 줄을 아나니, 죽이는 일도 그와 같아서 범부들은 참이라 하지만, 부처님 세존은 참이 아닌 줄을 아는 것이오.

대왕이여, 원수 맺힌 사람이 와서 친한 척하는 것을 어리석은 사람은 참으로 친하는 줄 알지만 지혜 있는 이는 거짓인 줄을 아나니, 죽이는 것도 그와 같아서, 범부는 참이라 하지만 부처님 세존은 참이 아닌 줄을 아는 것이오. 대왕이여, 사람이 거울을 들고 얼굴을 볼 적에 어리석은 사람은 참말 얼굴이라 하지만 지혜로운 이는 참 얼굴이 아닌 줄을 아나니, 죽이는 것도 그와 같아서 범부는 참이라 하지만 부처님 세존은 참이 아닌 줄을 아는 것이오. 대왕이여, 더울 때의 아지랑이를 어리석은 사람은 물이라 하지만 지혜로운 이는 물이 아닌 줄을 아나니, 죽이는 일도 그와 같아서, 범부들은 참이라 하지만 부처님 세존은 참이 아닌 줄을 아는 것이오. 대왕이여, 마치 건달바성을 어리석은 사람은 참인 줄 알지만 지혜로운 이는 참이 아닌 줄을 아는 것처럼, 죽이는 일도 그와 같아서. 범부들은 참이라 하거니와 부처님 세존은 참이 아닌 줄을 아는 것이오. 대왕이여, 어떤 사람이 꿈속에서 5욕락을 누리었거든, 어리석은 사람은 참인 줄 알지만 지혜 있는 이는 참이 아닌 줄을 아나니, 죽이는 일도 그와 같아서 범부들은 참이라 하거니와 부처님 세존은 참이 아닌 줄을 아는 것이오.

대왕이여, 죽이는 방법·죽이는 업·죽이는 사람·죽이는 과보와 해탈을 내가 다 아는 것이매 죄가 없거늘, 왕이 비록 죽임을 안다 한들 어찌 죄가 있겠는가. 대왕이여, 어떤 사람이 술 붓는 책임을 맡았더라도 마시지 아니하면 취하지 않듯이, 비록 불인 줄 알아도 타지 않는 것이니, 대왕도 그와 같아서 비록 죽임을 안다 한들 어찌 죄가 있겠는가. 대왕이여, 중생들이 해가 났을 적에 가지가지 죄를 짓고, 달이 떴을 적에 도둑질을 하다가도, 해와 달이 뜨지 아니하면 도둑질을 하지 않는다면, 비록 해와 달을 인하여 죄를 지었더라도 해와 달은 죄를 받지 아니하나니, 죽이는 일도 그와 같아서 비록 왕을 인하였다 하나 왕은 실로 죄가 없는 것이오.

대왕이여, 대왕이 궁중에서 매양 양을 잡으라 하면서도 두려운 마음이 없거늘, 어찌하여 부왕에 대하여서만 두려운 마음을 내는가. 비록 사람과 짐승이 높고 낮은 차별은 있지만 생명을 소중하게 여기고 죽기를 싫어하는 것은 일반이거늘, 무슨 까닭으로 양에게는 가볍게 여겨 두려움이 없고 부왕은 소중히 여겨 근심을 하는가. 대왕이여, 세상 사람들이 애정의 종이 되어 자재하지 못하며, 애정의 시킴을 받아 살해하는 일을 한 것인즉, 설사 과보가 있더라도 이는 애정의 죄일 것이니 자재하지 못한 왕이 무슨 허물이 있겠는가.

대왕이여, 마치 열반이 있는 것도 아니고 없는 것도 아니면서도 있는 것처럼, 죽이는 일도 있는 것도 아니고 없는 것도 아니지만 그래도 있는 것이니, 부끄러움이 있는 사람에게는 있는 것이 아니고, 부끄러움이 없는 사람에게는 없는 것이 아니나, 과보를 받는 이는 있다고 이름하며, 공하다는 소견을 가진 이에게는 있는 것이 아니고, 있다는 소견을 가진 이에게는 없는 것이 아니나, 있다는 소견이 있는 이는 있다고 이름하나니, 왜냐하면 있다는 소견이 있는 이는 과보를 얻는 연고이나, 있다는 소견이 없는 이는 과보가 없는 것이오. 항상하다는 소견을 가진 이에게는 없는 것이 아니고, 항상하다는 소견이 없는 이에게는 있는 것이 아니나, 늘 항상하다는 소견을 가진 이에게는 없을 수가 없나니, 왜냐하면 늘 항상하다는 소견을 가진 이는 나쁜 업의 과보가 있는 연고며, 그러므로 늘 항상하다는 소견을 가진 이에게는 없을 수가 없기 때문이오. 이런 이치로 있는 것도 없는 것도 아니지만 그래도 있는 것이오. 대왕이여, 중생이라 함은 숨을 쉬는 이라 이름하고, 숨 쉬는 것을 끊으므로 죽었다 이름하거든, 부처님도 세상을 따라서 죽었다 이름하는 것이오. 대왕이여, 색은 무상한 것이고 색의 인연도 무상한 것이니, 무상한 인으로 좇아난 색이 어떻게 항상하며, 내지 식(識)은 무상한 것이고 식의 인연도 무상한 것이니, 무상한 인으로 좇아난 식이 어떻게 항상하겠는가. 무상한 연고로 괴롭고 괴로운 연고로 공하고 공한 연고로 내가 없나니, 만일 무상하고 괴롭고 공하고 내가 없다면 무엇이 죽일 바가 되겠는가. 무상함을 죽이면 항상한 열반을 얻고, 괴로움을 죽이면 즐거움을 얻고, 공함을 죽이면 참됨을 얻고 내가 없음을 죽이면 참나를 얻을 것이니, 대왕이여, 만일 무상과 괴로움과 공함과 나 없음을 죽인 이는 나와 같을 것이오. 나도 무상과 괴로움과 공함과 나 없음을 죽이었으나 지옥에 들어가지 아니하였는데, 당신인들 어찌 지옥에 들어가리오."

이때에 아사세왕은 부처님께서 말씀하신 대로 색을 관하며, 나아가 식을 관하고 나서 부처님께 여쭈었다.

"세존이시여, 저는 지금 색이 무상하며, 나아가 식이 무상함을 알았나이다. 제가 본래부터 이런 줄을 알았으면 죄를 짓지 아니하였을 것입니다. 세존이시여, 제가 일찍이 들은즉 부처님 세존께서는 항상 중생에게 부모가 된다 하였습니다. 비록 이런 말을 들었으나 분명하게 알지 못하였더니 이제서야 확실히 알았나이다. 세존이시여, 저는 또 수미산이 네 가지 보배로 되었다고 들었으니 이른바 금과 은과 유리와 파리며, 모든 새들이 모이는 곳을 따라 빛이 같다 하였습니다. 비록 이런 말을 들었으나 역시 분명하게 알지 못하였더니, 이제 부처님 수미산에 오르매 곧 빛이 같으니, 빛이 같다는 것은 모든 법이 무상하고 괴롭고 공하고 내가 없음을 아는 것입니다.

세존이시여, 제가 이 세간에서는 이란의 씨에서 이란나무가 나는 것만 뵙고, 이란의 씨에서 전단나무가 나는 것을 보지 못하였더니, 지금에야 비로소 이란의 씨에서 전단나무가 나는 것을 보았으니, 이란의 씨는 나의 몸이고 전단나무는 곧 믿음의 뿌리가 없는 나의 마음입니다. 뿌리가 없다 함은, 나는 애초에 여래를 공경할 줄도 모르고 교법과 승가를 믿지 않았으니, 이것을 뿌리가 없다 하나이다. 세존이시여, 제가 만일 부처님을 만나지 못하였더라면 마땅히 한량없는 아승기겁 동안에 큰 지옥에서 끝없는 고통을 받을 것인데, 저는 지금 부처님을 뵈었으니, 이 부처님을 뵈온 공덕으로써 중생들의 온갖 번뇌와 나쁜 마음을 파괴하게 되나이다."

"대왕이여, 대단히 좋은 일이오. 나는 이제 대왕이 반드시 중생의 나쁜 마음을 파괴할 줄을 압니다."

"세존이시여, 제가 만일 중생의 나쁜 마음을 파괴할 수 있다면, 설사 제가 아비지옥에 항상 있어서 한량없는 세월에 중생들을 위하여 크나큰 고통을 받더라도 괴롭다 하지 않겠나이다."

이때에 마가다국의 한량없는 사람들이 모두 아뇩다라삼먁삼보리 마음을 내었으며, 이렇게 한량없는 사람이 큰 마음을 내었으므로, 아사세왕의 모든 중죄가 곧 소멸되었고, 왕과 부인과 후궁의 채녀들이 모두 아뇩다라삼먁삼보리 마음을 내었다.

이때에 아사세왕은 기바에게 이렇게 말하였다.

"기바여, 나는 지금 죽기도 전에 하늘의 몸을 얻었고, 단명한 것을 버리고 장수함을 얻었고, 무상한 몸을 버리고 항상한 몸을 얻었으며, 중생들로 하여금 아뇩다라삼먁삼보리 마음을 내게 하였으니, 이것이 곧 하늘의 몸이며 장수함이며 항상한 몸이며, 곧 여러 부처님의 제자라 하겠소."

이렇게 말하고는 가지각색 보배 당과 번과 일산과 향과 꽃과 영락과 아름다운 풍류로 부처님께 공양하고, 다시 게송으로 찬탄하였다.

진실하고 현미하고 묘하신 말씀
구절이나 이치에도 공교하시니
오묘하고 깊고 깊은 비밀한 법장
중생들을 위하여서 나타내시네.

법장 속에 들어 있는 넓으신 말씀
중생들을 위하여서 말씀하시니
이와 같은 참된 말씀 구족하여서
중생들의 번뇌 병을 치료하시네.

삼계에서 헤매이던 여러 중생들
이와 같은 좋은 말씀 얻어들으면
믿거나 안 믿거나 물을 것 없이
부처님의 말씀인 줄 알게 되오리.

어느 때나 여래 말씀 부드럽다가도
중생들을 위하여서 억세거니와
부드러운 말씀이나 억센 말씀이

모두가 제일의로 돌아가나니.

내가 지금 세존께 귀의합니다.
여래 말씀 한결같아 바닷물처럼
그러므로 제일의라 이름하나니
이치 아닌 말씀이란 조금도 없네.

여래께서 오늘날에 말씀하시는
가지가지 한량없는 미묘한 법문
남녀노소 누구라도 듣기만 하면
한 가지로 제일의를 얻게 되오리.

인도 없고 결과도 없는 것이며
나도 않고 멸하지도 아니하는 일
이를 일러 열반이라 이름하나니
듣는 이는 모든 결박 벗어나리라..

부처님께서는 어디서나 우리들에게
자비하신 부모님이 항상 되시니
알지어다, 한량없는 우리 중생들
모두 다 부처님의 아들딸임을.

자비하고 자상하신 부처님께서

중생들을 위하여서 고행하심
허깨비에 들린 이가 정신 없어서
이것저것 되는 대로 하는 것같이.

내가 지금 부처님을 뵙고 나서
몸과 입과 뜻으로 지은 선근들
바라건대 이 공덕을 회향하여서
위없는 보리에로 돌려지이다.

부처님과 법보와 승가에게
내가 지금 공경하여 공양하온 일
바라건대 이러한 공덕으로써
삼보가 이 세상에 항상 있고자.

내가 지금 부처님께 예경하고
얻게 되는 가지가지 공덕으로써
중생들의 네 가지 마군들을
여지없이 깨뜨려 없애지이다.

이내 몸이 나쁜 동무 만날 적마다
지난 세상 오는 세상 많은 죄업을
지성으로 부처님께 참회하오니
이 뒤에는 다시 짓지 말아지이다.

원하건대 생사고해 모든 중생들
아뇩다라 보리심을 모두 내어서
한결같이 정성스런 참된 맘으로
시방 삼세 부처님을 생각하오며

원하건대 여섯 갈래 모든 중생들
영원하게 모든 번뇌 없애 버리고
부처님의 참 성품을 분명히 보고
문수사리보살들과 같아지이다.

이때에 세존은 아사세왕을 찬탄하셨다.
"대왕이여, 잘하는 일이오. 만일 어떤 사람이 보리심을 낸다면 이 사람은 부처님의 대중을 장엄하는 것이오. 대왕은 지나간 옛적 비바시(毘婆尸) 부처님에게서 처음으로 아뇩다라삼먁삼보리 마음을 내었고, 그때부터 내가 출세할 때까지, 한 번도 지옥에 떨어져서 고통을 받은 일이 없었소. 대왕이여, 보리의 마음은 이렇게 한량없는 공덕이 있는 줄을 알아야 하오. 대왕은 이제부터는 항상 보리의 마음을 닦을지니, 왜냐하면 이 인연으로 말미암아 한량없는 죄악을 소멸할 수 있는 까닭이오."
이때 아사세왕과 마가다 나라의 온 백성들은 자리에서 일어나 세 번 부처님을 돌고는 하직하고 궁중으로 돌아갔다.

[천행품(天行品)은 잡화(雜諕)에서 말한 것과 같다]*

21. 어린 아기 행[嬰兒行品]

부처님께서 말씀하셨다.

"선남자야, 어찌하여 어린 아기의 행이라 하는가. 선남자야, 일어나거나 머물거나 오거나 가거나 말하거나 하지 못함을 어린 아기라 하나니, 여래도 그러하니라. 일어나지 못한다 함은 여래가 마침내 모든 법의 모양을 일으키지 않음이요, 머물지 못한다 함은 여래가 모든 법에 집착하지 아니함이요. 오지 못한다 함은 여래의 몸과 행동이 동요하지 않음이요, 가지 못한다 함은 여래가 이미 대반열반에서 이름이요, 말하지 못한다 함은 여래가 모든 중생을 위하여 법을 연설하거니와 실로 말하는 것이 없느니라. 왜냐하면 말할 바 있는 것은 함이 있는 법이라 하나니, 여래 세존은 함이 있는 법이 아니므로 말하는 것이 없느니라. 또 말함이 없다 함은, 마치 어린 아기의 말이 분명치 못하므로 비록 말을 하더라도 실로는 말이 없는 것이니, 여래도 그와 같아서 말이 분명치 아니한 것은 부처님의 비

---

* 제11권 처음 부분에 다섯 가지 행을 말하고 있는데, 첫째는 거룩한 행[聖行]이고, 둘째는 청정한 행[流行]이며, 셋째는 하늘의 행[天行]이고, 넷째는 어린 아기의 행[嬰兒行]이고, 다섯째는 병 고치는 행[病行]이다. 천행품은 잡화경에서 말한 것과 같아 생략되었다.

밀한 말씀이니, 비록 말씀을 하더라도 중생들이 알지 못하므로 말이 없다고 하느니라.

또 어린 아기는 이름과 물건이 한결같지 아니한데 바른 말을 알지 못하나니, 비록 이름과 물건이 한결같지 아니한데 바른 말을 알지 못하나, 이것으로 인하여 물건을 알지 못하는 것이 아니니, 여래도 그와 같아서 모든 중생의 종류가 각각 다르고 말이 같지 않지만 여래는 방편으로 그들을 따라 말하며 중생들로 하여금 말로 인하여 알게 하느니라. 또 어린 아기는 큰 자[大字]를 말하는데, 여래도 그러하여 큰 자를 말하나니 이른 바 바(婆)와 화(啝)니라. 화는 함이 있는 것이요, 바는 함이 없는 것이니, 이것을 어린 아기라 하느니라. 화는 무상이라 하고 바는 항상하다 하나니, 여래가 항상함을 말할 때 중생들이 듣고는 항상한 팀을 위하여서 무상을 끊나니, 이것을 어린 아기의 행이라 이름하느니라.

또 어린 아기는 괴로움과 즐거움과 낮과 밤과 부모를 알지 못하나니, 보살마하살도 그와 같아서, 중생을 위하므로 괴로움과 즐거움을 보지 아니하고 낮과 밤이 없으며 중생에게 마음이 평등하므로 아버지 어머니라 친하다, 소원하다라는 생각이 없느니라. 또 어린 아기는 크고 작은 여러 가지 일을 짓지 못하는데, 보살마하살도 그와 같아서 나고 죽는 업을 짓지 아니하나니, 이것은 큰 일을 짓지 아니하는 것이며, 큰 일은 5역죄니, 보살마하살은 5역죄를 짓지 아니하고, 작은 일은 2승의 마음이니, 보살은 보리심을 퇴타하여 성문·벽지불승을 짓지 아니하느니라.

또 어린 아기의 행이라 함은 어린 아기가 울 때에는 그 부모가 누른 버들잎을 주면서 달래기를 너에게 돈을 줄 터이니 울지 말라 하는데, 아기가 보고는 참말 돈인 줄 생각하고 울지 않으니 그것은 참말 돈이 아니니라. 나무로 만든 소와 나무 말과 나무 남자와 나무 여자를 어린 아기가 보고는 참으로 남자나 여자인 줄 생각하고 울지 않는데 참으로 남자와 여자가 아닌 것을 남자와 여자인 줄 생각하므로 어린 아기라 이름하느니라.

여래도 그와 같아서 만일 중생들이 나쁜 업을 지으려 하면, 여래는 그들을 위하여 33천이 항상하고 즐겁고 나이고 깨끗함과, 단정하고 자재하여 훌륭한 궁전에서 5욕락을 받는 일과, 6근으로 상대하는 것이 모두 즐거운 일이라 말하는데, 중생들은 이러한 즐거움을 들은 까닭으로 부러워하는 마음을 가지고 나쁜 업을 짓지 아니하고 33천에 태어날 선한 업을 짓거니와 실제로는 나고 죽는 것이며 무상하고 낙이 없고 내가 없고 깨끗하지 않건만 중생을 제도하기 위하여서 항상하고 즐겁고 나이고 깨끗하다고 방편으로 말하는 것이니라.

또 어린 아기라 함은 어떤 중생이 나고 죽음을 싫어할 때에는 여래가 2승의 도를 말하거니와 실제로는 2승의 실상이 없는 것이며, 2승의 법으로 인하여서 나고 죽는 허물을 알고 열반의 낙을 보는 것이며, 이런 소견으로 말미암아 끊을 것과 끊지 못할 것이 있으며, 참된 것과 참되지 않은 것이 있으며 닦을 것과 닮지 않을 것이 있으며, 얻을 것과 얻지 못할 것이 있음을 아느니라.

선남자야, 저 어린 아기가 돈이 아닌데 돈이란 생각을 내듯이, 여래도 그러하여 깨끗하지 않은 것을 깨끗하다 말하거니와 여래는 제일의를 얻었으므로 허망함이 없느니라. 어린 아기가 소와 말이 아닌데 소와 말이라 생각하듯이 어떤 중생이 도가 아닌데 도라는 생각을 하는데, 여래도 도가 아닌 것을 도라고 말하나니 도가 아닌 데에 실로 도가 없지만 능히 도를 내는 작은 인연이 되는 것이므로, 도가 아닌 것을 말하여 도라고 하느니라. 어린 아기가 나무로 된 남자와 여자에게 참말 남자와 여자인 생각을 내듯이 여래도 그와 같아서 중생이 아닌 줄을 알면서도 중생이라 말하지만 실로는 중생이란 모양이 없느니라. 만일 부처님 여래가 중생이 없다고 말하면 모든 중생이 잘못된 소견에 떨어질 것이므로 여래가 중생이 있다고 말하느니라. 중생에 대하여 중생이란 모양을 지으면 곧 중생의 모양을 깨뜨리지 못하나니 중생에 대하여 중생의 모양을 깨뜨리는 이라야 능히 대반열반을 얻을 수 있느니라. 이렇게 대반열반을 얻으므로 울음을 그치는 것을 어린 아기의 행이라 이름하느니라.

선남자야, 남자나 여인이 이 다섯 가지 행을 받아 지니고 읽고 외우고 쓰고 해설하는 이가 있으며, 이 사람은 반드시 이와 같은 다섯 가지 행을 얻은 줄을 알지니라."

가섭보살이 부처님께 여쭈었다.

"세존이시여, 제가 부처님의 말씀하신 뜻을 알기로는 저도 결정코 이 다섯 가지 행을 얻겠습니다."

부처님이 말씀하셨다.

"선남자야, 홀로 너만이 이 다섯 가지 행을 얻을 것이 아니라, 이 회중에 있는 93만 사람이 너와 같이 이 다섯 가지 행을 얻을 것이니라."

열반경 1

1965년 6월 30일 초   판 1쇄 발행
2004년 3월 10일 개정판 1쇄 발행
2021년 3월 22일 개정판 6쇄 발행
2024년 8월 1일 재개정판 1쇄 발행

옮긴이   운허
펴낸이   정묵
펴낸곳   동국역경원

발행인   박기련
발행처   동국대학교 출판문화원

출판등록   제1964-000001호
주 소   04626 서울시 중구 퇴계로36길2 신관1층 105호
전 화   02-2264-4714
팩 스   02-2268-7851
Homepage http://dgpress.dongguk.edu
E-mail   abook@jeongjincorp.com
디자인   나라연
인쇄처   네오프린텍

ISBN 978-89-5590-994-4   04220
ISBN 978-89-5590-995-1 (전2권)

값 25,000원

이 책의 무단 전재나 복제 행위는 저작권법 제98조에 따라 처벌받게 됩니다.